感谢蜗牛（北京）景区管理有限公司对本书的支持

世界旅游市场分析与统计手册
（第3版）

张凌云　主　编
黄晓波　副主编

北京·旅游教育出版社

责任编辑：巨瑛梅

图书在版编目(CIP)数据

世界旅游市场分析与统计手册／张凌云主编．--3版．--北京：旅游教育出版社，2017.9
ISBN 978-7-5637-3630-0

Ⅰ．①世… Ⅱ．①张… Ⅲ．①旅游市场—统计分析—世界—手册 Ⅳ．①F591-66

中国版本图书馆 CIP 数据核字（2017）第 213724 号

世界旅游市场分析与统计手册（第3版）

张凌云　主　编
黄晓波　副主编

出版单位	旅游教育出版社
地　　址	北京市朝阳区定福庄南里1号
邮　　编	100024
发行电话	(010)65778403 65728372 65767462(传真)
本社网址	www.tepcb.com
E-mail	tepfx@163.com
排版单位	北京旅教文化传播有限公司
印刷单位	北京京华虎彩印刷有限公司
经销单位	新华书店
开　　本	787 毫米×1092 毫米　1/16
印　　张	48.125
字　　数	906 千字
版　　次	2017 年 9 月第 3 版
印　　次	2017 年 9 月第 1 次印刷
定　　价	180.00 元

（图书如有装订差错请与发行部联系）

《世界旅游市场分析与统计手册(第 3 版)》编委会

主　编：张凌云
副主编：黄晓波
编　委：黄玉婷　宋玉洁　张雅坤　张育芬
　　　　朱　娜　张　丹

前 言

本书是《世界旅游市场分析与统计手册》(中国旅游出版社,2008年)和《世界旅游市场分析与统计手册》(第2版)(旅游教育出版社,2012年)的数据更新版,全面反映2008—2014年全球120多个国家和地区旅游市场情况,年度数据与前一版相衔接,三册共提供了连续16年的世界旅游市场统计数据,可供国内从事旅游市场开发和营销的人士及从事市场研究的专家、学者参考。

由于本书中大部分资料来源于联合国世界旅游组织,因此,全书依照该组织对于世界旅游市场区域的习惯分法,将全球划分为5个旅游区,即亚太地区、欧洲地区、美洲地区、非洲地区、中东地区(在世界旅游组织的有些报告中将南亚地区从亚太地区分离出来,分成东亚太地区和南亚地区两个部分),每个地区还被分成若干分区。尽管这一分类方案与常见的世界政治地理、世界经济地理和世界自然地理等分类方案不一致,但考虑到上述因素,我们在本书中还是采纳了这一分类法。此外,由于统计口径和数据来源不同以及世界旅游组织和各国旅游管理当局对于有些历史数据可能做过调整,本书中的个别统计数据可能存在与以往公布的数据不尽一致的地方,甚至同为联合国世界旅游组织发布的同一年度同一项目的数据在不同的统计表格中,也可能有细微的出入,读者在引用这些统计数据时,应加以注意,特此说明。本书是我指导的2011级和2013级研究生们集体劳动的成果,对于他们为本书付出的辛勤劳动,深表谢忱!

张凌云
2017年5月

目 录

第一编　世界旅游市场概况

第一章　发展历程回顾 3
第二章　"一带一路"沿线国家旅游发展概况 23
第三章　世界旅游发展前景预测 63

第二编　亚太地区

第四章　亚太地区旅游市场概况 71
　第一节　入境旅游概况 72
　第二节　出境旅游概况 75
第五章　东北亚分区旅游市场概况 78
　第一节　韩　国 80
　第二节　日　本 85
　第三节　蒙　古 91
　第四节　中　国 95
　第五节　中国香港 100
　第六节　中国澳门 105
　第七节　中国台湾 110
第六章　东南亚分区旅游市场概况 116
　第一节　菲律宾 119
　第二节　柬埔寨 124
　第三节　老　挝 129
　第四节　缅　甸 134
　第五节　马来西亚 139
　第六节　泰　国 143
　第七节　印度尼西亚 149

  第八节 越　南 …………………………………………………… 155
  第九节 新加坡 …………………………………………………… 159
第七章 南亚分区旅游市场概况 ………………………………………… 165
  第一节 巴基斯坦 ………………………………………………… 168
  第二节 马尔代夫 ………………………………………………… 172
  第三节 孟加拉国 ………………………………………………… 176
  第四节 尼泊尔 …………………………………………………… 180
  第五节 斯里兰卡 ………………………………………………… 186
  第六节 印　度 …………………………………………………… 191
  第七节 伊　朗 …………………………………………………… 197
第八章 大洋洲分区旅游市场概况 ……………………………………… 202
  第一节 澳大利亚 ………………………………………………… 204
  第二节 斐　济 …………………………………………………… 209
  第三节 法属波利尼西亚 ………………………………………… 213
  第四节 库克群岛（新） …………………………………………… 217
  第五节 瓦努阿图 ………………………………………………… 221
  第六节 新喀里多尼亚（法） ……………………………………… 225
  第七节 新西兰 …………………………………………………… 230

第三编 欧洲地区

第九章 欧洲地区旅游市场概况 ………………………………………… 237
  第一节 入境旅游概况 …………………………………………… 238
  第二节 出境旅游概况 …………………………………………… 242
第十章 北欧分区旅游市场概况 ………………………………………… 244
  第一节 爱尔兰 …………………………………………………… 246
  第二节 丹　麦 …………………………………………………… 251
  第三节 芬　兰 …………………………………………………… 255
  第四节 挪　威 …………………………………………………… 259
  第五节 瑞　典 …………………………………………………… 263
  第六节 英　国 …………………………………………………… 268
第十一章 西欧分区旅游市场概况 ……………………………………… 274
  第一节 奥地利 …………………………………………………… 276
  第二节 比利时 …………………………………………………… 280
  第三节 德　国 …………………………………………………… 285
  第四节 法　国 …………………………………………………… 289

第五节 荷　兰	294
第六节 瑞　士	298

第十二章　中东欧分区旅游市场概况 303
 第一节 保加利亚 306
 第二节 波　兰 310
 第三节 俄罗斯 315
 第四节 哈萨克斯坦 320
 第五节 吉尔吉斯斯坦 325
 第六节 捷　克 329
 第七节 罗马尼亚 333
 第八节 乌克兰 337
 第九节 乌兹别克斯坦 341
 第十节 匈牙利 345

第十三章　南欧分区旅游市场概况 350
 第一节 克罗地亚 352
 第二节 葡萄牙 356
 第三节 西班牙 360
 第四节 希　腊 364
 第五节 意大利 369

第十四章　东地中海分区旅游市场概况 374
 第一节 塞浦路斯 376
 第二节 土耳其 380
 第三节 以色列 385

第四编　美洲地区

第十五章　美洲地区旅游市场概况 393
 第一节 入境旅游概况 394
 第二节 出境旅游概况 396

第十六章　北美洲分区旅游市场概况 399
 第一节 加拿大 401
 第二节 美　国 405
 第三节 墨西哥 411

第十七章　加勒比海分区旅游市场概况 416
 第一节 波多黎各（美） 418
 第二节 巴哈马 422

第三节　多米尼加 ·· 427
　　第四节　法属马提尼克岛 ·· 431
　　第五节　古　巴 ·· 434
　　第六节　格林纳达 ·· 439
　　第七节　美属维尔京群岛 ·· 443
　　第八节　特立尼达和多巴哥 ··· 446
　　第九节　牙买加 ·· 450
第十八章　中美洲分区旅游市场概况 ··· 455
　　第一节　伯利兹 ·· 457
　　第二节　巴拿马 ·· 461
　　第三节　哥斯达黎加 ·· 466
　　第四节　洪都拉斯 ·· 471
　　第五节　尼加拉瓜 ·· 476
　　第六节　萨尔瓦多 ·· 481
第十九章　南美洲分区旅游市场概况 ··· 486
　　第一节　阿根廷 ·· 489
　　第二节　秘　鲁 ·· 494
　　第三节　巴拉圭 ·· 499
　　第四节　玻利维亚 ·· 503
　　第五节　巴　西 ·· 508
　　第六节　哥伦比亚 ·· 513
　　第七节　苏里南 ·· 518
　　第八节　乌拉圭 ·· 522
　　第九节　智　利 ·· 527
　　第十节　圭亚那 ·· 532
　　第十一节　厄瓜多尔 ·· 536
　　第十二节　委内瑞拉 ·· 540

第五编　非洲地区

第二十章　非洲地区旅游市场概况 ·· 549
　　第一节　入境旅游概况 ··· 550
　　第二节　出境旅游概况 ··· 553
第二十一章　北非分区旅游市场概况 ··· 555
　　第一节　阿尔及利亚 ·· 557
　　第二节　摩洛哥 ·· 561

第三节　苏　丹 ··· 566
　　第四节　突尼斯 ··· 569
第二十二章　西非分区旅游市场概况 ·· 574
　　第一节　贝　宁 ··· 576
　　第二节　布基纳法索 ··· 580
　　第三节　几内亚 ··· 584
　　第四节　加　纳 ··· 588
　　第五节　马　里 ··· 590
　　第六节　尼日尔 ··· 594
　　第七节　尼日利亚 ·· 598
　　第八节　塞拉利昂 ·· 602
　　第九节　塞内加尔 ·· 606
第二十三章　中非分区旅游市场概况 ·· 611
　　第一节　安哥拉 ··· 612
　　第二节　刚果民主共和国 ··· 616
　　第三节　中　非 ··· 620
第二十四章　东非分区旅游市场概况 ·· 625
　　第一节　埃塞俄比亚 ··· 628
　　第二节　厄立特里亚 ··· 633
　　第三节　津巴布韦 ·· 636
　　第四节　肯尼亚 ··· 641
　　第五节　马达加斯加 ··· 645
　　第六节　马拉维 ··· 649
　　第七节　毛里求斯 ·· 653
　　第八节　莫桑比克 ·· 658
　　第九节　塞舌尔 ··· 662
　　第十节　坦桑尼亚 ·· 667
　　第十一节　乌干达 ·· 671
　　第十二节　赞比亚 ·· 676
第二十五章　南部非洲分区旅游市场概况 ·· 681
　　第一节　博茨瓦纳 ·· 683
　　第二节　莱索托 ··· 687
　　第三节　纳米比亚 ·· 691
　　第四节　南　非 ··· 695
　　第五节　斯威士兰 ·· 700

第六编 中东地区

第二十六章 中东地区旅游市场概况 ·············· 707
  第一节 入境旅游概况 ·············· 708
  第二节 出境旅游概况 ·············· 709

第二十七章 中东地区主要国家旅游市场概况 ·············· 711
  第一节 阿拉伯联合酋长国 ·············· 711
  第二节 埃　及 ·············· 715
  第三节 巴　林 ·············· 719
  第四节 黎巴嫩 ·············· 724
  第五节 沙特阿拉伯 ·············· 728
  第六节 叙利亚 ·············· 733
  第七节 约　旦 ·············· 736
  第八节 地中海地区 ·············· 741

附录1　基础统计指标解释和各旅游区解释及各旅游区指标的更新时间 ·········· 745
附录2　联合国世界旅游组织、世界旅行及旅游理事会各洲（各分区）分类方案
·············· 754

参考文献 ·············· 757

第一编　世界旅游市场概况

旅游已经成为当今世界一种引人瞩目的全球化现象。旅游目的地的持续增加，旅游投资的强劲增长，使得旅游成为经济社会发展进步的关键驱动因素之一，其在创造就业机会、增加收入水平、促进国际贸易发展、推动基础设施建设等方面具有重要作用。在过去的60多年里，世界旅游业经历了持续的扩张和多样化，并且发展成为全球最大和增长最快的经济部门之一。国际旅游业对于世界经济、国际贸易的影响已经超过单纯的一项经济性产业的影响，在全球化和一体化进程中，扮演着越来越重要的角色。这里我们简要地回顾与展望世界旅游市场的发展历程和前景。

第一章 发展历程回顾

世界旅游市场的发展呈现出下列五大鲜明特点：

一、国际旅游人数持续增长，旅游收入增长幅度远高于旅游人数增长幅度

1950—2014年，国际旅游人数和国际旅游收入整体上呈上升趋势（图1-1）和（图1-2）。1950年，全球国际旅游人数为2500万人次，国际旅游收入21亿美元。2014年，国际旅游人数达到11.34亿人次，年均增长率为6.14%；国际旅游收入达到13 090亿美元，年均增长率为10.58%（表1-1）。国际旅游者平均每增长1个百分点，国际旅游收入增长1.7个百分点。

2013年，全球国际旅游人数较上年增长5.0%，达到10.87亿人次。其中，欧洲地区较上年增长2900万人次，增长率为5.4%；亚太地区较上年增长1460万人次，增长率为6.2%；美洲地区较上年增长520万人次，增长率为3.2%；非洲地区较上年增长290万人次，增长率为5.4%；而中东地区的国际旅游人数较上年有所下降，减少10万人次，负增长率为0.2%。2014年全球国际旅游人数较上年增加4.3%，美洲地区的增长率最高，为8.0%，其次是亚太地区（5.4%）、中东地区（5.4%）、欧洲地区（2.7%）和非洲地区（2.4%）。

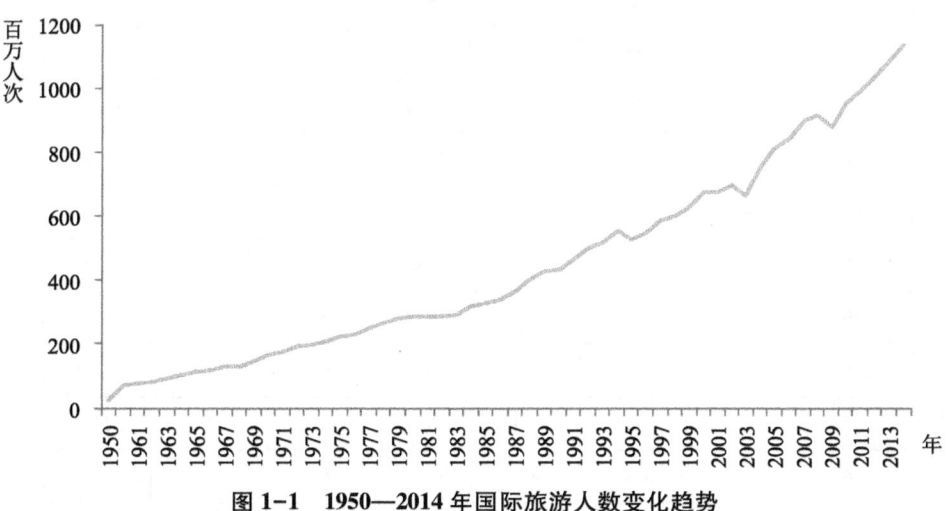

图1-1　1950—2014年国际旅游人数变化趋势

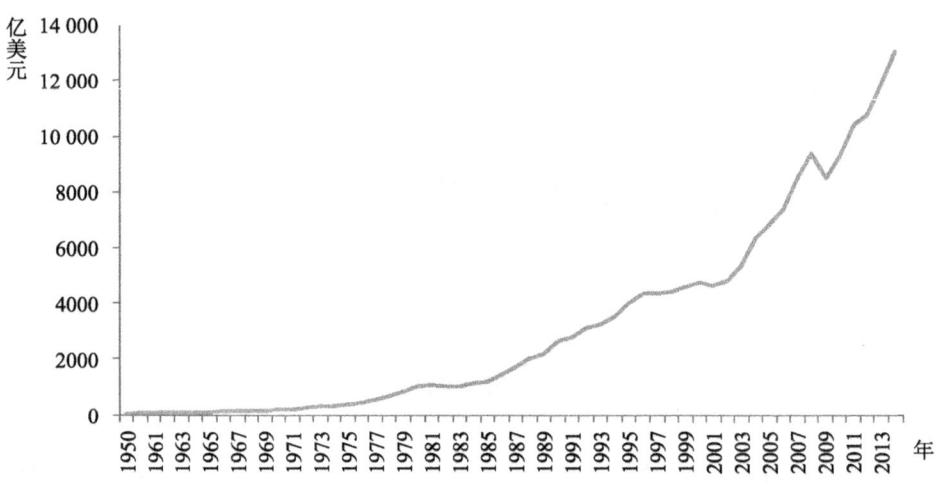

图1-2　1950—2014年国际旅游收入变化趋势

表1-1　1950—2014年国际旅游人数和收入

年　份	人数 （百万人次）	增长率 （%）	收入 （亿美元）	增长率 （%）	年　份	人数 （百万人次）	增长率 （%）	收入 （亿美元）	增长率 （%）
1950	25	—	21	—	1975	222	7.8	407	20.4
1960	69	—	69	—	1976	229	3.2	444	9.1
1961	75	8.7	73	5.8	1977	249	8.7	556	25.2
1962	81	8.0	80	9.6	1978	267	7.2	688	23.7
1963	90	11.1	89	11.3	1979	283	6.0	833	21.1
1964	105	16.7	101	13.5	1980	286	1.1	1052	26.3
1965	113	7.6	116	14.9	1981	289	1.0	1074	2.1
1966	120	6.2	133	14.7	1982	289	0.0	1009	-6.1
1967	130	8.3	145	9.0	1983	292	1.0	1025	1.6
1968	131	0.8	150	3.4	1984	319	9.2	1125	9.8
1969	144	9.9	168	12.0	1985	330	3.4	1176	4.5
1970	166	15.3	179	6.5	1986	341	3.3	1421	20.8
1971	179	7.8	209	16.8	1987	367	7.6	1743	22.7
1972	190	6.1	246	17.7	1988	402	9.5	2015	15.6
1973	199	4.7	311	26.4	1989	430	7.0	2212	9.8
1974	206	3.5	338	8.7	1990	435	1.2	2678	21.1

续表

年 份	人数 (百万人次)	增长率 (%)	收入 (亿美元)	增长率 (%)	年 份	人数 (百万人次)	增长率 (%)	收入 (亿美元)	增长率 (%)
1991	466	7.1	2776	3.7	2003	662	-4.5	5330	9.9
1992	503	7.9	3136	13.0	2004	753	13.7	6340	18.9
1993	518	3.0	3231	3.0	2005	809	7.4	6790	7.1
1994	553	6.8	3526	9.1	2006	842	4.1	7430	9.4
1995	527	-4.7	4030	14.3	2007	897	6.5	8570	15.3
1996	551	4.6	4370	8.4	2008	916	2.1	9400	9.7
1997	585	6.2	4350	-0.5	2009	881	-3.8	8510	-9.5
1998	603	3.1	4430	1.8	2010	950	7.8	9270	8.9
1999	625	3.6	4570	3.2	2011	995	4.7	10 420	12.4
2000	674	7.8	4750	3.9	2012	1035	4.0	10 780	3.5
2001	673	-0.1	4660	-1.9	2013	1087	5.0	11 970	11.0
2002	693	3.0	4850	4.1	2014	1134	4.3	13 090	9.4

资料来源：根据UNWTO最新数据调整，与本书第1版和第2版数据略有不同。

纵观60多年来世界旅游业的发展，如果以每10年作为一个阶段的话，则可以看出每个阶段的不同发展。通过表1-1可以看出，世界旅游业每10年就上了一个大的台阶。1950年到1960年的第一个10年可以称之为起步阶段，表现为国际旅游收入和国际旅游人数双高的局面。但当时只是起步，基数较小，速度较快。第二个10年可以称之为发展阶段，表现为增长率相对下降，但绝对数量逐步提高。第三个10年可以称之为起飞阶段，表现出明显的两个增长率差距拉大的状况，国际旅游收入上了一个大台阶，突破了1000亿美元，年均增长率达到了19.4%（表1-6），这正是世界经济黄金时代所积累的经济规模发挥作用的结果。第四个10年可以称之为持续发展阶段，国际旅游收入又上了一个大台阶，1990年比1980年净增1626亿美元，增量超过了1980年的总量，在这个持续发展的过程中，仍然保持了非常高的增长速度。第五个10年可以称之为稳定发展阶段，2000年比1990年国际旅游收入净增量高达2000多亿美元，接近1990年的总量，几乎达到了10年翻一番，但年均增长率都呈现了双低的格局，总体上形成了稳定发展的态势。第六个10年可以称之为快速发展阶段，2010年与2000年相比，国际旅游人数增加了2.76亿人次，年均增长率为3.5%；国际旅游收入增加了4520亿美元，年均增长率为6.9%。在这10年里，国际旅游人数每增长1个百分点，国际旅游收入增长2个百分点。如果从国际旅游人数和收入的增长率来看，可以更清楚地看出这一发展过程中鲜明地体现了以下两个特点：

（1）旅游的发展呈现了年度波动性较大的特点。曲线的走势大体上与世界经济的变化曲线相吻合，出现了6次发展高峰和6次低谷，且涨长跌短。1964—1966年国际旅游收入年均增长14.8%，1971—1973年年均增长22.0%，1977—1980年年均增长23.7%，1986—1988年年均增长19.1%，1990—1992年年均增长8.2%，2004—2008年年均增长10.3%。这六次增长高峰都持续了两三年以上，许多国家的旅游业正是抓住了这些高速增长期纷纷趁势崛起，如20世纪60年代的西班牙，20世纪70年代的墨西哥，20世纪80年代的泰国、韩国。中国经过多年的努力，抓住了20世纪90年代初的增长机遇，连续多年取得良好的发展业绩。与6次发展高峰相对应的是6个明显的低谷。第一个是1974年，国际旅游收入年增长率从上一年的26.4%迅速下降为1974年的8.7%，这是由于1973年10月中东战争爆发的直接影响；第二个低谷是1981年和1982年，尤其是到1982年出现了负增长，这是世界经济危机影响的直接结果；第三个低谷是1997年和1998年，国际旅游收入年增长率从1996年的8.4%急剧下降为-0.5%和1.8%，这是东南亚金融危机所带来的直接影响；第四个低谷是2001年，又一次出现了负增长，这是美国"9·11"事件所带来的世界性恐慌引致的结果；第五个低谷是2003年中国及东南亚国家的"非典"事件，造成了当年国际旅游人数的负增长；第六个低谷是2009年，旅游业在经历了连续5年的持续快速增长后，受世界经济危机和H1N1流感病毒的影响，国际旅游人数(-3.8%)和国际旅游收入(-9.5%)较上年均有较大幅度的下降。但这6个低谷中出现负增长的时间都只有一年，次年都出现了不同程度的反弹。

（2）在总体走势一致的情况下，旅游人数年增长率和旅游收入年增长率的乖离率逐步加大，有时达到了非常突出的程度。在20世纪60年代初，这两条曲线的增长率基本上处于同步状态。进入20世纪70年代之后就开始有大的变化。1973年，两者之间的差距达到了21.7个百分点，1980年两者之间的差距达到了25.2个百分点。从深层次来看，这意味着旅游产业规模的扩大和供给水平的大幅度提高。

2011—2014年，国际旅游人数持续不断增长，且进入了一个相对平稳的阶段，年增长率为4%~5%，2012年国际旅游人数突破10亿人次，并在2014年达到11.34亿人次，创历史新高。相比之下，2011年、2013年和2014年，国际旅游收入增长幅度位于9%~13%，远高于国际旅游人数增长幅度。

二、国际旅游人数和旅游收入呈加速增长的趋势，旅游收入增长尤为突出

国际旅游市场上每增长1亿国际旅游人数的时间逐渐缩短。20世纪80年代中期，每增加1亿人次的整数关所需时间在10年以上，而自80年代后期起，这一时间不到5年；旅游收入增长速度更快，1980年首次达到1000亿美元，花了30年以上的时间，而以后每增加1000亿美元的整数门槛时间却缩短到8年以下，2004年、2007年、2013年、2014年均只用了1年的时间就增加了1000多亿美元（表1-2和表1-3）。世界旅游业发展加速度增长的宏观背景是：第一，在战后世界经济的发展过程中，前期国际贸易的增长

速度低于工业增长速度,而到了中期和后期,国际贸易的增长速度则高于制造业的增长速度,形成了第一重加速现象;第二,国际旅游的增长速度又高于国际贸易的增长速度,形成了第二重加速现象,从而使国际旅游在国际贸易中的地位越来越高;第三,在国际旅游的发展过程之中,旅游收入的增长速度又高于旅游人数的增长速度,形成了第三重加速发展的现象。产生的多重加速现象是世界经济全球化发展的必然结果,也催生了在全球化背景下多元化大众旅游风起云涌的发展态势。

表1-2 1964—2014年国际旅游人数分段发展情况

年 份	接待规模(亿人次)	所需时间(年)	年 份	接待规模(亿人次)	所用时间(年)
1964	≥1.0	≥15	2004	≥7.0	6
1974	≥2.0	10	2005	≥8.0	1
1984	≥3.0	10	2008	≥9.0	3
1988	≥4.0	4	2012	≥10.0	4
1992	≥5.0	4	2014	≥11.0	2
1998	≥6.0	6			

表1-3 1980—2014年国际旅游收入分段发展情况

年 份	接待规模(亿美元)	所需时间(年)	年 份	接待规模(亿美元)	所用时间(年)
1980	≥1000	≥30	2006	≥7000	2
1988	≥2000	8	2007	≥8000	1
1992	≥3000	4	2008	≥9000	1
1995	≥4000	3	2011	≥10000	3
2003	≥5000	8	2013	≥11000	2
2004	≥6000	1	2014	≥13000	1

三、出境旅游集中在游客所居住区域,欧洲是最大的国际旅游客源地

大多数国际游客都是在各自的区域内进行旅行,大约4/5的游客是来自本区域的。国际旅游的主要市场还是集中在工业化程度比较高的欧洲、美洲和亚太地区。然而,随着可支配收入的增加,许多新兴经济体在近几年呈现出较快的增长,特别是东北亚、南亚、中东欧、中东、南非和南美地区的国际旅游都发展较快。1990年,欧洲以57.7%的市场份额稳居国际旅游第一客源地的位置(图1-3),2010年这一数值有所下降,但欧洲仍保持国际旅游最大客源地的地位,产生了全球52.4%的国际游客,其次是亚太地区(21.7%)、美洲(16.5%)、中东(3.5%)和非洲(3.0%)(图1-4)。2014年,国际旅游人数继续保持平稳增长势头,各地区产生的国际游客数量比重分别是:欧洲(50.8%)、亚太地区(23.6%)、美洲(16.7%)、中东地区(3.3%)和非洲(2.9%)(图1-5)。

表 1-4　1990—2014 年国际旅游客源地

单位：百万人次

年　份	全　球	欧　洲	亚太地区	美　洲	中　东	非　洲	不确定*	区内旅游	跨区旅游
1990	435	250.7	58.7	99.3	8.2	9.8	7.8	349.1	77.6
1995	527	304.0	86.3	108.2	8.6	11.5	8.8	423.1	95.4
2000	674	390.1	114.1	130.8	12.8	14.9	10.8	532.6	130.0
2001	680.4	390.4	120.6	125.5	16.3	16.5	11.2	546.0	123.3
2002	700.4	401.6	130.8	121.2	18.3	17.6	10.9	566.8	122.7
2003	694.1	414.6	115.5	116.1	17.0	17.7	13.3	561.1	119.7
2004	764.5	431.4	144.4	130.2	20.5	18.8	19.3	605.5	139.7
2005	809	452.2	152.9	136.7	21.0	19.3	26.7	631.7	150.4
2006	847	472.3	163.9	142.6	24.6	24.2	19.4	666.5	161.0
2007	901	499.5	178.2	149.9	27.2	25.5	21.0	705.5	174.8
2008	917	507.5	182.3	151.5	31.9	25.8	17.7	715.9	183.1
2009	890	476.5	180.9	147.1	32.3	25.5	28.2	686.8	175.4
2010	949	497.4	206.0	156.3	33.3	28.1	27.3	729.5	191.7
2011	995	520.5	222.5	164.2	33.8	29.8	24.1	769.3	201.6
2012	1035	537.3	237.2	171.6	31.6	31.9	25.7	799.6	210.0
2013	1087	559.8	253.5	176.4	35.2	32.1	29.6	839.2	217.7
2014	1133	576.0	267.9	189.2	37.0	33.2	30.4	875.0	227.4

注：* 是指不能被划分到某一特定区域的国家，由于本数据是根据入境旅游数据整理的，因此当一个国家的客源地为"不确定"时，就把这些国家集合起来划为这一类别。

资料来源：UNWTO Tourism Highlights 2005—2015.

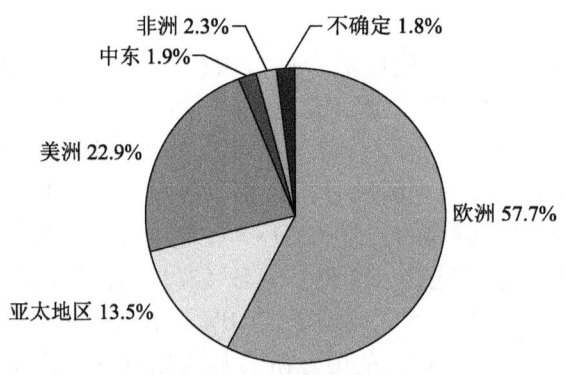

图 1-3　1990 年国际旅游客源地构成

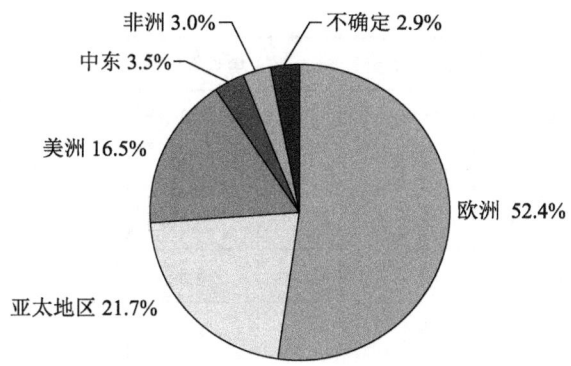

图 1-4　2010 年国际旅游客源地构成

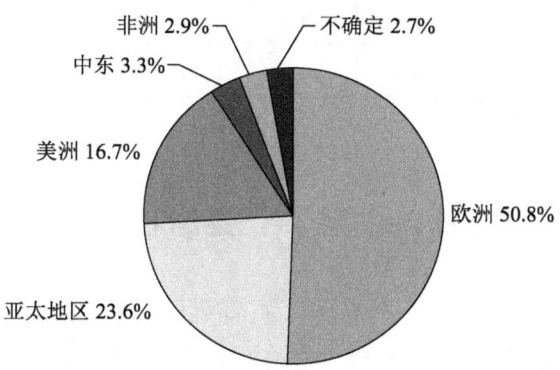

图 1-5　2014 年国际旅游客源地构成

2014 年,国际旅游花费前十位的国家是中国、美国、德国、英国、俄罗斯、法国、加拿大、意大利、澳大利亚、巴西。2011 年,中国国际旅游花费为 726 亿美元,位居德国和美国之后,排在世界第三位;2012 年,中国国际旅游花费超越德国和美国,首次排在世界第一位;2013 年和 2014 年,中国国际旅游花费继续保持在世界第一的位置,并且迅速拉开与排在第二位的美国的差距。2013—2014 年,中国国际旅游花费呈现出高速增长的态势,增长率达到 28.2%,在国际旅游花费前十位国家中遥遥领先,美国、德国、英国、法国、意大利、巴西也呈现出不同程度的增长。近年来,巴西出境旅游快速发展,2013 年和 2014 年,巴西国际旅游花费均位列世界第十。

表 1-5　2014 年国际旅游花费前十位的国家

国家	国际旅游花费(10 亿美元)				增长率(%)	排名			
	2014 年	2013 年	2012 年	2011 年	2014/2013 年	2014 年	2013 年	2012 年	2011 年
中国	164.9	128.6	102.0	72.6	28.2	1	1	1	3
美国	110.8	104.1	83.5	79.1	6.4	2	2	2	2

续表

国 家	国际旅游花费（10亿美元）				增长率（%）	排 名			
	2014年	2013年	2012年	2011年	2014/2013年	2014年	2013年	2012年	2011年
德 国	92.2	91.4	81.3	84.3	0.9	3	3	3	1
英 国	57.6	52.7	51.3	50.6	9.3	4	5	4	4
俄罗斯	50.4	53.5	42.8	32.5	−5.8	5	4	5	7
法 国	47.8	42.9	39.1	41.7	11.4	6	6	6	5
加拿大	33.8	35.2	35.0	33.0	−4.0	7	7	7	6
意大利	28.8	27.0	26.4	28.7	6.7	8	9	10	8
澳大利亚	26.3	28.6	28.0	26.9	−8.1	9	8	9	10
巴 西	25.6	25.0	22.2	—	2.4	10	10	—	—

资料来源：UNWTO Tourism Highlights 2012—2015.

四、大众旅游日益普及，旅游者队伍逐渐壮大

国际旅游收入的快速增长，并不意味着旅游费用的增加。随着交通方式的更加便捷、带薪假期的增多、收入的增加，使得大众旅游迅速普及。旅游者队伍不断壮大，居民的出游更加频繁，目的地选择更加多元化，国际旅游变得更加便利、更加舒适、更加经济。国际旅游者人均花费的年增长远低于国际旅游收入的增长（表1-6），甚至低于同期的商品物价指数（CPI），国际旅游边际消费倾向不断提高。世界经济的全球化过程就是国别经济跨国界活动成本逐步降低的过程，交通运输的不断发展、网络技术的普遍应用，大大缩短了各个国家市场的时间与空间距离，降低了商品、资本、劳动及其他生产要素的交易费用，同时也降低了经济信息的交易成本。例如：空运成本从1930年每英里68美分下降到1990年每英里11美分，从纽约到伦敦的电话通话费用从每三分钟244美元降到了3美元，预计到2018年这一费用可能降到更低，使跨越大西洋的通信费用几乎为零。成本的不断下降，加之竞争的激烈，使旅游价格相对下降，并会在一个很长的时期内持续进行。随着旅游价格的相对下降，旅游人数会越来越多，由此形成的结果使世界旅游的花费总额仍然会持续提高。另外，根据过去50年的发展经验，旅游花费的增长速度远远高于旅游人数的增长速度。一般来说，价格的下降会刺激购买欲望的增长，甚至会产生更多的非理性消费活动。所以，几个因素加在一起将会导致旅游边际消费倾向的进一步提高，这也就意味着未来的国际旅游市场这块蛋糕会越做越大。

从表1-6中可以看出，20世纪80年代国际旅游者人均花费增长较快，这一时期是国际旅游业飞速发展的黄金时代。这一时期世界经济刚刚走出"滞胀"的泥潭，以美英为代表的西方工业国家率先采取了一系列的措施进行调整。1981年2月，美国总统里根提出

了"经济复兴计划",实行了历史上最大规模的减税计划,紧缩社会福利规模,逐步扩大私人和地方经营的规模。自1983年以来,美国取得了连续6年多的经济增长。这一系列政策对西欧和日本产生了不可忽视的影响。英国自1979年撒切尔夫人出任首相后,制定了一套旨在复兴英国经济的政策,严格控制政府的财政支出,削减福利开支,紧缩银根,提高利率,尤其是大规模推行国有企业的私有化,使市场力量发挥作用的范围越来越大,政府干扰的范围和强度越来越小。由此使英国在1982—1989年形成了经济持续增长的势头,通货膨胀率也降到了较低的水平。在这一过程中,日本经济持续增长,并在东亚地区形成了"雁形结构"。管制国家经济的体制趋于松动,以"亚洲四小龙"为代表的新兴工业化国家(地区)开始起飞,欧洲共同体也呈现出逐步成熟的势头,并向欧洲统一大市场的方向发展。中国经济则进入了改革开放新的历史时期,开始了高速持续的增长态势。所有这些都进一步加快了经济全球化的步伐。

表1-6　1950—2014年世界旅游业分段发展情况

年　份	收入 (亿美元)	年均增长率 (%)	人　数 (百万人次)	年均增长率 (%)	人均花费 (美元)	年均增长率 (%)
1950	21	—	25	—	84	—
1960	69	12.6	69	10.7	100	1.8
1970	179	10.0	166	9.2	108	0.8
1980	1052	19.4	286	5.6	368	13.0
1990	2678	9.8	435	4.3	616	5.3
2000	4750	5.9	674	4.5	705	1.4
2010	9270	6.9	950	3.5	976	3.3
2014	13 090	9.0	1134	4.5	1154	4.3

注:①根据UNWTO最新数据调整,与本书第1版和第2版可能略有不同。
　　②人均花费由"收入/人数"得出。

五、世界旅游市场格局发生变化,亚太地区异军突起

世界旅游市场在总量规模不断增长的同时,在格局分布上也重新洗牌。旅游目的地重心东移,欧美市场中经济发达国家一统天下的垄断局面已被打破。目前,虽然它们仍然是世界旅游市场的主体,但所占份额却逐步下降。1950年欧洲和美洲相加,占世界旅游市场的96.5%(图1-6);2000年,这一比重下降到76.4%(图1-7),下降了近20个百分点。2010年欧洲的市场份额下降到51.5%(图1-8),2014年为51.4%(图1-9)。与此同时,世界其他地区正在迎头赶超,市场份额逐步提高,其中最突出的就是亚太地区,从1950年0.8%的市场份额上升到了2014年的23.2%(图1-6和图1-9)。自20世纪50年代起,亚太地区国际旅游人数每一个10年中的平均增长率都高于欧美,分别处于世界第

一、第二、第三位(表1-8)。

如表1-7所示,1990—2000年,美洲地区国际旅游人数一直呈增长态势。受"9·11"恐怖事件的影响,2001年国际旅游人数较上年有所下降,降到1.221亿人次,较上年减少4.8%;2002年国际旅游人数持续下降,下降到1.166亿人次,较上年下降4.5%。1990年以来,美洲地区国际旅游人数占世界的比例总体呈下降的态势,由1990年的21%下降到2014年的16%。欧洲则仍保持着世界领先水平,平均增长速度放缓,市场份额有所降低,由1990年的60%下降到2014年的51.4%。与此同时,亚太地区异军突起,2014年亚太地区共接待国际游客达2.633亿人次,在全世界各旅游大区中增长速度最快,占世界国际旅游人数份额由1990年的13%猛增到2014年的23.2%。

表1-7 1950—2014年世界各地区国际旅游人数①

单位:百万人次

年 份	世 界	非 洲	美 洲	亚 太	欧 洲	中 东
1950	25.3	0.5	7.5	0.2	16.8	0.2
1960	69.3	0.8	16.7	0.9	50.4	0.6
1965	112.9	1.4	23.2	2.1	83.7	2.4
1970	165.8	2.4	42.3	6.2	113.0	1.9
1975	222.3	4.7	50.0	10.2	153.9	3.5
1980	278.2	7.3	62.3	23.6	177.5	7.5
1981	278.6	8.1	62.5	25.4	174.6	8.0
1982	277.1	7.5	59.7	26.6	174.8	8.5
1983	282.1	8.2	59.9	27.1	179.1	7.8
1984	306.9	8.8	67.4	30.1	192.6	8.1
1985	320.2	9.6	65.1	33.6	203.4	8.5
1986	330.5	9.3	70.9	37.6	205.3	7.4
1987	359.8	9.8	76.6	43.1	222.7	7.5
1988	385.5	12.5	83.0	50.1	230.5	9.4
1989	410.2	13.8	86.9	50.8	249.2	9.5
1990	435	14.7	92.8	55.8	261.5	9.6
1991	443.9	16.0	95.3	59.7	263.5	9.4
1992	481.4	18.3	102.2	67.8	281.4	11.8

---

① 世界旅游组织每年都会对以往的部分数据进行调整,由于本书中所引用的数据来自世界旅游组织不同年份的出版物,所以此表中的部分数据与表1-1和下面几章中部分数据有所出入。历年数据优先选取UNWTO最新版本出版物上的数据。1990、1995、2000、2005、2010年数据为世界旅游组织最新调整过的数据。

续表

年 份	世 界	非 洲	美 洲	亚 太	欧 洲	中 东
1993	494.7	18.7	102.2	74.5	287.4	11.9
1994	519.5	19.1	105.1	82.2	300.4	12.7
1995	527	18.7	109.1	82.1	304.7	12.7
1996	569.6	22.1	114.5	94.0	323.0	16.0
1997	592.5	23.0	116.2	93.0	343.3	17.0
1998	611.6	25.5	119.2	92.4	355.7	18.9
1999	634.1	26.9	121.9	102.3	360.5	22.5
2000	674	26.2	128.2	110.3	386.4	22.4
2001	680.4	28.9	122.1	120.7	383.8	25.0
2002	700.4	29.5	116.6	131.1	394.0	29.2
2003	689.7	30.8	113.1	119.3	396.6	30.0
2004	765	34	126	145	424	36
2005	809	34.8	133.3	154.0	453.0	33.7
2006	842	40	—	—	459	41
2007	901	43.1	143.9	182.0	485.4	46.7
2008	917	44.4	147.8	184.1	485.2	55.2
2009	882	46.0	140.6	180.9	461.5	52.9
2010	949	49.5	150.1	205.4	488.9	54.7
2011	995	49.4	156.0	218.2	516.4	54.9
2012	1035	52.9	162.7	233.5	534.4	51.7
2013	1087	54.4	167.5	249.8	566.4	48.4
2014	1133	55.7	181.0	263.3	581.8	51.0

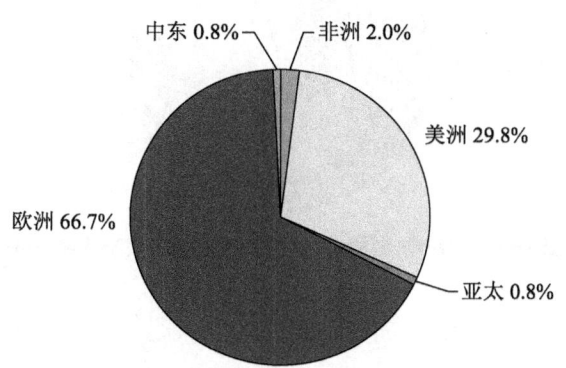

图1-6 1950年世界各地区接待的国际旅游人数构成

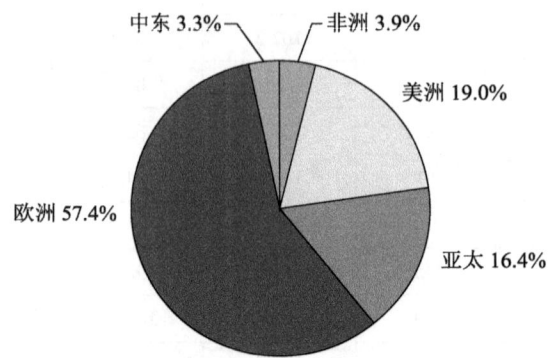

图 1-7　2000 年世界各地区接待的国际旅游人数构成

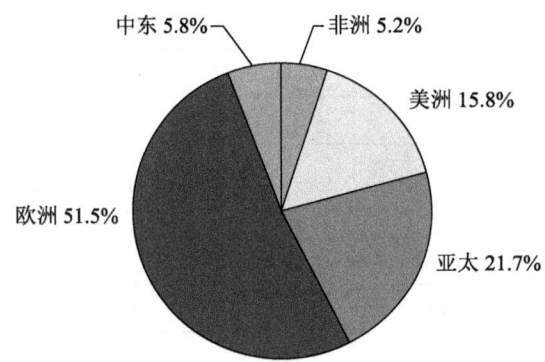

图 1-8　2010 年世界各地区接待的国际旅游人数构成

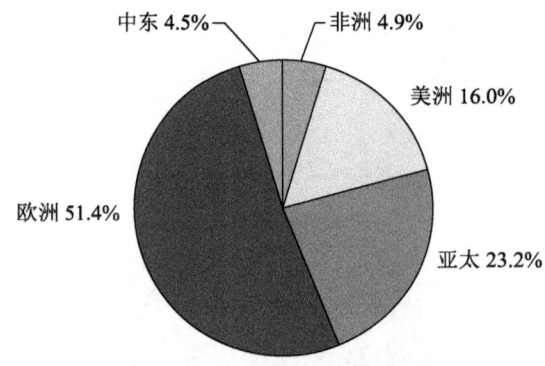

图 1-9　2014 年世界各地区接待的国际旅游人数构成

表1-8　1950—2014年世界各地区国际旅游人数年均增长情况

单位:%

时间段	世界	非洲	美洲	亚太	欧洲	中东
1950—2000	6.8	8.2	5.8	13.5	6.5	9.9
1950—2003	6.4	8.0	5.3	12.5	6.1	9.9
1950—1960	10.6	3.7	8.4	14.1	11.6	12.3
1960—1970	9.1	12.4	9.7	21.6	8.4	11.5
1970—1980	5.3	11.7	4.0	14.2	4.6	14.9
1980—1990	4.6	7.3	4.1	9.0	4.0	2.5
1980—1985	2.9	5.6	0.9	7.3	2.8	2.5
1985—1990	6.3	8.9	7.3	10.7	5.2	2.5
1990—2000	4.5	5.9	3.3	7.1	4.0	8.8
1990—1995	3.9	4.9	3.3	8.0	3.1	5.8
1995—2000	5.0	7.0	3.3	6.1	4.9	12.0
2000—2010	3.5	6.6	1.6	6.4	2.4	9.3
2000—2005	3.7	5.8	0.8	6.9	3.2	8.5
2005—2010	3.2	7.3	2.4	5.9	1.5	10.2
2010—2014	4.5	3.0	4.8	6.4	4.4	-1.7

从国际旅游收入上看,1960—2005年,欧美占据世界第一、第二位;2006—2014年,亚太地区后来居上,成功赶超美洲,成为世界第二,位列欧洲之后。欧洲(主要是西欧工业化国家)和美洲(主要是美国和加拿大)既是有吸引力的旅游目的地,又是有购买力的旅游客源地。1950年,美洲的国际旅游收入为11亿美元,欧洲为9亿美元,亚太地区仅有4000万美元,与欧美相差20多倍。20世纪60年代起,欧洲超过了美洲成为世界第一,并一直保持着1倍以上的优势(表1-9和表1-10)。随着欧洲一体化进程的加快、统一市场的形成,欧元的出现和申根成员国的不断增加,东欧国家的改革转型等因素都极大地刺激了洲内各国间的旅游往来,且欧洲各国普遍国土面积不大,自驾车旅游发达,出国旅行成本较低。而美国和加拿大幅员辽阔,在两国国内的中远距离旅游,同样的路程在欧洲可以进行横跨几个国家的旅行,是名副其实的国际和跨国旅游。在美国除去加拿大和墨西哥的边境旅游外,出国旅游一般都是越洋旅游,很难实现自驾车旅游。随着国际市场上石油价格的持续上涨,越洋旅游成本居高不下。上述两种因素的此消彼长,使得在国际旅游竞争中,欧洲的地位越来越强势,美洲的地位逐渐衰落;另一方面,亚太地区呈现出强劲的增长和追赶态势,1950—2000年,亚太地区的国际旅游收入年增长率达

16.57%,是世界五大区中增长率最高的。自20世纪50年代到80年代,亚太地区的国际旅游收入创下了全球最高的增长纪录(表1-10)。这一时期亚太地区的增长主要是由日本和"四小龙"领跑的,中国一直到20世纪80年代初才开始实行改革开放政策,打开国门发展国际旅游。到了20世纪90年代,由于日本金融改革的失败,日本经济陷入了"流动性陷阱",遭遇了战后最严重的"平成危机",殃及旅游业的发展。而中国旅游业后来居上,成为亚太地区的领头羊,使亚太地区的旅游业继续保持着远高于欧美地区的发展速度。

表1-9 1950—2014年世界各地区国际旅游收入情况

单位:10亿美元

年份	世界	非洲	美洲	亚太	欧洲	中东
1950	2.1	0.1	1.1	0.04	0.9	0.03
1960	6.9	0.2	2.5	0.2	3.9	0.1
1965	11.6	0.3	3.4	0.5	7.2	0.3
1970	17.9	0.5	4.8	1.2	11.0	0.4
1975	40.7	1.3	10.2	2.5	25.9	0.9
1980	106.5	3.4	24.7	11.3	63.7	3.5
1981	108.1	3.7	27.8	13.2	59.4	4.1
1982	104.3	3.4	25.7	13.4	58.0	3.9
1983	104.9	3.5	26.3	14.1	56.7	4.3
1984	113.7	3.2	32.0	15.1	58.8	4.6
1985	120.8	3.1	33.3	16.3	63.9	4.2
1986	146.6	3.6	38.4	21.0	80.2	3.4
1987	181.1	4.6	43.1	28.0	101.0	4.5
1988	210.2	5.5	51.3	36.7	112.2	4.3
1989	230.0	5.7	60.3	41.0	118.1	4.9
1990	273.2	6.4	69.3	46.7	145.6	5.1
1991	286.0	6.0	76.4	48.0	150.4	5.3
1992	328.7	6.8	83.7	56.3	174.4	7.5
1993	334.9	6.9	89.2	62.1	168.7	8.0
1994	366.0	7.6	92.5	72.8	183.8	9.3
1995	411.3	8.5	98.4	82.0	211.9	10.5

续表

年 份	世 界	非 洲	美 洲	亚 太	欧 洲	中 东
1996	447.5	9.7	108.3	93.5	224.2	11.9
1997	452.3	9.5	114.5	90.8	224.7	12.8
1998	448.9	10.3	115.2	76.6	234.1	12.6
1999	462.0	11.1	120.0	83.7	233.1	14.1
2000	475.0	10.3	131.4	85.4	231.7	16.8
2001	467.0	11.5	119.8	93.5	226.7	15.5
2002	481.6	11.8	113.7	99.1	241.2	15.7
2003	524.2	15.5	114.1	94.9	282.9	16.8
2004	633.0	19.2	132.0	127.8	328.5	25.5
2005	675.0	22.0	145.3	135.2	349.8	26.6
2006	742.0	24.6	154.1	156.5	376.9	29.9
2007	857.0	29.5	171.7	186.3	434.0	35.0
2008	940.0	30.2	188.5	209.0	472.0	39.7
2009	851.0	28.8	166.2	203.1	410.9	42.0
2010	927.0	30.4	180.7	255.3	409.3	51.7
2011	1042	32.7	197.9	298.6	466.7	46.4
2012	1078	34.3	212.9	329.1	454.0	47.5
2013	1197	35.5	264.2	360.7	491.7	45.2
2014	1245	36.4	274.0	376.8	508.9	49.3

资料来源：①UNWTO Tourism Barometer，根据最新数据调整。

②2009—2014年数据来源于UNWTO Tourism Highlights 2012—2015。

表1-10　1950—2014年世界各地区国际旅游收入增长情况

单位：%

时间段或年份	世 界	非 洲	美 洲	亚 太	欧 洲	中 东
1950—1960	12.60	7.20	8.60	17.50	15.80	12.80
1960—1965	10.90	8.40	6.30	20.10	13.00	24.60
1965—1970	9.10	10.80	7.10	19.10	8.80	5.90
1970—1975	17.90	21.10	16.30	15.80	18.70	17.60

续表

时间段或年份	世界	非洲	美洲	亚太	欧洲	中东
1975—1980	21.20	21.20	19.30	35.20	19.70	31.20
1981	1.50	8.82	12.55	16.81	−6.75	17.14
1982	−3.52	−8.11	−7.55	1.52	−2.36	−4.88
1983	0.58	2.94	2.33	5.22	−2.24	10.26
1984	8.39	−8.57	21.67	7.09	3.70	6.98
1985	6.24	−3.13	4.06	7.95	8.67	−8.70
1986	21.36	16.13	15.32	28.83	25.51	−19.05
1987	23.53	27.78	12.24	33.33	25.94	32.35
1988	16.07	19.57	19.03	31.07	11.09	−4.44
1989	9.42	3.64	17.54	11.72	5.26	13.95
1990	18.78	12.28	14.93	13.90	23.29	4.08
1991	4.69	−6.25	10.25	2.78	3.30	3.92
1992	14.93	13.33	9.55	17.29	15.96	41.51
1993	1.89	1.47	6.57	10.30	−3.27	6.67
1994	9.29	10.14	3.70	17.23	8.95	16.25
1995	12.38	11.84	6.38	12.64	15.29	12.90
1996	8.80	14.12	10.06	14.02	5.80	13.33
1997	1.07	−2.06	5.72	−2.89	0.22	7.56
1998	−0.75	8.42	0.61	−15.64	4.18	−1.56
1999	2.92	7.77	4.17	9.27	−0.43	11.90
2000	2.81	−7.21	9.50	2.03	−0.60	19.15
2001	−1.68	11.65	−8.83	9.48	−2.16	−7.74
2002	3.13	2.61	−5.09	5.99	6.40	1.29
2003	8.85	31.36	0.35	−4.24	17.29	7.01
2004	20.76	23.87	15.69	34.67	16.12	51.79
2005	6.64	14.58	10.08	5.79	6.48	4.31
2006	9.93	11.82	6.06	15.75	7.75	12.41
2007	15.50	19.92	11.42	19.04	15.15	17.06

续表

时间段或年份	世界	非洲	美洲	亚太	欧洲	中东
2008	9.68	2.37	9.78	12.18	8.76	13.43
2009	-9.47	-4.64	-11.83	-2.82	-12.94	5.79
2010	8.93	5.56	8.72	25.70	-0.39	23.10
2011	12.41	7.57	9.52	16.96	14.02	-10.25
2012	3.45	4.89	7.58	10.21	-2.72	2.37
2013	11.04	3.50	24.10	9.60	8.30	-4.84
2014	4.01	2.54	3.71	4.46	3.50	9.07

表1-11 1950—2014年世界各地区国际旅游收入占世界的份额

单位:%

年份	非洲	美洲	亚太	欧洲	中东
1950	4.76	52.38	1.90	42.86	1.43
1960	2.90	36.23	2.90	56.52	1.45
1965	2.59	29.31	4.31	62.07	2.59
1970	2.79	26.82	6.70	61.45	2.23
1975	3.19	25.06	6.14	63.64	2.21
1980	3.19	23.19	10.61	59.81	3.29
1981	3.42	25.72	12.21	54.95	3.79
1982	3.26	24.64	12.85	55.61	3.74
1983	3.34	25.07	13.44	54.05	4.10
1984	2.81	28.14	13.28	51.72	4.05
1985	2.57	27.57	13.49	52.90	3.48
1986	2.46	26.19	14.32	54.71	2.32
1987	2.54	23.80	15.46	55.77	2.48
1988	2.62	24.41	17.46	53.38	2.05
1989	2.48	26.22	17.83	51.35	2.13
1990	2.34	25.37	17.09	53.29	1.87
1991	2.10	26.71	16.78	52.59	1.85

续表

年 份	非 洲	美 洲	亚 太	欧 洲	中 东
1992	2.07	25.46	17.13	53.06	2.28
1993	2.06	26.63	18.54	50.37	2.39
1994	2.08	25.27	19.89	50.22	2.54
1995	2.07	23.92	19.94	51.52	2.55
1996	2.17	24.20	20.89	50.10	2.66
1997	2.10	25.32	20.08	49.68	2.83
1998	2.29	25.66	17.06	52.15	2.81
1999	2.40	25.97	18.12	50.45	3.05
2000	2.17	27.66	17.98	48.78	3.54
2001	2.46	25.65	20.02	48.54	3.32
2002	2.45	23.61	20.58	50.08	3.26
2003	2.96	21.77	18.10	53.97	3.20
2004	3.03	20.85	20.19	51.90	4.03
2005	3.26	21.53	20.03	51.82	3.94
2006	3.32	20.77	21.09	50.80	4.03
2007	3.44	20.04	21.74	50.64	4.08
2008	3.21	20.05	22.23	50.21	4.22
2009	3.38	19.53	23.87	48.28	4.94
2010	3.28	19.49	27.54	44.15	5.58
2011	3.14	18.99	28.66	44.79	4.45
2012	3.18	19.75	30.53	42.12	4.41
2013	2.97	22.07	30.13	41.08	3.78
2014	2.92	22.01	30.27	40.88	3.96

全球入境旅游收入前十强国家在近20多年的发展过程中,总体格局基本稳定,其中中国异军突起,成为十强榜上最引人注目的亮点。1990年,中国尚处于第25位,1995年就进入前10位,2005年跻身于第六位,2009年跻身于第五位,2010年更是跻身于第四位,2011—2013年保持在第四位,2014年成功超越法国,位居世界第三位,仅次于美国和西班牙。全球入境旅游收入前十强的变化,也反映出世界旅游经济在国家之间竞争的激烈程度。

表1-12　2014年全球入境旅游人数前十名的国家

国家	入境旅游人数(百万人次)				增长率(%)	排名			
	2014年	2013年	2012年	2011年	2014/2013年	2014年	2013年	2012年	2011年
法国	83.7	83.6	83.0	81.6	0.1	1	1	1	1
美国	74.8	70.0	66.7	62.7	6.8	2	2	2	2
西班牙	65.0	60.7	57.5	56.2	7.1	3	3	4	4
中国	55.6	55.7	57.7	57.6	−0.1	4	4	3	3
意大利	48.6	47.7	46.4	46.1	1.8	5	5	5	5
土耳其	39.8	37.8	35.7	34.7	5.3	6	6	6	6
德国	33.0	31.5	30.4	28.4	4.6	7	7	7	8
英国	32.6	31.1	29.3	29.3	5.0	8	8	8	7
俄罗斯	29.8	28.4	25.7	22.7	5.3	9	9	9	—
墨西哥	29.1	24.2	22.4	—	20.5	10	—	—	10

资料来源：UNWTO Tourism Highlights 2012—2015.

表1-13　2014年全球入境旅游收入前十名的国家/地区

国家/地区	入境旅游收入(10亿美元)				增长率(%)	排名			
	2014年	2013年	2012年	2011年	2014/2013年	2014年	2013年	2012年	2011年
美国	177.2	172.9	126.2	115.6	2.5	1	1	1	1
西班牙	65.2	62.6	56.3	59.9	4.2	2	2	2	2
中国	56.9	51.7	50.0	48.5	10.2	3	4	4	4
法国	55.4	56.7	53.6	54.5	−2.3	4	3	3	3
中国澳门	50.8	51.8	43.7	38.5	−1.9	5	5	5	9
意大利	45.5	43.9	41.2	43.0	3.7	6	6	6	5
英国	45.3	41.0	36.2	35.1	10.3	7	9	8	7
德国	43.3	41.3	38.1	38.9	5.0	8	8	7	6
泰国	38.4	41.8	33.8	—	−8.0	9	7	—	—
中国香港	38.4	38.9	33.1	27.7	−1.4	10	10	9	10

资料来源：UNWTO Tourism Highlights 2012—2015.

六、世界旅游市场抵抗风险的能力不断增强，发展后劲日益显现

长期以来，人们一直认为旅游业是一个非常脆弱的行业，在全球化的影响下，世界各地的一个灾害性事件，经过蝴蝶效应的放大会给旅游业带来重创，打击旅游者的出游信心。但事实上，世界旅游业的发展实际并不完全支持这种观点。如上述分析，在半个多世纪的旅游业发展历史中，旅游人数和旅游收入都各只有4年出现过负增长（表1-1）且都于次年出现了恢复性增长或强劲的反弹。这与世界经济的周期性危机大相径庭。近年来，国际旅游业几乎是在与天灾人祸相伴生的环境中发展壮大的。世界旅游业经过了20世纪80年代的黄金期后，就相继遇上了亚洲金融风暴、世界能源危机、全球经济衰退、口蹄疫（FMD）、疯牛病（BSE）、非典型性肺炎（SARS）、高致病性禽流感（HPAI）、东南亚海啸、"卡特里娜"飓风等，还有纽约"9·11"恐怖事件、伦敦地铁爆炸案、马德里火车爆炸案以及印尼巴厘岛、土耳其和肯尼亚等针对旅游者的恐怖袭击。虽然这些突发性事件都直接影响到全球和地区的旅游业，但旅游业的恢复能力之强超出了专家们的预料。像"9·11"这样震惊世界的恐怖事件，也只影响了当年的国际旅游人数，第二年即2002年的国际旅游者首次突破了7亿人次，增长了3%。2001年美国的入境旅游因"9·11"恐怖袭击受到了重创，旅游人数与上一年相比下降了8.4%，但同年美国的国内旅游却不跌反升，较之上年增长了2%。2009年的世界经济危机，使得当年的国际旅游人数较上年下降了3.8%，但2010年得以恢复，并超过历史最高水平的2008年，达到9.5亿人次。因此，旅游业敏感而不脆弱，是敏感性和恢复性都很强的行业。旅游已成为许多国家居民的基本需要和日常消费，旅游需求呈现出较强的黏性，即使是一些旅游目的地发生公共危机，旅游者仍会选择他们认为安全的目的地出游，"西方不亮东方亮"，正是这种此消彼长的机制作用，使得世界旅游业抗衰退能力不断增强，发展后劲日益显现。

第二章 "一带一路"沿线国家旅游发展概况

2013年9月和10月,中国国家主席习近平在出访中亚和东南亚国家期间,先后提出共建"丝绸之路经济带"和"21世纪海上丝绸之路"(以下简称"一带一路")的重大倡议,得到国际社会高度关注。2015年3月,中国国家发展改革委员会、外交部和商务部联合发布《推动共建丝绸之路经济带和21世纪海上丝绸之路的愿景与行动》,以推进实施"一带一路"重大倡议,通过新的形式使亚欧非各国联系更加紧密,促使互利合作共赢迈向新的历史高度。

千百年来,"和平合作、开放包容、互学互鉴、互利共赢"的丝绸之路精神薪火相传,促进了沿线国家的政治互信、经济合作、文化交流和民间往来,其中,旅游业在"一带一路"沿线国家的交流合作中扮演了非常重要的角色。随着世界经济复苏,旅游业强势增长,"一带一路"沿线国家自然旅游资源奇特,文化旅游资源丰富,旅游业将在"一带一路"沿线国家的交流合作中发挥更加重要的作用。《推动共建丝绸之路经济带和21世纪海上丝绸之路的愿景与行动》中"合作重点"明确指出:"加强旅游合作,扩大旅游规模,互办旅游推广周、宣传月等活动,联合打造具有丝绸之路特色的国际精品旅游线路和旅游产品,提高沿线各国游客签证便利化水平;推动21世纪海上丝绸之路邮轮旅游合作;积极开展体育交流活动,支持沿线国家申办重大国际体育赛事。"由此可见,对"一带一路"沿线国家旅游发展概况进行分析,对于推动实施国家战略和促进国际交流合作具有十分重要的现实意义。

一、"一带一路"沿线主要国家名单

《推动共建丝绸之路经济带和21世纪海上丝绸之路的愿景与行动》中"框架思路"明确指出:"'一带一路'贯穿亚欧非大陆,一头是活跃的东亚经济圈,一头是发达的欧洲经济圈,中间广大腹地国家经济发展潜力巨大。丝绸之路经济带重点畅通中国经中亚、俄罗斯至欧洲(波罗的海);中国经中亚、西亚至波斯湾、地中海;中国至东南亚、南亚、印度洋。21世纪海上丝绸之路重点方向是从中国沿海港口过南海到印度洋,延伸至欧洲;从中国沿海港口过南海到南太平洋。"其并未给出"一带一路"沿线国家的具体名单,尽管如此,仍可对"一带一路"沿线具有合作前景与意向的主要国家进行划分:

（1）东亚与东南亚，12国，具体包括中国、蒙古、新加坡、马来西亚、印度尼西亚、缅甸、泰国、老挝、柬埔寨、越南、文莱和菲律宾。

（2）西亚与地中海，18国，具体包括伊朗、伊拉克、土耳其、叙利亚、约旦、黎巴嫩、以色列、巴勒斯坦、沙特阿拉伯、也门、阿曼、阿联酋、卡塔尔、科威特、巴林、希腊、塞浦路斯和埃及。

（3）中亚，5国，具体包括哈萨克斯坦、乌兹别克斯坦、土库曼斯坦、塔吉克斯坦和吉尔吉斯斯坦。

（4）南亚，8国，具体包括印度、巴基斯坦、孟加拉、阿富汗、斯里兰卡、马尔代夫、尼泊尔和不丹。

（5）独联体，7国，具体包括俄罗斯、乌克兰、白俄罗斯、格鲁吉亚、阿塞拜疆、亚美尼亚和摩尔多瓦。

（6）中东欧，16国，具体包括波兰、立陶宛、爱沙尼亚、拉脱维亚、捷克、斯洛伐克、匈牙利、斯洛文尼亚、克罗地亚、波斯尼亚和黑塞哥维那（波黑）、黑山、塞尔维亚、阿尔巴尼亚、罗马尼亚、保加利亚和马其顿。

共计6个分区，含66个国家。

二、"一带一路"沿线主要国家国情概况

（一）面积

"一带一路"沿线主要国家的面积约为5000万平方千米（不包括巴勒斯坦），约占世界陆地总面积（14 950万平方千米）的比例为33%。其中，世界陆地面积最大的两个国家——俄罗斯（17 075 400平方千米）和中国（约960万平方千米）均位于"一带一路"沿线。

表2-1 2014年"一带一路"沿线各主要国家陆地面积排名

单位：平方千米

排名	国家	所属分区	面积
1	俄罗斯	独联体	17 075 400
2	中国	东亚与东南亚	约9 600 000
3	印度	南亚	约2 980 000
4	哈萨克斯坦	中亚	2 724 900
5	沙特阿拉伯	西亚与地中海	2 250 000
6	印度尼西亚	东亚与东南亚	1 904 443
7	伊朗	西亚与地中海	1 636 000
8	蒙古	东亚与东南亚	1 566 500

续表

排 名	国 家	所属分区	面 积
9	埃 及	西亚与地中海	1 001 450
10	巴基斯坦	南 亚	796 095
11	土耳其	西亚与地中海	783 600
12	缅 甸	东亚与东南亚	676 581
13	阿富汗	南 亚	647 500
14	乌克兰	独联体	603 700
15	也 门	西亚与地中海	555 000
16	泰 国	东亚与东南亚	513 115
17	土库曼斯坦	中 亚	491 200
18	乌兹别克斯坦	中 亚	447 400
19	伊拉克	西亚与地中海	441 839
20	马来西亚	东亚与东南亚	330 257
21	越 南	东亚与东南亚	329 556
22	波 兰	中东欧	312 685
23	阿 曼	西亚与地中海	309 500
24	菲律宾	东亚与东南亚	299 700
25	罗马尼亚	中东欧	238 391
26	老 挝	东亚与东南亚	236 800
27	白俄罗斯	独联体	207 600
28	吉尔吉斯斯坦	中 亚	198 500
29	叙利亚	西亚与地中海	185 180
30	柬埔寨	东亚与东南亚	181 035
31	孟加拉国	南 亚	147 570
32	尼泊尔	南 亚	147 181
33	塔吉克斯坦	中 亚	143 100
34	希 腊	西亚与地中海	131 957
35	保加利亚	中东欧	111 002
36	匈牙利	中东欧	93 030

续表

排 名	国 家	所属分区	面 积
37	约 旦	西亚与地中海	89 340
38	塞尔维亚	中东欧	88 300
39	阿塞拜疆	独联体	86 600
40	阿联酋	西亚与地中海	83 600
41	捷 克	中东欧	78 866
42	格鲁吉亚	独联体	69 700
43	斯里兰卡	南 亚	65 610
44	立陶宛	中东欧	65 300
45	拉脱维亚	中东欧	64 589
46	克罗地亚	中东欧	56 594
47	波 黑	中东欧	51 129
48	斯洛伐克	中东欧	49 035
49	爱沙尼亚	中东欧	45 200
50	不 丹	南 亚	38 000
51	摩尔多瓦	独联体	33 800
52	亚美尼亚	独联体	29 800
53	阿尔巴尼亚	中东欧	28 748
54	马其顿	中东欧	25 713
55	以色列	西亚与地中海	25 000
56	斯洛文尼亚	中东欧	20 273
57	科威特	西亚与地中海	17 818
58	黑 山	中东欧	13 800
59	卡塔尔	西亚与地中海	11 521
60	黎巴嫩	西亚与地中海	10 452
61	塞浦路斯	西亚与地中海	9251
62	文 莱	东亚与东南亚	5765
63	巴 林	西亚与地中海	712
64	新加坡	东亚与东南亚	699
65	马尔代夫	南 亚	298

注：①数据来源于《世界地图册》(中国地图出版社 2011 年第 2 版)。
②根据 1947 年联合国关于巴勒斯坦分治决议的规定，在巴勒斯坦地区建立的阿拉伯国面积为 1.15 万平方千米，后被以色列占领。1988 年 11 月，巴勒斯坦国宣告成立，但未确定其疆界。

(二)人口数量

2014年,"一带一路"沿线主要国家人口数量为452 791万人(不包括巴勒斯坦国),约占世界人口数量(726 078万人)的比例为62%。其中,世界人口数量最大的两个国家——中国(136 427万人)和印度(129 529万人)均位于"一带一路"沿线。

表2-2 2008—2014年"一带一路"沿线各主要国家人口数量

单位:万人

排名	国家	所属分区	2008年	2009年	2010年	2011年	2012年	2013年	2014年
1	中国	东亚与东南亚	132 466	133 126	133 771	134 413	135 070	135 738	136 427
2	印度	南亚	119 707	121 418	123 098	124 745	126 359	127 950	129 529
3	印度尼西亚	东亚与东南亚	23 536	23 847	24 161	24 481	24 804	25 127	25 445
4	巴基斯坦	南亚	16 310	16 652	17 004	17 367	17 739	18 119	18 504
5	孟加拉国	南亚	14 825	14 991	15 162	15 341	15 526	15 716	15 908
6	俄罗斯	独联体	14 274	14 279	14 285	14 296	14 320	14 351	14 382
7	菲律宾	东亚与东南亚	9030	9164	9304	9450	9602	9757	9914
8	越南	东亚与东南亚	8512	8603	8693	8786	8881	8976	9073
9	埃及	西亚与地中海	7898	8044	8204	8379	8566	8761	8958
10	伊朗	西亚与地中海	7253	7337	7425	7518	7616	7715	7814
11	土耳其	西亚与地中海	7034	7126	7231	7352	7485	7622	7752
12	泰国	东亚与东南亚	6645	6655	6669	6690	6716	6745	6773
13	缅甸	东亚与东南亚	5103	5137	5173	5213	5254	5298	5344
14	乌克兰	独联体	4626	4605	4587	4571	4559	4549	4536
15	波兰	中东欧	3813	3815	3804	3806	3806	3804	3801
16	伊拉克	西亚与地中海	2916	2997	3087	3187	3296	3411	3527
17	阿富汗	南亚	2653	2721	2796	2881	2973	3068	3163
18	沙特阿拉伯	西亚与地中海	2674	2741	2809	2879	2950	3020	3089
19	乌兹别克斯坦	中亚	2730	2777	2856	2934	2977	3024	3076
20	马来西亚	东亚与东南亚	2720	2766	2812	2857	2902	2947	2990
21	尼泊尔	南亚	2633	2659	2688	2718	2750	2783	2817
22	也门	西亚与地中海	2232	2295	2359	2423	2488	2553	2618
23	斯里兰卡	南亚	1982	1997	2012	2027	2042	2058	2077
24	罗马尼亚	中东欧	2054	2037	2025	2015	2006	1998	1991

续表

排名	国家	所属分区	2008年	2009年	2010年	2011年	2012年	2013年	2014年
25	叙利亚	西亚与地中海	2010	2057	2072	2050	1998	1932	1877
26	哈萨克斯坦	中亚	1567	1609	1632	1656	1679	1704	1729
27	柬埔寨	东亚与东南亚	1393	1414	1436	1459	1483	1508	1533
28	希腊	西亚与地中海	1108	1111	1112	1110	1105	1097	1089
29	捷克	中东欧	1038	1044	1047	1050	1051	1051	1053
30	匈牙利	中东欧	1004	1002	1000	997	992	989	987
31	阿塞拜疆	独联体	876	895	905	917	930	942	954
32	白俄罗斯	独联体	953	951	949	947	946	947	948
33	阿联酋	西亚与地中海	690	771	833	873	895	904	909
34	塔吉克斯坦	中亚	725	741	758	775	793	811	830
35	以色列	西亚与地中海	731	749	762	777	791	806	822
36	约旦	西亚与地中海	601	627	652	676	699	721	742
37	保加利亚	中东欧	749	744	740	735	731	727	722
38	塞尔维亚	中东欧	735	732	729	723	720	716	713
39	老挝	东亚与东南亚	605	615	626	637	647	658	669
40	吉尔吉斯斯坦	中亚	532	538	545	551	561	572	584
41	黎巴嫩	西亚与地中海	411	418	434	459	492	529	561
42	新加坡	东亚与东南亚	484	499	508	518	531	540	547
43	斯洛伐克	中东欧	538	539	539	540	541	541	542
44	土库曼斯坦	中亚	492	498	504	511	517	524	531
45	克罗地亚	中东欧	443	443	442	428	427	426	424
46	阿曼	西亚与地中海	265	276	294	321	355	391	424
47	波黑	中东欧	384	384	384	383	383	382	382
48	科威特	西亚与地中海	271	288	306	324	342	359	375
49	格鲁吉亚	独联体	403	398	393	388	383	378	373
50	摩尔多瓦	独联体	357	357	356	356	356	356	356
51	亚美尼亚	独联体	298	297	296	297	298	299	301
52	立陶宛	中东欧	320	316	310	303	299	296	293

续表

排名	国家	所属分区	2008年	2009年	2010年	2011年	2012年	2013年	2014年
53	蒙古	东亚与东南亚	263	267	271	276	281	286	291
54	阿尔巴尼亚	中东欧	295	293	291	290	290	290	289
55	卡塔尔	西亚与地中海	139	159	177	191	202	210	217
56	马其顿	中东欧	206	206	206	207	207	207	208
57	斯洛文尼亚	中东欧	202	204	205	205	206	206	206
58	拉脱维亚	中东欧	218	214	210	206	203	201	199
59	巴林	西亚与地中海	112	120	126	131	133	135	136
60	爱沙尼亚	中东欧	134	133	133	133	132	132	131
61	塞浦路斯	西亚与地中海	108	109	110	112	113	114	115
62	不丹	南亚	69	71	72	73	74	75	77
63	黑山	中东欧	62	62	62	62	62	62	62
64	文莱	东亚与东南亚	38	39	39	40	41	41	42
65	马尔代夫	南亚	36	36	37	38	39	39	40

注：按2014年的数据排序，来源于世界银行官网，巴勒斯坦数据缺失。

（三）国内生产总值

2014年，"一带一路"沿线主要国家国内生产总值（GDP）为237 554亿美元（不包括巴勒斯坦国、叙利亚和也门），约占世界国内生产总值（780 885亿美元）的比例为30%。其中，中国国内生产总值为103 511亿美元，位居世界第二位，仅次于美国（173 481亿美元）。

表2-3　2008—2014年"一带一路"沿线各主要国家国内生产总值

单位：亿美元

排名	国家	所属分区	2008年	2009年	2010年	2011年	2012年	2013年	2014年
1	中国	东亚与东南亚	45 584	50 594	60 397	74 924	84 616	94 906	103 511
2	俄罗斯	独联体	16 608	12 226	15 249	20 318	21 701	22 306	20 310
3	印度	南亚	12 241	13 654	17 085	18 159	18 250	18 632	20 424
4	印度尼西亚	东亚与东南亚	5102	5396	7551	8930	9179	9125	8905
5	土耳其	西亚与地中海	7303	6146	7312	7748	7889	8232	7988
6	沙特阿拉伯	西亚与地中海	5198	4291	5268	6695	7340	7443	7538
7	波兰	中东欧	5302	4365	4792	5287	5002	5241	5450
8	伊朗	西亚与地中海	3972	3990	4678	5920	5872	5116	4253

续表

排名	国家	所属分区	2008年	2009年	2010年	2011年	2012年	2013年	2014年
9	泰国	东亚与东南亚	2914	2816	3409	3706	3973	4199	4043
10	阿联酋	西亚与地中海	3155	2535	2860	3485	3734	3872	3995
11	马来西亚	东亚与东南亚	2308	2023	2550	2980	3144	3233	3381
12	新加坡	东亚与东南亚	1922	1924	2364	2752	2893	3003	3063
13	以色列	西亚与地中海	2168	2081	2343	2618	2596	2924	3057
14	埃及	西亚与地中海	1628	1890	2189	2360	2764	2860	3015
15	菲律宾	东亚与东南亚	1742	1683	1996	2241	2501	2719	2848
16	哈萨克斯坦	中亚	1334	1153	1480	2004	2159	2438	2274
17	希腊	西亚与地中海	3545	3300	2994	2878	2457	2395	2356
18	伊拉克	西亚与地中海	1316	1117	1385	1857	2180	2325	2235
19	巴基斯坦	南亚	1701	1682	1774	2138	2246	2311	2434
20	捷克	中东欧	2352	2057	2070	2273	2064	2083	2053
21	卡塔尔	西亚与地中海	1153	978	1251	1698	1903	2019	2101
22	罗马尼亚	中东欧	2082	1674	1680	1854	1717	1915	1993
23	乌克兰	独联体	1800	1172	1364	1632	1758	1813	1318
24	科威特	西亚与地中海	1474	1059	1154	1540	1741	1742	1636
25	越南	东亚与东南亚	991	1060	1159	1355	1558	1712	1862
26	孟加拉国	南亚	916	1025	1153	1286	1334	1500	1729
27	匈牙利	中东欧	1571	1298	1301	1399	1272	1344	1383
28	斯洛伐克	中东欧	1001	887	893	979	930	980	1003
29	阿曼	西亚与地中海	609	484	586	679	763	782	818
30	斯里兰卡	南亚	407	421	567	653	684	743	800
31	阿塞拜疆	独联体	489	443	529	660	687	736	752
32	白俄罗斯	独联体	608	492	552	597	636	731	761
33	缅甸	东亚与东南亚	—	—	—	—	747	587	643
34	克罗地亚	中东欧	705	627	597	622	565	578	571
35	乌兹别克斯坦	中亚	279	328	393	453	512	568	631
36	保加利亚	中东欧	547	518	499	569	536	556	567

续表

排名	国家	所属分区	2008年	2009年	2010年	2011年	2012年	2013年	2014年
37	斯洛文尼亚	中东欧	556	502	480	513	462	477	495
38	立陶宛	中东欧	479	374	371	435	429	464	484
39	塞尔维亚	中东欧	493	426	395	465	407	455	442
40	黎巴嫩	西亚与地中海	288	351	380	401	432	444	457
41	土库曼斯坦	中亚	193	202	226	292	352	392	435
42	也门	西亚与地中海	304	285	309	311	321	360	—
43	约旦	西亚与地中海	220	238	264	288	309	336	358
44	巴林	西亚与地中海	257	229	257	290	308	329	339
45	拉脱维亚	中东欧	355	261	237	284	280	302	313
46	爱沙尼亚	中东欧	242	197	195	232	231	252	265
47	塞浦路斯	西亚与地中海	275	256	252	271	249	241	232
48	阿富汗	南亚	102	125	159	179	205	200	201
49	尼泊尔	南亚	125	129	160	189	189	193	198
50	波黑	中东欧	191	176	172	186	172	182	185
51	文莱	东亚与东南亚	144	107	124	167	170	161	171
52	格鲁吉亚	独联体	128	108	116	144	158	161	165
53	柬埔寨	东亚与东南亚	104	104	112	128	140	154	168
54	阿尔巴尼亚	中东欧	129	120	119	129	123	128	133
55	蒙古	东亚与东南亚	56	46	72	104	123	126	122
56	老挝	东亚与东南亚	54	58	72	83	94	112	117
57	亚美尼亚	独联体	117	86	93	101	106	111	116
58	马其顿	中东欧	99	94	94	105	97	108	113
59	塔吉克斯坦	中亚	52	50	56	65	76	85	92
60	摩尔多瓦	独联体	61	54	58	70	73	80	80
61	吉尔吉斯斯坦	中亚	51	47	48	62	66	73	75
62	黑山	中东欧	45	41	41	45	41	45	46
63	马尔代夫	南亚	21	22	23	24	25	28	31
64	不丹	南亚	13	13	16	18	18	18	20

注：①按2013年数据排序，来源于世界银行官网。
②巴勒斯坦和叙利亚数据缺失，也门2014年数据缺失，故按2013年数据排名。

2008—2014年,"一带一路"沿线国家GDP和世界各个国家总体GDP总体上均呈增长态势,"一带一路"沿线国家GDP的年均增长率为8.3%,高于世界各个国家总体GDP的年均增长率(3.6%)。2011—2014年,"一带一路"沿线国家GDP和世界各个国家总体GDP增速放缓,但"一带一路"沿线国家GDP年均增长率(5.7%)仍然高于世界各个国家总体GDP年均增长率(2.4%)。

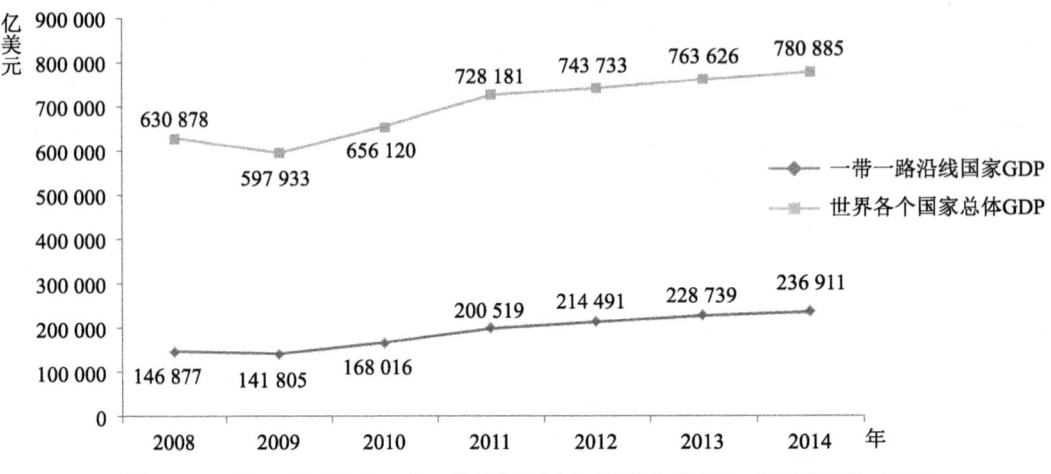

图2-1　2008—2014年"一带一路"沿线国家GDP与世界各个国家总体GDP

注:数据来源于世界银行官网;此处"一带一路"沿线国家GDP不含巴勒斯坦、缅甸、叙利亚和也门GDP。

(四)人均国内生产总值

2014年,"一带一路"沿线主要国家人均国内生产总值位居世界前十名的国家有卡塔尔(第三名,96 733美元)和新加坡(第八名,56 007美元)。人均国内生产总值在10 000美元以上的国家有25个,人均国内生产总值在5000~10 000美元的国家有13个,人均国内生产总值在5000美元以下的国家有26个。人均国内生产总值在10 000美元以上的25个国家中,位于西亚与地中海分区的国家有10个,位于中东欧分区的国家有10个,位于东亚与东南亚分区的国家有3个(新加坡、文莱和马来西亚),位于独联体和中亚分区的国家各有1个,分别为俄罗斯和哈萨克斯坦。由此可见,"一带一路"沿线经济发达国家主要集中在中东欧分区和西亚与地中海分区。

表2-4　2008—2014年"一带一路"沿线各主要国家人均国内生产总值

单位:美元

排名	国家	所属分区	2008年	2009年	2010年	2011年	2012年	2013年	2014年
1	卡塔尔	西亚与地中海	82 990	61 464	70 870	89 116	94 407	96 077	96 733
2	新加坡	东亚与东南亚	39 721	38 578	46 570	53 094	54 451	55 618	56 007
3	科威特	西亚与地中海	54 484	36 755	37 725	47 551	50 904	48 463	43 594
4	阿联酋	西亚与地中海	45 720	32905	34 342	39 901	41 712	42 831	43 963

续表

排名	国家	所属分区	2008年	2009年	2010年	2011年	2012年	2013年	2014年
5	文莱	东亚与东南亚	37 798	27 726	31 453	41 787	41 808	39 151	40 980
6	以色列	西亚与地中海	29 657	27 796	30 736	33 707	32 819	36 281	37 206
7	塞浦路斯	西亚与地中海	34 950	31 673	30 439	31 837	28 868	27 909	27 246
8	沙特阿拉伯	西亚与地中海	19 437	15 655	18 754	23 256	24 883	24 646	24 406
9	巴林	西亚与地中海	23 043	19 167	20 386	22 239	23 063	24 379	24 855
10	斯洛文尼亚	中东欧	27 502	24 634	23 439	24 984	22 478	23 144	24 002
11	希腊	西亚与地中海	31 997	29 711	26 919	25 915	22 243	21 843	21 627
12	阿曼	西亚与地中海	22 963	17 519	19 921	21 164	21 534	20 011	19 310
13	捷克	中东欧	22 649	19 698	19 764	21 657	19 641	19 814	19 502
14	爱沙尼亚	中东欧	18 095	14 726	14 641	17 454	17 491	19 155	20 148
15	斯洛伐克	中东欧	18 604	16 460	16 555	18 139	17 207	18 109	18 501
16	立陶宛	中东欧	14 962	11 837	11 989	14 367	14 343	15 694	16 490
17	俄罗斯	独联体	11 635	8563	10 675	14 212	15 154	15 544	13 902
18	拉脱维亚	中东欧	16 324	12 208	11 320	13 781	13 775	15 016	15 692
19	哈萨克斯坦	中亚	8514	7165	9071	12 103	12 858	14 310	13 155
20	波兰	中东欧	13 906	11 441	12 597	13 891	13 142	13 776	14 337
21	匈牙利	中东欧	15 650	12 948	13 009	14 033	12 820	13 585	14 022
22	克罗地亚	中东欧	15 894	14 157	13 509	14 542	13 236	13 575	13 481
23	马来西亚	东亚与东南亚	8487	7312	9069	10 428	10 835	10 974	11 307
24	土耳其	西亚与地中海	10 382	8624	10 112	10 538	10 539	10 800	10 304
25	罗马尼亚	中东欧	10 136	8220	8297	9200	8558	9585	10 012
26	黎巴嫩	西亚与地中海	7016	8403	8764	8729	8774	8389	8149
27	阿塞拜疆	独联体	5575	4950	5843	7190	7394	7812	7886
28	白俄罗斯	独联体	6376	5176	5819	6306	6722	7722	8025
29	保加利亚	中东欧	7296	6956	6753	7750	7333	7657	7851
30	土库曼斯坦	中亚	3919	4060	4479	5725	6798	7480	8194
31	黑山	中东欧	7326	6698	6682	7319	6587	7187	7378
32	马尔代夫	南亚	5850	6018	6331	6498	6530	7112	7641

续表

排名	国家	所属分区	2008年	2009年	2010年	2011年	2012年	2013年	2014年
33	中国	东亚与东南亚	3441	3800	4515	5574	6265	6992	7587
34	伊拉克	西亚与地中海	4513	3726	4487	5829	6615	6817	6336
35	伊朗	西亚与地中海	5476	5438	6300	7874	7711	6631	5443
36	塞尔维亚	中东欧	6702	5821	5412	6423	5659	6354	6200
37	泰国	东亚与东南亚	4385	4231	5112	5539	5915	6225	5970
38	马其顿	中东欧	4822	4566	4561	5080	4710	5220	5453
39	波黑	中东欧	4975	4586	4475	4861	4495	4748	4852
40	约旦	西亚与地中海	3656	3801	4054	4266	4423	4656	4831
41	阿尔巴尼亚	中东欧	4371	4114	4094	4438	4248	4412	4589
42	蒙古	东亚与东南亚	2138	1717	2650	3773	4377	4401	4202
43	格鲁吉亚	独联体	3175	2707	2964	3725	4143	4274	4430
44	乌克兰	独联体	3891	2545	2974	3570	3855	3986	3065
45	亚美尼亚	独联体	3920	2916	3125	3417	3566	3717	3874
46	印度尼西亚	东亚与东南亚	2168	2263	3125	3648	3701	3632	3500
47	斯里兰卡	南亚	2054	2107	2820	3221	3351	3610	3853
48	埃及	西亚与地中海	2062	2349	2668	2817	3226	3264	3366
49	菲律宾	东亚与东南亚	1929	1837	2145	2372	2605	2787	2873
50	不丹	南亚	1811	1787	2201	2486	2452	2383	2561
51	摩尔多瓦	独联体	1696	1526	1632	1971	2047	2244	2245
52	越南	东亚与东南亚	1165	1232	1334	1543	1755	1908	2052
53	乌兹别克斯坦	中亚	1023	1182	1377	1545	1719	1878	2053
54	老挝	东亚与东南亚	900	948	1147	1301	1446	1701	1751
55	印度	南亚	1023	1125	1388	1456	1444	1456	1577
56	也门	西亚与地中海	1362	1240	1310	1282	1289	1408	—
57	吉尔吉斯斯坦	中亚	966	871	880	1124	1178	1282	1280
58	巴基斯坦	南亚	1043	1010	1043	1231	1266	1276	1315
59	缅甸	东亚与东南亚	—	—	—	—	1421	1107	1204
60	塔吉克斯坦	中亚	712	672	744	841	962	1049	1113

续表

排名	国家	所属分区	2008年	2009年	2010年	2011年	2012年	2013年	2014年
61	柬埔寨	东亚与东南亚	743	735	783	879	946	1025	1095
62	孟加拉国	南亚	618	684	760	839	859	954	1087
63	尼泊尔	南亚	477	483	595	696	685	692	702
64	阿富汗	南亚	384	459	570	622	691	653	634

注：①按2013年数据排序，来源于世界银行官网。
②巴勒斯坦和叙利亚数据缺失，也门2014年数据缺失，故按2013年数据排名。

2014年，世界人均国内生产总值为10 755美元，"一带一路"沿线主要国家中，仅有23个国家人均国内生产总值高于该平均水平，因此，"一带一路"沿线主要国家经济发展水平总体较低。2008—2014年，世界人均GDP和中国人均GDP总体呈增长态势，虽然中国人均GDP一直低于世界人均GDP，但是中国人均GDP增速较快，且逐渐在缩减与世界人均GDP之间的差距。2008—2014年，世界人均GDP年均增长率为2.4%，中国人均GDP年均增长率则高达14.1%。

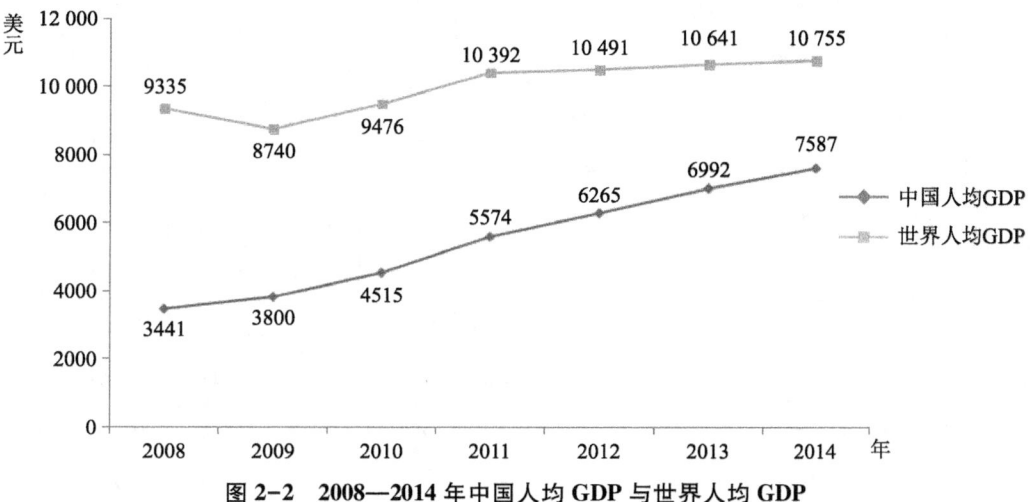

图2-2　2008—2014年中国人均GDP与世界人均GDP

注：数据来源于世界银行官网。

三、"一带一路"沿线主要国家旅游概况

（一）入境旅游人数

2014年，"一带一路"沿线各主要国家入境旅游人数排在前十位的国家是中国（55 622千人次）、土耳其（39 811千人次）、俄罗斯（32 421千人次）、马来西亚（27 437千人次）、泰国（24 810千人次）、希腊（22 033千人次）、沙特阿拉伯（18 259千人次）、波兰（16 000千人次）、乌克兰（12 712千人次）和匈牙利（12 140千人次）。此外，新加坡

(11 864千人次)、克罗地亚(11 623千人次)、捷克(10 617千人次)和巴林(10 452千人次)的入境旅游人数也都超过10 000千人次。在以上14个国家中,东亚与东南亚国家4个(中国、马来西亚、泰国和新加坡),西亚与地中海国家4个(土耳其、希腊、沙特阿拉伯和巴林),中东欧国家4个(波兰、匈牙利、克罗地亚和捷克),独联体国家2个(俄罗斯和乌克兰)。

2008—2014年,"一带一路"沿线各主要国家入境旅游人数年均增长率高于10.0%的国家是缅甸(58.7%)、白俄罗斯(48.2%)、不丹(29.8%)、斯里兰卡(23.1%)、阿尔巴尼亚(17.9%)、老挝(16.1%)、伊朗(16.0%)、亚美尼亚(13.7%)、柬埔寨(13.3%)、阿塞拜疆(12.9%)、卡塔尔(12.4%)、越南(10.9%),这些国家的入境旅游人数均排在前14名之外。由此可见,"一带一路"沿线的诸多国家迎来了旅游发展的良好机遇,入境旅游人数增速较快。

表2-5 2008—2014年"一带一路"沿线各主要国家入境旅游人数

单位:千人次

排名	国家	所属分区	2008年	2009年	2010年	2011年	2012年	2013年	2014年
1	中国	东亚与东南亚	53 049	50 875	55 664	57 581	57 725	55 686	55 622
2	土耳其	西亚与地中海	29 792	30 187	31 364	34 654	35 698	37 795	39 811
3	马来西亚	东亚与东南亚	22 052	23 646	24 577	24 714	25 033	25 715	27 437
4	俄罗斯	独联体	23 676	21 339	22 281	24 932	28 177	30 792	32 421
5	乌克兰	独联体	25 449	20 798	21 203	21 415	23 013	24 671	12 712
6	泰国	东亚与东南亚	14 584	14 150	15 936	19 230	22 354	26 547	24 810
7	希腊	西亚与地中海	15 939	14 915	15 007	16 427	15 518	17 920	22 033
8	埃及	西亚与地中海	12 296	11 914	14 051	9497	11 196	9174	9628
9	波兰	中东欧	12 960	11 890	12 470	13 350	14 840	15 800	16 000
10	巴林	西亚与地中海	8631	8861	11 952	6732	8062	9163	10 452
11	沙特阿拉伯	西亚与地中海	14 757	10 897	10 850	14 179	16 332	15 772	18 259
12	匈牙利	中东欧	8814	9058	9510	10 250	10 353	10 624	12 140
13	新加坡	东亚与东南亚	7778	7488	9161	10 390	11 098	11 899	11 864
14	克罗地亚	中东欧	8665	8694	9111	9927	10 369	10 948	11 623
15	捷克	中东欧	10 119	8848	8629	9019	10 123	10 300	10 617
16	叙利亚	西亚与地中海	5430	6092	8546	5070	—	—	—
17	罗马尼亚	中东欧	8862	7575	7498	7611	7937	8019	8442
18	印度尼西亚	东亚与东南亚	6234	6324	7003	7650	8044	8802	9435
19	保加利亚	中东欧	5780	5739	6047	6328	6541	6898	7311

续表

排名	国家	所属分区	2008年	2009年	2010年	2011年	2012年	2013年	2014年
20	印度	南亚	5283	5168	5776	6309	6578	6968	7679
21	斯洛伐克	中东欧	6643	5298	5415	5961	6235	—	—
22	越南	东亚与东南亚	4236	3747	5050	6014	6848	7572	7874
23	约旦	西亚与地中海	3729	3789	4207	3960	4162	3945	3990
24	菲律宾	东亚与东南亚	3139	3017	3520	3917	4273	4681	4833
25	哈萨克斯坦	中亚	3211	2944	2991	4093	4437	4926	4560
26	伊朗	西亚与地中海	2034	2116	2938	3354	3834	4769	4967
27	以色列	西亚与地中海	2572	2321	2803	2820	2886	2962	2927
28	柬埔寨	东亚与东南亚	2125	2162	2508	2882	3584	4210	4503
29	爱沙尼亚	中东欧	2079	2059	2372	2665	2744	2873	2918
30	阿尔巴尼亚	中东欧	1247	1711	2191	2469	3156	2857	3341
31	塞浦路斯	西亚与地中海	2404	2141	2173	2392	2465	2405	2441
32	黎巴嫩	西亚与地中海	1333	1844	2168	1655	1366	1274	1355
33	斯洛文尼亚	中东欧	1958	1824	1869	2037	2156	2259	2411
34	卡塔尔	西亚与地中海	1405	1659	1700	2057	2346	2611	2826
35	老挝	东亚与东南亚	1295	1239	1670	1894	2291	2700	3164
36	伊拉克	西亚与地中海	864	1262	1518	1510	1111	892	—
37	立陶宛	中东欧	1611	1341	1507	1775	1900	2012	2063
38	阿曼	西亚与地中海	1471	1524	1441	1018	1241	1392	1519
39	拉脱维亚	中东欧	1684	1323	1373	1493	1435	1536	1843
40	阿塞拜疆	独联体	1043	1005	1280	1562	1986	2130	2160
41	黑山	中东欧	1031	1044	1088	1201	1264	1324	1350
42	格鲁吉亚	独联体	—	—	1067	1319	1790	2065	2229
43	也门	西亚与地中海	1023	1028	1025	829	874	990	—
44	乌兹别克斯坦	中亚	1069	1215	975	—	—	1969	—
45	巴基斯坦	南亚	823	855	907	1161	966	—	—
46	吉尔吉斯斯坦	中亚	1844	1394	855	2278	2406	3076	2849
47	缅甸	东亚与东南亚	193	243	792	816	1059	2044	3081

续表

排名	国家	所属分区	2008年	2009年	2010年	2011年	2012年	2013年	2014年
48	马尔代夫	南亚	683	656	792	931	958	1125	1205
49	亚美尼亚	独联体	558	575	684	758	963	1084	1204
50	塞尔维亚	中东欧	646	645	683	764	810	922	1029
51	白俄罗斯	独联体	92	95	677	783	955	966	973
52	斯里兰卡	南亚	438	448	654	856	1006	1275	1527
53	尼泊尔	南亚	500	510	603	736	803	798	790
54	巴勒斯坦	西亚与地中海	387	396	522	449	490	545	556
55	蒙古	东亚与东南亚	446	433	456	460	476	418	393
56	波黑	中东欧	322	311	365	392	439	529	536
57	孟加拉国	南亚	467	267	303	155	125	148	125
58	文莱	东亚与东南亚	226	157	214	242	209	225	201
59	科威特	西亚与地中海	259	297	207	269	300	307	—
60	塔吉克斯坦	中亚	325	207	160	183	244	208	213
61	摩尔多瓦	独联体	—	—	64	75	89	96	94
62	不丹	南亚	28	23	41	66	105	116	134

注：按2010年数据排序，来源于世界旅游组织（UNWTO）；阿富汗、阿联酋、马其顿、土库曼斯坦数据缺失；巴林、俄罗斯、吉尔吉斯斯坦、罗马尼亚、伊朗、伊拉克、越南入境旅游人数包括过夜旅游者和一日游游客，其他国家入境旅游人数均指过夜旅游者，不包括一日游游客；部分国家2011—2014年数据缺失，故按2010年数据排名。

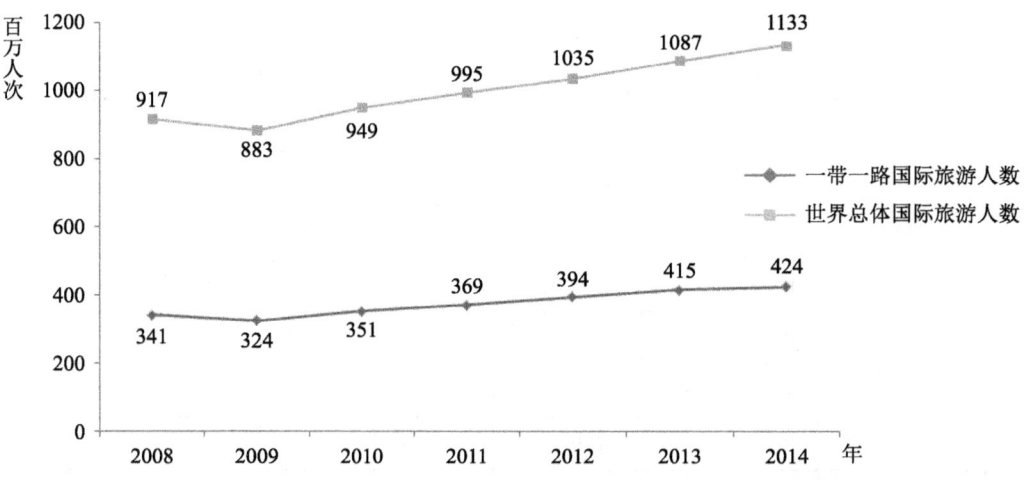

图2-3　2008—2014年"一带一路"沿线国家国际旅游人数与世界总体国际旅游人数

注：阿富汗、阿联酋、马其顿和土库曼斯坦数据缺失，叙利亚、斯洛伐克、伊拉克、格鲁吉亚、也门、乌兹别克斯坦、巴基斯坦、科威特和摩尔多瓦2008—2014年数据不完整，故此处"一带一路"沿线国家国际旅游人数为其他53个国家入境旅游人数之和。

2008—2014年,"一带一路"沿线国家国际旅游人数从2008年的341百万人次增长到2014年的424百万人次,增长了24.3%;世界总体国际旅游人数从2008年的917百万人次增长到2014年的1133百万人次,增长了23.6%。2010—2014年,"一带一路"沿线国家国际旅游人数的年均增长率为4.8%,世界总体国际旅游人数的年均增长率为4.5%。2010—2014年,"一带一路"沿线国家国际旅游人数占世界总体国际旅游人数的比重分别为37.0%、37.1%、38.1%、38.2%和37.4%。

（二）入境旅游收入

2014年,"一带一路"沿线各主要国家入境旅游收入排在前十位的国家是中国（56 913百万美元）、泰国（38 433百万美元）、土耳其（29 552百万美元）、马来西亚（22 600百万美元）、印度（19 700百万美元）、新加坡（19 203百万美元）、希腊（17 813百万美元）、俄罗斯（11 759百万美元）、波兰（11 234百万美元）和印度尼西亚（10 261百万美元）。此外,克罗地亚（9863百万美元）、沙特阿拉伯（8238百万美元）、越南（7330百万美元）、埃及（7208百万美元）、捷克（6822百万美元）、黎巴嫩（6272百万美元）、匈牙利（5868百万美元）、以色列（5695百万美元）和菲律宾（5023百万美元）的入境旅游收入也都超过5000百万美元。在以上19个国家中,东亚与东南亚国家7个（中国、泰国、马来西亚、新加坡、印度尼西亚、越南和菲律宾）,西亚与地中海国家6个（土耳其、希腊、沙特阿拉伯、埃及、黎巴嫩和以色列）,中东欧国家4个（波兰、克罗地亚、捷克和匈牙利）,南亚国家1个（印度）,独联体国家1个（俄罗斯）。

2008—2014年,"一带一路"沿线各主要国家入境旅游收入年均增长率高于10.0%的国家是缅甸（69.5%）、阿塞拜疆（52.8%）、斯里兰卡（38.7%）、格鲁吉亚（26.0%）、亚美尼亚（19.5%）、柬埔寨（17.9%）、不丹（16.3%）、白俄罗斯（15.6%）、老挝（15.1%）、泰国（13.3%）、孟加拉国（12.6%）、巴勒斯坦（12.4%）、菲律宾（12.3%）、越南（10.9%）、新加坡（10.2%）。其中,缅甸、阿塞拜疆、斯里兰卡、亚美尼亚、柬埔寨、不丹、白俄罗斯、老挝和越南的入境旅游人数与入境旅游收入的年均增长率均保持在10.0%以上水平。

表2-6 2008—2014年"一带一路"沿线各主要国家入境旅游收入

单位:百万美元

排名	国家	所属分区	2008年	2009年	2010年	2011年	2012年	2013年	2014年
1	中国	东亚与东南亚	40 843	39 675	45 814	48 464	50 028	51 664	56 913
2	泰国	东亚与东南亚	18 163	16 058	20 116	27 186	33 856	41 780	38 433
3	土耳其	西亚与地中海	23 365	22 980	22 585	25 054	25 345	27 997	29 552
4	马来西亚	东亚与东南亚	15 293	15 798	18 152	19 649	20 251	21 500	22 600
5	新加坡	东亚与东南亚	10 714	9403	14 178	18 086	18 939	19 301	19 203
6	印度	南亚	11 832	11 136	14 490	17 708	17 972	18 397	19 700
7	希腊	西亚与地中海	17 416	14 681	12 479	14 801	13 216	16 087	17 813

续表

排名	国家	所属分区	2008年	2009年	2010年	2011年	2012年	2013年	2014年
8	波兰	中东欧	11 768	9011	9576	10 732	10 985	11 344	11 234
9	俄罗斯	独联体	11 842	9366	8830	11 328	10 759	11 988	11 759
10	埃及	西亚与地中海	10 985	10 755	12 528	8707	9940	6047	7208
11	克罗地亚	中东欧	11 280	9000	8069	9348	8683	9512	9863
12	印度尼西亚	东亚与东南亚	7377	5598	6958	7997	8324	9119	10 261
13	捷克	中东欧	7857	7013	7172	8096	7456	7042	6822
14	沙特阿拉伯	西亚与地中海	5910	5995	6712	8459	7432	7651	8238
15	越南	东亚与东南亚	3930	3050	4450	5710	6850	7250	7330
16	黎巴嫩	西亚与地中海	5819	6774	7861	6545	6328	5872	6272
17	以色列	西亚与地中海	4758	4444	5106	5316	5446	5666	5695
18	匈牙利	中东欧	6033	5712	5587	5929	5057	5362	5868
19	乌克兰	独联体	5768	3576	3788	4294	4842	5083	1612
20	约旦	西亚与地中海	2943	2911	3585	3425	4061	4117	4376
21	菲律宾	东亚与东南亚	2499	2330	2645	3198	4061	4690	5023
22	保加利亚	中东欧	4306	3776	3773	3836	3523	3874	3967
23	卡塔尔	西亚与地中海	—	—	—	1170	2857	3456	4591
24	塞浦路斯	西亚与地中海	2779	2195	2108	2594	2574	2888	—
25	斯洛文尼亚	中东欧	2696	2520	2540	2755	2570	2707	2730
26	柬埔寨	东亚与东南亚	1101	1081	1519	2084	2463	2660	2953
27	阿塞拜疆	独联体	191	379	657	1287	2433	2365	2432
28	斯洛伐克	中东欧	2589	2341	2228	2431	2295	2556	2577
29	马尔代夫	南亚	1559	1473	1713	1940	1958	2337	2645
30	伊拉克	西亚与地中海	845	1405	1660	1543	1634	—	—
31	阿尔巴尼亚	中东欧	1713	1829	1613	1632	1464	1473	1700
32	罗马尼亚	中东欧	1991	1229	1136	1421	1463	1591	1826
33	格鲁吉亚	独联体	447	476	659	955	1411	1720	1787
34	哈萨克斯坦	中亚	1012	963	1005	1209	1347	1344	1321
35	立陶宛	中东欧	1249	972	958	1321	1317	1374	1383

续表

排名	国家	所属分区	2008年	2009年	2010年	2011年	2012年	2013年	2014年
36	爱沙尼亚	中东欧	1193	1090	1065	1256	1221	1626	1817
37	伊朗	西亚与地中海	1737	2055	2438	2350	1114	1294	—
38	阿曼	西亚与地中海	796	689	780	995	1096	1221	1354
39	巴林	西亚与地中海	1166	1118	1362	1035	1051	1165	1197
40	斯里兰卡	南亚	342	350	576	830	1039	1715	2431
41	塞尔维亚	中东欧	957	869	799	990	921	1053	1142
42	也门	西亚与地中海	886	899	1161	780	848	940	1026
43	亚美尼亚	独联体	331	334	646	722	817	880	966
44	黑山	中东欧	813	745	713	875	809	880	908
45	拉脱维亚	中东欧	803	723	640	771	745	865	954
46	白俄罗斯	独联体	363	370	440	487	685	791	868
47	波黑	中东欧	825	674	589	635	615	685	707
48	缅甸	东亚与东南亚	68	56	72	325	539	959	1612
49	巴勒斯坦	西亚与地中海	269	410	409	615	469	524	543
50	老挝	东亚与东南亚	276	268	382	406	451	596	642
51	蒙古	东亚与东南亚	247	235	244	218	442	189	173
52	吉尔吉斯斯坦	中亚	514	459	160	356	434	530	423
53	科威特	西亚与地中海	257	355	289	320	426	297	369
54	尼泊尔	南亚	335	413	344	383	351	436	478
55	巴基斯坦	南亚	316	272	305	373	339	288	283
56	摩尔多瓦	独联体	—	—	163	186	198	226	229
57	孟加拉国	南亚	75	70	87	87	103	129	153
58	文莱	东亚与东南亚	242	254	—	—	92	—	—
59	不丹	南亚	36	42	40	47	61	83	89
60	塔吉克斯坦	中亚	4.2	2.4	4	3	3	3	4
—	叙利亚	西亚与地中海	3150	3757	6190	—	—	—	—
—	乌兹别克斯坦	中亚	64	99	121	—	—	—	—

注：按2012年数据排序，来源于UNWTO；阿富汗、阿联酋、马其顿、土库曼斯坦数据缺失；越南入境旅游收入包括入境游客交通收入，其他国家入境旅游收入均不包括入境游客交通收入；较多国家2013年和2014年数据缺失，故按2012年数据排名。

2008—2014年,"一带一路"沿线国家国际旅游收入从2008年的2660亿美元增长到2014年的3490亿美元,增长了31.2%;世界总体国际旅游收入从2008年的9410亿美元增长到2014年的12 450亿美元,增长了32.3%。2010—2014年,"一带一路"沿线国家国际旅游收入的年均增长率为6.6%,世界总体国际旅游收入的年均增长率为7.7%。2010—2014年,"一带一路"沿线国家国际旅游收入占世界总体国际旅游收入的比重分别为29.1%、29.1%、29.3%、28.2%和28.0%。

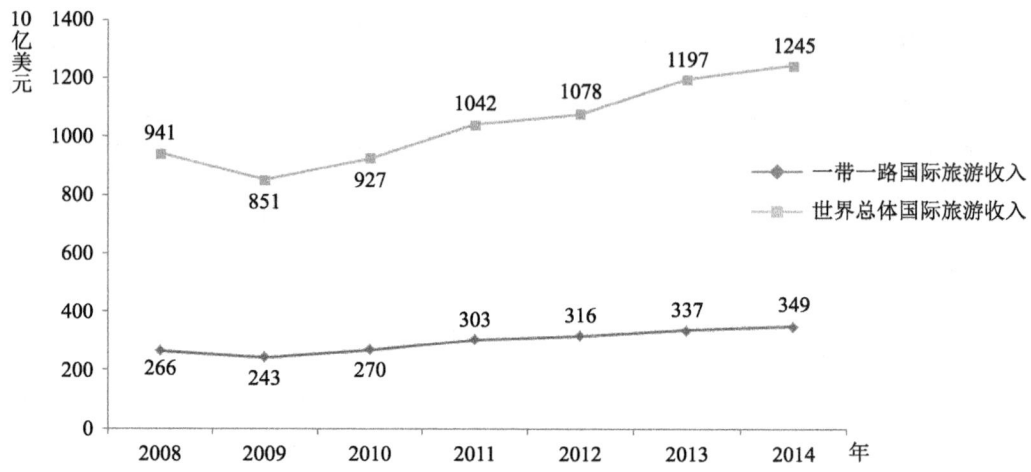

图2-4　2008—2014年"一带一路"沿线国家国际旅游收入与世界总体国际旅游收入

注:阿富汗、阿联酋、马其顿和土库曼斯坦数据缺失,叙利亚、伊拉克、乌兹别克斯坦、伊朗、塞浦路斯、文莱、卡塔尔和摩尔多瓦2008—2014年数据不完整,故此处"一带一路"沿线国家国际旅游收入为其他54个国家入境旅游收入之和。

从"一带一路"沿线各主要国家入境旅游收入占该国总出口额(包括产品和服务)比重来看,2014年可将"一带一路"沿线各主要国家分为四个档次:第一档次为入境旅游收入占该国总出口额比重在50.0%以上的国家,包括马尔代夫和黑山,其产品和服务贸易出口严重依赖旅游业;第二档次为入境旅游收入占该国总出口额比重在20.0%~50.0%的国家,包括阿尔巴尼亚等9个国家,其产品和服务贸易出口较多依赖旅游业;第三档次为入境旅游收入占该国总出口额比重在6.0%~20.0%的国家,包括斯里兰卡等24个国家,其入境旅游收入占该国总出口额比重高于世界国际旅游收入占世界产品和服务贸易总出口额比重(6.0%);第四档次为入境旅游收入占该国总出口额比重在6.0%以下的国家,包括印度尼西亚等22个国家,其入境旅游收入占该国总出口额比重低于世界国际旅游收入占世界产品和服务贸易总出口额比重(6.0%)。2008—2014年,"一带一路"沿线各主要国家中,有30个国家的入境旅游收入占该国总出口额比重出现不同程度的增长。

表2-7　2008—2014年"一带一路"沿线各主要国家入境旅游收入占总出口额比重

单位:%

排名	国　家	所属分区	2008年	2009年	2010年	2011年	2012年	2013年	2014年
1	马尔代夫	南亚	79.1	86.0	85.3	79.2	78.5	79.9	79.8
2	黑山	中东欧	47.3	55.1	50.9	48.0	50.3	50.4	52.1
3	阿尔巴尼亚	中东欧	56.4	65.8	53.5	48.5	45.6	45.4	49.5
4	克罗地亚	中东欧	42.3	42.7	37.1	37.8	38.1	39.1	38.0
5	约旦	西亚与地中海	27.9	31.4	34.4	31.7	35.8	36.2	35.7
6	黎巴嫩	西亚与地中海	28.6	33.9	38.7	27.1	34.0	32.1	34.9
7	亚美尼亚	独联体	29.0	36.6	31.4	27.8	29.2	28.7	29.9
8	柬埔寨	东亚与东南亚	25.5	29.5	28.0	29.1	30.2	28.9	28.6
9	格鲁吉亚	独联体	13.8	16.9	18.3	20.4	26.0	26.7	28.0
10	希腊	西亚与地中海	22.1	27.2	23.1	24.0	23.2	23.9	25.4
11	尼泊尔	南亚	20.6	28.5	24.1	22.3	19.6	21.0	20.8
12	斯里兰卡	南亚	7.9	8.4	9.4	10.4	12.9	16.6	19.6
13	不丹	南亚	7.2	8.9	10.8	10.2	12.8	17.4	19.0
14	老挝	东亚与东南亚	18.7	18.7	17.1	17.2	16.2	20.1	18.7
15	吉尔吉斯斯坦	中亚	21.2	12.9	8.9	13.0	16.6	18.9	17.4
16	埃及	西亚与地中海	22.1	26.4	27.9	19.8	22.3	15.1	16.9
17	土耳其	西亚与地中海	14.9	18.1	16.7	16.5	15.4	16.7	16.9
18	泰国	东亚与东南亚	10.8	11.0	10.5	11.9	13.7	16.1	15.0
19	塔吉克斯坦	中亚	1.4	1.6	3.6	3.5	3.6	4.2	12.8
20	保加利亚	中东欧	15.9	18.4	11.2	10.8	10.4	10.4	12.4
21	波黑	中东欧	17.7	17.0	13.0	12.1	12.3	12.3	12.3
22	缅甸	东亚与东南亚	1.3	1.2	1.2	3.9	5.8	7.9	12.1
23	也门	西亚与地中海	8.7	12.6	12.5	7.5	9.0	9.8	11.0
24	摩尔多瓦	独联体	13.6	14.0	11.3	9.2	10.3	10.5	10.7
25	爱沙尼亚	中东欧	10.0	9.1	7.3	6.3	6.1	9.2	10.0
26	马来西亚	东亚与东南亚	8.1	9.2	8.2	7.7	8.1	8.8	9.1
27	阿塞拜疆	独联体	1.2	2.4	2.8	4.0	7.2	7.3	8.3

续表

排名	国　家	所属分区	2008年	2009年	2010年	2011年	2012年	2013年	2014年
28	菲律宾	东亚与东南亚	6.9	6.7	6.3	7.1	7.4	8.3	8.0
29	巴　林	西亚与地中海	9.1	11.9	12.1	7.7	7.6	7.7	7.9
30	斯洛文尼亚	中东欧	8.0	9.5	8.8	8.2	8.1	8.1	7.8
31	卡塔尔	西亚与地中海	—	—	—	3.7	5.1	5.8	7.5
32	塞尔维亚	中东欧	7.9	8.8	7.5	7.4	7.3	6.6	7.0
33	拉脱维亚	中东欧	5.5	6.4	5.0	4.7	4.3	6.5	6.7
34	以色列	西亚与地中海	6.6	7.3	7.1	6.4	6.6	6.6	6.5
35	匈牙利	中东欧	6.0	7.2	6.2	5.9	5.6	5.6	6.0
36	印度尼西亚	东亚与东南亚	5.6	4.8	4.6	4.2	4.5	5.0	5.8
37	马其顿	中东欧	6.2	7.7	5.5	5.0	5.5	5.8	5.5
38	阿富汗	南　亚	2.6	3.9	6.6	4.6	8.4	10.0	4.9
39	波　兰	中东欧	6.3	6.0	5.2	5.2	5.3	5.1	4.8
40	越　南	东亚与东南亚	5.6	4.9	5.6	5.4	5.5	5.1	4.5
41	捷　克	中东欧	6.1	6.7	5.9	5.5	5.2	4.8	4.4
42	印　度	南　亚	4.1	4.3	4.2	4.0	4.1	4.1	4.3
43	立陶宛	中东欧	4.5	5.0	4.0	4.0	3.8	3.5	3.5
44	阿　曼	西亚与地中海	2.8	3.7	3.3	3.2	3.2	3.2	3.5
45	乌克兰	独联体	8.1	8.4	7.2	6.5	6.9	7.3	3.5
46	俄罗斯	独联体	3.0	3.6	3.0	3.0	3.0	3.4	3.5
47	蒙　古	东亚与东南亚	9.0	11.0	8.5	4.7	9.0	4.6	3.4
48	新加坡	东亚与东南亚	2.4	2.5	3.0	3.3	3.4	3.3	3.3
49	巴基斯坦	南　亚	3.9	4.3	3.6	3.6	3.2	3.1	3.2
50	斯洛伐克	中东欧	3.7	4.2	3.4	3.0	2.8	2.8	2.8
51	白俄罗斯	独联体	1.6	2.3	2.3	1.6	1.9	2.6	2.8
52	罗马尼亚	中东欧	4.7	3.7	3.0	3.0	3.0	2.7	2.7
53	沙特阿拉伯	西亚与地中海	2.1	3.3	2.9	2.5	2.1	2.2	2.6
54	中　国	东亚与东南亚	2.7	3.2	2.9	2.4	2.3	2.2	2.3
55	哈萨克斯坦	中　亚	1.6	2.5	1.9	1.7	1.7	1.8	1.8

续表

排名	国家	所属分区	2008年	2009年	2010年	2011年	2012年	2013年	2014年
56	科威特	西亚与地中海	0.6	1.0	0.8	0.6	0.6	0.5	0.6
57	孟加拉国	南亚	0.3	0.6	0.5	0.4	0.4	0.4	0.5
—	叙利亚	西亚与地中海	16.1	24.1	32.2	—	—	—	—
—	塞浦路斯	西亚与地中海	23.1	19.5	18.6	19.3	20.4	21.6	—
—	伊拉克	西亚与地中海	1.3	3.4	3.2	1.9	1.7	—	—
—	文莱	东亚与东南亚	2.1	3.1	—	—	0.7	—	—

注：按2014年数据排序，来源于世界银行，数据更新时间为2016年10月14日；此处核算中，多数国家入境旅游收入包括入境游客交通收入，少数国家入境旅游收入不包括入境游客交通收入，但世界银行并未给出这些国家的名单；阿联酋、巴勒斯坦、土库曼斯坦、乌兹别克斯坦、伊朗数据缺失。

2008—2014年，中国入境旅游收入占总出口额比重为2.2%~3.2%，其中，2009年最高，为3.2%；2013年最低，为2.2%；2014年为2.3%。世界国际旅游收入占世界总出口额比重为5.6%~6.4%，其中，2009年最高，为6.4%；2011年最低，为5.6%；2014年为6.0%。2014年，与"一带一路"沿线各主要国家相比，中国入境旅游收入占总出口额比重处于较低水平。

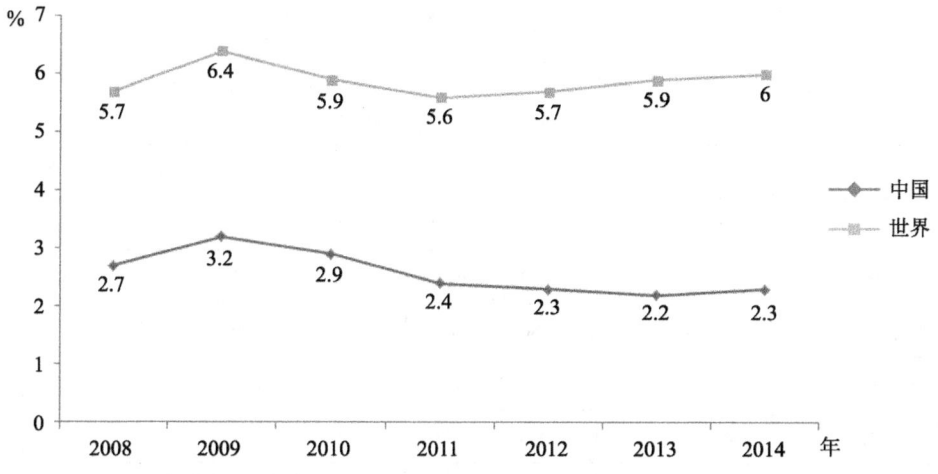

图2-5　2008—2014年中国入境旅游收入占总出口额比重与世界国际旅游收入占世界总出口额比重

（三）出境旅游人数

2014年，"一带一路"沿线各主要国家出境旅游人数排在前十位的国家是中国（116 590千人次）、俄罗斯（45 889千人次）、乌克兰（22 438千人次）、沙特阿拉伯（19 824千人次）、印度（18 330千人次）、罗马尼亚（12 299千人次）、波兰（10 300千人次）、哈萨克斯坦（10 230千人次）、新加坡（8903千人次）、印度尼西亚（8770千人次）。

此外,土耳其(7982千人次)、伊朗(7698千人次)、泰国(6444千人次)、埃及(6180千人次)、希腊(5802千人次)、匈牙利(5587千人次)和以色列(5181千人次)的出境旅游人数也都超过5000千人次。在以上17个国家中,西亚与地中海国家6个(沙特阿拉伯、土耳其、伊朗、埃及、希腊和以色列),东亚与东南亚国家4个(中国、新加坡、印度尼西亚和泰国),中东欧国家3个(罗马尼亚、波兰和匈牙利),独联体国家2个(俄罗斯和乌克兰),南亚国家1个(印度),中亚国家1个(哈萨克斯坦)。

2008—2014年,"一带一路"沿线各主要国家出境旅游人数年均增长率高于10.0%的国家是沙特阿拉伯(30.1%)、阿塞拜疆(21.2%)、中国(16.8%)、哈萨克斯坦(15.8%)、亚美尼亚(15.1%)、爱沙尼亚(12.8%)、吉尔吉斯斯坦(11.8%)、白俄罗斯(11.8%)。由此可见,在"一带一路"沿线各主要国家中,中国、沙特阿拉伯和哈萨克斯坦出境旅游人数规模大且增长速度快。

表2-8 2008—2014年"一带一路"沿线各主要国家出境旅游人数

单位:千人次

排名	国家	所属分区	2008年	2009年	2010年	2011年	2012年	2013年	2014年
1	中国	东亚与东南亚	45 844	47 656	57 386	70 250	83 183	98 185	116 590
2	俄罗斯	独联体	36 538	34 276	39 323	43 726	47 813	54 069	45 889
3	乌克兰	独联体	15 499	15 334	17 180	19 773	21 433	23 761	22 438
4	沙特阿拉伯	西亚与地中海	4087	6032	17 827	15 281	18 614	19 154	19 824
5	印度	南亚	10 868	11 067	12 988	13 994	14 920	16 626	18 330
6	罗马尼亚	中东欧	13 072	11 723	10 905	10 936	11 149	11 364	12 299
7	波兰	中东欧	7600	6300	7100	6300	9300	10 050	10 300
8	哈萨克斯坦	中亚	4239	5309	5893	7852	8875	9931	10 230
9	新加坡	东亚与东南亚	6828	6961	7342	7753	8048	8647	8903
10	印度尼西亚	东亚与东南亚	5486	5053	6235	6750	7454	7973	8770
11	土耳其	西亚与地中海	4893	5561	6557	6282	5803	7526	7982
12	泰国	东亚与东南亚	3908	4653	5451	5397	5721	5970	6444
13	埃及	西亚与地中海	—	4716	4618	4863	5678	5782	6180
14	捷克	中东欧	9665	8904	8673	5279	5419	5304	—
15	匈牙利	中东欧	6155	5672	5297	5335	4881	4912	5587
16	以色列	西亚与地中海	4207	4007	4269	4387	4349	4757	5181
17	希腊	西亚与地中海	3765	3835	3799	4941	4681	4594	5802
18	保加利亚	中东欧	5727	4993	3676	3803	3758	3930	4158

续表

排名	国家	所属分区	2008年	2009年	2010年	2011年	2012年	2013年	2014年
19	阿尔巴尼亚	中东欧	3716	3404	3443	4120	3959	3928	4146
20	阿塞拜疆	独联体	1048	1145	1820	2308	2829	3307	3319
21	格鲁吉亚	独联体	1872	1980	2086	2237	2734	3220	3106
22	阿曼	西亚与地中海	2074	1672	1873	2446	2888	3103	3358
23	克罗地亚	中东欧	2357	2497	1873	2880	2680	2927	2763
24	老挝	东亚与东南亚	—	—	1686	1788	2052	2857	3320
25	斯洛文尼亚	中东欧	2459	2586	2874	2722	2474	2612	2642
26	斯洛伐克	中东欧	3683	3230	2692	3285	2689	2129	—
27	立陶宛	中东欧	1757	1288	1411	1526	1708	1764	1789
28	约旦	西亚与地中海	—	—	2708	1931	1567	1498	1230
29	孟加拉国	南亚	875	2254	1913	2127	2273	1460	
30	吉尔吉斯斯坦	中亚	736	580	597	931	1326	1401	1441
31	斯里兰卡	南亚	966	963	1122	1239	1269	1262	1311
32	拉脱维亚	中东欧	—	1573	1650	1530	1398	1246	1362
33	爱沙尼亚	中东欧	692	752	955	1054	1147	1166	1426
34	塞浦路斯	西亚与地中海	1062	1051	1246	1209	1194	1115	1209
35	亚美尼亚	独联体	516	526	563	715	965	1083	1198
36	尼泊尔	南亚	561	589	765	774	862	983	
37	柬埔寨	东亚与东南亚	786	340	505	710	792	872	956
38	白俄罗斯	独联体	380	316	415	320	493	708	741
39	摩尔多瓦	独联体	—	—	117	136	146	157	180
40	塔吉克斯坦	中亚	—	—	—	—	15	15	19
—	伊朗	西亚与地中海	—	—	—	—	—	—	7698
—	马尔代夫	南亚	123	—	—	—	—	—	—
—	菲律宾	东亚与东南亚	3355	3188	—	—	—	—	—
—	叙利亚	西亚与地中海	5253	5215	6259	—	—	—	—
—	乌兹别克斯坦	中亚	1150	1317	1610	—	—	—	—

注：来源于UNWTO；阿富汗、阿联酋、巴基斯坦、巴勒斯坦、巴林、波黑、不丹、黑山、卡塔尔、科威特、黎巴嫩、马来西亚、马其顿、蒙古、缅甸、塞尔维亚、土库曼斯坦、文莱、也门、伊拉克、越南数据缺失；阿尔巴尼亚、埃及、吉尔吉斯斯坦、老挝、塞浦路斯、伊朗出境旅游人数包括过夜旅游者和一日游游客，其他国家出境旅游人数均指过夜旅游者，不包括一日游游客；较多国家2014年数据缺失，故按2013年数据排名。

2008—2014年,"一带一路"沿线国家出境旅游人数从2008年的198百万人次增长到2014年的338百万人次,增长了70.7%。2010—2014年,"一带一路"沿线国家出境旅游人数较上年的增长率分别为16.6%、10.8%、11.3%、11.9%和5.6%。

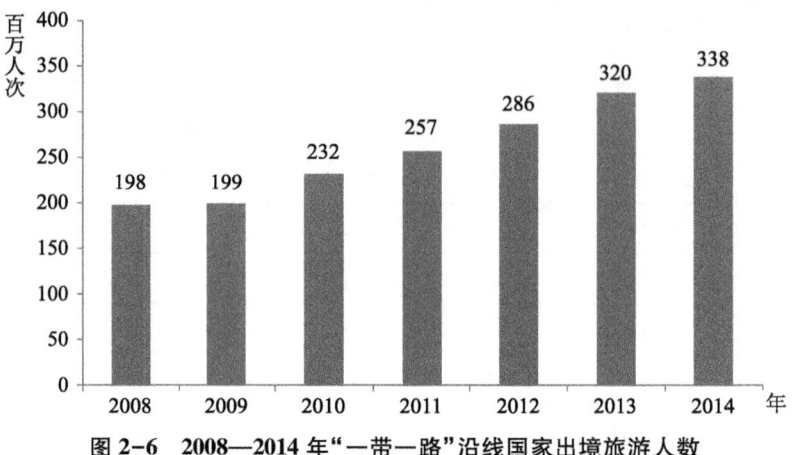

图2-6 2008—2014年"一带一路"沿线国家出境旅游人数

注:阿富汗、阿联酋、巴基斯坦、巴勒斯坦、巴林、波黑、不丹、黑山、卡塔尔、科威特、黎巴嫩、马来西亚、马其顿、蒙古、缅甸、塞尔维亚、土库曼斯坦、文莱、也门、伊拉克、越南数据缺失,叙利亚、斯洛伐克、乌兹别克斯坦、埃及、老挝、约旦、拉脱维亚、摩尔多瓦、塔吉克斯坦、伊朗、马尔代夫、菲律宾、捷克、孟加拉国和尼泊尔2008—2014年数据不完整,故此处"一带一路"沿线国家出境旅游人数为其他30个国家出境旅游人数之和。

(四)出境旅游花费

2014年,"一带一路"沿线各主要国家出境旅游花费排在前十位的国家是中国(164 859百万美元)、俄罗斯(50 428百万美元)、沙特阿拉伯(24 118百万美元)、新加坡(23 931百万美元)、印度(14 596百万美元)、马来西亚(12 369百万美元)、菲律宾(11 763百万美元)、科威特(11 268百万美元)、波兰(8868百万美元)和卡塔尔(8682百万美元)。此外,印度尼西亚(7682百万美元)、泰国(7070百万美元)、捷克(5133百万美元)、土耳其(5072百万美元)和乌克兰(5061百万美元)的出境旅游花费也都超过5000百万美元。在以上15个国家中,东亚与东南亚国家6个(中国、新加坡、马来西亚、菲律宾、印度尼西亚和泰国),西亚与地中海国家4个(沙特阿拉伯、科威特、卡塔尔和土耳其),独联体国家2个(俄罗斯和乌克兰),中东欧国家2个(波兰和捷克),南亚国家1个(印度)。

2008—2014年,"一带一路"沿线各主要国家出境旅游花费年均增长率高于10.0%的国家是阿塞拜疆(43.6%)、菲律宾(33.7%)、中国(28.8%)、柬埔寨(26.7%)、亚美尼亚(21.1%)、斯里兰卡(19.8%)、缅甸(16.3%)、蒙古(15.0%)、孟加拉国(14.5%)、俄罗斯(13.8%)、阿曼(13.7%)、马来西亚(10.7%)。其中,阿塞拜疆、中国和亚美尼亚的出境旅游人数与出境旅游花费的年均增长率均保持在10.0%以上水平。

表 2-9　2008—2014年"一带一路"沿线各主要国家出境旅游花费

单位:百万美元

排名	国家	所属分区	2008年	2009年	2010年	2011年	2012年	2013年	2014年
1	中国	东亚与东南亚	36 157	43 702	54 880	72 585	101 977	128 576	164 859
2	俄罗斯	独联体	23 169	21 019	26 693	32 902	42 798	53 453	50 428
3	新加坡	东亚与东南亚	16 340	15 685	18 700	21 498	22 957	24 178	23 931
4	沙特阿拉伯	西亚与地中海	15 129	20 419	21 135	17 271	17 023	17 660	24 118
5	印度	南亚	9606	9310	10 490	13 699	12 342	11 571	14 596
6	马来西亚	东亚与东南亚	6709	6508	8324	10 180	12 217	12 236	12 369
7	科威特	西亚与地中海	7570	6189	6434	8064	9249	9653	11 268
8	波兰	中东欧	9903	7372	8570	8461	8758	8821	8868
9	印度尼西亚	东亚与东南亚	5554	5316	6395	6255	6771	7675	7682
10	伊朗	西亚与地中海	7566	7805	9655	9778	6550	7258	—
11	菲律宾	东亚与东南亚	2057	2698	5487	5616	6548	7833	11 763
12	泰国	东亚与东南亚	5003	4433	5623	5716	6242	6475	7070
13	卡塔尔	西亚与地中海	—	—	—	1807	5648	6616	8682
14	乌克兰	独联体	4023	3330	3742	4461	5104	5763	5061
15	捷克	中东欧	4652	4077	4252	4789	4472	4637	5133
16	黎巴嫩	西亚与地中海	3564	4012	4515	4004	4200	4388	4999
17	土耳其	西亚与地中海	3824	4575	5194	4883	4094	4817	5072
18	以色列	西亚与地中海	3687	3281	3707	3838	3752	3961	4238
19	埃及	西亚与地中海	2915	2538	2240	2203	2618	3014	3140
20	阿塞拜疆	独联体	343	406	782	1689	2477	2877	3008
21	希腊	西亚与地中海	3930	3381	2854	3159	2365	2435	2754
22	伊拉克	西亚与地中海	794	1207	1620	1836	2281	—	—
23	斯洛伐克	中东欧	2165	2098	1944	2186	2138	2367	2468
24	匈牙利	中东欧	3225	2750	2404	2485	1886	1906	2036
25	越南	东亚与东南亚	1300	1100	1470	1710	1856	2050	2150
26	罗马尼亚	中东欧	2176	1472	1636	1966	1833	2059	2412
27	哈萨克斯坦	中亚	1078	1132	1273	1611	1685	1600	1687

续表

排名	国家	所属分区	2008年	2009年	2010年	2011年	2012年	2013年	2014年
28	巴基斯坦	南亚	1518	685	925	1130	1414	1083	1217
29	塞浦路斯	西亚与地中海	1593	1300	1116	1300	1285	1235	—
30	阿尔巴尼亚	中东欧	1555	1586	1362	1565	1284	1479	1590
31	阿曼	西亚与地中海	856	902	1001	1168	1281	1388	1854
32	约旦	西亚与地中海	1004	1064	1572	1161	1144	1096	1142
33	塞尔维亚	中东欧	1269	961	954	1105	1031	1117	1179
34	斯洛文尼亚	中东欧	1357	1278	1214	1143	932	922	974
35	克罗地亚	中东欧	1113	1013	832	881	926	903	846
36	立陶宛	中东欧	1531	1119	849	859	925	1069	1058
37	保加利亚	中东欧	2311	1755	891	904	923	1113	1202
38	亚美尼亚	独联体	324	326	579	687	803	930	1024
39	爱沙尼亚	中东欧	809	605	633	806	796	1056	1164
40	白俄罗斯	独联体	716	639	622	588	789	1153	1159
41	巴林	西亚与地中海	503	408	506	718	729	713	718
42	斯里兰卡	南亚	428	411	453	501	710	1188	1263
43	拉脱维亚	中东欧	1142	799	648	765	680	715	714
44	巴勒斯坦	西亚与地中海	535	556	515	595	643	638	578
45	文莱	东亚与东南亚	459	477	—	—	591	—	—
46	尼泊尔	南亚	381	434	402	320	413	422	493
47	蒙古	东亚与东南亚	217	210	265	344	357	399	501
48	吉尔吉斯斯坦	中亚	304	267	148	247	350	350	390
49	柬埔寨	东亚与东南亚	97	104	199	264	314	355	401
50	摩尔多瓦	独联体	—	—	241	277	308	334	351
51	孟加拉国	南亚	184	249	266	332	304	350	414
52	缅甸	东亚与东南亚	49	52	53	123	257	115	121
53	格鲁吉亚	独联体	203	181	199	213	256	294	299
54	老挝	东亚与东南亚	41	83	203	237	232	398	—
55	马尔代夫	南亚	167	174	205	184	164	198	228

续表

排名	国家	所属分区	2008年	2009年	2010年	2011年	2012年	2013年	2014年
56	波黑	中东欧	281	231	194	160	139	133	135
57	也门	西亚与地中海	183	214	183	182	73	86	77
58	不丹	南亚	65	33	41	56	68	64	39
59	黑山	中东欧	43	49	46	39	39	48	47
60	塔吉克斯坦	中亚	10.8	5.8	18	8	7	7	10
—	叙利亚	西亚与地中海	800	882	1510	—	—	—	—

注：数据来源于 UNWTO；阿富汗、阿联酋、马其顿、土库曼斯坦、乌兹别克斯坦数据缺失；越南出境旅游花费包括出境交通花费，其他国家出境旅游花费均不包括出境交通花费；因较多国家 2013 年和 2014 年数据缺失，故按 2012 年数据排名。

2008—2014 年，"一带一路"沿线国家出境旅游花费从 2008 年的 1930 亿美元增长到 2014 年的 4020 亿美元，增长了 108.3%。2010—2014 年，"一带一路"沿线国家出境旅游花费较上年的增长率分别为 16.6%、14.7%、17.4%、15.2% 和 15.2%。

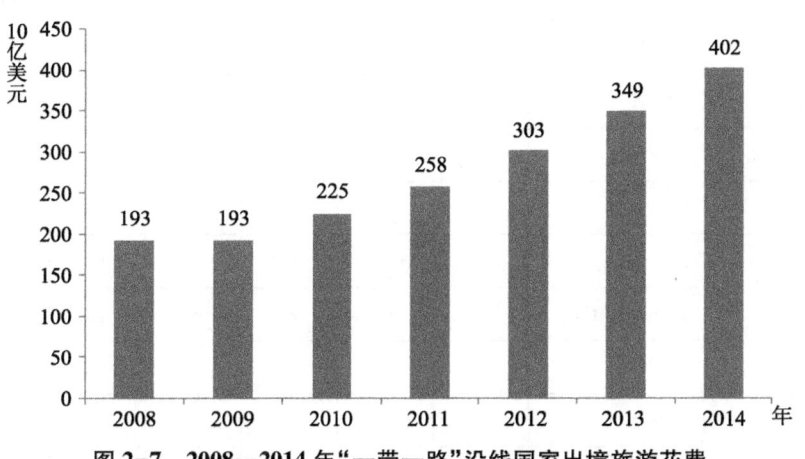

图 2-7　2008—2014 年"一带一路"沿线国家出境旅游花费

注：阿富汗、阿联酋、马其顿、土库曼斯坦、乌兹别克斯坦数据缺失，叙利亚、老挝、摩尔多瓦、伊朗、卡塔尔、文莱、伊拉克和塞浦路斯 2008—2014 年数据不完整，故此处"一带一路"沿线国家出境旅游花费为其他 53 个国家出境旅游花费之和。

从"一带一路"沿线各主要国家 2014 年出境旅游花费占该国总进口额（包括产品和服务）比重来看（表 2-10），可将"一带一路"沿线各主要国家分为四个档次：第一档次为出境旅游花费占该国总进口额比重在 20.0% 以上的国家，包括阿尔巴尼亚、科威特、卡塔尔和亚美尼亚；第二档次为出境旅游花费占该国总进口额比重在 10.0%~20.0% 的国家，包括阿塞拜疆等 5 个国家；第三档次为出境旅游花费占该国总进口额比重在 5.8%~10.0% 的国家，包括沙特阿拉伯等 12 个国家，其出境旅游花费占该国总进口额比重高于或等于世界国际旅游花费占世界产品和服务贸易总进口额比重（5.8%）；第四档次为出境旅游花费占该国总进口额比重在5.8%以下的国家,包括马来西亚等35个国家,其出境旅游花费占该国总进口额比重低于世界国际旅游花费占世界产品和服务贸易总进口额比重(5.8%)。2008—2014年,"一带一路"沿线各主要国家中,有30个国家的出境旅游花费占该国总进口额比重出现不同程度的增长。

表2-10 2008—2014年"一带一路"沿线各主要国家出境旅游花费占总进口额比重

单位:%

排名	国家	所属分区	2008年	2009年	2010年	2011年	2012年	2013年	2014年
1	阿尔巴尼亚	中东欧	24.4	28.1	25.1	25.0	23.5	26.1	27.1
2	科威特	西亚与地中海	21.5	21.1	20.1	21.3	22.2	22.7	24.0
3	卡塔尔	西亚与地中海	—	—	—	17.8	19.6	19.9	20.1
4	亚美尼亚	独联体	9.7	12.6	14.1	15.4	17.0	18.4	20.1
5	阿塞拜疆	独联体	4.1	5.0	8.4	11.3	15.0	15.6	16.0
6	黎巴嫩	西亚与地中海	14.8	16.7	16.1	13.8	14.4	14.4	16.0
7	菲律宾	东亚与东南亚	6.7	7.8	9.1	8.5	9.0	10.7	14.0
8	俄罗斯	独联体	7.2	9.6	9.4	9.1	10.8	12.7	12.9
9	马尔代夫	南亚	10.2	14.3	14.9	10.1	9.6	10.3	10.1
10	沙特阿拉伯	西亚与地中海	9.1	13.1	12.7	9.2	8.4	8.1	9.7
11	吉尔吉斯斯坦	中亚	9.6	7.7	7.3	8.0	8.2	7.5	8.8
12	斯里兰卡	南亚	5.0	6.3	5.4	4.2	5.6	8.4	8.3
13	蒙古	东亚与东南亚	6.6	9.2	8.2	5.3	5.3	6.0	8.1
14	乌克兰	独联体	4.7	6.9	5.9	5.1	5.5	6.5	7.8
15	摩尔多瓦	独联体	6.7	8.3	7.1	6.3	7.0	7.2	7.7
16	尼泊尔	南亚	12.5	11.2	9.0	6.5	8.2	7.9	7.6
17	中国	东亚与东南亚	3.2	4.2	4.0	4.0	5.2	6.1	7.3
18	爱沙尼亚	中东欧	5.4	5.5	4.7	4.3	4.0	5.8	6.2
19	阿曼	西亚与地中海	4.5	6.0	7.3	6.8	6.3	5.7	6.0
20	以色列	西亚与地中海	5.6	6.7	6.1	5.3	5.2	5.7	6.0
21	巴林	西亚与地中海	4.3	5.3	5.2	6.5	6.0	5.7	5.8
22	马来西亚	东亚与东南亚	4.3	5.0	4.6	4.9	5.7	5.6	5.7
23	塞尔维亚	中东欧	5.4	6.0	5.8	5.5	5.4	5.5	5.7
24	格鲁吉亚	独联体	4.5	5.9	5.4	4.8	5.2	5.8	5.6

续表

排名	国家	所属分区	2008年	2009年	2010年	2011年	2012年	2013年	2014年
25	印度尼西亚	东亚与东南亚	6.5	6.6	5.8	4.6	4.3	4.9	5.1
26	约旦	西亚与地中海	5.9	7.3	9.5	6.0	5.5	5.0	5.0
27	希腊	西亚与地中海	3.3	4.9	4.2	4.5	4.3	4.7	4.9
28	埃及	西亚与地中海	5.0	5.5	4.5	4.2	4.4	5.0	4.7
29	拉脱维亚	中东欧	6.1	6.9	4.9	4.3	3.7	4.7	4.7
30	新加坡	东亚与东南亚	4.1	4.8	4.6	4.5	4.6	4.8	4.7
31	柬埔寨	东亚与东南亚	3.0	3.0	4.2	4.2	4.2	4.2	4.2
32	保加利亚	中东欧	6.3	7.2	2.7	2.6	2.6	3.0	3.9
33	巴基斯坦	南亚	4.5	3.1	3.4	3.9	3.8	3.3	3.9
34	波兰	中东欧	4.6	4.7	4.5	3.8	4.1	3.9	3.8
35	不丹	南亚	8.5	5.0	4.6	4.4	5.8	6.1	3.8
36	泰国	东亚与东南亚	3.3	3.7	3.5	2.9	2.9	3.0	3.5
37	哈萨克斯坦	中亚	2.7	3.4	3.4	3.6	3.3	3.0	3.4
38	克罗地亚	中东欧	3.5	4.3	3.8	3.6	4.1	3.7	3.4
39	斯洛文尼亚	中东欧	4.2	5.2	4.6	3.7	3.4	3.3	3.3
40	捷克	中东欧	3.5	3.8	3.3	3.2	3.1	3.2	3.3
41	罗马尼亚	中东欧	2.9	3.1	2.9	2.9	2.9	2.8	3.2
42	印度	南亚	3.2	2.8	2.4	2.5	2.4	2.5	3.2
43	白俄罗斯	独联体	2.1	2.5	2.0	1.5	1.9	2.9	3.0
44	斯洛伐克	中东欧	3.1	3.7	3.1	2.9	2.8	2.7	3.0
45	黑山	中东欧	1.9	2.8	2.8	2.4	2.5	3.0	2.9
46	立陶宛	中东欧	4.6	5.6	3.4	2.5	2.7	2.8	2.8
47	马其顿	中东欧	2.8	2.9	2.4	2.3	2.3	2.5	2.5
48	匈牙利	中东欧	3.1	3.5	2.9	2.7	2.4	2.3	2.4
49	土耳其	西亚与地中海	2.1	3.3	3.0	2.1	1.8	2.0	2.1
50	波黑	中东欧	3.0	3.3	2.8	2.1	2.0	2.0	2.0
51	孟加拉国	南亚	2.8	2.9	2.9	2.2	2.4	3.1	1.8
52	阿富汗	南亚	0.5	1.5	1.7	3.5	1.0	1.5	1.4

续表

排名	国家	所属分区	2008年	2009年	2010年	2011年	2012年	2013年	2014年
53	越南	东亚与东南亚	1.6	1.5	1.7	1.6	1.6	1.5	1.4
54	也门	西亚与地中海	2.1	2.8	2.4	2.4	1.1	1.2	1.2
55	缅甸	东亚与东南亚	1.4	1.3	1.1	1.5	2.9	1.1	0.9
56	塔吉克斯坦	中亚	0.3	0.2	0.7	0.3	0.3	0.3	0.7
—	塞浦路斯	西亚与地中海	10.8	11.6	10.1	11.4	12.4	11.8	—
—	老挝	东亚与东南亚	3.4	5.7	9.3	9.0	7.1	11.3	—
—	文莱	东亚与东南亚	10.8	12.8	—	—	8.7	—	—
—	叙利亚	西亚与地中海	4.7	5.9	8.2	—	—	—	—
—	伊拉克	西亚与地中海	2.2	2.8	3.5	3.6	3.7	—	—

注：按2014年数据排名；数据来源于世界银行，更新时间为2016年10月14日；此处核算中，多数国家出境旅游花费包括出境交通花费，少数国家出境旅游花费不包括出境交通花费，但世界银行并未给出这些国家的名单；阿联酋、巴勒斯坦、土库曼斯坦、乌兹别克斯坦、伊朗数据缺失。

2008—2014年，中国出境旅游花费占总进口额比重为3.2%～7.3%，其中，2008年最低，为3.2%；2012—2014年连续升高，并在2014年达到7.3%。世界国际旅游花费占世界总进口额比重为5.1%～5.9%，其中，2009年最高，为5.9%；2011年最低，为5.1%；2014年为5.8%。2008—2012年，中国出境旅游花费占总进口额比重低于世界国际旅游花费占世界总进口额比重；2013—2014年，中国出境旅游花费占总进口额比重高于世界国际旅游花费占世界总进口额比重。

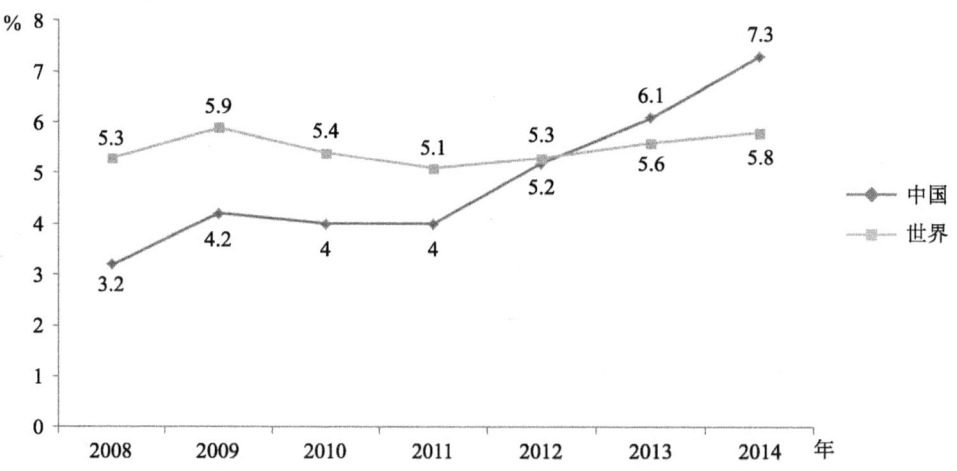

图2-8　2008—2014年中国出境旅游花费占进口比重与世界国际旅游花费占世界进口比重

四、中国与"一带一路"沿线主要国家旅游市场关系

(一)中国入境旅游客源地国家

2013年,中国的入境旅游者中,来自"一带一路"沿线各主要国家的入境旅游人数,排在前十位的国家是俄罗斯(2 186 281人次)、越南(1 365 402人次)、马来西亚(1 206 535人次)、蒙古(1 049 997人次)、菲律宾(996 672人次)、新加坡(966 605人次)、印度(676 682人次)、泰国(651 654人次)、印度尼西亚(605 321人次)和哈萨克斯坦(393 530人次)。在这10个国家中,东亚与东南亚国家7个(越南、马来西亚、蒙古、菲律宾、新加坡、泰国和印度尼西亚),独联体国家1个(俄罗斯),南亚国家1个(印度),中亚国家1个(哈萨克斯坦)。可见,中国主要的入境旅游客源地国家集中于东亚与东南亚分区。

2008—2013年,中国的入境旅游者中,来自"一带一路"沿线各主要国家的入境旅游人数,年均增长率高于10.0%的国家是黑山(32.9%)、马尔代夫(24.5%)、尼泊尔(22.0%)、沙特阿拉伯(21.8%)、不丹(19.0%)、老挝(17.3%)、伊拉克(17.2%)、斯里兰卡(15.2%)、塞尔维亚(14.8%)、斯洛伐克(14.1%)、孟加拉国(13.4%)、柬埔寨(13.3%)、越南(12.9%)、土耳其(11.5%)、埃及(10.7%)、白俄罗斯(10.5%)。在这16个国家中,仅有来自越南(第二名)的入境旅游人数位列中国入境旅游人数前十名(按"一带一路"沿线各主要国家分)。由此可见,在来自中国传统入境旅游客源地国家的入境旅游人数增长乏力的情况下,"一带一路"沿线诸多国家成为中国入境旅游发展的重要潜力市场。

表2-11　2008—2013年中国入境旅游人数(按"一带一路"沿线各主要国家分)

单位:人次

排名	国　家	所属分区	2008年	2009年	2010年	2011年	2012年	2013年
1	俄罗斯	独联体	3 123 415	1 742 973	2 370 313	2 536 321	2 426 161	2 186 281
2	越　南	东亚与东南亚	743 521	828 630	919 991	1 006 468	1 137 165	1 365 402
3	马来西亚	东亚与东南亚	1 040 494	1 059 004	1 245 160	1 245 092	1 235 463	1 206 535
4	蒙　古	东亚与东南亚	705 270	576 696	794 386	994 181	1 010 450	1 049 997
5	菲律宾	东亚与东南亚	795 255	748 943	828 284	894 309	961 975	996 672
6	新加坡	东亚与东南亚	875 826	889 538	1 003 658	1 062 993	1 027 745	966 605
7	印　度	南亚	436 625	448 942	549 321	606 474	610 194	676 682
8	泰　国	东亚与东南亚	554 275	541 830	635 539	608 044	647 597	651 654
9	印度尼西亚	东亚与东南亚	426 251	469 044	573 409	608 675	621 970	605 321
10	哈萨克斯坦	中亚	300 732	279 875	380 312	506 215	491 381	393 530
11	缅　甸	东亚与东南亚	508 995	607 737	493 400	191 038	205 936	134 671

续表

排名	国家	所属分区	2008年	2009年	2010年	2011年	2012年	2013年
12	乌克兰	独联体	105 556	86 553	105 711	120 248	120 214	121 938
13	巴基斯坦	南亚	72 854	81 491	87 320	92 518	96 707	106 548
14	土耳其	西亚与地中海	60 360	64 362	84 460	98 787	96 053	103 947
15	伊朗	西亚与地中海	68 025	87 636	116 999	125 077	90 991	88 895
16	以色列	西亚与地中海	68 349	73 008	83 384	82 234	82 548	79 699
17	埃及	西亚与地中海	44 716	49 665	59 119	60 880	72 662	74 443
18	波兰	中东欧	60 958	53 718	62 109	67 986	68 605	71 598
19	孟加拉国	南亚	31 352	32 281	41 648	47 661	50 855	58 872
20	尼泊尔	南亚	21 726	23 272	30 796	31 944	40 949	58 817
21	乌兹别克斯坦	中亚	57 974	49 534	42 575	54 038	56 165	57 717
22	吉尔吉斯斯坦	中亚	43 493	32 787	35 444	47 633	48 105	49 936
23	斯里兰卡	南亚	24 360	23 574	30 852	38 013	42 745	49 488
24	罗马尼亚	中东欧	32 168	27 760	33 232	36 290	35 262	37 950
25	沙特阿拉伯	西亚与地中海	13 649	19 030	27 223	34 635	35 424	36 531
26	柬埔寨	东亚与东南亚	18 548	20 104	24 265	26 534	29 803	34 578
27	希腊	西亚与地中海	34 445	32 060	34 690	32 652	32 490	34 460
28	塔吉克斯坦	中亚	22 123	17 480	23 398	26 441	28 739	31 916
29	约旦	西亚与地中海	21 018	22 661	25 343	27 568	27 553	28 151
30	伊拉克	西亚与地中海	10 624	19 234	22 246	19 289	20 746	23 497
31	也门	西亚与地中海	17 666	19 375	21 661	18 351	22 021	21 838
32	黎巴嫩	西亚与地中海	19 050	20 186	22 251	22 854	22 607	21 298
33	捷克	中东欧	17 345	15 768	19 483	20 285	21 229	20 640
34	老挝	东亚与东南亚	8754	9674	11 927	14 186	16 764	19 399
35	匈牙利	中东欧	17 490	13 626	15 791	16 289	16 905	18 674
36	阿塞拜疆	独联体	17 453	15 122	18 605	18 202	17 757	18 089
37	保加利亚	中东欧	15 856	13 846	16 421	17 556	16 847	17 582
38	克罗地亚	中东欧	18 449	16 072	16 159	16 355	16 918	16 807
39	土库曼斯坦	中亚	9160	11 647	14 836	15 590	15 629	14 562

续表

排名	国家	所属分区	2008年	2009年	2010年	2011年	2012年	2013年
40	白俄罗斯	独联体	8701	7458	10 914	10 939	14 121	14 347
41	叙利亚	西亚与地中海	16 879	19 745	21 029	18 473	15 773	12 802
42	塞尔维亚	中东欧	5738	6236	8448	9231	10 593	11 441
43	阿富汗	南亚	12 230	15 519	11 809	11 695	11 651	10 674
44	斯洛伐克	中东欧	5386	4969	9028	9183	10 508	10 415
45	科威特	西亚与地中海	6215	6948	7746	8303	9042	8952
46	文莱	东亚与东南亚	7594	7538	10 051	9449	9409	8809
47	立陶宛	中东欧	6646	5821	7000	7508	8730	8774
48	阿联酋	西亚与地中海	4936	5256	8816	9041	8274	7904
49	格鲁吉亚	独联体	6308	5178	5355	6719	6458	7232
50	拉脱维亚	中东欧	5970	5066	5708	5747	7341	7061
51	黑山	中东欧	1665	4431	6038	6584	6959	6905
52	巴勒斯坦	西亚与地中海	4146	5050	6886	6336	6874	6283
53	亚美尼亚	独联体	4364	3528	4684	5347	5492	5797
54	爱沙尼亚	中东欧	—	—	—	—	—	5739
55	斯洛文尼亚	中东欧	—	—	—	—	—	5583
56	阿曼	西亚与地中海	3423	3619	4739	4630	5006	4773
57	马尔代夫	南亚	1373	1330	2025	2623	3589	4115
58	巴林	西亚与地中海	3959	3792	3839	3222	3085	3374
59	塞浦路斯	西亚与地中海	2926	2884	3569	3229	3148	2931
60	摩尔多瓦	独联体	—	—	—	—	—	2886
61	卡塔尔	西亚与地中海	2086	1876	2940	2431	2499	2507
62	阿尔巴尼亚	中东欧	2883	2586	2740	2638	2478	2461
63	波黑	中东欧	—	—	—	—	—	1490
64	不丹	南亚	261	282	569	597	619	623

注：数据来源于UNWTO；数据类型均为跨越国境的非居民入境旅游者，按国籍划分；马其顿数据缺失；各国家2014年数据缺失，故按2013年数据排名。

2008—2013年，中国的入境旅游者中，来自"一带一路"沿线国家的入境旅游人数从

2008 年的 10 578 千人次增长到 2013 年的 11 699 千人次,增长了 10.6%;中国总体入境旅游人数从 2008 年的 130 027 千人次减少到 2013 年的 129 078 千人次,负增长 0.7%。2010—2013 年,中国的入境旅游者中,来自"一带一路"沿线国家的入境旅游人数的年均增长率为 1.9%,中国总体入境旅游人数的年均增长率为 -1.2%。2010—2013 年,中国的入境旅游者中,来自"一带一路"沿线国家的入境旅游人数占中国总体入境旅游人数的比重分别为 8.3%、8.6%、8.9% 和 9.1%。由此可知,来自"一带一路"沿线国家的入境旅游人数占中国总体入境旅游人数的比重较小,但总体上呈持续增长态势。

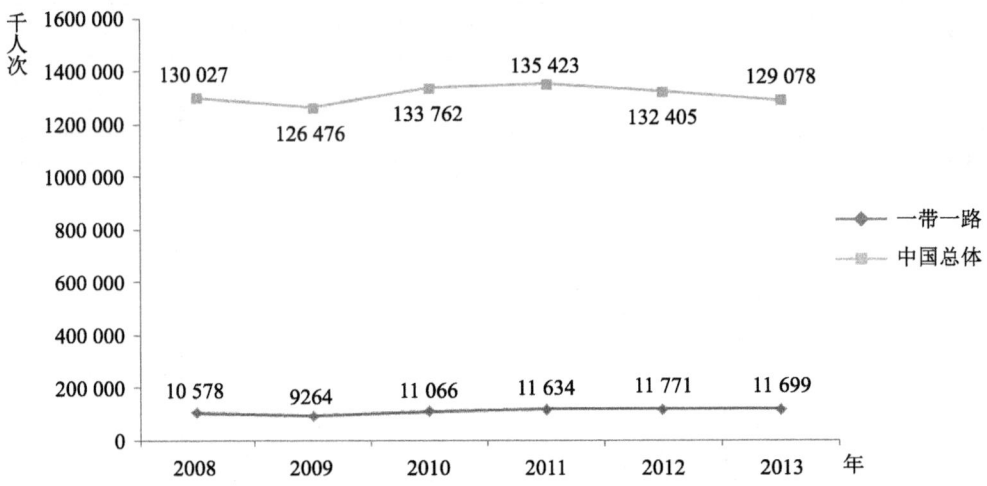

图 2-9　2008—2013 年中国入境旅游人数与来自"一带一路"沿线国家的入境旅游人数

注：马其顿数据缺失,爱沙尼亚、斯洛文尼亚、波黑和摩尔多瓦 2008—2013 年数据不完整,故此处来自"一带一路"沿线国家的入境旅游人数为其他 60 个国家的入境旅游人数之和；2014 年数据缺失,故按 2013 年数据排名。

(二)中国出境旅游目的地国家

2014 年,中国的出境旅游者中,到访"一带一路"沿线各主要国家的出境旅游人数,排在前十位的国家是泰国(4 636 298 人次)、新加坡(2 191 830 人次)、越南(1 947 236 人次)、马来西亚(1 612 523 人次)、俄罗斯(1 125 098 人次)、印度尼西亚(1 052 705 人次)、缅甸(809 399 人次)、柬埔寨(560 335 人次)、老挝(422 440 人次)、菲律宾(394 951 人次)。在这 10 个国家中,东亚与东南亚国家 9 个(泰国、新加坡、越南、马来西亚、印度尼西亚、缅甸、柬埔寨、老挝和菲律宾),独联体国家 1 个(俄罗斯),中国主要的出境旅游目的地国家集中于东亚与东南亚分区。

2008—2014 年,中国的出境旅游者中,到访"一带一路"沿线各主要国家的出境旅游人数,年均增长率高于 10.0% 的国家是缅甸(72.4%)、波黑(51.9%)、斯里兰卡(49.7%)、克罗地亚(46.1%)、马尔代夫(43.6%)、希腊(41.4%)、不丹(40.2%)、爱沙尼亚(34.9%)、泰国(33.3%)、格鲁吉亚(30.2%)、斯洛文尼亚(29.1%)、柬埔寨(27.6%)、捷克(26.1%)、老挝(25.9%)、塔吉克斯坦(24.8%)、立陶宛(24.1%)、以色列(23.8%)、尼泊尔(23.3%)、波兰(23.2%)、土耳其(21.7%)、阿尔巴尼亚(20.5%)、越南(20.3%)、印度尼西亚(19.9%)、摩尔多瓦(17.1%)、塞浦路斯(16.8%)、保加利亚(16.2%)、菲律宾(15.8%)、新加坡(13.0%)、斯洛伐克(11.0%)、印度(10.8%)。在这30个国家中,到访泰国(第一名)、新加坡(第二名)、越南(第三名)、印度尼西亚(第六名)、缅甸(第七名)、柬埔寨(第八名)、老挝(第九名)、菲律宾(第十名)的中国游客人数位列中国出境旅游人数前十名(按"一带一路"沿线各主要国家分)。由此可见,中国传统出境旅游目的地接待中国游客人数继续保持高速增长,同时,"一带一路"沿线诸多国家成为中国游客出境的重要旅游目的地。

表2-12 2008—2014年中国出境旅游人数(按"一带一路"沿线各主要国家分)

单位:人次

排名	国家	所属分区	游客类型	2008年	2009年	2010年	2011年	2012年	2013年	2014年
1	泰国	东亚与东南亚	TFN	826 660	777 508	1 122 219	1 721 247	2 786 860	4 637 335	4 636 298
2	新加坡	东亚与东南亚	VFN	1 053 659	913 067	1 150 027	1 554 480	2 198 157	2 645 728	2 191 830
3	越南	东亚与东南亚	VFR	643 300	518 900	905 400	1 416 800	1 428 693	1 907 794	1 947 236
4	马来西亚	东亚与东南亚	TFR	943 787	1 015 550	1 130 261	1 245 475	1 557 960	1 790 079	1 612 523
5	俄罗斯	独联体	VFN	815 469	718 581	747 640	845 588	978 988	1 071 515	1 125 098
6	印度尼西亚	东亚与东南亚	TFN	354 641	444 598	511 188	594 997	726 088	858 140	1 052 705
7	柬埔寨	东亚与东南亚	TFR	129 626	128 210	177 636	247 197	333 894	463 123	560 335
8	菲律宾	东亚与东南亚	TFR	163 689	155 019	187 446	243 137	250 883	426 352	394 951
9	马尔代夫	南亚	TFN	41 511	60 666	118 961	198 655	229 551	331 719	363 626
10	老挝	东亚与东南亚	VFN	105 852	128 226	161 854	150 791	199 857	245 033	422 440
11	哈萨克斯坦	中亚	VFR	154 220	134 251	108 630	128 312	154 226	205 066	228 617
12	缅甸	东亚与东南亚	TFN	30 792	101 932	113 672	120 953	128 804	187 770	809 399
13	蒙古	东亚与东南亚	TFN	196 832	181 523	194 333	200 010	228 547	178 326	157 561
14	印度	南亚	TFN	98 093	100 209	119 530	142 218	168 952	174 712	181 020

续表

排名	国家	所属分区	游客类型	2008年	2009年	2010年	2011年	2012年	2013年	2014年
15	捷克	中东欧	THSN	50 664	59 429	76 809	105 878	147 690	166 476	203 295
16	土耳其	西亚与地中海	TFN	58 526	67 471	74 763	92 820	109 533	131 369	189 768
17	尼泊尔	南亚	TFN	35 166	32 272	46 360	61 917	71 861	113 179	123 805
18	埃及	西亚与地中海	VFN	67 714	80 933	106 227	48 620	61 155	55 453	61 697
19	斯里兰卡	南亚	TFN	10 015	8574	10 410	16 573	20 323	51 704	112 867
20	波兰	中东欧	VFN	20 000	25 000	35 000	40 000	40 000	45 000	70 000
21	克罗地亚	中东欧	TCER	6302	7534	13 195	22 459	43 249	41 973	61 215
22	伊朗	西亚与地中海	VFN	—	4378	7648	22 728	26 160	34 795	46 697
23	沙特阿拉伯	西亚与地中海	TFN	55 352	18 298	20 416	16 753	19 079	32 278	19 450
24	文莱	东亚与东南亚	TFN	27 652	15 800	24 579	32 853	27 490	30 481	26 473
25	吉尔吉斯斯坦	中亚	VFR	22 487	22 919	18 384	25 315	24 115	30 056	29 853
26	希腊	西亚与地中海	TFR	5941	7793	13 620	15 838	12 203	28 328	47 482
27	以色列	西亚与地中海	TFR	8923	7570	12 890	16 806	19 276	24 942	32 201
28	罗马尼亚	中东欧	VFR	26 182	19 681	17 796	18 570	19 991	21 502	24 758
29	乌克兰	独联体	TFR	16 574	16 137	16 794	19 057	19 718	18 128	11 308
30	斯洛文尼亚	中东欧	THSN	4625	5319	7613	10 078	13 860	17 998	21 444
31	斯洛伐克	中东欧	TCEN	7675	6540	8337	11 857	16 317	15 882	14 390
32	约旦	西亚与地中海	TFN	13 007	12 594	13 882	12 118	12 389	15 501	19 657

续表

排名	国家	所属分区	游客类型	2008年	2009年	2010年	2011年	2012年	2013年	2014年
33	科威特	西亚与地中海	VFN	9546	8207	10 925	14 208	13 283	15 428	15 411
34	保加利亚	中东欧	VFR	6207	6165	6438	6638	8685	11 570	15 242
35	乌兹别克斯坦	中亚	TFR	—	—	—	—	—	11251	—
36	亚美尼亚	独联体	TFR	8100	8400	8450	9713	9867	9924	8635
37	格鲁吉亚	独联体	VFR	1771	2013	2725	6522	9995	8830	8632
38	爱沙尼亚	中东欧	THSR	1701	1888	2642	5185	5426	6893	10 229
39	波黑	中东欧	TCER	534	478	770	2244	3369	5642	6549
40	塞尔维亚	中东欧	THSN	—	—	—	—	—	5159	—
41	立陶宛	中东欧	THSR	1785	2298	3236	5278	5877	5138	6525
42	不丹	南亚	TFN	1069	1143	1494	2896	3766	4764	8112
43	阿尔巴尼亚	中东欧	VFN	1267	1346	1718	1967	3129	3961	3882
44	黎巴嫩	西亚与地中海	TFN	2472	3895	5938	4862	3564	3793	4161
45	也门	西亚与地中海	TFN	4695	5843	5331	1824	1831	3466	—
46	巴林	西亚与地中海	VFN	—	—	—	22 418	22 805	1211	28 616
47	塞浦路斯	西亚与地中海	TFR	722	441	655	651	735	1171	1837
48	塔吉克斯坦	中亚	VFR	1522	2437	2694	3788	4105	970	5755
49	白俄罗斯	独联体	TFN	376	391	603	364	314	682	266

续表

排名	国家	所属分区	游客类型	2008年	2009年	2010年	2011年	2012年	2013年	2014年
50	摩尔多瓦	独联体	VFN	19	8	27	166	75	65	49
—	巴基斯坦	南亚	TFN	30 078	29 996	27 887	42 708	39 017	—	—
—	拉脱维亚	中东欧	VFR	5973	5042	13 131	13 500	—	—	—
—	叙利亚	西亚与地中海	VFN	6336	8296	12 526	6080	—	—	—

注：来源于UNWTO；阿富汗、阿联酋、阿曼、阿塞拜疆、巴勒斯坦、黑山、卡塔尔、马其顿、孟加拉国、土库曼斯坦、匈牙利、伊拉克数据缺失；较多国家2014年数据缺失，故按2013年数据排名。

第三章 世界旅游发展前景预测

一、联合国世界旅游组织的预测

世界旅游组织(UNWTO)在《2020年旅游前景预测》(*Tourism 2020 Vision Forecast*)中,对2010年的国际旅游人数预测值为10亿人次,2010年实际国际旅游人数9.4亿人次,相差0.6亿人次。

世界旅游组织在新一版的《旅游走向2030年》(*Tourism Towards 2030*)中,对2010—2030年的国际旅游状况进行了预测。预测显示,国际旅游人数将以一个更为缓慢的速率增长,年均增长率从4.2%(1980—2020年)降为3.3%(2010—2030年)。年均增长率降低主要有以下几方面的原因:

(1)现有基数更大,所以即使增长的绝对数量很大,但相对数即增长率会小;

(2)随着经济结构的逐渐成熟,GDP增速会逐渐减缓;

(3)旅游需求相对于GDP的弹性逐渐减弱;

(4)旅游交通费用从下降趋势变为上升趋势。

2010—2030年年均3.3%的增长率,意味着每年将增加4300万的国际游客。国际旅游人数将从2010年的9.4亿人次增长到2030年的18亿人次。这就是说,在两个10年的时间里,每天将有500万的居民出于娱乐、商务或其他(如探亲访友)目的跨越国境。

新兴经济体目的地(+4.4%)的国际游客人数增长率将是发达经济体目的地(+2.2%)的2倍。具体来说,新兴经济体如亚洲、拉丁美洲、中东欧、东地中海地区、中东和非洲,这些地区的年国际游客增加数量为3000万人次;而发达经济体如北美、欧洲、亚太地区的年国际游客增加数量为1400万人次。新兴经济体目的地将比发达经济体目的地接待更多的国际游客,截至2030年,新兴经济体接待的国际游客数量将占全球国际游客总数的58%。

世界各分区的国际游客人数份额在2010—2030年间也会有一定的变化:亚太地区(从22%上升到30%)、中东地区(从6%上升到8%)、非洲(从5%上升到7%)、欧洲(从51%下降到41%)、美洲(从16%下降到14%)(表3-1)。

截至2030年,东北亚地区(16.2%)将超过南欧和地中海欧洲地区(14.6%)成为国际游客到访人数最多的区域(表3-2)。

2010—2030年,国际游客的很大一部分将由亚太地区产生,亚太地区国际游客数量年均增长率5.0%,每年约产生1700万的国际游客;其次是欧洲,每年约产生1600万的国际游客,年均增长率2.5%(由于欧洲目前国际游客基数较大,年增长率并不高);其余的1000万国际游客是由美洲(500万)、非洲(300万)和中东地区(200万)产生的。

表3-1 1980—2030年世界各分区接待的国际旅游人数占全球国际旅游人数的比重

单位:%

分区	实际		预测
	1980年	2010年	2030年
美洲	22	16	14
亚太地区	8	22	30
欧洲	64	51	41
非洲	3	5	7
中东地区	3	6	8

表3-2 1995—2030年世界各分区接待的国际旅游人数

区域	国际旅游人数			所占份额		
	实际(百万次)		预测(百万次)	实际(%)		预测(%)
	1995年	2010年	2030年	1995年	2010年	2030年
东北亚	41	112	293	7.8	11.9	16.2
南欧和地中海欧洲地区	98	169	264	18.6	17.9	14.6
西欧	112	154	222	21.3	16.3	12.3
东南亚	28	70	187	5.3	7.4	10.3
中东欧	58	95	176	11.0	10.1	9.7
中东	14	61	149	2.7	6.5	8.2
北美	81	98	138	15.4	10.4	7.6
北欧	36	58	82	6.8	6.2	4.5
南美	12	24	58	2.3	2.5	3.2
北非	7	19	46	1.3	2.0	2.5
东非	5	12	37	0.9	1.3	2.0
南亚	4	11	36	0.8	1.2	2.0
加勒比地区	14	20	30	2.7	2.1	1.7
南部非洲	4	13	29	0.8	1.4	1.6
中美	3	8	22	0.6	0.8	1.2
西非和中非	2	7	22	0.4	0.7	1.2
大洋洲	8	12	19	1.5	1.3	1.0

表3-3 1995—2030年世界各分区每100人口接待的国际旅游人数

单位：人次

区　域	实　际		预　测
	1995年	2010年	2030年
东北亚	62	81	114
南欧和地中海欧洲地区	47	71	103
西　欧	42	63	80
东南亚	38	48	65
中东欧	15	25	47
中　东	9	27	47
北　美	9	22	46
北　欧	28	32	40
南　美	8	19	38
北　非	8	15	28
东　非	6	12	27
南　亚	21	21	26
加勒比地区	3	7	18
南部非洲	4	6	13
中　美	2	4	7
西非和中非	1	2	3
大洋洲	0	1	2

表3-4 1980—2030年国际旅游客源地

单位：百万人次

分　区	实　际			预　测
	1980年	1995年	2010年	2030年
非　洲	6	12	30	90
美　洲	71	110	160	265
亚太地区	25	88	204	541
欧　洲	169	308	509	832
中　东	6	10	37	81

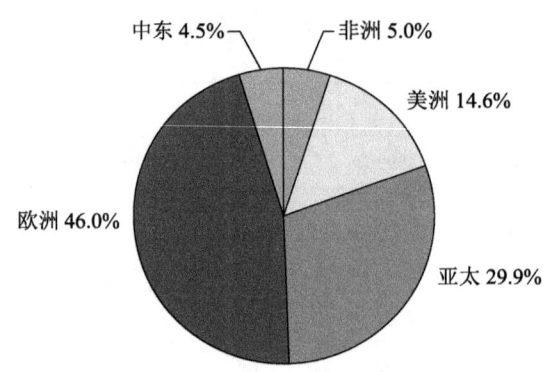

图 3-1　2030 年国际旅游客源地构成

表 3-5　1980—2030 年世界各分区每 100 人口产生的国际旅游人数

单位：人次

地　区	实　际			预　测
	1980 年	1995 年	2010 年	2030 年
世　界	6	9	14	22
非　洲	1	2	3	6
美　洲	12	14	17	24
亚太地区	1	3	5	12
欧　洲	21	36	57	89
中　东	6	6	17	25

二、世界旅行及旅游理事会的预测

世界旅行及旅游理事会（WTTC）利用编制旅游卫星账户（TSA）的方法，每年对于下一个 10 年期的世界旅游业进行跟踪研究，对 10 年以后的世界旅游业进行预测。与世界旅游组织不同的是，世界旅行及旅游理事会的预测着眼于旅游经济而不仅仅是市场预测，对于旅游需求的预测也不只限于国际旅游，在统计项目分类上也与联合国世界旅游组织不同。

世界旅行及旅游理事会将旅游业对 GDP 的贡献分为直接贡献、间接贡献和派生贡献。直接贡献在商品形态上体现为住宿、交通、娱乐、景区景点的贡献；在行业形态上体现为住宿服务、餐饮服务、零售贸易、交通服务、文体娱乐服务的贡献；在消费形态上体现在当地居民国内旅游消费、商务人士国内旅游消费、游客出口、个体和政府旅游消费。间接贡献包括旅游投资花费、政府集体性的旅游消费、从供应商处购买商品或服务的影响。派生贡献则是从业人员的直接和间接消费之和，包括餐饮、娱乐、衣物、房屋、家庭用品等。

在世界范围内,2010 年旅游活动对 GDP 的直接贡献为 18 240 亿美元,2015 年为 22 300 亿美元,2026 年预测为 34 690 亿美元,2016—2026 年的年均增长率为 4.2%。这主要反映了酒店、旅行社、航空公司和其他乘客运输服务产生的经济活动影响,也反映了游客参与的餐馆、娱乐活动产生的影响。2010 年旅游活动对 GDP 的总贡献(涉及更多的方面,如投资、供应链、收入效应等)为 58 760 亿美元,2015 年为 71 700 亿美元,2026 年预测为 109 870 亿美元,2016—2026 年的年均增长率为 4.0%。

2010 年,旅游活动产生的直接就业岗位数为 9691.6 万,2015 年为 10 783.3 万,2026 年预测达到 13 588.4 万,2016—2026 年的年均增长率为 2.1%;2010 年旅游活动产生的总就业岗位数为 25 138.0 万,2015 年为 28 357.8 万,2026 年预测达到 37 020.4 万,2016—2026 年的年均增长率为 2.5%。

2026 年,预计游客出口数量达到 20 560 亿美元,吸引的资本投资为 12 540 亿美元。

表 3-6　世界旅行及旅游理事会对世界旅游业未来的预测

单位:10 亿美元

全　　球	2010 年	2011 年	2012 年	2013 年	2014 年	2015 年	2016E	2026F
1.游客出口	1060	1120	1171	1229	1278	1309	1348	2056
2.国内旅游消费	2756	2973	3084	3207	3325	3420	3534	5245
3.境内旅游消费(=1+2)	3816	4093	4255	4435	4603	4729	4882	7302
4.旅游供应商消费,包括进口的商品(供应链)	-1993	-2173	-2257	-2351	-2434	-2499	-2578	-3832
5.旅游对 GDP 的直接贡献(=3+4)	1824	1920	1999	2084	2169	2230	2304	3469
其他重要的影响方面(间接和派生)								
6.国内供应链	1658	1803	1884	1970	2056	2115	2191	3345
7.资本投资	648	667	695	706	744	775	811	1254
8.政府集体消费	368	374	382	388	396	404	413	533
9.间接消费的进口商品	278	314	328	344	312	320	327	402
10.派生	1100	1137	1175	1224	1279	1327	1374	1984
11.旅游对 GDP 的总贡献(=5+6+7+8+9+10)	5876	6214	6462	6717	6956	7170	7421	10 987
雇佣效应(千)								
12.旅游对就业的直接贡献	96 916	98 748	101 191	103 095	105 356	107 833	109 864	135 884
13.旅游对就业的总贡献	251 380	258 022	265 110	271 474	276 340	283 578	289 756	370 204
其他								
14.出境旅行花费	922	947	1013	1080	1160	1278	1328	1952

注:以 2015 年价格计算;"游客出口"是指以商务和娱乐为目的的国际游客在某个国家内进行的消费;E 为估计,F 为预测。

预计到2026年,对境内旅游(包括入境旅游和国内旅游)来说,以休闲娱乐为目的的旅行消费(56 458亿美元)约占直接旅游GDP的77.3%,而商务旅行消费(16 588亿美元)约占直接旅游GDP的22.7%;国内旅游消费(52 455亿美元)占2026年直接旅游GDP的71.8%,游客出口消费(20 560亿美元)占28.2%。

表3-7 世界旅行及旅游理事会对世界旅游业未来的预测

世界	实际		估计和预测			
	2015(10亿美元)①	2015所占份额(%)	2016实际增长(%)②	2026		
				10亿美元①	所占份额(%)	2016—2026实际年均增长率③
对GDP的直接贡献	2229.8	3.0	3.3	3469.1	3.4	4.2
对GDP的总贡献	7170.3	9.8	3.5	10 986.5	10.8	4.0
对就业的直接贡献④	107 833	3.6	1.9	135 884	4.0	2.1
对就业的总贡献④	283 578	9.5	2.2	370 204	11.0	2.5
游客出口	1308.9	6.1	3.0	2056.0	6.2	4.3
国内旅游消费	3419.9	4.7	3.3	5245.5	3.9	4.0
以休闲娱乐为目的的旅行(境内)消费	3621.9	2.3	3.0	5645.8	2.6	4.2
以商务活动为目的的旅行(境内)消费	1106.9	0.7	3.9	1658.8	0.8	3.7
资本投资	774.6	4.3	4.7	1254.2	4.7	4.5

注:①为2015年价格及汇率,②为2016年调节通胀率后的实际增长率(%),③为2016—2026年调整通胀率后的实际年均增长率,④就业人数单位为1000。

第二编 亚太地区

根据联合国世界旅游组织的划分方法,亚太旅游区分为四个旅游分区,即:东北亚分区、东南亚分区、南亚分区和大洋洲分区。

亚洲是亚细亚洲的简称,位于东半球的东北部,东临太平洋,南临印度洋,北临北冰洋,西濒地中海和黑海,面积为4400万平方千米,约占全球陆地面积的30%。2014年人口约为41.64亿,占世界总人口的57.8%,是世界上人口最稠密的大陆。亚洲的气候复杂多样,季风气候典型和大陆性显著。亚洲是世界文明的主要发祥地,是所有世界性宗教的发源地。

大洋洲意为大洋中的陆地,位于太平洋西南部和赤道南北广大海域,西北与亚洲为邻,东北及东部与美洲大陆相对,西部濒临太平洋,南部与南极洲相望。陆地面积为897.1万平方千米,约占世界陆地面积的6%。2014年人口约3300万,占世界总人口的0.5%,是世界上面积最小、人口最少的一个洲。大洋洲大部分地处南北回归线之间,属热带、亚热带气候。洲内工业发达的国家是澳大利亚和新西兰,其他国家和岛屿的经济主要是靠农业和渔业。

亚太地区内各个国家的经济发展水平有很大差异,该地区内既有像日本、澳大利亚、新西兰这样的经济发达国家,也有像新加坡、韩国等新兴工业国家,还有中国、印度等发展中国家。近20多年来,亚太地区的经济一直处于快速发展的状态。亚太经济合作组织是该区内的一个旨在促进该地区经济发展的经济组织。

由新加坡、马来西亚、泰国等10个国家组成的东南亚国家联盟是本地区的一个区域性政治经济合作组织。2014年,该组织所有国家的人口近6亿,面积444万平方千米。该组织为促进地区经济合作与发展作出了很大的贡献。亚洲太平洋旅游协会(PATA)是亚太地区的旅游组织,协会总部设在泰国曼谷,宗旨是联合协会的各会员,促进旅游的可持续发展,提高旅游的质量,促进世界其他国家和地区的游客来亚太地区各国旅游以及本地区各国居民在本地区内开展国际旅游。

依据世界旅游组织的划分方法,这里所指的亚太地区包括4个分区,分别为:

东北亚分区,包括中国、中国香港、日本、朝鲜、韩国、中国澳门、蒙古和中国台湾共8个国家和地区;

东南亚分区,包括文莱、柬埔寨、印度尼西亚、老挝、马来西亚、缅甸、菲律宾、新加坡、泰国和越南共10个国家;

南亚分区,包括阿富汗、孟加拉国、不丹、印度、伊朗、马尔代夫、尼泊尔、巴基斯坦和斯里兰卡共9个国家;

大洋洲分区,包括美属萨摩亚、澳大利亚、库克群岛(新)、斐济、法属波利尼西亚、关岛、基里巴斯、马绍尔群岛、密克罗尼西亚、北马里亚纳群岛、新喀里多尼亚(法)、新西兰、纽埃(新)、帕劳群岛、巴布亚新几内亚、萨摩亚、所罗门群岛、汤加、图瓦卢和瓦努阿图共20个国家。

第四章 亚太地区旅游市场概况

亚太地区近几年来成为世界上旅游业发展速度最快的地区,其发展速度高于世界平均发展速度。据联合国世界旅游组织预测,到2030年,亚太地区接待的国际旅游人数将达到5.35亿人次,在世界旅游市场所占份额将达到29.6%。

2008年亚太地区的旅游业发展速度明显降低,国际旅游人数从2007年的182.0百万人次增长到2008年的184.1百万人次;国际旅游人数增长速度从2007年的9.6%下降到2008年的1.2%,主要是受上半年油价上涨的影响;国际旅游收入从2007年的1868亿美元增长到2008年的2089亿美元。中国的入境旅游人数较上年减少了近3%,可能是游客考虑到2008年夏季奥运会城市拥挤、价格上涨和安全因素的影响;而奥运会给中国带来的积极影响体现在入境旅游收入较上年增长了近10%。日本的入境旅游人数较上年仅增长了4000人次,可能是受日元货币升值的影响。以远程市场为主要客源地的澳大利亚和新西兰的国际旅游人数出现了负增长,主要是因为油价的继续上升,同时也受全球经济环境和高汇率的影响。

2009年全球经济衰退因H1N1流感传染而更加恶化,这也使得旅游业进入一个艰难的时期。亚太地区国际旅游人数从2008年的184.1百万人次下降到2009年的181.1百万人次;国际旅游人数增长速度从2008年的1.2%下降到2009年的负增长1.6%;国际旅游收入从2008年的2089亿美元下降到2009年的2031亿美元。中国的入境旅游人数位列世界第四位,仅次于法国、美国和西班牙,为50.9百万人次,较2008年负增长4.1%;入境旅游收入位列世界第五位,仅次于美国、西班牙、法国和意大利,为397亿美元,较2008年负增长2.9%。

2010年世界旅游业强势复苏,欧洲、美洲、非洲和中东地区国际旅游人数均呈现不同程度的增长,亚太地区国际旅游人数则较上年增长13.7%,从2009年的181.1百万人次增长到2010年的205.9百万人次;国际旅游收入从2009年的2031亿美元增长到2010年的2553亿美元。中国的入境旅游人数和入境旅游收入较2009年均上升一位,分别位列世界第三位和第四位,其中入境过夜旅游者人数为55.7百万人次,较上年增长9.4%;入境旅游收入为458亿美元,较上年增长15.5%。

2011年亚太地区旅游业继续呈现出较强的增长态势。国际旅游人数从2010年的205.9百万人次增长到2011年的218.2百万人次,增长率为6.0%;国际旅游收入从2010年的2553亿美元增长到2011年的2986亿美元。中国的入境过夜旅游者人数为57.6百万人次,继续保持在世界第三位,排在法国和美国之后;入境旅游收入为485亿美元,继续保持在世界第四位,仅次于美国、西班牙和法国。

2012年亚太地区国际旅游人数较上年增长率为7%,高于欧洲、美洲、非洲和中东地区,从2011年的218.2百万人次增长到2012年的233.5百万人次;国际旅游收入从2011年的2986亿美元增长到2012年的3291亿美元。中国的入境过夜旅游者人数稳居世界第三位,为57.7百万人次;入境旅游收入稳居世界第四位,为500亿美元。

2013年亚太地区旅游业持续强劲增长。国际旅游人数从2012年的233.5百万人次增长到2013年的249.8百万人次,增长率为7.0%;其中,东南亚分区、南亚分区、大洋洲分区、东北亚分区分别较上年增长12.0%、9.6%、5.0%、3.4%。国际旅游收入从2012年的3291亿美元增长到2013年的3607亿美元,东北亚分区、东南亚分区、大洋洲分区、南亚分区的国际旅游收入分别为1849亿美元、1082亿美元、429亿美元、247亿美元。中国的入境过夜旅游者人数为55.7百万人次,位列世界第四位,排在法国、美国和西班牙之后;入境旅游收入为517亿美元,位列世界第四位,仅次于美国、西班牙和法国。

2014年亚太地区旅游业增速有所减缓。国际旅游人数从2013年的249.8百万人次增长到2014年的263.3百万人次,增长率为5.4%;国际旅游收入从2013年的3607亿美元增长到2014年的3768亿美元,增长率为4.5%。中国的入境过夜旅游者人数为55.6百万人次,继续保持在世界第四位,排在法国、美国和西班牙之后;入境旅游收入增长到569亿美元,成功超越法国,排在世界第三位,仅次于美国和西班牙。

第一节 入境旅游概况

一、入境旅游人数

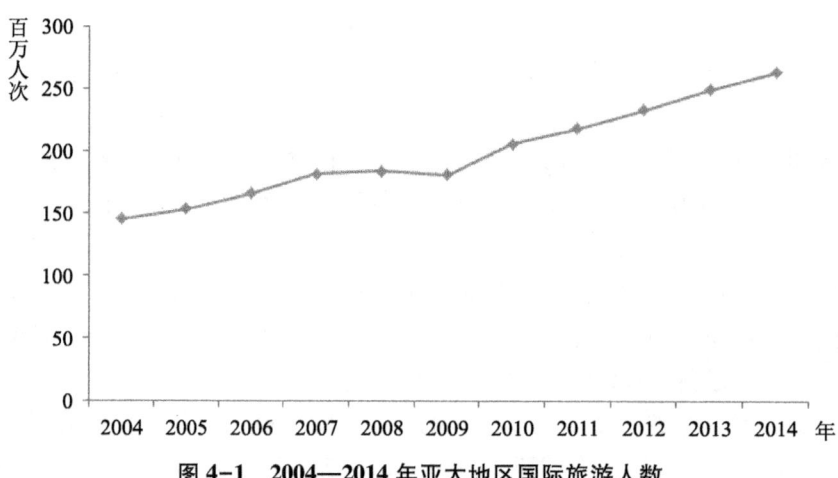

图4-1 2004—2014年亚太地区国际旅游人数

2004—2014年,除2009年国际旅游人数较上年有所下降,亚太地区接待的国际旅游人数总体上呈上升趋势,从2004年的145.5百万人次增长到2014年的263.3百万人次,增长率为81.0%。1990—2014年间,亚太地区国际旅游人数年均增长率为6.7%,东北亚分区为7.1%,东南亚分区为6.5%,大洋洲分区为4.0%,南亚分区为7.4%。2014年亚太地区各分区的国际旅游人数较上年均有不同程度的增长。

表 4-1　1990—2014 年亚太地区各分区国际旅游人数

单位:百万人次

地 区	1990 年	1995 年	2000 年	2005 年	2010 年	2011 年	2012 年	2013 年	2014 年
亚 太	55.8	82.1	110.3	154.0	205.9	218.2	233.5	249.8	263.3
东北亚	26.4	41.3	58.3	85.9	111.5	115.8	122.8	127.0	136.3
东南亚	21.2	28.5	36.3	49.0	70.5	77.3	84.2	94.3	96.7
大洋洲	5.2	8.1	9.6	10.9	11.4	11.7	11.9	12.5	13.2
南 亚	3.1	4.2	6.1	8.1	12.0	13.5	14.6	16.0	17.1

来源:UNWTO Tourism Highlights 2013—2015.

2008—2014年,亚太地区入境旅游人数排名前十位的国家和地区中,除中国入境旅游人数有所下降外,其他9个国家和地区入境旅游人数都有一定程度的增长。年均增长率最高的是中国台湾,为17.1%;其次是中国香港,为12.8%。在这几年里,中国的入境旅游人数始终排在亚太地区的第一位,其中在2011年达到最高点,为135 423千人次,2012年、2013年、2014年较上年均出现不同程度的下降。

表 4-2　2008—2014 年亚太地区入境旅游人数前十位的国家/地区

单位:千人次

排名	国家/地区	2008 年	2009 年	2010 年	2011 年	2012 年	2013 年	2014 年
1	中　国	130 027	126 476	133 762	135 423	132 405	129 078	128 499
2	中国香港	29 507	29 591	36 030	41 921	48 615	54 299	60 839
3	中国澳门	22 933	21 753	24 965	28 002	28 082	29 325	31 526
4	马来西亚	22 052	23 646	24 577	24 714	25 033	25 715	27 437
5	泰　国	14 584	14 150	15 936	19 230	22 354	26 547	24 810
6	韩　国	6891	7818	8798	9795	11 140	12 176	14 202
7	日　本	8351	6790	8611	6219	8358	10 364	13 413
8	新加坡	7778	7488	9161	10390	11098	11 899	11 864
9	中国台湾	3845	4395	5567	6087	7311	8016	9910
10	印度尼西亚	6234	6324	7003	7650	8044	8802	9435

注:①此处各国家和地区中,泰国、马来西亚、新加坡、印度尼西亚入境旅游人数均指过夜旅游者,不包括一日游游客,其他国家和地区入境旅游人数均包括过夜旅游者和一日游游客。

②按 2014 年数据排名。

二、入境旅游收入

2008—2014年,亚太地区各分区的国际旅游收入总体上呈上升趋势。东北亚分区的国际旅游收入从2008年的999亿美元增长到2014年的1981亿美元,增长了98.3%;东南亚分区的国际旅游收入从2008年的598亿美元增长到2014年的1068亿美元,增长了78.6%;大洋洲分区的国际旅游收入从2008年的337亿美元增长到2014年的448亿美元,增长了32.9%;南亚分区的国际旅游收入从2008年的155亿美元增长到2014年的272亿美元,增长了75.5%。

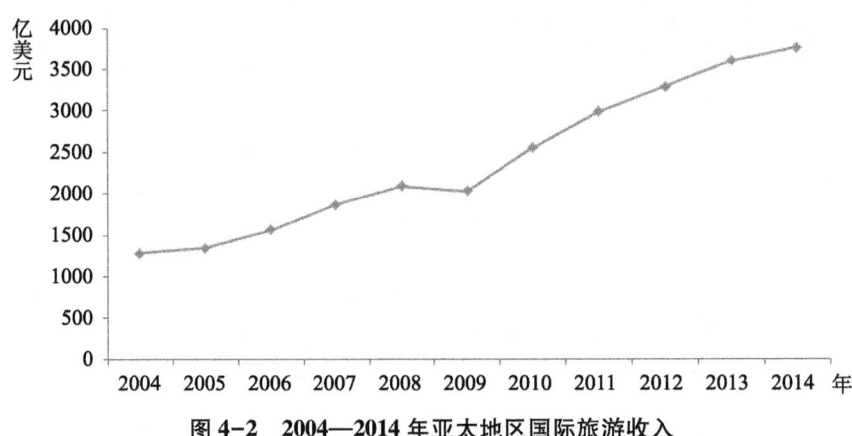

图4-2　2004—2014年亚太地区国际旅游收入

表4-3　2008—2014年亚太地区各分区国际旅游收入

单位:亿美元

地区	2008年	2009年	2010年	2011年	2012年	2013年	2014年
亚太	2089	2031	2553	2986	3291	3607	3768
东北亚	999	1012	1286	1496	1672	1849	1981
东南亚	598	535	686	844	960	1082	1068
大洋洲	337	335	392	408	430	429	448
南亚	155	149	189	237	229	247	272

来源:UNWTO Tourism Highlights 2010—2015.

2008年和2009年,亚太地区的每人次国际旅游收入均为1120美元;2010—2013年,亚太地区的每人次国际旅游收入呈持续上升态势,从2010年的1220美元上升到2013年的1450美元,增长率高达18.9%;2014年较上年有所下降,减少到1430美元。2014年,东北亚分区每人次国际旅游收入与2013年相同,均为1450美元;东南亚和大洋洲分区每人次国际旅游收入较2013年均有所下降,分别负增长4.3%和0.6%;南亚分区每人次国际旅游收入较2013年有所增长,增长率为1.3%。

表 4-4 2008—2014 年亚太地区各分区接待游客的每人次国际旅游收入

单位：美元

地区	2008年	2009年	2010年	2011年	2012年	2013年	2014年
亚太	1120	1120	1220	1330	1390	1450	1430
东北亚	950	1020	1100	1240	1360	1450	1450
东南亚	990	870	980	1060	1080	1150	1100
大洋洲	3050	3080	3400	3560	3390	3410	3390
南亚	1470	1550	1710	1850	1710	1570	1590

来源：UNWTO Tourism Highlights 2009—2015.

2008—2014 年，亚太地区入境旅游收入排名前十位的国家和地区都有一定程度的增长，其中中国澳门的年均增长率最高，为 20.2%；其次是中国香港（17.4%）和泰国（13.3%）。

表 4-5 2008—2014 年亚太地区入境旅游收入前十位的国家/地区

单位：百万美元

排名	国家/地区	2008年	2009年	2010年	2011年	2012年	2013年	2014年
1	中国	40 843	39 675	45 814	48 464	50 028	51 664	56 913
2	中国澳门	16 948	18 142	27 802	38 461	43 860	51 857	51 009
3	中国香港	15 018	15 978	21 689	27 038	31 205	36 108	39 243
4	泰国	18 163	16 058	20 116	27 186	33 856	41 780	38 433
5	澳大利亚	25 119	24 566	28 472	31 556	31 913	31 303	31 948
6	马来西亚	15 293	15 798	18 152	19 649	20 251	21 500	22 600
7	印度	11 832	11 136	14 490	17 708	17 972	18 397	19 700
8	新加坡	10 714	9225	14 178	18 086	18 939	19 301	19 203
9	日本	10 820	10 329	13 224	11 000	14 581	15 093	18 812
10	韩国	9774	9804	10 328	12 476	13 429	14 629	18 147

注：按 2014 年数据排名。

第二节 出境旅游概况

一、出境旅游人数

2008—2014 年，亚太地区出境旅游人数排名前十位的国家/地区总体上均有一定程度的增长,年均增长率最高的是中国,为16.8%;其次是印度(9.1%)和印度尼西亚(8.1%)。

表4-6 2018—2014年亚太地区出境旅游人数前十位的国家/地区

单位:千人次

排名	国家/地区	2008年	2009年	2010年	2011年	2012年	2013年	2014年
1	中国	45 844	47 656	57 386	70 250	83 183	98 185	116 590
2	中国香港	81 911	81 958	84 442	84 816	85 276	84 414	84 519
3	印度	10 868	11 067	12 988	13 994	14 920	16 626	18 330
4	日本	15 987	15 446	16 637	16 994	18 491	17 473	16 903
5	韩国	11 996	9494	12 488	12 694	13 737	14 846	16 081
6	中国台湾	8465	8143	9415	9584	10 240	11 053	11 845
7	澳大利亚	—	6276	7103	7788	8212	8768	9114
8	新加坡	6828	6961	7342	7753	8048	8647	8903
9	印度尼西亚	5486	5053	6235	6750	7454	7973	8770
10	伊朗	—	—	—	—	—	—	7698

注:①此处各国家和地区中,日本、韩国和伊朗出境旅游人数均包括过夜旅游者和一日游游客,其他国家和地区出境旅游人数均指过夜旅游者,不包括一日游游客。
②按2014年数据排名。

二、出境旅游花费

2008—2014年,亚太地区出境旅游花费排名前十位的国家和地区总体上有一定程度的增长,其中菲律宾的年均增长率最高,为33.7%;其次是中国(28.8%)、马来西亚(10.7%)和中国台湾(7.4%)。

表4-7 2008—2014年亚太地区出境旅游花费前十位的国家/地区

单位:百万美元

排名	国家/地区	2008年	2009年	2010年	2011年	2012年	2013年	2014年
1	中国	36 157	43 702	54 880	72 585	101 977	128 576	164 859
2	澳大利亚	18 749	18 738	22 558	27 371	28 078	28 576	26 325
3	新加坡	16 340	15 704	18 700	21 498	22 957	24 178	23 931
4	韩国	19 065	15 035	18 766	19 920	20 645	21 676	23 465
5	中国香港	16 095	15 547	17 357	19 022	20 077	21 215	22 032

续表

排名	国家/地区	2008年	2009年	2010年	2011年	2012年	2013年	2014年
6	日本	27 901	25 199	27 950	27 262	27 906	21 861	19 311
7	印度	9606	9310	10 490	13 699	12 342	11 571	14 596
8	中国台湾	9116	7800	9357	10 112	10 630	12 304	13 998
9	马来西亚	6709	6508	8324	10 180	12 217	12 236	12 369
10	菲律宾	2057	3671	5487	5616	6548	7833	11 763

注：按2014年数据排名。

第五章 东北亚分区旅游市场概况

依据世界旅游组织的划分方法,东北亚旅游分区包括中国(包括中国香港、中国澳门和中国台湾)、日本、韩国、朝鲜、蒙古,但本章的东北亚分区旅游市场概况分析不包括朝鲜。该地区处于亚洲的东北部,区内以日本的经济最为发达,中国的经济发展速度最快。地区内旅游资源丰富,旅游业十分发达,其中,中国的旅游业发展速度最快。

一、入境旅游概况

(一)入境旅游人数

2008—2014 年,东北亚分区各国家/地区的入境旅游人数之和总体上有较大增长,2014 年的入境旅游人数之和几乎是 2008 年的 1.28 倍。2008—2014 年,东北亚分区各国家/地区的入境旅游人数之和年均增长率为 4.22%。2013 年,东北亚分区各国家/地区接待入境旅游者人数之和达 243 773 千人次;2014 年增长到 258 895 千人次,较上年增长 6.20%。2014 年,中国、中国香港、中国澳门这三个旅游目的地接待入境旅游者人数总共 220 864 千人次,占东北亚分区各国家/地区入境旅游总人数的 85.31%。

表 5-1　2008—2014 年东北亚分区各国家/地区入境旅游人数

单位:千人次

排名	国家/地区	2008 年	2009 年	2010 年	2011 年	2012 年	2013 年	2014 年
1	中国	130 027	126 476	133 762	135 423	132 405	129 078	128 499
2	中国香港	29 507	29 591	36 030	41 921	48 615	54 299	60 839
3	中国澳门	22 933	21 753	24 965	28 002	28 082	29 325	31 526
4	韩国	6891	7818	8798	9795	11 140	12 176	14 202
5	日本	8351	6790	8611	6219	8358	10364	13 413
6	中国台湾	3845	4395	5567	6087	7311	8016	9910
7	蒙古	469	465	557	627	624	515	506

注:①此处各国家和地区入境旅游人数均包括过夜旅游者和一日游游客。
　　②按 2014 年数据排名。

（二）入境旅游收入

2008—2014年，东北亚分区各国家/地区的入境旅游收入之和总体上持续不断增长，从2008年的99 587百万美元增长到2014年的198 915百万美元，增长了99.74%。2014年，除中国澳门和蒙古入境旅游收入明显下降外，中国、中国香港、日本、韩国、中国台湾入境旅游收入均呈现不同程度的增长。

表5-2　2008—2014年东北亚分区各国家/地区入境旅游收入

单位：百万美元

排名	国家/地区	2008年	2009年	2010年	2011年	2012年	2013年	2014年
1	中　　国	40 843	39 675	45 814	48 464	50 028	51 664	56 913
2	中国澳门	16 948	18 142	27 802	38 461	43 860	51 857	51 009
3	中国香港	15 018	15 978	21 689	27 038	31 205	36 108	39 243
4	日　　本	10 820	10 329	13 224	11 000	14 581	15 093	18 812
5	韩　　国	9774	9804	10 328	12 476	13 429	14 629	18 147
6	中国台湾	5937	6816	8721	11 065	11 770	12 323	14 618
7	蒙　　古	247	235	244	218	442	189	173

注：按2014年数据排名。

二、出境旅游概况

（一）出境旅游人数

2008—2014年，东北亚分区各国家/地区的出境旅游人数总体上呈增长态势，年均增长率最高的是中国，达到16.83%；其次是中国澳门，为16.78%；排在第三位的是中国台湾，为5.76%。2014年，中国是东亚太地区出境旅游人数最多的国家，为116 590千人次。

表5-3　2008—2014年东北亚分区各国家/地区出境旅游人数

单位：千人次

排名	国家/地区	2008年	2009年	2010年	2011年	2012年	2013年	2014年
1	中　　国	45 844	47 656	57 386	70 250	83 183	98 185	116 590
2	中国香港	81 911	81 958	84 442	84 816	85 276	84 414	84 519
3	日　　本	15 987	15 446	16 637	16 994	18 491	17 473	16 903
4	韩　　国	11 996	9494	12 488	12 694	13 737	14 846	16 081
5	中国台湾	8465	8143	9415	9584	10 240	11 053	11 845

续表

排名	国家/地区	2008年	2009年	2010年	2011年	2012年	2013年	2014年
6	中国澳门	606	671	753	908	1291	1446	1537
7	蒙古	—	—	—	—	—	—	—

注：①此处各国家和地区中，中国、中国香港、中国台湾出境旅游人数均指过夜旅游者，不包括一日游游客；日本、韩国、中国澳门出境旅游人数均包括过夜旅游者和一日游游客。

②按2014年数据排名。

（二）出境旅游花费

2008—2014年，除日本外，东北亚分区各国家/地区的出境旅游花费总体上呈增长态势，年均增长率最高的是中国，达到28.77%；其次是蒙古，为14.96%；排在第三的是中国澳门，为14.14%。2014年，中国是东亚太地区出境旅游花费最多的国家，为164 859百万美元。2013—2014年，除日本有所下降外，中国、韩国、中国香港、中国台湾、中国澳门、蒙古出境旅游花费均呈现不同程度的增长。

表5-4　2008—2014年东北亚分区各国家/地区出境旅游花费

单位：百万美元

排名	国家/地区	2008年	2009年	2010年	2011年	2012年	2013年	2014年
1	中国	36 157	43 702	54 880	72 585	101 977	128 576	164 859
2	韩国	19 065	15 035	18 766	19 920	20 645	21 676	23 465
3	中国香港	16 095	15 547	17 357	19 022	20 077	21 215	22 032
4	日本	27 901	25 199	27 950	27 262	27 906	21 861	19 311
5	中国台湾	9116	7800	9357	10 112	10 630	12 304	13 998
6	中国澳门	828	915	1154	1374	1597	1703	1831
7	蒙古	217	210	265	344	357	399	501

注：按2014年数据排名。

第一节　韩　国

韩国全称大韩民国（Republic of Korea），位于亚洲大陆东北、朝鲜半岛的南半部，东濒日本海，西面与中国山东省隔黄海相望。面积约为9.96万平方千米。属温带季风气候，年均气温13.5℃。2014年全国人口约为5042万，国内生产总值（GDP）为14 104亿美元。

韩国风景优美，有许多历史和文化遗产，旅游业较发达。主要旅游点有：景福宫、德寿宫、昌庆宫、昌德宫、民俗博物馆、江华岛、板门店、庆州、济州岛、雪岳山等。韩国有40多家饭店达到国际标准,其中部分已加入国际饭店预订系统。首尔的新罗饭店、乐天饭店、洲际饭店、朝鲜饭店、凯悦饭店、广场饭店、华克山庄饭店等被列入超豪华系列。

表5-5 2014年韩国旅游业经济影响评估

指 标	总 数	占全国的比例(%)	增长预测(%)
GDP(百万美元)	24 720.6	2.1	3.3
雇佣人数(千人)	618.9	2.5	1.1

注:本表为估计值。

一、入境旅游概况

(一)入境旅游人数

2008—2014年,韩国入境旅游人数持续不断增长,从2008年的6891千人次增长到2014年的14 202千人次,增长率为106.1%。2009年为7818千人次;2010年比上年增长12.5%,达到8798千人次;2011年增长到9795千人次,增长率为11.3%。2012年入境旅游人数增长到11 140千人次;2013年较上年增长9.3%,达到12 176千人次;2014年较上年增长16.6%,达到14 202千人次,创历史新高。

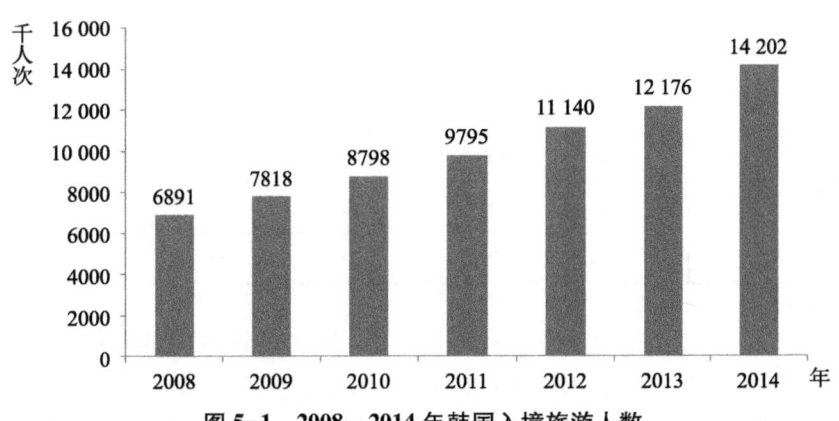

图5-1 2008—2014年韩国入境旅游人数

注:此处入境旅游人数包括过夜旅游者和一日游游客。

(二)入境旅游收入

2008—2009年,韩国入境旅游收入有少许增长,从2008年的9774百万美元增长到2009年的9804百万美元;2011年韩国入境旅游收入为12 476百万美元,较上年增加20.8%;2012年较上年增加7.6%,增长到13 429百万美元;2013年较上年有所增长,增至14 629百万美元;2014年增长到18 147百万美元,较上年增长24.0%。

表 5-6　2008—2014 年韩国入境旅游收入

单位：百万美元

	2008 年	2009 年	2010 年	2011 年	2012 年	2013 年	2014 年
总收入	13 479	13 279	14 367	17 418	18 851	19 644	23 008
入境旅游收入	9774	9804	10 328	12 476	13 429	14 629	18 147
入境游客交通收入	3705	3485	4039	4942	5422	5015	4861

（三）入境旅游客源结构

韩国入境游客中，东亚太地区游客的比例一直保持在 73%～83%。2013 年，韩国入境游客中，东亚太游客占 80.7%，美洲地区游客占 7.5%，欧洲地区游客占 7.1%；2014 年，韩国入境游客中，东亚太游客占 82.3%，美洲地区游客占 6.9%，欧洲地区游客占 6.8%。由此可以看出，韩国的入境旅游者和东亚太地区其他国家的入境旅游者一样，大都来自东亚太地区，表现出较强的区域内流动的特征。2012 年，韩国入境旅游者中，东亚太游客人数较上年增加 16.1%，2013 年较上年增加 10.2%，2014 年较上年增加 18.9%。

表 5-7　2008—2014 年韩国入境旅游人数（按地区分）

单位：千人次

地区	2008 年	2009 年	2010 年	2011 年	2012 年	2013 年	2014 年
非洲	21	22	27	30	32	34	35
美洲	745	751	814	827	876	916	974
欧洲	646	646	709	753	807	864	961
东亚太	5035	6030	6769	7679	8913	9826	11 682
南亚	118	114	135	148	147	188	211
中东	18	20	25	29	35	40	46

韩国最大的入境旅游客源国家/地区是中国，其次是日本、美国、中国台湾、中国香港、泰国和菲律宾。2014 年韩国入境游客中，中国游客占 43.14%，来自前七位客源国家和地区的人数占总数的 79.43%。其中来自中国和中国香港的入境旅游者人数增长快速，增长率分别是 41.60% 和 39.44%。

表 5-8　2008—2014 年韩国入境旅游人数（按游客所在国家/地区分）

排名	国家/地区	入境旅游人数（千人次）			市场份额（%）		增长率（%）
		2008 年	2013 年	2014 年	2013 年	2014 年	2013—2014 年
1	中国	1167.89	4326.87	6126.87	35.54	43.14	41.60
2	日本	2378.10	2747.75	2280.43	22.57	16.06	−17.01

续表

排名	国家/地区	入境旅游人数（千人次）			市场份额（%）		增长率（%）
		2008年	2013年	2014年	2013年	2014年	2013—2014年
3	美国	610.08	722.32	770.31	5.93	5.42	6.64
4	中国台湾	320.24	544.66	643.68	4.47	4.53	18.18
5	中国香港	160.33	400.44	558.38	3.29	3.93	39.44
6	泰国	160.69	372.88	466.78	3.06	3.29	25.18
7	菲律宾	276.71	400.69	434.95	3.29	3.06	8.55

注：按2014年数据排名。

（四）入境旅游方式

飞机一直是韩国入境游客最主要的入境交通方式，近年来乘坐飞机入境的游客占整个入境人数的比例一直保持在81%~88%；乘坐船舶入境的游客比例为12%~19%。2012年，乘坐飞机入境的游客比例为87.60%，达9759千人次；乘坐船舶入境的游客比例为12.40%，为1381千人次。2013年乘坐飞机入境的游客达9892千人次，占81.2%；乘坐船舶入境的游客比例为18.8%，达2284千人次。2014年乘坐飞机入境的游客达11 557千人次，占81.4%；乘坐船舶入境的游客比例为18.6%，达2644千人次。

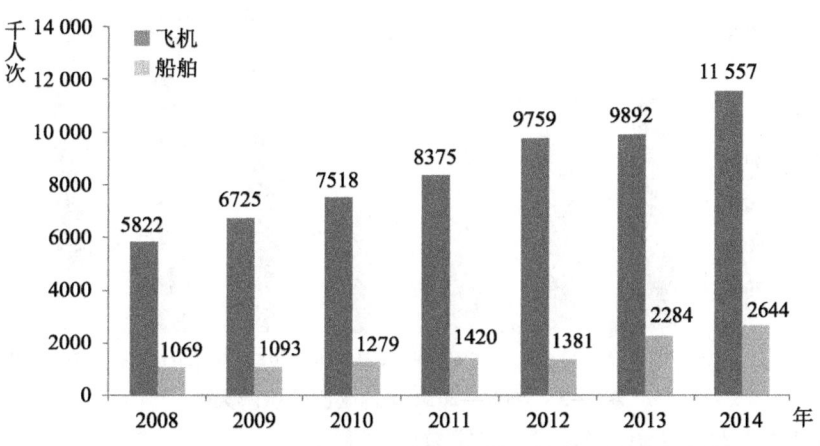

图5-2　2008—2014年乘坐飞机和船舶入境韩国的游客人数

（五）入境旅游目的

韩国所有入境旅游者中，出于娱乐、休闲和度假目的的旅游者占很大一部分，从2008年的4642千人次增加到2014年的10 928千人次，增长率为135.42%；出于商务和专业活动目的入境的游客数量从2008年的362千人次减少到2014年的315千人次，负增长12.98%。2014年入境旅游者中，出于娱乐、休闲和度假目的的旅游者占所有游客的76.95%，商务和专业活动旅游者仅占2.22%。

表 5-9 2008—2014 年韩国入境旅游人数（按入境旅游目的分）

单位：千人次

入境旅游目的	2008 年	2009 年	2010 年	2011 年	2012 年	2013 年	2014 年
娱乐、休闲和度假	4642	5685	6367	7203	8657	9076	10 928
商务和专业活动	362	312	311	271	245	328	315
其　他	1887	1821	2120	2321	2238	2772	2959

二、出境旅游概况

（一）出境旅游人数

2008—2014 年，韩国出境旅游人数总体上有所增长，其中 2010 年和 2011 年较上年的增长率分别为 31.54% 和 1.65%。2011—2014 年，韩国出境旅游人数持续不断地增长。2012 年韩国出境旅游人数增长到 13 737 千人次；2013 年继续增长到 14 846 千人次；2014 年较上年增长 8.32%，达到 16 081 千人次。

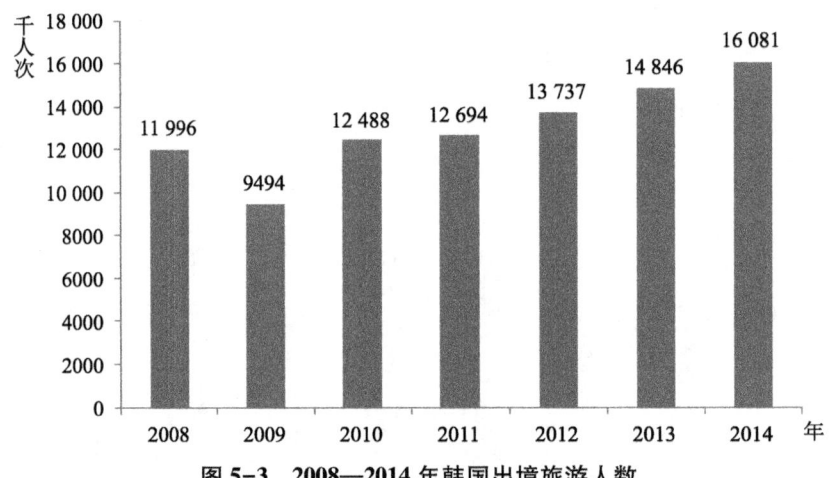

图 5-3 2008—2014 年韩国出境旅游人数

注：此处出境旅游人数包括过夜旅游者和一日游游客。

（二）出境旅游花费

2011 年韩国出境旅游花费达到 19 920 百万美元，较上年增长 6.15%。2012 年出境旅游花费增长到 20 645 百万美元。2013 年出境旅游花费继续增长到 21 648 百万美元。2014 年出境旅游花费达到 23 465 百万美元，创历史新高。

表 5-10　2008—2014 年韩国出境旅游花费

单位:百万美元

	2008 年	2009 年	2010 年	2011 年	2012 年	2013 年	2014 年
总花费	21 456	16 355	20 788	22 195	22 934	24 459	25 907
出境旅游花费	19 065	15 035	18 766	19 920	20 645	21 648	23 465
出境交通花费	2391	1320	2022	2275	2289	2811	2442

(三) 出境旅游目的地

韩国游客出境旅游第一大目的地是中国,其次是日本和美国。2013 年韩国出境游客中有 43.28% 前往中国和日本这两个国家。亚太地区以外的国家中,美国是韩国游客最大的出境旅游目的地,2013 年韩国游客前往美国旅游的人数达到 1360 千人次。2014 年,前往日本的韩国游客达到 2755 千人次,前往美国的韩国游客达到 1460 千人次。

表 5-11　2010—2014 年韩国游客出境主要旅游目的地

单位:千人次

排名	国家/地区	游客类型	2010 年	2011 年	2012 年	2013 年	2014 年
1	中　国	VFN	4076	4185	4070	3969	—
2	日　本	VFN	2440	1658	2043	2456	2755
3	美　国	TFR	1108	1145	1251	1360	1460
4	泰　国	TFN	805	1006	1164	1295	1123
5	菲律宾	TFR	741	925	1031	1166	1175
6	中国香港	VFR	891	1021	1078	1084	1251
7	越　南	VFR	496	536	701	749	848
8	新加坡	VFN	379	437	469	499	566
9	中国澳门	VFR	332	399	445	474	555
10	意大利	TCEN	314	358	390	439	535

注:按 2013 年数据排名。

第二节　日　本

日本全称日本国(Japan),是一个位于太平洋西岸的岛国,西隔东海、黄海、日本海、朝鲜海峡与中国、朝鲜、韩国、俄罗斯相望。领土由北海道、本州、四国、九州四个大岛和其他6800多个小岛屿组成。面积约为37.8万平方千米,属温带海洋性季风气候,终年温和湿润,冬无严寒,夏无酷暑。2014年全国人口约为12 713万,国内生产总值(GDP)为46 015亿美元。

日本主要旅游服务设施有各种规模的和式、西式及中式餐馆、温泉旅馆等。主要旅游点有:富士山、东京、迪斯尼乐园、箱根、大阪、京都、奈良、冲绳、北海道等。京都是日本古都,有"千年古都"之称,多名胜古迹,是日本的宗教、文化中心和著名的旅游城市。

表5-12 2014年日本旅游业经济影响评估

指标	总数	占全国的比例(%)	增长预测(%)
GDP(百万美元)	108 631.0	2.2	1.4
雇佣人数(千人)	1447.2	2.3	0.6

注:本表为估计值。

一、入境旅游概况

(一)入境旅游人数

2008—2014年,日本入境旅游人数呈波动状态,从2008年的8351千人次下降到2009年的6790千人次,负增长率为18.7%;2010年达8611千人次,较上年增长26.8%;2011年为6219千人次,较上年下降了27.8%;2012年增长到8358千人次,较上年增长34.4%;2013年较上年明显增长,增长了24.0%,为10 364千人次;2014年再创新高,达到13 413千人次,较上年增长29.4%。

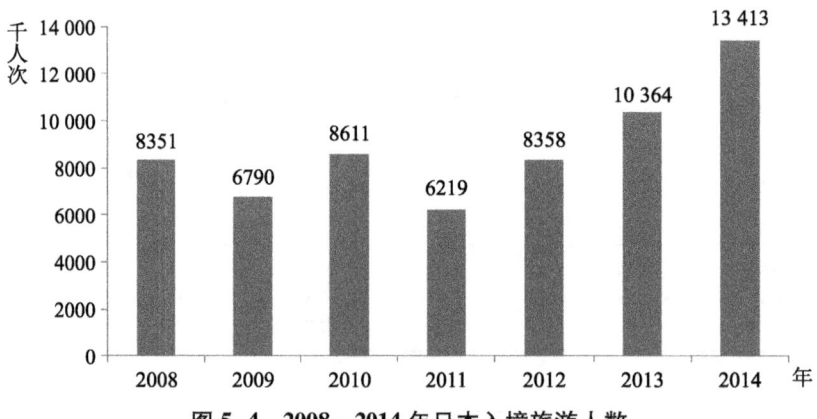

图5-4 2008—2014年日本入境旅游人数

注:此处入境旅游人数包括过夜旅游者和一日游游客。

(二)入境旅游收入

2008年日本入境旅游收入为10 820百万美元;2009年略有下降,下降到10 329百万美元;2010年增加到13 224百万美元,较上年增长28.0%。2011年日本入境旅游收入为

11 000百万美元,较上年降低了16.8%。2012年入境旅游收入有了较大幅度的增长,达到14 581百万美元,较上年增长了32.6%。2013年较上年有所增长,达到15 093百万美元。2014年继续保持高速增长态势,较上年增长24.6%,达到18 812百万美元。

2008—2014年,日本的入境游客交通收入保持在1700百万~3000百万美元,且总体呈下降态势,由2008年的2961百万美元下降到2014年的1978百万美元。

表5-13 2008—2014年日本入境旅游收入

单位:百万美元

	2008年	2009年	2010年	2011年	2012年	2013年	2014年
总收入	13 781	12 537	15 356	12 533	16 197	16 865	20 790
入境旅游收入	10 820	10 329	13 224	11 000	14 581	15 093	18 812
入境游客交通收入	2961	2208	2132	1533	1616	1772	1978

(三)入境旅游客源结构

日本入境游客中,东亚太地区游客最多,其次是美洲游客。2013年,日本入境游客中,东亚太游客占79.50%,美洲地区游客占9.96%,欧洲地区游客占8.98%。2014年,日本入境游客中,东亚太游客占81.82%,美洲地区游客占8.72%,欧洲地区游客占8.07%。由此可以看出,日本的入境旅游者和东亚太地区其他国家的入境旅游者一样,大都来自东亚太地区,表现出较强的区域内流动的特征。2012年,日本入境旅游者中,东亚太游客人数较上年增加35.28%,2013年较上年增加26.98%,2014年较上年增加33.18%。

表5-14 2008—2014年日本入境旅游人数(按地区分)

单位:千人次

地区	2008年	2009年	2010年	2011年	2012年	2013年	2014年
非洲	21	17	19	17	21	23	24
美洲	1006	908	945	717	928	1032	1169
欧洲	910	820	877	583	797	931	1082
东亚太	6307	4941	6654	4796	6489	8240	10 974
南亚	103	95	105	98	113	125	148
中东	4	7	10	7	11	13	16

日本主要客源国家/地区有:中国台湾、韩国、中国、中国香港、美国、泰国、澳大利亚。2014年日本入境游客中,中国台湾游客占21.10%,来自前七位客源国家和地区的人数占总数的80.31%。其中来自中国、泰国、中国台湾、中国香港和澳大利亚的入境旅游者人数增长快速,增长率均在20%以上。

表 5-15 2008—2014 年日本入境旅游人数(按游客所在国家/地区分)

排名	国家/地区	入境旅游人数(千人次)			市场份额(%)		增长率(%)
		2008 年	2013 年	2014 年	2013 年	2014 年	2013—2014 年
1	中国台湾	1390.23	2210.82	2829.82	21.33	21.10	28.00
2	韩 国	2382.40	2456.17	2755.31	23.70	20.54	12.18
3	中 国	1000.42	1314.44	2409.16	12.68	17.96	83.28
4	中国香港	550.19	745.88	925.98	7.20	6.90	24.15
5	美 国	768.35	799.28	891.67	7.71	6.65	11.56
6	泰 国	191.88	453.64	657.57	4.38	4.90	44.95
7	澳大利亚	242.03	244.57	302.66	2.36	2.26	23.75

注:按 2014 年数据排名。

(四)入境旅游方式

日本入境旅游者入境方式主要是乘坐飞机,其次是船舶。2008—2014 年,乘坐飞机入境的旅游人数总体有所增长,乘坐船舶入境的旅游人数总体有所下降。乘坐飞机入境的游客数量从 2008 年的 8448 千人次增长到 2014 年的 13 511 千人次;乘坐船舶入境的游客数量从 2008 年的 698 千人次下降到 2014 年的 639 千人次。

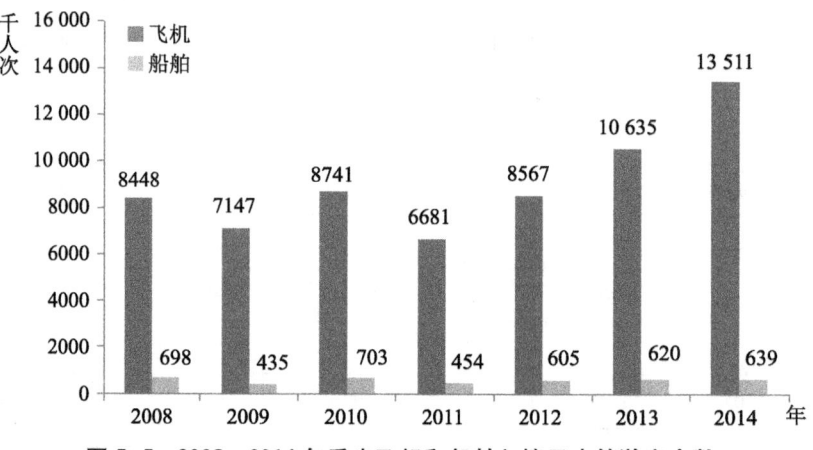

图 5-5 2008—2014 年乘坐飞机和船舶入境日本的游客人数

(五)入境旅游目的

日本所有入境旅游者中,出于娱乐、休闲和度假目的的旅游者占很大一部分,从 2008 年的 6049 千人次增加到 2014 年的 10 881 千人次,增长率为 79.88%;出于商务和专业活动目的的入境的游客数量从 2008 年的 1455 千人次增加到 2014 年的 1537 千人次,增长了 5.64%。2014 年入境旅游者中,出于娱乐、休闲和度假目的的旅游者占所有游客的 81.12%,商务和专业活动旅游者仅占 11.46%。

表 5-16　2008—2014 年日本入境旅游人数（按入境旅游目的分）

单位：千人次

入境旅游目的	2008 年	2009 年	2010 年	2011 年	2012 年	2013 年	2014 年
娱乐、休闲和度假	6049	4760	6362	4057	6041	7963	10881
商务和专业活动	1455	1193	1395	1244	1443	1465	1537
其　他	847	837	855	918	874	936	996

二、出境旅游概况

（一）出境旅游人数

2008—2014 年，日本出境旅游人数总体上有所增长，其中 2010 年和 2012 年较上年的增长率分别为 7.71% 和 8.81%。2009—2012 年，日本出境旅游人数持续不断地增长，2012 年日本出境旅游人数增长到 18 491 千人次。2013 年较上年有所下降，减少到 17 473 千人次。2014 年继续下降，为 16 903 千人次，较上年负增长 3.26%。

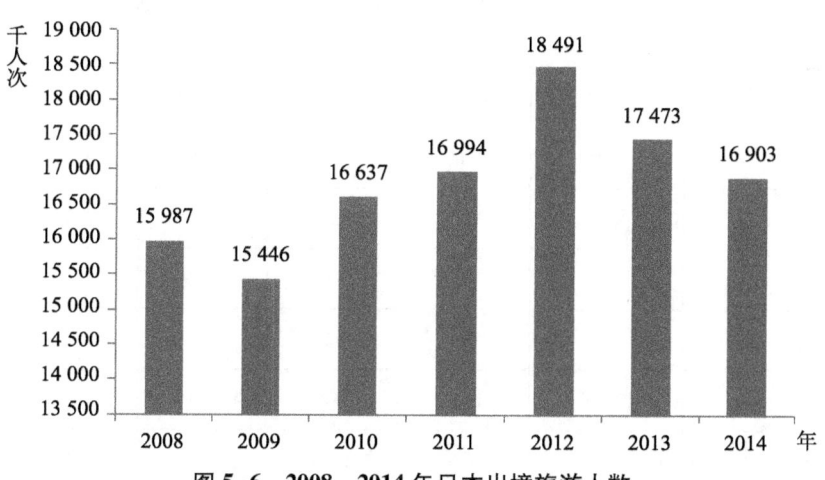

图 5-6　2008—2014 年日本出境旅游人数

注：此处出境旅游人数包括过夜旅游者和一日游游客。

（二）出境旅游花费

2010—2012 年日本出境旅游花费均在 27 000 百万美元以上。2013 年出境旅游花费为 21 861 百万美元，较上年明显下降，负增长 21.66%；2014 年继续下降，为 19 311 百万美元，较上年负增长 11.66%。

2008—2014 年，日本出境交通花费最低的是 2014 年，为 9297 百万美元；最高的是 2012 年，为 13 061 百万美元。2013 年日本出境交通花费为 10 383 百万美元，较上年负增长 20.50%。2014 年下降到 9297 百万美元，较上年负增长 10.46%。

表 5-17　2008—2014 年日本出境旅游花费

单位:百万美元

	2008 年	2009 年	2010 年	2011 年	2012 年	2013 年	2014 年
总花费	38 976	34 788	39 306	39 760	40 967	32 244	28 608
出境旅游花费	27 901	25 199	27 950	27 262	27 906	21 861	19 311
出境交通花费	11 075	9589	11 356	12 498	13 061	10 383	9297

（三）出境旅游目的地

日本游客出境旅游第一大目的地是美国,其次是中国、韩国和泰国。2013 年日本出境游客中有 53.55% 前往美国、中国和韩国这三个国家。亚太地区以外的国家中,美国是日本游客出境旅游最大的目的地,2013 年日本游客前往美国旅游的人数达到 3730 千人次。2014 年,美国、韩国、泰国、意大利、法国、新加坡、关岛接待日本游客数量较 2013 年均有不同程度的减少。

表 5-18　2010—2014 年日本游客出境主要旅游目的地

单位:千人次

排名	国家/地区	游客类型	2010 年	2011 年	2012 年	2013 年	2014 年
1	美　国	TFR	3386	3250	3698	3730	3620
2	中　国	VFN	3731	3658	3518	2878	—
3	韩　国	VFN	3023	3289	3519	2748	2280
4	泰　国	TFN	994	1128	1374	1536	1268
5	意大利	TCEN	1363	1411	1449	1432	1310
6	中国台湾	VFR	1080	1295	1432	1422	1635
7	法　国	TCER	1129	1146	1192	1221	1158
8	中国香港	VFR	1317	1284	1255	1057	1079
9	新加坡	VFN	570	702	816	895	890
10	关　岛	TFR	894	824	929	893	811

注:按 2013 年数据排名。

第三节 蒙 古

蒙古全称蒙古国（Mongolia），是位于亚洲东部的内陆国，东、南、西面与中国接壤，北与俄罗斯为邻，面积约为156.65万平方千米。属典型的大陆性气候，常年平均气温为1.56℃。2014年全国人口约为288万。经济以畜牧业和采矿业为主，2014年国内生产总值（GDP）为120亿美元。

近年来，蒙古旅游业收入占GDP的比重越来越高。主要旅游点有哈拉和林古都、库苏古尔湖、特列尔吉、南戈壁、东戈壁和阿尔泰狩猎区等。

蒙古全国有旅游基地、大小宾馆、饭店约700家。从事旅游服务的公司约500家，主要宾馆有乌兰巴托饭店、巴彦高勒饭店、成吉思汗饭店、大陆酒店等。

表5-19 2014年蒙古旅游业经济影响评估

指 标	总 数	占全国的比例(%)	增长预测(%)
GDP（百万美元）	287.6	2.5	6.3
雇佣人数（千人）	26.3	2.1	2.1

注：本表为估计值。

一、入境旅游概况

（一）入境旅游人数

2008—2014年，蒙古入境旅游人数总体上呈增长的趋势：2009年从2008年的469千人次减少到465千人次；2010年和2011年较上年均有较大幅度增长，增长率分别为19.8%和12.6%；2012年和2013年较上年均出现不同程度的下降，2013年入境旅游人数下降到515千人次；2014年继续下降，减少到506千人次。

表5-20 2008—2014蒙古入境旅游人数

单位：千人次

	2008年	2009年	2010年	2011年	2012年	2013年	2014年
入境旅游人数	469	465	557	627	624	515	506
过夜旅游者	446	433	456	460	476	418	393

（二）入境旅游收入

2008—2014年，蒙古入境旅游收入呈现波动的情况：2009年从2008年的247百万美元减少到235百万美元；2010年则增长到244百万美元；2011年减少到218百万美元；

2012年较上年有较大幅度增长,增长率高达102.8%;2013年较上年有较大幅度下降,减少到189百万美元;2014年减少到173百万美元,较上年负增长8.47%。

2008年和2009年蒙古入境游客交通收入分别为25百万美元和18百万美元。2010—2014年则保持在40百万美元左右的水平。

表5-21 2008—2014年蒙古入境旅游收入

单位:百万美元

	2008年	2009年	2010年	2011年	2012年	2013年	2014年
总收入	272	253	288	258	480	228	215
入境旅游收入	247	235	244	218	442	189	173
入境游客交通收入	25	18	44	40	38	39	42

(三)入境旅游客源结构

东亚太地区是蒙古的主要客源地。东亚太地区以外,欧洲是蒙古最大的客源地,其次是美洲。2008年,蒙古入境过夜旅游者中,东亚太地区游客占59.87%,欧洲地区游客占35.87%,美洲地区游客占3.59%;2013年东亚太地区游客的比例增长到61.00%,欧洲地区游客的比例下降到28.95%,美洲地区游客比例增长到4.07%。2014年东亚太地区游客的比例减少到59.80%,欧洲地区游客的比例增长到31.04%,美洲地区游客的比例保持在4.07%。

表5-22 2008—2014年蒙古入境旅游人数(按地区分)

单位:千人次

地区	2008年	2009年	2010年	2011年	2012年	2013年	2014年
非洲	1	—	1	—	—	—	—
美洲	16	14	16	19	18	17	16
欧洲	160	154	173	148	132	123	122
东亚太	267	241	264	274	306	257	235
南亚	1	1	1	1	1	2	1
中东	1	1	1	—	—	—	—

2014年蒙古前十位入境旅游客源国依次是:中国、俄罗斯、韩国、日本、美国、哈萨克斯坦、德国、法国、英国、澳大利亚。其中,中国和俄罗斯两国游客占所有入境旅游者58.71%的份额。2013—2014年,各主要入境旅游客源国家前往蒙古的入境旅游人数增长率较高的是哈萨克斯坦(18.74%)和法国(4.40%)。

表 5-23　2008—2014 年蒙古入境旅游人数（按游客所在国家分）

排名	国　家	入境旅游人数（千人次）			市场份额（%）		增长率（%）
		2008 年	2013 年	2014 年	2013 年	2014 年	2013—2014 年
1	中　国	196.83	178.33	157.56	42.68	40.11	-11.64
2	俄罗斯	109.98	74.47	73.06	17.82	18.60	-1.90
3	韩　国	43.40	45.18	45.48	10.81	11.58	0.66
4	日　本	14.94	18.18	18.28	4.35	4.65	0.57
5	美　国	12.47	14.70	13.99	3.52	3.56	-4.86
6	哈萨克斯坦	5.47	11.42	13.56	2.73	3.45	18.74
7	德　国	8.03	9.50	9.55	2.27	2.43	0.55
8	法　国	6.69	7.41	7.73	1.77	1.97	4.40
9	英　国	6.78	6.39	5.76	1.53	1.47	-9.90
10	澳大利亚	4.47	6.77	5.12	1.62	1.30	-24.35

注：按 2014 年数据排名。

（四）入境旅游目的

2008—2009 年,蒙古入境过夜旅游者中,娱乐、休闲和度假旅游者数量一直多于商务和专业活动旅游者。2010 年,商务和专业活动旅游者多于娱乐、休闲和度假旅游者。2008 年入境过夜旅游者中,娱乐、休闲和度假旅游者占 30.06%,商务和专业活动旅游者占 24.57%;2009 年娱乐、休闲和度假旅游者的比例为 24.57%,商务和专业活动旅游者份额为 21.41%;2010 年娱乐、休闲和度假旅游者所占比例下降至 21.23%,商务和专业活动旅游者份额则上升至 26.26%。

表 5-24　2008—2010 年蒙古入境旅游人数（按入境旅游目的分）

单位:千人次

入境旅游目的	2008 年	2009 年	2010 年
娱乐、休闲和度假	104	101	97
商务和专业活动	85	88	120
其　他	257	222	240

二、出境旅游概况

（一）出境旅游花费

2008 年,蒙古出境旅游花费为 217 百万美元,2009 年降为 210 百万美元。2010—

2014年不断增长,从2010年的265百万美元增长到2014年的501百万美元,增长了89.06%。2008—2010年,蒙古出境旅游花费一直在200百万~300百万美元;2011—2013年则在300百万~400百万美元;2014年突破500百万美元,达到501百万美元。2014年,蒙古出境旅游花费较上年增长25.56%。

2008年和2009年,蒙古出境交通花费相同,均为32百万美元。2010—2012年,蒙古出境交通花费不断增加,2012年达到63百万美元;2013年和2014年连续下降,负增长率分别为6.35%和5.08%。

表5-25 2008—2014年蒙古出境旅游花费

单位:百万美元

	2008年	2009年	2010年	2011年	2012年	2013年	2014年
总花费	249	242	319	404	420	458	557
出境旅游花费	217	210	265	344	357	399	501
出境交通花费	32	32	54	60	63	59	56

(二)出境旅游目的地

蒙古游客出境主要旅游目的地国家/地区有中国、俄罗斯、韩国、中国香港、日本、哈萨克斯坦、新加坡、中国澳门、印度、马来西亚。2013年蒙古出境旅游目的地国家中,中国排在第一位,到访中国的蒙古游客人数为1050千人次。2014年,中国香港和日本接待蒙古游客人数较上年有所增长。

表5-26 2010—2014年蒙古游客出境主要旅游目的地

单位:千人次

排名	国家/地区	游客类型	2010年	2011年	2012年	2013年	2014年
1	中国	VFN	794	994	1010	1050	—
2	俄罗斯	VFN	157	212	365	227	226
3	韩国	VFN	42	48	61	64	61
4	中国香港	VFR	15	22	29	33	35
5	日本	VFN	10	11	13	15	17
6	哈萨克斯坦	VFR	10	11	9	11	11
7	新加坡	VFR	6	9	10	9	8
8	中国澳门	VFN	5	6	7	7	8
9	印度	TFN	3	3	3	3	3
10	马来西亚	TFR	—	3	3	3	3

注:按2014年数据排名。

第四节 中　国

中国全称中华人民共和国（The People's Republic of China），位于亚洲大陆的东部、太平洋西岸。国土面积约960万平方千米，是全球陆地面积的1/15，居世界第三位，仅次于俄罗斯和加拿大。中国大陆海岸线全长1.8万千米，岛屿海岸线1.4万千米，日本、韩国、菲律宾、马来西亚、文莱、印度尼西亚与中国隔海相望。季风气候显著，冬季南北温差达，夏季普遍高温。截至2014年底，全国人口约为136 427万人。2014年国内生产总值（GDP）为103 601亿美元。

中国旅游资源丰富，主要的世界历史文化遗产有故宫、敦煌莫高窟、九寨沟、颐和园等；风景名胜主要有万里长城、桂林山水、杭州西湖、苏州园林、长江三峡等；历史文化名城主要有北京、上海、重庆、苏州、南京、广州和西安等。壮丽的山岳河流，丰富多彩的民俗民风，奇特的动植物，加之独具特色的戏曲、音乐、舞蹈和享誉世界的美食，每年都吸引着大批的国内外旅游者。目前，中国已形成世界上规模最大、增速最快、潜力最强的旅游市场。

表5-27　2014年中国旅游业经济影响评估

指　标	总　数	占全国的比例（%）	增长预测（%）
GDP（百万美元）	241 829.0	2.6	7.4
雇佣人数（千人）	22 779.8	3.0	1.5

注：本表为估计值。

一、入境旅游概况

（一）入境旅游人数

2008—2014年，中国入境过夜旅游者人数呈现波动态势：2009年从2008年的53 049千人次下降到50 875千人次；2010—2012年连续增长，从2010年的55 664千人次增长到2012年的57 725千人次，增长了3.70%；2013年较2012年明显下降，负增长3.53%；2014年下降到55 622千人次，较上年负增长0.11%。

表5-28　2008—2014中国入境旅游人数

单位：千人次

	2008年	2009年	2010年	2011年	2012年	2013年	2014年
入境旅游人数	130 027	126 476	133 762	135 423	132 405	129 078	128 499
过夜旅游者	53 049	50 875	55 664	57 581	57 725	55 686	55 622

(二)入境旅游收入

2008—2014年,除2009年,中国入境旅游收入一直在不断增长。2013年,中国入境旅游收入达到51 664百万美元,较2012年增长3.27%;2014年增长到56 913百万美元,较上年增长10.16%。旅游业已经成为中国第三产业中最具活力与潜力的新兴产业,不仅在创汇上对国民经济贡献很大,而且更重要的是已经成为国民经济发展的一个重要组成部分。

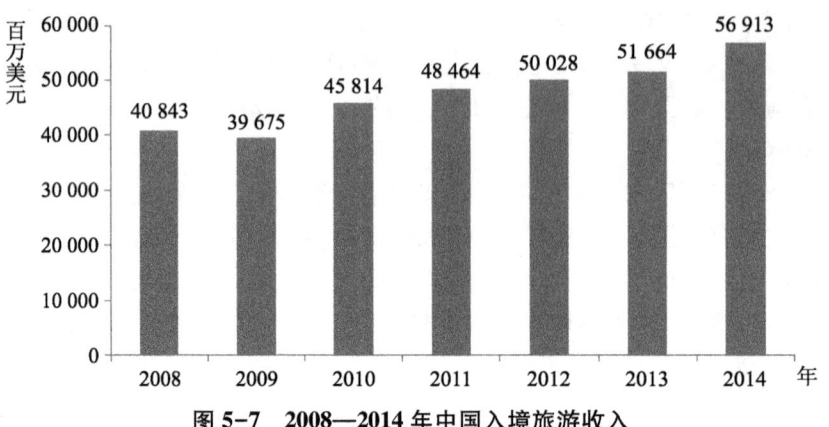

图5-7　2008—2014年中国入境旅游收入

(三)入境旅游客源结构

东亚太地区是中国最大的客源地区,其次是欧洲,美洲排第三位。

2013年,中国前十五位入境旅游客源国家依次是:韩国、日本、俄罗斯、美国、越南、马来西亚、蒙古、菲律宾、新加坡、澳大利亚、加拿大、印度、泰国、德国、英国。2013年来华韩国游客约3969.00千人次,较上年负增长2.48%,但位居中国第一大入境旅游客源国地位;2013年来华的日本游客为2877.53千人次,较上年负增长18.21%,是中国的第二大入境旅游客源国;俄罗斯前往中国的游客为2186.28千人次,是中国的第三大入境旅游客源国;美国前往中国的游客为2085.25千人次,是中国的第四大入境旅游客源国。

2013年中国主要入境旅游客源国家入境中国旅游人数较2013年均有所变化,具体为:韩国降低2.48%,日本降低18.21%,俄罗斯降低9.89%,美国降低1.55%,越南升高20.07%,马来西亚降低2.34%,蒙古升高3.91%,菲律宾升高3.61%,新加坡降低5.95%,澳大利亚降低6.62%,加拿大降低3.40%,印度升高10.90%,泰国升高0.63%,德国降低1.57%,英国升高1.07%。

表5-29　2008—2013年中国入境旅游人数(按地区分)

单位:千人次

地　区	2008年	2009年	2010年	2011年	2012年	2013年
非　洲	324	340	391	424	440	461
美　洲	2582	2491	2995	3201	3179	3124

续表

地区	2008年	2009年	2010年	2011年	2012年	2013年
欧洲	6688	5132	6366	6772	6770	6422
东亚太	119 584	117 589	122 889	123 828	120 802	117 744
南亚	669	714	871	957	948	1055
中东	178	207	247	239	264	269

表5-30　2008—2013年中国入境旅游人数（按游客所在国家/地区分）

排名	国家/地区	入境旅游人数（千人次）			市场份额（%）		增长率（%）
		2008年	2012年	2013年	2012年	2013年	2012—2013年
1	中国香港	78 350.13	78 712.98	76 884.62	59.45	59.56	-2.32
2	中国澳门	22 966.34	21 160.56	20 740.33	15.98	16.07	-1.99
3	中国台湾	4385.59	5340.19	5162.51	4.03	4.00	-3.33
4	韩国	3960.39	4069.87	3969.00	3.07	3.07	-2.48
5	日本	3446.12	3518.15	2877.53	2.66	2.23	-18.21
6	俄罗斯	3123.42	2426.16	2186.28	1.83	1.69	-9.89
7	美国	1786.45	2118.06	2085.25	1.60	1.62	-1.55
8	越南	743.52	1137.17	1365.40	0.86	1.06	20.07
9	马来西亚	1040.49	1235.46	1206.54	0.93	0.93	-2.34
10	蒙古	705.27	1010.45	1050.00	0.76	0.81	3.91
11	菲律宾	795.26	961.98	996.67	0.73	0.77	3.61
12	新加坡	875.83	1027.75	966.61	0.78	0.75	-5.95
13	澳大利亚	571.53	774.33	723.09	0.58	0.56	-6.62
14	加拿大	534.71	708.29	684.22	0.53	0.53	-3.40
15	印度	436.63	610.19	676.68	0.46	0.52	10.90
16	泰国	554.28	647.60	651.65	0.49	0.50	0.63
17	德国	528.86	659.63	649.30	0.50	0.50	-1.57
18	英国	551.52	618.35	624.96	0.47	0.48	1.07

注：按2013年数据排名。

（四）入境旅游方式

2008—2013年，除乘坐飞机外，经由各种方式入境的海外游客数量总体上均有所降低。2008—2012年,入境游客中经由公路入境游客的比重不断降低,且保持在22%~26%,2013年,经由公路入境游客的比重为22.83%。2008—2013年,入境游客中乘坐火车入境的游客的比重保持在相对稳定的水平,均在1%左右。2008年,乘坐船舶入境的游客比重为4.21%;2009—2013年,乘坐船舶入境的游客比重为3.6%~3.8%。2008—2013年,乘坐飞机入境的游客比例一直保持在12%~17%,且总体上呈增长态势;2013年,乘坐飞机入境的游客比例为16.07%。

表5-31 2008—2013年中国入境旅游人数(按入境旅游方式分)

单位:千人次

入境旅游方式	2008年	2009年	2010年	2011年	2012年	2013年
飞 机	16 813	16 301	20 014	20 911	21 421	20 744
火 车	1613	1229	1313	1442	1357	1339
公 路	32 681	30 484	31 186	30 899	29 844	29 467
船 舶	5480	4672	5039	5082	4793	4644

(五)入境旅游目的

2008—2013年,中国入境旅游者中,出于休闲、娱乐和度假目的的旅游者人数出现一定的波动,商务和专业活动旅游者人数的变化趋势也表现出相应的特征。

2008年,出于休闲、娱乐和度假目的的旅游者达到12 040千人次;2009年减少到10 133千人次;2010年增加到12 382千人次;2011—2013年连续降低,2013年为10 123千人次。

2008年,出于商务和专业活动目的的旅游者为5678千人次;2009年减少到5237千人次;2010年和2011年连续增加,2011年达到6326千人次;2012年和2013年连续下降,2013年为6194千人次。

表5-32 2008—2013年中国入境旅游人数(按入境旅游目的分)

单位:千人次

入境旅游目的	2008年	2009年	2010年	2011年	2012年	2013年
娱乐、休闲和度假	12 040	10 133	12 382	12 218	11 629	10 123
商务和专业活动	5678	5237	6197	6326	6280	6194
其 他	6608	6568	7548	8567	9282	9973

二、出境旅游概况

(一)出境旅游人数

随着中国经济的发展,中国居民生活水平的提高,政府对出境旅游政策的放宽,中国的出境旅游人数增长速度越来越快,很多中国居民走出国门,进行跨国旅游。

2008—2014年,中国出境旅游人数持续快速增长。2008年中国出境旅游人数为45 844千人次;2009年达到47 656千人次,较上年增长3.95%;2010年出境旅游人数达到57 386千人次,较上年增长20.42%;2011年出境旅游人数达到70 250千人次,较上年增长22.42%;2012年出境旅游人数达到83 183千人次,较上年增长18.41%;2013年出境旅游人数达到98 185千人次,较上年增长18.03%;2014年创历史新高,达到116 590千人次,较上年增长18.75%。

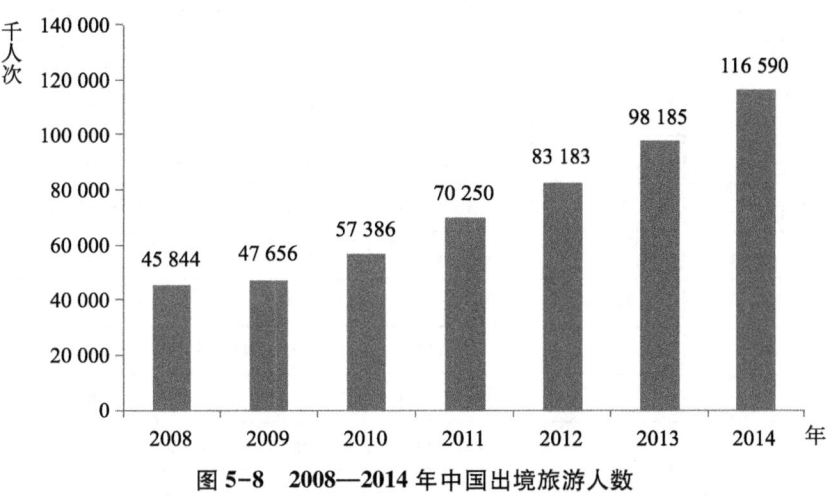

图5-8　2008—2014年中国出境旅游人数

（二）出境旅游花费

2008—2014年,随着中国出境旅游人数的增长,出境旅游花费也在持续不断增长,从2008年的36157百万美元增长到2014年的164 859百万美元,增长了355.95%。

2008年,中国出境交通花费为4830百万美元;2009年下降到3406百万美元;2010—2013年,中国出境交通花费持续快速增长,2013年达到最高点,为9722百万美元。

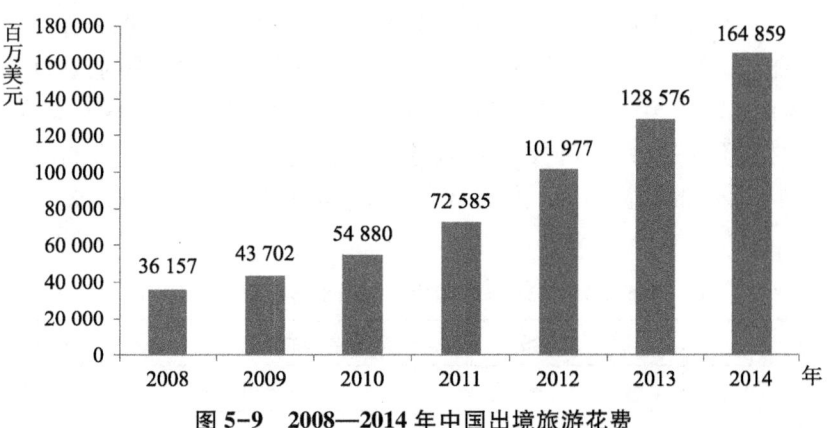

图5-9　2008—2014年中国出境旅游花费

(三)出境旅游目的地

从目前来看,中国出境旅游目的地主要集中在亚太地区。2014年中国公民出境前往的旅游目的地国家和地区中,出境到中国香港和中国澳门的人数最多;在出境旅游目的地国家中排在前七位的是韩国、泰国、日本、意大利、新加坡、美国和越南。

表 5-33 2010—2014 年中国游客出境主要旅游目的地

单位:人次

排名	国家/地区	游客类型	2010 年	2011 年	2012 年	2013 年	2014 年
1	中国香港	VFR	22 684 388	28 100 129	34 911 395	40 745 277	47 247 675
2	中国澳门	VFR	13 229 058	16 162 747	16 902 499	18 632 207	21 252 410
3	韩国	VFN	1 875 157	2 220 196	2 836 892	4 326 869	6 126 865
4	泰国	TFN	1 122 219	1 721 247	2 786 860	4 637 335	4 636 298
5	中国台湾	VFR	1 630 735	1 784 185	2 586 428	2 874 702	3 987 152
6	日本	VFN	1 412 875	1 043 246	1 425 100	1 314 437	2 409 158
7	意大利	TCEN	965 857	1 342 518	1 583 479	1 850 206	2 297 699
8	新加坡	VFN	1 150 027	1 554 480	2 198 157	2 645 728	2 191 830
9	美国	TFR	801 738	1 089 405	1 474 408	1 806 553	2 189 781
10	越南	VFR	905 400	1 416 800	1 428 693	1 907 794	1 947 236

注:按 2014 年数据排名。

第五节 中国香港

中国香港(Hong Kong SAR, China)素称"东方之珠",位于中国东南海岸线上,珠江口东侧,南临中国南海,地处亚热带。总面积约为1100平方千米。香港是国际和亚洲地区主要的航空中心,香港国际机场是世界上最繁忙的机场之一。香港具有独特的文化气质,是东方传统与西方文化荟萃的地方,新旧事物交织共融,细致深刻,造就出此地独一无二的都会风情。2014年人口约为724万,地区生产总值(GDP)为2909亿美元。

香港的购物,不论是价格、种类还是服务,都名列世界之最,素有"购物天堂"之称。香港有很多非常著名的旅游景点,主要有太平山顶、迪斯尼乐园、海洋公园、女人街、庙街、浅水湾等。

表 5-34 2014 年中国香港旅游业经济影响评估

指标	总数	占全区的比例(%)	增长预测(%)
GDP(百万美元)	24 604.6	8.9	3.3
雇佣人数(千人)	346.1	9.2	−0.2

注:本表为估计值。

一、入境旅游概况

(一)入境旅游人数

2008—2014年,中国香港入境旅游人数从29 507千人次增加到60 839千人次,增长了106.18%;过夜旅游者从17 319千人次增加到27 770千人次,增长了60.34%;一日游游客从12 187千人次增加到33 068千人次,增长了171.34%;邮船乘客从27千人次增加到34千人次,增长了25.93%。除邮船乘客出现明显的波动外,入境旅游人数、过夜旅游者、一日游游客均呈现出强劲的增长态势。

表5-35 2008—2014年中国香港入境旅游人数

单位:千人次

	2008年	2009年	2010年	2011年	2012年	2013年	2014年
入境旅游人数	29 507	29 591	36 030	41 921	48 615	54 299	60 839
过夜旅游者	17 319	16 926	20 085	22 316	23 770	25 661	27 770
一日游游客	12 187	12 665	15 945	19 605	24 845	28 638	33 068
邮船乘客	27	44	48	40	39	23	34

(二)入境旅游收入

随着入境旅游人数的增加,中国香港入境旅游收入出现快速的增长。2008年入境旅游收入为15 018百万美元,2009年上升到15 978百万美元,2010年增长到21 689百万美元。2011年较上年增长24.66%,达到27 038百万美元。2012年和2013年较上年增长率均在15%以上水平,2013年达到36 108百万美元。2014年较上年增长8.68%,达到39 243百万美元。

2008—2014年,中国香港入境游客交通收入呈现明显的波动。总体而言,从2008年的5218百万美元增长到2013年的6318百万美元,增长了23.82%;2014年较上年增长7.44%,达到6788百万美元。

表5-36 2008—2014年中国香港入境旅游收入

单位:百万美元

	2008年	2009年	2010年	2011年	2012年	2013年	2014年
总收入	20 236	20 291	27 208	33 169	87 098	42 426	46 031
入境旅游收入	15 018	15 978	21 689	27 038	31 205	36 108	39 243
入境游客交通收入	5218	4313	5519	6131	5893	6318	6788

(三)入境旅游客源结构

2008—2014年,东亚太地区始终是中国香港主要的入境旅游客源地区。2011年,赴港旅游的所有游客中89.16%来自东亚太地区,4.56%来自欧洲,4.34%来自美洲;2012年香港入境游客中90.85%来自东亚太地区,4.06%来自欧洲,3.66%来自美洲;2013年赴港所有游客中,91.93%来自东亚太地区,3.68%来自欧洲,3.07%来自美洲;2014年赴港所有游客中,92.69%来自东亚太地区,3.29%来自欧洲,2.76%来自美洲。来自东亚太地区的游客人数占中国香港所有入境游客的比重呈不断增长态势,而来自欧洲和美洲地区的游客比重持续下降。

表5-37　2008—2014年中国香港入境旅游人数(按地区分)

单位:千人次

地区	2008年	2009年	2010年	2011年	2012年	2013年	2014年
非洲	210	182	204	193	173	168	166
美洲	1685	1568	1750	1821	1778	1666	1679
欧洲	1810	1709	1876	1913	1973	1999	1965
东亚太	25 348	25 659	31 548	37 378	44 166	49 915	56 393
南亚	382	397	561	531	447	468	553
中东	71	75	91	85	78	84	83

2014年中国、中国台湾、中国澳门游客占所有入境中国香港的旅游者的82.65%。韩国、美国、日本、新加坡、菲律宾是中国香港主要的入境旅游客源国。

2014年中国香港入境旅游者中内地游客为47 247.68千人次,较上年增加15.96%;中国台湾游客为2031.88千人次,较上年负增长3.25%;中国澳门游客为1001.50千人次,较上年增加4.52%;韩国、美国、日本、新加坡游客较上年均出现不同程度的增长,而菲律宾游客则较上年出现明显的下降,负增长率为10.01%。

表5-38　2008—2014年中国香港入境旅游人数(按游客所在国家/地区分)

排名	国家/地区	入境旅游人数(千人次)			市场份额(%)		增长率(%)
		2008年	2013年	2014年	2013年	2014年	2013—2014年
1	中国	16 862.00	40 745.28	47 247.68	75.04	77.66	15.96
2	中国台湾	2240.48	2100.10	2031.88	3.87	3.34	-3.25
3	韩国	904.32	1083.54	1251.05	2.00	2.06	15.46
4	美国	1146.36	1109.84	1130.57	2.04	1.86	1.87
5	日本	1324.80	1057.03	1078.77	1.95	1.77	2.06

续表

排名	国家/地区	入境旅游人数（千人次）			市场份额（%）		增长率（%）
		2008年	2013年	2014年	2013年	2014年	2013—2014年
6	中国澳门	696.72	958.22	1001.50	1.76	1.65	4.52
7	新加坡	632.64	700.07	737.91	1.29	1.21	5.41
8	菲律宾	568.54	705.32	634.74	1.30	1.04	-10.01

注：按2014年数据排名。

（四）入境旅游方式

入境旅游人数的增长使得选择各种交通工具的游客都有所增长。乘坐飞机的游客从2008年的9114千人次下降到2009年的8624千人次，负增长5.38%；2010—2014年持续不断增长，由2010年的10 187千人次增长到2014年的12 849千人次，增长了26.13%。经由公路入境的游客持续快速增长，由2008年的16 418千人次增长到2014年的42 809千人次，增长了160.74%。乘坐船舶入境的游客人数从2008年的3975千人次下降到2009年的3343千人次，负增长15.90%；2010—2014年，乘坐船舶入境的游客持续增长，由2010年的3981千人次增长到2014年的5181千人次，增长了30.14%。

表5-39　2008—2014年中国香港入境旅游人数（按入境旅游方式分）

单位：千人次

入境旅游方式	2008年	2009年	2010年	2011年	2012年	2013年	2014年
飞　机	9114	8624	10 187	11 026	11 559	12 332	12 849
公　路	16 418	17 624	21 863	26 426	32 362	36 911	42 809
船　舶	3975	3343	3981	4469	4694	5056	5181

（五）入境旅游目的

出于娱乐、休闲和度假目的的旅游者一直是排在第一位的旅游群体。2008—2014年，出于娱乐、休闲和度假目的入境的旅游者占总数的比例一直在54%~63%；出于商务和专业活动目的入境的旅游者的比例持续下降，从2008的20.96%下降到2013年的13.90%。2011年入境旅游者中，娱乐、休闲和度假旅游者占60.04%，商务和专业活动旅游者占15.97%。2012年娱乐、休闲和度假旅游者的比例上升到60.37%，商务和专业活动旅游者的比例下降到15.08%。2013年娱乐、休闲和度假旅游者的比例上升到61.56%，商务和专业活动旅游者的比例下降到13.90%。2014年娱乐、休闲和度假旅游者的比例上升到62.23%，商务和专业活动旅游者的比例下降到13.79%。

表 5-40 2008—2014 年中国香港入境旅游人数（按入境旅游目的分）

单位：千人次

入境旅游目的	2008 年	2009 年	2010 年	2011 年	2012 年	2013 年	2014 年
娱乐、休闲和度假	9505	9458	11 683	13 399	14 350	15 798	17 280
商务和专业活动	3630	3071	3424	3563	3585	3567	3830
其 他	4184	4397	4978	5354	5835	6296	6660

二、出境旅游概况

（一）出境旅游人数

2008—2012 年，中国香港出境旅游人数持续不断增长，从 2008 年的 81 911 千人次增长到 2012 年的 85 276 千人次，增长了 4.11%。2013 年出境旅游人数为 84 414 千人次，较上年负增长 1.01%。2014 年出境旅游人数有所回升，为 84 519 千人次，较上年增长 0.12%。

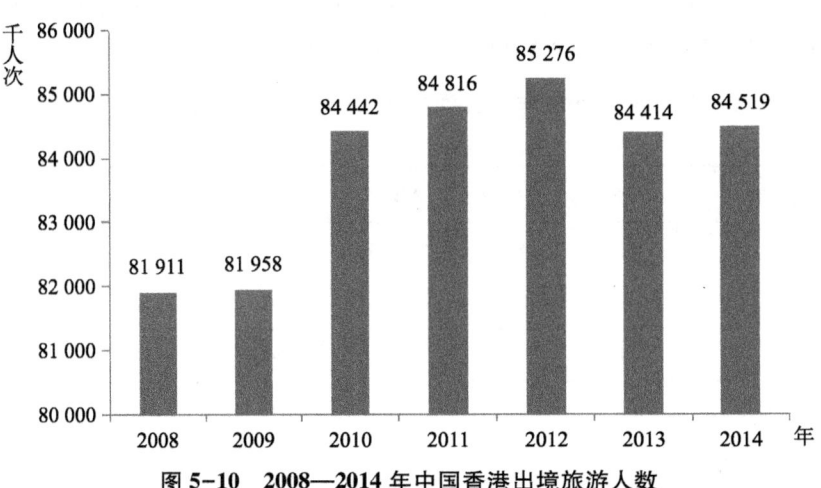

图 5-10 2008—2014 年中国香港出境旅游人数

（二）出境旅游花费

2008 年中国香港出境旅游花费为 16 095 百万美元；2009 年为 15 547 百万美元，较上年负增长 3.40%。2010—2014 年，中国香港出境旅游花费持续不断增长，从 2010 年的 17 357 百万美元增长到 2014 年的 22 032 百万美元，增长了 26.93%；2014 年较 2013 年增长 3.85%。

（三）出境旅游目的地

在中国香港游客出境主要旅游目的地国家和地区中，亚太地区吸引了中国香港大部分客源。2013 年，中国是中国香港地区居民出境旅游最大的旅游目的地，排在第二位和第三位的是中国澳门和中国台湾；中国香港前七位出境旅游目的地国家是日本、泰国、新加坡、韩国、澳大利亚、英国和加拿大。2014年,中国台湾、日本、新加坡、韩国、澳大利亚和加拿大接待中国香港游客的数量较2013年均有不同程度的增加。

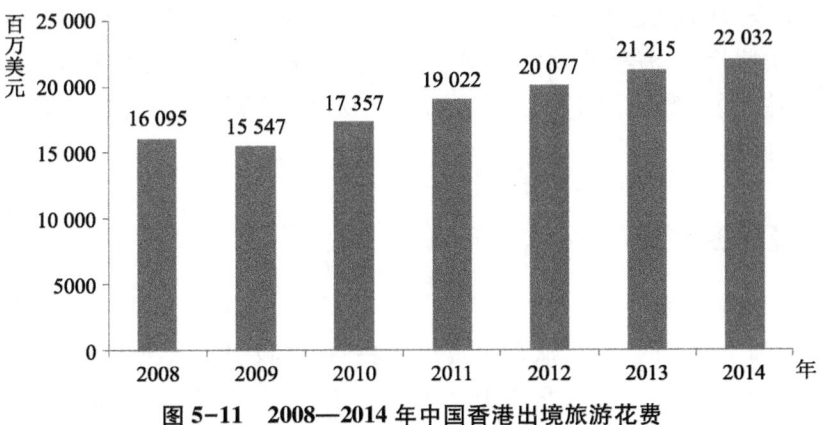

图 5-11　2008—2014 年中国香港出境旅游花费

表 5-41　2010—2014 年中国香港游客出境主要旅游目的地

单位:人次

排名	国家/地区	游客类型	2010 年	2011 年	2012 年	2013 年	2014 年
1	中　国	VFN	79 321 851	79 357 701	78 712 983	76 884 622	—
2	中国澳门	VFR	7 466 139	7 582 923	7081 153	6 766 044	6 426 608
3	中国台湾	VFR	794 362	817 944	1 016 356	1 183 341	1 375 770
4	日　本	VFN	508 691	364 865	481 665	745 881	925 975
5	泰　国	TFR	391 067	531 192	604 900	694 084	559 284
6	新加坡	VFR	387 579	464 375	472 167	539 810	631 029
7	韩　国	VFN	228 582	280 849	360 027	400 435	558 377
8	澳大利亚	VFR	151 650	153 850	162 460	183 460	201 770
9	英　国	VFR	131 000	149 000	135 200	163 000	159 000
10	加拿大	VFR	119 400	126 800	123 900	133 500	141 900

注:按 2013 年数据排名。

第六节　中国澳门

中国澳门(Macao SAR,China)被称作"东方蒙地卡罗",位于我国南海之滨、珠江口西岸,与香港、广州鼎足分立于珠江三角洲的外缘。属季风区、亚热带海洋性气候。陆地总面积为 29.9 平方千米。截至 2014 年,人口达到 57.5 万。经济结构主要由出口制造业、旅游博彩业、金融业和地产建筑业等构成,旅游博彩业至今仍是支撑其经济的重要支柱。2014 年地区生产总值(GDP)为 555.02 亿美元。

澳门历史悠久，长期以来中西文化的汇聚交流，使其成为一个独特的具有异域色彩的旅游城市。大三巴牌坊和妈祖阁是澳门的标志性建筑，也是到澳门必去的景点。澳门半岛上耸立着众多的欧式教堂及古老建筑，澳门的中西美食也是吸引众多旅游者的一个重要因素，酒类博物馆、海事博物馆等则让旅游者对澳门留有更多的记忆。著名的黑沙滩，沙粒呈天然黑色，滩面广阔平缓，迷人而又神秘；竹湾海滩，沙粒洁白，葡式别墅聚集，一派浓郁的欧陆色彩。

一、入境旅游概况

（一）入境旅游人数

中国澳门利用独特的博彩、饮食等资源优势，每年吸引了大批的国际旅游者。2008年，中国澳门入境过夜旅游者人数为10 610千人次；2009年下降到10 402千人次，负增长1.96%。2010—2014年，中国澳门入境过夜旅游者人数持续不断增长，由2010年的11 926千人次增长到2014年的14 566千人次，增长了22.14%。2014年，中国澳门入境过夜旅游者人数较上年增长2.09%。

表5-42 2008—2014年中国澳门入境旅游人数

单位：千人次

	2008年	2009年	2010年	2011年	2012年	2013年	2014年
入境旅游人数	22 933	21 753	24 965	28 002	28 082	29 325	31 526
过夜旅游者	10 610	10 402	11 926	12 925	13 577	14 268	14 566
一日游游客	12 323	11 351	13 040	15 077	14 505	15 056	16 960

（二）入境旅游收入

2008—2013年，中国澳门入境旅游收入持续不断增长，从2008年的16 948百万美元增长到2013年的51 857百万美元，增长了205.98%。2014年中国澳门入境旅游收入有所回落，减少到51 009百万美元，较上年负增长1.64%。

2008—2014年，中国澳门入境游客交通收入总体上呈增长态势，从2008年349百万美元增长到2014年547百万美元，增长了56.73%。2014年中国澳门入境游客交通收入较2013年增长2.82%。

表5-43 2008—2014年中国澳门入境旅游收入

单位：百万美元

	2008年	2009年	2010年	2011年	2012年	2013年	2014年
总收入	17 297	18 445	28 214	38 984	44 368	52 389	51 556
入境旅游收入	16 948	18 142	27 802	38 461	43 860	51 857	51 009
入境游客交通收入	349	303	412	523	508	532	547

（三）入境旅游客源结构

2008—2014年，与亚太地区的其他国家/地区相比，中国澳门的国际旅游者表现出更强的区域内流动的特点。中国澳门入境旅游者中，东亚太地区游客的比例一直保持在96%~98%。2011年东亚太游客占97.16%，2012年占97.20%，2013年占97.30%，2014年占97.46%，这说明中国澳门作为一个旅游目的地，它在东亚太以外的地区国际吸引力不强。

表5-44　2008—2014年中国澳门入境旅游人数（按地区分）

单位：千人次

地　区	2008年	2009年	2010年	2011年	2012年	2013年	2014年
非　洲	22	17	23	25	27	29	35
美　洲	313	279	297	311	307	289	286
欧　洲	272	254	264	271	281	290	287
东亚太	22 224	21 078	24 192	27 207	27 295	28 533	30 726
南　亚	94	118	179	177	159	169	178
中　东	8	7	10	12	14	15	14

2014年，中国澳门排在前五位的入境旅游客源国家/地区依次是中国、中国香港、中国台湾、韩国、日本，其中中国、中国香港、中国台湾的游客占中国澳门所有入境游客的90.81%。中国游客来中国澳门旅游人数总体上保持着高速度增长，2014年较2013年增长14.06%。

2014年，中国澳门入境游客中，中国游客占67.41%，中国香港游客占20.38%，中国台湾游客占3.02%，韩国游客占1.76%，日本游客占0.95%。

表5-45　2008—2014年中国澳门入境旅游人数（按游客所在国家/地区分）

排名	国家/地区	入境旅游人数（千人次）			市场份额（%）		增长率（%）
		2008年	2013年	2014年	2013年	2014年	2013—2014年
1	中　国	11 613.06	18 631.64	21 252.07	63.54	67.41	14.06
2	中国香港	7013.80	6764.21	6426.43	23.07	20.38	-4.99
3	中国台湾	1316.05	1000.54	953.37	3.41	3.02	-4.71
4	韩　国	279.88	473.97	554.29	1.62	1.76	16.95
5	日　本	367.15	290.46	299.74	0.99	0.95	3.19

注：按2014年数据排名。

（四）入境旅游方式

2008—2014年，中国澳门入境游客中，经由公路入境的游客占有很大的比重。航空游客数量很少。船舶游客和公路游客在所有游客中占有92%~94%的比重。航空游客的比重为 6%~8%。和亚太地区其他国家/地区相比,中国澳门入境游客中,船舶游客在所有游客中占有较大的比例。

2012 年,经由公路入境的游客为 14 830 千人次,占入境游客总数的 52.81%;乘坐船舶入境的游客为 11 485 千人次,占入境游客总数的 40.90%;乘坐飞机入境的游客为 1768 千人次,占入境游客总数的 6.30%。

2013 年,经由公路入境的游客为 15 818 千人次,占入境游客总数的 53.94%;乘坐船舶入境的游客为 11 558 千人次,占入境游客总数的 39.41%;乘坐飞机入境的游客为 1950 千人次,占入境游客总数的 6.65%。

2014 年,经由公路入境的游客为 17 390 千人次,占入境游客总数的 55.16%;乘坐船舶入境的游客为 12 081 千人次,占入境游客总数的 38.32%;乘坐飞机入境的游客为 2055 千人次,占入境游客总数的 6.52%。

表 5-46　2008—2014 年中国澳门入境旅游人数(按入境旅游方式分)

单位:千人次

入境旅游方式	2008 年	2009 年	2010 年	2011 年	2012 年	2013 年	2014 年
飞　机	1665	1619	1634	1682	1768	1950	2055
公　路	12 095	11 449	13 087	15 299	14 830	15 818	17 390
船　舶	9173	8685	10 244	11 021	11 485	11 558	12 081

二、出境旅游概况

(一)出境旅游人数

2008—2014 年,中国澳门出境旅游人数持续增长,由 2008 年的 606 千人次增长到 2014 年的 1537 千人次,增长了 153.63%;2014 年出境旅游人数较 2013 年增长 6.29%。

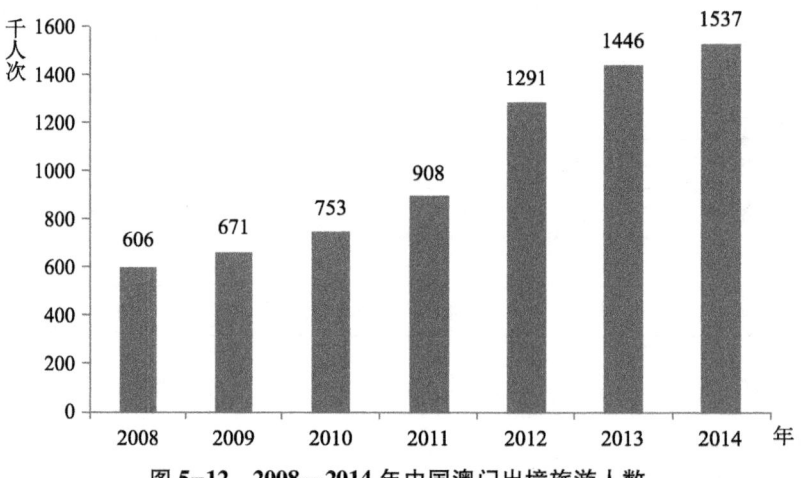

图 5-12　2008—2014 年中国澳门出境旅游人数

注:此处出境旅游人数包括过夜旅游者和一日游游客。

（二）出境旅游花费

2008—2014年，中国澳门出境旅游花费持续不断增长，从2008年的828百万美元增长到2014年的1831百万美元，增长了121.14%；2014年较2013年增长7.52%。

2008—2014年，中国澳门出境交通花费总体上呈增长态势，从2008年的74百万美元增长到2014年的114百万美元，增长了54.05%；2014年较2013年增长9.62%。

表5-47 2008—2014年中国澳门出境旅游花费

单位：百万美元

	2008年	2009年	2010年	2011年	2012年	2013年	2014年
总花费	902	983	1237	1474	1669	1807	1945
出境旅游花费	828	915	1154	1374	1597	1703	1831
出境交通花费	74	68	83	100	72	104	114

（三）出境旅游目的地

中国澳门地区游客出境主要旅游目的地国家和地区有中国内地、中国香港、日本、韩国、新加坡、菲律宾、澳大利亚、美国、俄罗斯和新西兰等。2013年，中国澳门出境旅游目的地国家（中国之外的其他国家）中，日本排在第一位（32 797人次），韩国排在第二位（25 945人次）。2014年，中国香港、日本、韩国、新加坡、菲律宾、澳大利亚、美国和新西兰接待中国澳门游客数量均有不同程度的增长。

表5-48 2010—2014年中国澳门游客出境主要旅游目的地

单位：人次

排名	国家/地区	游客类型	2010年	2011年	2012年	2013年	2014年
1	中国内地	VFN	23 172 939	23 690 767	21 160 557	20 740 333	—
2	中国香港	VFR	780 293	843 221	883 479	958 215	1 001 502
3	日本	VFN	21 330	13 292	19 040	32 797	47 315
4	韩国	VFN	8130	11 647	21 557	25 945	41 376
5	新加坡	VFR	16 933	18 159	16 274	17 826	23 319
6	菲律宾	TFR	—	7261	9298	7644	8110
7	澳大利亚	VFR	3910	4430	4660	5510	7000
8	美国	TFR	3469	3376	3711	3103	3231
9	俄罗斯	VFN	95	226	358	974	576
10	新西兰	VFR	450	504	624	640	976

注：按2013年数据排名。

第七节 中国台湾

中国台湾(Taiwan,Province of China)位于中国东南海面上,隔台湾海峡与福建省相望。全省由台湾本岛、澎湖列岛及兰屿、绿岛、钓鱼岛、赤尾屿等80多个岛屿及其附属海域组成,其中台湾本岛的面积为3.6万平方千米。截至2014年,台湾全省人口约为2343万。属于热带、亚热带季风气候,年平均气温为22℃。台湾素有"水果王国"之称,水果种类繁多,树木种类近4000种。

岛内著名的旅游景点有阳明山公园、台湾山地文化区、阿里山、日月潭、野柳、太鲁阁、清水断崖、玉山积雪、安平古堡、赤崁楼和台北故宫博物院等。

表5-49 2014年中国台湾旅游业经济影响评估

指 标	总 数	占全省的比例(%)	增长预测(%)
GDP(百万美元)	10 016.8	2.1	3.3
雇佣人数(千人)	272.0	2.5	2.8

注:本表为估计值。

一、入境旅游概况

(一)入境旅游人数

2008—2014年,中国台湾入境旅游人数持续快速增长,由2008年的3845千人次增长到2014年的9910千人次,增长了157.74%;2014年较2013年增长23.63%。

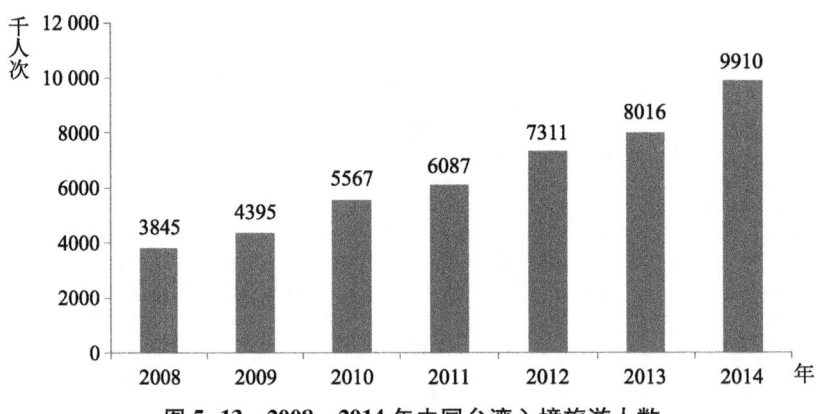

图5-13 2008—2014年中国台湾入境旅游人数

注:此处入境旅游人数包括过夜旅游者和一日游游客。

(二)入境旅游收入

2008—2014年,中国台湾入境旅游收入持续增长,由2008年的5937百万美元增长到 2014 年的 14 618 百万美元,增长了 146.22%。2014 年较 2013 年增长 18.62%。

2008—2014 年,中国台湾入境游客交通收入总体上呈增长态势,由 2008 年的 1219 百万美元增长到 2014 年的 2805 百万美元,增长了 130.11%;2014 年较 2013 年增长 14.07%。

表 5-50　2008—2014 年中国台湾入境旅游收入

单位:百万美元

	2008 年	2009 年	2010 年	2011 年	2012 年	2013 年	2014 年
总收入	7156	7956	10 387	13 067	14 115	14 782	17 423
入境旅游收入	5937	6816	8721	11 065	11 770	12 323	14 618
入境游客交通收入	1219	1140	1666	2002	2345	2459	2805

（三）入境旅游客源结构

2008—2014 年,中国台湾入境旅游者中来自东亚太地区的游客最多,其次是来自美洲地区的游客,来自欧洲地区的游客数量排在第三位,来自非洲地区的游客数量最少。

表 5-51　2008—2014 年中国台湾入境旅游人数（按地区分）

单位:千人次

地　区	2008 年	2009 年	2010 年	2011 年	2012 年	2013 年	2014 年
非　洲	8	8	8	9	9	9	10
美　洲	461	442	475	495	497	502	565
欧　洲	201	197	203	212	218	223	265
东亚太	3122	3690	4818	5297	6513	7179	9016
南　亚	20	19	24	24	23	23	30
中　东	13	12	13	14	13	14	17

2014 年,中国内地游客到台湾旅游人数为 3987.15 千人次,占中国台湾入境旅游人数的 40.23%;其次是日本游客,为 1634.79 千人次,占中国台湾入境旅游人数的 16.50%;中国香港以 1375.77 千人次游客,成为中国台湾第三大入境旅游客源国家/地区。

2013—2014 年,韩国居民入境中国台湾旅游的人数增长率最高,为 50.21%;其次是中国内地游客,增长率为 38.70%;中国台湾其他十一个主要入境旅游客源国家/地区的旅游人数均出现不同程度的增长。

表 5-52　2008—2014 年中国台湾入境旅游人数（按游客所在国家/地区分）

排名	国家/地区	入境旅游人数（千人次）			市场份额（%）		增长率（%）
		2008 年	2013 年	2014 年	2013 年	2014 年	2013—2014 年
1	中　国	329.20	2874.70	3987.15	35.86	40.23	38.70
2	日　本	1086.69	1421.55	1634.79	17.73	16.50	15.00
3	中国香港	618.67	1183.34	1375.77	14.76	13.88	16.26
4	韩　国	252.27	351.30	527.68	4.38	5.32	50.21
5	美　国	387.20	414.06	458.69	5.17	4.63	10.78
6	马来西亚	155.78	394.33	439.24	4.92	4.43	11.39
7	新加坡	205.45	364.73	376.24	4.55	3.80	3.15
8	印度尼西亚	110.42	171.30	182.70	2.14	1.84	6.66
9	越　南	—	118.47	137.18	1.48	1.38	15.79
10	菲律宾	87.94	99.70	136.98	1.24	1.38	37.39
11	泰　国	84.59	104.14	104.81	1.30	1.06	0.65
12	加拿大	60.24	72.69	88.60	0.91	0.89	21.88
13	澳大利亚	58.20	65.78	78.67	0.82	0.79	19.61

注：按 2014 年数据排名。

（四）入境旅游方式

中国台湾入境旅游方式只有乘坐飞机和船舶两种，其中乘坐飞机入境的游客占绝大部分。2008—2014 年乘坐飞机入境中国台湾的游客数量持续不断增长，从 2008 年的 3736 千人次增长到 2014 年的 9432 千人次。2008—2012 年，乘坐船舶入境中国台湾的游客数量持续不断增长，从 2008 年的 110 千人次增长到 2012 年的 356 千人次；2013 年乘坐船舶入境中国台湾的游客数量与 2012 年保持相同水平；2014 年较上年增长 34.27%，达到 478 千人次。

2011 年，乘坐飞机入境中国台湾的游客为 5762 千人次，占总数的 94.66%；乘坐船舶入境中国台湾的游客为 325 千人次，占总数的 5.34%。2012 年，乘坐飞机入境中国台湾的游客为 6955 千人次，占总数的 95.13%；乘坐船舶入境中国台湾的游客为 356 千人次，占总数的 4.87%。2013 年，乘坐飞机入境中国台湾的游客为 7660 千人次，占总数的 95.56%；乘坐船舶入境中国台湾的游客为 356 千人次，占总数的 4.44%。2014 年，乘坐飞机入境中国台湾的游客为 9432 千人次，占总数的 95.18%；乘坐船舶入境中国台湾的游客为 478 千人次，占总数的 4.82%。

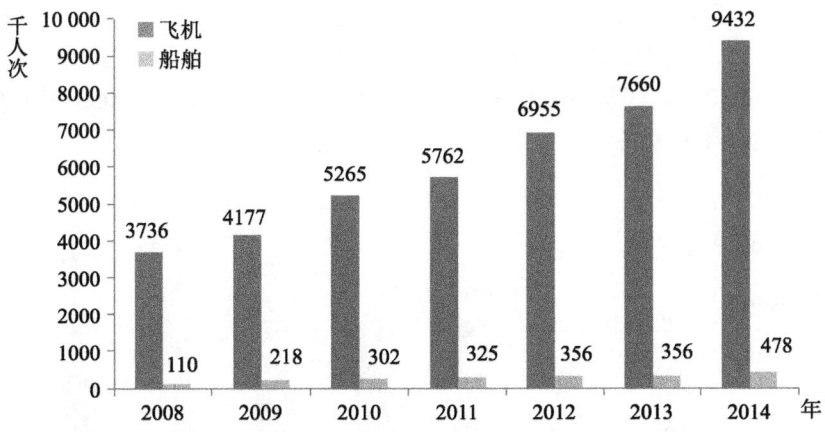

图 5-14 2008—2014 年乘坐飞机和船舶入境中国台湾的游客人数

（五）入境旅游目的

2008—2014 年，在所有入境旅游者中，出于娱乐、休闲和度假目的入境的旅游者比例最高，占总数比例一直在 46%~73%，且其占总数比例连年上升。2008—2014 年，出于商务和专业活动目的入境的旅游者占总数比例一直在 9%~26%，且其占总数比例连年下降。

2011 年，中国台湾入境旅游者中，出于娱乐、休闲和度假目的入境的旅游者为 3634 千人次，占总数的 59.70%；出于商务和专业活动目的入境的旅游者为 1129 千人次，占总数的 18.55%。2012 年，中国台湾入境旅游者中，出于娱乐、休闲和度假目的入境的旅游者为 4677 千人次，占总数的 63.97%；出于商务和专业活动目的入境的旅游者为 1035 千人次，占总数的 14.16%。2013 年，中国台湾入境旅游者中，出于娱乐、休闲和度假目的入境的旅游者为 5479 千人次，占总数的 68.35%；出于商务和专业活动目的入境的旅游者为 1081 千人次，占总数的 13.49%。2014 年，中国台湾入境旅游者中，出于娱乐、休闲和度假目的入境的旅游者为 7192 千人次，占总数的 72.57%；出于商务和专业活动目的入境的旅游者为 903 千人次，占总数的 9.11%。

表 5-53　2008—2014 年中国台湾入境旅游人数（按入境旅游目的分）

单位：千人次

入境旅游目的	2008 年	2009 年	2010 年	2011 年	2012 年	2013 年	2014 年
娱乐、休闲和度假	1775	2298	3246	3634	4677	5479	7192
商务和专业活动	986	919	1088	1129	1035	1081	903
其　他	1084	1177	1233	1324	1599	1456	1815

二、出境旅游概况

（一）出境旅游人数

2008—2014 年，除 2009 年外，中国台湾出境旅游人数不断增长。2008 年出境旅游人数为8465千人次,2009年下降到8143千人次,较上年负增长3.80%;2010年较上年增长15.62%,达到9415千人次;2011年较上年增长1.80%,达到9584千人次;2012年较上年增长6.84%,达到10 240千人次;2013年较上年增长7.94%,达到11 053千人次;2014年达到历史最高,为11 845千人次。

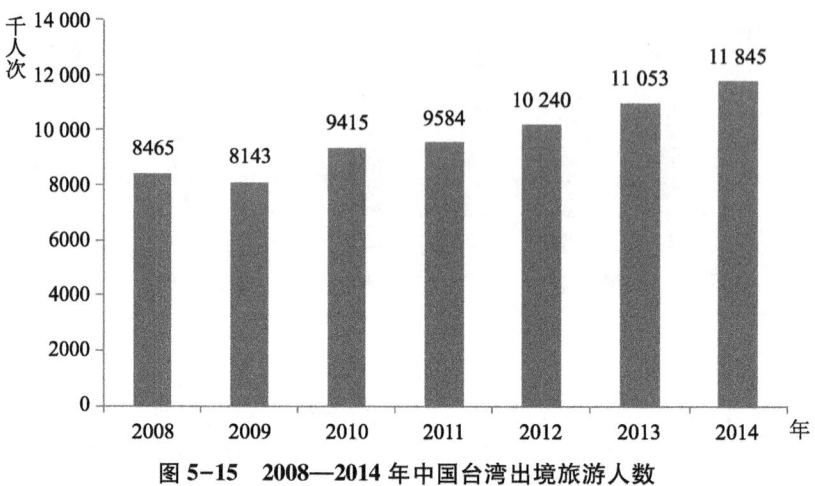

图5-15　2008—2014年中国台湾出境旅游人数

（二）出境旅游花费

2008年,中国台湾出境旅游花费9116百万美元,2009年下降到7800百万美元,负增长14.44%;2010—2014年,中国台湾出境旅游花费持续不断增长,从2010年的9357百万美元增长到2014年的13 998百万美元,增长了49.60%;2014年较2013年增长13.77%。

2008年,中国台湾出境交通花费1594百万美元,2009年下降到868百万美元,负增长45.55%;2010—2014年,中国台湾出境交通花费持续不断增长,从2010年的1343百万美元增长到2014年的1956百万美元,增长了45.64%;2014年较2013年增长5.84%。

表5-54　2008—2014年中国台湾出境旅游花费

单位:百万美元

	2008年	2009年	2010年	2011年	2012年	2013年	2014年
总花费	10 710	8668	10 700	11 701	12 444	14 152	15 954
出境旅游花费	9116	7800	9357	10 112	10 630	12 304	13 998
出境交通花费	1594	868	1343	1589	1814	1848	1956

（三）出境旅游目的地

中国台湾地区居民出境旅游主要目的地有中国内地、日本、中国香港、中国澳门、韩国、泰国、越南、美国、新加坡和马来西亚等。2013年,中国内地以接待台湾游客5 162 509

人次成为台湾地区出境旅游第一大目的地;日本以接待中国台湾游客 2 210 821 人次成为中国台湾地区出境旅游第二大目的地;中国香港以接待台湾游客 2 100 098 人次成为台湾地区出境旅游第三大目的地。2014 年,日本、韩国、美国接待中国台湾游客人数较 2013 年均有一定程度的增长。

表 5-55 2010—2014 年中国台湾游客出境主要旅游目的地

单位:人次

排名	国家/地区	游客类型	2010 年	2011 年	2012 年	2013 年	2014 年
1	中 国	VFN	5 140 554	5 263 014	5 340 194	5 162 509	—
2	日 本	VFN	1 268 278	993 974	1 465 753	2 210 821	2 829 821
3	中国香港	VFR	2 164 750	2 148 733	2 088 745	2 100 098	2 031 883
4	中国澳门	VFR	1 292 734	1 215 162	1 072 052	1 001 189	953 753
5	韩 国	VFN	406 352	428 208	548 233	544 662	643 683
6	泰 国	TFR	371 285	449 346	393 335	503 894	388 425
7	越 南	VFR	334 000	361 100	409 385	398 990	388 998
8	美 国	TFR	291 107	290 313	290 163	384 581	414 269
9	新加坡	VFN	195 174	243 499	289 515	357 856	344 230
10	马来西亚	TFR	211 143	233 783	242 519	286 266	274 665

注:按 2013 年数据排名。

第六章 东南亚分区旅游市场概况

东南亚地区位于东经93°~141.5°,北纬24°~南纬10°。北与中国接壤,南与澳大利亚大陆隔海相望,东濒太平洋,西临印度洋,与南亚次大陆上的孟加拉国、印度接壤。东南亚地处亚洲和大洋洲、太平洋和印度洋之间的"十字路口",是联系两大洲的桥梁和连接两大洋的纽带。东南亚的陆地由中南半岛和马来群岛两部分组成,总面积约448万平方千米。东南亚地区是亚洲纬度最低的地区,绝大部分位于北回归线和南纬10°之间,属热带气候区。

依照世界旅游组织的划分方法,东南亚旅游分区包括文莱、柬埔寨、印度尼西亚、老挝、马来西亚、缅甸、菲律宾、新加坡、泰国和越南10个国家,但本章的东南亚分区旅游市场概况分析不包括文莱。其中以马来西亚、泰国、新加坡、印度尼西亚的旅游业最为发达,凭借其丰富的旅游资源吸引了大批的海外旅游者。

一、入境旅游概况

(一)入境旅游人数

2014年,东南亚分区入境旅游人数排名前三位的国家依次是马来西亚、泰国和新加坡。2008—2014年,马来西亚入境旅游人数持续不断增长,从2008年的22 052千人次增长到2014年的27 437千人次,增长了24.42%;泰国入境旅游人数总体上呈增长态势,从2008年的14 584千人次增长到2014年的24 810千人次,增长了70.12%;新加坡入境旅游人数从2008年的7778千人次增长到2014年的11 864千人次,增长了52.53%。在第二档次的旅游目的地国家中,印度尼西亚(9435千人次)、越南(7874千人次)、菲律宾(4833千人次)和柬埔寨(4503千人次)入境旅游人数超过了4000千人次。

表6-1 2008—2014年东南亚分区各国家入境旅游人数

单位:千人次

排名	国家	2008年	2009年	2010年	2011年	2012年	2013年	2014年
1	马来西亚	22 052	23 646	24 577	24 714	25 033	25 715	27 437
2	泰国	14 584	14 150	15 936	19 230	22 354	26 547	24 810

续表

排名	国家	2008年	2009年	2010年	2011年	2012年	2013年	2014年
3	新加坡	7778	7488	9161	10390	11 098	11 899	11 864
4	印度尼西亚	6234	6324	7003	7650	8044	8802	9435
5	越南	4236	3747	5050	6014	6848	7572	7874
6	菲律宾	3139	3017	3520	3917	4273	4681	4833
7	柬埔寨	2125	2162	2508	2882	3584	4210	4503
8	老挝	1295	1239	1670	1894	2291	2700	3164
9	缅甸	731	763	792	816	1059	2044	3081

注：①此处各国家中，除越南入境旅游人数包括过夜旅游者和一日游游客外，其他8个国家的入境旅游人数均指过夜旅游者人数，不包括一日游游客。

②按2014年数据排名。

（二）入境旅游收入

2008—2014年，东南亚分区各国家入境旅游收入均出现不同程度的增长。2014年，东南亚分区的入境旅游收入主要是由泰国（38 433百万美元）、马来西亚（22 600百万美元）和新加坡（19 203百万美元）这三个国家创造的。2014年，马来西亚、印度尼西亚、越南、菲律宾、柬埔寨、缅甸和老挝入境旅游收入较上年均有明显增长。

表6-2　2008—2014年东南亚分区各国家入境旅游收入

单位：百万美元

排名	国家	2008年	2009年	2010年	2011年	2012年	2013年	2014年
1	泰国	18 163	16 058	20 116	27 186	33 856	41 780	38 433
2	马来西亚	15 293	15 798	18 152	19 649	20 251	21 500	22 600
3	新加坡	10 714	9225	14 178	18 086	18 939	19 301	19 203
4	印度尼西亚	7377	5598	6958	7997	8324	9119	10 261
5	越南	3930	3050	4450	5710	6850	7250	7330
6	菲律宾	2499	2370	2645	3198	4061	4690	5023
7	柬埔寨	1101	1336	1519	2084	2463	2660	2953
8	缅甸	68	56	72	325	539	959	1612
9	老挝	276	268	382	406	451	596	642

注：①此处各国家中，越南入境旅游收入包括入境游客交通收入，其他8个国家的入境旅游收入均不包括入境游客交通收入。

②按2014年数据排名。

二、出境旅游概况

(一) 出境旅游人数

2008—2014 年,东南亚分区各国家的出境旅游人数总体上呈增长态势。2014 年,各国出境旅游人数较 2013 年均有一定程度的增长,增长率最高的是老挝,达到 16.21%;其次是印度尼西亚,为 10.00%;排在第三的是柬埔寨,为 9.63%。2014 年,新加坡是东南亚地区出境旅游人数最多的国家,为 8903 千人次;其次是印度尼西亚和泰国,出境旅游人数分别为 8770 千人次和 6444 千人次。

表 6-3　2008—2014 年东南亚分区各国家出境旅游人数

单位:千人次

排名	国家	2008 年	2009 年	2010 年	2011 年	2012 年	2013 年	2014 年
1	新加坡	6828	6961	7342	7753	8048	8647	8903
2	印度尼西亚	5486	5053	6235	6750	7454	7973	8770
3	泰　国	3908	4653	5451	5397	5721	5970	6444
4	老　挝	—	—	1686	1788	2052	2857	3320
5	柬埔寨	786	340	505	710	792	872	956
—	菲律宾	3355	3188	—	—	—	—	—

注:①此处各国家中,老挝出境旅游人数包括过夜旅游者和一日游游客,其他国家的出境旅游人数均指过夜旅游者,不包括一日游游客。
②按 2014 年数据排名。

(二) 出境旅游花费

2008—2014 年,东南亚分区各国家的出境旅游花费总体上呈增长态势,年均增长率最高的是菲律宾,达到 33.73%;其次是柬埔寨,为 26.69%;排在第三的是缅甸,为 16.26%。2014 年,新加坡是东南亚地区出境旅游花费最多的国家,为 23 931 百万美元。2013—2014 年,除新加坡有所下降外,马来西亚、菲律宾、印度尼西亚、泰国、越南、柬埔寨和缅甸出境旅游花费均出现不同程度的增长。

表 6-4　2008—2014 年东南亚分区各国家出境旅游花费

单位:百万美元

排名	国家	2008 年	2009 年	2010 年	2011 年	2012 年	2013 年	2014 年
1	新加坡	16 340	15 704	18 700	21 498	22 957	24 178	23 931
2	马来西亚	6709	6508	8324	10 180	12 217	12 236	12 369

续表

排名	国　家	2008年	2009年	2010年	2011年	2012年	2013年	2014年
3	菲律宾	2057	3671	5487	5616	6548	7833	11 763
4	印度尼西亚	5554	5316	6395	6255	6771	7675	7682
5	泰　国	5003	4433	5623	5716	6242	6475	7070
6	越　南	1300	1100	1470	1710	1856	2050	2150
7	老　挝	41	83	203	237	232	398	—
8	柬埔寨	97	104	199	264	314	355	401
9	缅　甸	49	52	53	123	257	115	121

注：此处各国家中，越南出境旅游花费包括出境交通花费，其他国家出境旅游花费均不包括出境交通花费；老挝2014年数据缺失，故按2013年数据排名。

第一节　菲律宾

菲律宾全称菲律宾共和国(Republic of the Philippines)，位于亚洲东南部。北隔巴士海峡与中国台湾遥遥相对，南和西南隔苏拉威西海、巴拉巴克海峡与印度尼西亚、马来西亚相望，西濒南海，东临太平洋。由7100多个大小岛屿组成，面积为29.97万平方千米。属季风型热带雨林气候，高温多雨，湿度大，台风多，年均气温28℃。2014年全国人口约为10 010万。2014年国内生产总值(GDP)约为2846亿美元。

旅游业是菲律宾外汇收入重要来源之一。主要旅游点有：百胜滩、蓝色港湾、碧瑶市、马荣火山、伊富高省原始梯田等。

表6-5　2014年菲律宾旅游业经济影响评估

指　标	总　数	占全国的比例(%)	增长预测(%)
GDP(百万美元)	11 104.4	4.2	5.6
雇佣人数(千人)	1226.7	3.2	2.5

注：本表为估计值。

一、入境旅游概况

(一)入境旅游人数

2008年，菲律宾入境过夜旅游者人数为3139千人次；2009年下降到3017千人次，负增长3.89%。2010—2014年，菲律宾入境过夜旅游者人数持续快速增长，从2010年的

3520千人次增长到 2014 年的 4833 千人次,增长了 37.30%;2014 年较 2013 年增长 3.25%。

表6-6 2008—2014 年菲律宾入境旅游人数

单位:千人次

	2008 年	2009 年	2010 年	2011 年	2012 年	2013 年	2014 年
过夜旅游者	3139	3017	3520	3917	4273	4681	4833
一日游游客	21	21	25	8	11	16	60
邮船乘客	21	21	25	8	11	16	60

(二)入境旅游收入

2008 年,菲律宾入境旅游收入为 2499 百万美元;2009 年下降到 2370 百万美元,负增长 5.16%。2010—2014 年,菲律宾入境旅游收入持续快速增长,从 2010 年的 2645 百万美元增长到 2014 年的 5023 百万美元,增长了 89.91%;2014 年较 2013 年增长 7.10%。

2008—2014 年,菲律宾入境游客交通收入持续不断增长,从 2008 年的 525 百万美元增长到 2014 年的 1029 百万美元,增长了 96.00%;2014 年较上年增长 13.20%。

表6-7 2008—2014 年菲律宾入境旅游收入

单位:百万美元

	2008 年	2009 年	2010 年	2011 年	2012 年	2013 年	2014 年
总收入	3024	2916	3441	4053	4963	5599	6052
入境旅游收入	2499	2370	2645	3198	4061	4690	5023
入境游客交通收入	525	546	796	855	902	909	1029

(三)入境旅游客源结构

菲律宾的入境旅游客源主要集中在东亚太地区,其次是美洲地区,排在第三位的是欧洲地区。2011 年菲律宾入境旅游者中,东亚太游客占 61.40%,美洲游客占 19.10%,欧洲游客占 10.26%;2012 年东亚太游客占 62.42%,美洲游客的比例下降到 18.32%,欧洲游客的比例上升到 10.38%;2013 年东亚太游客占 64.02%,美洲游客的比例下降到 17.41%,欧洲游客的比例下降到 10.25%;2014 年东亚太游客占 63.07%,美洲游客的比例上升到 18.10%,欧洲游客的比例上升到 10.32%。

表6-8 2008—2014 年菲律宾入境旅游人数(按地区分)

单位:千人次

地区	2008 年	2009 年	2010 年	2011 年	2012 年	2013 年	2014 年
非洲	3	3	4	4	5	6	5
美洲	685	686	711	748	783	815	875

续表

地区	2008年	2009年	2010年	2011年	2012年	2013年	2014年
欧洲	323	330	361	402	443	480	499
东亚太	1799	1644	2064	2405	2667	2997	3048
南亚	44	47	51	61	64	69	79
中东	37	47	49	56	57	69	76

2014年菲律宾前十位入境旅游客源国家和地区依次是：韩国、美国、日本、中国、澳大利亚、新加坡、加拿大、中国台湾、马来西亚和英国。其中韩国和美国游客占所有入境旅游者的39.27%。2013—2014年，各主要客源国家/地区前往菲律宾的入境旅游人数增长率最高的是马来西亚(27.24%)，其次是印度(17.14%)；中国、中国香港和泰国前往菲律宾旅游的人数增长率均为负值。

表6-9　2008—2014年菲律宾入境旅游人数（按游客所在国家/地区分）

排名	国家/地区	入境旅游人数（千人次）			市场份额（%）		增长率（%）
		2008年	2013年	2014年	2013年	2014年	2013—2014年
1	韩国	611.63	1165.79	1175.47	24.90	24.32	0.83
2	美国	578.25	674.56	722.75	14.41	14.95	7.14
3	日本	359.31	433.71	463.74	9.26	9.59	6.93
4	中国	163.69	426.35	394.95	9.11	8.17	-7.37
5	澳大利亚	121.51	213.02	224.78	4.55	4.65	5.52
6	新加坡	100.18	175.03	179.10	3.74	3.71	2.32
7	加拿大	102.38	131.38	143.90	2.81	2.98	9.53
8	中国台湾	118.78	139.10	142.97	2.97	2.96	2.79
9	马来西亚	69.68	109.44	139.25	2.34	2.88	27.24
10	英国	87.42	122.76	133.67	2.62	2.77	8.88
11	中国香港	116.65	126.01	114.10	2.69	2.36	-9.45
12	德国	55.30	70.95	72.80	1.52	1.51	2.61
13	印度	31.14	52.21	61.15	1.12	1.27	17.14
14	印度尼西亚	27.83	45.58	46.76	0.97	0.97	2.58
15	泰国	31.50	47.87	45.94	1.02	0.95	-4.03

注：按2014年数据排名。

(四)入境旅游方式

菲律宾入境过夜旅游者采用的交通工具只有飞机和船舶。其中,绝大部分是乘坐飞机入境,极少一部分游客乘坐船舶入境。2008—2014年,乘坐飞机入境的过夜旅游者的比例始终保持在98%以上,乘坐船舶入境的过夜旅游者的比例始终在2%以下。

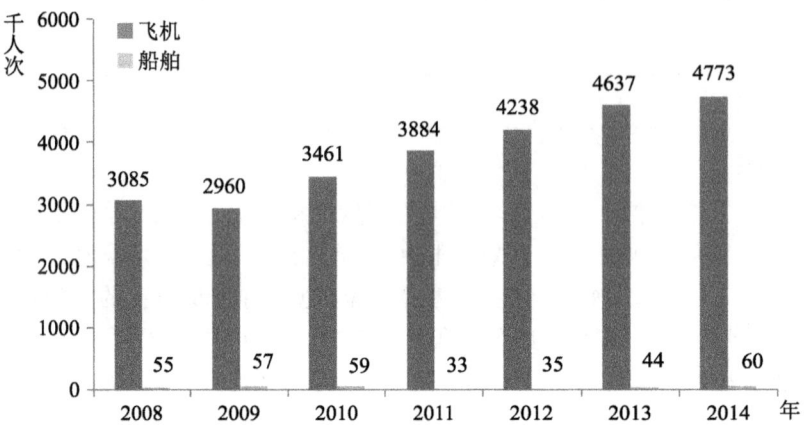

图6-1　2008—2014年乘坐飞机和船舶入境菲律宾的游客人数

(五)入境旅游目的

2008—2014年,菲律宾入境旅游者中,娱乐、休闲和度假旅游者的比例较高。2011年入境旅游者中,娱乐、休闲和度假旅游者占40.63%,商务和专业活动旅游者占10.38%;2012年娱乐、休闲和度假旅游者的比例上升到55.78%,商务和专业活动旅游者的比例上升到11.35%;2013年娱乐、休闲和度假旅游者的比例上升到59.59%,商务和专业活动旅游者的比例下降到10.91%;2014年娱乐、休闲和度假旅游者的比例下降到56.04%,商务和专业活动旅游者的比例下降到10.43%。

表6-10　2008—2014年菲律宾入境旅游人数(按入境旅游目的分)

单位:千人次

入境旅游目的	2008年	2009年	2010年	2011年	2012年	2013年	2014年
娱乐、休闲和度假	1439	1327	861	1578	2364	2763	2675
商务和专业活动	465	408	194	403	481	506	498
其他	1181	1225	2406	1903	1393	1368	1600

二、出境旅游概况

(一)出境旅游人数

2008年,菲律宾出境过夜旅游者人数为3355千人次,2009年下降到3188千人次,负增长4.98%。

2010—2014年数据缺失。

(二)出境旅游花费

2008—2014年,菲律宾出境旅游花费持续不断增长,从2008年的2057百万美元增长到2014年的11 763百万美元,增长了471.85%。2014年较上年增长了50.17%。

2008—2014年,菲律宾出境交通花费呈现明显的波动态势,但总体上有所增长,从2008年的496百万美元增长到2014年的532百万美元,增长了7.26%。

表6-11 2008—2014年菲律宾出境旅游花费

单位:百万美元

	2008年	2009年	2010年	2011年	2012年	2013年	2014年
总花费	2553	4056	5964	6055	7140	8400	12 295
出境旅游花费	2057	3671	5487	5616	6548	7833	11 763
出境交通花费	496	385	477	439	592	567	532

(三)出境旅游目的地

2013年,菲律宾游客出境旅游第一大目的地是中国,其次是新加坡、中国香港和马来西亚;亚太地区以外的国家中,美国接待菲律宾游客人数最多。2014年,马来西亚、韩国、印度尼西亚、美国和巴林接待菲律宾游客人数均有一定程度的增长。

表6-12 2010—2014年菲律宾游客出境主要旅游目的地

单位:人次

排名	国家/地区	游客类型	2010年	2011年	2012年	2013年	2014年
1	中 国	VFN	828 284	894 309	961 975	996 672	—
2	新加坡	VFN	570 889	711 063	698 878	733 041	720 734
3	中国香港	VFR	603 030	659 829	709 753	705 319	634 744
4	马来西亚	TFR	486 790	362 101	508 744	557 147	618 538
5	韩 国	VFN	297 452	337 268	331 346	400 686	434 951
6	泰 国	TFN	246 430	268 375	289 566	321 571	304 813
7	中国澳门	VFR	247 770	268 710	283 881	274 103	262 853
8	印度尼西亚	TFN	171 181	210 029	236 866	247 573	248 182
9	美 国	TFR	177 525	166 829	176 218	200 521	219 757
10	巴 林	VFN	—	175 775	196 797	186 084	198 859

注:按2013年数据排名。

第二节 柬埔寨

柬埔寨全称为柬埔寨王国（Kingdom of Cambodia），位于中南半岛南部。东部和东南部同越南接壤，北部与老挝交界，西部和西北部与泰国毗邻，西南濒临泰国湾。面积约为18.1万平方千米。2014年全国人口为1440万。属热带季风气候，年均气温为24℃。柬埔寨是传统农业国，工业基础薄弱，属世界上最不发达国家之一。2014年国内生产总值（GDP）约为167亿美元。

2000年以来，柬埔寨政府大力推行"开放天空"政策，支持、鼓励外国航空公司开辟直飞金边和吴哥游览区的航线，柬外来游客不断增长。2002年，柬政府加大对旅游业的资金投入，加紧修复古迹，开发新景点，改善旅游环境。近两年来，沿海地区逐步成为继吴哥景区之后又一重要的旅游目的地，在柬旅游业发展中扮演重要角色。旅游市场的发展直接带动柬金融、交通运输、商业零售批发及酒店餐饮等行业的发展。主要旅游点有世界闻名的吴哥古迹、金边和西哈努克港等。

表6-13 2014年柬埔寨旅游业经济影响评估

指　　标	总　　数	占全国的比例（%）	增长预测（%）
GDP（百万美元）	1610.2	10.4	6.9
雇佣人数（千人）	735.1	8.9	5.1

注：本表为估计值。

一、入境旅游概况

（一）入境旅游人数

2008—2014年，柬埔寨入境过夜旅游者人数持续不断增长，从2008年的2125千人次增长到2014年的4503千人次，增长了111.91%。2010—2013年，柬埔寨入境过夜旅游者人数连年保持在14%以上的增长速度；2014年较2013年增速放缓，增长率为6.96%。

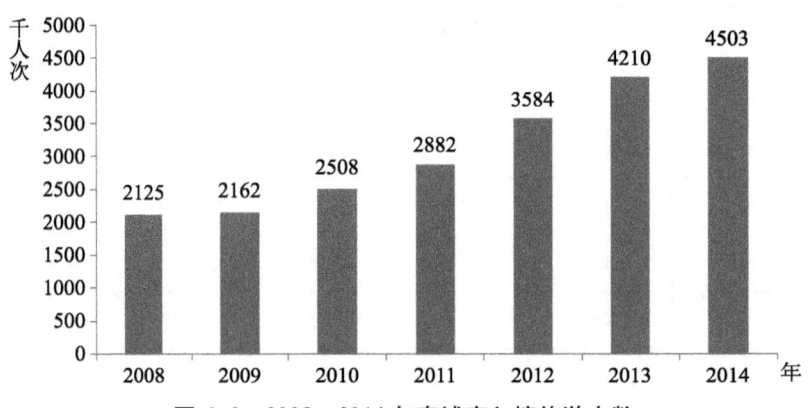

图6-2 2008—2014年柬埔寨入境旅游人数

(二)入境旅游收入

2008—2014年,柬埔寨入境旅游收入持续不断增长,从2008年的1101百万美元增长到2014年的2953百万美元,增长了168.21%。从增长速度来看,2009—2012年的增长速度保持在13%～38%;2013年较2012年增速有所下降,增长率为8.00%;2014年较2013年增速明显加快,增长率为11.02%。

2008年,柬埔寨入境游客交通收入为179百万美元;2009年下降到127百万美元,负增长29.05%。2010—2014年,柬埔寨入境游客交通收入持续不断增长,从2010年的152百万美元增长到2014年的267百万美元,增长了75.66%;2014年较2013年增长13.62%。

表6-14 2008—2014年柬埔寨入境旅游收入

单位:百万美元

	2008年	2009年	2010年	2011年	2012年	2013年	2014年
总收入	1280	1463	1671	2258	2663	2895	3220
入境旅游收入	1101	1336	1519	2084	2463	2660	2953
入境游客交通收入	179	127	152	174	200	235	267

(三)入境旅游客源结构

东亚太地区是柬埔寨最大的入境旅游客源地区,其次是欧洲和美洲。2011年入境过夜旅游者中,东亚太游客占72.35%,欧洲游客占19.12%,美洲游客占7.56%;2012年入境过夜旅游者中,东亚太游客占74.92%,欧洲游客占17.35%,美洲游客占6.81%;2013年入境过夜旅游者中,东亚太游客占75.99%,欧洲游客占16.84%,美洲游客占6.25%;2014年入境过夜旅游者中,东亚太游客占76.84%,欧洲游客占16.01%,美洲游客占6.15%。由此可见,2011—2014年,东亚太游客所占比重逐年升高,欧洲和美洲游客所占比重逐年降低。

表6-15 2008—2014年柬埔寨入境旅游人数(按地区分)

单位:千人次

地区	2008年	2009年	2010年	2011年	2012年	2013年	2014年
非洲	4	5	5	6	6	6	6
美洲	205	201	199	218	244	263	277
欧洲	464	470	496	551	622	709	721
东亚太	1436	1467	1789	2085	2685	3199	3460
南亚	16	16	19	21	25	30	36
中东	1	1	1	1	2	3	2

2014年柬埔寨前十六位入境旅游客源国家/地区依次是：越南、中国、老挝、韩国、泰国、日本、美国、马来西亚、法国、澳大利亚、英国、俄罗斯、中国台湾、菲律宾、德国和新加坡。其中越南、中国、老挝和韩国游客占柬埔寨所有入境游客的52.21%。2013—2014年，许多主要入境旅游客源国家/地区前往柬埔寨的游客人数均出现了不同程度的增长，增长率最高的是泰国(26.30%)，其次是中国(20.99%)。

表6-16 2008—2014年柬埔寨入境旅游人数（按游客所在国家/地区分）

排名	国家/地区	入境旅游人数（千人次）			市场份额(%)		增长率(%)
		2008年	2013年	2014年	2013年	2014年	2013—2014年
1	越 南	209.52	854.10	905.80	20.29	20.12	6.05
2	中 国	129.63	463.12	560.34	11.00	12.44	20.99
3	老 挝	60.93	414.53	460.19	9.85	10.22	11.01
4	韩 国	266.53	435.01	424.42	10.33	9.43	-2.43
5	泰 国	109.02	221.26	279.46	5.26	6.21	26.30
6	日 本	163.81	206.93	215.79	4.92	4.79	4.28
7	美 国	145.08	184.96	191.37	4.39	4.25	3.46
8	马来西亚	80.74	130.70	144.44	3.10	3.21	10.51
9	法 国	97.52	131.49	141.05	3.12	3.13	7.28
10	澳大利亚	84.96	132.03	134.17	3.14	2.98	1.62
11	英 国	98.09	123.92	133.31	2.94	2.96	7.58
12	俄罗斯	16.93	131.68	108.60	3.13	2.41	-17.52
13	中国台湾	83.00	96.99	97.53	2.30	2.17	0.55
14	菲律宾	39.29	119.00	93.48	2.83	2.08	-21.45
15	德 国	59.90	81.57	84.14	1.94	1.87	3.16
16	新加坡	40.95	57.81	65.86	1.37	1.46	13.92

注：按2014年数据排名。

（四）入境旅游方式

2008—2011年，柬埔寨入境游客中，乘坐飞机入境的游客最多；2012—2013年，经由公路入境的游客最多，乘坐飞机入境的游客数量排在第二位，乘坐船舶入境的游客数量最少；2014年乘坐飞机入境的游客数量超越经由公路入境的游客数量。2011年入境过夜旅游者中，乘坐飞机入境的游客占51.39%，经由公路入境的游客占45.80%，乘坐船舶入境的游客占2.81%；2012年经由公路入境的游客占49.83%，乘坐飞机入境的游客占48.05%，乘坐船舶入境的游客占2.12%；2013年经由公路入境的游客占50.29%，乘坐飞机入境的游客占47.93%,乘坐船舶入境的游客占1.78%;2014年乘坐飞机入境的游客占50.50%,经由公路入境的游客占47.35%,乘坐船舶入境的游客占2.15%。

表6-17　2008—2014年柬埔寨入境旅游人数(按入境旅游方式分)

单位:千人次

入境旅游方式	2008年	2009年	2010年	2011年	2012年	2013年	2014年
飞　机	1239	1112	1304	1481	1722	2018	2274
公　路	814	972	1126	1320	1786	2117	2132
船　舶	72	78	78	81	76	75	97

(五)入境旅游目的

柬埔寨所有入境过夜旅游者中,出于娱乐、休闲和度假目的的旅游者占比重最大。2011年入境过夜旅游者中,娱乐、休闲和度假旅游者占93.93%,商务和专业活动旅游者占4.96%;2012年入境过夜旅游者中,娱乐、休闲和度假旅游者占91.71%,商务和专业活动旅游者占4.69%;2013年入境过夜旅游者中,娱乐、休闲和度假旅游者占94.82%,商务和专业活动旅游者占4.39%;2014年入境过夜旅游者中,娱乐、休闲和度假旅游者占94.49%,商务和专业活动旅游者占4.57%。

表6-18　2008—2014年柬埔寨入境旅游人数(按入境旅游目的分)

单位:千人次

入境旅游目的	2008年	2009年	2010年	2011年	2012年	2013年	2014年
娱乐、休闲和度假	1932	1992	2330	2707	3287	3992	4255
商务和专业活动	159	133	141	143	168	185	206
其　他	34	37	37	32	129	33	42

二、出境旅游概况

(一)出境旅游人数

2008年,柬埔寨出境过夜旅游者人数为786千人次;2009年下降到340千人次,负增长56.74%。2010—2014年,柬埔寨出境过夜旅游者人数持续增长,从2010年的505千人次增长到2014年的956千人次,增长了89.31%;2014年较2013年增长9.63%。

(二)出境旅游花费

2008—2014年,柬埔寨出境旅游花费持续不断增长,从2008年的97百万美元增长到2014年的401百万美元,增长了313.40%;2014年较2013年增长12.96%。

2008年,柬埔寨出境交通花费为83百万美元;2009年下降到59百万美元,负增长

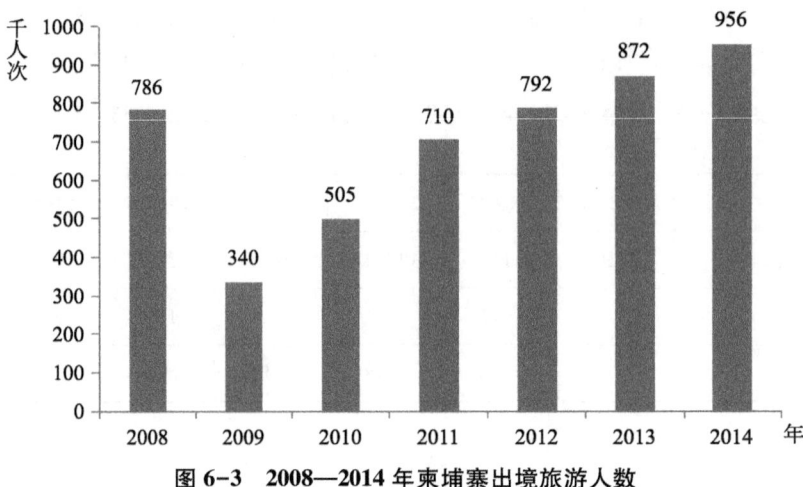

图 6-3 2008—2014 年柬埔寨出境旅游人数

28.92%。2010—2014 年,柬埔寨出境交通花费持续不断增长,从 2010 年的 70 百万美元增长到 2014 年的 126 百万美元,增长了 80.00%;2014 年较 2013 年增长 10.53%。

表 6-19 2008—2014 年柬埔寨出境旅游花费

单位:百万美元

	2008 年	2009 年	2010 年	2011 年	2012 年	2013 年	2014 年
总花费	180	163	269	344	406	469	527
出境旅游花费	97	104	199	264	314	355	401
出境交通花费	83	59	70	80	92	114	126

(三)出境旅游目的地

柬埔寨游客出境主要旅游目的地国家和地区有泰国、越南、马来西亚、新加坡、中国、印度尼西亚、韩国、中国香港、老挝、澳大利亚等。2013 年柬埔寨出境旅游目的地国家中,泰国排在第一位(487 001 人次),越南排在第二位(342 347 人次),马来西亚排在第三位(64 534 人次)。2014 年,泰国、越南、马来西亚、新加坡、韩国、中国香港、老挝、澳大利亚接待柬埔寨游客人数较 2013 年均有不同程度的增长。

表 6-20 2010—2014 年柬埔寨游客出境主要旅游目的地

单位:人次

排名	国家/地区	游客类型	2010 年	2011 年	2012 年	2013 年	2014 年
1	泰 国	TFR	150 011	271 265	430 538	487 001	555 852
2	越 南	VFR	254 600	423 400	331 939	342 347	404 159

续表

排名	国家/地区	游客类型	2010年	2011年	2012年	2013年	2014年
3	马来西亚	TFR	48 618	49 472	50 179	64 534	73 700
4	新加坡	VFR	34 934	36 520	37 382	44 361	49 776
5	中国	VFN	24 265	26 534	29 803	34 578	—
6	印度尼西亚	TFN	5265	4628	5058	31 001	5438
7	韩国	VFN	7194	12 438	18 567	21 172	24 179
8	中国香港	VFR	12 273	12 120	11 914	12 312	14 724
9	老挝	VFN	6908	7561	15 140	12 180	15 342
10	澳大利亚	VFR	5500	5140	5010	4920	5200

注：按2013年数据排名。

第三节 老 挝

老挝全称是老挝人民民主共和国（The Lao People's Democratic Republic），是个内陆国家。位于中南半岛北部，北邻中国，南接柬埔寨，东接越南，西北达缅甸，西南毗连泰国。面积为23.68万平方千米。属热带、亚热带季风气候。2014年全国人口约为689万。经济以农业为主，工业基础薄弱。2014年国内生产总值（GDP）约为118亿美元。

自1988年老挝实行革新开放以来，旅游业成为老挝经济发展的新兴产业。老挝琅勃拉邦市巴色瓦普寺已被列入世界文化遗产名录，著名景点还有万象塔銮、玉佛寺、占巴色孔埠瀑布、琅勃拉邦光西瀑布等。

表6-21　2014年老挝旅游业经济影响评估

指　标	总　数	占全国的比例（%）	增长预测（%）
GDP（百万美元）	469.1	4.7	5.8
雇佣人数（千人）	119.7	4.0	1.6

注：本表为估计值。

一、入境旅游概况

（一）入境旅游人数

2008—2014年，老挝入境旅游人数持续不断增长，从2008年的1737千人次增长到2014年的4159千人次，增长了139.44%；2014年较2013年增长10.06%。

2008年,老挝入境过夜旅游者人数为1295千人次;2009年下降到1239千人次,负增长4.32%。2010—2014年,老挝入境过夜旅游者连年增加,从2010年的1670千人次增加到2014年的3164千人次,增长了89.46%;2014年较2013年增长17.19%。

表6-22 2008—2014年老挝入境旅游人数

单位:千人次

	2008年	2009年	2010年	2011年	2012年	2013年	2014年
入境旅游人数	1737	2008	2513	2724	3330	3779	4159
过夜旅游者	1295	1239	1670	1894	2291	2700	3164
一日游游客	442	769	843	830	1039	1079	995

(二)入境旅游收入

2008—2014年,除2009年有少许减少外,老挝入境旅游收入持续不断增长,从2008年的276百万美元增长到2014年的642百万美元,增长了132.61%。2010年入境旅游收入较上年增长42.54%,达到382百万美元;2011年增长到406百万美元,增长率为6.28%;2012年较上年增长11.08%,达到451百万美元;2013年达到596百万美元,较上年增长32.15%;2014年创历史新高,为642百万美元,较上年增长7.72%。

2008—2012年,老挝入境游客交通收入一直在10百万美元以下;2013年增长到17百万美元,较上年增长70.00%。

表6-23 2008—2014年老挝入境旅游收入

单位:百万美元

	2008年	2009年	2010年	2011年	2012年	2013年	2014年
总收入	280	271	385	413	461	613	—
入境旅游收入	276	268	382	406	451	596	642
入境游客交通收入	4	3	3	7	10	17	—

(三)入境旅游客源结构

2008—2014年,老挝入境旅游者中,东亚太地区游客最多,其次是欧洲游客和美洲游客。2011年入境旅游者中,东亚太游客占90.38%,欧洲游客占6.83%,美洲游客占2.57%;2012年东亚太游客的比例增长到91.83%,欧洲游客的比例下降到5.68%,美洲游客的比例下降到2.28%;2013年东亚太游客占91.80%,欧洲游客的比例为5.72%,美洲游客的比例保持在2.28%;2014年东亚太游客占92.57%,欧洲游客的比例为5.12%,美洲游客的比例保持在2.07%。

表6-24 2008—2014年老挝入境旅游人数(按地区分)

单位：千人次

地区	2008年	2009年	2010年	2011年	2012年	2013年	2014年
非洲	—	—	—	—	—	—	—
美洲	75	53	67	70	76	86	86
欧洲	173	133	182	186	189	216	213
东亚太	1480	1818	2257	2461	3058	3469	3850
南亚	3	2	3	3	3	4	5
中东	—	—	—	—	—	—	—

2014年，老挝前十位入境旅游客源国家依次是：泰国、越南、中国、韩国、美国、法国、澳大利亚、日本、英国和德国。泰国游客占老挝入境旅游人数最多，为49.14%。2013—2014年，各主要客源国家前往老挝的入境旅游人数增长率最高的是中国(72.40%)，其次是澳大利亚(26.84%)、越南(21.77%)和韩国(17.46%)；来自泰国、美国、法国、日本和英国的游客人数则出现了不同程度的负增长。

表6-25 2008—2014年老挝入境旅游人数(按游客所在国家分)

排名	国家	入境旅游人数(千人次)			市场份额(%)		增长率(%)
		2008年	2013年	2014年	2013年	2014年	2013—2014年
1	泰国	891.45	2059.43	2043.76	54.49	49.14	-0.76
2	越南	351.38	910.16	1108.33	24.08	26.65	21.77
3	中国	105.85	245.03	422.44	6.48	10.16	72.40
4	韩国	18.07	81.80	96.09	2.16	2.31	17.46
5	美国	54.72	61.61	61.46	1.63	1.48	-0.24
6	法国	39.08	52.41	52.15	1.39	1.25	-0.51
7	澳大利亚	28.18	35.45	44.96	0.94	1.08	26.84
8	日本	31.57	48.64	44.88	1.29	1.08	-7.74
9	英国	36.04	41.74	39.06	1.10	0.94	-6.42
10	德国	25.19	29.25	29.80	0.77	0.72	1.88

注：按2014年数据排名。

(四)入境旅游方式

2008—2014年，老挝入境旅游者的入境旅游方式只有飞机和公路，其中，经由公路入境的游客数量最多。乘坐飞机入境的游客数量从 2008 年的 556 千人次增长到 2014 年的 1219 千人次,增长了 119.24%;经由公路入境的游客数量从 2008 年的 1181 千人次增长到 2014 年的 2940 千人次,增长了 148.94%。2011 年入境旅游者中,乘坐飞机入境的游客占 48.79%,经由公路入境的游客占 51.21%;2012 年乘坐飞机入境的游客比例降低到 43.00%,经由公路入境的游客比例上升到 57.00%;2013 年乘坐飞机入境的游客比例降低到 32.39%,经由公路入境的游客比例上升到 67.61%;2014 年乘坐飞机入境的游客比例降低到 29.31%,经由公路入境的游客比例上升到 70.69%。

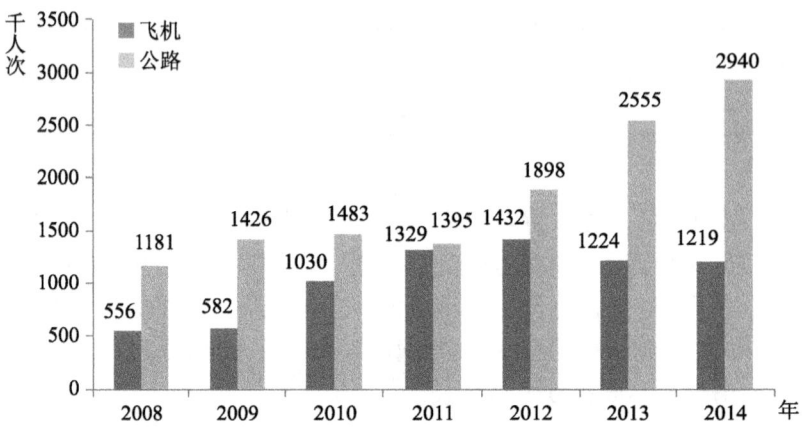

图 6-4　2008—2014 年乘坐飞机和经由公路入境老挝的游客人数

(五)入境旅游目的

2008—2014 年,老挝入境旅游者中,娱乐、休闲和度假旅游者的比例非常高,保持在 75%~90%。2011 年入境旅游者中,娱乐、休闲和度假旅游者占 83.37%,商务和专业活动旅游者占 4.88%;2012 年娱乐、休闲和度假旅游者的比例下降到 75.02%,商务和专业活动旅游者的比例上升到 7.99%;2013 年娱乐、休闲和度假旅游者的比例上升到 84.02%,商务和专业活动旅游者的比例上升到 9.00%;2014 年娱乐、休闲和度假旅游者的比例上升到 89.59%,商务和专业活动旅游者的比例上升到 6.20%。

表 6-26　2008—2014 年老挝入境旅游人数(按入境旅游目的分)

单位:千人次

入境旅游目的	2008 年	2009 年	2010 年	2011 年	2012 年	2013 年	2014 年
娱乐、休闲和度假	1355	1627	1985	2271	2498	3175	3726
商务和专业活动	278	301	452	133	266	340	258
其　他	104	80	76	320	566	265	175

二、出境旅游概况

(一)出境旅游人数

2010 年老挝出境旅游者总人数为 1686 千人次;2011 年增长到 1788 千人次,较上年增长 6.05%;2012 年增长到 2052 千人次,增长率为 14.77%;2013 年增长到 2857 千人次,较上年增长 39.23%;2014 年较上年增长 16.21%,达到 3320 千人次。

(二)出境旅游花费

2008—2011 年,老挝的出境旅游花费有较大幅度的增长,从 2008 年的 41 百万美元增长到 2011 年的 237 百万美元,增长了 478.05%。2012 年较 2011 年下降 5 百万美元,为 232 百万美元。2013 年较 2012 年大幅增长,增长率为 71.55%。

表 6-27 2008—2014 年老挝出境旅游花费

单位:百万美元

	2008 年	2009 年	2010 年	2011 年	2012 年	2013 年	2014 年
总花费	51	91	215	248	241	401	—
出境旅游花费	41	83	203	237	232	398	—
出境交通花费	10	8	12	11	9	3	—

(三)出境旅游目的地

老挝游客出境主要旅游目的地国家有泰国、柬埔寨、越南、马来西亚、中国、新加坡、印度尼西亚、韩国、日本、美国等。2013 年老挝出境旅游目的地国家中,泰国排在第一位(984 886 人次),柬埔寨排在第二位(414 531 人次),越南排在第三位(122 823 人次)。2014 年,泰国、柬埔寨、越南、韩国、日本接待老挝游客人数较 2013 年均有不同程度的增长。

表 6-28 2010—2014 年老挝游客出境主要旅游目的地

单位:人次

排名	国 家	游客类型	2010 年	2011 年	2012 年	2013 年	2014 年
1	泰 国	TFR	718 377	895 359	981 081	984 886	1 063 736
2	柬埔寨	TFR	92 276	128 525	254 022	414 531	460 191
3	越 南	VFR	37 400	118 500	150 678	122 823	136 636
4	马来西亚	TFR	38 111	29 520	38 364	35 676	26 627
5	中 国	VFN	11 927	14 186	16 764	19 399	—

续表

排名	国　家	游客类型	2010 年	2011 年	2012 年	2013 年	2014 年
6	新加坡	VFR	5196	5484	7509	7302	7269
7	印度尼西亚	TFN	1932	1914	2000	6251	2221
8	韩　国	VFN	1999	2477	3294	5526	6186
9	日　本	VFN	2209	2111	2676	3243	3530
10	美　国	TFR	808	685	857	2164	1716

注：按 2013 年数据排名。

第四节　缅　甸

缅甸全称是缅甸联邦共和国（Republic of the Union of Myanmar），位于中南半岛西部，东北与中国毗邻，西北与印度、孟加拉国相接，东南与老挝、泰国交界，西南濒临孟加拉湾和安达曼海。面积约 67.66 万平方千米。属于热带季风气候，年平均气温 27℃。2014 年人口约 5372 万。缅甸经济发展缓慢，1987 年 12 月被联合国列为世界上最不发达国家之一。2014 年国内生产总值（GDP）约为 643 亿美元。

缅甸风景优美，名胜古迹多，主要景点有世界闻名的仰光大金塔、文化古都曼德勒、"万塔之城"——蒲甘和额不里海滩等。政府大力发展旅游业，积极吸引外资，建设旅游设施。

表 6-29　2014 年缅甸旅游业经济影响评估

指　标	总　数	占全国的比例（%）	增长预测（%）
GDP（百万美元）	902.5	1.6	6.9
雇佣人数（千人）	338.3	1.2	5.9

注：本表为估计值。

一、入境旅游概况

（一）入境旅游人数

2008—2014 年，缅甸入境过夜旅游者人数呈增长趋势，从 2008 年的 731 千人次增长到 2014 年的 3081 千人次，增长了 321.48%。2013 年较 2012 年大幅增长，增长率高达 93.01%；2014 年继续保持高速增长，增长率为 50.73%。

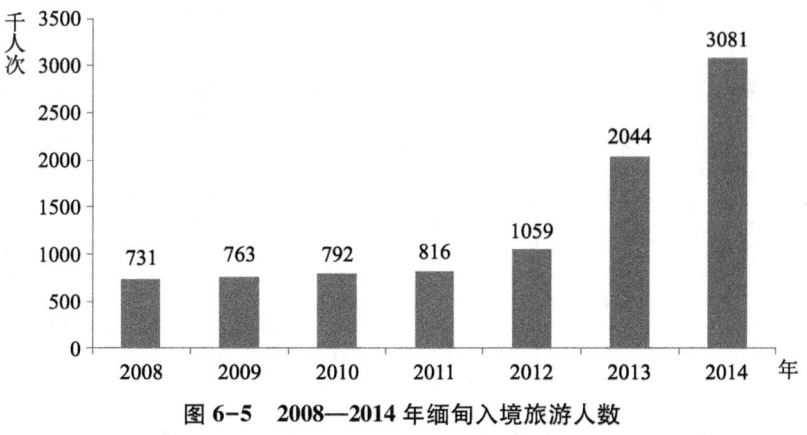

图 6-5 2008—2014 年缅甸入境旅游人数

(二)入境旅游收入

2008 年,缅甸入境旅游收入为 68 百万美元;2009 年下降到 56 百万美元,负增长 17.65%;2010 年较上年增长 28.57%,达到 72 百万美元;2011 年较 2010 年有较大幅度增长,增长率为 351.39%,达到 325 百万美元。2011—2014 年,缅甸入境旅游收入持续高速增长,并在 2014 年达到 1612 百万美元。

2008 年,缅甸入境游客交通收入为 12 百万美元,2009 年和 2010 年均为 19 百万美元,2011 年下降到 9 百万美元,2012 年增长到 11 百万美元,2013 年和 2014 年连续下降,2014 年减少到 1 百万美元。

表 6-30　2008—2014 年缅甸入境旅游收入

单位:百万美元

	2008 年	2009 年	2010 年	2011 年	2012 年	2013 年	2014 年
总收入	80	75	91	334	550	964	1613
入境旅游收入	68	56	72	325	539	959	1612
入境游客交通收入	12	19	19	9	11	5	1

(三)入境旅游客源结构

2008—2014 年,东亚太地区游客是缅甸的主要入境旅游客源,其次是欧洲地区游客,排在第三的是美洲地区游客。2011 年,缅甸入境过夜旅游者中,东亚太游客占 83.23%,欧洲游客占 10.77%,美洲游客占 3.43%;2012 年东亚太游客的比例下降到 80.08%,欧洲游客的比例增长到 13.13%,美洲游客的比例增长到 4.53%;2013 年东亚太游客的比例增长到 85.47%,欧洲游客的比例增长到 8.22%,美洲游客的比例下降到 3.28%;2014 年东亚太游客的比例增长到 88.25%,欧洲游客的比例下降到 6.49%,美洲游客的比例下降到 2.66%。

表 6-31　2008—2014 年缅甸入境旅游人数（按地区分）

单位：千人次

地区	2008 年	2009 年	2010 年	2011 年	2012 年	2013 年	2014 年
非洲	—	1	1	1	1	3	3
美洲	—	19	21	28	48	67	82
欧洲	—	53	66	88	139	168	200
东亚太	—	676	688	680	848	1747	2719
南亚	—	12	14	17	19	55	72
中东	—	1	2	3	4	3	5

2014 年，缅甸的前十二位入境旅游客源国家/地区中，泰国和中国游客占所有入境旅游者的 72.82%。2013—2014 年，泰国、中国、日本、美国、印度、新加坡、马来西亚、法国、英国和德国前往缅甸的入境旅游人数增长率均在 15% 以上水平。

表 6-32　2008—2014 年缅甸入境旅游人数（按游客所在国家/地区分）

排名	国家/地区	入境旅游人数（千人次）			市场份额（%）		增长率（%）
		2008 年	2013 年	2014 年	2013 年	2014 年	2013—2014 年
1	泰国	—	1155.45	1434.42	56.52	46.55	24.14
2	中国	—	187.77	809.40	9.19	26.27	331.06
3	日本	10.88	68.76	83.43	3.36	2.71	21.34
4	美国	13.20	53.65	62.63	2.62	2.03	16.73
5	印度	7.17	52.28	62.12	2.56	2.02	18.81
6	韩国	12.37	54.93	58.47	2.69	1.90	6.44
7	新加坡	8.60	39.14	47.69	1.91	1.55	21.85
8	马来西亚	8.27	39.76	46.53	1.94	1.51	17.04
9	法国	8.22	35.46	41.45	1.73	1.35	16.89
10	英国	5.40	33.20	40.92	1.62	1.33	23.24
11	中国台湾	11.47	30.70	32.66	1.50	1.06	6.40
12	德国	8.95	27.71	32.27	1.36	1.05	16.43

注：按 2014 年数据排名。

（四）入境旅游方式

2008—2011 年，缅甸入境过夜旅游者中，经由公路入境的游客数量最多，乘坐飞机入境的游客数量排在第二位,乘坐船舶入境的游客最少。2011年入境过夜旅游者中,经由公路入境的游客占52.45%,乘坐飞机入境的游客占47.18%,乘坐船舶入境的游客占0.37%。2012年,乘坐飞机入境的过夜旅游者数量超过经由公路入境的过夜旅游者,占总数的55.34%;经由公路入境的游客占44.38%;乘坐船舶入境的游客占0.28%。2013年,经由公路入境的过夜旅游者数量超过乘坐飞机入境的过夜旅游者,占总数的60.76%;乘坐飞机入境的游客占38.94%;乘坐船舶入境的游客占0.29%。2014年,经由公路入境的游客占64.30%,乘坐飞机入境的游客占35.12%,乘坐船舶入境的游客占0.62%。

表6-33 2008—2014年缅甸入境旅游人数(按入境旅游方式分)

单位:千人次

入境旅游方式	2008年	2009年	2010年	2011年	2012年	2013年	2014年
飞 机	191	236	308	385	586	796	1082
公 路	538	525	483	428	470	1242	1981
船 舶	3	2	1	3	3	6	19

(五)入境旅游目的

2008—2014年,缅甸入境过夜旅游者中,娱乐、休闲和度假旅游者数量一直多于商务和专业活动旅游者数量。娱乐、休闲和度假旅游者从2008年的113千人次增长到2014年的585千人次,增长了417.70%;商务和专业活动旅游者从2008年的39千人次增长到2014年的215千人次,增长了451.28%。

2011年缅甸入境过夜旅游者中,娱乐、休闲和度假旅游者比例为30.76%,商务和专业活动旅游者比例为10.17%;2012年娱乐、休闲和度假旅游者的比例增长到35.88%,商务和专业活动旅游者的比例增长到12.38%;2013年娱乐、休闲和度假旅游者的比例下降到24.12%,商务和专业活动旅游者的比例下降到8.37%;2014年娱乐、休闲和度假旅游者的比例下降到18.99%,商务和专业活动旅游者的比例下降到6.98%。

表6-34 2008—2014年缅甸入境旅游人数(按入境旅游目的分)

单位:千人次

入境旅游目的	2008年	2009年	2010年	2011年	2012年	2013年	2014年
娱乐、休闲和度假	113	149	202	251	380	493	585
商务和专业活动	39	48	57	83	131	171	215
其 他	579	566	533	482	548	1380	2282

二、出境旅游概况

(一)出境旅游花费

2008年,缅甸出境旅游花费为49百万美元;2009年增长到52百万美元;2010年较

2009年略有增长,为53百万美元;2011年较2010年增长132.08%,达到123百万美元;2012年继续保持高速增长,达到257百万美元,增长率为108.94%;2013年出现明显下降,减少到115百万美元;2014年有所回升,较上年增长5.22%。

2008年,缅甸出境交通花费为1百万美元,2011年增长到9百万美元,2012年为8百万美元,2013年和2014年均为16百万美元。

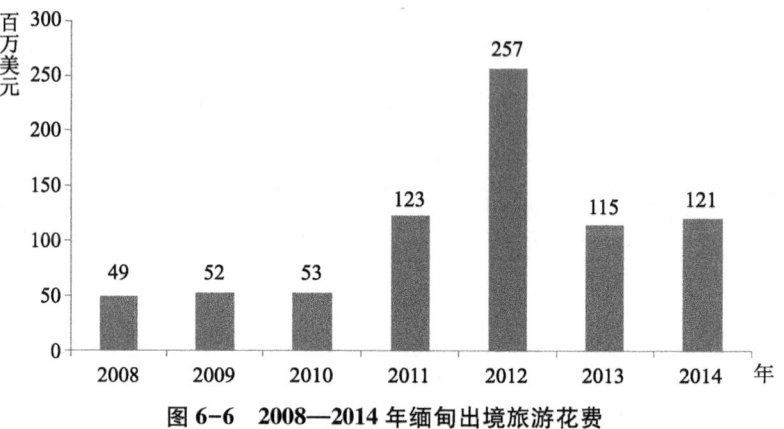

图6-6 2008—2014年缅甸出境旅游花费

（二）出境旅游目的地

缅甸游客出境主要旅游目的地国家和地区有泰国、中国、新加坡、马来西亚、韩国、印度、中国香港、日本、俄罗斯、柬埔寨等。2013年缅甸出境旅游目的地国家和地区中,泰国排在第一位(173 272人次),中国排在第二位(134 671人次),新加坡排在第三位(101 319人次)。2014年,泰国、新加坡、马来西亚、印度、中国香港、日本、俄罗斯、柬埔寨接待缅甸游客人数较2013年均有不同程度的增长。

表6-35 2010—2014年缅甸游客出境主要旅游目的地

单位:人次

排名	国家/地区	游客类型	2010年	2011年	2012年	2013年	2014年
1	泰国	TFR	91 111	111 545	129 714	173 272	207 749
2	中国	VFN	493 400	191 038	205 936	134 671	—
3	新加坡	VFN	81 082	97 476	96 354	101 319	113 480
4	马来西亚	TFR	72 792	81 946	83 473	90 740	95 352
5	韩国	VFN	57 916	70 168	67 917	63 470	59 797
6	印度	TFN	14 719	25 043	30 588	34 916	54 631
7	中国香港	VFR	5821	8387	8558	10 176	11 050
8	日本	VFN	5095	5106	6924	9533	13 774
9	俄罗斯	VFN	5424	7054	7432	8157	9065
10	柬埔寨	TFR	2614	4199	4744	5089	6036

注:按2013年数据排名。

第五节 马来西亚

马来西亚(Malaysia)国土被南海分隔成东、西两部分。西马位于马来半岛南部,北与泰国接壤,南与新加坡隔柔佛海峡相望,东临南海,西濒马六甲海峡。东马位于加里曼丹岛北部,与印度尼西亚、菲律宾、文莱相邻。面积约为33.03万平方千米。属热带雨林气候。2014年全国人口为3019万,国内生产总值(GDP)为3269亿美元。

马来西亚自然资源丰富,旅游业是国家第三大经济支柱、第二大外汇收入来源。马来西亚将全国划分为4个旅游度假区,即吉隆坡—马六甲旅游区、东部海岸旅游区、槟榔屿—兰卡维旅游区、沙巴—沙捞越旅游区。国内主要旅游景点有:吉隆坡、云顶、槟城、马六甲、浮罗交怡岛、刁曼岛、热浪岛、邦咯岛等。

表6-36 2014年马来西亚旅游业经济影响评估

指标	总数	占全国的比例(%)	增长预测(%)
GDP(百万美元)	22 389.6	7.2	4.4
雇佣人数(千人)	880.8	6.7	3.1

注:本表为估计值。

一、入境旅游概况

(一)入境旅游人数

2008年,马来西亚入境旅游人数为25 321千人次,2009年较上年增长24.44%,达到31 509千人次。

2008—2014年,马来西亚入境过夜旅游者人数持续不断增长,从2008年的22 052千人次增长到2014年的27 437千人次,增长了24.42%;2014年较2013年增长6.70%。

表6-37 2008—2014年马来西亚入境旅游人数

单位:千人次

	2008年	2009年	2010年	2011年	2012年	2013年	2014年
入境旅游人数	25 321	31 509	—	—	—	—	—
过夜旅游者	22 052	23 646	24 577	24 714	25 033	25 715	27 437
一日游游客	3269	7863	—	—	—	—	—

(二)入境旅游收入

2008—2014年,马来西亚入境旅游收入持续不断增长,从2008年的15 293百万美元增长到2014年的22 600百万美元,增长了47.78%;2014年较2013年增长5.12%。

2008年,马来西亚入境游客交通收入为3260百万美元;2009年下降到1433百万美元,负增长56.04%。

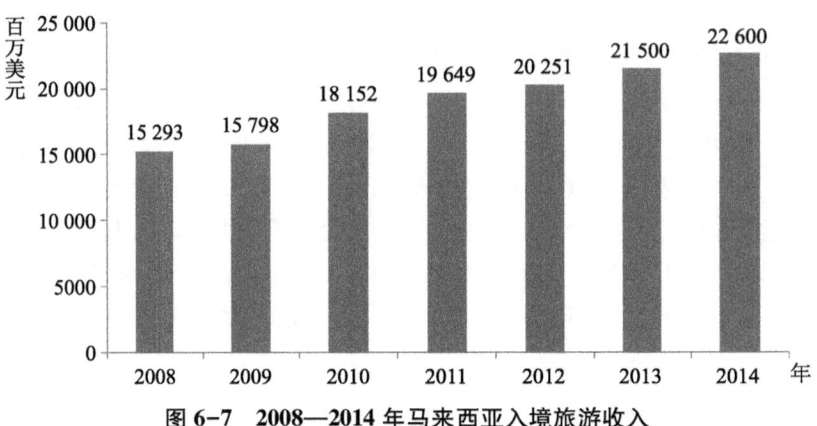

图6-7 2008—2014年马来西亚入境旅游收入

(三)入境旅游客源结构

2008—2014年,与东亚太地区其他国家和地区入境旅游客源结构相似,马来西亚入境过夜旅游者主要来自东亚太地区。2008—2014年,来自东亚太地区的过夜旅游者数量一直保持在86%~89%。2011年马来西亚所有入境过夜旅游者中,87.67%来自东亚太地区,4.60%来自欧洲地区,4.55%来自南亚地区。2012年马来西亚所有入境过夜旅游者中,87.67%来自东亚太地区,4.73%来自南亚地区,4.64%来自欧洲地区。2013年马来西亚所有入境过夜旅游者中,87.76%来自东亚太地区,4.77%来自欧洲地区,4.50%来自南亚地区。2014年马来西亚所有入境过夜旅游者中,86.91%来自东亚太地区,5.00%来自欧洲地区,5.04%来自南亚地区。

表6-38 2008—2014年马来西亚入境旅游人数(按地区分)

单位:千人次

地 区	2008年	2009年	2010年	2011年	2012年	2013年	2014年
非 洲	127	85	42	111	99	101	108
美 洲	345	346	343	340	362	377	400
欧 洲	1026	1166	1133	1136	1161	1227	1372
东亚太	18 973	20 830	21 605	21 667	21 946	22 568	23 846
南 亚	826	930	997	1125	1185	1156	1383
中 东	216	197	167	237	266	274	313

新加坡是马来西亚最大的入境旅游客源国。2014年,马来西亚所有入境旅游者中,

新加坡游客占50.78%的市场份额,其次是印度尼西亚、中国、泰国和文莱。2013—2014年,主要入境旅游客源国家/地区中入境马来西亚的游客人数增长率最高的三个国家依次是韩国、越南和印度,增长速度分别是40.47%、21.22%、18.30%。中国(-9.92%)、文莱(-2.08%)和中国台湾(-4.05%)前往马来西亚的游客数量出现不同程度的负增长。

表6-39　2008—2014年马来西亚入境旅游人数(按游客所在国家/地区分)

排名	国家/地区	入境旅游人数(千人次)			市场份额(%)		增长率(%)
		2008年	2013年	2014年	2013年	2014年	2013—2014年
1	新加坡	11 003.49	13 178.77	13 932.97	51.25	50.78	5.72
2	印度尼西亚	2428.61	2548.02	2827.53	9.91	10.31	10.97
3	中　国	943.79	1790.08	1612.52	6.96	5.88	-9.92
4	泰　国	1493.79	1156.45	1299.30	4.50	4.74	12.35
5	文　莱	1085.12	1238.87	1213.11	4.82	4.42	-2.08
6	印　度	550.74	650.99	770.11	2.53	2.81	18.30
7	菲律宾	397.88	557.15	618.54	2.17	2.25	11.02
8	澳大利亚	427.08	526.34	571.33	2.05	2.08	8.55
9	日　本	433.46	513.08	553.11	2.00	2.02	7.80
10	英　国	370.59	413.47	445.79	1.61	1.62	7.82
11	韩　国	267.46	274.62	385.77	1.07	1.41	40.47
12	越　南	—	235.70	285.72	—	1.04	21.22
13	中国台湾	190.98	286.27	274.67	1.11	1.00	-4.05

注:按2014年数据排名。

(四)入境旅游方式

2008年,经由公路入境马来西亚的游客最多,为13 914千人次;其次是乘坐飞机入境的游客,为4883千人次;排在第三位的是乘坐船舶入境的游客,为832千人次;乘坐火车入境的游客较少,为133千人次。2014年,经由公路、乘坐飞机、乘坐船舶、乘坐火车入境马来西亚的游客人数较上年均有不同程度的增长,增长率分别为5.20%、9.77%、13.41%、7.50%。

表6-40　2008—2014年马来西亚入境旅游人数(按入境旅游方式分)

单位:千人次

入境旅游方式	2008年	2013年	2014年
飞　机	4883	7096	7789
火　车	133	40	43

续表

入境旅游方式	2008 年	2013 年	2014 年
公　路	13 914	17 842	18 769
船　舶	832	738	837

（五）入境旅游目的

2008 年，在马来西亚入境过夜旅游者中，出于娱乐、休闲和度假目的的旅游者为 7211 千人次，占总数的 32.70%；出于商务和专业活动目的的旅游者为 3131 千人次，占总数的 14.20%。

2009—2014 年数据缺失。

二、出境旅游概况

（一）出境旅游花费

2008 年，马来西亚出境旅游花费为 6709 百万美元；2009 年下降到 6508 百万美元，负增长率为 3.00%。2010—2014 年，马来西亚出境旅游花费持续增长，从 2010 年的 8324 百万美元增长到 2014 年的 12 369 百万美元，增长了 48.59%；2014 年较 2013 年有小幅增长，增长率为 1.09%。

2008 年，马来西亚出境交通花费为 1015 百万美元；2009 年下降到 688 百万美元，负增长 32.22%。

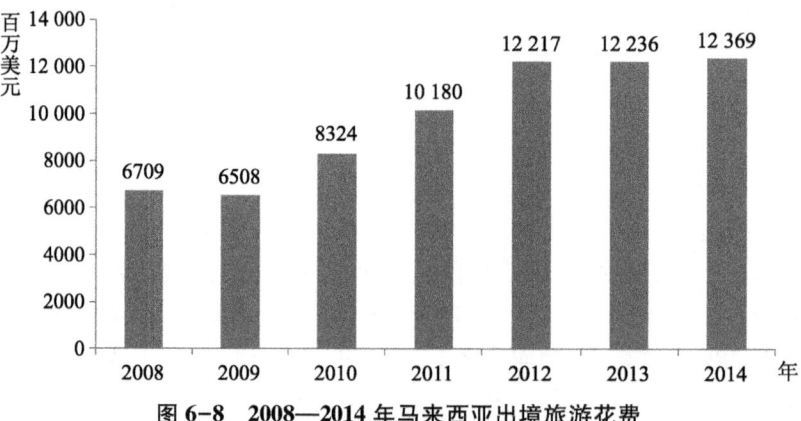

图 6-8　2008—2014 年马来西亚出境旅游花费

（二）出境旅游目的地

马来西亚游客出境旅游主要目的地国家和地区有：泰国、印度尼西亚、新加坡、中国、中国香港、中国台湾、越南、中国澳门、澳大利亚和印度。2013 年马来西亚游客前往泰国旅游的人数达到 3 041 097 人次。2014 年，印度尼西亚、中国台湾、澳大利亚和印度接待马来西亚游客人数较 2013 年均有明显增长。

表 6-41　2010—2014 年马来西亚游客出境主要旅游目的地

单位：人次

排名	国家/地区	游客类型	2010 年	2011 年	2012 年	2013 年	2014 年
1	泰国	TFN	2 058 956	2 500 280	2 554 397	3 041 097	2 613 418
2	印度尼西亚	TFR	1 277 476	1 302 237	1 335 531	1 430 989	1 485 716
3	新加坡	VFR	1 037 489	1 140 935	1 231 687	1 280 942	1 233 035
4	中国	VFN	1 245 160	1 245 092	1 235 463	1 206 535	—
5	中国香港	VFR	578 877	632 858	624 859	649 124	589 886
6	中国台湾	VFR	285 734	307 898	341 032	394 326	439 240
7	越南	VFR	211 300	233 100	299 041	339 510	332 994
8	中国澳门	VFR	338 058	324 509	301 802	291 136	250 046
9	澳大利亚	VFR	223 370	225 110	245 540	278 140	324 400
10	印度	TFN	179 077	208 196	195 853	242 649	262 026

注：按 2013 年数据排名。

第六节　泰　国

泰国全称为泰王国（The Kingdom of Thailand），位于中南半岛中南部，与柬埔寨、老挝、缅甸、马来西亚接壤，东南临泰国湾（太平洋），西南濒安达曼海（印度洋）。面积约51.31 万平方千米。截至 2014 年，全国人口约 6722 万。属于热带季风气候。经济实行自由经济政策，属外向型经济，较依赖美、日、欧等外部市场。2014 年国内生产总值（GDP）约为 3738 亿美元。

旅游业是外汇收入重要来源之一。泰国是亚洲重要的旅游目的地国家之一，迷人的热带风情以及独具特色的佛教文化是吸引游客的重要因素。泰国是一个历史悠久的佛教国家，它被称为"白象王国"。泰国拥有独特的文化传统和民族风俗，到处是金碧辉煌、尖角高耸的庙宇、佛塔，以及精致美观的佛像、石雕和绘画。泰国的旅游业发展迅猛，已成为外汇收入的主要来源。主要旅游点有"天使之城"——曼谷、"亚洲热带天堂"——普吉岛、"北方玫瑰城"——清迈、号称"东方夏威夷"的帕塔亚，清莱、华欣、苏梅岛等地近年来也越来越受到国内外游客的欢迎。

表 6-42　2014 年泰国旅游业经济影响评估

指标	总数	占全国的比例（%）	增长预测（%）
GDP（百万美元）	34 928.0	9.0	6.7
雇佣人数（千人）	2562.9	6.6	4.9

注：本表为估计值。

一、入境旅游概况

(一)入境旅游人数

2008年,泰国入境过夜旅游者人数为14 584千人次;2009年下降到14 150千人次,负增长2.98%。2010—2013年,泰国入境过夜旅游者人数持续快速增长,从2010年的15 936千人次增长到2013年的26 547千人次,增长了66.59%,年增长率保持在12%~21%,其中2013年较2012年增长18.76%。2014年入境过夜旅游者人数减少到24 810千人次,负增长率为6.54%。

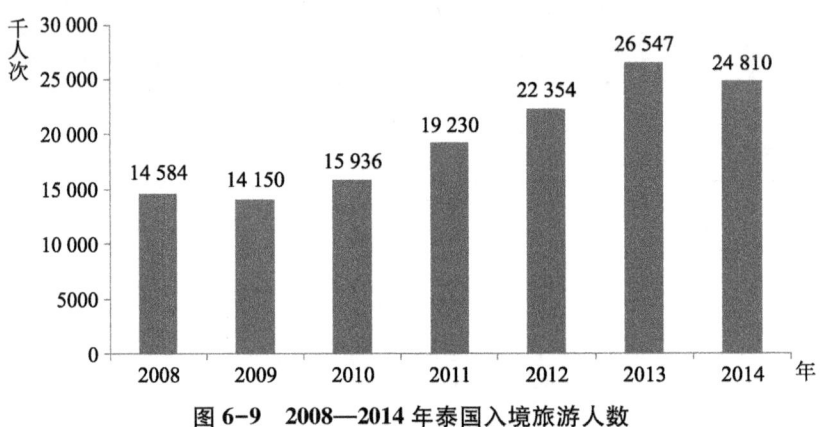

图6-9　2008—2014年泰国入境旅游人数

(二)入境旅游收入

2008年泰国入境旅游收入为18 163百万美元;2009年减少到16 058百万美元,负增长11.59%。2010—2013年,泰国入境旅游收入持续快速增长,从2010年的20 116百万美元增长到2013年的41 780百万美元,增长了107.70%,年增长率保持在23%~36%,其中2013年较2012年增长23.41%。2014年,泰国入境旅游收入减少到38 433百万美元,较上年负增长8.01%。

2008年泰国入境游客交通收入为4334百万美元;2009年减少到3756百万美元,较上年负增长13.34%;2010年减少到3693百万美元,较2009年负增长1.68%。2011—2013年,泰国入境游客交通收入持续增长,从2011年的3740百万美元增长到2013年的3960百万美元,增长了5.88%,2013年较2012年增长1.20%。2014年,泰国入境游客交通收入减少到3630百万美元,较上年负增长8.33%。

表6-43　2008—2014年泰国入境旅游收入

单位:百万美元

	2008年	2009年	2010年	2011年	2012年	2013年	2014年
总收入	22 497	19 814	23 809	30 926	37 769	45 740	42 063

续表

	2008年	2009年	2010年	2011年	2012年	2013年	2014年
入境旅游收入	18 163	16 058	20 116	27 186	33 856	41 780	38 433
入境游客交通收入	4334	3756	3693	3740	3913	3960	3630

(三)入境旅游客源结构

2008—2014年,泰国入境过夜旅游者中,东亚太地区游客占大部分市场份额。2010年,泰国入境过夜旅游者中,东亚太游客占57.05%,2011—2014年的市场份额分别为59.70%、61.79%、64.48%和63.33%。

东亚太地区以外,欧洲是泰国最大的入境旅游客源地区,2011年泰国入境过夜旅游者中,欧洲游客占26.30%,南亚游客占6.68%;2012年泰国入境过夜旅游者中,欧洲游客占24.96%,南亚游客占5.64%;2013年泰国入境过夜旅游者中,欧洲游客占23.69%,南亚游客占5.00%;2014年泰国入境过夜旅游者中,欧洲游客占24.85%,南亚游客占4.89%。

表6-44 2008—2014年泰国入境旅游人数(按地区分)

单位:千人次

地 区	2008年	2009年	2010年	2011年	2012年	2013年	2014年
非 洲	109	108	122	141	157	163	163
美 洲	853	795	792	886	1007	1104	1049
欧 洲	3963	4031	4445	5058	5580	6289	6166
东亚太	8626	7994	9091	11 481	13 811	17 117	15 712
南 亚	750	923	1153	1285	1260	1327	1214
中 东	283	298	331	379	538	548	507

2014年,泰国入境旅游者中,来自中国和马来西亚的游客数量最多,中国游客占18.69%,马来西亚游客占10.53%。泰国前十八位入境旅游客源国家/地区依次是:中国、马来西亚、俄罗斯、日本、韩国、老挝、印度、英国、新加坡、澳大利亚、美国、德国、法国、越南、柬埔寨、印度尼西亚、中国香港、中国台湾。2013—2014年,泰国主要入境旅游客源国家和地区中,柬埔寨前往泰国的游客数量增长率最高,为14.27%;老挝和法国前往泰国的游客增长率分别为7.92%和3.84%;其他主要客源国家和地区前往泰国的游客数量均出现了不同程度的负增长。

表 6-45　2008—2014 年泰国入境旅游人数（按游客所在国家/地区分）

排名	国家/地区	入境旅游人数（千人次）			市场份额（%）		增长率（%）
		2008 年	2013 年	2014 年	2013 年	2014 年	2013—2014 年
1	中国	826.66	4637.34	4636.30	17.47	18.69	-0.02
2	马来西亚	1805.33	3041.10	2613.42	11.46	10.53	-14.06
3	俄罗斯	324.12	1746.57	1606.43	6.58	6.48	-8.02
4	日本	1153.87	1536.43	1267.89	5.79	5.11	-17.48
5	韩国	889.21	1295.34	1122.57	4.88	4.52	-13.34
6	老挝	621.56	976.64	1053.98	3.68	4.25	7.92
7	印度	536.96	1050.89	932.60	3.96	3.76	-11.26
8	英国	826.52	905.02	907.88	3.41	3.66	0.32
9	新加坡	570.05	955.47	844.13	3.60	3.40	-11.65
10	澳大利亚	694.47	900.46	831.85	3.39	3.35	-7.62
11	美国	669.10	823.49	763.52	3.10	3.08	-7.28
12	德国	542.73	737.66	715.24	2.78	2.88	-3.04
13	法国	398.41	611.58	635.07	2.30	2.56	3.84
14	越南	338.30	725.06	559.42	2.73	2.25	-22.85
15	柬埔寨	—	—	550.34	—	2.22	14.27
16	印度尼西亚	247.93	594.25	497.59	2.24	2.01	-16.27
17	中国香港	337.83	588.34	483.13	2.22	1.95	-17.88
18	中国台湾	393.18	502.18	394.15	1.89	1.59	-21.51

注：按 2014 年数据排名。

（四）入境旅游方式

2008—2013 年，泰国入境过夜旅游者乘坐飞机入境的旅游者人数最多，从 2008 年的 11 624 千人次增长到 2013 年的 21 501 千人次。乘坐飞机入境的过夜旅游者占总数的比例一直在 77%~81%。2011—2013 年，泰国入境过夜旅游者中，经由公路入境的游客比例不断下降，所占比例在 16%~20%。

2011 年乘坐飞机入境的游客占 77.63%，经由公路入境的游客占 19.50%，乘坐船舶入境的游客占 2.87%。2012 年乘坐飞机入境的游客比例上升到 79.64%，经由公路入境的游客比例下降到 17.84%，乘坐船舶入境的游客比例下降到 2.52%。2013 年乘坐飞机入境的游客比例上升到 80.99%，经由公路入境的游客比例下降到 16.35%，乘坐船舶入境的游客比例上升到 2.66%。

表6-46 2008—2013年泰国入境旅游人数(按入境旅游方式分)

单位:千人次

入境旅游方式	2008年	2009年	2010年	2011年	2012年	2013年
飞　机	11 624	11 100	12 378	14 929	17 803	21 501
火　车	—	—	—	—	—	—
公　路	2747	2796	3072	3749	3988	4341
船　舶	213	254	486	552	563	705

(五)入境旅游目的

泰国入境过夜旅游者中,出于娱乐、休闲和度假目的入境的旅游者最多。2008—2013年,出于娱乐、休闲和度假目的入境的游客一直占83%以上的市场份额,商务和专业活动旅游者数量总体上呈增长态势。2011年入境过夜旅游者中,娱乐、休闲和度假旅游者占83.15%,商务和专业活动旅游者占10.22%;2012年娱乐、休闲和度假旅游者比例上升到85.96%,商务和专业活动旅游者比例下降到9.73%;2013年娱乐、休闲和度假旅游者比例上升到87.54%,商务和专业活动旅游者比例下降到8.82%。

表6-47 2008—2013年泰国入境旅游人数(按入境旅游目的分)

单位:千人次

入境旅游目的	2008年	2009年	2010年	2011年	2012年	2013年
娱乐、休闲和度假	12 287	12 012	13 399	15 990	19 215	23 240
商务和专业活动	1383	1883	2266	1965	2175	2341
其　他	914	255	271	1275	964	965

二、出境旅游概况

(一)出境旅游人数

2008—2014年,除2011年有所下降外,泰国出境过夜旅游者人数持续增长:2008年为3908千人次;2009年增长到4653千人次,较上年增长19.06%;2010年达到5451千人次,较上年增长17.15%;2011年下降到5397千人次,负增长0.99%;2012年较2011年增长6.00%,达到5721千人次;2013年较2012年增长4.35%,达到5970千人次;2014年较上年增长7.94%,达到6444千人次,创历史新高。

(二)出境旅游花费

2008年,泰国出境旅游花费为5003百万美元;2009年下降到4433百万美元,负增长11.39%。2010—2014年,泰国出境旅游花费持续不断增长,从2010年的5623百万美元增长到2014年的7070百万美元,增长了25.73%;2014年较2013年增长9.19%。

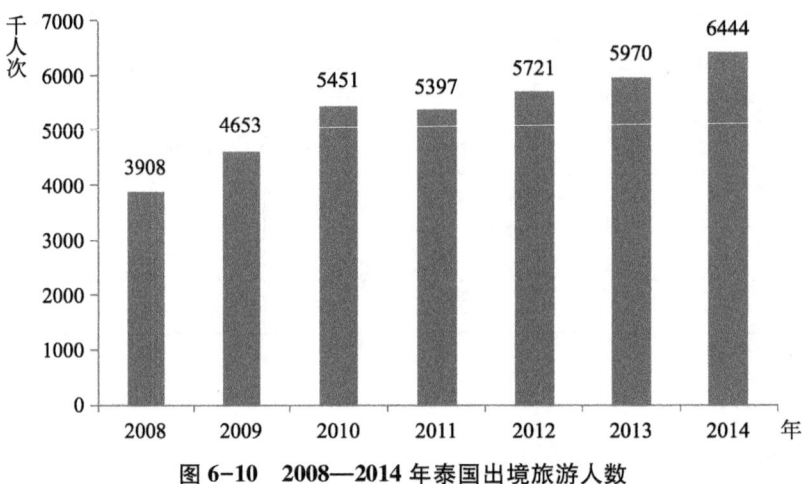

图 6-10　2008—2014 年泰国出境旅游人数

2008 年,泰国出境交通花费为 1697 百万美元;2009 年下降到 1316 百万美元,负增长 22.45%。2010—2013 年,泰国出境交通花费持续不断增长,从 2010 年的 1528 百万美元增长到 2013 年的 1755 百万美元,增长了 14.86%。2014 年泰国出境交通花费较上年有所回落,减少了 3 百万美元。

表 6-48　2008—2014 年泰国出境旅游花费

单位:百万美元

	2008 年	2009 年	2010 年	2011 年	2012 年	2013 年	2014 年
总花费	6700	5749	7151	7320	7887	8230	8822
出境旅游花费	5003	4433	5623	5716	6242	6475	7070
出境交通花费	1697	1316	1528	1604	1645	1755	1752

(三)出境旅游目的地

泰国游客出境主要旅游目的地集中于东亚太地区。老挝是泰国第一大出境旅游目的地。2013 年,泰国居民出境到老挝旅游人数达到 2 059 434 人次,其次是马来西亚(1 156 452 人次)、缅甸(1 155 454 人次)、中国(651 654 人次)、中国香港(534 676 人次)、新加坡(497 409 人次)、日本(453 642 人次)、韩国(372 878 人次)、越南(268 968 人次)、中国澳门(238 635 人次)。2014 年,马来西亚、缅甸、新加坡、日本、韩国接待泰国游客人数均有不同程度的增长。

表 6-49　2010—2014 年泰国游客出境主要旅游目的地

单位:人次

排名	国家/地区	游客类型	2010 年	2011 年	2012 年	2013 年	2014 年
1	老挝	VFN	1 517 064	1 579 941	1 937 612	2 059 434	2 043 761

续表

排名	国家/地区	游客类型	2010年	2011年	2012年	2013年	2014年
2	马来西亚	TFR	1 458 678	1 442 048	1 263 024	1 156 452	1 299 298
3	缅甸	TFN	472 978	427 954	501 957	1 155 454	1 434 416
4	中国	VFN	635 539	608 044	647 597	651 654	—
5	中国香港	VFR	449 812	480 497	501 759	534 676	485 121
6	新加坡	VFR	430 067	472 708	477 654	497 409	506 509
7	日本	VFN	214 881	144 969	260 640	453 642	657 570
8	韩国	VFN	260 718	309 143	387 441	372 878	466 783
9	越南	VFR	222 800	181 800	225 866	268 968	246 874
10	中国澳门	VFR	212 442	196 375	231 295	238 635	175 906

注：按2013年数据排名。

第七节 印度尼西亚

印度尼西亚全称印度尼西亚共和国（The Republic of Indonesia），位于亚洲东南部，地跨赤道，与巴布亚新几内亚、东帝汶、马来西亚接壤，与泰国、新加坡、菲律宾、澳大利亚等国隔海相望。由太平洋和印度洋之间的17 508个大小岛屿组成，素称"千岛之国"。面积约190.44万平方千米，是世界上最大的群岛国家。属于热带雨林气候，年均气温26℃。2014年全国人口约为25 281万，国内生产总值（GDP）为8885亿美元。

旅游业是印尼非油气行业中的第二大创汇行业。政府长期重视开发旅游景点，兴建饭店，培训人员和简化手续。1997年以来，受金融危机、政局动荡、恐怖爆炸事件、"非典"等不利影响，旅游业发展缓慢。主要旅游景点有巴厘岛、婆罗浮屠佛塔、"美丽的印度尼西亚"缩影公园、日惹苏丹王宫、多巴湖等。

表6-50 2014年印度尼西亚旅游业经济影响评估

指标	总数	占全国的比例（%）	增长预测（%）
GDP（百万美元）	27 059.7	3.1	5.3
雇佣人数（千人）	3042.5	2.7	1.6

注：本表为估计值。

一、入境旅游概况

（一）入境旅游人数

2008—2014年，印度尼西亚入境过夜旅游者人数持续不断增长：2008年为6234千人次;2009 年增长到 6324 千人次,较上年增长 1.44%;2010 年较 2009 年增长 10.74%,达到 7003 千人次;2011 年较 2010 年增长 9.24%,达到 7650 千人次;2012 年达到 8044 千人次,较上年增长 5.15%;2013 年增长到 8802 千人次,较 2012 年增长 9.42%;2014 年增长到 9435 千人次,较上年增长 7.19%。

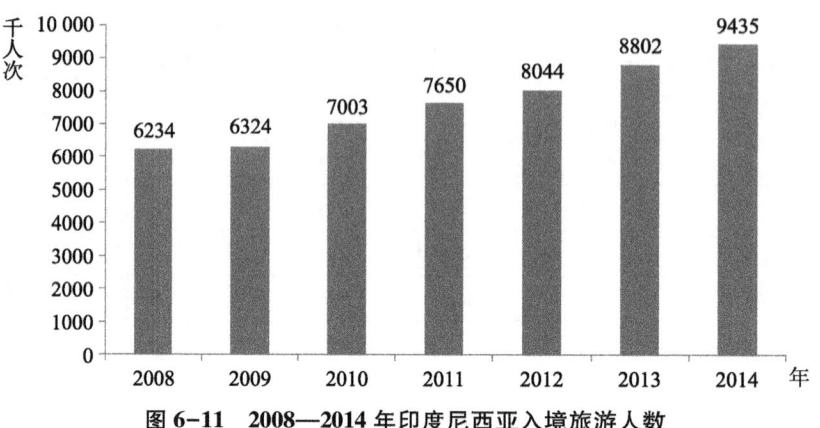

图 6-11　2008—2014 年印度尼西亚入境旅游人数

（二）入境旅游收入

2008 年,印度尼西亚入境旅游收入为 7377 百万美元;2009 年下降到 5598 百万美元,负增长 24.12%。2010—2014 年,印度尼西亚入境旅游收入持续不断增长,从 2010 年的 6958 百万美元增长到 2014 年的 10261 百万美元,增长了 47.47%。2014 年较 2013 年增长 12.52%。

2008 年,印度尼西亚入境游客交通收入为 773 百万美元;2009 年下降到 455 百万美元,负增长 41.14%。2010—2014 年,印度尼西亚入境游客交通收入持续不断增长,从 2010 年的 660 百万美元增长到 2014 年的 1306 百万美元,增长了 97.88%;2014 年较 2013 年增长 10.40%。

表 6-51　2008—2014 年印度尼西亚入境旅游收入

单位:百万美元

	2008 年	2009 年	2010 年	2011 年	2012 年	2013 年	2014 年
总收入	8150	6053	7618	9038	9463	10 302	11 567
入境旅游收入	7377	5598	6958	7997	8324	9119	10 261
入境游客交通收入	773	455	660	1041	1139	1183	1306

（三）入境旅游客源结构

印度尼西亚入境过夜旅游者中,大部分来自东亚太地区,其次是欧洲地区,排在第三位的是美洲地区。2011 年入境过夜旅游者中 77.44% 来自东亚太地区,13.67% 来自欧洲地区,3.88% 来自美洲地区,少数游客来自中东、南亚和非洲地区;2012 年入境过夜旅游者中77.54%来自东亚太地区,13.77%来自欧洲地区,3.88%来自美洲地区;2013年入境过夜旅游者中76.77%来自东亚太地区,14.12%来自欧洲地区,3.78%来自美洲地区;2014年入境过夜旅游者中76.60%来自东亚太地区,14.39%来自欧洲地区,3.80%来自美洲地区。

表6-52 2008—2014年印度尼西亚入境旅游人数(按地区分)

单位:千人次

地区	2008年	2009年	2010年	2011年	2012年	2013年	2014年
非洲	30	28	27	32	41	51	56
美洲	240	230	259	297	312	333	359
欧洲	925	978	1038	1046	1108	1243	1358
东亚太	4849	4835	5376	5924	6237	6757	7227
南亚	124	130	158	175	197	229	242
中东	67	122	145	176	149	189	194

2014年,印度尼西亚前十六位入境旅游客源国家/地区依次是:新加坡、马来西亚、澳大利亚、中国、日本、韩国、印度、菲律宾、美国、英国、中国台湾、法国、德国、荷兰、沙特阿拉伯、泰国。2013—2014年,在主要的入境旅游客源国家和地区中,印度尼西亚入境旅游人数增长率最高的国家是沙特阿拉伯,增长率是24.25%;其次是中国,增长率是22.67%。

表6-53 2008—2014年印度尼西亚入境旅游人数(按游客所在国家/地区分)

排名	国家/地区	入境旅游人数(千人次)			市场份额(%)		增长率(%)
		2008年	2013年	2014年	2013年	2014年	2013—2014年
1	新加坡	1197.27	1432.06	1559.04	16.27	16.52	8.87
2	马来西亚	1009.72	1380.69	1418.26	15.69	15.03	2.72
3	澳大利亚	418.90	983.91	1145.58	11.18	12.14	16.43
4	中国	354.64	858.14	1052.71	9.75	11.16	22.67
5	日本	559.89	497.40	505.18	5.65	5.35	1.56
6	韩国	331.41	351.15	352.00	3.99	3.73	0.24
7	印度	155.39	231.27	267.08	2.63	2.83	15.49
8	菲律宾	195.68	247.57	248.18	2.81	2.63	0.25
9	美国	174.55	236.38	246.40	2.69	2.61	4.24
10	英国	184.60	236.79	244.59	2.69	2.59	3.29

续表

排名	国家/地区	入境旅游人数(千人次)			市场份额(%)		增长率(%)
		2008年	2013年	2014年	2013年	2014年	2013—2014年
11	中国台湾	218.15	247.15	220.33	2.81	2.34	-10.85
12	法 国	129.45	201.92	208.54	2.29	2.21	3.28
13	德 国	142.77	173.47	184.46	1.97	1.96	6.34
14	荷 兰	141.20	161.40	168.49	1.83	1.79	4.39
15	沙特阿拉伯	—	—	151.45	—	1.61	24.25
16	泰 国	66.01	125.06	114.27	1.42	1.21	-8.63

注:按2014年数据排名。

(四)入境旅游方式

印度尼西亚入境过夜旅游者中绝大部分乘坐飞机和船舶入境,只有极少一部分游客经由公路入境。2008—2014年,乘坐飞机入境印度尼西亚的游客比例始终在65%~74%,乘坐船舶入境的游客比例在25%~34%。2011年入境过夜旅游者中,乘坐飞机入境的游客达5446千人次,占71.19%;乘坐船舶入境的游客占28.08%,达2148千人次。2012年乘坐飞机入境的游客增长到5755千人次,占71.54%;乘坐船舶入境的游客占27.86%,达2241千人次;2013年乘坐飞机入境的游客增长到6429千人次,占73.04%;乘坐船舶入境的游客占26.41%,达2325千人次。2014年乘坐飞机入境的游客增长到6978千人次,占73.96%;乘坐船舶入境的游客占25.43%,达2399千人次。

表6-54 2008—2014年印度尼西亚入境旅游人数(按入境旅游方式分)

单位:千人次

入境旅游方式	2008年	2009年	2010年	2011年	2012年	2013年	2014年
飞 机	4091	4396	4998	5446	5755	6429	6978
公 路	48	54	50	56	48	48	59
船 舶	2095	1874	1955	2148	2241	2325	2399

(五)入境旅游目的

2008—2014年,印度尼西亚入境过夜旅游者的旅游目的主要是娱乐、休闲和度假与商务和专业活动,两类旅游群体占所有入境过夜旅游者的91%~98%,其中娱乐、休闲和度假旅游者的份额始终在56%~61%,商务和专业活动旅游者的比例在33%~40%。2011年入境过夜旅游者中,娱乐、休闲和度假旅游者占60.14%,商务和专业活动旅游者占35.90%;2012年娱乐、休闲和度假旅游者的比例下降到58.98%,商务和专业活动旅游者的比例下降到34.61%;2013年娱乐、休闲和度假旅游者的比例下降到56.50%,商务和专业活动旅游者的比例上升到 35.00%；2014 年娱乐、休闲和度假旅游者的比例上升到 57.71%，商务和专业活动旅游者的比例下降到 33.52%。

表 6-55　2008—2014 年印度尼西亚入境旅游人数（按入境旅游目的分）

单位：千人次

入境旅游目的	2008 年	2009 年	2010 年	2011 年	2012 年	2013 年	2014 年
娱乐、休闲和度假	3628	3788	4148	4601	4744	4973	5445
商务和专业活动	2433	2317	2570	2746	2784	3081	3163
其　　他	173	218	285	303	516	748	827

二、出境旅游概况

（一）出境旅游人数

2008 年，印度尼西亚出境过夜旅游者人数为 5486 千人次；2009 年下降到 5053 千人次，负增长 7.89%。2010—2014 年，印度尼西亚出境过夜旅游者人数持续不断增长，从 2010 年的 6235 千人次增长到 2014 年的 8770 千人次，增长了 40.66%。2014 年较 2013 年增长 10.00%。

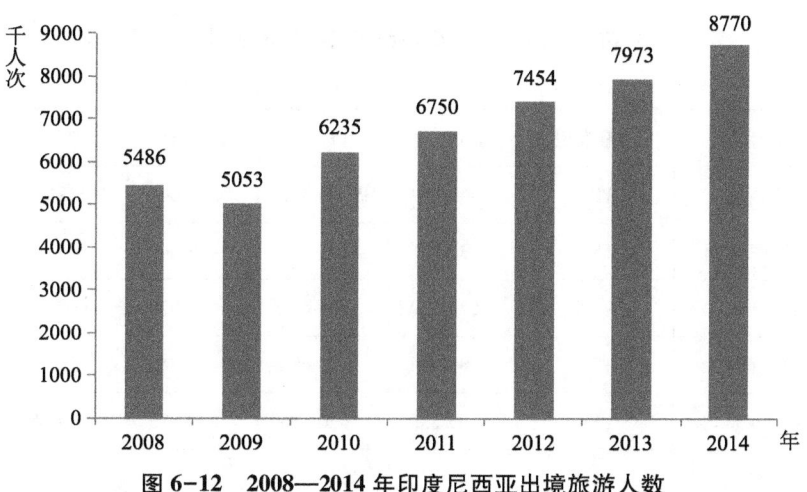

图 6-12　2008—2014 年印度尼西亚出境旅游人数

（二）出境旅游花费

2008 年，印度尼西亚出境旅游花费为 5554 百万美元；2009 年下降到 5316 百万美元，负增长 4.29%；2010 年为 6395 百万美元，较上年增长 20.30%；2011 年下降到 6255 百万美元，负增长 2.19%；2012 年为 6771 百万美元；2013 年较 2012 年增长 13.35%，达到 7675 百万美元；2014 年较上年增长 0.09%，达到 7682 百万美元，创历史新高。

2008年,印度尼西亚出境交通花费为3247百万美元;2009年下降到1592百万美元,负增长50.97%。2010—2014年,印度尼西亚出境交通花费总体上有所增长,从2010年的2037百万美元增长到2014年的2581百万美元,增长了26.71%;2014年较2013年负增长0.92%。

表6-56　2008—2014年印度尼西亚出境旅游花费

单位:百万美元

	2008年	2009年	2010年	2011年	2012年	2013年	2014年
总花费	8801	6908	8432	8653	9055	10 280	10 263
出境旅游花费	5554	5316	6395	6255	6771	7675	7682
出境交通花费	3247	1592	2037	2398	2284	2605	2581

（三）出境旅游目的地

2013年,印度尼西亚游客出境旅游第一大目的地是马来西亚,其次是沙特阿拉伯、中国、泰国、中国香港、中国澳门、韩国、中国台湾、澳大利亚和日本等。2014年,在10个主要出境旅游目的地中,马来西亚、沙特阿拉伯、韩国、中国台湾、澳大利亚、日本接待印度尼西亚游客人数均出现不同程度的增长。

表6-57　2010—2014年印度尼西亚游客出境主要旅游目的地

单位:人次

排名	国家/地区	游客类型	2010年	2011年	2012年	2013年	2014年
1	马来西亚	TFR	2 506 509	2 134 381	2 382 606	2 548 021	2 827 533
2	沙特阿拉伯	TFN	235 636	408 058	475 547	749 312	759 252
3	中　国	VFN	573 409	608 675	621 970	605 321	—
4	泰　国	TFR	285 666	370 681	449 360	595 015	495 662
5	中国香港	VFR	453 235	520 795	511 893	517 487	492 004
6	中国澳门	VFR	208 440	220 423	209 084	208 481	189 189
7	韩　国	VFN	95 239	124 474	149 247	189 189	208 329
8	中国台湾	VFR	123 834	156 281	163 598	171 299	182 704
9	澳大利亚	VFR	119 880	133 770	137 530	141 610	150 210
10	日　本	VFN	80 632	61 911	101 460	136 797	158 739

注:按2013年数据排名。

第八节 越　南

越南全称是越南社会主义共和国(The Socialist Republic of Viet Nam)。位于中南半岛东部,北与中国接壤,西与老挝、柬埔寨交界,东面和南面临南海。面积约为32.96万平方千米。地处北回归线以南,属热带季风气候,高温多雨,年平均气温24℃左右。属于发展中国家,1986年开始实行革新开放。2014年全国人口约为9073万,国内生产总值(GDP)约为1862亿美元。

越南旅游资源丰富,8处风景名胜被联合国教科文组织列为世界文化和自然遗产。主要旅游景点有:河内市的还剑湖、胡志明陵墓、文庙、巴亭广场,胡志明市的统一宫、芽龙港口、莲潭公园、古芝地道和广宁省的下龙湾等。

表6-58　2014年越南旅游业经济影响评估

指标	总数	占全国的比例(%)	增长预测(%)
GDP(百万美元)	7135.0	4.6	6.3
雇佣人数(千人)	1899.2	3.7	1.5

注:本表为估计值。

一、入境旅游概况

(一)入境旅游人数

2008—2014年,除2009年外,越南入境旅游人数持续不断增加:2009年从2008年的4236千人次下降到3747千人次,负增长11.54%;2010年较2009年增长34.77%,达到5050千人次;2011年继续增长到6014千人次,增长率为19.09%;2012年进一步增长到6848千人次,增长率为13.87%;2013年增长到7572千人次,增长率为10.57%;2014年增长到7874千人次,较上年增长3.99%。

表6-59　2008—2014越南入境旅游人数

单位:千人次

	2008年	2009年	2010年	2011年	2012年	2013年	2014年
入境旅游人数	4236	3747	5050	6014	6848	7572	7874
过夜旅游者	—	—	—	—	—	—	—
一日游游客	152	66	50	46	186	193	48
邮船乘客	152	66	50	46	186	193	48

(二) 入境旅游收入

2008年,越南入境旅游总收入为3930百万美元;2009年下降到3050百万美元,负增长22.39%。2010—2014年,越南入境旅游总收入持续不断增长,从2010年的4450百万美元增长到2014年的7330百万美元,增长了64.72%;2014年较2013年增长1.10%。

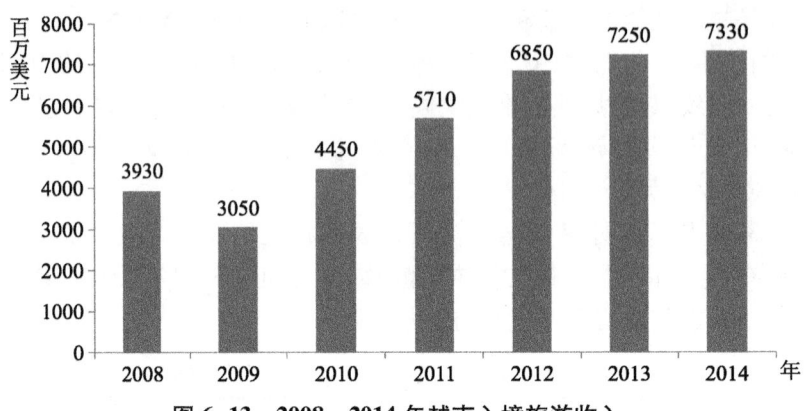

图6-13　2008—2014年越南入境旅游收入

注:此处入境旅游收入包括入境游客交通收入。

(三) 入境旅游客源结构

2008—2014年,越南入境旅游者中,来自东亚太地区的游客最多,其次是来自欧洲地区的游客,排在第三位的是来自美洲地区的游客。2011年入境旅游者中,东亚太游客占72.90%,欧洲游客占13.50%,美洲游客占9.08%;2012年东亚太游客的比例下降到70.24%,欧洲游客的比例为13.54%,美洲游客的比例下降到8.13%;2013年东亚太游客的比例上升到72.12%,欧洲游客的比例上升到13.81%,美洲游客的比例下降到7.09%;2014年东亚太游客的比例上升到72.34%,欧洲游客的比例上升到15.21%,美洲游客的比例下降到6.96%。

表6-60　2008—2014年越南入境旅游人数(按地区分)

单位:千人次

地区	2008年	2009年	2010年	2011年	2012年	2013年	2014年
美洲	502	488	533	546	557	537	548
欧洲	624	618	757	812	927	1046	1198
东亚太	2791	2422	3498	4384	4809	5461	5696

2014年,越南前十三位入境旅游客源国家/地区依次是:中国、韩国、日本、美国、柬埔寨、中国台湾、俄罗斯、马来西亚、澳大利亚、泰国、法国、新加坡、英国。2013—2014年,各主要客源国家/地区前往越南的入境旅游人数增长率最高的是俄罗斯(22.39%),其次是柬埔寨(18.06%)。

表 6-61　2008—2014 年越南入境旅游人数（按游客所在国家/地区分）

排名	国家/地区	入境旅游人数（千人次）			市场份额（%）		增长率（%）
		2008 年	2013 年	2014 年	2013 年	2014 年	2013—2014 年
1	中　国	643.30	1907.79	1947.24	25.19	24.73	2.07
2	韩　国	449.00	748.73	847.96	9.89	10.77	13.25
3	日　本	393.10	604.05	647.96	7.98	8.23	7.27
4	美　国	414.80	432.23	443.78	5.71	5.64	2.67
5	柬埔寨	129.70	342.35	404.16	4.52	5.13	18.06
6	中国台湾	303.20	398.99	389.00	5.27	4.94	-2.50
7	俄罗斯	49.00	298.13	364.87	3.94	4.63	22.39
8	马来西亚	174.50	339.51	332.99	4.48	4.23	-1.92
9	澳大利亚	234.70	319.64	321.09	4.22	4.08	0.45
10	泰　国	182.40	268.97	246.87	3.55	3.14	-8.21
11	法　国	182.10	209.95	213.75	2.77	2.71	1.81
12	新加坡	158.50	195.76	202.44	2.59	2.57	3.41
13	英　国	107.10	184.66	202.26	2.44	2.57	9.53

注：按 2013 年数据排名。

（四）入境旅游方式

2008—2014 年,越南入境旅游者中,乘坐飞机入境的游客数量最多,经由公路入境的游客数量排在第二位,乘坐船舶入境的游客数量最少。2011 年入境旅游者中,乘坐飞机入境的游客占 83.67%,经由公路入境的游客占 15.56%,乘坐船舶入境的游客占 0.76%;2012 年乘坐飞机入境的游客比例下降到 81.43%,经由公路入境的游客比例下降到 14.40%,乘坐船舶入境的游客比例上升到 4.18%;2013 年乘坐飞机入境的游客比例下降到 78.98%,经由公路入境的游客比例上升到 18.48%,乘坐船舶入境的游客比例下降到 2.55%;2014 年乘坐飞机入境的游客比例为 78.99%,经由公路入境的游客比例上升到 20.40%,乘坐船舶入境的游客比例下降到 0.61%。

表 6-62　2008—2014 年越南入境旅游人数（按入境旅游方式分）

单位:千人次

入境旅游方式	2008 年	2009 年	2010 年	2011 年	2012 年	2013 年	2014 年
飞　机	3283	3025	4062	5032	5576	5980	6220
公　路	801	656	938	936	986	1399	1606
船　舶	152	66	50	46	286	193	48

（五）入境旅游目的

2008—2014年，越南入境旅游者中，娱乐、休闲和度假旅游者人数从2008年的2613千人次增长到2014年的4762千人次，增长了82.24%；商务和专业活动旅游者人数从2008年的844千人次增长到2014年的1322千人次，增长了56.64%。

越南入境旅游者中，娱乐、休闲和度假旅游者人数一直多于商务和专业活动旅游者人数。2011年入境旅游者中，娱乐、休闲和度假旅游者占60.71%，商务和专业活动旅游者占16.68%；2012年娱乐、休闲和度假旅游者的比例为60.91%，商务和专业活动旅游者的比例上升到17.03%；2013年娱乐、休闲和度假旅游者的比例上升到61.29%，商务和专业活动旅游者的比例下降到16.73%；2014年娱乐、休闲和度假旅游者的比例下降到60.48%，商务和专业活动旅游者的比例上升到16.79%。

表6-63 2008—2014年越南入境旅游人数（按入境旅游目的分）

单位：千人次

入境旅游目的	2008年	2009年	2010年	2011年	2012年	2013年	2014年
娱乐、休闲和度假	2613	2241	3110	3651	4171	4641	4762
商务和专业活动	844	742	1024	1003	1166	1267	1322
其他	779	764	916	1360	1511	1664	1790

二、出境旅游概况

（一）出境旅游花费

2008年，越南出境旅游总花费为1300百万美元；2009年下降到1100百万美元，负增长15.38%。2010—2014年，越南出境旅游总花费持续不断增长，从2010年的1470百万美元增长到2014年的2150百万美元，增长了46.26%。2014年较2013年增长4.88%。

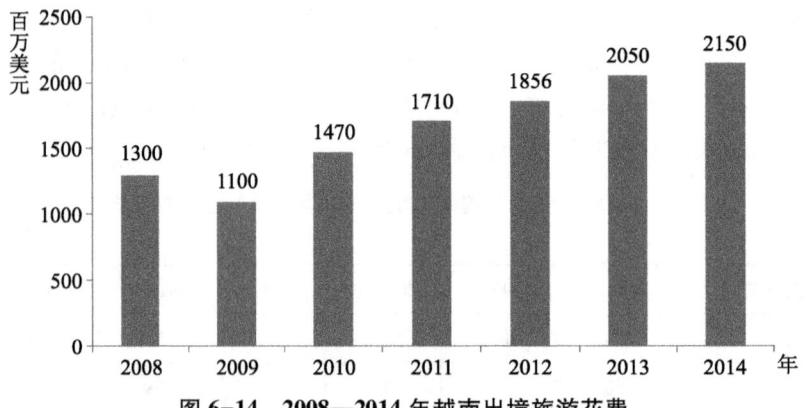

图6-14 2008—2014年越南出境旅游花费

注：此处出境旅游花费包括出境交通花费。

（二）出境旅游目的地

越南游客出境主要旅游目的地国家和地区有中国、老挝、柬埔寨、泰国、新加坡、马来西亚、中国台湾、韩国、日本、俄罗斯等。2013年越南出境旅游目的地国家中，中国排在第一位（1 365 402人次），老挝排在第二位（910 164人次），柬埔寨排在第三位（854 104人次）。2014年，老挝、柬埔寨、新加坡、马来西亚、中国台湾、韩国、日本接待越南游客人数较2013年均有不同程度的增长。

表6-64　2010—2014年越南游客出境主要旅游目的地

单位：人次

排名	国家/地区	游客类型	2010年	2011年	2012年	2013年	2014年
1	中国	VFN	919 991	1 006 468	1 137 165	1 365 402	—
2	老挝	VFN	431 011	561 586	705 596	910 164	1 108 332
3	柬埔寨	TFR	514 289	614 090	763 136	854 104	905 801
4	泰国	TFR	397 446	514 801	637 347	740 688	573 184
5	新加坡	VFR	322 880	332 231	366 234	380 495	424 408
6	马来西亚	TFR	159 271	173 783	211 008	235 700	285 716
7	中国台湾	VFR	—	—	89 354	118 467	137 177
8	韩国	VFN	90 213	105 531	106 507	117 070	141 504
9	日本	VFN	41 862	41 048	55 156	84 469	124 266
10	俄罗斯	VFN	50 823	53 529	62 961	81 073	75 840

注：按2013年数据排名。

第九节　新加坡

新加坡全称为新加坡共和国（The Republic of Singapore），是一个热带城市国家。位于马来半岛南端、马六甲海峡出入口，北隔柔佛海峡与马来西亚相邻，南隔新加坡海峡与印度尼西亚相望。由新加坡岛及附近小岛组成，其中新加坡岛占全国面积的88.5%。国土面积为699平方千米。属于热带海洋性气候，常年高温潮湿多雨，年平均气温约26℃。2014年全国人口约为547万，国内生产总值（GDP）为3079亿美元。

新加坡国内自然资源匮乏，旅游业是外汇收入的主要来源之一。游客主要来自东盟国家、中国、澳大利亚、印度和日本。新加坡是个花园城市，主要景点有：圣淘沙岛、植物园、夜间动物园等。

表 6-65 2014 年新加坡旅游业经济影响评估

指 标	总 数	占全国的比例(%)	增长预测(%)
GDP(百万美元)	15 307.4	5.3	3.4
雇佣人数(千人)	147.2	4.3	1.6

注:本表为估计值。

一、入境旅游概况

(一)入境旅游人数

2008 年新加坡入境旅游人数为 10 116 千人次;2009 年下降到 9683 千人次,负增长 4.28%。2010 年较上年增长 20.23%,达到 11 642 千人次;2011 年为 13 171 千人次;2012 年增长到 14 496 千人次,较上年增长 10.06%;2013 年较 2012 年增长 7.40%,达到 15 568 千人次;2014 年较上年有所回落,减少到 15 095 千人次,较上年负增长 3.04%。

表 6-66 2008—2014 年新加坡入境旅游人数

单位:千人次

	2008 年	2009 年	2010 年	2011 年	2012 年	2013 年	2014 年
入境旅游人数	10 116	9683	11 642	13 171	14 496	15 568	15 095
过夜旅游者	7778	7488	9161	10 390	11 098	11 899	11 864
一日游游客	2338	2194	2481	2781	3398	3669	3231

(二)入境旅游收入

2008—2013 年,除 2009 年外,新加坡入境旅游收入不断增长:2008 年新加坡入境旅游收入为 10 714 百万美元;2009 年下降到 9225 百万美元,负增长 13.90%;2010 年增长到 14 178 百万美元,增长率为 53.69%;2011 年继续增长到 18 086 百万美元,增长率为 27.56%;2012 年达到 18 939 百万美元,较上年增长 4.72%;2013 年达到 19 301 百万美元,较 2012 年增长 1.91%;2014 年有所回落,减少到 19 203 百万美元,较上年负增长 0.51%。

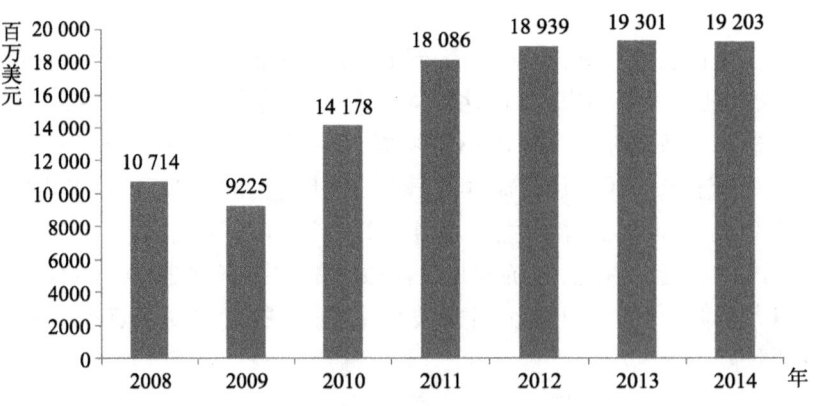

图 6-15 2008—2014 年新加坡入境旅游收入

（三）入境旅游客源结构

2008—2013 年，与东亚太地区其他国家/地区入境旅游客源结构相似，新加坡入境旅游者大部分来自东亚太地区。2011 年新加坡入境旅游者中有 75.07% 来自东亚太地区，10.74% 来自欧洲地区，8.53% 来自南亚地区；2012 年入境旅游者中有 75.80% 来自东亚太地区，10.70% 来自欧洲地区，7.94% 来自南亚地区；2013 年入境旅游者中有 76.57% 来自东亚太地区，10.32% 来自欧洲地区，7.72% 来自南亚地区；2014 年入境旅游者中有 75.56% 来自东亚太地区，10.82% 来自欧洲地区，8.04% 来自南亚地区。

表 6-67　2008—2014 年新加坡入境旅游人数（按地区分）

单位：千人次

地区	2008 年	2009 年	2010 年	2011 年	2012 年	2013 年	2014 年
非洲	86	73	70	69	64	63	62
美洲	505	468	525	564	616	641	635
欧洲	1334	1318	1386	1414	1551	1606	1633
东亚太	7070	6785	8475	9887	10 987	11 920	11 406
南亚	1027	953	1084	1124	1151	1202	1213
中东	88	86	101	113	118	135	147

2014 年新加坡前十五位入境旅游客源国家/地区依次是：印度尼西亚、中国、印度、澳大利亚、马来西亚、日本、菲律宾、英国、韩国、美国、泰国、越南、中国台湾、德国和法国。来自印度尼西亚的游客达 3030.03 千人次，来自中国的游客为 2191.83 千人次。印度尼西亚的市场份额从 2013 年的 19.99% 上升到 2014 年的 20.07%；中国的市场份额从 2013 年的 16.99% 下降到 2014 年的 14.52%。2013—2014 年，在新加坡主要入境旅游客源国家和地区中，旅游人数增长率最高的国家/地区是韩国（13.35%），其次是越南（11.49%）。

表 6-68　2008—2014 年新加坡入境旅游人数（按游客所在国家/地区分）

排名	国家/地区	入境旅游人数（千人次）			市场份额（%）		增长率（%）
		2008 年	2013 年	2014 年	2013 年	2014 年	2013—2014 年
1	印度尼西亚	1772.49	3112.41	3030.03	19.99	20.07	-2.65
2	中国	1053.66	2645.73	2191.83	16.99	14.52	-17.16
3	印度	848.68	1013.05	1018.39	6.51	6.75	0.53
4	澳大利亚	779.78	1029.16	996.58	6.61	6.60	-3.17
5	马来西亚	527.42	1030.82	988.42	6.62	6.55	-4.11
6	日本	608.11	895.05	890.39	5.75	5.90	-0.52

续表

排名	国家/地区	入境旅游人数(千人次)			市场份额(%)		增长率(%)
		2008年	2013年	2014年	2013年	2014年	2013—2014年
7	菲律宾	435.10	733.04	720.73	4.71	4.77	-1.68
8	英 国	603.74	592.07	581.56	3.80	3.85	-1.77
9	韩 国	435.73	499.14	565.77	3.21	3.75	13.35
10	美 国	423.17	540.93	536.01	3.47	3.55	-0.91
11	泰 国	299.31	460.00	463.88	2.95	3.07	0.84
12	越 南	222.77	372.50	415.29	2.39	2.75	11.49
13	中国台湾	176.74	357.86	344.23	2.30	2.28	-3.81
14	德 国	197.41	278.22	289.53	1.79	1.92	4.06
15	法 国	138.94	199.98	199.42	1.28	1.32	-0.28

注：按2014年数据排名。

（四）入境旅游方式

新加坡航空业比较发达，2008—2014年入境旅游者中，乘坐飞机入境的游客比例保持在71%~78%，经由公路入境的游客比例在12%~16%，乘坐船舶入境的游客比例在9%~14%。2011年新加坡入境旅游者中，乘坐飞机入境的游客占77.00%，经由公路入境的游客占12.91%，乘坐船舶入境的游客占10.08%；2012年乘坐飞机入境的游客占76.63%，经由公路入境的游客比例上升到13.27%，乘坐船舶入境的游客比例为10.10%；2013年乘坐飞机入境的游客占76.13%，经由公路入境的游客比例上升到14.12%，乘坐船舶入境的游客比例下降到9.75%；2014年乘坐飞机入境的游客占77.46%，经由公路入境的游客比例下降到12.31%，乘坐船舶入境的游客比例上升到10.22%。

表6-69　2008—2014年新加坡入境旅游人数（按入境旅游方式分）

单位：千人次

入境旅游方式	2008年	2009年	2010年	2011年	2012年	2013年	2014年
飞 机	7234	7228	8845	10 142	11 109	11 852	11 693
公 路	1560	1301	1531	1701	1923	2198	1858
船 舶	1322	1154	1266	1328	1464	1518	1543

（五）入境旅游目的

新加坡大多数入境旅游者的目的是娱乐、休闲和度假。2011—2014年，娱乐、休闲和度假旅游者一直占35%~39%的市场份额，商务和专业活动旅游者一直占20%~25%的市场份额。2011年入境旅游者中娱乐、休闲和度假旅游者占37.10%,商务和专业活动旅游者占24.80%;2012年入境旅游者中娱乐、休闲和度假旅游者的比例下降到36.53%,商务和专业活动旅游者的比例下降到23.50%;2013年入境旅游者中娱乐、休闲和度假旅游者的比例下降到35.64%,商务和专业活动旅游者的比例下降到22.85%;2014年入境旅游者中娱乐、休闲和度假旅游者的比例上升到39.00%,商务和专业活动旅游者的比例下降到20.90%。

表6-70 2008—2014年新加坡入境旅游人数(按入境旅游目的分)

单位:千人次

入境旅游目的	2008年	2009年	2010年	2011年	2012年	2013年	2014年
娱乐、休闲和度假	3925	3486	3888	4887	5295	5549	5887
商务和专业活动	3166	2711	3167	3267	3406	3558	3155
其 他	3025	3486	4587	5018	5795	6461	6053

二、出境旅游概况

(一)出境旅游人数

2008—2014年,新加坡出境过夜旅游者人数持续不断增长,从2008年的6828千人次增长到2014年的8903千人次,增长了30.39%。2011年,新加坡出境过夜旅游者人数为7753千人次;2012年增长到8048千人次,增长率为3.80%;2013年较2012年增长7.44%,达到8647千人次;2014年较上年增长2.96%,达到8903千人次。

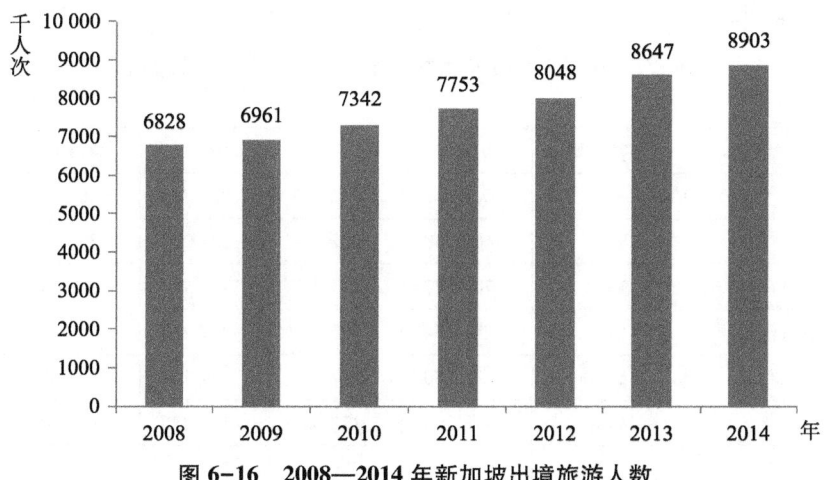

图6-16 2008—2014年新加坡出境旅游人数

(二)出境旅游花费

2008—2013年,除2009年,新加坡出境旅游花费持续增长,从2008年的16 340百万美元增长到2013年的24 178百万美元,增长了47.97%。2009年新加坡出境旅游花费较上年负增长3.89%;2010年较2009年增长19.08%,达到18 700百万美元;2011年较上年增长14.96%,达到21 498百万美元;2012年较上年增长6.79%,达到22 957百万美元;2013年较2012年增长5.32%,达到24 178百万美元;2014年较上年有所减少,减少到23 931百万美元,负增长1.02%。

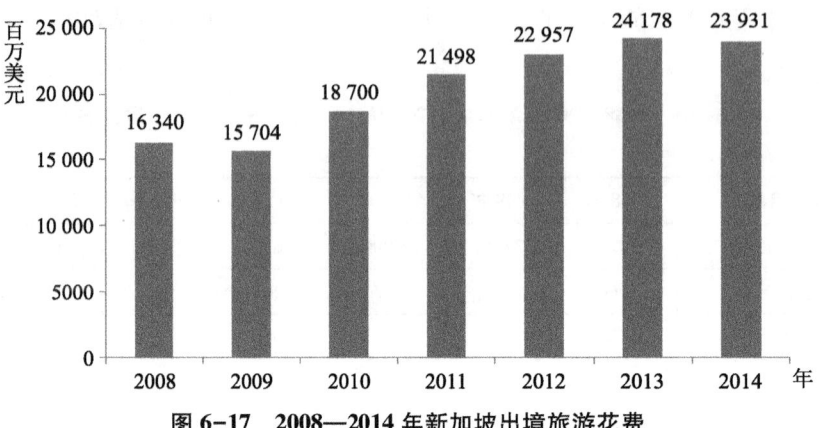

图6-17 2008—2014年新加坡出境旅游花费

（三）出境旅游目的地

新加坡居民出境主要旅游目的地集中在东亚太地区。其中,中国和泰国是新加坡第一大旅游目的地和第二大旅游目的地。2013年新加坡居民出境到中国和泰国的旅游人数分别为966 605人次和955 468人次。排在第三位和第四位的旅游目的地分别是中国香港和中国台湾,2013年两地分别接待新加坡游客700 065人次和364 733人次。2014年,中国香港、中国台湾、澳大利亚、越南、中国澳门、日本、菲律宾、韩国接待新加坡游客人数较2013年均出现不同程度的增长。

表6-71 2010—2014年新加坡游客出境主要旅游目的地

单位:人次

排名	国家/地区	游客类型	2010年	2011年	2012年	2013年	2014年
1	中 国	VFN	1 003 658	1 062 993	1 027 745	966 605	—
2	泰 国	TFN	603 538	682 364	831 215	955 468	844 133
3	中国香港	VFR	709 777	793 887	728 224	700 065	737 911
4	中国台湾	VFR	241 334	299 599	327 253	364 733	376 235
5	澳大利亚	VFR	270 830	274 300	297 700	339 760	372 110
6	越 南	VFR	170 700	172 500	196 225	195 760	202 436
7	中国澳门	VFR	257 196	280 602	205 692	189 751	196 491
8	日 本	VFN	180 960	111 354	142 201	189 280	227 962
9	菲律宾	TFR	121 083	137 802	148 215	175 034	179 099
10	韩 国	VFN	112 855	124 565	154 073	174 567	201 105

注:按2013年数据排名。

第七章 南亚分区旅游市场概况

依据世界旅游组织的划分方法,南亚分区包括阿富汗、孟加拉国、不丹、印度、伊朗、马尔代夫、尼泊尔、巴基斯坦和斯里兰卡共9个国家,但本章的南亚分区旅游市场概况分析不包括阿富汗和不丹。境内有著名的位于印度半岛上的德干高原、印度河—恒河平原等亚洲比较干热的地区。南亚地区是人类文明的发源地之一,印度恒河流域孕育出了人类最古老的文明,在今天依然闪烁着耀眼的光芒。而马尔代夫岛上的热带风光则展现出了这个地区自然地理最为美丽的一面。

一、入境旅游概况

(一)入境旅游人数

2008—2014年,印度、伊朗、斯里兰卡、马尔代夫、尼泊尔入境旅游人数总体上呈增长态势。2014年,南亚接待入境旅游者人数前三位的国家是:印度(7679千人次)、伊朗(4967千人次)和斯里兰卡(1527千人次)。2008—2014年,印度入境旅游人数增长很快,从2008年的5283千人次增长到2014年的7679千人次,增长了45.35%;伊朗入境旅游人数从2008年的2034千人次增长到2014年的4967千人次,增长了144.20%;斯里兰卡入境旅游人数从2008年的438千人次增长到2014年的1527千人次,增长了248.63%。

表7-1 2008—2014年南亚分区各国家入境旅游人数

单位:千人次

排名	国家	2008年	2009年	2010年	2011年	2012年	2013年	2014年
1	印度	5283	5168	5776	6309	6578	6968	7679
2	伊朗	2034	2116	2938	3354	3834	4769	4967
3	斯里兰卡	438	448	654	856	1006	1275	1527
4	巴基斯坦	823	855	907	1161	966	—	—
5	马尔代夫	683	656	792	931	958	1125	1205

续表

排名	国家	2008年	2009年	2010年	2011年	2012年	2013年	2014年
6	尼泊尔	500	510	603	736	803	798	790
7	孟加拉国	467	267	303	155	125	148	125

注：此处各国家中，伊朗入境旅游人数包括过夜旅游者和一日游游客，其他国家入境旅游人数均指过夜旅游者，不包括一日游游客；由于巴基斯坦2013年和2014年数据缺失，故按2012年数据排名。

（二）入境旅游收入

2008—2014年，印度在南亚分区各国家入境旅游收入中始终保持在第一的位置，且在2014年达到最高，为19 700百万美元。2013—2014年，除巴基斯坦入境旅游收入有所下降，印度、马尔代夫、斯里兰卡、尼泊尔和孟加拉国入境旅游收入均呈现不同程度的增长。

表7-2 2008—2014年南亚分区各国家入境旅游收入

单位：百万美元

排名	国家	2008年	2009年	2010年	2011年	2012年	2013年	2014年
1	印度	11 832	11 136	14 490	17 708	17 972	18 397	19 700
2	马尔代夫	1559	1473	1713	1940	1958	2337	2645
3	斯里兰卡	342	350	576	830	1039	1715	2431
4	伊朗	1737	2055	2438	2350	1114	1294	—
5	尼泊尔	335	413	344	383	351	436	478
6	巴基斯坦	316	272	305	373	339	288	283
7	孟加拉国	75	81	87	87	103	129	153

注：由于伊朗2014年数据缺失，故按2013年数据排名。

二、出境旅游概况

（一）出境旅游人数

2008—2014年，南亚分区中印度、孟加拉国、斯里兰卡和尼泊尔等国家的出境旅游人数总体上呈增长态势。2008—2014年，印度始终是南亚分区中出境旅游的第一大国，2014年出境旅游人数达到18 330千人次。

表 7-3 2008—2014 年南亚分区各国家出境旅游人数

单位:千人次

国家	2008年	2009年	2010年	2011年	2012年	2013年	2014年
印度	10 868	11 067	12 988	13 994	14 920	16 626	18 330
伊朗	—	—	—	—	—	—	7698
斯里兰卡	966	963	1122	1239	1269	1262	1311
孟加拉国	875	2254	1913	2127	2273	1460	—
尼泊尔	561	589	765	774	862	983	—
马尔代夫	123	—	—	—	—	—	—

注:此处各国家中,伊朗出境旅游人数包括过夜旅游者和一日游游客,其他国家出境旅游人数均指过夜旅游者,不包括一日游游客。

(二)出境旅游花费

2008—2014 年,南亚分区中印度、斯里兰卡、尼泊尔、孟加拉国和马尔代夫等国家的出境旅游花费总体上呈增长态势,年均增长率最高的是斯里兰卡,达到 19.76%;其次是孟加拉国,为 14.47%;排在第三的是印度,为 7.22%。2014 年,印度是南亚地区出境旅游花费最多的国家,为 14 596 百万美元。2013—2014 年,印度、斯里兰卡、巴基斯坦、尼泊尔、孟加拉国和马尔代夫出境旅游花费均出现不同程度的增长。

表 7-4 2008—2014 年南亚分区各国家出境旅游花费

单位:百万美元

排名	国家	2008年	2009年	2010年	2011年	2012年	2013年	2014年
1	印度	9606	9310	10 490	13 699	12 342	11 571	14 596
2	伊朗	7566	7805	9655	9778	6550	7258	—
3	斯里兰卡	428	411	453	501	710	1188	1263
4	巴基斯坦	1518	685	925	1130	1414	1083	1217
5	尼泊尔	381	434	402	320	413	422	493
6	孟加拉国	184	265	266	332	304	350	414
7	马尔代夫	167	174	205	184	164	198	228

注:伊朗 2014 年数据缺失,故按 2013 年数据排名。

第一节 巴基斯坦

巴基斯坦全称是巴基斯坦伊斯兰共和国（The Islamic Republic of Pakistan），位于南亚次大陆西北部，南濒阿拉伯海。面积约为79.61万平方千米。属于热带和亚热带气候，年平均气温27℃。2014年全国人口约为18 513万，国内生产总值（GDP）约为2469亿美元。

巴基斯坦旅游业发展较慢，旅游者多为定居在欧美的巴基斯坦人和海湾国家的游客。主要旅游地有卡拉奇、拉合尔、白沙瓦、拉瓦尔品第、伊斯兰堡、奎达、费萨拉巴德和北部地区等。2003年，巴基斯坦正式成为中国公民自费出国旅游目的地国家。

表7-5 2014年巴基斯坦旅游业经济影响评估

指　　标	总　　数	占全国的比例(%)	增长预测(%)
GDP（百万美元）	6937.7	3.1	5.3
雇佣人数（千人）	1484.4	2.6	2.2

一、入境旅游概况

（一）入境旅游人数

2008—2011年，巴基斯坦入境过夜旅游者人数持续不断增长，从2008年的823千人次增长到2011年的1161千人次，增长了41.07%。2009年巴基斯坦入境过夜旅游者人数为855千人次，较上年增长3.89%；2010年增长到907千人次，较上年增长6.08%；2011年较2010年大幅增长，增长率为28.00%；2012年较2011年明显下降，减少到966千人次，负增长率为16.80%。

2013—2014年数据缺失。

（二）入境旅游收入

2008—2014年，巴基斯坦入境旅游收入时涨时降。2008年，巴基斯坦入境旅游收入为316百万美元；2009年下降到272百万美元，负增长13.92%；2010年增长到305百万美元，增长率为12.13%；2011年增长到373百万美元，较2010年增长22.30%；2012年下降到339百万美元，负增长9.12%；2013年下降到288百万美元，负增长15.04%；2014年较上年减少5百万美元，负增长率为1.74%。

2008—2011年，巴基斯坦入境游客交通收入持续不断增长，从2008年的670百万美元增长到2011年的754百万美元，增长了12.54%；2012年下降到675百万美元，负增长10.48%；2013年下降到650百万美元，较2012年负增长3.70%；2014年较上年有所回升，增长到688百万美元，增长率为5.85%。

表 7-6 2008—2014 年巴基斯坦入境旅游收入

单位：百万美元

	2008 年	2009 年	2010 年	2011 年	2012 年	2013 年	2014 年
总收入	986	950	998	1127	1014	938	971
入境旅游收入	316	272	305	373	339	288	283
入境游客交通收入	670	678	693	754	675	650	688

（三）入境旅游客源结构

2008—2012 年，与亚太地区其他国家/地区的入境旅游客源结构有所不同，巴基斯坦入境过夜旅游者中，欧洲游客最多，而美洲、南亚、东亚太游客数量在不同年份的排序则出现一定的变化。

2011 年入境过夜旅游者中，欧洲游客占 41.77%，美洲游客占 21.62%，南亚游客占 18.26%，东亚太游客占 12.06%，中东游客占 3.45%；2012 年入境过夜旅游者中，欧洲游客占 44.51%，美洲游客占 20.91%，南亚游客占 16.36%，东亚太游客占 11.90%，中东游客占 3.62%。

表 7-7 2008—2012 年巴基斯坦入境旅游人数（按地区分）

单位：千人次

地 区	2008 年	2009 年	2010 年	2011 年	2012 年
非 洲	16	15	15	25	20
美 洲	156	162	168	251	202
欧 洲	389	379	396	485	430
东亚太	76	89	90	140	115
南 亚	153	178	204	212	158
中 东	29	28	28	40	35

2012 年，巴基斯坦的前十三位入境旅游客源国家依次是：英国、美国、印度、加拿大、中国、伊朗、阿富汗、德国、菲律宾、澳大利亚、挪威、法国、荷兰。来自英国和美国的游客比例高达 45.60%。2011—2012 年，各主要入境旅游客源国家前往巴基斯坦的游客人数，除伊朗游客数量增长 10.69% 外，来自其他国家的游客人数均出现不同程度的负增长。

表7-8　2008—2012年巴基斯坦入境旅游人数（按游客所在国家分）

排名	国　家	入境旅游人数（千人次）					市场份额（%）	增长率（%）
		2008年	2009年	2010年	2011年	2012年	2012年	2011—2012年
1	英　国	285.72	275.35	288.24	336.00	306.06	31.67	-8.91
2	美　国	114.09	117.47	120.37	168.16	134.60	13.93	-19.96
3	印　度	54.10	42.69	43.75	84.07	77.23	7.99	-8.14
4	加拿大	39.88	42.95	46.23	79.94	65.17	6.74	-18.48
5	中　国	30.08	30.00	27.89	42.71	39.02	4.04	-8.64
6	伊　朗	14.18	26.56	37.72	30.79	34.08	3.53	10.69
7	阿富汗	66.35	96.62	110.92	79.29	33.73	3.49	-57.46
8	德　国	22.41	21.49	22.56	30.11	24.38	2.52	-19.01
9	菲律宾	3.58	15.60	15.87	27.21	19.94	2.06	-26.71
10	澳大利亚	12.23	13.22	13.93	20.03	17.26	1.79	-13.83
11	挪　威	13.95	12.44	13.74	18.52	16.50	1.71	-10.91
12	法　国	10.94	10.69	10.89	14.82	12.67	1.31	-14.54
13	荷　兰	10.29	9.98	10.08	12.29	10.04	1.04	-18.29

注：按2012年数据排名。

（四）入境旅游方式

2008—2009年，巴基斯坦入境过夜旅游者中，乘坐飞机入境的游客数量最多，2008年和2009年分别为718千人次和679千人次。2008年和2009年，经由公路入境的游客数量分别为73千人次和112千人次，乘坐火车入境的游客数量分别为32千人次和27千人次。2009年，乘坐船舶入境的游客数量为37千人次。

2009年，巴基斯坦入境过夜旅游者中，乘坐飞机入境的游客比例最多，为79.42%；经由公路入境的游客比例为13.10%，排在第二位；乘坐船舶入境的游客比例为4.33%，排在第三位；乘坐火车入境的游客比例最少，为3.16%。

2010—2014年数据缺失。

表7-9　2008—2009年巴基斯坦入境旅游人数（按入境旅游方式分）

单位：千人次

入境旅游方式	2008年	2009年
飞　机	718	679
火　车	32	27
公　路	73	112
船　舶	—	37

(五)入境旅游目的

2008—2012年,巴基斯坦入境过夜旅游者中,娱乐、休闲和度假旅游者从2008年的126千人次增长到2012年的132千人次,增长了4.76%;商务和专业活动旅游者从2008年的209千人次增长到2012年的333千人次,增长了59.33%。

巴基斯坦入境旅游者中,商务和专业活动旅游者数量一直多于娱乐、休闲和度假旅游者数量。2011年入境过夜旅游者中,娱乐、休闲和度假旅游者占13.70%,商务和专业活动旅游者占31.70%;2012年娱乐、休闲和度假旅游者比例为13.66%,商务和专业活动旅游者比例为34.47%。

2013—2014年数据缺失。

表7-10 2008—2012年巴基斯坦入境旅游人数(按入境旅游目的分)

单位:千人次

入境旅游目的	2008年	2009年	2010年	2011年	2012年
娱乐、休闲和度假	126	131	124	159	132
商务和专业活动	209	217	313	368	333
其他	488	507	470	634	501

二、出境旅游概况

(一)出境旅游花费

2008年,巴基斯坦出境旅游花费为1518百万美元;2009年下降到685百万美元,负增长54.87%。2010—2012年,出境旅游花费连续增长,从2010年的925百万美元增长到2012年的1414百万美元,增长了52.86%;2013年下降到1083百万美元,较2012年负增长23.41%;2014年较上年有所回升,增长到1217百万美元,增长率为12.37%。

2008年,巴基斯坦出境交通花费为645百万美元;2009年下降到413百万美元,负增长35.97%;2010年增长到445百万美元,较上年增长7.75%;2011年增长到727百万美元,较上年增长63.37%;2012年下降到437百万美元,较上年负增长39.89%;2013年增长到545百万美元,较2012年增长24.71%;2014年较上年大幅增长,增长率为43.67%,达到783百万美元。

表7-11 2008—2014年巴基斯坦出境旅游花费

单位:百万美元

	2008年	2009年	2010年	2011年	2012年	2013年	2014年
总花费	2163	1098	1370	1857	1851	1138	2000
出境旅游花费	1518	685	925	1130	1414	1083	1217
出境交通花费	645	413	445	727	437	545	783

(二)出境旅游目的地

巴基斯坦居民出境主要旅游目的地国家有沙特阿拉伯、巴林、科威特、伊朗、印度、中国、马来西亚、泰国、英国和美国等。2013年巴基斯坦出境旅游目的地国家中,沙特阿拉伯排在第一位,巴基斯坦居民去沙特阿拉伯旅游的人数为1 114 314人次。2014年,沙特阿拉伯、巴林、科威特、伊朗、马来西亚、英国、美国接待巴基斯坦游客人数较2013年均出现不同程度的增长。

表7-12　2010—2014年巴基斯坦游客出境主要旅游目的地

单位:人次

排名	国家	游客类型	2010年	2011年	2012年	2013年	2014年
1	沙特阿拉伯	TFN	465 571	866 976	1 284 186	1 114 314	1 408 138
2	巴林	VFN	—	214 952	250 523	263 217	298 196
3	科威特	VFN	228 028	215 194	200 037	215 742	232 191
4	伊朗	VFN	173 068	187 920	170 754	151 470	200 155
5	印度	TFN	51 739	48 640	59 846	111 794	96 434
6	中国	VFN	87 320	92 518	96 707	106 548	—
7	马来西亚	TFR	65 101	73 046	79 989	81 397	97 144
8	泰国	TFN	65 171	73 727	71 982	78 986	75 398
9	英国	VFR	57 000	65 000	72 500	63 000	75 000
10	美国	TFR	38 954	38 156	43 976	52 291	67 183

注:按2013年数据排名。

第二节　马尔代夫

马尔代夫全称是马尔代夫共和国(The Republic of Maldives),是印度洋上的群岛国家,位于印度南部约600千米和斯里兰卡西南部约750千米处。面积为298平方千米。位于赤道附近,具有明显的热带气候特征,无四季之分。2014年人口约为35万,国内生产总值(GDP)约为30亿美元。

旅游业、船运业和渔业是马尔代夫经济的三大支柱。近年来,旅游业已成为第一大经济支柱,旅游收入对GDP贡献率多年保持在30%左右。

一、入境旅游概况

(一)入境旅游人数

2008年,马尔代夫入境过夜旅游者人数为683千人次;2009年下降到656千人次,负增长3.95%。2010—2014年,马尔代夫入境过夜旅游者人数持续不断增长,从2010年的792千人次增长到2014年的1205千人次,增长了52.15%;2014年较2013年增长7.11%。

表7-13 2008—2014年马尔代夫入境旅游人数

单位:千人次

	2008年	2009年	2010年	2011年	2012年	2013年	2014年
过夜旅游者	683	656	792	931	958	1125	1205
一日游游客	2	3	0.5	0.2	9	2	—
邮船乘客	2	3	0.5	0.2	9	2	—

(二)入境旅游收入

2008年,马尔代夫入境旅游收入为1559百万美元;2009年下降到1473百万美元,负增长5.52%。2010—2014年,马尔代夫入境旅游收入连年增长,从2010年的1713百万美元增长到2014年的2645百万美元,增长了54.41%。2014年较2013年增长13.18%。

2011年和2012年,马尔代夫入境游客交通收入分别为26百万美元和74百万美元;2013年增长到87百万美元;2014年较上年增长45.98%,达到127百万美元。

表7-14 2008—2014年马尔代夫入境旅游收入

单位:百万美元

	2008年	2009年	2010年	2011年	2012年	2013年	2014年
总收入	—	—	—	1966	2032	2424	2772
入境旅游收入	1559	1473	1713	1940	1958	2337	2645
入境游客交通收入	—	—	—	26	74	87	127

(三)入境旅游客源结构

2008—2014年,欧洲是马尔代夫最大的入境旅游客源地区,其次是东亚太和南亚。欧洲游客从2008年的498千人次增长到2014年的529千人次,增长了6.22%;东亚太游客从2008年的127千人次增长到2014年的522千人次,增长了311.02%;南亚游客从2008年的29千人次增长到2014年的67千人次,增长了131.03%。可见,马尔代夫入境过夜旅游者中,东亚太游客增速强劲。

2011年马尔代夫入境过夜旅游者中,欧洲游客占57.79%,东亚太游客占32.55%,南亚游客占4.94%;2012年欧洲游客的比例下降到54.07%,东亚太游客的比例上升到35.39%,南亚游客的比例为4.70%;2013年欧洲游客的比例下降到46.84%,东亚太游客的比例上升到41.60%,南亚游客的比例上升到5.07%;2014年欧洲游客的比例下降到43.90%,东亚太游客的比例上升到43.32%,南亚游客的比例上升到5.56%。

表 7-15 2008—2014 年马尔代夫入境旅游人数（按地区分）

单位：千人次

地区	2008 年	2009 年	2010 年	2011 年	2012 年	2013 年	2014 年
非洲	6	5	6	6	7	8	8
美洲	14	15	19	24	27	33	41
欧洲	498	462	505	538	518	527	529
东亚太	127	138	214	303	339	468	522
南亚	29	26	36	46	45	57	67
中东	9	10	12	14	22	32	37

2014 年，马尔代夫的前十三位入境旅游客源国家依次是中国、德国、英国、俄罗斯、意大利、法国、印度、日本、韩国、瑞士、美国、澳大利亚和奥地利，其中中国游客占马尔代夫所有入境旅游者的 30.18%。2013—2014 年，各主要客源国家前往马尔代夫的入境旅游人数增长率最高的是美国（27.99%），其次是印度（19.92%）和韩国（15.15%）。

表 7-16 2008—2014 年马尔代夫入境旅游人数（按游客所在国家分）

排名	国家	入境旅游人数（千人次）			市场份额（%）		增长率（%）
		2008 年	2013 年	2014 年	2013 年	2014 年	2013—2014 年
1	中国	41.51	331.72	363.63	29.48	30.18	9.62
2	德国	69.24	93.60	98.33	8.32	8.16	5.05
3	英国	116.82	85.87	88.35	7.63	7.33	2.89
4	俄罗斯	48.98	76.48	66.31	6.80	5.50	-13.30
5	意大利	103.67	57.85	57.86	5.14	4.80	0.01
6	法国	48.10	54.33	50.66	4.83	4.20	-6.76
7	印度	16.66	38.01	45.59	3.38	3.78	19.92
8	日本	38.19	39.46	38.82	3.51	3.22	-1.64
9	韩国	20.93	30.31	34.90	2.69	2.90	15.15
10	瑞士	26.98	34.10	31.50	3.03	2.61	-7.64
11	美国	8.85	20.03	25.64	1.78	2.13	27.99
12	澳大利亚	9.37	16.92	18.87	1.50	1.57	11.57
13	奥地利	13.46	18.14	18.73	1.61	1.55	3.23

注：按 2014 年数据排名。

(四)入境旅游方式

与亚太地区其他国家/地区不同,马尔代夫入境旅游者乘坐的交通工具只有飞机,因此每年乘坐飞机入境马尔代夫的游客数量均是其当年的入境旅游人数。

(五)入境旅游目的

马尔代夫入境旅游者的目的绝大多数为娱乐、休闲和度假。2008—2014年,出于娱乐、休闲和度假目的入境的过夜旅游者人数等于当年的入境过夜旅游者人数。

二、出境旅游概况

(一)出境旅游人数

2008年,马尔代夫的出境过夜旅游者人数为123千人次。
2009—2014年数据缺失。

(二)出境旅游花费

2008—2014年,马尔代夫出境旅游花费总体上有所增长,从2008年的167百万美元增长到2014年的228百万美元,增长了36.53%。2014年较2013年增长了15.15%。

2008年,马尔代夫出境交通花费为44百万美元;2009年下降到38百万美元,负增长13.64%。2010年和2011年均为47百万美元;2012年和2013年分别为43百万美元和48百万美元;2014年增长到51百万美元,较2013年增长6.25%。

表7-17 2008—2014年马尔代夫出境旅游花费

单位:百万美元

	2008年	2009年	2010年	2011年	2012年	2013年	2014年
总花费	211	212	252	231	207	246	279
出境旅游花费	167	174	205	184	164	198	228
出境交通花费	44	38	47	47	43	48	51

(三)出境旅游目的地

马尔代夫居民出境主要旅游目的地国家和地区有斯里兰卡、印度、马来西亚、中国和沙特阿拉伯等。2013年,马尔代夫出境旅游目的地国家中,斯里兰卡排在第一位(79 474人次),印度排在第二位(45 270人次),马来西亚排在第三位(12 267人次),中国排在第四位(4115人次),沙特阿拉伯排在第五位(1017人次)。2014年,斯里兰卡、印度、马来西亚、沙特阿拉伯、中国香港、澳大利亚、美国、韩国接待马尔代夫游客人数较2013年均出现不同程度的增长。

表 7-18 2010—2014 年马尔代夫游客出境主要旅游目的地

单位：人次

排名	国家/地区	游客类型	2010 年	2011 年	2012 年	2013 年	2014 年
1	斯里兰卡	TFR	35 791	44 018	47 572	79 474	86 359
2	印度	TFN	58 152	53 999	50 428	45 270	65 052
3	马来西亚	TFR	—	11 702	11 833	12 267	14 397
4	中国	VFN	2025	2623	3589	4115	—
5	沙特阿拉伯	TFN	3466	33 343	1939	1017	2485
6	中国香港	VFR	439	766	547	723	1063
7	澳大利亚	VFR	640	460	470	550	630
8	安哥拉	TFR	12	8	36	253	—
9	美国	TFR	149	158	184	245	354
10	韩国	VFN	279	354	324	209	455

注：按 2013 年数据排名。

第三节 孟加拉国

孟加拉国全称是孟加拉人民共和国（The People's Republic of Bangladesh）。位于南亚次大陆东北部的恒河和布拉马普特拉河冲击而成的三角洲上，东、西、北三面与印度毗邻，东南与缅甸接壤，南濒临孟加拉湾。面积约为 14.76 万平方千米。孟加拉族占 98%，另有 20 多个少数民族。大部分地区属亚热带季风型气候，湿热多雨。孟加拉国是 49 个最不发达国家之一，经济基础薄弱，生产力落后，国民经济主要依靠农业。2014 年人口约为 15 851 万，国内生产总值（GDP）为 1738 亿美元。

表 7-19 2014 年孟加拉国旅游业经济影响评估

指标	总数	占全国的比例（%）	增长预测（%）
GDP（百万美元）	2845.8	2.1	6.1
雇佣人数（千人）	1328.5	1.8	2.7

注：本表为估计值。

一、入境旅游概况

（一）入境旅游人数

2008—2014 年，孟加拉国入境过夜旅游者人数总体上呈下降态势：2008 年为 467 千人次;2009 年较上年负增长 42.83%,下降到 267 千人次;2010 年增长到 303 千人次,较上年增长 13.48%;2011 年下降到 155 千人次,较上年负增长 48.84%;2012 年下降到 125 千人次,较上年负增长 19.35%;2013 年增长到 148 千人次,较上年增长 18.40%;2014 年下降到 125 千人次,较上年负增长 15.54%。

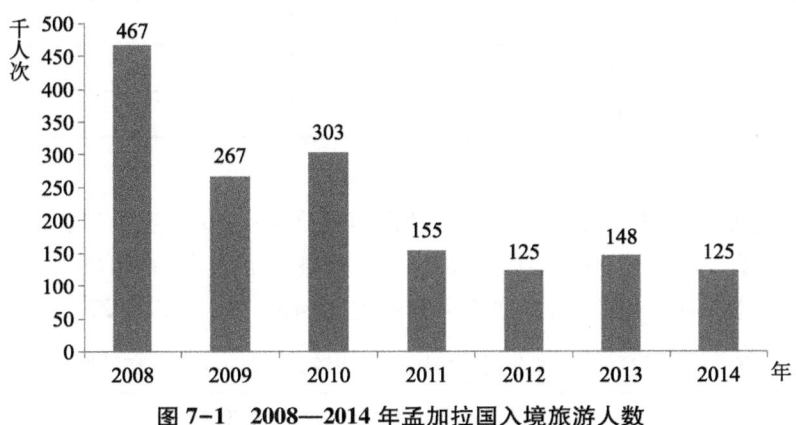

图 7-1　2008—2014 年孟加拉国入境旅游人数

(二)入境旅游收入

2008—2014 年,孟加拉国入境旅游收入总体上呈增长态势,从 2008 年的 75 百万美元增长到 2014 年的 153 百万美元,增长了 104.00%;2014 年较 2013 年增长 18.60%。

2010 年,孟加拉国入境游客交通收入为 17 百万美元,2011 年下降到 10 百万美元,2012 年和 2013 年均为 2 百万美元,2014 年下降到 1 百万美元。

表 7-20　2008—2014 年孟加拉国入境旅游收入

单位:百万美元

	2008 年	2009 年	2010 年	2011 年	2012 年	2013 年	2014 年
总收入	—	—	104	97	105	131	154
入境旅游收入	75	81	87	87	103	129	153
入境游客交通收入	—	—	17	10	2	2	1

(三)入境旅游客源结构

2011—2014 年,孟加拉国入境过夜旅游者中,来自南亚地区的游客最多,来自欧洲地区和东亚太地区的游客数量相近。2011 年孟加拉国入境过夜旅游者中,南亚地区游客占 68.39%,欧洲地区游客占 6.45%,东亚太地区游客占 5.16%,美洲地区游客占 4.52%;2012 年南亚地区游客的比例下降到 62.40%,欧洲地区和东亚太地区游客的比例均上升到 7.20%,美洲地区游客的比例下降到 0.80%;2013 年南亚地区游客的比例下降到 53.38%,欧洲地区游客的比例下降到 4.73%,东亚太地区游客的比例下降到 4.05%,美洲地区游客的比例上升到 3.38%;2014 年南亚地区游客的比例上升到 61.60%,欧洲地区游客的比例上升到 6.40%,东亚太地区游客的比例上升到 7.20%,美洲地区游客的比例上升到 4.80%。

表 7-21　2008—2014 年孟加拉国入境旅游人数（按地区分）

单位：千人次

地　区	2011 年	2012 年	2013 年	2014 年
美　洲	7	1	5	6
欧　洲	10	9	7	8
东亚太	8	9	6	9
南　亚	106	78	79	77

2014 年，孟加拉国主要的入境旅游客源国家是印度、日本、美国和英国，其中印度游客占的比重最高，为 61.72%。2013—2014 年，前往孟加拉国的印度游客人数负增长 2.28%，日本、美国和英国游客人数增长率分别为 22.46%、23.57% 和 27.09%。

表 7-22　2011—2014 年孟加拉国入境旅游人数（按游客所在国家分）

排名	国　家	入境旅游人数（千人次）			市场份额（%）		增长率（%）
		2011 年	2013 年	2014 年	2013 年	2014 年	2013—2014 年
1	印　度	105.52	78.98	77.18	53.24	61.72	-2.28
2	日　本	5.68	4.46	5.46	3.00	4.36	22.46
3	美　国	5.75	3.88	4.80	2.62	3.84	23.57
4	英　国	4.17	2.43	3.08	1.63	2.46	27.09

注：按 2014 年数据排名。

（四）入境旅游目的

2008—2009 年，孟加拉国入境过夜旅游者中，娱乐、休闲和度假旅游者的数量略高于商务和专业活动旅游者。2010 年商务和专业活动旅游者人数超过娱乐、休闲和度假旅游者。2008 年入境过夜旅游者中，娱乐、休闲和度假旅游者占 27.41%，商务和专业活动旅游者占 27.19%；2009 年娱乐、休闲和度假旅游者的比例上升到 46.07%，商务和专业活动旅游者的比例增长到 45.69%；2010 年娱乐、休闲和度假旅游者的比例下降到 37.29%，商务和专业活动旅游者的比例上升到 51.16%。

2011—2014 年数据缺失。

表 7-23　2008—2010 年孟加拉国入境旅游人数（按入境旅游目的分）

单位：千人次

入境旅游目的	2008 年	2009 年	2010 年
娱乐、休闲和度假	128	123	113
商务和专业活动	127	122	155
其　他	212	22	35

二、出境旅游概况

(一) 出境旅游人数

2008—2013年，孟加拉国出境过夜旅游者人数总体上有所增长，从2008年的875千人次增长到2013年的1460千人次，增长了66.86%。其中，2009年为2254千人次，较上年增长157.60%；2010年下降到1913千人次，负增长15.13%；2011年增长到2127千人次，较上年增长11.19%；2012年增长到2273千人次，较上年增长6.86%；2013年下降到1460千人次，较2012年负增长35.77%。

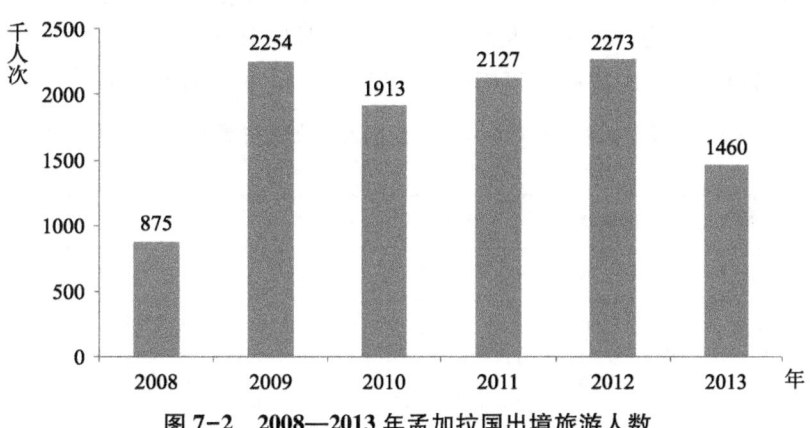

图7-2　2008—2013年孟加拉国出境旅游人数

(二) 出境旅游花费

2008—2014年，孟加拉国出境旅游花费总体上呈增长态势，从2008年的184百万美元增长到2011年的332百万美元，增长了80.43%。2012年下降到304百万美元，较上年负增长8.43%；2013年较2012年增长15.13%，达到350百万美元；2014年较上年增长18.29%，达到414百万美元。

2008—2013年，孟加拉国出境交通花费始终高于出境旅游花费，且出境交通花费呈现明显的波动态势。2008年出境交通花费为551百万美元；2009年下降到396百万美元，负增长28.13%；2010年增长到586百万美元，较上年增长47.98%；2011年下降到487百万美元，较上年负增长16.89%；2012年增长到585百万美元，增长率为20.12%；2013年较2012年大幅增长，达到958百万美元，增长率为63.76%。2014年，孟加拉国出境交通花费较上年明显下降，减少到382百万美元，低于当年出境旅游花费。

表7-24　2008—2014年孟加拉国出境旅游花费

单位：百万美元

	2008年	2009年	2010年	2011年	2012年	2013年	2014年
总花费	735	661	852	819	889	1308	796

续表

	2008 年	2009 年	2010 年	2011 年	2012 年	2013 年	2014 年
出境旅游花费	184	265	266	332	304	350	414
出境交通花费	551	396	586	487	585	958	382

（三）出境旅游目的地

孟加拉国游客出境主要旅游目的地国家有印度、马来西亚、新加坡、科威特、沙特阿拉伯、巴林、泰国、中国、美国和尼泊尔等。2013 年孟加拉国出境旅游目的地国家中，印度排在第一位，游客人数为 524 923 人次。2014 年，印度、马来西亚、新加坡、科威特、沙特阿拉伯、巴林、泰国、美国接待孟加拉国游客人数较 2013 年均有不同程度的增长。

表 7-25　2010—2014 年孟加拉国游客出境主要旅游目的地

单位：人次

排名	国家	游客类型	2010 年	2011 年	2012 年	2013 年	2014 年
1	印度	TFN	431 962	463 543	487 397	524 923	942 562
2	马来西亚	TFR	63 886	65 603	86 465	134 663	204 418
3	新加坡	VFN	92 410	95 896	110 648	119 337	125 212
4	科威特	VFN	102 390	107 817	105 983	108 788	116 401
5	沙特阿拉伯	TFN	188 584	191 488	107 151	102 633	161 098
6	巴林	VFN	—	70 858	80 261	88 946	103 086
7	泰国	TFR	70 598	68 024	75 354	84 902	90 440
8	中国	VFN	41 648	47 661	50 855	58 872	—
9	美国	TFR	11 561	12 596	15 794	23 958	32 807
10	尼泊尔	TFN	16 470	17 563	16 764	22 410	21 851

注：按 2013 年数据排名。

第四节　尼泊尔

尼泊尔全称为尼泊尔联邦民主共和国（The Federal Democratic Republic of Nepal），是内陆山国，位于喜马拉雅山中段南麓，北邻中国，其余三面与印度接壤。面积约为 14.72 万平方千米。全国分北部高山、中部温带和南部亚热带三个气候区。尼泊尔为农业国，经济落后，是世界上最不发达国家之一。2014 年全国人口约为 2812 万，国内生产总值（GDP）为 196 亿美元。

尼泊尔自然风光旖旎,气候宜人,徒步旅游和登山业比较发达。赴尼泊尔旅游的主要为亚洲游客,其中以印度游客居多,其次为西欧和北美游客。

表 7-26　2014 年尼泊尔旅游业经济影响评估

指　　标	总　数	占全国的比例(%)	增长预测(%)
GDP(百万美元)	738.1	3.9	4.9
雇佣人数(千人)	503.8	3.2	3.6

注:本表为估计值。

一、入境旅游概况

(一)入境旅游人数

2008—2012 年,尼泊尔入境过夜旅游者人数持续不断增长,从 2008 年的 500 千人次增长到 2012 年的 803 千人次,增长了 60.60%。2013 年较 2012 年略有下降,减少到 798 千人次,负增长 0.62%;2014 年较上年减少 8 千人次,负增长率为 1.00%。

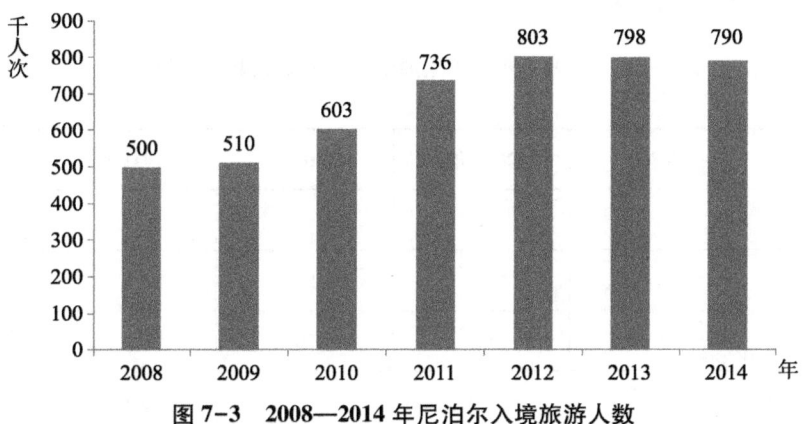

图 7-3　2008—2014 年尼泊尔入境旅游人数

(二)入境旅游收入

2008—2014 年,尼泊尔入境旅游收入总体上有所增长,表现出明显的波动性:2008 年,尼泊尔入境旅游收入为 335 百万美元;2009 年增长到 413 百万美元,增长率为 23.28%;2010 年下降到 344 百万美元,较上年负增长 16.71%;2011 年增长到 383 百万美元,较上年增长 11.34%;2012 年下降到 351 百万美元,负增长 8.36%;2013 年增长到 436 百万美元,较 2012 年增长 24.22%;2014 年增长到 478 百万美元,较上年增长 9.63%。

2008—2010 年,尼泊尔入境游客交通收入连年增长,从 2008 年的 18 百万美元增长到 2010 年的 34 百万美元,增长了 88.89%;2011—2013 年,尼泊尔入境游客交通收入连年下降,从 2011 年的 32 百万美元下降到 2013 年的 24 百万美元,减少了 25.00%;2014 年,尼泊尔入境游客交通收入与 2013 年相同,保持在 24 百万美元。

表 7-27 2008—2014 年尼泊尔入境旅游收入

单位:百万美元

	2008 年	2009 年	2010 年	2011 年	2012 年	2013 年	2014 年
总收入	353	439	378	415	379	460	502
入境旅游收入	335	413	344	383	351	436	478
入境游客交通收入	18	26	34	32	28	24	24

(三)入境旅游客源结构

2008—2011 年,尼泊尔入境过夜旅游者中,南亚游客最多,其次是欧洲游客和东亚太游客。2012 年,尼泊尔入境过夜旅游者人数,排在首位的仍然是南亚游客,东亚太游客数量则超过欧洲游客,排在第二位,欧洲游客排在第三位。2011 年尼泊尔入境过夜旅游者中,南亚游客占 31.93%,欧洲游客占 28.94%,东亚太游客占 27.31%,美洲游客占 8.42%;2012 年南亚游客比例为 31.63%,东亚太游客比例增长到 28.27%,欧洲游客比例下降到 26.28%,美洲游客比例为 8.09%。

表 7-28 2008—2012 年尼泊尔入境旅游人数(按地区分)

单位:千人次

地 区	2008 年	2009 年	2010 年	2011 年	2012 年
非 洲	1	1	—	3	1
美 洲	42	42	50	62	65
欧 洲	147	144	170	213	211
东亚太	129	135	148	201	227
南 亚	150	151	178	235	254
中 东	6	5	7	13	

2014 年,尼泊尔前十八位入境旅游客源国家/地区是印度、中国、美国、斯里兰卡、英国、泰国、日本、澳大利亚、法国、韩国、孟加拉国、马来西亚、德国、西班牙、荷兰、加拿大、意大利和中国台湾,其中,来自印度的游客最多,占所有入境旅游者的 17.13%;其次是中国游客,占 15.67%。2013—2014 年,各主要客源国家/地区前往尼泊尔的入境旅游人数增长率最高的是西班牙(25.91%),其次是韩国(17.71%)。

表 7-29　2008—2014 年尼泊尔入境旅游人数（按游客所在国家/地区分）

排名	国家/地区	入境旅游人数（千人次）			市场份额（%）		增长率（%）
		2008 年	2013 年	2014 年	2013 年	2014 年	2013—2014 年
1	印度	91.18	180.97	135.34	22.69	17.13	−25.21
2	中国	35.17	113.18	123.81	14.19	15.67	9.39
3	美国	30.08	47.36	49.83	5.94	6.31	5.23
4	斯里兰卡	37.82	32.74	37.55	4.10	4.75	14.69
5	英国	33.66	35.67	36.76	4.47	4.65	3.06
6	泰国	18.69	40.97	33.42	5.14	4.23	−18.42
7	日本	23.38	26.69	25.83	3.35	3.27	−3.24
8	澳大利亚	13.85	22.03	24.52	2.76	3.10	11.26
9	法国	22.40	21.84	24.10	2.74	3.05	10.32
10	韩国	18.88	19.71	23.21	2.47	2.94	17.71
11	孟加拉国	20.07	22.41	21.85	2.81	2.77	−2.49
12	马来西亚	5.17	18.84	18.92	2.36	2.39	0.39
13	德国	18.55	22.26	18.03	2.79	2.28	−19.02
14	西班牙	13.85	10.41	13.11	1.31	1.66	25.91
15	荷兰	10.90	10.52	12.32	1.32	1.56	17.15
16	加拿大	8.13	12.13	11.61	1.52	1.47	−4.30
17	意大利	7.91	9.97	10.35	1.25	1.31	3.74
18	中国台湾	—	9.66	9.19	1.21	1.16	−4.90

注：按 2014 年数据排名。

（四）入境旅游方式

2008—2014 年，尼泊尔入境过夜旅游者中，乘坐飞机入境的游客最多，其余全部是经由公路入境的。乘坐飞机入境的游客数量从 2008 年的 375 千人次增长到 2014 年的 586 千人次，增长了 56.27%；经由公路入境的游客数量从 2008 年的 125 千人次增长到 2014 年的 204 千人次，增长了 63.20%。

2011 年尼泊尔入境过夜旅游者中，乘坐飞机入境的游客占 74.05%，经由公路入境的游客占 25.95%；2012 年乘坐飞机入境的游客比例为 74.47%，经由公路入境的游客比例为 25.53%；2013 年乘坐飞机入境的游客比例为 74.56%，经由公路入境的游客比例为 25.44%；2014 年乘坐飞机入境的游客比例为 74.18%，经由公路入境的游客比例为 25.82%。

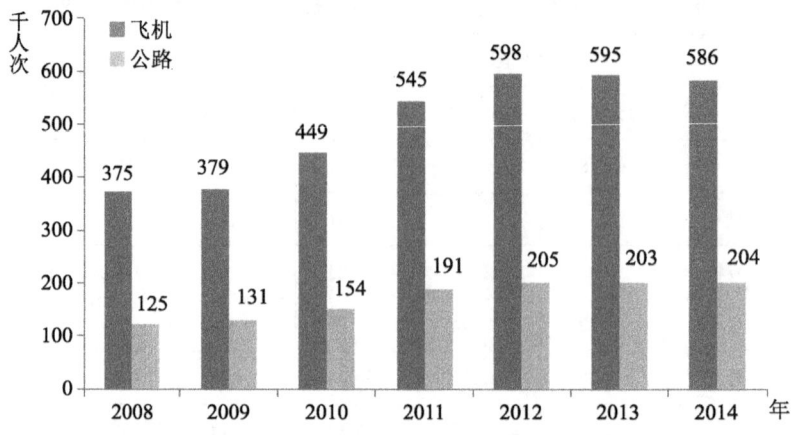

图 7-4　2008—2014 年乘坐飞机和经由公路入境尼泊尔的游客人数

（五）入境旅游目的

2008—2014 年，尼泊尔入境过夜旅游者中，娱乐、休闲和度假旅游者从 2008 年的 253 千人次增长到 2014 年的 493 千人次，增长了 94.86%；商务和专业活动旅游者从 2008 年的 73 千人次下降到 2014 年的 70 千人次，减少了 4.11%。

尼泊尔入境过夜旅游者中，娱乐、休闲和度假旅游者的数量一直多于商务和专业活动旅游者。2011 年尼泊尔入境过夜旅游者中，娱乐、休闲和度假旅游者比例为 69.57%，商务和专业活动旅游者比例为 7.20%；2012 年娱乐、休闲和度假旅游者比例下降到 60.40%，商务和专业活动旅游者比例上升到 8.59%；2013 年娱乐、休闲和度假旅游者比例上升到 67.04%，商务和专业活动旅游者比例上升到 10.78%；2014 年娱乐、休闲和度假旅游者比例下降到 62.41%，商务和专业活动旅游者比例下降到 8.86%。

表 7-30　2008—2014 年尼泊尔入境旅游人数（按入境旅游目的分）

单位：千人次

入境旅游目的	2008 年	2009 年	2010 年	2011 年	2012 年	2013 年	2014 年
娱乐、休闲和度假	253	274	334	512	485	535	493
商务和专业活动	73	57	57	53	69	86	70
其　他	174	179	212	171	249	177	227

二、出境旅游概况

（一）出境旅游人数

2008—2013 年，尼泊尔出境过夜旅游者人数持续不断增长，从 2008 年的 561 千人次增长到 2013 年的 983 千人次，增长了 75.22%；2013 年较 2012 年增长 14.04%。

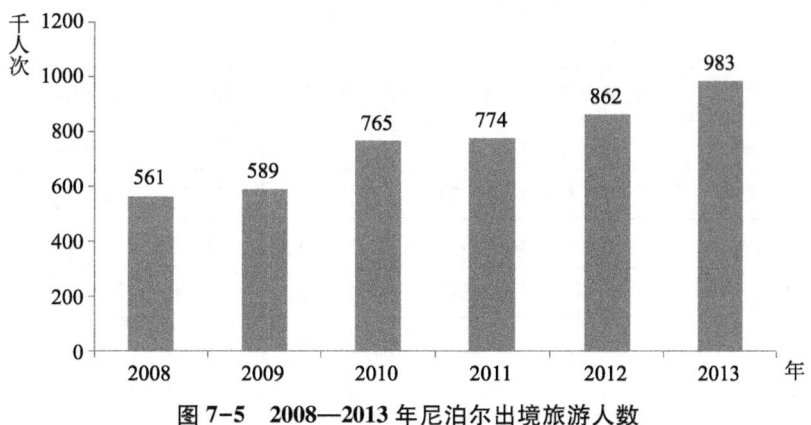

图 7-5 2008—2013 年尼泊尔出境旅游人数

(二) 出境旅游花费

2008 年,尼泊尔出境旅游花费为 381 百万美元;2009 年增长到 434 百万美元,增长率为 13.91%;2010 年下降到 402 百万美元,较上年负增长 7.37%;2011 年继续下降,为 320 百万美元,较上年负增长 20.40%;2012 年增长到 413 百万美元,较上年增长 29.06%;2013 年增长到 422 百万美元,较 2012 年增长 2.18%;2014 年继续增长,达到 493 百万美元,增长率为 16.82%。

2008—2011 年,尼泊尔出境交通花费连年下降,从 2008 年的 164 百万美元下降到 2011 年的 100 百万美元,负增长 39.02%;2012 年增长到 149 百万美元;2013 年增长到 176 百万美元,较 2012 年增长 18.12%;2014 年较上年减少 4 百万美元,为 172 百万美元。

表 7-31 2008—2014 年尼泊尔出境旅游花费

单位:百万美元

	2008 年	2009 年	2010 年	2011 年	2012 年	2013 年	2014 年
总花费	545	572	528	420	562	598	665
出境旅游花费	381	434	402	320	413	422	493
出境交通花费	164	138	126	100	149	176	172

(三) 出境旅游目的地

尼泊尔游客出境主要旅游目的地国家有马来西亚、印度、中国、科威特、巴林、沙特阿拉伯、泰国、韩国、日本和新加坡等。2013 年尼泊尔出境旅游目的地国家中,马来西亚排在第一位(132 148 人次),印度排在第二位(113 790 人次),中国排在第三位(58 817 人次)。2014 年,马来西亚、印度、科威特、沙特阿拉伯、泰国、日本、新加坡接待尼泊尔游客人数较 2013 年均有不同程度的增长。

表 7-32　2010—2014 年尼泊尔游客出境主要旅游目的地

单位：人次

排名	国　家	游客类型	2010 年	2011 年	2012 年	2013 年	2014 年
1	马来西亚	TFR	2983	81 791	123 173	132 148	159 144
2	印　度	TFN	104 374	119 131	125 375	113 790	126 416
3	中　国	VFN	30 796	31 944	40 949	58 817	—
4	科威特	VFN	52 971	53 812	47 546	50 909	51 950
5	巴　林	VFN	—	51 985	49 199	37 322	34 825
6	沙特阿拉伯	TFN	25 841	24 544	36 476	32 640	40 086
7	泰　国	TFR	29 994	26 237	26 326	25 802	26 160
8	韩　国	VFN	7574	10 095	13 698	22 316	17 454
9	日　本	VFN	9484	11 041	13 082	18 065	24 008
10	新加坡	VFN	18101	16 429	17 490	16 913	18 891

注：按 2013 年数据排名。

第五节　斯里兰卡

斯里兰卡全称是斯里兰卡民主社会主义共和国（The Democratic Socialist Republic of Sri Lanka），是位于南亚次大陆南端印度洋上的岛国，西北隔保克海峡与印度半岛相望。面积约为 6.56 万平方千米。接近赤道，终年如夏，年平均气温 28℃。斯里兰卡以种植园经济为主，主要作物有茶叶、橡胶、椰子和稻米。2014 年全国人口约为 2064 万，国内生产总值（GDP）为 749 亿美元。

斯里兰卡风景秀丽，素有"印度洋上的珍珠"之称。旅游业是斯里兰卡经济的重要组成部分，游客主要来自德国、英国等西欧国家和印度。

表 7-33　2014 年斯里兰卡旅游业经济影响评估

指　标	总　数	占全国的比例（%）	增长预测（%）
GDP（百万美元）	2659.1	3.9	6.1
雇佣人数（千人）	286.2	3.5	2.5

注：本表为估计值。

一、入境旅游概况

（一）入境旅游人数

2008—2014 年，斯里兰卡入境旅游人数持续不断增长，从 2008 年的 526 千人次增长到 2014 年的 1665 千人次,增长了 216.54%;2014 年较 2013 年增长 17.67%。

斯里兰卡入境过夜旅游者人数从 2008 年的 438 千人次增长到 2014 年的 1527 千人次,增长了 248.63%;2014 年较 2013 年增长 19.76%。

表 7-34　2008—2014 年斯里兰卡入境旅游人数

单位:千人次

	2008 年	2009 年	2010 年	2011 年	2012 年	2013 年	2014 年
入境旅游人数	526	538	766	976	1133	1415	1665
过夜旅游者	438	448	654	856	1006	1275	1527
一日游游客	88	90	112	120	127	140	138

(二)入境旅游收入

2008—2014 年,斯里兰卡入境旅游收入持续快速增长,从 2008 年的 342 百万美元增长到 2014 年的 2431 百万美元,增长了 610.82%。其中,2010—2014 年每年保持 25% 以上的增长速度;2014 年较 2013 年增长 41.75%。

2008 年,斯里兰卡入境游客交通收入为 461 百万美元;2009 年下降到 404 百万美元,较上年负增长 12.36%。2010—2014 年,斯里兰卡入境游客交通收入连年增长,从 2010 年的 468 百万美元增长到 2014 年的 847 百万美元,增长了 80.98%;2014 年较 2013 年增长 7.08%。

表 7-35　2008—2014 年斯里兰卡入境旅游收入

单位:百万美元

	2008 年	2009 年	2010 年	2011 年	2012 年	2013 年	2014 年
总收入	803	754	1044	1421	1756	2506	3278
入境旅游收入	342	350	576	830	1039	1715	2431
入境游客交通收入	461	404	468	591	717	791	847

(三)入境旅游客源结构

2011 年,斯里兰卡入境过夜旅游者中,欧洲游客最多,所占比例为 43.46%;其次是南亚游客,所占比例为 28.04%;东亚太游客的比例为 16.71%;美洲游客的比例为 5.84%。2012 年入境过夜旅游者中,欧洲游客占 45.03%,南亚游客占 24.75%,东亚太游客占 18.99%,美洲游客占 6.06%;2013 年入境过夜旅游者中,欧洲游客占 43.61%,南亚游客占 25.80%,东亚太游客占 19.14%,美洲游客和中东游客均占 5.41%;2014 年入境过夜旅游者中,欧洲游客占 41.98%,南亚游客占 24.43%,东亚太游客占 22.66%,中东游客占 5.11%,美洲游客占 5.04%。由此可见,东亚太游客数量在斯里兰卡入境过夜旅游者中的比重呈现出增长趋势。

表 7-36 2008—2014 年斯里兰卡入境旅游人数（按地区分）

单位：千人次

地区	2008 年	2009 年	2010 年	2011 年	2012 年	2013 年	2014 年
非 洲	2	2	2	3	5	8	12
美 洲	28	26	41	50	61	69	77
欧 洲	199	199	297	372	453	556	641
东亚太	67	74	106	143	191	244	346
南 亚	130	127	177	240	249	329	373
中 东	12	20	31	48	47	69	78

2014 年斯里兰卡前十五位入境旅游客源国依次是：印度、英国、中国、德国、马尔代夫、法国、俄罗斯、澳大利亚、美国、日本、加拿大、沙特阿拉伯、乌克兰、印度尼西亚、巴基斯坦。来自印度的游客最多，占斯里兰卡入境旅游人数的 15.89%；其次是英国游客，占 9.44%。2013—2014 年，各主要客源国家前往斯里兰卡的入境旅游人数增长率最高的是中国（136.09%），乌克兰前往斯里兰卡的入境旅游人数出现负增长。

表 7-37 2008—2014 年斯里兰卡入境旅游人数（按游客所在国家分）

排名	国家	入境旅游人数（千人次）			市场份额（%）		增长率（%）
		2008 年	2013 年	2014 年	2013 年	2014 年	2013—2014 年
1	印 度	85.24	208.80	242.73	16.38	15.89	16.25
2	英 国	81.33	137.42	144.17	10.78	9.44	4.91
3	中 国	9.81	54.29	128.17	4.26	8.39	136.09
4	德 国	30.63	85.47	102.98	6.71	6.74	20.48
5	马尔代夫	31.56	79.47	86.36	6.24	5.65	8.66
6	法 国	10.59	64.39	78.88	5.05	5.17	22.51
7	俄罗斯	15.80	51.24	69.72	4.02	4.57	36.07
8	澳大利亚	19.54	54.25	57.94	4.26	3.79	6.80
9	美 国	14.05	34.69	39.37	2.72	2.58	13.49
10	日 本	10.08	31.51	39.14	2.47	2.56	24.22
11	加拿大	10.26	30.93	33.28	2.43	2.18	7.62
12	沙特阿拉伯	3.46	23.75	30.88	1.86	2.02	29.98
13	乌克兰	0.95	38.61	29.88	3.03	1.96	-22.60

续表

排名	国家	入境旅游人数（千人次）			市场份额（%）		增长率（%）
		2008年	2013年	2014年	2013年	2014年	2013—2014年
14	印度尼西亚	1.16	17.30	29.56	1.36	1.94	70.90
15	巴基斯坦	7.89	25.34	25.42	1.99	1.66	0.35
16	荷兰	13.03	22.28	24.20	1.75	1.58	8.59
17	马来西亚	5.19	19.18	23.18	1.50	1.52	20.84
18	意大利	9.13	17.98	21.12	1.41	1.38	17.43
19	瑞士	5.33	19.14	20.10	1.50	1.32	4.99
20	新加坡	5.80	15.55	15.76	1.22	1.03	1.39

注：按2014年数据排名。

（四）入境旅游方式

2008—2014年，斯里兰卡入境过夜旅游者的入境方式有飞机和船舶，其中，乘坐飞机入境的游客数量占绝大多数，所占比例接近100%。乘坐船舶入境的游客仅占较少部分：2008年为0.1千人次；2009年和2010年均为0.4千人次；2011年为2千人次；2012年为3千人次；2013年为26千人次，所占比重为2.04%；2014年为27千人次，所占比重为1.77%。

表7-38　2008—2014年斯里兰卡入境旅游人数（按入境旅游方式分）

单位：千人次

入境旅游方式	2008年	2009年	2010年	2011年	2012年	2013年	2014年
飞机	438	447	654	854	1002	1248	1501
船舶	0.1	0.4	0.4	2	3	26	27

（五）入境旅游目的

2008—2014年，斯里兰卡入境过夜旅游者中，娱乐、休闲和度假旅游者从2008年的321千人次增长到2014年的1046千人次，增长了225.86%；商务和专业活动旅游者从2008的43千人次减少到2014年的31千人次，负增长27.91%。

斯里兰卡入境过夜旅游者中，娱乐、休闲和度假旅游者人数最多，占总数的比例一直在68%~81%。2011年入境过夜旅游者中，娱乐、休闲和度假旅游者占80.37%，商务和专业活动旅游者的比例为9.70%；2012年娱乐、休闲和度假旅游者的比例下降到74.35%，商务和专业活动旅游者的比例增长到11.13%；2013年娱乐、休闲和度假旅游者的比例下降到71.82%，商务和专业活动旅游者的比例下降到7.38%；2014年娱乐、休闲和度假旅游者的比例下降到68.50%，商务和专业活动旅游者的比例下降到2.03%。

表 7-39 2008—2014 年斯里兰卡入境旅游人数（按入境旅游目的分）

单位：千人次

入境旅游目的	2008 年	2009 年	2010 年	2011 年	2012 年	2013 年	2014 年
娱乐、休闲和度假	321	358	516	688	748	915	1046
商务和专业活动	43	45	90	83	112	94	31
其他	74	45	48	85	145	265	450

二、出境旅游概况

（一）出境旅游人数

2008 年，斯里兰卡出境过夜旅游者人数为 966 千人次；2009 年略有下降，为 963 千人次。2010—2012 年，斯里兰卡出境过夜旅游者人数连年增长，从 2010 年的 1122 千人次增长到 2012 年的 1269 千人次，增长了 13.10%。2013 年下降到 1262 千人次，较 2012 年负增长 0.55%。2014 年有所回升，较上年增长 3.88%，达到 1311 千人次。

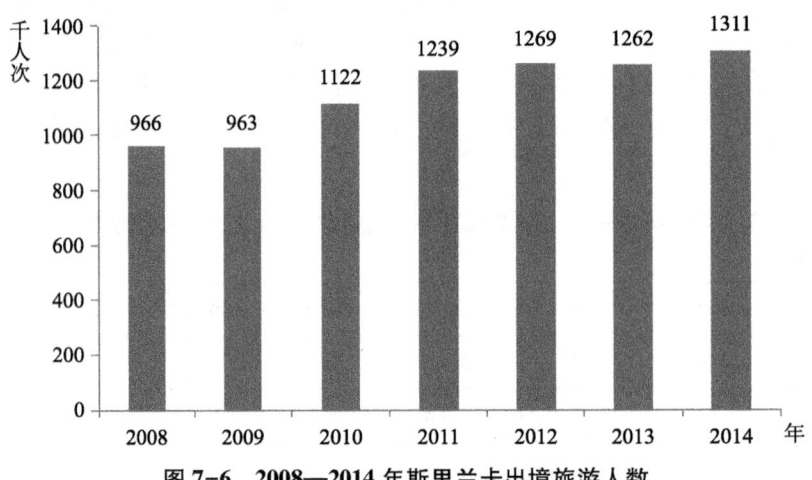

图 7-6 2008—2014 年斯里兰卡出境旅游人数

（二）出境旅游花费

2008 年，斯里兰卡出境旅游花费为 428 百万美元；2009 年下降到 411 百万美元，负增长 3.97%。2010—2014 年，斯里兰卡出境旅游花费持续快速增长，从 2010 年的 453 百万美元增长到 2014 年的 1263 百万美元，增长了 178.81%；2014 年较 2013 年增长 6.31%。

2008—2014 年，斯里兰卡出境交通花费表现出与出境旅游花费相似的变化特征。2008 年，斯里兰卡出境交通花费为 349 百万美元；2009 年下降到 324 百万美元，负增长 7.16%。2010—2014 年，斯里兰卡出境交通花费持续不断增长，从 2010 年的 375 百万美元增长到 2014 年的 659 百万美元，增长了 75.73%；2014 年较 2013 年增长 6.29%。

表 7-40 2008—2014 年斯里兰卡出境旅游花费

单位：百万美元

	2008 年	2009 年	2010 年	2011 年	2012 年	2013 年	2014 年
总花费	777	735	828	926	1219	1808	1922
出境旅游花费	428	411	453	501	710	1188	1263
出境交通花费	349	324	375	425	509	620	659

（三）出境旅游目的地

斯里兰卡游客出境主要旅游目的地国家有印度、新加坡、科威特、泰国、沙特阿拉伯、马来西亚、中国、巴林、尼泊尔和澳大利亚等。2013 年斯里兰卡出境旅游目的地国家中，印度排在第一位，游客人数为 262 345 人次。2014 年，印度、科威特、泰国、沙特阿拉伯、尼泊尔、澳大利亚接待斯里兰卡游客人数较 2013 年均有不同程度的增长。

表 7-41 2010—2014 年斯里兰卡游客出境主要旅游目的地

单位：人次

排名	国　家	游客类型	2010 年	2011 年	2012 年	2013 年	2014 年
1	印　度	TFN	266 515	305 853	296 983	262 345	301 601
2	新加坡	VFN	85 241	90 175	90 513	103 147	95 140
3	科威特	VFN	99 330	100 782	90 260	92 066	94 632
4	泰　国	TFR	49 827	53 782	73 249	76 484	76 755
5	沙特阿拉伯	TFN	28 779	73 691	72 403	67 112	79 996
6	马来西亚	TFR	58 085	58 572	62 821	64 051	61 670
7	中　国	VFN	30 852	38 013	42 745	49 488	—
8	巴　林	VFN	—	33 013	33 459	33 474	33 136
9	尼泊尔	TFN	45 531	59 884	69 476	32 736	37 546
10	澳大利亚	VFR	16 770	17 740	19 920	20 720	22 270

注：按 2013 年数据排名。

第六节　印　度

印度全称是印度共和国（The Republic of India）。位于南亚次大陆，与巴基斯坦、中国、尼泊尔、不丹、缅甸和孟加拉国为邻，濒临孟加拉湾和阿拉伯海。面积约为 298 万平方千米,2014年全国人口约为12.67亿。属于热带季风气候。印度独立后经济有较大发展,2014年国内生产总值(GDP)约为20 669亿美元。

旅游业因其良好的社会和创汇效益被印度政府列为发展重点,已成为全国第六大创汇部门和重要的就业创造部门。主要旅游地有阿格拉、德里、斋浦尔、昌迪加尔、纳兰达、迈索尔、果阿、海得拉巴、特里凡得琅等。

表7-42 2014年印度旅游业经济影响评估

指 标	总 数	占全国的比例(%)	增长预测(%)
GDP(百万美元)	37 184.9	2.0	6.4
雇佣人数(千人)	22 320.2	4.9	2.1

注:本表为估计值。

一、入境旅游概况

(一)入境旅游人数

2008年,印度入境过夜旅游者人数为5283千人次;2009年下降到5168千人次,较上年负增长2.18%。2010—2014年,印度入境过夜旅游者人数持续不断增长,从2010年的5776千人次增长到2014年的7679千人次,增长了32.95%;2014年较2013年增长10.20%。

表7-43 2008—2014年印度入境旅游人数

单位:千人次

	2008年	2009年	2010年	2011年	2012年	2013年	2014年
入境旅游人数	5373	5295	5881	—	—	—	—
过夜旅游者	5283	5168	5776	6309	6578	6968	7679
一日游游客	90	127	105	—	—	—	—
邮船乘客	90	127	105	—	—	—	—

(二)入境旅游收入

2008年,印度入境旅游收入为11 832百万美元;2009年下降到11 136百万美元,较上年负增长5.88%。2010—2014年,印度入境旅游收入持续不断增长,从2010年的14 490百万美元增长到2014年的19 700百万美元,增长了35.96%;2014年较2013年增长7.08%。

2008年,印度入境游客交通收入为630百万美元;2012年为368百万美元;2013年为645百万美元,较上年增长75.27%;2014年较上年增长63.72%,达到1056百万美元。

表 7-44 2008—2014 年印度入境旅游收入

单位:百万美元

	2008 年	2009 年	2010 年	2011 年	2012 年	2013 年	2014 年
总收入	12 462	—	—	—	18 340	19 042	20 756
入境旅游收入	11 832	11 136	14 490	17 708	17 972	18 397	19 700
入境游客交通收入	630	—	—	—	368	645	1056

（三）入境旅游客源结构

2008—2014 年,印度入境过夜旅游者中,欧洲游客最多。2011 年印度入境过夜旅游者中,欧洲游客占 34.44%,美洲游客占 20.62%,东亚太游客占 19.50%,南亚游客占 18.07%;2012 年欧洲游客的比例为 34.01%,美洲游客的比例为 20.67%,东亚太游客的比例为 20.10%,南亚游客的比例为 17.80%;2013 年欧洲游客的比例为 33.51%,东亚太游客的比例为 20.68%,美洲游客的比例为 20.25%,南亚游客的比例为 17.44%;2014 年欧洲游客的比例为 30.76%,东亚太游客的比例为 19.78%,美洲游客的比例为 19.00%,南亚游客的比例为 22.07%。

表 7-45 2008—2014 年印度入境旅游人数（按地区分）

单位:千人次

地 区	2008 年	2009 年	2010 年	2011 年	2012 年	2013 年	2014 年
非 洲	136	159	197	224	251	262	268
美 洲	1071	1098	1237	1301	1360	1411	1459
欧 洲	1956	1869	2035	2173	2237	2335	2362
东亚太	866	865	1063	1230	1322	1441	1519
南 亚	1052	1001	1047	1140	1171	1215	1695
中 东	166	159	183	221	231	285	357

2014 年,印度前十八位入境旅游客源国家依次是:美国、孟加拉国、英国、斯里兰卡、俄罗斯、加拿大、马来西亚、法国、澳大利亚、德国、日本、中国、新加坡、尼泊尔、泰国、阿富汗、韩国、巴基斯坦。其中,来自美国、孟加拉国和英国的游客占印度入境旅游人数的 37.76%。2013—2014 年,各主要客源国家前往印度的入境旅游人数增长率最高的是孟加拉国(79.56%)。

表 7-46　2008—2014 年印度入境旅游人数（按游客所在国家分）

排名	国家	入境旅游人数（千人次）			市场份额（%）		增长率（%）
		2008 年	2013 年	2014 年	2013 年	2014 年	2013—2014 年
1	美国	804.93	1085.31	1118.98	15.58	14.57	3.10
2	孟加拉国	541.88	524.92	942.56	7.53	12.27	79.56
3	英国	776.53	809.44	838.86	11.62	10.92	3.63
4	斯里兰卡	218.81	262.35	301.60	3.77	3.93	14.96
5	俄罗斯	91.10	259.12	269.83	3.72	3.51	4.13
6	加拿大	222.36	255.22	268.49	3.66	3.50	5.20
7	马来西亚	115.79	242.65	262.03	3.48	3.41	7.99
8	法国	207.80	248.38	246.10	3.56	3.20	-0.92
9	澳大利亚	146.21	218.97	239.76	3.14	3.12	9.50
10	德国	204.34	252.00	239.11	3.62	3.11	-5.12
11	日本	145.35	220.28	219.52	3.16	2.86	-0.35
12	中国	98.09	174.71	181.02	2.51	2.36	3.61
13	新加坡	97.85	143.03	150.73	2.05	1.96	5.39
14	尼泊尔	78.13	113.79	126.42	1.63	1.65	11.10
15	泰国	58.07	117.14	121.36	1.68	1.58	3.61
16	阿富汗	32.44	111.37	115.57	1.60	1.50	3.77
17	韩国	79.80	112.62	106.87	1.62	1.39	-5.10
18	巴基斯坦	85.53	111.79	96.43	1.60	1.26	-13.74

注：按 2014 年数据排名。

（四）入境旅游方式

2008—2014 年,乘坐飞机入境印度的过夜旅游者人数从 2008 的 4707 千人次增长到 2014 年 6612 千人次,增长了 40.47%;经由公路入境的过夜旅游者人数从 2008 的 539 千人次增长到 2014 年的 1037 千人次,增长了 92.39%。

印度入境过夜旅游者中,乘坐飞机入境的游客最多。2011 年印度入境过夜旅游者中,乘坐飞机入境的游客占 92.01%,经由公路入境的游客占 7.20%;2012 年乘坐飞机入境的游客比例为 91.70%,经由公路入境的游客比例为 7.60%;2013 年乘坐飞机入境的游客比例为 91.00%,经由公路入境的游客比例上升到 8.50%;2014 年乘坐飞机入境的游客比例为 86.10%,经由公路入境的游客比例上升到 13.50%。

表 7-47 2008—2014 年印度入境旅游人数（按入境旅游方式分）

单位：千人次

入境旅游方式	2008 年	2009 年	2010 年	2011 年	2012 年	2013 年	2014 年
飞　机	4707	4642	5302	5804	6032	6341	6612
公　路	539	473	434	454	500	592	1037
船　舶	37	53	40	50	46	35	31

（五）入境旅游目的

2008—2013 年，印度入境过夜旅游者中，娱乐、休闲和度假旅游者人数高于商务和专业活动旅游者人数。娱乐、休闲和度假旅游者人数从 2008 年的 3724 千人次增长到 2013 年的 3916 千人次，增长了 5.16%；商务和专业活动旅游者人数从 2008 年的 1558 千人次增长到 2013 年的 1693 千人次，增长了 8.66%。

2011 年印度入境过夜旅游者中，娱乐、休闲和度假旅游者占 77.51%，商务和专业活动旅游者占 22.49%；2012 年娱乐、休闲和度假旅游者的比例下降到 54.30%，商务和专业活动旅游者的比例为 22.50%；2013 年娱乐、休闲和度假旅游者的比例上升到 56.20%，商务和专业活动旅游者的比例上升到 24.30%。

表 7-48 2008—2013 年印度入境旅游人数（按入境旅游目的分）

单位：千人次

入境旅游目的	2008 年	2009 年	2010 年	2011 年	2012 年	2013 年
娱乐、休闲和度假	3724	4267	4915	4890	3572	3916
商务和专业活动	1558	901	861	1419	1480	1693
其　他	—	—	—	—	1526	1359

二、出境旅游概况

（一）出境旅游人数

2008—2014 年，印度出境过夜旅游者人数持续不断增长，从 2008 年的 10 868 千人次增长到 2014 年的 18 330 千人次，增长了 68.66%；2014 年较 2013 年增长 10.25%。

（二）出境旅游花费

2008—2014 年，印度出境旅游花费总体上有所增长，从 2008 年的 9606 百万美元增长到 2014 年的 14 596 百万美元，增长了 51.95%。2009 年为 9310 百万美元，较 2008 年负增长 3.08%；2010 年增长到 10 490 百万美元，较上年增长 12.67%；2011 年继续增长，达到 13 699 百万美元，较上年增长 30.59%；2012 年下降到 12 342 百万美元，负增长 9.91%；

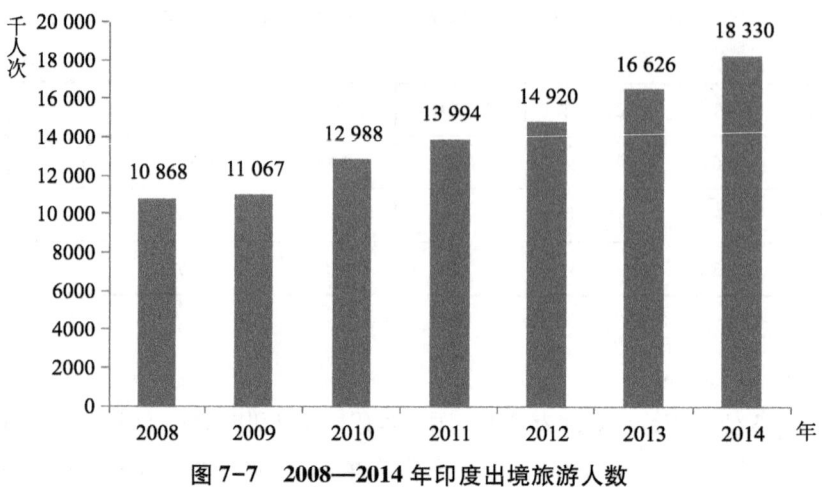

图 7-7　2008—2014 年印度出境旅游人数

2013 年继续下降,为 11 571 百万美元,较 2012 年负增长 6.25%;2014 年较上年明显增长,增长率为 26.14%,达到 14 596 百万美元。

2008 年,印度出境交通花费为 2477 百万美元;2012 年为 1765 百万美元;2013 年为 2269 百万美元,较 2012 年增长 28.56%;2014 年达到 2897 百万美元,较上年增长 27.68%。

表 7-49　2008—2014 年印度出境旅游花费

单位:百万美元

	2008 年	2009 年	2010 年	2011 年	2012 年	2013 年	2014 年
总花费	12 083	—	—	—	14 107	13 840	17 493
出境旅游花费	9606	9310	10 490	13 699	12 342	11 571	14 596
出境交通花费	2477	—	—	—	1765	2269	2897

(三)出境旅游目的地

印度游客出境主要旅游目的地国家和地区有泰国、新加坡、沙特阿拉伯、巴林、科威特、美国、中国、马来西亚、中国香港和英国等。2013 年,印度出境旅游目的地国家中,泰国排在第一位(1 050 889 人次),新加坡排在第二位(1 013 049 人次),沙特阿拉伯排在第三位(1 006 229 人次)。2014 年,新加坡、沙特阿拉伯、巴林、科威特、美国、马来西亚、中国香港、英国接待印度游客人数较 2013 年均有不同程度的增长。

表 7-50　2010—2014 年印度游客出境主要旅游目的地

单位:人次

排名	国家/地区	游客类型	2010 年	2011 年	2012 年	2013 年	2014 年
1	泰　国	TFN	760 371	914 971	1 013 308	1 050 889	932 603

续表

排名	国家/地区	游客类型	2010年	2011年	2012年	2013年	2014年
2	新加坡	VFN	907 350	949 698	980 479	1 013 049	1 018 388
3	沙特阿拉伯	TFN	389 116	758 234	1 075 459	1 006 229	1 193 412
4	巴林	VFN	—	837 514	963 194	966 306	1 046 996
5	科威特	VFN	751 059	789 694	826 526	917 539	999 947
6	美国	TFR	650 935	663 465	724 433	859 156	962 133
7	中国	VFN	549 321	606 474	610 194	676 682	—
8	马来西亚	TFR	690 849	693 056	691 271	650 989	770 108
9	中国香港	VFR	530 910	498 063	414 158	434 648	516 084
10	英国	VFR	371 000	356 000	339 400	373 000	390 000

注：按2013年数据排名。

第七节　伊　朗

伊朗全称是伊朗伊斯兰共和国（The Islamic Republic of Iran），位于亚洲西南部，同土库曼斯坦、阿塞拜疆、亚美尼亚、土耳其、伊拉克、巴基斯坦和阿富汗相邻，南濒波斯湾和阿曼湾，北隔里海与俄罗斯和哈萨克斯坦相望，素有"欧亚陆桥"和"东西方空中走廊"之称。面积为163.6万平方千米。属大陆性气候，冬冷夏热，大部分地区干燥少雨。伊朗盛产石油，是世界第二大石油生产国、欧佩克第二大石油输出国。2014年全国人口约为7847万，国内生产总值（GDP）为4153亿美元。

伊朗是具有四五千年历史的文明古国，史称"波斯"，自然地理和古代文明遗产丰富。主要的旅游地区有：德黑兰、伊斯法罕、设拉子、亚兹德、克尔曼沙阿、马什哈德。

表7-51　2014年伊朗旅游业经济影响评估

指　标	总　数	占全国的比例(%)	增长预测(%)
GDP(百万美元)	8239.4	2.2	5.7
雇佣人数(千人)	414.7	1.9	3.9

注：本表为估计值。

一、入境旅游概况

（一）入境旅游人数

2008—2014年，伊朗入境旅游人数持续快速增长，从2008年的2034千人次增长到

2014 年的 4967 千人次,增长了 144.20%。2010—2013 年,伊朗每年入境旅游人数增长率在 14%~39%,其中,2013 年较 2012 年的增长率为 24.39%;2014 年增速放缓,较 2013 年增长 4.15%。

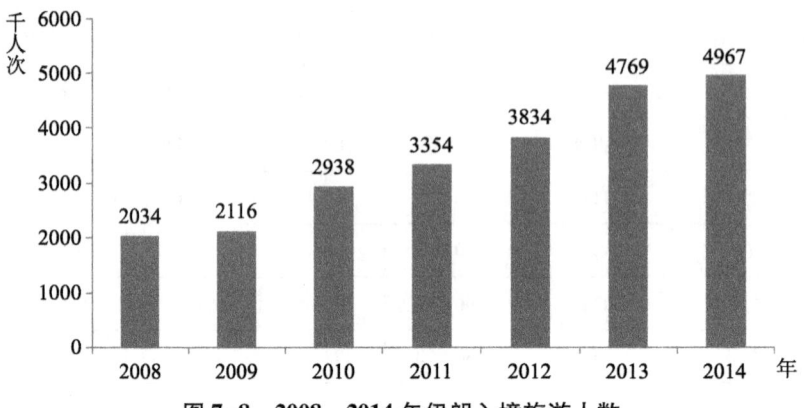

图 7-8 2008—2014 年伊朗入境旅游人数

注:此处入境旅游人数包括过夜旅游者和一日游游客。

(二)入境旅游收入

2008—2010 年,伊朗入境旅游收入连年增长,从 2008 年的 1737 百万美元增长到 2010 年的 2438 百万美元,增长了 40.36%。2011 年下降到 2350 百万美元,负增长 3.61%;2012 年下降到 1114 百万美元,较 2011 年负增长 52.60%;2013 年较上年有所回升,增长到 1294 百万美元,增长率为 16.16%。

2008—2011 年,伊朗入境游客交通收入连年下降,从 2008 年的 241 百万美元下降到 2011 年的 139 百万美元,负增长 42.32%;2012 年和 2013 年连续增长,分别较上年增长 66.91% 和 31.03%,2013 年伊朗入境游客交通收入达到 304 百万美元。

表 7-52 2008—2013 年伊朗入境旅游收入

单位:百万美元

	2008 年	2009 年	2010 年	2011 年	2012 年	2013 年
总收入	1978	2259	2631	2489	1346	1598
入境旅游收入	1737	2055	2438	2350	1114	1294
入境游客交通收入	241	204	193	139	232	304

(三)入境旅游客源结构

2009—2011 年,伊朗入境旅游者中,欧洲地区游客最多,其次是中东地区游客,排在第三位的是南亚地区游客,东亚太地区游客排在第四位;2012—2014 年,伊朗入境旅游者中,中东地区游客数量超过欧洲地区,排在第一位,欧洲地区、南亚地区、东亚太地区游客数量分别位列第二位至第四位。2011 年,伊朗入境旅游者中,欧洲游客占 43.95%,中东游客占 23.32%,南亚游客占 12.73%,东亚太游客占 1.58%;2012 年,伊朗入境旅游者中,中东游客比例上升到 34.77%,欧洲游客比例下降到 34.64%,南亚游客比例上升到 14.03%,东亚太游客比例上升到 2.40%;2013 年,伊朗入境旅游者中,中东游客比例上升到 41.46%,欧洲游客比例上升到 37.32%,南亚游客比例为 13.02%,东亚太游客比例为 2.62%;2014 年,伊朗入境旅游者中,中东游客比例下降到 39.92%,欧洲游客比例上升到 38.61%,南亚游客比例为 14.25%,东亚太游客比例为 2.96%。

表 7-53　2009—2014 年伊朗入境旅游人数(按地区分)

单位:千人次

地区	2009 年	2010 年	2011 年	2012 年	2013 年	2014 年
非洲	4	6	7	12	17	19
美洲	6	7	6	6	7	9
欧洲	856	1172	1474	1328	1780	1918
东亚太	28	34	53	92	125	147
南亚	314	413	427	538	621	708
中东	519	740	782	1333	1977	1983

2014 年,伊朗前十位入境旅游客源国依次是:伊拉克、阿塞拜疆、阿富汗、土耳其、土库曼斯坦、巴基斯坦、沙特阿拉伯、科威特、巴林、印度。来自伊拉克和阿塞拜疆的游客占伊朗入境旅游人数的 53.17%。2013—2014 年,在主要的入境旅游客源国中,除来自伊拉克的游客数量有所下降外,其他主要客源国入境游客人数均出现不同程度的增长。

表 7-54　2009—2014 年伊朗入境旅游人数(按游客所在国家分)

排名	国家	入境旅游人数(千人次)			市场份额(%)		增长率(%)
		2009 年	2013 年	2014 年	2013 年	2014 年	2013—2014 年
1	伊拉克	440.99	1603.92	1543.59	33.63	31.07	-3.76
2	阿塞拜疆	383.59	1077.71	1097.69	22.60	22.10	1.85
3	阿富汗	175.16	392.56	423.77	8.23	8.53	7.95
4	土耳其	299.83	391.28	407.36	8.21	8.20	4.11
5	土库曼斯坦	80.53	169.62	215.67	3.56	4.34	27.15
6	巴基斯坦	115.46	151.47	200.16	3.18	4.03	32.14
7	沙特阿拉伯	14.60	155.20	172.09	3.25	3.46	10.89
8	科威特	16.30	81.65	89.74	1.71	1.81	9.92
9	巴林	—	60.57	86.57	—	1.74	42.92
10	印度	22.28	70.71	75.82	1.48	1.53	7.23

注:按 2014 年数据排名。

(四)入境旅游方式

2008—2013年,伊朗入境旅游者中,经由公路入境的游客数量最多,乘坐飞机入境的游客数量排在第二位,乘坐船舶入境的游客数量排在第三位,乘坐火车入境的游客数量最少。2011年伊朗入境旅游者中,经由公路入境的游客占80.17%,乘坐飞机入境的游客占19.00%,乘坐船舶入境的游客占0.81%;2012年经由公路入境的游客比例下降到76.88%,乘坐飞机入境的游客比例上升到22.49%,乘坐船舶入境的游客比例下降到0.50%;2013年经由公路入境的游客比例下降到73.12%,乘坐飞机入境的游客比例上升到26.27%,乘坐船舶入境的游客比例为0.59%;2014年经由公路入境的游客比例下降到67.04%,乘坐飞机入境的游客比例上升到30.56%,乘坐船舶入境的游客比例为0.58%。可见,伊朗入境旅游者中,经由公路入境的游客比例呈下降态势,而乘坐飞机入境的游客比例呈上升态势。

表7-55 2008—2014年伊朗入境旅游人数(按入境旅游方式分)

单位:千人次

入境旅游方式	2008年	2009年	2010年	2011年	2012年	2013年	2014年
飞机	730	635	636	637	862	1253	1518
火车	—	2	2	1	5	1	—
公路	1282	1464	2281	2688	2947	3487	3330
船舶	22	15	19	27	19	28	29

二、出境旅游概况

(一)出境旅游人数

2014年,伊朗出境旅游总人数为7698千人次。

(二)出境旅游花费

2008—2011年,伊朗出境旅游花费连年增长,从2008年的7566百万美元增长到2011年的9778百万美元,增长了29.24%。2012年下降到6550百万美元,较2011年负增长33.01%。2013年有所回升,增长到7258百万美元,较上年增长10.81%。

2008年,伊朗出境交通花费为704百万美元;2009年下降到698百万美元,负增长0.85%;2010年增长到915百万美元,较2009年增长31.09%;2011年下降到780百万美元,较上年负增长14.75%;2012年增长到967百万美元,较2011年增长23.97%;2013年较上年增长7.45%,达到1039百万美元。

表7-56 2008—2013年伊朗出境旅游花费

单位:百万美元

	2008年	2009年	2010年	2011年	2012年	2013年
总花费	8270	8503	10 570	10 558	7517	8297

续表

	2008年	2009年	2010年	2011年	2012年	2013年
出境旅游花费	7566	7805	9655	9778	6550	7258
出境交通花费	704	698	915	780	967	1039

(三) 出境旅游目的地

伊朗游客出境主要旅游目的地国家有土耳其、伊拉克、沙特阿拉伯、亚美尼亚、阿塞拜疆、中国、格鲁吉亚、马来西亚、科威特和印度等。2013年伊朗出境旅游目的地国家中，土耳其排在第一位(1 196 801人次)，伊拉克排在第二位(787 195人次)，沙特阿拉伯排在第三位(541 237人次)。2014年，土耳其、沙特阿拉伯、科威特、印度接待伊朗游客人数较2013年均有一定程度的增长。

表7-57 2010—2014年伊朗游客出境主要旅游目的地

单位：人次

排名	国家	游客类型	2010年	2011年	2012年	2013年	2014年
1	土耳其	VFN	1 885 097	1 879 304	1 186 343	1 196 801	1 590 664
2	伊拉克	VFN	1 413 792	1 430 908	989 787	787 195	—
3	沙特阿拉伯	TFN	220 051	600 891	429 352	541 237	764 834
4	亚美尼亚	TFR	120 863	154 278	143 208	146 184	145 824
5	阿塞拜疆	VFR	349 960	407 576	283 739	143 579	131 179
6	中国	VFN	116 999	125 077	90 991	88 895	—
7	格鲁吉亚	VFR	21 313	60 191	89 697	85 598	47 929
8	马来西亚	TFR	116 252	139 617	127 404	78 316	72 264
9	科威特	VFN	81 136	72 067	72 432	76 384	76 988
10	印度	TFN	49 265	43 399	40 973	30 527	31 222

注：按2013年数据排名。

第八章 大洋洲分区旅游市场概况

大洋洲位于太平洋西南部和南部、赤道南北的广大海域,西北与亚洲为邻,东北及东部与美洲大陆相对,西部濒临印度洋,南部与南极洲相望。陆地面积约为897万平方千米,人口约3300万(2014年)。属热带、亚热带气候。洲内以澳大利亚和新西兰的旅游业最为发达。

依据世界旅游组织的划分方法,大洋洲分区包括美属萨摩亚、澳大利亚、库克群岛(新)、斐济、法属波利尼西亚、关岛、基里巴斯、马绍尔群岛、密克罗尼西亚、北马里亚纳群岛、新喀里多尼亚(法)、新西兰、纽埃(新)、帕劳群岛、巴布亚新几内亚、萨摩亚、所罗门群岛、汤加、图瓦卢和瓦努阿图共20个国家,但本章的大洋洲分区旅游市场概况分析只包括澳大利亚、库克群岛(新)、斐济、法属波利尼西亚、新喀里多尼亚(法)、新西兰和瓦努阿图。

一、入境旅游概况

(一)入境旅游人数

大洋洲分区最重要的两个旅游目的地是澳大利亚和新西兰,2014年接待入境旅游人数分别为6868千人次和2772千人次。2008—2014年,澳大利亚、新西兰、斐济、库克群岛(新)、瓦努阿图、新喀里多尼亚(法)入境旅游人数均有一定程度的增长。

表8-1 2008—2014年大洋洲分区各国家/地区入境旅游人数

单位:千人次

排名	国家/地区	2008年	2009年	2010年	2011年	2012年	2013年	2014年
1	澳大利亚	5586	5490	5790	5771	6032	6382	6868
2	新西兰	2371	2373	2435	2511	2473	2629	2772
3	斐济	585	542	632	675	661	658	693
4	法属波利尼西亚	196	160	154	163	169	164	181
5	库克群岛(新)	95	101	104	113	122	121	121
6	瓦努阿图	91	101	97	94	108	110	109
7	新喀里多尼亚(法)	104	99	99	112	112	108	107

注:①此处各国家/地区中,澳大利亚入境旅游人数包括过夜旅游者和一日游游客,其他国家/地区入境旅游人数均指过夜旅游者,不包括一日游游客。
②按2014年数据排名。

(二) 入境旅游收入

2014年,澳大利亚以31 948百万美元的入境旅游收入稳居首位;其次是新西兰,为8400百万美元。2008—2013年,澳大利亚、新西兰、斐济、瓦努阿图、库克群岛(新)、新喀里多尼亚(法)入境旅游收入均呈现一定程度的增长。

表8-2　2008—2014年大洋洲分区各国家/地区入境旅游收入

单位:百万美元

排名	国家/地区	2008年	2009年	2010年	2011年	2012年	2013年	2014年
1	澳大利亚	25 119	24 566	28 472	31 556	31 913	31 303	31 948
2	新西兰	5152	5978	6523	7295	7142	7496	8400
3	斐济	645	504	635	724	730	722	—
4	法属波利尼西亚	522	440	405	460	438	458	—
5	瓦努阿图	169	190	217	223	241	287	257
6	库克群岛(新)	105	103	111	150	168	168	175
7	新喀里多尼亚(法)	152	141	129	166	165	168	—

注:此处各国家/地区中,库克群岛(新)入境旅游收入包括入境游客交通收入,其他国家/地区入境旅游收入均不包括入境游客交通收入;斐济、法属波利尼西亚、新喀里多尼亚(法)2014年数据缺失,故按2013年数据排名。

二、出境旅游概况

(一) 出境旅游人数

2014年,大洋洲分区出境旅游人数最多的国家是澳大利亚,为9114千人次,较上年增长了3.95%;其次是新西兰,为2276千人次,较上年增长了3.78%。2008—2014年,澳大利亚、新西兰、斐济、新喀里多尼亚(法)、瓦努阿图出境旅游人数均呈现出明显的增长态势。

表8-3　2008—2014年大洋洲分区各国家/地区出境旅游人数

单位:千人次

排名	国家/地区	2008年	2009年	2010年	2011年	2012年	2013年	2014年
1	澳大利亚	—	6276	7103	7788	8212	8768	9114
2	新西兰	1967	1918	2026	2093	2169	2193	2276
3	斐济	124	125	128	132	132	—	—
4	新喀里多尼亚(法)	112	119	132	124	121	121	124

续表

排名	国家/地区	2008年	2009年	2010年	2011年	2012年	2013年	2014年
5	法属波利尼西亚	—	88	89	84	83	80	79
6	瓦努阿图	19	20	21	22	23	26	26
7	库克群岛(新)	13	12	12	13	12	12	12

注：斐济2013—2014年数据缺失，故按2012年数据排名。

(二)出境旅游花费

2014年，大洋洲分区出境旅游花费最多的两个国家是澳大利亚和新西兰，分别为26 325百万美元和4106百万美元；2008—2013年，新喀里多尼亚(法)、法属波利尼西亚、斐济出境旅游花费有所下降，而澳大利亚、新西兰、瓦努阿图出境旅游花费均呈现不同程度的增长。

表8-4 2008—2014年大洋洲分区国家/地区出境旅游花费

单位：百万美元

排名	国家/地区	2008年	2009年	2010年	2011年	2012年	2013年	2014年
1	澳大利亚	18 749	18 738	22 558	27 371	28 078	28 576	26 325
2	新西兰	3006	2580	3039	3461	3715	3851	4106
3	新喀里多尼亚(法)	168	170	179	176	159	164	—
4	法属波利尼西亚	159	164	160	168	158	156	—
5	斐济	97	94	88	98	92	96	—
6	瓦努阿图	29	24	30	35	37	41	37

注：新喀里多尼亚(法)、法属波利尼西亚、斐济2014年数据缺失，故按2013年数据排名。

第一节 澳大利亚

澳大利亚全称澳大利亚联邦(The Commonwealth of Australia)，位于南太平洋和印度洋之间，由澳大利亚大陆、塔斯马尼亚岛等岛屿和海外领土组成。东濒太平洋的珊瑚海和塔斯曼海，北、西、南三面临印度洋及其边缘海。面积为769.2万平方千米。北部属于热带，大部分属于温带。2014年全国人口约2349万，国内生产总值(GDP)约为14 538亿美元。

澳大利亚被称为是"骑在羊背上的国家"，农牧业十分发达，天然资源非常丰富。澳大利亚旅游资源丰富，著名的旅游城市和景点有悉尼、墨尔本、布里斯班、阿德莱德、珀斯、大堡礁、黄金海岸和达尔文等。

表8-5　2014年澳大利亚旅游业经济影响评估

指　　标	总　　数	占全国的比例(%)	增长预测(%)
GDP(百万美元)	39 043.3	2.6	3.4
雇佣人数(千人)	522.3	4.5	0.8

注:本表为估计值。

一、入境旅游概况

（一）入境旅游人数

2008—2014年,澳大利亚入境旅游人数总体呈上升趋势,从2008年的5586千人次增长到2014年的6868千人次,增长了22.95%。2012年澳大利亚入境旅游人数为6032千人次,较上年增长4.52%;2013年为6382千人次,较上年增长了5.80%;2014年较上年增长7.62%,达到6868千人次。

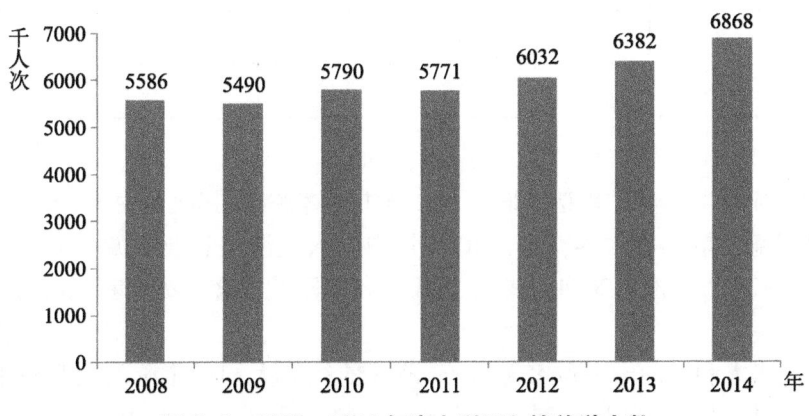

图8-1　2008—2014年澳大利亚入境旅游人数

注:此处入境旅游人数包括过夜旅游者和一日游游客。

（二）入境旅游收入

2008—2014年,澳大利亚入境旅游收入总体上有所增长,从2008年的25 119百万美元增长到2014年的31 948百万美元,增长了27.19%;2014年入境旅游收入较上年增长2.06%。

表8-6　2008—2014年澳大利亚入境旅游收入

单位:百万美元

	2008年	2009年	2010年	2011年	2012年	2013年	2014年
总收入	28 306	26 909	31 064	34 305	34 497	33 575	34 117
入境旅游收入	25 119	24 566	28 472	31 556	31 913	31 303	31 948
入境游客交通收入	3187	2343	2592	2749	2584	2272	2169

(三)入境旅游客源结构

亚太地区是澳大利亚的主要客源地,2013年澳大利亚入境游客中,60.29%来自东亚太地区,22.47%来自欧洲地区,11.38%来自美洲地区,3.49%来自南亚地区,1.11%和1.25分别来自中东地区和非洲地区。2014年澳大利亚入境游客中,60.85%来自东亚太地区,21.49%来自欧洲地区,11.58%来自美洲地区,3.77%来自南亚地区,1.12%和1.19%分别来自中东地区和非洲地区。

表8-7　2008—2014年澳大利亚入境旅游人数(按地区分)

单位:千人次

地区	2008年	2009年	2010年	2011年	2012年	2013年	2014年
非洲	93	82	87	89	82	80	82
美洲	644	671	661	645	683	726	795
东亚太	3244	3120	3404	3447	3650	3848	4179
欧洲	1381	1401	1390	1336	1346	1434	1476
中东	75	65	70	62	63	71	77
南亚	148	151	178	192	209	223	259

2014年,新西兰是澳大利亚的第一大入境旅游客源国,其次是中国,英国和美国分别是澳大利亚的第三和第四大客源国。2014年中国入境澳大利亚旅游的人数较上年增长18.43%,达到839千人次。2014年来自新西兰和中国的游客占澳大利亚所有入境游客的30.30%。

2014年,澳大利亚前十一位客源国家/地区前往澳大利亚旅游的人数较上年都有不同的变化。其中,中国前往澳大利亚的旅游人数增长最快,增长率为18.43%;其次是马来西亚和印度,增长率分别为16.63%和16.49%。

表8-8　2008—2014年澳大利亚入境旅游人数(按游客所在国家/地区分)

排名	国家/地区	入境旅游人数(千人次)			市场份额(%)		增长率(%)
		2008年	2013年	2014年	2013年	2014年	2013—2014年
1	新西兰	1113	1193	1241	18.69	18.08	4.08
2	中国	356	709	839	11.11	12.22	18.43
3	英国	671	656	650	10.28	9.47	−0.86
4	美国	454	501	553	7.85	8.05	10.37
5	新加坡	271	340	372	5.32	5.42	9.52
6	日本	457	324	326	5.08	4.75	0.65

续表

排名	国家/地区	入境旅游人数(千人次)			市场份额(%)		增长率(%)
		2008年	2013年	2014年	2013年	2014年	2013—2014年
7	马来西亚	171	278	324	4.36	4.72	16.63
8	韩国	218	198	204	3.09	2.97	3.30
9	中国香港	144	183	202	2.87	2.94	9.98
10	印度	—	169	197	—	2.86	16.49
11	德国	161	170	187	2.67	2.72	9.63

注:按2014年数据排名。

(四)入境旅游方式

乘坐飞机入境的游客占澳大利亚所有入境旅游者的比例高达99%,在亚太地区排名第一。经由公路和乘坐火车入境的游客几乎没有,乘坐船舶入境的游客仅占极少一部分。

表8-9 2008—2014年澳大利亚入境旅游人数(按入境旅游方式分)

单位:千人次

入境旅游方式	2008年	2009年	2010年	2011年	2012年	2013年	2014年
飞机	5558	5464	5772	5760	6017	6352	6813
船舶	27	26	18	11	16	30	55

(五)入境旅游目的

2008—2014年,澳大利亚入境旅游者中,出于娱乐、休闲和度假目的的旅游者较多,占所有入境游客的比例在44.6%~57.5%,出于商务和专业活动目的入境的旅游者占入境旅游者的比例在21.7%~24.6%。澳大利亚的乡村旅游世界一流,每年都吸引了大批娱乐、休闲和度假旅游者。

2012年娱乐、休闲和度假旅游者的比例为44.9%,商务和专业活动旅游者的比例为23.9%;2013年娱乐、休闲和度假旅游者占45.9%,商务和专业活动旅游者占22.4%;2014年娱乐、休闲和度假旅游者的比例为46.2%,商务和专业活动旅游者的比例为21.7%。

表8-10 2008—2014年澳大利亚入境旅游人数(按入境旅游目的分)

单位:千人次

入境旅游目的	2008年	2009年	2010年	2011年	2012年	2013年	2014年
娱乐、休闲和度假	2655	2586	2696	2576	2709	2930	3171
商务和专业活动	1339	1219	1360	1420	1443	1428	1493
其他	1592	1685	1735	1775	1880	2025	2204

二、出境旅游概况

(一) 出境旅游人数

2009—2014 年,澳大利亚的出境过夜旅游者人数连年增长,从 2009 年的 6276 千人次增长到 2014 年的 9114 千人次,增长了 45.2%。2012 年较上年增长 5.4%,达到 8212 千人次;2013 年较上年增长 6.8%,达到 8768 千人次;2014 年继续增长,达到 9114 千人次,增长率为 3.9%。

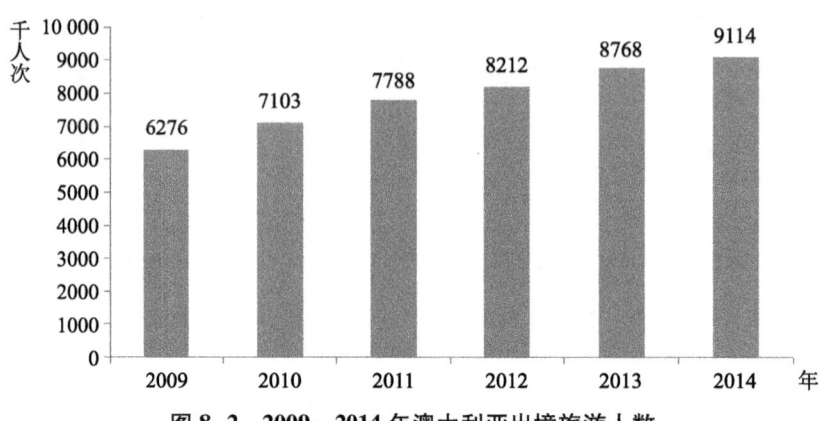

图 8-2　2009—2014 年澳大利亚出境旅游人数

(二) 出境旅游花费

2008—2014 年,澳大利亚出境旅游花费总体上有所增长,从 2008 年的 18 749 百万美元增长到 2014 年的 26 325 百万美元,增长了 40.4%;出境交通花费总体上有所减少,从 2008 年的 5940 百万美元减少到 2014 年的 5538 百万美元,减少了 6.8%。

表 8-11　2008—2014 年澳大利亚出境旅游花费

单位:百万美元

	2008 年	2009 年	2010 年	2011 年	2012 年	2013 年	2014 年
总花费	24 689	22 680	27 851	33 967	35 226	35 198	31 863
出境旅游花费	18 749	18 738	22 558	27 371	28 078	28 576	26 325
出境交通花费	5940	3942	5293	6596	7148	6622	5538

(三) 出境旅游目的地

2013 年,澳大利亚游客出境旅游第一大目的地是新西兰,其次是美国、新加坡、英国、印度尼西亚、泰国、意大利、中国、中国香港和法国。2014 年,新西兰、美国、印度尼西亚接待澳大利亚游客人数较 2013 年均有明显的增长。

表 8-12　2010—2014 年澳大利亚游客出境主要旅游目的地

单位：人次

排名	国家/地区	游客类型	2010 年	2011 年	2012 年	2013 年	2014 年
1	新西兰	VFR	1 119 879	1 156 426	1 155 792	1 218 016	1 247 760
2	美国	TFR	904 247	1 037 852	1 122 180	1 205 060	1 304 172
3	新加坡	VFR	880 558	956 039	1 050 373	1 125 179	1 074 878
4	英国	VFR	986 000	1 093 000	993 000	1 058 000	1 057 000
5	印度尼西亚	TFR	771 792	931 109	961 595	997 984	1 127 582
6	泰国	TFR	702 921	835 719	929 962	906 004	837 497
7	意大利	TCEN	729 960	803 884	820 562	870 857	866 552
8	中国	VFN	661 342	726 184	774 328	723 088	—
9	中国香港	VFR	650 681	644 596	632 462	609 714	603 841
10	法国	TCER		399 030	465 082	538 353	478 732

注：按 2013 年数据排名。

第二节　斐　济

斐济全称是斐济共和国（The Republic of the Fiji），位于西南太平洋中心，由 332 个岛屿组成，其中 106 个有人居住。面积约为 1.8333 万平方千米。属热带海洋性气候，常受飓风袭击，年平均气温 26℃。2014 年全国人口为 88.7 万，国内生产总值（GDP）约为 40 亿美元。

斐济是南太平洋岛国中经济实力较强、经济发展较好的国家，制糖业、旅游业和服装加工业是国民经济的三大支柱。旅游业较发达，是斐济最大的外汇收入来源。到访斐济的游客主要来自澳大利亚、新西兰、北美洲、西欧、日本等国家和地区。

一、入境旅游概况

（一）入境旅游人数

2008—2014 年，斐济入境旅游人数从 2008 年的 627 千人次增长到 2014 年的 781 千人次，增长了 24.6%。其中，2009 年入境旅游人数最少，为 605 千人次。过夜旅游者人数从 2008 年的 585 千人次增长到 2014 年的 693 千人次，增长了 18.5%；一日游游客从 2008 年的 42 千人次增长到 2014 年的 88 千人次，增长了 109.5%。

表 8-13　2008—2014 年斐济入境旅游人数

单位:千人次

	2008 年	2009 年	2010 年	2011 年	2012 年	2013 年	2014 年
入境旅游人数	627	605	692	734	741	768	781
过夜旅游者	585	542	632	675	661	658	693
一日游游客	42	63	60	59	80	110	88
邮船乘客	42	63	60	59	80	110	88

(二)入境旅游收入

2008—2013 年,斐济入境旅游收入呈波动状态,但总体上有所增长,从 2008 年的 645 百万美元增长到 2013 年的 722 百万美元,增长了 11.9%。入境游客交通收入总体上有所下降,从 2008 年的 293 百万美元减少到 2013 年的 249 百万美元,负增长 15.0%。

表 8-14　2008—2013 年斐济入境旅游收入

单位:百万美元

	2008 年	2009 年	2010 年	2011 年	2012 年	2013 年
总收入	938	687	825	955	989	971
入境旅游收入	645	504	635	724	730	722
入境游客交通收入	293	183	190	231	259	249

(三)入境旅游客源结构

斐济入境过夜旅游者中,来自东亚太地区的游客从 2008 年的 431 千人次增长到 2014 年的 562 千人次,增长了 30.4%;来自美洲的游客数量有所下降,从 2008 年的 82 千人次下降到 2014 年的 74 千人次,负增长 9.8%;来自欧洲的游客数量从 2008 年的 63 千人次下降到 2014 年的 47 千人次,负增长 25.4%。

东亚太是斐济最大的客源地区,其次是美洲地区和欧洲地区。2012 年,斐济入境过夜旅游者中,东亚太地区游客占 80.9%,美洲游客占 10.6%,欧洲游客占 7.0%。2013 年,来自东亚太地区的游客比例为 81.0%,来自美洲地区的游客比例为 10.3%,来自欧洲地区的游客比例为 7.0%。2014 年,斐济入境过夜旅游者中,东亚太地区游客占 81.1%,美洲游客占 10.7%,欧洲游客占 6.8%。

表 8-15　2008—2014 年斐济入境旅游人数(按地区分)

单位:千人次

地区	2008 年	2009 年	2010 年	2011 年	2012 年	2013 年	2014 年
美洲	82	65	66	69	70	68	74
东亚太	431	415	504	542	535	533	562

续表

地区	2008年	2009年	2010年	2011年	2012年	2013年	2014年
欧洲	63	55	54	56	46	46	47
南亚	—	—	2	2	3	3	3

2014年斐济前六位入境旅游客源国依次是：澳大利亚、新西兰、美国、中国、英国和加拿大。来自这六个国家的游客人数占斐济入境游客的85.57%。澳大利亚是斐济最大的入境旅游客源国，2014年来自澳大利亚的入境游客为349 217人次，占斐济入境游客的50.42%。2013—2014年，各主要客源国家前往斐济的入境旅游人数增长率最高的是中国（20.96%），其次是新西兰（14.53%）和美国（11.81%）。

表8-16　2008—2014年斐济入境旅游人数（按游客所在国家分）

排名	国家	入境旅游人数（千人次）			市场份额（%）		增长率（%）
		2008年	2013年	2014年	2013年	2014年	2013—2014年
1	澳大利亚	247 608	340 151	349 217	51.72	50.42	2.67
2	新西兰	100 018	108 239	123 968	16.46	17.90	14.53
3	美国	63 667	55 385	61 926	8.42	8.94	11.81
4	中国	—	23 423	28 333	3.56	4.09	20.96
5	英国	33 935	17 209	16 782	2.62	2.42	-2.48
6	加拿大	17 871	13 052	12 457	1.98	1.80	-4.56

注：按2014年数据排名。

（四）入境旅游方式

斐济入境游客选择的入境交通工具只有飞机和船舶。乘坐飞机入境的游客人数从2008年的570千人次增长到2012年的642千人次，增长了12.6%；乘坐船舶入境的游客人数从2008年的15千人次增长到2012年的19千人次，增长了26.7%。2012年，选择乘坐飞机入境的游客占所有入境游客的97.1%，乘坐船舶入境的游客仅占2.9%。2013—2014年数据缺失。

表8-17　2008—2012年斐济入境旅游人数（按入境旅游方式分）

单位：千人次

入境旅游方式	2008年	2009年	2010年	2011年	2012年
飞机	570	528	613	654	642
船舶	15	14	19	21	19

(五)入境旅游目的

2008—2014年,斐济入境过夜旅游者中,出于娱乐、休闲和度假目的的游客数量从2008年的440千人次增长到2014年的526千人次,增长了19.5%;商务和专业活动游客数量从2008年的45千人次减少到2014年的34千人次,减少了24.4%。

出于娱乐、休闲和度假目的的游客占斐济入境游客的绝大部分。2011年入境过夜旅游者中,娱乐、休闲和度假游客占74.5%,商务和专业活动游客占7.1%。2012年娱乐、休闲和度假游客比例保持在74.5%,商务和专业活动游客比例下降到6.2%。2013年娱乐、休闲和度假游客比例下降到73.6%,商务和专业活动游客比例下降到5.3%。2014年娱乐、休闲和度假游客比例上升到75.9%,商务和专业活动游客比例下降到4.9%。

表8-18　2008—2014年斐济入境旅游人数(按入境旅游目的分)

单位:千人次

入境旅游目的	2008年	2009年	2010年	2011年	2012年	2013年	2014年
娱乐、休闲和度假	440	402	473	503	492	484	526
商务和专业活动	45	42	45	48	41	35	34
其他	100	98	114	124	127	139	133

二、出境旅游概况

(一)出境旅游人数

2008—2011年斐济出境过夜旅游者人数一直不断增长,从2008年的124千人次增长到2011年的132千人次,增长了6.5%。其中,2009年为125千人次;2010年增长到128千人次;2011年增长到132千人次,较2010年增长3.1%。2012年与2011年保持相同水平,为132千人次。

(二)出境旅游花费

2008—2013年,斐济出境旅游花费和出境交通花费时涨时落,但均变化不大。出境旅游花费从2008年97百万美元减少到2013年的96百万美元;出境交通花费从2008年的15百万美元减少到2013年的14百万美元。

表8-19　2008—2013年斐济出境旅游花费

单位:百万美元

	2008年	2009年	2010年	2011年	2012年	2013年
总花费	112	107	102	116	111	110
出境旅游花费	97	94	88	98	92	96
出境交通花费	15	13	14	18	19	14

(三)出境旅游目的地

2010—2014年斐济的出境旅游目的地中,澳大利亚持续保持在第一的位置,澳大利亚是斐济最大的出境旅游目的地国家。2013年,斐济游客出境的主要旅游目的地有澳大利亚、新西兰、美国、中国香港、韩国、中国、印度、萨摩亚、新加坡和所罗门群岛。2014年,澳大利亚、美国、中国香港、萨摩亚接待斐济游客人数较2013年均有不同程度的增长。

表8-20 2010—2014年斐济游客出境主要旅游目的地

单位:人次

排名	国家/地区	游客类型	2010年	2011年	2012年	2013年	2014年
1	澳大利亚	VFR	29 650	28 150	27 990	29 840	30 910
2	新西兰	VFR	20 853	21 619	22 432	24 112	23 824
3	美国	TFR	6456	6888	7027	7172	7311
4	中国香港	VFR	5955	5631	5359	5647	6058
5	韩国	VFN	4486	3856	4224	4326	3377
6	中国	VFN	3342	3207	3462	3766	—
7	印度	TFN	2508	2705	2793	2865	2784
8	萨摩亚	VFR	2636	2646	2876	2708	2910
9	新加坡	VFN	1811	1892	2208	2394	2355
10	所罗门群岛	TFR	991	1204	1555	1800	1255

第三节 法属波利尼西亚

法属波利尼西亚(French Polynesia)位于太平洋的东南部,西与库克群岛隔海相望,西北临莱恩群岛。由118个群岛组成,包括社会群岛、土阿莫土群岛、甘比尔群岛、土布艾群岛和马克萨斯群岛等。面积为4167平方千米。属热带雨林气候,年均气温26℃。2014年人口为27.98万。

法属波利尼西亚的传统经济以农业为主,工业基础薄弱,旅游业已成为主要的经济支柱。经济增长主要得益于法国的财政支持和自身旅游业的发展。

一、入境旅游概况

(一)入境旅游人数

2008—2014年,法属波利尼西亚入境过夜旅游者人数时涨时落,其中2008年最多,为196千人次。2011—2013年,入境过夜旅游者人数保持在160千~170千人次。2014年增长到181千人次,较上年增长10.4%。

表8-21 2008—2014年法属波利尼西亚入境旅游人数

单位:千人次

	2008年	2009年	2010年	2011年	2012年	2013年	2014年
入境旅游人数	227	190	179	196	210	214	228
过夜旅游者	196	160	154	163	169	164	181
一日游游客	31	30	25	33	41	50	48

(二)入境旅游收入

2008—2013年,法属波利尼西亚入境旅游收入时涨时落,从2008年的522百万美元下降到2013年的458百万美元,减少了12.3%。2009年入境旅游收入为440百万美元,较上年减少15.7%;2010年较上年减少8.0%,减少到405百万美元;2011年较上年增长13.6%,达到460百万美元;2012年减少到438百万美元,较上年负增长4.8%;2013年有所回升,较上年增长4.6%,达到458百万美元。

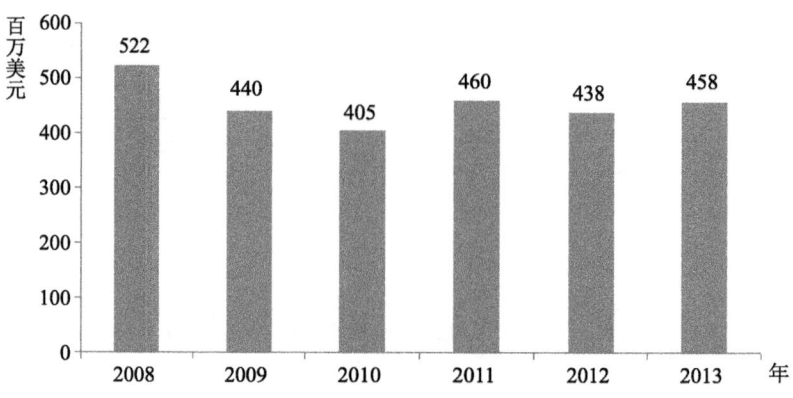

图8-3 2008—2013年法属波利尼西亚入境旅游收入

(三)入境旅游客源结构

2008—2014年,法属波利尼西亚入境过夜旅游者中,来自美洲的游客数量从2008年的71千人次增长到2014年的78千人次,增长了9.9%;来自欧洲的游客数量从2008年的83千人次下降到2014年的62千人次,负增长25.3%;来自东亚太的游客数量从2008年的42千人次下降到2014年的39千人次,负增长7.1%。

2008—2010年,欧洲是法属波利尼西亚最大的客源地区;2011年,欧洲和美洲并列成为法属波利尼西亚最大的客源地区;2012—2014年,美洲超越欧洲并成为法属波利尼西亚最大的客源地区。2013年,法属波利尼西亚入境过夜旅游者中,美洲游客占41.5%,欧洲游客占35.4%,东亚太游客占22.6%。2014年,法属波利尼西亚入境过夜旅游者中,美洲游客占43.1%,欧洲游客占34.3%,东亚太游客占21.5%。

表8-22 2008—2014年法属波利尼西亚入境旅游人数(按地区分)

单位:千人次

地 区	2008年	2009年	2010年	2011年	2012年	2013年	2014年
美 洲	71	52	53	64	67	68	78
东亚太	42	35	33	34	38	37	39
欧 洲	83	73	67	64	63	58	62

2014年法属波利尼西亚前十一位入境旅游客源国/地区依次是:美国、法国、日本、澳大利亚、加拿大、意大利、新西兰、英国、新喀里多尼亚(法)、德国、中国,来自美国和法国的游客占法属波利尼西亚入境游客的52.59%。2013—2014年,在法属波利尼西亚主要的入境旅游客源国中,入境游客人数增长最快的国家是中国,增长率高达74.20%。

表8-23 2008—2014年法属波利尼西亚入境旅游人数(按游客所在国家/地区分)

排名	国家/地区	入境旅游人数(人次)			市场份额(%)		增长率(%)
		2008年	2013年	2014年	2013年	2014年	2013—2014年
1	美 国	54 995	53 480	60 091	32.53	33.27	16.07
2	法 国	42 374	32 946	34 887	20.04	19.32	5.89
3	日 本	18 769	13 175	12 527	8.01	6.94	-4.92
4	澳大利亚	10 228	9167	9315	5.58	5.16	1.61
5	加拿大	7271	7206	9270	4.38	5.13	28.64
6	意大利	13 802	8103	7887	4.93	4.37	-2.67
7	新西兰	6545	6477	7136	3.94	3.95	10.17
8	英 国	4977	3255	4834	1.98	2.68	48.51
9	新喀里多尼亚(法)	3815	3826	4111	2.33	2.28	7.45
10	德 国	39 256	3477	4028	2.12	2.23	15.85
11	中 国	—	1876	3268	—	1.81	74.20

注:按2014年数据排名。

(四)入境旅游方式

由于其特殊的地理位置,前往法属波利尼西亚旅游的所有游客均乘坐飞机入境,因此每年乘坐飞机入境的过夜游客数量均等于当年入境过夜旅游者总数。

(五)入境旅游目的

法属波利尼西亚入境过夜旅游者中,出于娱乐、休闲和度假目的入境的游客数量从

2008年的160千人次下降到2014年的150千人次,负增长6.3%。商务和专业活动游客数量从2008年的15千人次下降到2014年的14千人次,负增长6.7%。

法属波利尼西亚入境过夜旅游者中,绝大多数是出于娱乐、休闲和度假目的。2012年娱乐、休闲和度假游客占81.7%,商务和专业活动游客占7.1%;2013年娱乐、休闲和度假游客的比例上升到82.3%,商务和专业活动游客的比例下降到6.7%;2014年娱乐、休闲和度假游客的比例上升到82.9%,商务和专业活动游客的比例上升到7.7%。

表8-24　2008—2014年法属波利尼西亚入境旅游人数(按入境旅游目的分)

单位:千人次

入境旅游目的	2008年	2009年	2010年	2011年	2012年	2013年	2014年
娱乐、休闲和度假	160	128	123	133	138	135	150
商务和专业活动	15	13	12	12	12	11	14
其他	21	19	19	18	19	18	17

二、出境旅游概况

(一)出境旅游人数

2010—2014年,法属波利尼西亚出境过夜旅游者人数持续不断下降,从2010年的89千人次减少到2014年的79千人次,减少了11.2%。其中,2011年为84千人次,2012年减少到83千人次,2013年减少到80千人次,2014年减少到79千人次。

(二)出境旅游花费

2008—2013年,法属波利尼西亚出境旅游花费呈现明显的波动态势,且总体有所下降。2008年法属波利尼西亚出境旅游花费为159百万美元;2009年增长到164百万美元,增长率为3.1%;2010年下降到160百万美元,较上年负增长2.4%;2011年较上年增长5.0%,达到168百万美元;2012年和2013年连续下降,分别较上年减少6.0%和1.3%。

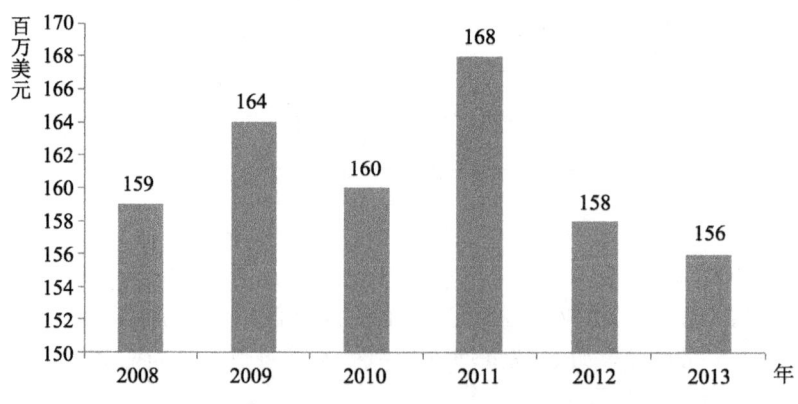

图8-4　2008—2013年法属波利尼西亚出境旅游花费

(三) 出境旅游目的地

2010—2014年，新西兰是法属波利尼西亚的第一大出境旅游目的地，2014年新西兰接待的法属波利尼西亚出境游客人数高达16 320人次，较上年增长了6.14%。2014年，新西兰、美国、澳大利亚、加拿大接待法属波利尼西亚游客人数较2013年均有一定程度的增长。

表8-25　2010—2014年法属波利尼西亚游客出境主要旅游目的地

单位：人次

排名	国家/地区	游客类型	2010年	2011年	2012年	2013年	2014年
1	新西兰	VFR	19 090	16 785	15 552	15 376	16 320
2	美国	TFR	5237	5677	3189	2939	4689
3	新喀里多尼亚（法）	TFR	4940	4935	4258	3946	3371
4	澳大利亚	VFR	3930	3850	3020	2600	2820
5	加拿大	TFR	1201	1371	1139	1141	1225
6	库克群岛（新）	TFR	838	643	622	513	439

注：按2014年数据排名。

第四节　库克群岛（新）

库克群岛（The Cook Islands）位于南太平洋，介于法属波利尼西亚和斐济之间，由15个岛屿和岛礁组成。面积为240平方千米。截至2014年12月，共有人口1.73万。属热带雨林气候，年均气温24℃。

库克群岛主要经济来源是旅游业，新西兰为其最大的入境旅游客源国。

一、入境旅游概况

(一) 入境旅游人数

2008—2012年，库克群岛入境过夜旅游者人数连续不断增长，从2008的95千人次增长到2012年的122千人次，增长了28.4%。2013年较上年略有下降，减少到121千人次；2014年与2013年保持同等水平，均为121千人次。

(二) 入境旅游收入

2008—2014年，库克群岛入境旅游收入总体上有较大幅度的增长，从2008年的105百万美元增长到2014年的175百万美元，增长了66.7%。2009年为103百万美元，较上年减少1.9%；2010年为111百万美元，较上年增长7.8%；2011年增长到150百万美元，

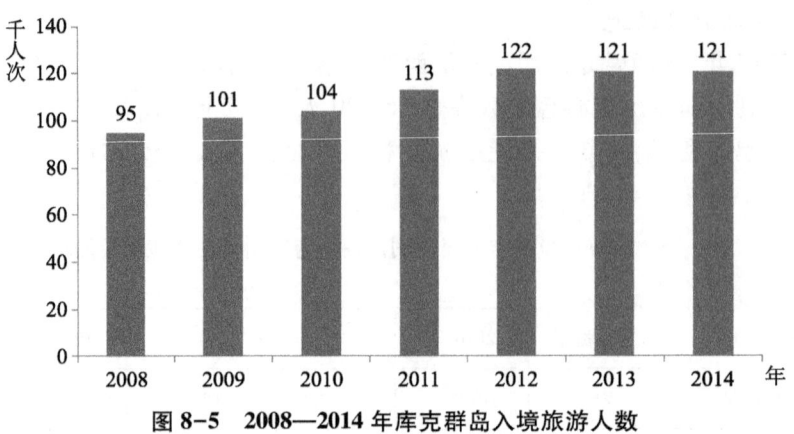

图 8-5　2008—2014 年库克群岛入境旅游人数

较上年增长 35.1%；2012 年较 2011 年增长 12.0%，达到 168 百万美元；2013 年和 2012 年相同，均为 168 百万美元；2014 年增长到 175 百万美元，较上年增长 4.2%。

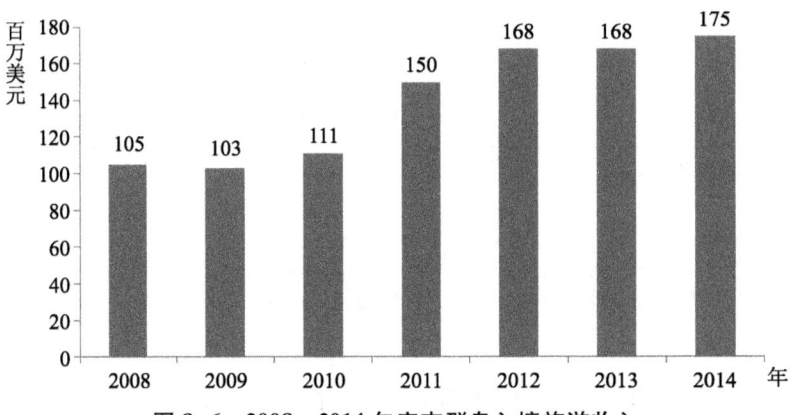

图 8-6　2008—2014 年库克群岛入境旅游收入

注：此处入境旅游收入包括入境游客交通收入。

（三）入境旅游客源结构

2008—2014 年，来自东亚太地区的游客数量从 2008 年的 75 千人次增长到 2014 年的 104 千人次，增长了 38.7%；来自美洲地区的游客数量从 2008 年的 6 千人次增长到 2014 年的 7 千人次，增长了 16.7%；来自欧洲地区的游客数量从 2008 年的 13 千人次下降到 2014 年的 9 千人次，减少了 30.8%。

库克群岛的入境过夜旅游者中，来自东亚太地区的游客最多，其次是来自欧洲地区和美洲地区的游客。2012 年库克群岛入境过夜旅游者中，86.1% 来自东亚太地区，7.4% 来自欧洲地区，5.7% 来自美洲地区；2013 年来自东亚太地区的游客比例下降到 85.1%，来自欧洲地区的游客比例为 7.4%，来自美洲地区的游客比例为 5.8%。2014 年来自东亚太地区的游客比例上升到 86.0%，来自欧洲地区的游客比例为 7.4%，来自美洲地区的游客比例为 5.8%。

表8-26　2008—2014年库克群岛入境旅游人数（按地区分）

单位：千人次

地区	2008年	2009年	2010年	2011年	2012年	2013年	2014年
美洲	6	6	7	7	7	7	7
东亚太	75	82	87	96	105	103	104
欧洲	13	12	10	10	9	9	9

2014年，库克群岛前十位入境旅游客源国家依次是：新西兰、澳大利亚、美国、英国、德国、加拿大、意大利、瑞士、法属波利尼西亚和瑞典。其中，新西兰以占入境游客65.83%的比例成为库克群岛第一大客源国。

表8-27　2008—2014年库克群岛入境旅游人数（按游客所在国家/地区分）

排名	国家/地区	入境旅游人数（人次）			市场份额（%）		增长率（%）
		2008年	2013年	2014年	2013年	2014年	2013—2014年
1	新西兰	61 412	79 125	79 959	65.31	65.83	1.05
2	澳大利亚	11 229	22 802	22 033	18.82	18.14	-3.37
3	美国	3589	4689	4955	3.87	4.08	5.67
4	英国	7135	2959	2748	2.44	2.26	-7.13
5	德国	2215	2226	2224	1.84	1.83	-0.09
6	加拿大	2085	2160	1873	1.78	1.54	-13.29
7	意大利	456	773	926	0.64	0.76	19.79
8	瑞士	518	719	814	0.59	0.67	13.21
9	法属波利尼西亚	1090	513	439	0.42	0.36	-14.42
10	瑞典	—	525	404	0.43	0.33	-23.05

注：按2014年数据排名。

（四）入境旅游目的

2008—2014年，在库克群岛的入境过夜旅游者中，出于娱乐、休闲和度假目的入境的游客数量从2008年的78千人次增长到2014年的105千人次，增长了34.6%；商务和专业活动游客数量从2008年的4千人次下降到2009年、2010年和2011年的3千人次，在2012年又恢复到4千人次，且在2013年和2014年保持不变。

出于娱乐、休闲和度假目的的游客占库克群岛入境过夜旅游者的绝大部分。2012年入境游客中，娱乐、休闲和度假游客占86.1%，商务和专业活动游客占3.3%；2013年娱乐、休闲和度假游客的比例为86.0%，商务和专业活动游客的比例为3.3%；2014年娱乐、休闲和度假游客的比例为86.8%，商务和专业活动游客的比例为3.3%。

表 8-28 2008—2014 年库克群岛入境旅游人数（按入境旅游目的分）

单位：千人次

入境旅游目的	2008 年	2009 年	2010 年	2011 年	2012 年	2013 年	2014 年
娱乐、休闲和度假	78	84	88	97	105	104	105
商务和专业活动	4	3	3	3	4	4	4
其他	13	14	13	13	13	13	13

二、出境旅游概况

（一）出境旅游人数

库克群岛出境过夜旅游者人数在 2008 年为 13 千人次；2009 年下降 1 千人次，较上年减少 7.7%；2010 年和 2009 年相同，均为 12 千人次；2011 年增长 1 千人次，达到 13 千人次；2012—2014 年均保持在 12 千人次。

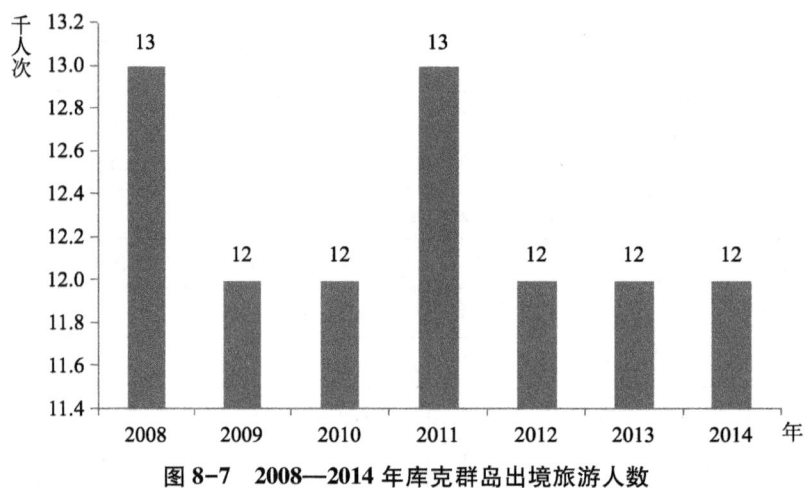

图 8-7 2008—2014 年库克群岛出境旅游人数

（二）出境旅游目的地

库克群岛的第一大出境旅游目的地是新西兰，2010—2014 年库克群岛出境到新西兰的游客人数均在 10 000 人次左右。2014 年，新西兰、澳大利亚、萨摩亚、美国接待库克群岛游客人数较 2013 年均有一定程度的增长。

表 8-29 2010—2014 年库克群岛游客出境主要旅游目的地

单位：人次

排名	国家/地区	游客类型	2010 年	2011 年	2012 年	2013 年	2014 年
1	新西兰	VFR	10 577	11 309	9856	9632	10 096
2	澳大利亚	VFR	2130	1930	1890	2560	2570

续表

排名	国家/地区	游客类型	2010年	2011年	2012年	2013年	2014年
3	萨摩亚	VFR	110	205	212	117	198
4	法属波利尼西亚	TFR	265	284	215	212	191
5	美 国	TFR	66	45	38	55	111

注：按2014年数据排名。

第五节 瓦努阿图

瓦努阿图全称是瓦努阿图共和国（The Republic of Vanuatu），位于太平洋西南部的新赫布里底群岛，由13个主要岛屿和其他一些小岛组成。面积为1.219万平方千米。属热带海洋性气候，年平均气温25.3℃。2014年全国人口约为25.83万人。瓦努阿图经济落后，被联合国列为最不发达国家之一。2014年国内生产总值（GDP）约为8亿美元。

旅游业是瓦努阿图支柱产业之一和最大的外汇收入来源，产值约占国民生产总值的1/3。多数游客来自澳大利亚、新西兰和新喀里多尼亚（法）。主要游览胜地有维拉港、坦纳、马拉库拉和彭特科斯特岛。

一、入境旅游概况

（一）入境旅游人数

2008—2014年，瓦努阿图入境旅游人数总体呈增长态势：过夜旅游者人数从2008年的91千人次增长到2014年的109千人次，增长了19.8%；一日游游客（邮船游客）从2008年的106千人次增长到2014年的220千人次，增长了107.5%。

表8-30 2008—2014年瓦努阿图入境旅游人数

单位：千人次

	2008年	2009年	2010年	2011年	2012年	2013年	2014年
入境旅游人数	197	226	238	249	321	357	329
过夜旅游者	91	101	97	94	108	110	109
一日游游客	106	125	141	155	213	247	220
邮船乘客	106	125	141	155	213	247	220

（二）入境旅游收入

2008—2014年，瓦努阿图入境旅游收入持续增长，从2008年的169百万美元增长到

2013 年的 287 百万美元,增长了 69.8%;2014 年有所下降,减少到 257 百万美元,较上年负增长 10.5%。入境游客交通收入在 2008—2012 年间持续增长,从 2008 年的 19 百万美元增长到 2012 年的 27 百万美元,增长了 42.1%;2013 年和 2014 年稳定在 27 百万美元。

表 8-31　2008—2014 年瓦努阿图入境旅游收入

单位:百万美元

	2008 年	2009 年	2010 年	2011 年	2012 年	2013 年	2014 年
总收入	188	214	242	249	268	314	284
入境旅游收入	169	190	217	223	241	287	257
入境游客交通收入	19	24	25	26	27	27	27

(三)入境旅游客源结构

2008—2014 年,来自东亚太地区的游客数量从 2008 年的 81 千人次增长到 2014 年的 97 千人次,增长了 19.8%;来自欧洲地区的游客数量从 2008 年的 5 千人次增长到 2014 年的 6 千人次,增长了 20.0%;来自美洲地区的游客数量从 2008 年的 3 千人次减少到 2014 年的 2 千人次,减少了 33.3%。

瓦努阿图入境过夜旅游者中,来自东亚太地区的游客最多,其次是来自欧洲地区和美洲地区的游客。2012 年入境过夜旅游者中,90.7% 来自东亚太地区,5.6% 来自欧洲地区,1.9% 来自美洲地区;2013 年来自东亚太地区的游客比例下降到 90.0%,来自欧洲地区的游客比例下降到 5.5%,来自美洲地区的游客比例增长到 2.7%;2014 年来自东亚太地区的游客比例下降到 89.0%,来自欧洲地区的游客比例为 5.5%,来自美洲地区的游客比例下降到 1.8%。

表 8-32　2008—2014 年瓦努阿图入境旅游人数(按地区分)

单位:千人次

地区	2008 年	2009 年	2010 年	2011 年	2012 年	2013 年	2014 年
美洲	3	3	2	2	2	3	2
东亚太	81	91	87	85	98	99	97
欧洲	5	5	5	5	6	6	6

2014 年瓦努阿图前四位入境旅游客源国家依次是:澳大利亚、新西兰、新喀里多尼亚(法)、日本。2014 年来自前四位入境旅游客源国的游客人数占当年入境游客总数的比例为 83.31%,其中,来自澳大利亚的游客人数占当年入境游客总数的比例为 55.91%。

表 8-33　2008—2014 年瓦努阿图入境旅游人数(按游客所在国家/地区分)

排名	国家/地区	入境旅游人数(人次)			市场份额(%)		增长率(%)
		2008 年	2013 年	2014 年	2013 年	2014 年	2013—2014 年
1	澳大利亚	53 251	65 776	60 747	59.74	55.91	-7.65

续表

排名	国家/地区	入境旅游人数(人次)			市场份额(%)		增长率(%)
		2008年	2013年	2014年	2013年	2014年	2013—2014年
2	新西兰	13 916	15 068	16 293	13.68	15.00	8.13
3	新喀里多尼亚(法)	9648	12 515	12 710	11.37	11.70	1.56
4	日本	589	659	763	0.60	0.70	15.78

注：按2014年数据排名。

(四) 入境旅游方式

瓦努阿图入境游客选择的入境交通工具只有飞机和船舶。乘坐飞机入境的游客人数从2008年的90.5千人次增长到2014年的109千人次，增长了20.4%；乘坐船舶入境的游客人数从2008年的106.1千人次增长到2014年的220千人次，增长了107.4%。2014年，乘坐飞机入境的游客人数占当年入境游客总数的比例为33.1%，乘坐船舶入境的游客人数占当年入境游客总数的比例为66.9%。

表8-34　2008—2014年瓦努阿图入境旅游人数(按入境旅游方式分)

单位：千人次

入境旅游方式	2008年	2009年	2010年	2011年	2012年	2013年	2014年
飞 机	90.5	101	97	94	108	110	109
船 舶	106.1	125	141	155	213	247	220

(五) 入境旅游目的

2008—2014年，出于娱乐、休闲和度假目的入境瓦努阿图的游客数量从2008年的70.2千人次增长到2014年的86千人次，增长了22.5%；商务和专业活动游客数量从2008年的10.0千人次减少到2014年的8千人次，减少了20.0%。

出于娱乐、休闲和度假目的的旅游者占瓦努阿图入境游客的绝大部分。2012年入境游客中，娱乐、休闲和度假游客占81.5%，商务和专业活动游客占10.2%；2013年娱乐、休闲和度假游客的比例下降到80.9%，商务和专业活动游客的比例下降到8.2%；2014年娱乐、休闲和度假游客的比例下降到78.9%，商务和专业活动游客的比例下降到7.3%。

表8-35　2008—2014年瓦努阿图入境旅游人数(按入境旅游目的分)

单位：千人次

入境旅游目的	2008年	2009年	2010年	2011年	2012年	2013年	2014年
娱乐、休闲和度假	70.2	85	81	76	88	89	86
商务和专业活动	10.0	9	10	10	11	9	8
其 他	10.4	6	7	8	9	12	15

二、出境旅游概况

(一)出境旅游人数

2008—2012年,瓦努阿图出境过夜旅游者人数持续不断增长,从2008年的19千人次增长到2012年的23千人次,每年较上年增长1千人次。2013年较2012年增长13.0%,达到26千人次;2014年与2013年保持相同水平,仍为26千人次。

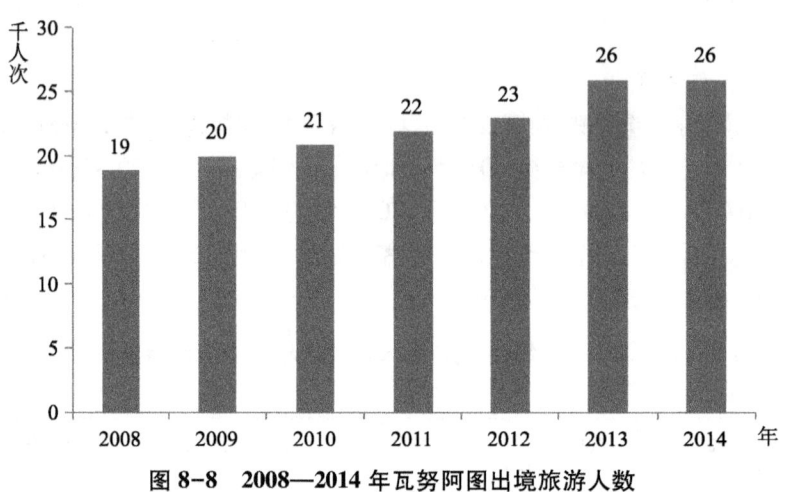

图8-8 2008—2014年瓦努阿图出境旅游人数

(二)出境旅游花费

2008—2014年,瓦努阿图出境旅游花费从2008年的29百万美元增长到2014年的37百万美元,增长了27.6%。2008—2014年,瓦努阿图出境交通花费从2008年的3百万美元增长到2014年的4百万美元,增长了33.3%。

表8-36 2008—2014年瓦努阿图出境旅游花费

单位:百万美元

	2008年	2009年	2010年	2011年	2012年	2013年	2014年
总花费	32	28	34	39	43	46	41
出境旅游花费	29	24	30	35	37	41	37
出境交通花费	3	4	4	4	6	5	4

(三)出境旅游目的地

2013年,澳大利亚、新西兰和新喀里多尼亚(法)是瓦努阿图的前三大出境旅游目的地。2014年,新西兰、中国香港、美国、马来西亚接待瓦努阿图游客人数较2013年均有所增长。

表8-37 2010—2014年瓦努阿图游客出境主要旅游目的地

单位：人次

排名	国家/地区	游客类型	2010年	2011年	2012年	2013年	2014年
1	澳大利亚	VFR	9430	9930	9000	9340	8760
2	新西兰	VFR	4530	4644	4864	5104	5472
3	新喀里多尼亚（法）	TFR	3652	4061	3891	3950	3616
4	所罗门群岛	TFR	405	513	595	804	529
5	中国	VFN	463	503	526	419	—
6	中国香港	VFR	352	312	333	313	394
7	美国	TFR	165	159	195	194	238
8	摩洛哥	TFN	366	403	73	164	3
9	比利时	TCER	23	80	88	140	79
10	马来西亚	TFR	—	82	9	66	89

注：按2013年数据排名。

第六节 新喀里多尼亚（法）

新喀里多尼亚（New Caledonia）位于南太平洋美拉尼西亚岛群。由新喀里多尼亚岛、洛亚蒂群岛、切斯特菲尔德群岛组成。面积约为1.86万平方千米。属热带草原气候，气候温和，年均气温23℃。截至2014年，全国人口为26.6万。

镍矿开采业和旅游业是新喀里多尼亚两大经济支柱，主要工业品和粮食需要进口。近年来旅游业发展迅速。旅游胜地包括努美阿、洛亚蒂、休恩群岛等。

一、入境旅游概况

（一）入境旅游人数

2008—2014年，新喀里多尼亚入境旅游人数总体上呈增长态势，从2008年的256千人次增长到2014年的529千人次，增长了106.6%。2014年较上年增长7.1%。

过夜旅游者人数时涨时落，总体上从2008年的104千人次增长到2014年的107千人次，增长了3千人次。一日游游客从2008年的152千人次增长到2014年的422千人次，增长了177.6%；2014年较2013年增长9.3%。

表 8-38　2008—2014 年新喀里多尼亚入境旅游人数

单位:千人次

	2008 年	2009 年	2010 年	2011 年	2012 年	2013 年	2014 年
入境旅游人数	256	230	282	348	390	494	529
过夜旅游者	104	99	99	112	112	108	107
一日游游客	152	131	183	236	278	386	422
邮船乘客	152	131	183	236	278	386	422

(二)入境旅游收入

2008 年新喀里多尼亚的入境旅游收入为 152 百万美元;2009 年较上年减少 7.2%,减少到 141 百万美元;2010 年较 2009 年减少 8.5%,减少到 129 百万美元;2011 年较上年增长 28.7%,达到 166 百万美元;2012 年略有下降,下降到 165 百万美元;2013 年有所回升,回升到 168 百万美元。

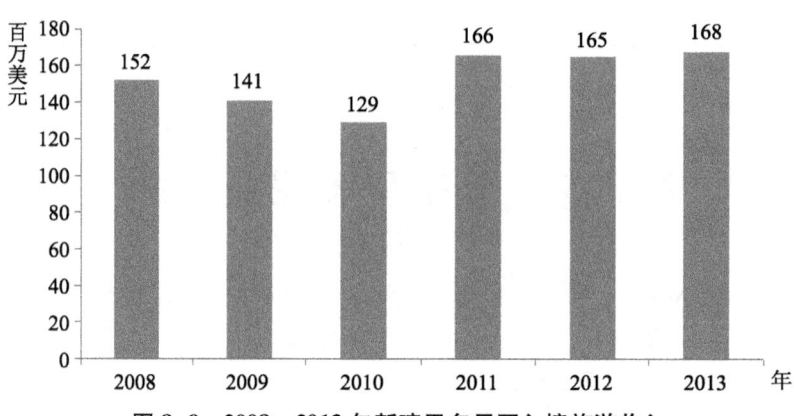

图 8-9　2008—2013 年新喀里多尼亚入境旅游收入

(三)入境旅游客源结构

2008—2014 年,新喀里多尼亚入境过夜旅游者中,来自东亚太地区的游客人数从 2008 年的 64 千人次下降到 2014 年的 62 千人次,减少了 2 千人次;来自欧洲地区的游客人数从 2008 年的 36 千人次增加到 2014 年的 41 千人次,增长了 5 千人次;来自美洲地区的游客人数保持在 2 千~3 千人次。

东亚太地区是新喀里多尼亚最大的入境旅游客源地区,其次是欧洲地区。2012 年,新喀里多尼亚入境过夜旅游者中,东亚太游客占 58.0%,欧洲游客占 38.4%,美洲游客占 2.7%;2013 年东亚太游客的比例减少到 55.6%,欧洲游客的比例增加到 40.7%,美洲游客的比例为 2.8%;2014 年东亚太游客的比例增加到 57.9%,欧洲游客的比例下降到 38.3%,美洲游客的比例为 2.8%。

表 8-39　2008—2014 年新喀里多尼亚入境旅游人数（按地区分）

单位：千人次

地区	2008 年	2009 年	2010 年	2011 年	2012 年	2013 年	2014 年
非洲	1	2	2	2	1	1	1
美洲	3	2	3	3	3	3	3
东亚太	64	63	65	68	65	60	62
欧洲	36	32	29	39	43	44	41

2014 年，新喀里多尼亚前十位入境旅游客源国家依次是：法国、日本、澳大利亚、新西兰、瓦利斯和富图纳（法）、瓦努阿图、法属波利尼西亚、加拿大、韩国、美国。2014 年，来自法国、日本和澳大利亚的游客占新喀里多尼亚入境游客总数的 68.75%。

表 8-40　2008—2014 年新喀里多尼亚入境旅游人数（按游客所在国家/地区分）

排名	国家/地区	入境旅游人数（人次）			市场份额（%）		增长率（%）
		2008 年	2013 年	2014 年	2013 年	2014 年	2013—2014 年
1	法国	31 474	39 183	36 545	36.36	34.09	-6.73
2	日本	20 225	15 674	19 087	14.55	17.81	21.77
3	澳大利亚	18 185	15 722	18 065	14.59	16.85	14.90
4	新西兰	8424	6334	6780	5.88	6.33	7.04
5	瓦利斯和富图纳（法）	6227	6763	6128	6.28	5.72	-9.39
6	瓦努阿图	3136	3950	3616	3.67	3.37	-8.46
7	法属波利尼西亚	4455	3946	3371	3.66	3.14	-14.57
8	加拿大	1475	1511	1305	1.40	1.22	-13.63
9	韩国	1186	2788	1252	2.59	1.17	-55.09
10	美国	915	1016	1107	0.94	1.03	8.96

注：按 2014 年数据排名。

（四）入境旅游方式

2008—2014 年，新喀里多尼亚入境过夜旅游者乘坐的交通工具只有飞机。因此，每年乘坐飞机入境新喀里多尼亚的过夜旅游者人数均等于当年的入境过夜旅游者总数。

（五）入境旅游目的

2008—2014 年，新喀里多尼亚入境过夜旅游者中，娱乐、休闲和度假旅游者人数始终保持在 50 千人次左右；商务和专业活动游客人数从 2008 年的 20 千人次减少到 2014 年的15千人次,减少了25.0%。

2008—2014年,新喀里多尼亚每年接待娱乐、休闲和度假游客人数是商务和专业活动游客人数的2.5~3.6倍。2012年入境过夜旅游者中,娱乐、休闲和度假游客占47.3%,商务和专业活动游客占16.1%;2013年娱乐、休闲和度假游客的比例下降到45.4%,商务和专业活动游客的比例为16.7%;2014年娱乐、休闲和度假游客的比例上升到50.5%,商务和专业活动游客的比例下降到14.0%。

表8-41 2008—2014年新喀里多尼亚入境旅游人数(按入境旅游目的分)

单位:千人次

入境旅游目的	2008年	2009年	2010年	2011年	2012年	2013年	2014年
娱乐、休闲和度假	54	51	50	51	53	49	54
商务和专业活动	20	18	19	20	18	18	15
其他	30	30	30	41	41	41	39

二、出境旅游概况

(一)出境旅游人数

2008—2014年,新喀里多尼亚出境过夜旅游者人数总体上有所增长,从2008年的112千人次增长到2014年的124千人次,增长了10.7%,并在2010年达到最高,为132千人次。2011—2014年,新喀里多尼亚出境过夜旅游者人数先降后升,保持在121千~124千人次。

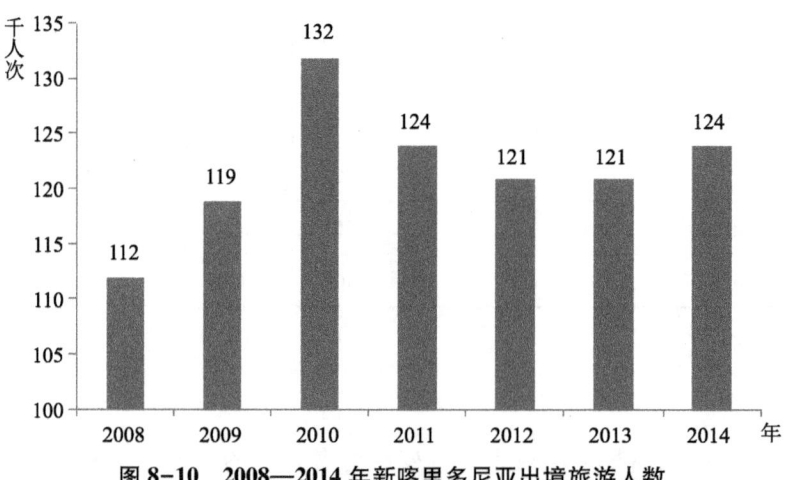

图8-10 2008—2014年新喀里多尼亚出境旅游人数

(二)出境旅游花费

2008年,新喀里多尼亚出境旅游花费为168百万美元;2009年增长到170百万美元;

2010年较上年增长5.3%,达到179百万美元;2011年有所回落,减少到176百万美元;2012年较上年明显下降,减少到159百万美元,较上年负增长9.7%;2013年有所回升,较上年增长5百万美元,达到164百万美元。

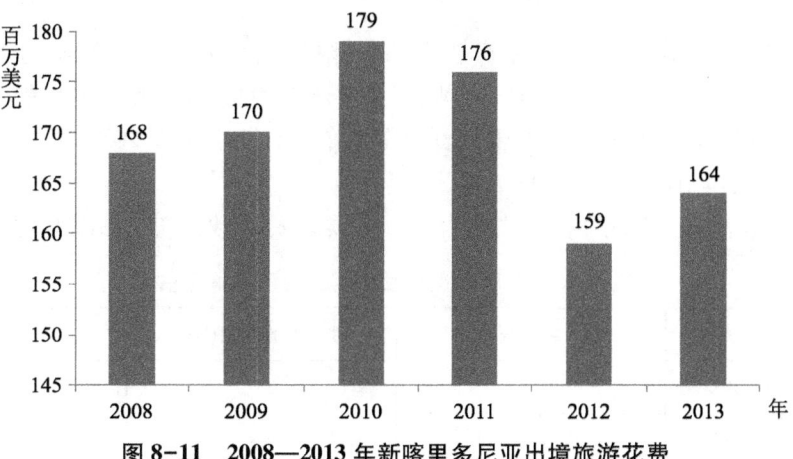

图8-11　2008—2013年新喀里多尼亚出境旅游花费

（三）出境旅游目的地

新喀里多尼亚游客出境主要旅游目的地国家有澳大利亚、新西兰、瓦努阿图等。2014年新喀里多尼亚出境旅游目的地国家中,澳大利亚排在第一位(42 630人次),新西兰排在第二位(17 200人次),瓦努阿图排在第三位(12 710人次)。2014年,澳大利亚、瓦努阿图、法属波利尼西亚、新加坡、美国、波兰、毛里求斯接待新喀里多尼亚游客人数较2013年均有不同程度的增长。

表8-42　2010—2014年新喀里多尼亚游客出境主要旅游目的地

单位:人次

排名	国家/地区	游客类型	2010年	2011年	2012年	2013年	2014年
1	澳大利亚	VFR	45 780	41 970	38 620	38 230	42 630
2	新西兰	VFR	16 148	16 597	16 752	17 280	17 200
3	瓦努阿图	TFR	11 410	11 376	13 138	12 515	12 710
4	法属波利尼西亚	TFR	3940	3946	4022	3826	4111
5	新加坡	VFR	1514	1498	1274	1022	1159
6	加拿大	TFR	749	819	1072	1074	891
7	美国	TFR	782	481	453	735	805
8	波兰	THSR	8	35	74	37	68
9	毛里求斯	TFR	—	—	50	50	64
10	芬兰	TCER	23	34	44	84	61

注:按2014年数据排名。

第七节 新西兰

新西兰(New Zealand)位于太平洋西南部,西隔塔斯曼海与澳大利亚相望,两国相距1600千米。由南岛、北岛、斯图尔特岛及附近一些小岛组成,南、北两岛由库克海峡相隔。面积约为27.05万平方千米。属温带海洋性气候,平均气温夏季20℃左右、冬季10℃左右。截至2014年全国人口为450.97万。

新西兰是经济发达国家,以农牧业为主。气候宜人,风景优美,旅游胜地多。

表8-43 2014年新西兰旅游业经济影响评估

指　标	总　数	占全国的比例(%)	增长预测(%)
GDP(百万美元)	5821.8	3.3	2.3
雇佣人数(千人)	108.2	4.8	1

注:本表为估计值。

一、入境旅游概况

(一)入境旅游人数

2008—2014年,新西兰入境旅游人数和过夜旅游者人数总体呈上升态势:入境旅游人数从2008年的2483千人次增长到2014年的2854千人次,增长了14.9%,其中2014年较上年增长4.0%;过夜旅游者人数从2008年的2371千人次增长到2014年的2772千人次,增长了16.9%,其中2014年较上年增长5.4%。一日游游客和邮船乘客则出现了一定程度的下降。

表8-44 2008—2014年新西兰入境旅游人数

单位:千人次

	2008年	2009年	2010年	2011年	2012年	2013年	2014年
入境旅游人数	2483	2473	2530	2617	2574	2745	2854
过夜旅游者	2371	2373	2435	2511	2473	2629	2772
一日游游客	112	100	95	105	101	116	82
邮船乘客	36	26	19	22	19	35	33

(二)入境旅游收入

2008—2011年,新西兰入境旅游收入连年增长,从2008年的5152百万美元增长到2011年的7295百万美元,增长了41.6%,2011年较上年增长11.8%。2012年较2011年有所减少,负增长2.1%,减少到7142百万美元。2013年和2014年连续增长,分别较上年增长5.0%和12.1%,并在2014年达到最高,为8400百万美元。

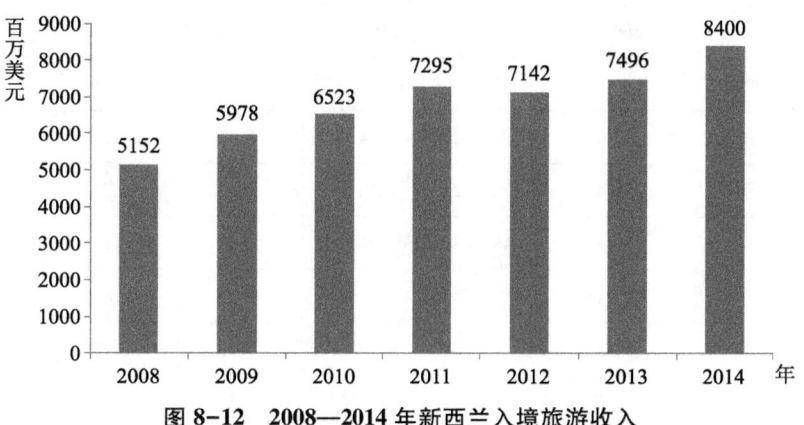

图8-12 2008—2014年新西兰入境旅游收入

(三)入境旅游客源结构

东亚太地区是新西兰主要的入境旅游客源地区。东亚太地区以外,欧洲是最大的客源地区,其次是美洲。2012年,新西兰入境旅游者中,东亚太地区游客占68.2%,欧洲游客占16.1%,美洲游客占9.9%;2013年东亚太游客的比例增加到68.5%,欧洲游客的比例下降到15.6%,美洲游客的比例增加到10.3%;2014年东亚太游客的比例为68.5%,欧洲游客的比例为15.7%,美洲游客的比例为10.5%。

表8-45 2008—2014年新西兰入境旅游人数(按地区分)

单位:千人次

地 区	2008年	2009年	2010年	2011年	2012年	2013年	2014年
非 洲	29	22	20	30	19	18	19
美 洲	296	276	268	269	253	279	300
东亚太	1509	1562	1650	1695	1742	1857	1956
欧 洲	519	492	465	476	411	424	447
中 东	13	15	16	16	13	14	14
南 亚	27	29	33	32	33	35	42

2014年,新西兰十三大入境旅游客源国家/地区及其增长率依次是:澳大利亚(2.44%)、中国(15.70%)、美国(9.48%)、英国(1.45%)、日本(8.82%)、德国(13.04%)、韩国(8.82%)、加拿大(1.26%)、新加坡(10.87%)、印度(20.71%)、马来西亚(8.83%)、中国香港(12.02%)、法国(13.46%)。在13个主要的入境旅游客源国家和地区中,所占市场份额最多的是澳大利亚,占新西兰入境游客总数的43.73%。

表 8-46　2008—2014 年新西兰入境旅游人数（按游客所在国家/地区分）

排名	国家/地区	入境旅游人数（千人次）			市场份额（%）		增长率（%）
		2008 年	2013 年	2014 年	2013 年	2014 年	2013—2014 年
1	澳大利亚	976 200	1 218 016	1 247 760	44.94	43.73	2.44
2	中　国	112 398	228 928	264 864	8.45	9.28	15.70
3	美　国	212 410	201 424	220 512	7.43	7.73	9.48
4	英　国	283 428	191 632	194 416	7.07	6.81	1.45
5	日　本	102 482	74 560	81 136	2.75	2.84	8.82
6	德　国	62 300	69 808	78 912	2.58	2.77	13.04
7	韩　国	79 061	50 992	55 488	1.88	1.94	8.82
8	加拿大	53 267	48 192	48 800	1.78	1.71	1.26
9	新加坡	28 836	42 256	46 848	1.14	1.64	10.87
10	印　度	23 860	30 976	37 392	1.14	1.31	20.71
11	马来西亚	—	28 976	31 536	—	1.11	8.83
12	中国香港	—	28 080	31 456	—	1.10	12.02
13	法　国	—	26 976	30 608	—	1.07	13.46

注：按 2014 年数据排名。

（四）入境旅游方式

新西兰入境旅游者采用的入境方式主要是飞机，乘坐船舶入境的游客只有很少一部分。2008—2014 年，乘坐飞机入境的游客人数从 2008 年的 2408 千人次增长到 2014 年的 2817 千人次，增长了 17.0%。乘坐飞机入境的游客比例始终在 99.0% 左右，乘坐船舶入境的游客仅占 1.0% 左右的比例。

表 8-47　2008—2014 年新西兰入境旅游人数（按入境旅游方式分）

单位：千人次

入境旅游方式	2008 年	2009 年	2010 年	2011 年	2012 年	2013 年	2014 年
飞　机	2408	2420	2488	2568	2532	2672	2817
船　舶	39	28	23	26	23	38	36

（五）入境旅游目的

新西兰入境旅游者中，娱乐、休闲和度假旅游者的比例最高，一直在 45%～48%；商务和专业活动旅游者的比例一直在 12%～14%。2012 年入境旅游者中，娱乐、休闲和度假旅游者占 45.7%，商务和专业活动旅游者的比例为 13.8%；2013 年娱乐、休闲和度假旅游者的比例上升到47.3%,商务和专业活动旅游者的比例为13.6%;2014年娱乐、休闲和度假旅游者的比例为48.0%,商务和专业活动旅游者的比例为13.2%。

表8-48 2008—2014年新西兰入境旅游人数(按入境旅游目的分)

单位:千人次

入境旅游目的	2008年	2009年	2010年	2011年	2012年	2013年	2014年
娱乐、休闲和度假	1184	1185	1214	1217	1167	1281	1369
商务和专业活动	312	330	363	358	353	368	378
其他	951	933	934	1019	1035	1061	1107

二、出境旅游概况

(一) 出境旅游人数

2008—2014年,新西兰出境过夜旅游者人数总体明显增长,从2008年的1967千人次增长到2014年的2276千人次,增长了15.7%;2014年较2013年增长3.8%,达到2276千人次。

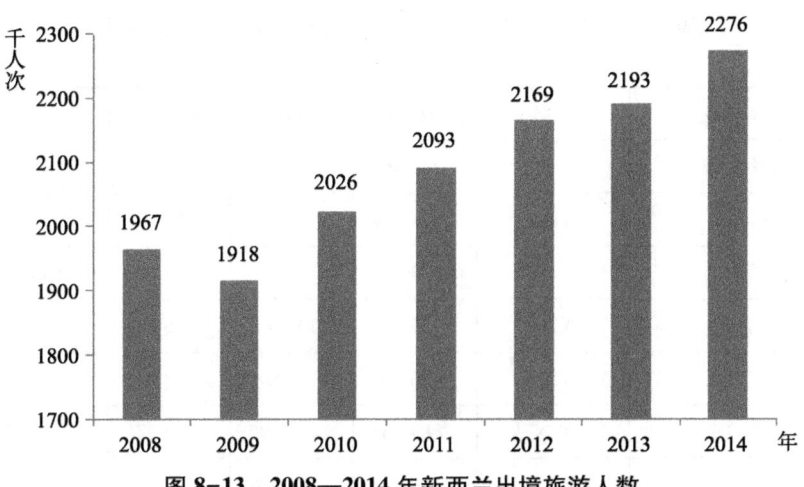

图8-13 2008—2014年新西兰出境旅游人数

(二) 出境旅游花费

2008—2014年,新西兰出境旅游花费总体呈增长态势,从2008年的3006百万美元增长到2014年的4106百万美元,增长了36.6%;2014年较2013年增长6.6%,达到4106百万美元。

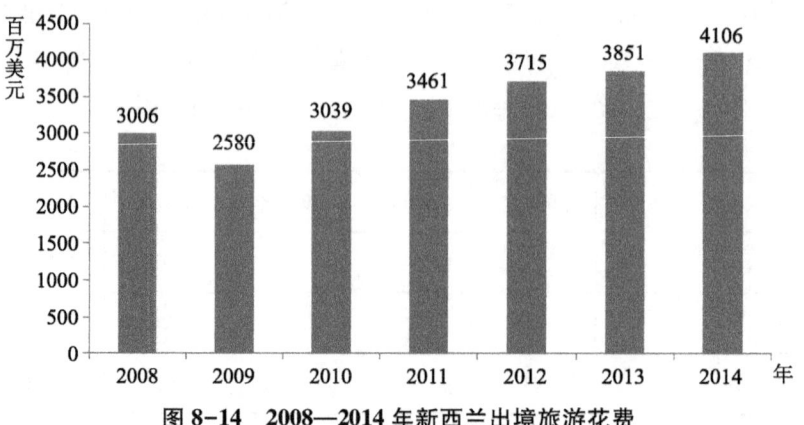

图 8-14 2008—2014 年新西兰出境旅游花费

(三)出境旅游目的地

新西兰游客出境主要旅游目的地国家和地区有澳大利亚、美国、英国、新加坡、中国、泰国、意大利、斐济、中国香港、库克群岛(新)等。2013 年新西兰出境旅游目的地国家中,澳大利亚排在第一位(1 192 810 人次),美国排在第二位(209 136 人次),英国排在第三位(165 000 人次)。2014 年,澳大利亚、美国、英国、意大利、斐济、中国香港、库克群岛(新)接待新西兰游客人数较 2013 年均有不同程度的增长。

表 8-49 2010—2014 年新西兰游客出境主要旅游目的地

单位:人次

排名	国家/地区	游客类型	2010 年	2011 年	2012 年	2013 年	2014 年
1	澳大利亚	VFR	1 145 960	1 156 310	1 184 660	1 192 810	1 241 440
2	美 国	TFR	174 619	188 974	185 706	209 136	263 309
3	英 国	VFR	187 000	188 000	175 400	165 000	196 000
4	新加坡	VFN	109 615	132 464	136 668	137 608	136 366
5	中 国	VFN	116 052	120 898	128 251	128 572	—
6	泰 国	TFN	89 364	101 092	113 871	118 395	108 081
7	意大利	TCEN	106 422	106 208	112 778	115 734	118 498
8	斐 济	TFR	97 857	103 181	106 122	108 239	123 968
9	中国香港	VFR	108 156	103 091	98 370	97 694	100 836
10	库克群岛(新)	TFR	67 487	75 186	82 362	79 125	79 959

注:按 2013 年数据排名。

第三编 欧洲地区

欧洲全称欧罗巴洲，位于东半球的西北部，亚洲的西面。北临北冰洋，西濒大西洋，南隔地中海与非洲相望，东以乌拉尔山脉、乌拉尔河、大高加索山脉、博斯普鲁斯海峡、达达尼尔海峡同亚洲分界，西北隔格陵兰海、丹麦海峡与北美洲相对。面积为1016万平方千米，约占世界陆地总面积的6.8%，仅大于大洋洲，是世界第六大洲。欧洲在地理上习惯分为南欧、西欧、中欧、北欧和东欧五个地区。欧洲是人口密度最大的洲。人口分布相对均匀。绝大多数国家人口密度为50人/平方千米，仅北欧分区相对稀疏。欧洲绝大部分居民是白种人（欧罗巴人种），居民多信奉天主教和基督教。欧洲经济发展水平居各大洲之首。工业、交通运输、商业贸易、金融保险等在世界经济中占重要地位，在科学技术的若干领域内也处于世界较领先地位。欧洲绝大多数国家属于发达国家，其中北欧、西欧和中欧的一些国家经济发展水平最高，南欧、东欧一些国家经济水平相对较低。

依据世界旅游组织的划分方法，这里所指的欧洲地区包括我们一般地理概念上的欧洲，加上土耳其、塞浦路斯、以色列、中亚地区以及高加索地区等国家和地区。具体来说，整个欧洲地区又可分为5个地区，分别为：

北欧分区，包括丹麦、芬兰、冰岛、爱尔兰、挪威、瑞典和英国共7个国家；

西欧分区，包括奥地利、比利时、法国、德国、列支敦士登、卢森堡、摩纳哥、荷兰和瑞士共9个国家；

中东欧分区，包括亚美尼亚、阿塞拜疆、白俄罗斯、保加利亚、捷克、爱沙尼亚、格鲁吉亚、匈牙利、哈萨克斯坦、吉尔吉斯斯坦、拉脱维亚、立陶宛、波兰、摩尔多瓦、罗马尼亚、俄罗斯、斯洛伐克、塔吉克斯坦、土库曼斯坦、乌克兰和乌兹别克斯坦共21个国家；

南欧分区，包括阿尔巴尼亚、安道尔、波斯尼亚和黑塞哥维那、克罗地亚、希腊、意大利、马耳他、黑山、葡萄牙、圣马力诺、塞尔维亚、斯洛文尼亚、西班牙和马其顿共14个国家；

东地中海分区，包括塞浦路斯、以色列和土耳其共3个国家。

第九章 欧洲地区旅游市场概况

2008年,欧洲是受世界经济危机影响最严重的地区,当年接待的国际旅游人数较上一年减少0.04%,占全球份额的53%;国际旅游收入较上一年增长8.8%,占全球份额的50%。北欧和西欧地区受经济危机的严重影响,许多国家出现了负增长,如荷兰(-8%)、法国(-3%)和英国(-2%);德国较上年增长了2%,共同举办世界杯的瑞士(2%)和奥地利(6%),也呈现了积极的发展。中东欧分区的国际旅游人数较上一年增长了3%,其中,保加利亚、乌克兰、吉尔吉斯斯坦、格鲁吉亚和亚美尼亚都出现了两位数的增长率。然而,南欧和地中海欧洲地区的国际旅游人数较上一年减少了3.2%。

2009年,欧洲仍是受世界经济危机影响最严重的区域,国际旅游人数占全球份额的52%,国际旅游收入占全球份额的48%。中东欧地区的旅游深受世界经济危机的影响,有些国家在危机后的恢复上甚至有些困难。一些目的地国家的入境旅游人数仍然呈现出了上升趋势,如匈牙利(2.8%)、瑞典(2.7%)、土耳其(2%)和意大利(1.2%);一些目的地国在陆地上接近客源市场,也呈现出了比欧洲地区平均水平略高的现象,如克罗地亚(-1%)、荷兰(-2%)、德国(-3%)、奥地利(-3%)和瑞士(-4%)。处于欧元区并且入境游客增长依赖于英国的目的地国家增长率较低,如塞浦路斯(-11%)和西班牙(-9%),因为英镑的购买力减弱。

2010年,欧洲地区的国际旅游历经2008年和2009年旅游发展低迷期开始回升,之后一直保持持续增长的趋势,然而其国际旅游的恢复速度却慢于其他地区。其中,2010年欧洲地区的国际旅游人数较上一年增长了5.1%,北欧分区、西欧分区、中东欧分区、南欧/东地中海分区的国际旅游人数均有上升,增长率分别为8.8%、0.5%、3.5%和2.1%。在国际旅游收入方面,2010欧洲的入境旅游收入较上一年还是有所降低,下降率为1.1%。这是国际游客区域内流动的特征,欧洲居民作为欧洲国家主要的入境游客,其消费水平在经历经济危机和经济放缓之后并没有得到显著的改善和提高。

2011年,国际旅游人数方面,欧洲地区的入境旅游者以6%的增长率与亚太旅游市场一起成为国际旅游市场增长最快的地区。尽管欧洲经济极具不稳定性,但2011年欧洲的国际入境旅游人数达到了5.04亿人次。法国作为旅游目的地国家,以795万人次的旅游者人数成为世界第一大旅游目的地国家;其次是西班牙和意大利,入境旅游人数分别为567万人次和461万人次,在前十位的世界旅游目的地中分别排名第四和第五;土耳其以290万人次的国际旅游者人数在前十位世界旅游目的地中排名第六,超过了英国。国际旅游收入方面,欧洲占据了国际旅游收入的最大比例(45%),达4630亿美元,较上一年增加了5%。其中,中东欧分区增长率为8%,等同于南欧/东地中海分区。

2012年,国际旅游人数方面,欧洲尽管面临着经济发展的挑战,其国际入境旅游人数仍继续保持增长,达534百万人次,增长率为3%。其中,西欧的国际入境旅游人数较上一年增加了3%,北欧的增长率仅为1%,南欧/东地中海的增长率为2%。不容否认的是两项国际体育赛事促进了2012年欧洲国际旅游的发展,一项是欧洲足球世锦赛(UEFA),另一项是伦敦夏季奥运会。国际旅游收入方面,欧洲地区仍同2011年一样居于首位,其国际旅游收入份额为43%,达458百万美元,较上一年增长了2%。其中,北欧分区、西欧分区、中东欧分区和南欧/东地中海分区分别占6.7%、14.6%、5.3%和15.9%的比例。

2013年,国际旅游人数方面,欧洲地区的国际入境旅游人数依旧继续增长,增长率为5%,其占有比例在世界入境旅游市场中保持绝对的优势。其中,中东欧分区增长最快,增长率为7%;南欧/东地中海分区增长率为6%;北欧分区保持了与中东欧分区相同的增长率;西欧分区的增长率相对最低,为4%。国际旅游收入方面,欧洲地区的国际旅游收入占据了42.2%的比例,且较2012年增长了4%,达489百万美元。其中,北欧分区、西欧分区、中东欧分区和南欧/东地中海分区分别占6.4%、14.5%、5.2%和16.2%的比例。

2014年,国际旅游人数方面,欧洲地区的入境旅游人数以54%的优势较上一年增长了3%,达582百万人次。其中,北欧分区、西欧分区、中东欧和南欧/东地中海分区分别占6.3%、15.4%、10.7%和19.0%的比例,增长率最快的是南欧/东地中海分区和北欧分区,它们的增长率分别为7%和6%。值得一提的是,法国的入境旅游人数和国际旅游收入仍旧居于世界首位。国际旅游收入方面,欧洲地区占据了41%的份额,国际旅游收入的增长率为4%,达5090亿美元。其中,北欧分区、西欧、中东欧分区和南欧/东地中海欧洲分区分别占6.5%、13.7%、4.6%和16.0%的比例。

第一节 入境旅游概况

一、入境旅游人数

2004—2014年,除2009年国际旅游人数较上一年有轻微下降外,欧洲地区接待的国际旅游人数总体上呈上升趋势,从2005年的453百万人次增长到2014年的581.8百万人次,增长率为28.4%。1990—2014年间,北欧分区的国际旅游人数增长率为150%,西欧分区的国际旅游人数增长率为60.7%,中东欧分区的国际旅游人数增长率为260%,南欧/东地中海分区的国际旅游人数增长率为140%。2014年欧洲地区各分区的国际旅游人数除了中东欧分区外,其他分区的国际旅游人数较上一年均有不同程度的增长。

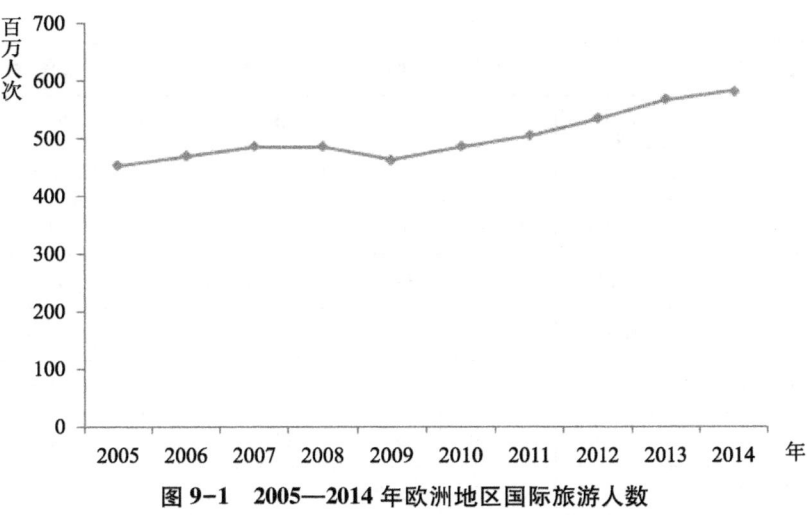

图 9-1　2005—2014 年欧洲地区国际旅游人数

表 9-1　1990—2014 年欧洲地区各分区国际旅游人数

单位：百万人次

地　区	1990 年	1995 年	2000 年	2005 年	2010 年	2011 年	2012 年	2013 年	2014 年
欧　洲	261.5	304.1	385.6	439.4	484.8	504.0	534.4	566.4	581.8
北　欧	28.7	36.4	44.8	59.9	62.8	64	65.1	67.4	71.3
西　欧	108.6	112.2	139.7	141.7	154.4	161.5	167.2	170.8	174.5
中东欧	33.9	58.1	69.3	95.1	98.4	103.9	111.7	127.3	121.1
南欧/东地中海	90.3	98	132.6	156.4	173.3	187	190.4	201	214.9
欧盟 28 国	230.1	268	330.5	367.9	384.3	380.9	412.2	433.8	455.1

资料来源：UNWTO Tourism Highlights 2011—2015.

2008—2014 年，欧洲地区入境旅游人数排名前十位国家的入境旅游人数都有一定程度的增长。增长率最高的是俄罗斯，为 36.9%；其次是土耳其，为 33.7%。在这几年里，法国的入境旅游人数始终排在欧洲地区的第一位，其中在 2014 年入境旅游人数达到最高值，为 83 767 千人次，2009 年、2010 年法国的入境旅游人数较上一年均出现不同程度的下降。

表 9-2　2008—2014 年欧洲地区入境旅游人数前十位的国家

单位：千人次

排名	国　家	2008 年	2009 年	2010 年	2011 年	2012 年	2013 年	2014 年
1	法　国	79 218	76 764	76 647	80 499	81 980	83 634	83 767

续表

排名	国家	2008年	2009年	2010年	2011年	2012年	2013年	2014年
2	波兰	59 935	53 840	58 340	60 745	67 390	72 310	73 750
3	西班牙	57 192	52 178	52 677	56 177	57 464	60 675	64 995
4	意大利	42 734	43 239	43 626	46 119	46 360	47 704	48 576
5	匈牙利	39 554	40 624	39 904	41 304	43 565	43 611	45 984
6	土耳其	31 138	31 760	32 997	36 769	37 715	39 861	41 627
7	德国	24 884	24 220	26 875	28 374	30 411	31 545	32 999
8	英国	30 142	28 199	28 295	29 306	29 282	31 169	32 613
9	俄罗斯	23 676	21 339	22 281	24 932	28 177	30 792	32 421
10	捷克	26 628	23 285	21 941	22 810	25 750	26 332	27 177

注：①此处各国家中，土耳其的入境旅游人数包括过夜旅游者和一日游游客，其他国家的入境旅游人数均指过夜旅游者，不包括一日游游客。

②按2014年数据排名。

二、入境旅游收入

2008—2014年，欧洲地区各分区的国际旅游收入总体上呈上升趋势：北欧分区的国际旅游收入从2008年的702亿美元增长到2014年的808亿美元，增长率为15.1%；西欧分区的国际旅游收入从2008年的1622亿美元增长到2014年的1711亿美元，增长率为5.5%；中东欧分区的国际旅游收入从2008年的578亿美元减少到2014年的577亿美元，负增长率为0.2%；南欧/东地中海分区的国际旅游收入从2008年的1835亿美元增长到2014年的1992亿美元，增长了8.6%。

图9-2　2008—2014年欧洲地区国际旅游收入

表 9-3 2008—2014 年欧洲地区各分区国际旅游收入

单位:10 亿美元

地 区	2008 年	2009 年	2010 年	2011 年	2012 年	2013 年	2014 年
欧　洲	473.7	410.9	406.2	466.7	454	491.7	508.9
北　欧	70.2	58.6	59.2	69.8	67.6	74.8	80.8
西　欧	162.2	143.8	142	161.6	157.9	167.1	171.1
中东欧	57.8	47.4	47.7	56	56.3	60.3	57.7
南欧/东地中海	183.5	161.3	157.4	179.3	172.2	189.5	199.2

资料来源:UNWTO Tourism Highlights 2009—2015.

2008 年和 2009 年,欧洲地区的每人次国际旅游收入分别为 970 美元和 900 美元;2010—2013 年,欧洲地区的每人次国际旅游收入呈波动下降趋势,从 2008 年的 970 美元降低到 2013 年的 870 美元,负增长率为 10.3%;2014 年和 2013 年保持一致,均为 870 美元。2008—2014 年,北欧分区每人次国际旅游收入负增长率为 7.4%,西欧分区每人次国际旅游收入负增长率为 7.5%,中东欧分区每人次国际旅游收入负增长率为 17.2%,南欧/东地中海分区负增长率为 8.8%。

表 9-4 2008—2014 年欧洲地区各分区接待游客的每人次国际旅游收入

单位:美元

地 区	2008 年	2009 年	2010 年	2011 年	2012 年	2013 年	2014 年
欧　洲	970	900	850	920	860	870	870
北　欧	1220	1150	1010	1190	1120	1080	1130
西　欧	1060	980	920	1010	940	960	980
中东欧	580	530	500	540	510	500	480
南欧/东地中海	1020	940	930	970	900	930	930

来源:UNWTO Tourism Highlights 2009—2015.

2008—2014 年,欧洲地区入境旅游收入排名前十位的国家除了意大利和奥地利有所下降外,其他国家都有一定程度的增长。其中,英国的增长率最高,为 28.3%;其次是土耳其(26.5%)和瑞士(20.8%)。

表 9-5 2008—2014 年欧洲地区入境旅游收入前十位的国家

单位:百万美元

排名	国 家	2008 年	2009 年	2010 年	2011 年	2012 年	2013 年	2014 年
1	西班牙	61 978	53 337	54 305	62 447	57 877	62 584	65 100

续表

排名	国 家	2008年	2009年	2010年	2011年	2012年	2013年	2014年
2	法 国	57 228	49 581	46 466	55 115	53 349	56 463	57 668
3	英 国	36 424	30 498	32 969	35 767	37 324	41 747	46 723
4	意大利	46 193	40 378	38 438	43 241	40 960	43 829	45 547
5	德 国	39 915	34 725	34 564	38 902	38 068	41 285	43 269
6	土耳其	23 365	22 980	22 585	25 054	25 345	27 997	29 552
7	奥地利	21 630	19 159	18 758	19 778	18 938	20 090	20 907
8	希 腊	17 416	14 681	12 479	14 801	13 216	16 087	17 813
9	瑞 士	14 461	14 146	14 724	17 196	16 088	16 767	17 475
10	荷 兰	13 343	12 401	11 653	12 897	12 261	13 751	14 682

注：按2014年数据排名。

第二节 出境旅游概况

一、出境旅游人数

2008—2014年,欧洲地区出境旅游人数排名前十位的国家除了英国、荷兰和罗马尼亚有所下降外,其他国家总体上均有一定程度的增长。其中,增长率最高的是乌克兰,为44.8%,其次是俄罗斯(25.6%)和德国(13.7%)。

表9-6 2008—2014年欧洲地区出境旅游人数前十位的国家

单位:千人次

排名	国 家	2008年	2009年	2010年	2011年	2012年	2013年	2014年
1	德 国	73 000	72 300	82 729	—	—	87 459	83 008
2	英 国	69 011	58 614	55 562	56 836	56 538	57 792	60 082
3	俄罗斯	36 538	34 276	39 323	43 726	47 813	54 069	45 889
4	意大利	28 284	29 060	29 823	29 295	28 810	27 798	28 460
5	法 国	25 506	25 140	25 041	26 155	25 450	26 243	28 180

续表

排名	国家	2008年	2009年	2010年	2011年	2012年	2013年	2014年
6	乌克兰	15 499	15 334	17 180	19 773	21 433	23 761	22 438
7	荷兰	18 399	18 340	18 368	18 560	18 628	18 094	17 928
8	瑞典	13 291	11 699	13 042	14 651	15 548	15 917	—
9	瑞士	11 147	10 453	10 011	10 466	12 098	12 403	12 518
10	罗马尼亚	13 072	11 723	10 905	10 936	11 149	11 364	12 299

注：瑞典2014年数据缺失，故按2013年数据排名。

二、出境旅游花费

2008—2014年，欧洲地区出境旅游花费排名前十位的国家除了英国、意大利、荷兰和西班牙有所下降外，其他国家的出境旅游花费总体上均有一定程度的增长。其中，俄罗斯的增长率最高（118%），其次是瑞典（35.9%）、挪威（33.7%）和比利时（19.9%）。

表9-7　2008—2014年欧洲地区出境旅游花费前十位的国家

单位：百万美元

排名	国家	2008年	2009年	2010年	2011年	2012年	2013年	2014年
1	德国	91 598	81 400	77 580	86 166	83 235	91 318	93 252
2	英国	69 792	50 559	55 663	56 767	57 062	58 351	63 424
3	俄罗斯	23 169	21 019	26 693	32 902	42 798	53 453	50 428
4	法国	41 277	38 416	38 304	44 695	39 851	42 944	48 733
5	意大利	30 931	27 950	26 907	28 730	26 249	26 950	28 857
6	比利时	19 859	20 480	18 866	20 658	20 174	21 850	23 811
7	荷兰	21 828	20 758	19 044	20 741	19 678	20 355	21 390
8	挪威	14 100	12 101	13 472	15 823	16 517	18 371	18 853
9	瑞典	13 630	11 268	13 065	15 326	15 776	17 564	18 520
10	西班牙	20 363	16 911	16 930	17 375	15 401	16 434	17 969

注：按2014年数据排名。

第十章 北欧分区旅游市场概况

依据世界旅游组织的划分方法,北欧旅游分区包括丹麦、芬兰、冰岛、爱尔兰、挪威、瑞典和英国共7个国家,但本章北欧分区旅游市场的概况分析不包括冰岛。北欧分区处于欧洲的北部,区内以英国的经济最为发达。地区内旅游资源丰富,旅游业十分发达。

一、入境旅游概况

(一)入境旅游人数

2008—2014年,北欧旅游分区各国家的入境旅游人数之和总体上保持增长趋势,但除了瑞典增长在1倍以上,其他几个国家都涨幅不大。2013年,北欧分区各国家接待入境过夜旅游者人数之和达64 399千人次;2014年增长到67 070千人次,较上年增长4.1%。2014年,英国、瑞典、丹麦这三个旅游目的地接待入境过夜旅游者人数总共53 402千人次,占北欧分区各国家入境过夜旅游总人数的79.6%。

表10-1 2008—2014年北欧分区各国家入境旅游人数

单位:千人次

排名	国家	2008年	2009年	2010年	2011年	2012年	2013年	2014年
1	英国	30 142	28 199	28 295	29 306	29 282	31 169	32 613
2	瑞典	4555	4899	5183	11 444	12 174	11 635	10 522
3	丹麦	9016	8547	8744	7864	8443	8557	10 267
4	爱尔兰	8026	7189	7134	7630	7550	8260	8813
5	挪威	4347	4346	4767	4963	4538	4778	4855
6	芬兰	3583	3423	3670	4192	4226	—	—

注:芬兰2013—2014年数据缺失,故按2012年数据排名。

(二)入境旅游收入

2008—2014年,北欧分区各国家的入境旅游收入之和总体上持续不断增长,从2008

年的67 470百万美元增长到2014年的80 532百万美元,增长率为19.4%。2014年,除挪威和芬兰的入境旅游收入明显下降外,英国、瑞典、丹麦和爱尔兰的入境旅游收入均呈现不同程度的增长。

表10-2 2008—2014年北欧分区各国家入境旅游收入

单位:百万美元

排名	国家	2008年	2009年	2010年	2011年	2012年	2013年	2014年
1	英国	36 424	30 498	32 969	35 767	37 324	41 747	46 723
2	瑞典	10 324	8138	8653	10 512	10 763	11 476	12 696
3	丹麦	6281	5617	6704	6366	6135	6400	7002
4	挪威	4853	4199	4692	5328	5436	5655	5650
5	爱尔兰	6356	4960	4086	4212	3867	4426	4862
6	芬兰	3232	2777	3040	3823	3874	4048	3599

注:按2014年数据排名。

二、出境旅游概况

(一)出境旅游人数

2008—2014年,北欧分区各国家的出境旅游人数除英国和爱尔兰外,总体上呈上升趋势。其中,增长率最高的是芬兰,达到45.1%;其次是瑞典,为19.8%;排在第三位的是丹麦,为9.9%。2014年,英国是北欧分区出境旅游人数最多的国家,为60 082千人次。

表10-3 2008—2014年北欧分区各国家出境旅游人数

单位:千人次

排名	国家	2008年	2009年	2010年	2011年	2012年	2013年	2014年
1	英国	69 011	58 614	55 562	56 836	56 538	57 792	60 082
2	瑞典	13 291	11 699	13 042	14 651	15 548	15 917	—
3	芬兰	6566	6693	7485	8238	9978	9526	9783
4	丹麦	6347	7037	7726	7846	7843	6977	8528
5	爱尔兰	7877	7047	6917	6514	6600	6579	6676

注:此处各国家中,英国、瑞典、丹麦出境旅游人数指过夜旅游者,不包括一日游游客;爱尔兰、芬兰出境旅游人数均包括过夜旅游者和一日游游客;瑞典2014年数据缺失,故按2013年数据排名。

(二)出境旅游花费

2008—2014年,除英国和爱尔兰出境旅游花费有所下降外,北欧分区各国家的出境旅游花费总体上呈上升趋势。其中,增长率最高的是瑞典,达到35.9%;其次是挪威,为33.7%;排在第三位的是芬兰,为17.4%。2014年,英国是北欧地区出境旅游花费最高的国家,为63 424百万美元。2013—2014年,除爱尔兰和芬兰有所下降外,英国、挪威、瑞典和丹麦的出境旅游花费均呈现不同程度的增长。

表10-4 2008—2014年北欧分区各国家出境旅游花费

单位:百万美元

排名	国家	2008年	2009年	2010年	2011年	2012年	2013年	2014年
1	英国	69 792	50 559	55 663	56 767	57 062	58 351	63 424
2	挪威	14 100	12 101	13 472	15 823	16 517	18 371	18 853
3	瑞典	13 630	11 268	13 065	15 326	15 776	17 564	18 520
4	丹麦	9698	8968	9082	9840	9600	10 072	10 172
5	爱尔兰	10 413	7820	7071	6723	5897	6112	6059
6	芬兰	4501	4394	4304	4878	4885	5292	5286

注:按2014年数据排名。

第一节 爱尔兰

爱尔兰(Ireland)位于欧洲西部的爱尔兰岛中南部,西濒大西洋,东北与英国的北爱尔兰接壤,东隔爱尔兰海同英国相望。属温带海洋性气候。面积约为7.03万平方千米。2014年全国人口约为461万,国内生产总值(GDP)为2459亿美元。

旅游业是爱尔兰外汇收入的重要来源。多年来,旅游业一直稳步发展。著名旅游地有西部湖区、沿海风景区等。

表10-5 2014年爱尔兰旅游业经济影响评估

指标	总数	占全国的比例(%)	增长预测(%)
GDP(百万美元)	4479.5	2.2	4.6
雇佣人数(千人)	42.5	2.3	3.0

注:本表为估计值。

一、入境旅游概况

(一)入境旅游人数

2008—2014年,爱尔兰入境旅游人数先下降后总体呈增长趋势:2009年从2008年的

8577千人次下降到7668千人次,较上一年下降了10.6%;2010年为7573千人次,比上一年下降了1.2%;2011年开始上涨,增长到8119千人次,增长率为7.2%;2013年较上一年增长10.3%,达到8855千人次;2014年较上一年增长8.3%,达到9589千人次,创历史新高。

表10-6 2008—2014年爱尔兰入境旅游人数

单位:千人次

	2008年	2009年	2010年	2011年	2012年	2013年	2014年
入境旅游人数	8577	7668	7573	8119	8028	8855	9589
过夜旅游者	8026	7189	7134	7630	7550	8260	8813
一日游游客	551	479	439	489	478	595	776

(二)入境旅游收入

2008—2014年爱尔兰的入境旅游收入总体呈下降趋势:2010年从2008年的6356百万美元下降到4086百万美元;2011年爱尔兰入境旅游收入稍有回升,为4212百万美元,较上一年增长3.1%;2012年出现下降,减少到3867百万美元,成为2008—2014年入境旅游收入的最低点;2013年开始缓慢回升,增至4426百万美元;2014年增长到4862百万美元,较上一年增长9.9%,但始终没有超过2008年的入境旅游收入。

表10-7 2008—2014年爱尔兰入境旅游收入

单位:百万美元

	2008年	2009年	2010年	2011年	2012年	2013年	2014年
总收入	9967	8458	8187	9526	9064	9538	11093
入境旅游收入	6356	4960	4086	4212	3867	4426	4862
入境游客交通收入	3611	3498	4101	5314	5197	5112	6231

(三)入境旅游客源结构

爱尔兰入境游客中,欧洲地区游客的比例一直保持在82%~84%。2013年,爱尔兰入境游客中,欧洲游客占82%,美洲游客占13%,东亚太游客占4%;2014年,爱尔兰入境游客中,欧洲游客占82%,美洲游客占14%,东亚太游客占4%。由此可以看出,爱尔兰的入境旅游者和欧洲地区其他国家的入境旅游者一样,大都来自欧洲地区,表现出较强的区域内流动的特征。2012年爱尔兰入境旅游者中欧洲游客人数较上一年下降2.0%,2013年较上一年增加9.0%,2014年较上一年增加6.1%。

表 10-8　2008—2014 年爱尔兰入境旅游人数（按地区分）

单位：千人次

地　区	2008 年	2009 年	2010 年	2011 年	2012 年	2013 年	2014 年
非　洲	54	43	—	—	40	38	42
美　洲	985	921	864	917	988	1092	1208
东亚太	256	233	—	—	289	341	358
欧　洲	6731	5992	5959	6361	6232	6790	7205

爱尔兰最大的入境旅游客源国家是英国，其次是美国、德国、法国、西班牙和意大利。2014 年爱尔兰入境游客中，英国游客占 53.5%，来自前十位客源国家的人数占总数的 88.7%。来自加拿大和德国的入境旅游者人数增长快速，增长率分别是 21.74% 和 14.81%。

表 10-9　2008—2014 年爱尔兰入境旅游人数（按游客所在国家分）

排名	国　家	入境旅游人数（千人次）			市场份额（%）		增长率（%）
		2008 年	2013 年	2014 年	2013 年	2014 年	2013—2014 年
1	英　国	417 000	4 444 000	4715	53.79	53.5	6.1
2	美　国	849 000	924 000	1005	11.19	11.4	8.77
3	德　国	456 000	466 000	535	5.64	6.07	14.81
4	法　国	412 000	409 000	420	4.95	4.77	2.69
5	西班牙	243 000	249 000	274	3.01	3.11	10.04
6	意大利	232 000	226 000	246	2.74	2.79	8.85
7	澳大利亚/新西兰	157 000	192 000	191	-	2.17	-0.52
8	荷　兰	151 000	148 000	151	1.79	1.71	2.03
9	波　兰	287 000	152 000	140	1.84	1.59	-7.89
10	加拿大	103 000	115 000	140	1.39	1.59	21.74

注：按 2014 年数据排名。

（四）入境旅游方式

飞机一直是爱尔兰入境游客最主要的入境交通方式。近年来乘坐飞机入境的游客占整个入境旅游人数的比例一直保持在 68%～81%，经由公路入境的游客比例在 8%～23%，乘坐船舶入境的游客比例在 9%～12%。2013 年乘坐飞机入境的游客达 5626 千人次，占 68%；经由公路入境的游客达 1853 千人次，占 22%；乘坐船舶入境的游客比例为 10%，达 781 千人次。2014 年乘坐飞机入境的游客达 6010 千人次，占 68%；经由公路入境的游客达1989千人次,占23%;乘坐船舶入境的游客比例为9%,达814千人次。

表10-10　2008—2014年爱尔兰入境旅游人数(按入境旅游方式分)

单位:千人次

入境旅游方式	2008年	2009年	2010年	2011年	2012年	2013年	2014年
飞　机	6468	5703	4845	5339	5314	5626	6010
公　路	665	700	1434	1500	1506	1853	1989
船　舶	892	787	855	791	730	781	814

(五)入境旅游目的

爱尔兰入境旅游者中,出于娱乐、休闲和度假目的的旅游者占很大一部分,从2008年的4045千人次增加到2014年的4492千人次,增长率为11.1%;出于商务和专业活动目的的入境游客数量从2008年的1207千人次增加到2014年的1301千人次,增长率为7.8%。2014年入境旅游者中,出于娱乐、休闲和度假目的的旅游者占所有游客的51%,商务和专业活动旅游者占15%。

表10-11　2008—2014年爱尔兰入境旅游人数(按入境旅游目的分)

单位:千人次

入境旅游目的	2008年	2009年	2010年	2011年	2012年	2013年	2014年
娱乐、休闲和度假	4045	3396	3555	3599	3690	4026	4492
商务和专业活动	1207	964	1018	1082	1140	1220	1301
其　他	2774	2829	2560	2949	2721	3013	3021

二、出境旅游概况

(一)出境旅游人数

2008—2014年,爱尔兰出境旅游人数总体上有所下降。其中,2009年和2010年较上年的负增长率分别为10.5%和1.8%;2011年出境旅游人数降到最低点,为6514千人次;2012年爱尔兰出境旅游人数稍有回升,达到6600千人次;2013年较上一年有轻微下滑;2014年较上一年增长1.5%,达到6676千人次,然而始终没有超过2008年的出境旅游人数。

(二)出境旅游花费

2008—2014年,爱尔兰出境旅游花费呈逐步下降趋势,从2008年10 413百万美元下降到2014年的6059百万美元,负增长率为41.8%。2012年的出境旅游花费为7年间的最低点,为5897百万美元;2013年出境旅游花费稍有回升,达到6112百万美元;2014年出境旅游花费又出现下降,减少到6059百万美元。

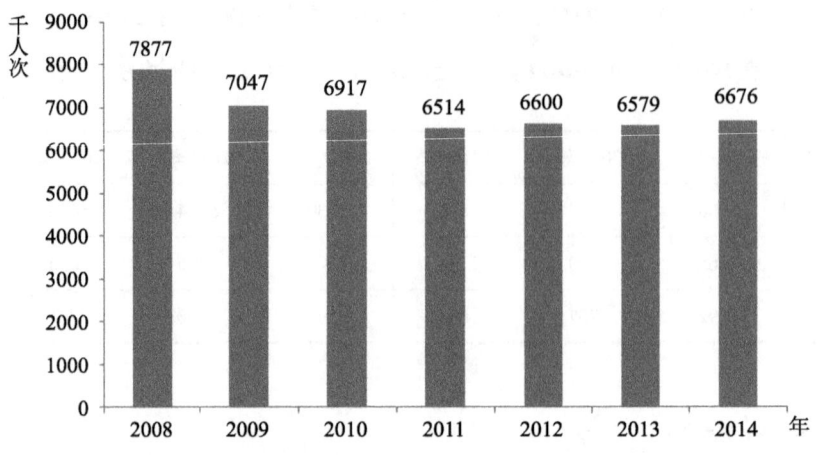

图 10-1　2008—2014 年爱尔兰出境旅游人数

注：此处出境旅游人数包括过夜旅游者和一日游游客。

表 10-12　2008—2014 年爱尔兰出境旅游花费

单位：百万美元

	2008 年	2009 年	2010 年	2011 年	2012 年	2013 年	2014 年
总花费	10 539	7934	7178	6837	6001	6222	6173
出境旅游花费	10 413	7820	7071	6723	5897	6112	6059
出境交通花费	126	114	107	114	104	110	114

（三）出境旅游目的地

爱尔兰游客出境旅游第一大目的地是英国，其次是西班牙、美国和意大利。2014 年爱尔兰出境游客中有 56.6% 前往英国和西班牙这两个国家。欧洲地区以外的国家中，美国是爱尔兰出境游客的最大旅游目的地，2014 年爱尔兰游客前往美国旅游的人数达到 399 967 人次。

表 10-13　2010—2014 年爱尔兰游客出境主要旅游目的地

单位：人次

排名	国　家	游客类型	2010 年	2011 年	2012 年	2013 年	2014 年
1	英　国	VFR	2 629 000	2 574 000	2 452 900	2 350 000	2 486 000
2	西班牙	TFR	1 177 253	1 284 168	1 189 278	1 270 197	1 291 435
3	美　国	TFR	360 492	346 879	331 850	367 110	399 967

续表

排名	国家	游客类型	2010年	2011年	2012年	2013年	2014年
4	意大利	TCEN	365 193	351 383	361 263	366 346	373 678
5	法国	TCER	260 552	296 137	292 336	292 968	308 129
6	葡萄牙	TCER	151 786	156 990	176 895	192 669	211 044
7	波兰	VFN	80 000	85 000	120 000	95 000	195 000
8	德国	TCER	140 736	134 820	135 039	135 553	170 338
9	土耳其	VFN	111 065	118 620	110 863	112 665	105 001
10	荷兰	THSR	109 300	87 300	93 300	92 000	102 000

注：按2014年数据排名。

第二节 丹 麦

丹麦王国（The Kingdom of Denmark）位于欧洲北部波罗的海与北海之间，南同德国接壤，西濒北海，北与挪威、瑞典隔海相望。地势低平，平均海拔约30米。属温带海洋性气候。面积约为4.31万平方千米（不包括格陵兰和法罗群岛）。2014年全国人口约为564万，国内生产总值（GDP）为3420亿美元。

丹麦的服务业发达，主要包括商业、电信、金融、保险、旅游和技术服务等。旅游业是丹麦服务行业中的重要产业。主要旅游地有哥本哈根、安徒生故乡——欧登塞、乐高积木城及日德兰半岛西海岸和最北角斯卡恩等。

表10-14 2014年丹麦旅游业经济影响评估

指标	总数	占全国的比例(%)	增长预测(%)
GDP（百万美元）	6517.7	2.0	3.4
雇佣人数（千人）	77.3	2.9	1.5

一、入境旅游概况

（一）入境旅游人数

2008—2014年，丹麦入境旅游人数持续不断增长，从2008年的26 870千人次增长到2014年的28 242千人次，增长率为5.1%。2009年为26 571千人次；2010年比上年增长0.6%，达到26 730千人次；2011年增长到25 811千人次，负增长率为3.4%；2012年入境旅游人数增长到26 402千人次；2013年较上一年增长0.4%，达到26 516千人次；2014年较上一年增长6.5%，达28 242千人次，创历史新高。

表 10-15 2008—2014 年丹麦入境旅游人数

单位:千人次

	2008 年	2009 年	2010 年	2011 年	2012 年	2013 年	2014 年
入境旅游人数	26 870	26 571	26 730	25 811	26 402	26 516	28 242
过夜旅游者	9016	8547	8744	7864	8443	8557	10 267
一日游游客	17 854	18 024	17 986	17 947	17 959	17 959	17 976
邮船乘客	548	718	681	607	619	619	635

(二)入境旅游收入

2008—2014 年,丹麦入境旅游收入呈缓慢增长趋势,2008 年和 2012 年的入境旅游收入都较上一年有所下降,负增长率分别为 10.6% 和 3.6%;2011 年丹麦入境旅游收入为 6366 百万美元,较上一年增加 11.6%;2013 年较上年增加 5.8%,增长到 6490 百万美元;2014 年增长到 7002 百万美元,较上一年增长 7.9%。

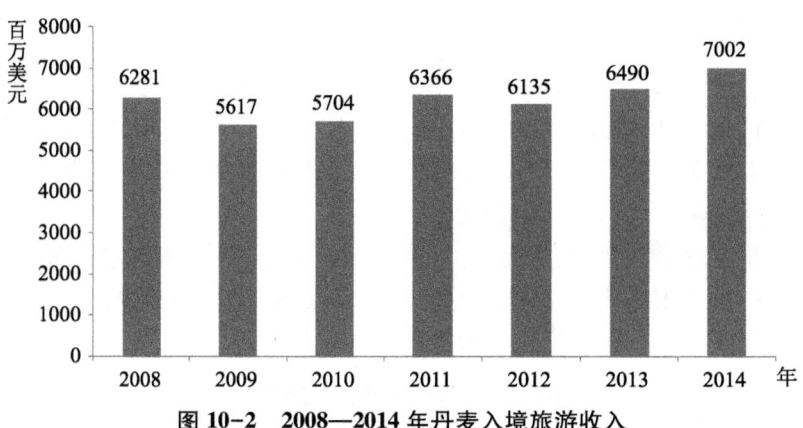

图 10-2 2008—2014 年丹麦入境旅游收入

(三)入境旅游客源结构

丹麦的入境旅游者主要来自欧洲地区,2014 年所占比例为 90%。2014 年来自美洲的入境旅游者所占份额为 7%,来自东亚太地区的旅游者所占份额为 3%。丹麦的入境旅游者和欧洲地区其他国家的入境旅游者一样,大多数来自欧洲地区,表现出较强的区域内流动的特征。

表 10-16 2008—2014 年丹麦入境旅游人数(按地区分)

单位:千人次

地 区	2008 年	2009 年	2010 年	2011 年	2012 年	2013 年	2014 年
美 洲	627	648	646	684	589	598.7	672
东亚太	191	182	190	166	231	249.2	278
欧 洲	8330	7989	8128	7174	7250	7291.7	8834

丹麦最大的入境旅游客源国家是瑞典,其次是挪威、德国、英国、美国、意大利和荷兰。2014 年丹麦入境游客中,瑞典游客占 21.06%,来自前十位入境旅游客源国家的游客人数占入境游客总数的 77.09%。其中,来自德国和英国的入境旅游者人数增长快速,增长率分别是 88.83% 和 88.67%。

表 10-17　2008—2014 年丹麦入境旅游人数(按游客所在国家分)

排名	国　家	入境旅游人数(人次)			市场份额(%)		增长率(%)
		2008 年	2013 年	2014 年	2013 年	2014 年	2013—2014 年
1	瑞　典	532 363	355 754	553 441	21.52	21.06	55.57
2	挪　威	379 738	257 344	445 149	15.57	16.94	72.98
3	德　国	214 855	147 643	278 794	8.93	10.61	88.83
4	英　国	178 687	136 023	256 629	8.32	9.77	88.67
5	美　国	109 406	103 973	137 464	6.29	5.23	32.21
6	意大利	45 044	56 211	91 972	3.4	3.5	63.62
7	荷　兰	71 601	55 371	77 726	3.35	2.96	40.37
8	芬　兰	45 469	55 932	65 492	3.38	2.49	17.09
9	法　国	39 896	45 884	63 811	2.78	2.43	39.07
10	瑞　士	23 632	32 941	55 295	1.19	2.1	67.86

注:按 2014 年数据排名。

（四）入境旅游目的

丹麦所有入境旅游者中,出于娱乐、休闲和度假目的的旅游者占很大比例,从 2008 年的 25 713 千人次增加到 2014 年的 27 138 千人次,增长率为 5.5%;出于商务和专业活动目的入境的游客数量从 2008 年的 1157 千人次减少到 2014 年的 1104 千人次,负增长 4.6%。2014 年入境旅游者中,出于娱乐、休闲和度假目的的旅游者占所有游客的 96%,商务和专业活动旅游者仅占 4%。

表 10-18　2008—2014 年丹麦入境旅游人数(按入境旅游目的分)

单位:千人次

入境旅游目的	2008 年	2009 年	2010 年	2011 年	2012 年	2013 年	2014 年
娱乐、休闲和度假	25 713	25 536	25 631	25 078	25 632	25 727	27 138
商务和专业活动	1157	1035	1099	734	771	789	1104

二、出境旅游概况

(一)出境旅游人数

2008—2014年,丹麦出境旅游人数总体呈缓慢上升趋势。其中,2010年和2011年的出境旅游人数较上一年有所增加,增长率分别为9.8%和1.6%。2012—2013年,丹麦出境旅游人数有所下降,负增长率分别为0.3%和11.0%。2008年丹麦出境旅游人数在7年间最低,为6347千人次;2014年最高,为8528千人次;较上年增长22.2%。

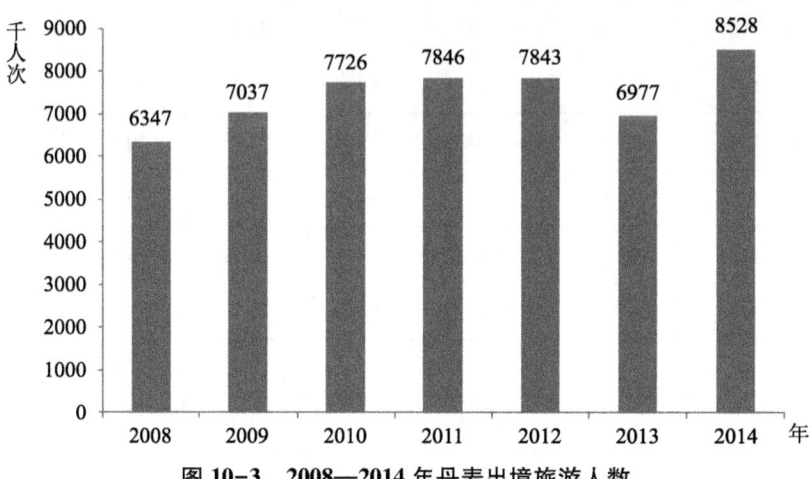

图10-3　2008—2014年丹麦出境旅游人数

(二)出境旅游花费

2008年丹麦的出境旅游花费为9698百万美元;2009年较上一年下降了7.5%;2010年开始回升,为9082百万美元;2011年继续增长,较上一年增长8.3%;2012年稍有下降,为9600百万美元;2013年突破10 000百万美元,出境旅游花费为10 072百万美元,较上一年增长4.9%;2014年较上一年增长1.0%,达到10 172百万美元。

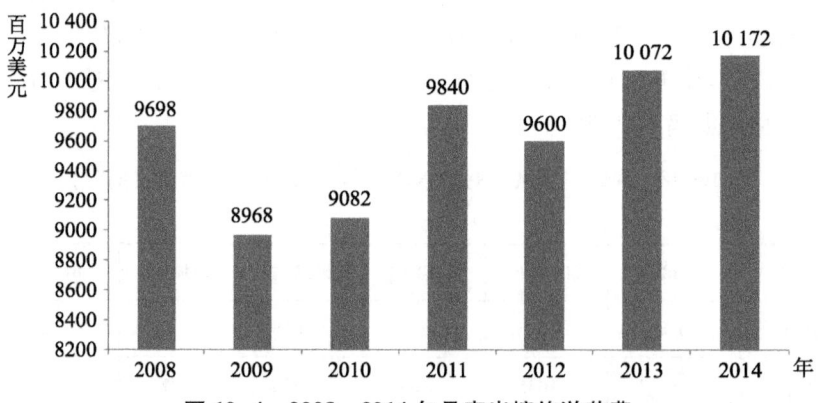

图10-4　2008—2014年丹麦出境旅游花费

（三）出境旅游目的地

丹麦游客出境旅游第一大目的地是瑞典，其次是德国和西班牙。2014 年丹麦出境游客中有 31.3% 前往瑞典和德国这两个国家。欧洲地区以外的国家中，美国是丹麦游客最大的出境旅游目的地。2014 年，丹麦游客前往美国旅游的人数达到 311 750 人次，前往瑞典的丹麦游客达到 3 564 612 人次。

表 10-19　2010—2014 年丹麦游客出境主要旅游目的地

单位：人次

排名	国　家	游客类型	2010 年	2011 年	2012 年	2013 年	2014 年
1	瑞　典	VFR	—	3 954 524	3 818 185	3 573 813	3 564 612
2	德　国	TCER	1 214 319	1 242 806	1 356 666	1 400 534	1 466 561
3	西班牙	TFR	937 726	909 515	929 258	984 844	1 054 188
4	英　国	VFR	558 000	622 000	639 100	696 000	662 000
5	法　国	TFR	585 577	622 783	510 615	648 438	641 846
6	意大利	VFN	516 566	464 582	591 348	544 090	590 222
7	土耳其	VFN	314 446	369 867	391 312	402 818	408 287
8	挪　威	TCER	—	—	389 711	417 585	374 477
9	奥地利	TCER	321 642	313 013	316 890	323 037	318 336
10	美　国	TFR	258 788	274 420	271 363	269 496	311 750

注：按 2014 年数据排名。

第三节　芬　兰

芬兰全称是芬兰共和国（The Republic of Finland）。位于欧洲北部，1/3 地区在北极圈内。与瑞典、挪威、俄罗斯接壤，南临芬兰湾，西濒波的尼亚湾。芬兰海岸线长 1100 千米，地势北高南低，北部、中部为丘陵，沿海地区为平原。内陆水域面积占全国面积的 10% 左右，有"千湖之国"之称。属温带海洋性气候。面积约为 33.81 万平方千米。2014 年全国人口约为 546 万，国内生产总值（GDP）为 2707 亿美元。

芬兰的入境游客主要来自俄罗斯、瑞典、爱沙尼亚、德国、英国、挪威、日本、西班牙、美国等国家。主要旅游地是赫尔辛基、图尔库、东部湖区、北部拉皮地区和奥兰群岛。

表 10-20　2014 年芬兰旅游业经济影响评估

指　标	总　数	占全国的比例（%）	增长预测（%）
GDP（百万美元）	5587.6	2.3	3.4
雇佣人数（千人）	57.7	2.3	2.6

注：本表为估计值。

一、入境旅游概况

（一）入境旅游人数

2008—2012 年，芬兰入境旅游人数总体上明显增长，从 2008 年的 6072 千人次增长到 2012 年的 7636 千人次，增长率为 25.8%。2009 年为 5695 千人次；2010 年比上一年增长 8.6%，达到 6182 千人次；2011 年增长到 7260 千人次，增长率为 17.4%；2012 年入境旅游人数增长到 7636 千人次。2013—2014 年数据缺失。

表 10-21 2008—2012 年芬兰入境旅游人数

单位：千人次

	2008 年	2009 年	2010 年	2011 年	2012 年
入境旅游人数	6072	5695	6182	7260	7636
过夜旅游者	3583	3423	3670	4192	4226
一日游游客	2489	2272	2512	3068	3410

（二）入境旅游收入

2008—2014 年，芬兰入境旅游收入增长趋势不明显，从 2008 年的 3232 百万美元增长到 2014 年的 3599 百万美元之后，增长率仅为 11.4%。2009 年芬兰入境旅游收入为 2777 百万美元，较上一年下降 14.1%；2012 年较上一年增加 1.3%，增长到 3874 百万美元；2013 年较上一年有所增长，增至 4048 百万美元；2014 年有所下降，下降了 11.1%，减少到 3599 百万美元。

表 10-22 2008—2014 年芬兰入境旅游收入

单位：百万美元

	2008 年	2009 年	2010 年	2011 年	2012 年	2013 年	2014 年
总收入	4873	4104	4510	5591	5415	—	—
入境旅游收入	3232	2777	3040	3823	3874	4048	3599
入境游客交通收入	1641	1327	1470	1768	1541	—	—

（三）入境旅游客源结构

芬兰入境游客中，来自欧洲地区的游客的比例一直保持在 91%~92%。2011 年，芬兰入境游客中，欧洲游客占 91%，东亚太地区游客占 6%，美洲地区游客占 2%；2012 年，芬兰入境游客中，欧洲地区游客占 91%，东亚太地区游客占 6%，美洲地区游客占 3%。由此可以看出，芬兰的入境旅游者和欧洲地区其他国家的入境旅游者一样，大都来自欧洲地区，表现出较强的区域内流动的特征。2012 年，芬兰入境旅游者中，欧洲地区游客人数较上一年增加 4.2%。

表10-23　2008—2012年芬兰入境旅游人数（按地区分）

单位：千人次

地　区	2008年	2009年	2010年	2011年	2012年
非　洲	11	7	14	11	16
美　洲	163	151	150	181	223
东亚太	314	310	347	427	474
欧　洲	5540	5182	5646	6641	6923
中　东	12	9	—	—	—
南　亚	32	23	25	—	—

（四）入境旅游方式

2008—2014年，赴芬兰的入境旅游者中，乘坐飞机和经由公路入境的旅游者人数较多，其次是乘坐船舶和乘坐火车的入境旅游者。这是由于赴芬兰的欧洲旅游者所占比重最大，这部分旅游者主要经由公路入境，乘坐飞机入境的游客主要是远程旅游者。2012年经由公路入境的游客达3337千人次，占44%；乘坐飞机入境的游客达2434千人次，占32%；乘坐船舶入境的游客比例为24%，达1865千人次。

表10-24　2008—2012年芬兰入境旅游人数（按入境旅游方式分）

单位：千人次

入境旅游方式	2008年	2009年	2010年	2011年	2012年
飞　机	2265	2036	2214	2533	2434
火　车	140	—	—	—	—
公　路	2030	2053	2388	3005	3337
船　舶	1637	1606	1580	1722	1865

（五）入境旅游目的

赴芬兰的入境旅游者中，出于娱乐、休闲和度假目的的旅游者比重最高，2008—2012年这部分游客的比重保持在40%~60%；出于商务和专业活动目的的旅游者也占很大的市场份额，比重在20%~30%。

表10-25　2008—2012年芬兰入境旅游人数（按入境旅游目的分）

单位：千人次

入境旅游目的	2008年	2009年	2010年	2011年	2012年
娱乐、休闲和度假	2591	2821	3168	3818	4201
商务和专业活动	1788	1451	1481	1656	1776
其　他	1693	1423	1533	1786	1659

二、出境旅游概况

（一）出境旅游人数

2008—2014 年，芬兰出境旅游人数总体上有所增长，其中 2010 年和 2012 年较上年的增长率分别为 11.8% 和 21.1%。2012 年芬兰的出境旅游人数达到近几年最高值，为 9978 千人次；2013 年出境旅游人数有所下降，较上一年下降了 4.5%，为 9526 千人次；2014 年较上一年增长 2.7%，达到 9783 千人次。

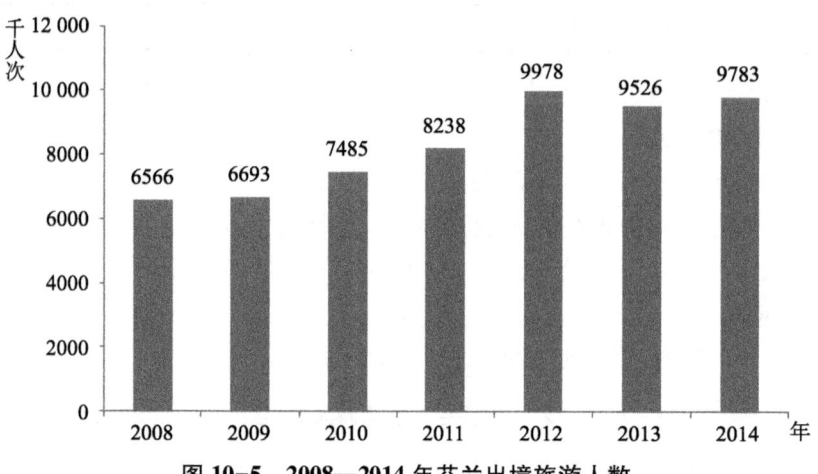

图 10-5　2008—2014 年芬兰出境旅游人数

注：此处出境旅游人数包括过夜旅游者和一日游游客。

（二）出境旅游花费

2011 年芬兰出境旅游花费达到 4878 百万美元，较上年增长 13.3%；2012 年出境旅游花费增长到 4885 百万美元，较上一年增长 0.1%；2013 年出境旅游花费继续增长，达到 5292 百万美元；2014 年出境旅游花费有轻微降低，较上一年降低了 0.1%，减少到 5286 百万美元。

表 10-26　2008—2014 年芬兰出境旅游花费

单位：百万美元

	2008 年	2009 年	2010 年	2011 年	2012 年	2013 年	2014 年
总花费	5534	5226	5267	6009	5839	6357	—
出境旅游花费	4501	4394	4304	4878	4885	5292	5286
出境交通花费	1033	832	963	1131	954	1065	—

(三)出境旅游目的地

芬兰游客出境旅游第一大目的地是瑞典,其次是俄罗斯、爱沙尼亚和西班牙。2014年芬兰出境游客中有55.8%前往瑞典和俄罗斯这两个国家,其中前往瑞典旅游的人数达到4 008 946人次。

表10-27 2010—2014年芬兰游客出境主要旅游目的地

单位:人次

排名	国家	游客类型	2010年	2011年	2012年	2013年	2014年
1	瑞典	VFR	—	3 600 624	3 891 586	3 750 645	4 008 946
2	俄罗斯	VFN	1 012 621	1 211 519	1 375 614	1 388 016	1 446 169
3	爱沙尼亚	TCER	832 874	840 714	829 225	894 504	915 540
4	西班牙	TFR	507 161	574 039	581 777	657 057	682 950
5	德国	TCER	281 263	293 948	291 788	290 496	299 012
6	意大利	TCEN	251 453	269 455	258 618	257 866	264 678
7	英国	VFR	170 000	233 000	208 100	212 000	255 000
8	土耳其	VFN	143 204	186 562	195 083	219 044	228 138
9	法国	TFR	275 975	253 706	227 309	205 076	220 909
10	波兰	VFN	90 000	95 000	85 000	95 000	175 000

注:按2014年数据排名。

第四节 挪 威

挪威的全称是挪威王国(The Kingdom of Norway)。位于北欧斯堪的纳维亚半岛西部,东邻瑞典,东北与芬兰和俄罗斯接壤,南同丹麦隔海相望,西濒挪威海。大部分地区属温带海洋性气候。面积约为38.52万平方千米(包括斯瓦尔巴群岛、扬马延岛等属地)。2014年全国人口约为514万,国内生产总值(GDP)为5001亿美元。

挪威的主要旅游地有奥斯陆、卑尔根、北角等地。

表10-28 2014年挪威旅游业经济影响评估

指 标	总 数	占全国的比例(%)	增长预测(%)
GDP(百万美元)	14 124.1	2.8	2.8
雇佣人数(千人)	108.9	4.2	0.2

注:本表为估计值。

一、入境旅游概况

(一) 入境旅游人数

2008—2011 年,挪威入境过夜旅游者人数均超过 4000 千人次:2008 年为 4347 千人次,2009 年为 4346 千人次,2010 年突破 4500 千人次,2011 年达到近几年最高,为 4963 千人次。一日游游客和邮船乘客也占一定比例,一日游游客近几年均在 1700 千人次以上,邮船乘客呈逐年递增趋势。邮船乘客 2008 年为 381 千人次;2013 年为 620 千人次,相比 2008 年增长率高达 62.7%。

表 10-29　2008—2014 年挪威入境旅游人数

单位:千人次

	2008 年	2009 年	2010 年	2011 年	2012 年	2013 年	2014 年
入境旅游人数	6054	6114	6578	6693	—	—	—
过夜旅游者	4347	4346	4767	4963	4538	4778	4855
一日游游客	1707	1768	1811	1730	—	—	—
邮船乘客	381	430	411	457	588	620	—

(二) 入境旅游收入

2008—2014 年,挪威入境旅游收入总体上保持稳定增长趋势。2009 年比上一年下降了 13.5%,为 4199 百万美元。2009—2013 年,挪威的入境旅游收入保持稳步增长的趋势,其中 2010 和 2011 年的入境旅游收入分别增长了 11.7% 和 13.6%;2013 年增长率为 4.0%,达 5655 百万美元。2014 年挪威的入境旅游收入较上一年所有下降,负增长率为 0.08%,减少到 5650 百万美元。

表 10-30　2008—2014 年挪威入境旅游收入

单位:百万美元

	2008 年	2009 年	2010 年	2011 年	2012 年	2013 年	2014 年
总收入	5702	4949	5299	6565	6785	6554	6490
入境旅游收入	4853	4199	4692	5328	5436	5655	5650
入境游客交通收入	849	750	607	1236	534	735	840

(三) 入境旅游客源结构

2008—2011 年挪威入境游客中,来自欧洲地区的游客的比例一直保持在 96% 左右。2012—2014 年挪威入境游客中,欧洲地区游客的比例有所下降,保持在 83%~86%。由此可以看出,挪威的入境旅游者和欧洲地区其他国家的入境旅游者一样,大都来自欧洲地区,表现出较强的区域内流动的特征,但区域内流动的强劲趋势有了轻微改变。2013年,挪威入境游客中,欧洲地区游客占84.1%,东亚太地区游客占10.3%,美洲地区游客占5.5%;2014年,挪威入境游客中,欧洲地区游客占83.1%,东亚太地区游客占10.1%,美洲地区游客占6.8%。

表10-31　2008—2014年挪威入境旅游人数(按地区分)

单位:千人次

地 区	2008年	2009年	2010年	2011年	2012年	2013年	2014年
非 洲	—	—	—	—	22	25	26
美 洲	136	132	160	164	245	262	326
东亚太	29	25	28	27	378	492	489
欧 洲	3967	3943	4313	4471	3894	4000	4013

挪威最大的入境旅游客源国家是瑞典,其次是德国、美国、英国、中国和荷兰。2014年挪威入境游客中,瑞典游客占13.11%,德国游客占11.78%,美国游客占9.31%。2014年,中国在挪威入境旅游主要客源国中排在第五位,占挪威入境游客的市场份额为4.41%。2014年,在挪威十大入境旅游客源国中,除来自德国、美国、罗马尼亚和丹麦的游客人数有所增长外,来自其他国家的游客人数均出现不同程度的减少。

表10-32　2008—2014年挪威入境旅游人数(按游客所在国家分)

排名	国 家	入境旅游人数(人次)			市场份额(%)	增长率(%)
		2008年	2013年	2014年	2014年	2013—2014年
1	瑞 典	1 130 000	429 329	426 392	13.11	-0.68
2	德 国	603 000	375 552	383 041	11.78	1.99
3	美 国	136 000	173 922	231 572	9.31	3.45
4	英 国	341 000	292 735	302 845	6.44	-7.46
5	中 国	—	119 553	118 335	4.41	-1.79
6	荷 兰	195 000	142 143	126 578	3.89	-10.95
7	罗马尼亚	—	25 771	92 309	3.03	5.54
8	西班牙	77 000	93 263	98 433	2.59	-21.11
9	丹 麦	571 000	226 206	209 336	2.28	4.83
10	法 国	127 000	145 888	143 276	1.81	-1.04

注:按2014年数据排名。

（四）入境旅游方式

乘坐飞机和经由公路是挪威入境旅游者使用的主要交通方式。2008—2011年，乘坐飞机入境的游客人数高于经由公路入境的游客人数；经由公路入境的游客人数持续上升，乘坐飞机入境的游客人数在2009年有所下降。2008—2011年，乘坐飞机入境的旅游者基本稳定在1800千~2100千人次，这是由于挪威开辟了更多低成本飞机旅游线路；乘坐船舶入境的旅游者在700千~900千人次；乘坐火车入境的旅游者所占比例最低，保持在100千~120千人次。2012—2014年数据缺失。

表10-33 2008—2011年挪威入境旅游人数（按入境旅游方式分）

单位：千人次

入境旅游方式	2008年	2009年	2010年	2011年
飞　机	1901	1798	2008	2137
火　车	106	113	115	121
公　路	1610	1688	1819	1879
船　舶	731	748	824	827

（五）入境旅游目的

与大多数欧洲国家相同，赴挪威的入境旅游者主要以娱乐、休闲和度假为目的，2008—2011年的增长率为20.4%；以商务和专业活动为目的的旅游者整体上维持在1000千人次左右，2009年有所下降，为971千人次。2012—2014年数据缺失。

表10-34 2008—2011年挪威入境旅游人数（按入境旅游目的分）

单位：千人次

入境旅游目的	2008年	2009年	2010年	2011年
娱乐、休闲和度假	3212	3375	3703	3867
商务和专业活动	1135	971	1064	1096

二、出境旅游概况

（一）出境旅游花费

2008年，挪威的出境旅游总花费为15 118百万美元；2009年减少到13 221百万美元，负增长率为12.5%。2010—2014年保持稳定增长趋势，2010年增长了10.9%；2011较上一年增长了15.7%，达到16 958百万美元；2012年挪威的出境旅游总花费增长到17 365百万美元，增长了2.4%；2013年和2014年分别较上年增长了8.7%和2.3%，2014年达到19 330百万美元。

表10-35 2008—2014年挪威出境旅游花费

单位：百万美元

	出境旅游花费						
	2008年	2009年	2010年	2011年	2012年	2013年	2014年
总花费	15 118	13 221	14 658	16 958	17 365	18 882	19 330
出境旅游花费	14 100	12 101	13 472	15 823	16 517	18 371	18 853
出境交通花费	1018	1120	1186	1135	848	511	477

（二）出境旅游目的地

2014年，挪威游客出境旅游第一大目的地是瑞典，其次是丹麦、西班牙和英国。2014年挪威出境游客中有61.1%前往瑞典和丹麦这两个国家，其中前往瑞典旅游的人数达到5 505 292人次。在欧洲地区以外的国家中，美国是挪威游客最大的出境旅游目的地，2014年挪威游客前往美国旅游的人数达到317 516人次。

表10-36 2010—2014年挪威游客出境主要旅游目的地

单位：人次

排名	国家	游客类型	2010年	2011年	2012年	2013年	2014年
1	瑞典	VFR	—	5 052 583	5 129 596	4 614 275	5 505 292
2	丹麦	TCER	1 665 429	1 481 565	1 481 173	1 486 052	1 786 062
3	西班牙	TFR	1 016 339	1 120 269	1 250 357	1 517 706	1 533 289
4	英国	VFR	649 000	739 000	771 300	838 000	874 000
5	波兰	VFN	120 000	120 000	140 000	190 000	482 000
6	德国	TCER	387 468	388 896	416 842	423 246	427 943
7	意大利	TCEN	350 400	369 221	395 285	407 664	406 191
8	土耳其	VFN	299 405	375 502	406 879	412 870	326 292
9	美国	TFR	221 145	249 167	262 822	284 311	317 516
10	希腊	TCER	207 416	236 425	246 173	264 642	281 479

注：按2014年数据排名。

第五节 瑞 典

瑞典（Sweden）位于北欧斯堪的纳维亚半岛东半部，东临波罗的海，西南濒北海，同丹麦隔海相望。大部分地区属温带针叶林气候，最南部属温带阔叶林气候。面积约为45万平方千米。2014年全国人口约为969万，国内生产总值（GDP）为5706亿美元。

瑞典经济发达,旅游业稳定发展,主要旅游地有首都斯德哥尔摩、北部自然保护区、南部的哥德堡市和斯科讷省。

表 10-37　2014 年瑞典旅游业经济影响评估

指　　标	总　　数	占全国的比例(%)	增长预测(%)
GDP(百万美元)	14 844.0	2.7	4.3
雇佣人数(千人)	183.1	3.9	2.4

注:本表为估计值。

一、入境旅游概况

(一)入境旅游人数

2008 年瑞典入境过夜旅游人数为 4555 千人次,2009 年上升了 8%,2010 年上升了 6%。2011 年较上年有较大幅度的上升,突破 10 000 千人次,增长率为 121%。2012 年继续上升,较上年的增长率为 6%。2013 入境过夜旅游人数为 11 635 千人次。2014 年入境过夜旅游者人数出现下降,较上年负增长 9.6%,减少到 10 522 千人次。

表 10-38　2008—2014 瑞典入境旅游人数

单位:千人次

	2008 年	2009 年	2010 年	2011 年	2012 年	2013 年	2014 年
入境旅游人数	—	—	—	19 405	20 111	18 814	19 945
过夜旅游者	4555	4899	5183	11 444	12 174	11 635	10 522
一日游游客	—	—	—	7960	7837	7179	9423
邮船乘客	—	—	—	223	335	424	467

(二)入境旅游收入

2008—2014 年,瑞典入境旅游收入总体呈上升趋势:2008 年为 10 324 百万美元,2009 年出现下降,负增长率为 21%。2010—2014 年入境旅游收入持续上升,2010 年增加了 6%,2011 年较 2010 年上升了 21%;2012 年、2013 年和 2014 年持续上升,较上年增长率分别为 2%、7% 和 11%。

表 10-39　2008—2014 年瑞典入境旅游收入

单位:百万美元

	2008 年	2009 年	2010 年	2011 年	2012 年	2013 年	2014 年
总收入	12 060	10 100	10 991	12 871	12 815	13 916	—
入境旅游收入	10 324	8138	8653	10 512	10 763	11 476	12 696
入境游客交通收入	1736	1962	2338	2359	2052	2434	—

(三)入境旅游客源结构

2008—2014年,瑞典入境游客中,来自欧洲地区的游客的比例一直保持在89%~96%。2013年瑞典入境游客中,欧洲地区游客占93.6%,美洲地区游客占4.0%,东亚太地区游客占2.3%;2014年瑞典入境游客中,欧洲地区游客占94.8%,美洲地区游客占3.5%,东亚太地区游客占1.7%。由此可以看出,瑞典的入境旅游者和欧洲地区其他国家的入境旅游者一样,大都来自欧洲地区,表现出较强的区域内流动的特征。

表10-40 2008—2014年瑞典入境旅游人数(按地区分)

单位:千人次

地区	2008年	2009年	2010年	2011年	2012年	2013年	2014年
非洲	—	16	13	40	35	74	33
美洲	239	190	226	672	652	740	686
东亚太	216	150	174	356	314	422	336
欧洲	3848	4294	4470	18 242	18 910	17 449	18 789
南亚	—	—	—	49	60	63	33
中东	—	22	26	46	41	67	68

挪威是瑞典的第一大入境旅游客源国。2013年,挪威赴瑞典的入境游客为4614千人次,占市场份额为24.53%;芬兰排在第二位,赴瑞典游客为3751千人次,占市场份额位19.97%。2014年,挪威赴瑞典的入境游客为5505千人次,占市场份额为27.6%;芬兰排在第二位,赴瑞典的游客为4009千人次,占市场份额为20.1%。美国是瑞典主要的跨区域入境旅游客源国。

表10-41 2013—2014年瑞典入境旅游人数(按游客所在国家分)

排名	国家	入境旅游人数(人次)		市场份额(%)		增长率(%)
		2013年	2014年	2013年	2014年	2013—2014年
1	挪威	4 614 275	5 505 292	24.53	27.6	19.31
2	芬兰	3 750 645	4 008 946	19.97	20.1	6.89
3	丹麦	3 573 813	3 564 612	17.84	17.87	−0.26
4	德国	1 448 576	1 519 818	7.73	7.62	4.92
5	英国	637 344	718 935	3.39	3.6	12.8
6	俄罗斯	514 645	536 802	—	2.69	4.31
7	波兰	478 199	509 116	—	2.55	6.47

续表

排名	国家	入境旅游人数（人次）		市场份额（%）		增长率（%）
		2013 年	2014 年	2013 年	2014 年	2013—2014 年
8	美 国	511 064	458 494	2.75	2.3	-10.29
9	荷 兰	340 537	335 228	1.81	1.68	-1.56
10	法 国	343 172	305 356	1.82	1.53	-11.02

注：按 2014 年数据排名。

（四）入境旅游方式

2011—2014 年，乘坐船舶和经由公路入境瑞典的游客人数高于乘坐飞机和乘坐火车入境瑞典的游客人数。2011 年乘坐船舶入境瑞典的游客人数为 7019 千人次，2014 年为 7032 千人次；2011 年经由公路入境瑞典的游客人数为 6992 千人次，2014 年为 7065 千人次。乘坐飞机入境瑞典的游客人数排在第三位，2011 年为 3689 千人次，2014 年为 4503 千人次。

表 10-42　2011—2014 年瑞典入境旅游人数（按入境旅游方式分）

单位：千人次

入境旅游方式	2011 年	2012 年	2013 年	2014 年
飞　机	3689	4662	4776	4503
火　车	1704	1096	1198	1345
公　路	6992	6623	5761	7065
船　舶	7019	7630	7036	7032

（五）入境旅游目的

赴瑞典的入境旅游者以娱乐、休闲和度假游客最多，2011 年为 15 009 千人次，2012 年为 14 811 千人次，2013 年 13 603 千人次，2014 年 15 158 千人次，总体上保持相对稳定。出于商务和专业活动目的的游客人数也较高，2011 年为 2840 千人次，2012 年为 3456 千人次，2013 年为 3317 千人次，2014 年为 3191 千人次；2013 年和 2014 年，出于商务和专业活动目的的游客人数总体呈下降趋势。

表 10-43　2011—2014 年瑞典入境旅游人数（按入境旅游目的分）

单位：千人次

入境旅游目的	2011 年	2012 年	2013 年	2014 年
娱乐、休闲和度假	15 009	14 811	13 603	15 158
商务和专业活动	2840	3456	3317	3191
其　他	1556	1744	1894	1596

二、出境旅游概况

(一)出境旅游人数

2008—2013 年,瑞典的出境旅游人数均超过 10 000 千人次。2008 年为 13 291 千人次;2009 年较 2008 年下降了 12%;2010 年较上年增长了 11.5%;2011 年和 2012 年较上年的增长率分别为 12.3% 和 6.1%;2013 年较 2012 年增长了 369 千人次,增长率为 2.4%,达到 15 917 千人次。

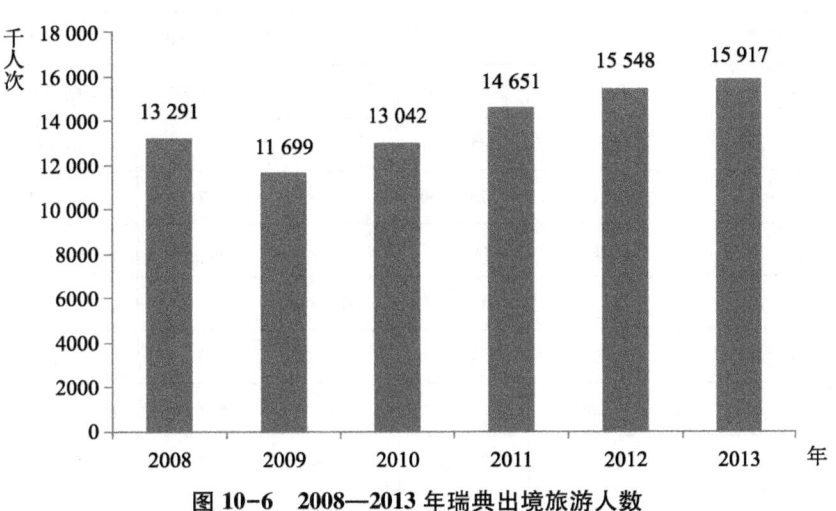

图 10-6　2008—2013 年瑞典出境旅游人数

(二)出境旅游花费

2008 年瑞典出境旅游花费为 13 630 百万美元;2009 年减少了 2362 百万美元,负增长率为 17.3%;2010 年较上年增长 15.9%;2011 年和 2012 年继续增长,增长率分别为 17.3% 和 2.9%;2013 年达 17 564 百万美元,较上年增长了 11.5%;2014 年继续上涨,达到 18 520 百万美元。

表 10-44　2008—2014 年瑞典出境旅游花费

单位:百万美元

	2008 年	2009 年	2010 年	2011 年	2012 年	2013 年	2014 年
总花费	15 447	12 791	14 912	17 252	17 964	19 944	—
出境旅游花费	13 630	11 268	13 065	15 326	15 776	17 564	18 520
出境交通花费	1817	1523	1847	1926	2188	2380	—

（三）出境旅游目的地

瑞典游客出境旅游第一大目的地是西班牙，其次是丹麦和德国。2014年瑞典出境游客中有35.4%前往西班牙和丹麦这两个国家，其中前往西班牙的瑞典游客达到1 774 112人次，前往丹麦的瑞典游客达到1 443 306人次。欧洲地区以外的国家中，美国是瑞典游客最大的出境旅游目的地，2014年瑞典游客前往美国旅游的人数达到551 996人次。

表10-45　2010—2014年瑞典游客出境主要旅游目的地

单位：人次

排名	国家	游客类型	2010年	2011年	2012年	2013年	2014年
1	西班牙	TFR	1 112 935	1 294 206	1 406 949	1 715 264	1 774 112
2	丹麦	TCER	1 336 600	1 176 408	1 145 888	1 207 795	1 443 306
3	德国	TCER	859 261	846 615	897 033	920 308	921 774
4	英国	VFR	758 000	795 000	777 300	784 000	869 000
5	法国	TFR	600 034	668 035	608 958	676 155	818 469
6	土耳其	VFN	447 270	571 917	617 811	692 186	667 551
7	意大利	TCEN	574 731	609 826	599 239	615 721	612 212
8	挪威	TCER	—	—	567 859	611 760	610 699
9	美国	TFR	371 853	438 972	442 013	476 571	551 996
10	拉脱维亚	VFR	352 486	351 185	345 291	346 005	415 386

注：按2014年数据排名。

第六节　英　国

英国全称大不列颠及北爱尔兰联合王国（The United Kingdom of Great Britain and Northern Ireland），是位于欧洲西部的岛国，由大不列颠岛（包括英格兰、苏格兰、威尔士）、爱尔兰岛东北部及附近许多岛屿组成。隔北海、多佛尔海峡、英吉利海峡与欧洲大陆相望。属海洋性温带阔叶林气候。面积为24.41万平方千米。2014年全国人口约为6451万，国内生产总值（GDP）为29 419亿美元。

英国的旅游业发达，伦敦是外国游客必到之处，且旅馆众多，但旅馆房间多为豪华型，经济型的住宿房间较为紧缺；餐馆在数量和风味上都有很大增加，可满足不同口味的需求。英国主要旅游地区有：伦敦、爱丁堡、加的夫、布赖顿、格林尼治、斯特拉福、牛津和剑桥等；主要观光景点有：歌剧院、博物馆、美术馆、古建筑物、主题公园和商店等。

表 10-46　2014 年英国旅游业经济影响评估

指　标	总　数	占全国的比例(%)	增长预测(%)
GDP(百万美元)	90 313.8	3.5	3.2
雇佣人数(千人)	1765.2	5.5	1.7

注:本表为估计值。

一、入境旅游概况

(一)入境旅游人数

2008—2014 年,英国的入境旅游人数总体保持增长趋势。其中,英国的入境旅游人数在 2008 年为 31 888 千人次;2009 年较上年减少 1999 千人次,负增长率为 6.3%;2010 年较上年下降 0.3%;2011 年、2012 年、2013 年和 2014 年呈持续增长态势,较上年增长率分别为 3.3%、0.9%、5.6% 和 4.7%。

表 10-47　2008—2014 年英国入境旅游人数

单位:千人次

	2008 年	2009 年	2010 年	2011 年	2012 年	2013 年	2014 年
入境旅游人数	31 888	29 889	29 803	30 798	31 084	32 813	34 377
过夜旅游者	30 142	28 199	28 295	29 306	29 282	31 169	32 613
一日游游客	1746	1690	1508	1492	1802	1644	1764

(二)入境旅游收入

2008—2014 年,英国入境旅游收入总体保持增长态势:2008 年英国入境旅游收入为 36 424 百万美元;2009 年较上年降低了 16.3%,减少到 30 498 百万美元;2013 年和 2014 年连续增长,较上年增长率分别为 3.2% 和 11.9%。

表 10-48　2008—2014 年英国入境旅游收入

单位:百万美元

	2008 年	2009 年	2010 年	2011 年	2012 年	2013 年	2014 年
总收入	46 285	38 564	40 216	44 864	47 052	53 522	62 830
入境旅游收入	36 424	30 498	32 969	35 767	37 324	41 747	46 723
入境游客交通收入	9861	8066	7247	9097	9728	11 775	16 107

（三）入境旅游客源结构

2008—2014年，欧洲是英国最主要的入境旅游客源市场，所占比例在73%~75%。2013年欧洲游客所占市场份额为73.9%，美洲游客和东亚太游客所占市场份额分别为12.9%和7.9%，非洲游客和中东游客分别占1.8%和2.1%。2014年欧洲地区、美洲地区、东亚太地区、非洲地区、中东地区和南亚地区所占市场份额分别为74.5%、12.6%、7.7%、1.6%、2.2%和1.4%。

表10-49　2008—2014年英国入境旅游人数（按地区分）

单位：千人次

地区	2008年	2009年	2010年	2011年	2012年	2013年	2014年
非洲	645	596	571	527	571	592	563
美洲	4212	4020	3839	4177	4134	4245	4341
东亚太	2147	2066	2202	2433	2339	2597	2639
欧洲	23 826	22 241	22 203	22 604	22 934	24 253	25 626
中东	538	596	529	589	630	687	743
南亚	521	370	456	467	475	438	465

英国重要的入境旅游客源国有法国、德国、美国、爱尔兰、西班牙和荷兰等。其中，法国是英国的第一大客源国。2014年，约有4114千人次的法国游客赴英国旅游，占英国入境游客总数的比例为11.97%；德国、美国、爱尔兰、西班牙和荷兰分别占9.37%、8.66%、7.23%、5.78%和5.74%。澳大利亚是英国在亚太地区最主要的入境旅游客源国。

表10-50　2008—2014年英国入境旅游人数（按游客所在国家分）

排名	国家	入境旅游人数（人次）			市场份额（%）		增长率（%）
		2008年	2013年	2014年	2013年	2014年	2013—2014年
1	法国	3 636 300	3 974 000	4 114 000	11.98	11.97	3.52
2	德国	2 899 600	3 048 000	3 220 000	9.64	9.37	5.64
3	美国	2 949 800	2 778 000	2 976 000	8.51	8.66	7.13
4	爱尔兰	3 070 000	2 350 000	2 486 000	7.3	7.23	5.79
5	西班牙	1 974 000	1 746 000	1 986 000	5.19	5.78	13.75
6	荷兰	1 818 200	1 891 000	1 972 000	5.86	5.74	4.28
7	意大利	1 639 300	1 636 000	1 757 000	5.08	5.11	7.4
8	波兰	1 491 800	1 339 000	1 494 000	4.14	4.35	11.58
9	比利时	970 300	1 174 000	1 122 000	3.62	3.26	-4.43
10	澳大利亚	955 500	1 058 000	1 057 000	3.26	3.07	-0.09

注：按2014年数据排名。

（四）入境旅游方式

飞机是英国入境游客使用的最主要的交通工具。2008—2014 年，乘坐飞机入境英国的游客人数均在 20 000 千人次以上，这与英国远程市场占很大比重有关；乘坐船舶入境英国的游客人数排在第二位，入境游客人数都在 4000 千人次以上，且总体呈上升趋势；乘坐火车入境英国的游客人数也占一定比例，保持在 3000 千~5000 千人次。

表 10-51　2008—2014 年英国入境旅游人数（按入境旅游方式分）

单位：千人次

入境旅游方式	2008 年	2009 年	2010 年	2011 年	2012 年	2013 年	2014 年
飞　机	24 024	22 080	21 430	22 631	22 670	23 722	24 955
火　车	3369	3347	3842	3670	4157	4443	4471
船　舶	4495	4462	4531	4496	4257	4648	4951

（五）入境旅游目的

2008—2014 年，英国入境旅游者中，以娱乐、休闲和度假为目的的游客数量始终多于以商务和专业活动为目的的游客数量。2014 年，以娱乐、休闲和度假为目的的游客数量约占 39.5%，以商务和专业活动为目的的游客数量约占 26%。

表 10-52　2008—2014 年英国入境旅游人数（按入境旅游目的分）

单位：千人次

入境旅游目的	2008 年	2009 年	2010 年	2011 年	2012 年	2013 年	2014 年
娱乐、休闲和度假	10 923	11 424	11 668	12 008	11 961	12 726	13 578
商务和专业活动	8683	7082	7298	7725	7931	8463	8921
其　他	12 282	11 383	10 838	11 064	11 192	11 624	11 878

二、出境旅游概况

（一）出境旅游人数

2008—2014 年，英国的出境旅游人数总体呈下降趋势：2008 年为 69 011 千人次，为 7 年间最高值；2009 年、2010 年和 2012 年均有所下降，分别较上一年下降 15.1%、5.2% 和 0.5%；2011 较上一年增长了 2.3%，达到 56 836 千人次；2013 年较上一年增长了 2.2%，出境旅游人数为 57 792 千人次；2014 年继续保持增长态势，但是涨幅不大，增长率为 3.9%，达到 60 082 千人次。

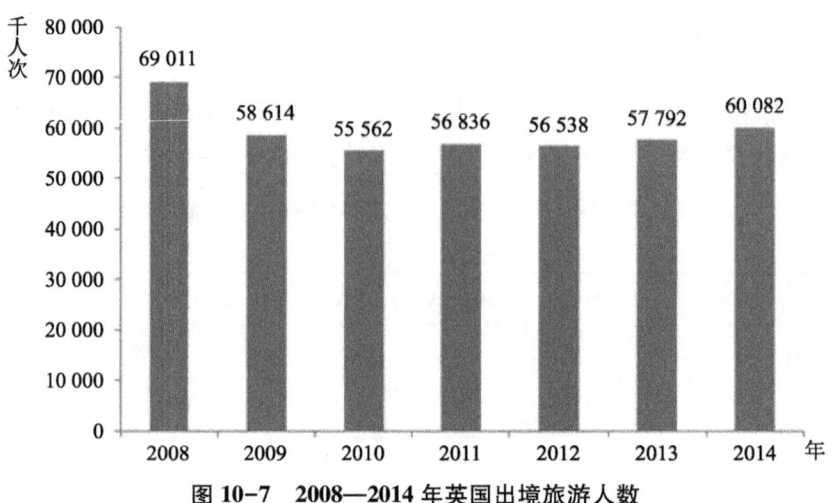

图 10-7 2008—2014 年英国出境旅游人数

(二) 出境旅游花费

2008—2014 年,英国出境旅游花费总体上有所下降:2008 年为 69 792 百万美元;2009 年明显下降,较上年减少了 27.6%,减少到 50 559 百万美元;2010—2014 年呈现缓慢持续增长的态势,较上年增长率分别为 10.1%、2.0%、0.5%、2.3% 和 8.7%。

表 10-53 2008—2014 年英国出境旅游花费

单位:百万美元

	2008 年	2009 年	2010 年	2011 年	2012 年	2013 年	2014 年
总花费	83 584	61 133	66 658	70 300	71 417	73 339	79 935
出境旅游花费	69 792	50 559	55 663	56 767	57 062	58 351	63 424
出境交通花费	13 792	10 574	10 995	13 533	14 355	14 988	16 511

(三) 出境旅游目的地

英国游客出境旅游第一大目的地是西班牙,其次是法国和爱尔兰。2014 年,英国出境游客中有 49.3% 前往西班牙和法国这两个国家。2014 年,前往西班牙的英国游客达到 15 006 744 人次,前往法国的英国游客达到 7 611 545 人次。欧洲地区以外的国家中,美国是英国游客最大的出境旅游目的地,2014 年英国游客前往美国旅游的人数达到 4 149 129 人次。

表 10-54　2010—2014 年英国游客出境主要旅游目的地

单位：人次

排名	国　家	游客类型	2010 年	2011 年	2012 年	2013 年	2014 年
1	西班牙	TFR	12 440 240	13 615 385	13 624 050	14 333 773	15 006 744
2	法　国	TCER	6 584 999	6 856 565	6 955 953	7 574 827	7 611 545
3	爱尔兰	TFR	3 948 000	4 129 000	3 986 000	4 444 000	4 715 000
4	美　国	TFR	3 850 864	3 835 300	3 763 381	3 835 308	4 149 129
5	意大利	VFN	3 348 204	3 479 523	3 646 810	3 639 411	3 972 184
6	土耳其	VFN	2 673 605	2 582 054	2 456 519	2 509 357	2 600 360
7	德　国	TCER	1 986 891	2 054 839	2 162 489	2 294 117	2 415 477
8	希　腊	TFR	1 802 203	1 758 093	1 920 794	1 846 333	2 089 529
9	荷　兰	TCER	1 555 500	1 508 300	1 613 600	1 680 000	1 857 000
10	葡萄牙	TCER	1 008 141	1 113 398	1 162 476	1 256 179	1 416 555

注：按 2014 年数据排名。

第十一章　西欧分区旅游市场概况

依照世界旅游组织的划分方法,西欧旅游分区包括奥地利、比利时、法国、德国、列支敦士登、卢森堡、摩纳哥、荷兰和瑞士共9个国家,但本章的西欧分区旅游市场概况分析只包括奥地利、比利时、德国、法国、荷兰和瑞士6个国家。西欧国家旅游业发达,凭借其丰富的旅游资源吸引了大批的旅游者,是重要的世界旅游目的地国;同时,由于其经济发达,且有着悠久的休闲度假的传统,因此西欧国家也是重要的世界旅游客源国。

一、入境旅游概况

(一)入境旅游人数

2008—2014年,西欧分区各国家的入境旅游人数之和总体上保持增长态势,但增长幅度有限。2013年,西欧分区各国家接待入境旅游人数之和达169 426千人次;2014年增长到173 027千人次,较上年增长2.1%。2014年,法国、德国、奥地利这三个旅游目的地国接待入境旅游人数总共142 057千人次,占西欧分区各国家入境旅游总人数的82.1%。

表11-1　2008—2014年西欧分区各国家入境旅游人数

单位:千人次

排名	国家	2008年	2009年	2010年	2011年	2012年	2013年	2014年
1	法国	79 218	76 764	76 647	80 499	81 980	83 634	83 767
2	德国	24 884	24 220	26 875	28 374	30 411	31 545	32 999
3	奥地利	21 935	21 355	22 004	23 012	24 151	24 813	25 291
4	荷兰	10 104	9921	10 883	11 300	11 680	12 783	13 925
5	瑞士	8608	8294	8628	8534	8566	8967	9158
6	比利时	7165	6815	7186	7494	7560	7684	7887

注:按2014年数据排名。

(二)入境旅游收入

2008—2014年,西欧分区各国家的入境旅游收入之和总体上持续不断增长,从2008年的158 365百万美元增长到2014年的167 990百万美元,增长了6.1%。2014年,法国、德国、奥地利、瑞士、荷兰和比利时入境旅游收入均呈现不同程度的增长。

表11-2　2008—2014年西欧分区各国家入境旅游收入

单位:百万美元

排名	国家	2008年	2009年	2010年	2011年	2012年	2013年	2014年
1	法国	57 228	49 581	46 466	55 115	53 349	56 463	57 668
2	德国	39 915	34 725	34 564	38 902	38 068	41 285	43 269
3	奥地利	21 630	19 159	18 758	19 778	18 938	20 090	20 907
4	瑞士	14 461	14 146	14 724	17 196	16 088	16 767	17 475
5	荷兰	13 343	12 401	11 653	12 897	12 261	13 751	14 682
6	比利时	11 788	11 818	11 395	12 742	12 504	13 278	13 989

注:按2014年数据排名。

二、出境旅游概况

(一)出境旅游人数

2008—2013年,西欧分区各国家中除荷兰有所下降外,其他国家的出境旅游人数总体上呈增长态势。其中,增长率最高的是比利时,达到21.7%;其次是德国,为19.8%;排在第三位的是瑞士,为11.3%。2014年,德国是西欧地区出境旅游人数最多的国家,为83 008千人次。

表11-3　2008—2014年西欧分区各国家出境旅游人数

单位:千人次

排名	国家	2008年	2009年	2010年	2011年	2012年	2013年	2014年
1	德国	73 000	72 300	82 729	—	—	87 459	83 008
2	法国	25 506	25 140	25 041	26 155	25 450	26 243	28 180
3	荷兰	18 399	18 340	18 368	18 560	18 628	18 094	17 928
4	瑞士	11 147	10 453	10 011	10 466	12 098	12 403	12 518
5	比利时	8887	8775	8801	9727	9576	10 818	—
6	奥地利	9677	10 121	9882	9874	10 960	10 671	10 994

注:比利时2014年数据缺失,故按2013年数据排名。

（二）出境旅游花费

2008—2014年，除荷兰和奥地利有所下降外，西欧分区各国家的出境旅游花费总体上呈增长态势。其中，增长率最高的是瑞士，达到57.0%；其次是比利时，为19.9%；排在第三位的是法国，为18.1%。2014年，德国是西欧地区出境旅游花费最多的国家，为93 252百万美元。2014年，西欧分区6个国家的出境旅游花费较上年均呈现不同程度的增长。

表11-4 2008—2014年西欧分区各国家出境旅游花费

单位：百万美元

排名	国家	2008年	2009年	2010年	2011年	2012年	2013年	2014年
1	德国	91 598	81 400	77 580	86 166	83 235	91 318	93 252
2	法国	41 277	38 416	38 304	44 695	39 851	42 944	48 733
3	比利时	19 859	20 480	18 866	20 658	20 174	21 850	23 811
4	荷兰	21 828	20 758	19 044	20 741	19 678	20 355	21 390
5	瑞士	10 912	10 948	11 173	13 753	15 183	16 147	17 128
6	奥地利	11 432	10 813	10 122	10 550	9992	10 254	10 849

注：按2014年数据排名。

第一节 奥地利

奥地利全称奥地利共和国（The Republic of Austria），是位于欧洲南部的内陆国家。东邻匈牙利和斯洛伐克，南接斯洛文尼亚和意大利，西连瑞士和列支敦士登，北与德国和捷克接壤。属海洋性向大陆性过渡的温带阔叶林气候。国土面积约为8.39万平方千米。2014年全国人口约为853万，国内生产总值（GDP）为4363亿美元。

奥地利的旅游业发达。2014年接待游客3756万人次，其中外国游客2529万人次。全国有各类旅馆6.2万家，共有床位105.4万张。外国游客主要来自德国、荷兰、瑞士、英国、意大利和比利时等国。

表11-5 2014年奥地利旅游业经济影响评估

指标	总数	占全国的比例（%）	增长预测（%）
GDP（百万美元）	19 345.7	4.9	3.3
雇佣人数（千人）	224.5	5.3	2.4

注：本表为估计值。

一、入境旅游概况

(一)入境旅游人数

2008—2014年,奥地利的入境旅游人数呈稳定增长的状态:2009年入境旅游人数从2008年的21 935千人次降低到21 355千人次,较上一年下降了2.6%;2010年比上年增长3.0%,达到22 004千人次;2011年比上年增长4.6%,达到23 012千人次;2012年入境旅游人数增长到24 151千人次;2013年较上年增长2.7%,达到24 813千人次;2014年较上年增长1.9%,达到25 291千人次。

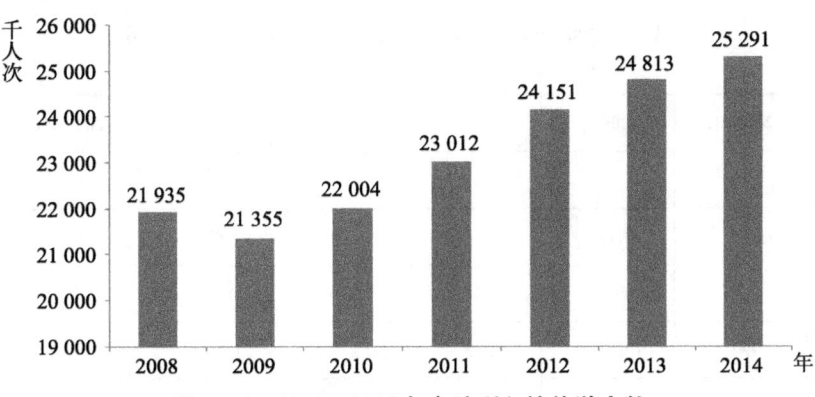

图11-1　2008—2014年奥地利入境旅游人数

(二)入境旅游收入

2008—2014年,奥地利的入境旅游收入总体上呈下降趋势。其中,2009年入境旅游收入从2008年的21 630百万美元降低到19 159百万美元,负增长率为11.4%;2010年入境旅游收入为18 758百万美元,较上年降低2.1%;2011年较上年增加5.4%,增至19 778百万美元;2012年较上年降低4.2%,降到18 938百万美元;2013年较上年有所增长,增至20 090百万美元;2014年较上年增长4.1%,达到20 907百万美元,但仍未超过2008年的入境旅游收入。

表11-6　2008—2014年奥地利入境旅游收入

单位:百万美元

	2008年	2009年	2010年	2011年	2012年	2013年	2014年
总收入	24 346	21 220	20 980	22 453	21 446	22 618	—
入境旅游收入	21 630	19159	18 758	19 778	18 938	20 090	20 907
入境游客交通收入	2716	2061	2222	2675	2508	2528	—

(三) 入境旅游客源结构

2008—2014年,奥地利入境游客中,来自欧洲地区游客的比例一直保持在88%~93%。2013年,奥地利入境游客中,欧洲地区游客占90%,东亚太地区游客占5%,美洲地区游客占4%;2014年,奥地利入境游客中,欧洲地区游客占89.0%,东亚太地区游客占5.5%,美洲地区游客占3.7%。由此可以看出,奥地利的入境旅游者和欧洲地区其他国家的入境旅游者一样,大都来自欧洲地区,表现出较强的区域内流动的特征;还可以看出东亚太游客所占的比例不断提升,而欧洲地区和美洲地区的游客所占比例呈下降趋势。2012年奥地利入境游客中欧洲地区游客人数较上年增加3.7%,2013年较上年增加2.1%,2014年较上年增加0.9%。

表11-7 2008—2014年奥地利入境旅游人数(按地区分)

单位:千人次

地 区	2008年	2009年	2010年	2011年	2012年	2013年	2014年
非 洲	40	39	45	52	58	61	63
美 洲	673	617	708	743	806	860	919
东亚太	706	645	741	915	1105	1227	1381
欧 洲	19 993	19 613	20 043	20 819	21 599	22 043	22 242
中 东	102	97	120	160	218	268	303
南 亚	47	48	60	84	89	88	84

2014年,奥地利最大的入境旅游客源国家是德国,其次是瑞士、意大利、荷兰、英国、美国和中国。2013年奥地利入境游客中,德国游客占44.27%,来自前七位客源国家的游客人数占总数的68.61%。2014年奥地利入境游客中,德国游客占43.57%,来自前七位客源国家的游客人数占总数的68.11%。2014年,来自中国和美国的入境旅游人数增长快速,增长率分别是21.76%和7.67%。

表11-8 2008—2014年奥地利入境旅游人数(按游客所在国家分)

排名	国 家	入境旅游人数(人次)			市场份额(%)		增长率(%)
		2008年	2013年	2014年	2013年	2014年	2013—2014年
1	德 国	7 341 427	8 041 954	8 099 430	44.27	43.57	0.71
2	瑞 士	831 715	1 102 335	1 123 100	6.07	6.04	1.88
3	意大利	882 436	839 291	869 750	4.62	4.68	3.63
4	荷 兰	888 748	852 632	856 977	4.69	4.61	0.51

续表

排名	国家	入境旅游人数（人次）			市场份额（%）		增长率（%）
		2008年	2013年	2014年	2013年	2014年	2013—2014年
5	英 国	706 274	648 127	667 561	3.57	3.59	3.00
6	美 国	442 300	528 679	569 240	2.91	3.06	7.67
7	中 国	147 364	391 509	476 693	2.16	2.56	21.76
8	法 国	395 148	423 782	426 329	2.33	2.29	0.60
9	俄罗斯	243 778	449 568	398 687	2.48	2.14	−11.32
10	捷 克	302 131	372 684	388 058	2.05	2.09	4.13
11	比利时	354 566	374 924	380 948	2.06	2.05	1.61
12	匈牙利	311 619	323 211	334 645	1.78	1.80	3.54

注：按2014年数据排名。

二、出境旅游概况

（一）出境旅游人数

2008—2014年，奥地利出境旅游人数总体保持增长态势，但2010年、2011年和2013年分别较上一年负增长2.4%、0.1%和2.6%。2012年，奥地利出境旅游人数较上年明显增长，达到10 960千人次；2013年降低到10 671千人次；2014年较上年增长3.0%，达到10 994百万美元。

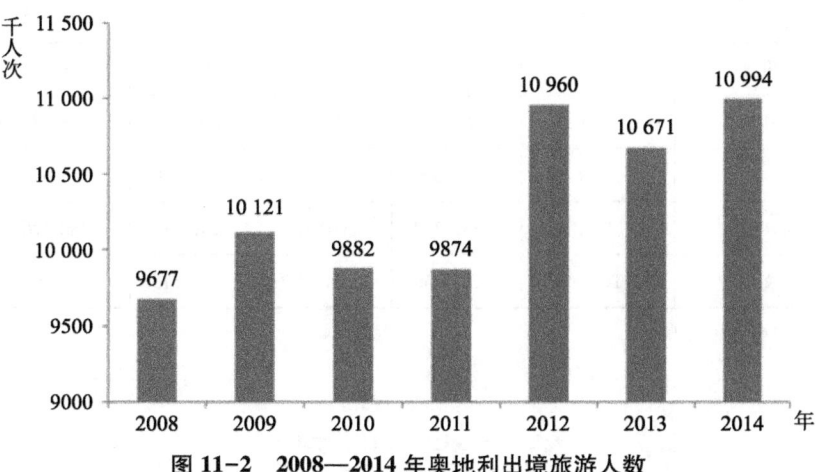

图11-2　2008—2014年奥地利出境旅游人数

（二）出境旅游花费

2011年奥地利出境旅游花费达到10 550百万美元，较上年增长4.2%；2012年出境旅游花费降低到 9992 百万美元,负增长率为 5.3%;2013 年出境旅游花费回升到 10 254 百万美元,增长率为 2.6%;2014 年出境旅游花费较上年增长 5.8%,达到 10 849 百万美元。

表 11-9　2008—2014 年奥地利出境旅游花费

单位:百万美元

	2008 年	2009 年	2010 年	2011 年	2012 年	2013 年	2014 年
总花费	13 993	12 767	12 213	12 920	12 352	12 698	—
出境旅游花费	11 432	10 813	10 122	10 550	9992	10 254	10 849
出境交通花费	2561	1954	2088	2372	2360	2445	—

(三)出境旅游目的地

2014 年,奥地利游客出境旅游第一大目的地是匈牙利,其次是意大利和德国。2014 年,前往匈牙利的奥地利游客达到 7 297 000 人次,前往意大利的奥地利游客达到 6 583 584 人次。

表 11-10　2010—2014 年奥地利游客出境主要旅游目的地

单位:人次

排名	国　家	游客类型	2010 年	2011 年	2012 年	2013 年	2014 年
1	匈牙利	VFN	6 696 000	6 649 000	7 233 000	7 117 000	7 297 000
2	意大利	VFN	7 660 061	6 502 564	6 929 749	6 606 530	6 583 584
3	德　国	TCER	1 387 683	1 494 688	1 567 483	1 631 436	1 725 259
4	克罗地亚	TCER	810 340	892 467	945 578	968 233	1 018 521
5	法　国	TFR	756 240	982 167	1 041 631	764 305	812 234
6	西班牙	TFR	561 190	579 430	564 068	568 403	591 495
7	土耳其	VFN	500 321	528 966	505 560	518 273	512 339
8	波　兰	VFN	345 000	355 000	360 000	355 000	432 000
9	希　腊	TFR	338 367	310 358	236 416	236 476	285 132
10	斯洛文尼亚	TCEN	201 756	222 192	240 113	242 892	265 803

注:按 2014 年数据排名。

第二节　比利时

比利时全称比利时王国(The Kingdom of Belgium),位于欧洲西部。北连荷兰,东邻德国,东南与卢森堡接壤,南和西南与法国交界,西北隔多佛尔海峡与英国相望。属海洋性温带阔叶林气候。面积约为 3.06 万平方千米。2014 年全国人口约为 1123 万,国内生产总值(GDP)为 5334 亿美元。

比利时的第三产业发展迅速。主要旅游地是阿登山区、北海海滨和布鲁塞尔市等。

表 11-11　2014 年比利时旅游业经济影响评估

指　标	总　数	占全国的比例(%)	增长预测(%)
GDP(百万美元)	11 013.5	2.3	2.6
雇佣人数(千人)	109.5	2.4	1.5

注:本表为估计值。

一、入境旅游概况

(一)入境旅游人数

2008—2014 年,比利时的入境旅游人数总体呈稳定增长的趋势:2009 年入境旅游人数从 2008 年的 7165 千人次降低到 6815 千人次,下降了 4.9%;2010 年比上年增长 5.4%,达到 7186 千人次;2011 年比上年增长 4.3%,达到 7494 千人次;2012 年入境旅游人数略增到 7560 千人次;2013 年较上年增长 1.6%,达到 7684 千人次;2014 年较上年增长 2.6%,达到 7887 千人次。

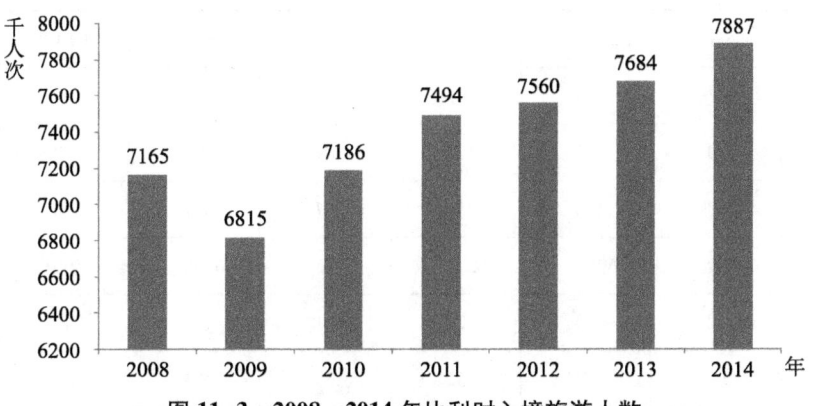

图 11-3　2008—2014 年比利时入境旅游人数

(二)入境旅游收入

2009 年,比利时入境旅游收入从 2008 年的 11 788 百万美元增长到 11 818 百万美元;2010 年入境旅游收入为 11 395 百万美元,较上一年下降了 3.6%;2011 年较上年增加 11.8%,为 12 742 百万美元;2012 年较上一年下降了 1.9%,为 12 504 百万美元;2013 年较上年有所增长,增至 13 278 百万美元,增长率为 6.2%;2014 年增长率为 5.4%,增至 13 989 百万美元。

表 11-12 2008—2014 年比利时入境旅游收入

单位：百万美元

	2008 年	2009 年	2010 年	2011 年	2012 年	2013 年	2014 年
总收入	13 106	11 500	11 624	13 008	13 711	14 429	15 302
入境旅游收入	11 788	11 818	11 395	12 742	12 504	13 278	13 989
入境游客交通收入	1318	1254	1287	1359	1207	1151	1313

（三）入境旅游客源结构

比利时入境游客中，来自欧洲地区的游客的比例一直保持在 84%~88%。2013 年，比利时入境游客中，欧洲地区游客占 86%，美洲地区游客占 7%，东亚太地区游客占 5%；2014 年，比利时入境游客中，欧洲地区游客占 84.9%，美洲地区游客占 7.2%；东亚太地区游客占 5.6%。由此可以看出，比利时的入境旅游者和欧洲地区其他国家的入境旅游者一样，大都来自欧洲地区，表现出较强的区域内流动的特征。2012 年比利时入境游客中欧洲地区游客人数较上一年降低 0.2%，2013 年较上一年增加 0.8%，2014 年较上一年增加 14.9%。

表 11-13 2008—2014 年比利时入境旅游人数（按地区分）

单位：千人次

地　区	2008 年	2009 年	2010 年	2011 年	2012 年	2013 年	2014 年
非　洲	63	63	61	62	61	64	66
美　洲	399	375	429	489	505	517	566
东亚太	268	238	256	307	367	398	437
欧　洲	6187	5956	6310	6523	6508	6560	6658
中　东	22	20	26	31	36	40	48
南　亚	64	47	52	55	53	56	67

2014 年，比利时最大的入境旅游客源国家是荷兰，其次是法国、英国、德国、美国、西班牙、意大利和中国。2013 年比利时入境游客中，荷兰游客占 17.56%，来自前八位客源国家的游客人数占总数的 74.33%；2014 年比利时入境游客中，荷兰游客占 16.49%，来自前八位客源国家的游客人数占总数的 74.02%。2014 年，来自中国和美国的入境游客人数增长快速，增长率分别是 13.75% 和 11.78%。

表 11-14 2008—2014 年比利时入境旅游人数（按游客所在国家分）

排名	国家	入境旅游人数（人次）			市场份额（%）		增长率（%）
		2008 年	2013 年	2014 年	2013 年	2014 年	2013—2014 年
1	荷兰	1 102 665	1 093 336	1 053 476	17.56	16.49	-3.65
2	法国	903 081	1 008 373	1 007 170	16.19	15.76	-0.12
3	英国	953 565	847 770	880 228	13.61	13.78	3.83
4	德国	621 934	657 785	667 288	10.56	10.44	1.44
5	美国	258 242	306 495	342 609	4.92	5.36	11.78
6	西班牙	264 189	313 681	340 432	5.04	5.33	8.53
7	意大利	222 647	259 112	276 201	4.16	4.32	6.60
8	中国	71 734	142 770	162 404	2.29	2.54	13.75

注：按 2014 年数据排名。

（四）入境旅游目的

比利时入境旅游者中，出于娱乐、休闲和度假目的的游客人数占很大比例，从 2008 年的 4588 千人次增加到 2014 年的 5045 千人次，增长率为 10.0%；出于商务和专业活动目的入境的游客人数从 2008 年的 2576 千人次增加到 2014 年的 2842 千人次，增长率为 10.3%。2013 年入境游客中，出于娱乐、休闲和度假目的的游客占 63%，商务和专业活动旅游者占 37%；2014 年入境游客中，出于娱乐、休闲和度假目的的游客占 64.0%，商务和专业活动旅游者占 36%。

表 11-15 2008—2014 年比利时入境旅游人数（按入境旅游目的分）

单位：千人次

入境旅游目的	2008 年	2009 年	2010 年	2011 年	2012 年	2013 年	2014 年
娱乐、休闲和度假	4588	4532	4779	4886	4772	4846	5045
商务和专业活动	2576	2283	2407	2608	2788	2838	2842

二、出境旅游概况

（一）出境旅游人数

2008—2013 年，比利时出境旅游人数总体上有所增长。其中，2010 年和 2011 年较上年的增长率分别为 0.3% 和 10.5%；2012 年出境旅游人数较上一年有所降低，降到 9576 千人次；2013 年增长到 10 818 千人次。

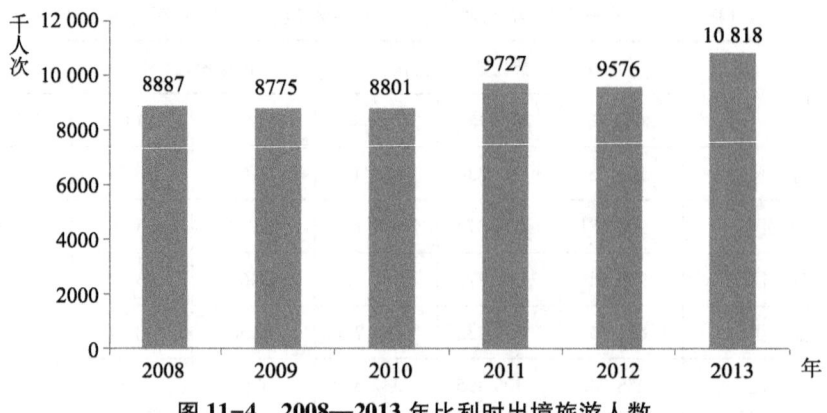

图 11-4　2008—2013 年比利时出境旅游人数

（二）出境旅游花费

2011 年比利时出境旅游花费达到 20 658 百万美元，较上年增长 9.5%；2012 年出境旅游花费降低到 20 174 百万美元，较上一年下降了 2.3%；2013 年出境旅游花费回升到 21 850 百万美元，较上一年增长了 8.3%；2014 年出境旅游花费较上一年增长了 9.0%，达到 23 811 百万美元。

表 11-16　2008—2014 年比利时出境旅游花费

单位：百万美元

	2008 年	2009 年	2010 年	2011 年	2012 年	2013 年	2014 年
总花费	21 445	22 292	20 876	24 215	22 367	24 201	26 404
出境旅游花费	19 859	20 480	18 866	20 658	20 174	21 850	23 811
出境交通花费	1586	1812	2047	2108	2193	2351	2593

（三）出境旅游目的地

2014 年，比利时游客出境旅游第一大目的地是法国，其次是西班牙和荷兰。2014 年，前往法国的比利时游客达到 4 242 521 人次，前往西班牙的比利时游客达到 2 180 457 人次。欧洲地区以外的国家中，美国是比利时游客最大的出境旅游目的地，2014 年比利时游客前往美国旅游的人数达到 288 925 人次。

表 11-17　2010—2014 年比利时游客出境主要旅游目的地

单位：人次

排名	国家	游客类型	2010 年	2011 年	2012 年	2013 年	2014 年
1	法　国	TCER	3 363 594	4 082 428	4 016 773	4 263 662	4 242 521
2	西班牙	TFR	1 623 375	1 756 695	1 701 782	1 873 388	2 180 457

续表

排名	国　家	游客类型	2010 年	2011 年	2012 年	2013 年	2014 年
3	荷　兰	TCER	1 256 800	1 345 000	1 461 800	1 673 000	1 828 000
4	意大利	VFN	1 248 305	1 672 460	1 441 271	1 479 533	1 382 507
5	德　国	TCER	1 131 887	1 192 592	1 238 094	1 272 710	1 310 693
6	英　国	VFR	1 136 000	984 000	1 112 600	1 174 000	1 122 000
7	土耳其	VFN	543 003	585 860	608 071	651 596	660 857
8	奥地利	TCER	461 784	488 810	494 014	501 365	514 264
9	希　腊	TFR	339 836	432 625	326 937	344 554	409 198
10	美　国	TFR	254 892	259 490	260 267	265 875	288 925

注：按 2014 年数据排名。

第三节　德　国

德国全称德意志联邦共和国（The Federal Republic of Germany），位于欧洲中部。东邻波兰、捷克，南毗奥地利、瑞士，西界荷兰、比利时、卢森堡、法国，北接丹麦，濒临北海和波罗的海。西北部海洋性气候较明显，往东、南部逐渐向大陆性气候过渡。面积约为35.7万平方千米，是欧盟人口最多的国家，也是欧洲人口最稠密的国家之一。2014 年全国人口约为 8088 万，国内生产总值（GDP）为 38 526 亿美元。

德国旅游业发达。每年有大量国内外游客在德国旅游。2014 年，德国拥有各种旅馆51 865 家，床位 356.4 万张。著名景点有科隆大教堂、柏林国会大厦、波恩文化艺术展览馆、罗滕堡、慕尼黑德意志博物馆、海德堡古城堡、巴伐利亚新天鹅堡和德累斯顿画廊等。

表 11-18　2014 年德国旅游业经济影响评估

指　标	总　数	占全国的比例(%)	增长预测(%)
GDP(百万美元)	58 512.3	1.7	1.8
雇佣人数(千人)	765.9	1.8	0.4

注：本表为估计值。

一、入境旅游概况

（一）入境旅游人数

2008—2014 年，德国的入境旅游人数呈稳定增长的状态；2009 年入境旅游人数从

2008年的24 884千人次降低到24 220千人次,下降了2.7%;2010年比上年增长11.0%,达到26 875千人次;2011年比上年增长5.6%,达到28 374千人次;2012年入境旅游人数增长到30 411千人次,增长率为3.7%;2013年较上年增长3.7%,达到31 545千人次;2014年继续保持增长,增长率为4.6%,达到32 999千人次。

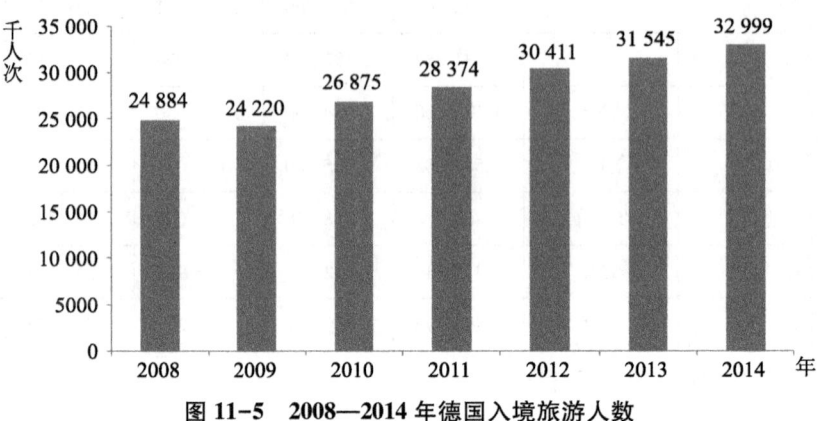

图11-5　2008—2014年德国入境旅游人数

（二）入境旅游收入

2009年,德国入境旅游收入从2008年的39 915百万美元降低到34 725百万美元,负增长率为13.0%;2010年入境旅游收入为34 564百万美元,较上年降低0.5%;2011年较上年增加12.6%,增至38 902百万美元;2012年较上年降低2.1%,降低到38 068百万美元;2013年较上年有所增长,增至41 285百万美元,增长率为8.5%;2014年较上年增长了4.8%,增至43 269百万美元。

表11-19　2008—2014年德国入境旅游收入

单位:百万美元

	2008年	2009年	2010年	2011年	2012年	2013年	2014年
总收入	53 398	47 466	49 128	53 430	51 646	55 312	55 924
入境旅游收入	39 915	34 725	34 564	38 902	38 068	41 285	43 269
入境游客交通收入	13 483	12 741	14 564	14 528	13 578	14 027	12 655

（三）入境旅游客源结构

德国入境游客中,来自欧洲地区的游客的比例一直保持在75%~80%。2013年,德国入境游客中,欧洲地区游客占77%,美洲地区游客占10%,东亚太地区游客占9%;2014年,德国入境游客中,欧洲地区游客占77.3%,美洲地区游客占10.2%,东亚太地区游客占9.4%。由此可以看出,德国的入境旅游者和欧洲地区其他国家的入境旅游者一样,大都来自欧洲地区,表现出较强的区域内流动的特征。2012年德国入境游客中欧洲地区游客人数较上年增加5.8%,2013年较上年增加3.3%,2014年较上年增加4.3%。

表 11-20　2008—2014 年德国入境旅游人数（按地区分）

单位：千人次

地　区	2008 年	2009 年	2010 年	2011 年	2012 年	2013 年	2014 年
非　洲	160	158	193	193	227	246	254
美　洲	2572	2476	2883	2914	3155	3192	3272
东亚太	1991	1790	2046	2297	2666	2805	3024
欧　洲	19 096	18 782	20 610	21 861	23 121	23 899	24 915
中　东	242	259	336	343	449	517	587
南　亚	—	—	142	161	172	190	184

2014 年，德国最大的入境旅游客源国家是荷兰，其次是瑞士、美国、英国、奥地利、意大利和法国等。2013 年德国入境游客中，荷兰游客占 11.07%，来自前七位客源国家的游客人数占总数的 49.91%；2014 年德国入境游客中，荷兰游客占 10.95%，来自前七位客源国家的游客人数占总数的 49.77%。2014 年，来自中国和波兰的入境游客人数增长快速，增长率分别是 18.71% 和 9.92%。

表 11-21　2008—2014 年德国入境旅游人数（按游客所在国家分）

排名	国　家	入境旅游人数（人次）			市场份额（%）		增长率（%）
		2008 年	2013 年	2014 年	2013 年	2014 年	2013—2014 年
1	荷　兰	2 720 042	3 113 984	3 223 914	11.07	10.95	3.53
2	瑞　士	1 599 635	2 315 496	2 472 148	8.23	8.40	6.77
3	美　国	1 881 203	2 205 740	2 250 224	7.84	7.65	2.02
4	英　国	1 770 783	2 047 675	2 164 214	7.28	7.35	5.69
5	奥地利	1 112 266	1 518 429	1 603 290	5.4	5.45	5.59
6	意大利	1 297 414	1 444 241	1 495 487	5.14	5.08	3.55
7	法　国	1 086 649	1 391 921	1 438 188	4.95	4.89	3.32
8	丹　麦	932 048	1 196 904	1 264 167	4.26	4.30	5.62
9	比利时	922 531	1 123 592	1 155 339	4.00	3.93	2.83
10	中　国	402 972	837 489	994 224	2.98	3.38	18.71
11	俄罗斯	471 230	987 433	903 963	3.51	3.07	-8.45

续表

排名	国家	入境旅游人数(人次)			市场份额(%)		增长率(%)
		2008年	2013年	2014年	2013年	2014年	2013—2014年
12	西班牙	733 772	804 737	846 775	2.86	2.88	5.22
13	瑞典	781 316	838 368	836 491	2.98	2.84	-0.22
14	波兰	504 073	714 769	785 647	2.54	2.67	9.92
15	日本	573 974	692 730	651 794	2.46	2.21	-5.91

注：按2014年数据排名。

二、出境旅游概况

（一）出境旅游人数

2008—2014年，德国出境过夜旅游者人数总体上有一定程度的增长，从2008年的73 000千人次增长到2014年的83 008千人次，增长了13.7%。2009年较上年有所下降，减少到72 300千人次；2012年为82 729千人次（2010年和2011年数据缺失）；2013年增长到87 459千人次，较上年增长5.7%；2014年较上年负增长5.1%，减少到83 008千人次。

（二）出境旅游花费

2011年德国出境旅游花费为86 166百万美元，较上年增长11.1%。2012年出境旅游花费降低到83 235百万美元，负增长率为3.4%。2013年出境旅游花费增长到91 318百万美元，增长率为9.7%。2014年出境旅游花费增长率为2.1%，达到93 252百万美元。

表11-22　2008—2014年德国出境旅游花费

单位：百万美元

	2008年	2009年	2010年	2011年	2012年	2013年	2014年
总花费	106 039	93 112	90 883	99 840	96 235	105 488	106 630
出境旅游花费	91 598	81 400	77 580	86 166	83 235	91 318	93 252
出境交通花费	14 441	11 712	13 303	13 674	13 000	14 170	13 378

（三）出境旅游目的地

2014年，德国游客出境旅游第一大目的地是波兰，其次是法国和奥地利。2014年，前往波兰的德国游客达到30 260 000人次，前往法国的德国游客达到12 683 581人次。

表 11-23　2010—2014 年德国游客出境主要旅游目的地

单位：人次

排名	国　家	游客类型	2010 年	2011 年	2012 年	2013 年	2014 年
1	波　兰	VFN	25 860 000	25 740 000	26 720 000	28 900 000	30 260 000
2	法　国	TFR	11 715 051	11 951 353	12 563 526	13 392 500	12 683 581
3	奥地利	TCER	10 706 153	10 929 670	11 411 557	11 758 193	11 750 027
4	意大利	VFN	10 856 813	11 681 707	11 679 304	10 971 379	10 674 627
5	西班牙	TFR	8 814 070	8 975 236	9 318 737	9 856 687	10 422 055
6	土耳其	VFN	4 385 263	4 826 315	5 028 745	5 041 323	5 250 036
7	荷　兰	TCER	2 847 700	2 978 000	3 009 600	3 495 000	3 894 000
8	英　国	VFR	3 004 000	2 947 000	2 967 200	3 048 000	3 220 000
9	匈牙利	VFN	3 135 000	3 026 000	3 188 000	2 848 000	2 935 000
10	丹　麦	TCER	2 526 299	2 165 225	2 232 870	2 209 981	2 686 544

注：按 2014 年数据排名。

第四节　法　国

法国全称法兰西共和国（The Republic of France），位于欧洲西部。自北至南按顺时针依次与比利时、卢森堡、德国、瑞士、意大利、西班牙、安道尔、摩纳哥接壤，西北隔拉芒什海峡（英吉利海峡）与英国相望。平原占总面积的 2/3。主要山脉有阿尔卑斯山脉、比利牛斯山脉、汝拉山脉等。濒临北海、英吉利海峡、大西洋和地中海四大海域。西部属海洋性温带阔叶林气候，南部属亚热带地中海型气候，中部和东部属大陆性气候。面积约为 55.16 万平方千米。2014 年全国人口约为 6620 万，国内生产总值（GDP）为 28 292 亿美元。

法国是世界第一大旅游接待国，2014 年旅游从业人员约 110 万人，旅行社 6000 多家，全国有 1.8 万多家旅馆和 2.3 万多家各类小旅店、野外宿营地、青年之家等，有餐馆和咖啡馆近 20 万家。

表 11-24　2014 年法国旅游业经济影响评估

指　标	总　数	占全国的比例（%）	增长预测（%）
GDP（百万美元）	100 362.0	3.9	2.3
雇佣人数（千人）	1195.5	4.4	1.6

注：本表为估计值。

一、入境旅游概况

（一）入境旅游人数

2008—2014 年，法国入境旅游人数保持增长趋势：2009 年入境旅游人数从 2008 年的 193 571 千人次降低到 192 369 千人次，负增长率为 0.6%；2010 年比上年下降了 1.3%，减少到 189 826 千人次；2011 年比上年增长 3.6%，达到 196 595 千人次；2012 年入境旅游人数增长到 197 522 千人次，2013 年较上年增长 3.5%，达到 204 410 千人次，2014 较上年增长 0.7%，增至 205 837 千人次。

表 11-25　2008—2014 年法国入境旅游人数

单位：千人次

	2008 年	2009 年	2010 年	2011 年	2012 年	2013 年	2014 年
入境旅游人数	193 571	192 369	189 826	196 595	197 522	204 410	205 837
过夜旅游者	79218	76 764	76 647	80 499	81 980	83 634	83 767
一日游游客	114 353	115 605	113 179	116 096	115 543	120 776	122 070

（二）入境旅游收入

2009 年，法国入境旅游收入从 2008 年的 57 228 百万美元降低到 49 581 百万美元，负增长率为 13.4%；2010 年入境旅游收入为 46 466 百万美元，较上年降低 6.3%；2011 年较上年增加 18.6%，增至 55 115 百万美元；2012 年较上年降低 3.2%，为 53 349 百万美元；2013 年较上年有所增长，增长率为 5.8%，为 56 463 百万美元；2014 年入境旅游收入较上年增长 2.1%，增至 57 668 百万美元。

表 11-26　2008—2014 年法国入境旅游收入

单位：百万美元

	2008 年	2009 年	2010 年	2011 年	2012 年	2013 年	2014 年
总收入	67 779	58 857	56 187	66 087	64 001	66 049	66 803
入境旅游收入	57 228	49 581	46 466	55 115	53 349	56 463	57 668
入境游客交通收入	10 551	9276	9721	10 972	10 652	9586	9135

（三）入境旅游客源结构

法国入境游客中，来自欧洲地区的游客的比例一直保持在 81%～86%。2013 年，法国入境游客中，欧洲地区游客占 83%，美洲地区游客占 8%，东亚太地区游客占 6%；2014 年，法国入境游客中，欧洲地区游客占 81.6%，美洲地区游客占 7.8%，东亚太地区游客占

8.2%。由此可以看出,法国的入境旅游者和欧洲地区其他国家的入境旅游者一样,大都来自欧洲地区,表现出较强的区域内流动的特征。2012 年法国入境游客中欧洲游客人数较上年增加 6.5%,2013 年较上年增加 12.1%,2014 年较上年增加 12.3%。

表 11-27　2008—2014 年法国入境旅游人数(按地区分)

单位:千人次

地 区	2008 年	2009 年	2010 年	2011 年	2012 年	2013 年	2014 年
非 洲	1765	1823	1877	2311	2276	2350	2428
美 洲	5963	5491	5380	6339	6133	6225	6558
欧 洲	3483	3371	3400	3905	4159	4661	5233
东亚太	67 305	65 245	65 040	67 123	68 554	69 388	68 436
中 东	703	835	950	821	859	1011	1113

法国最大的入境旅游客源国家是德国,其次是英国、比利时/卢森堡、意大利、瑞士、西班牙和荷兰。2013 年法国入境游客中,德国游客占 15.38%,来自前七位客源国家的人数占总数的 74.13%;2014 年法国入境游客中,德国游客占 15.14%,来自前七位客源国家的人数占总数的 73.26%。2014 年,来自西班牙和意大利的入境游客人数增长快速,增长率分别是 12.24% 和 4.65%。

表 11-28　2008—2014 年法国入境旅游人数(按游客所在国家分)

排名	国 家	入境旅游人数(人次)			市场份额(%)		增长率(%)
		2008 年	2013 年	2014 年	2013 年	2014 年	2013—2014 年
1	德 国	11 645 000	13 031 567	12 683 581	15.38	15.14	-5.29
2	英 国	14 375 000	13 157 891	12 609 114	15.53	15.05	-3.99
3	比利时/卢森堡	9 408 000	10 462 435	10 724 779	12.35	12.80	3.36
4	意大利	8 233 000	7 814 990	7 504 057	9.22	8.96	4.65
5	瑞 士	5 065 000	6 474 172	6 247 748	7.64	7.46	-3.86
6	西班牙	5 640 000	5 317 476	6 059 518	6.28	7.23	12.24
7	荷 兰	6 244 000	6 547 240	5 547 694	7.73	6.62	-14.60

注:按 2014 年数据排名。

(四)入境旅游方式

从总体上看,2008—2014 年,法国的入境游客中经由公路入境的人数最多,且呈现上升的趋势;乘坐飞机入境的游客人数排在第二位,保持基本稳定增长的趋势;而排在第三位的乘坐船舶入境的游客人数有轻微的下降趋势;乘坐火车入境的游客人数所占的比例最少。2014年,经由公路入境法国的游客人数占56%,乘坐飞机入境的游客人数占29%,乘坐船舶入境的游客人数占8%,乘坐火车入境的游客人数占7%。

表11-29　2008—2014年法国入境旅游人数(按入境旅游方式分)

单位:千人次

入境旅游方式	2008年	2009年	2010年	2011年	2012年	2013年	2014年
飞　机	21 895	19 520	18 837	21 467	22 524	23 999	24 234
船　舶	7309	6962	7148	6739	6174	6678	6665
火　车	5035	4866	4960	4996	4960	5119	5723
公　路	44 979	45 416	46 703	48 349	49 393	48 930	47 145

(五)入境旅游目的

法国入境游客中,出于娱乐、休闲和度假目的的旅游者占很大一部分,从2008年的56 536千人次增加到2014年的62 176千人次,增长率为10.0%;出于商务和专业活动目的入境的游客人数从2008年的11 111千人次增加到2014年的11 907千人次,增长率为7.2%。2014年入境游客中,出于娱乐、休闲和度假目的的游客人数占总数的74.2%,商务和专业活动游客人数仅占14.2%。

表11-30　2008—2014年法国入境旅游人数(按入境旅游目的分)

单位:千人次

入境旅游目的	2008年	2009年	2010年	2011年	2012年	2013年	2014年
娱乐、休闲和度假	56 536	55 781	57 272	58 530	60 738	62 954	62 176
商务和专业活动	11 111	10 234	9703	11 120	10 179	10 179	11 907
其　他	11 571	10 749	10 411	10 848	11 063	10 502	9683

二、出境旅游概况

(一)出境旅游人数

2008—2014年,法国出境旅游人数总体上有所增长。其中,2011年、2013年和2014年较上年的增长率分别为3.9%、2.9%和5.1%;2009年、2010年和2012年较上年均有所降低,负增长率分别为1.0%、2.2%和4.4%。

表11-31　2008—2014年法国出境旅游人数

单位:千人次

	2008年	2009年	2010年	2011年	2012年	2013年	2014年
总人数	30 960	30 646	29 973	31 153	29 775	30 638	32 203

续表

	2008 年	2009 年	2010 年	2011 年	2012 年	2013 年	2014 年
过夜旅游者	25 506	25 140	25 041	26 155	25 450	26 243	28 180
一日游游客	5454	5506	4932	4998	4325	4395	4023

（二）出境旅游花费

2011年法国出境旅游花费达到44 695百万美元，较上年增长16.7%；2012年出境旅游花费降低到39 851百万美元，负增长率为10.8%；2014年出境旅游花费增长到48 733百万美元，较上年增长13.5%。

表11-32　2008—2014年法国出境旅游花费

单位：百万美元

	2008 年	2009 年	2010 年	2011 年	2012 年	2013 年	2014 年
总花费	50 021	45 806	46 704	55 472	50 087	53 420	59 377
出境旅游花费	41 277	38 416	38 304	44 695	39 851	42 944	48 733
出境交通花费	8744	7390	8400	10 777	10 236	10 476	10 644

（三）出境旅游目的地

法国游客出境旅游第一大目的地是意大利，其次是西班牙和英国。2014年，前往意大利的法国游客达到11 260 160人次，前往西班牙的法国游客达到10 615 746人次。欧洲地区以外的国家中，摩洛哥是法国游客最大的出境旅游目的地，2014年法国游客前往摩洛哥旅游的人数达到1 798 190人次。

表11-33　2010—2014年法国游客出境主要旅游目的地

单位：人次

排名	国家	游客类型	2010 年	2011 年	2012 年	2013 年	2014 年
1	意大利	VFN	9 975 720	1 0165 234	10 245 551	10 361 116	11 260 160
2	西班牙	TFR	8 125 354	8 375 035	8 913 399	9 539 035	10 615 746
3	英国	VFR	3 618 000	3 633 000	3 786 900	3 974 000	4 114 000
4	摩洛哥	TFN	1 827 453	1 775 961	1 769 710	1 782 056	1 798 190
5	美国	TFR	1 342 207	1 504 182	1 455 720	1 504 654	1 658 345
6	德国	TCER	1 366 153	1 462 096	1 535 077	1 572 518	1 617 901
7	希腊	TFR	868 346	1 149 388	977 376	1 152 217	1 463 157

续表

排名	国 家	游客类型	2010 年	2011 年	2012 年	2013 年	2014 年
8	比利时	TCER	1 153 949	1 211 281	1 211 080	1 258 878	1 264 291
9	葡萄牙	TCER	666 958	747 153	826 798	911 957	1 104 695
10	土耳其	VFN	928 376	1 140 459	1 032 565	1 046 010	1 037 152

注：按 2014 年数据排名。

第五节 荷 兰

荷兰全称荷兰王国（The Kingdom of the Netherlands），位于欧洲西北部。东邻德国，南接比利时，西、北濒北海。属海洋性温带阔叶林气候。沿海地区平均气温夏季16℃，冬季3℃；内陆地区夏季17℃，冬季2℃。年平均降水量797毫米。面积约为4.15万平方千米，其中1/4低于海平面，素有"低地之国"之称。2014年全国人口约为1685万，国内生产总值（GDP）为8695亿美元。

服务业是荷兰国民经济的支柱产业，占GDP的比重为73.2%，主要集中于物流、银行、保险、旅游和法律等行业。

表11-34 2014年荷兰旅游业经济影响评估

指 标	总 数	占全国的比例(%)	增长预测(%)
GDP(百万美元)	15 600.3	2.1	3.5
雇佣人数(千人)	491.7	6.7	1.8

注：本表为估计值。

一、入境旅游概况

（一）入境旅游人数

2008—2014年，荷兰的入境旅游人数总体上呈稳定增长的态势。2009年入境旅游人数从2008年的10 104千人次降低到9921千人次，下降了1.8%。2010年比上年增长9.7%，达到10 883千人次；2011年比上年增长3.8%，达到11 300千人次；2012年入境旅游人数增长到11 680千人次；2013年较上年增长9.4%，达到12 783千人次；2014年较上年增长8.9%，增至13 925千人次。

（二）入境旅游收入

2009年，荷兰入境旅游收入从2008年的13 343百万美元降低到12 401百万美元，下降了7.1%；2010年入境旅游收入为11 653百万美元，较上年下降了6.0%；2011年较上

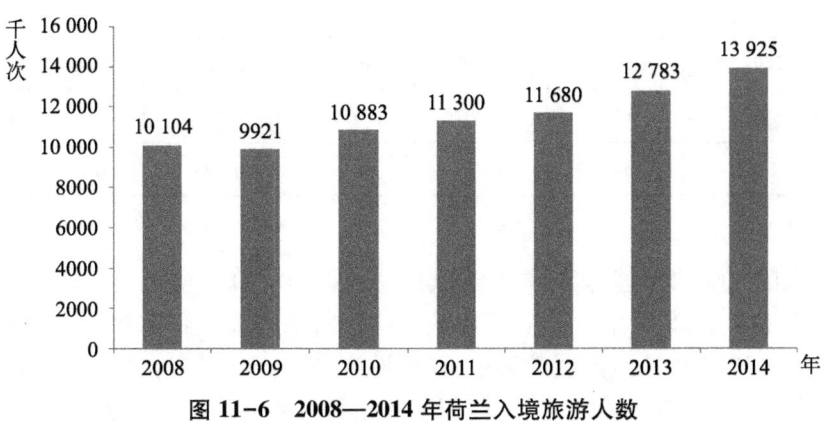

图 11-6　2008—2014 年荷兰入境旅游人数

年增加 10.6%,增至 12 897 百万美元;2012 年较上年下降了 4.9%,降低到 12 261 百万美元;2013 年较上年有所增长,增长率为 12.1%,为 13 751 百万美元;2014 年继续保持增长,增长率为 6.7%,增至 14 682 百万美元。

表 11-35　2008—2014 年荷兰入境旅游收入

单位:百万美元

	2008 年	2009 年	2010 年	2011 年	2012 年	2013 年	2014 年
总收入	20 523	17 868	18 690	20 970	20 199	22 667	—
入境旅游收入	13 343	12 401	11 653	12 897	12 261	13 751	14 682
入境游客交通收入	7180	5467	5829	6618	6464	7076	—

(三)入境旅游客源结构

2008—2014 年,荷兰入境游客中,来自欧洲地区的游客的比例一直保持在 80%~83%。2013 年,荷兰入境游客中,欧洲地区游客占 81%,美洲地区游客占 10%,东亚太地区游客占 7.1%;2014 年,荷兰入境游客中,欧洲地区游客占 80.4%,美洲地区游客占 10.3%,东亚太地区游客占 8.4%。由此可以看出,荷兰的入境旅游者和欧洲地区其他国家的入境旅游者一样,大都来自欧洲地区,表现出较强的区域内流动的特征。2012 年荷兰入境旅游者中欧洲游客人数较上年增加 3.1%,2013 年较上年增加 10.6%,2014 年较上年增加 8.8%。

表 11-36　2008—2014 年荷兰入境旅游人数(按地区分)

单位:千人次

地　区	2008 年	2009 年	2010 年	2011 年	2012 年	2013 年	2014 年
非　洲	84	84	103	114	112	121	135
美　洲	1068	1018	1223	1320	1323	1337	1431

续表

地区	2008年	2009年	2010年	2011年	2012年	2013年	2014年
东亚太	668	673	770	850	949	1040	1164
欧洲	8285	8146	8787	9016	9296	10 286	11 195

荷兰最大的入境旅游客源国是德国,其次是英国、比利时、美国、法国、意大利和西班牙等。2013年荷兰入境游客中,德国游客占17.79%,来自前七位客源国家的游客人数占总数的66.80%;2014年荷兰入境游客中,德国游客占18.54%,来自前七位客源国家的游客人数占总数的67.25%。2014年,来自德国和比利时的入境游客人数增长快速,增长率分别是14.25%和12.45%。

表11-37　2008—2014年荷兰入境旅游人数(按游客所在国家分)

排名	国家	入境旅游人数(人次)			市场份额(%)		增长率(%)
		2008年	2013年	2014年	2013年	2014年	2013—2014年
1	德国	1 353 500	1 782 000	2 036 000	17.79	18.54	14.25
2	英国	1 541 200	1 595 000	1 753 000	15.92	15.96	9.91
3	比利时	692 800	972 000	1 093 000	9.70	9.95	12.45
4	美国	793 500	919 000	984 000	9.17	8.96	7.07
5	法国	498 900	603 000	652 000	6.02	5.94	8.13
6	意大利	341 000	437 000	482 000	4.36	4.39	10.30
7	西班牙	352 200	385 000	385 000	3.84	3.51	0
8	瑞士	136 300	210 000	232 000	2.10	2.11	10.48
9	中国	112 800	192 000	209 000	1.92	1.90	8.85
10	俄罗斯	101 300	190 000	186 000	1.90	1.69	-2.11

注:按2014年数据排名。

二、出境旅游概况

(一)出境旅游人数

2008—2011年,荷兰出境旅游人数总体上呈现增长趋势,其中2010年和2011年较上年的增长率分别为0.2%和1.0%。2012年荷兰出境旅游人数增长到18 628千人次;2013年有所降低,为18 094千人次,负增长率为2.9%;2014年出境旅游人数继续降低,负增长率为0.9%,减少到17 928千人次。

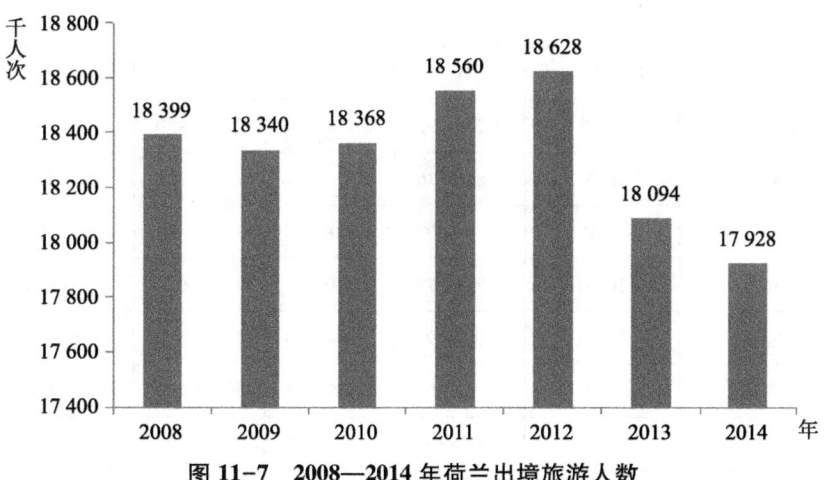

图 11-7　2008—2014 年荷兰出境旅游人数

（二）出境旅游花费

2011 年荷兰出境旅游花费达到 20 741 百万美元,较上年增长 8.9%;2012 年出境旅游花费降低到 19 678 百万美元,负增长率为 5.1%;2013 年荷兰出境旅游花费回升到 20 355 百万美元,增长率为 3.4%;2014 年较上年增长 5.1%,达到 21 390 百万美元。

表 11-38　2008—2014 年荷兰出境旅游花费

单位:百万美元

	2008 年	2009 年	2010 年	2011 年	2012 年	2013 年	2014 年
总花费	22 217	21 080	19 772	20 884	20 366	20 758	—
出境旅游花费	21 828	20 758	19 044	20 741	19 678	20 355	21 390
出境交通花费	389	322	283	281	289	287	—

（三）出境旅游目的地

荷兰游客出境旅游第一大目的地是法国,其次是德国和西班牙。2014 年,前往法国的荷兰游客达到 5 547 694 人次,前往德国的荷兰游客达到 4 237 865 人次。在欧洲地区以外的国家中,美国是荷兰游客最大的出境旅游目的地,2014 年荷兰游客前往美国旅游的人数达到 642 211 人次。

表 11-39　2010—2014 年荷兰游客出境主要旅游目的地

单位:人次

排名	国　家	游客类型	2010 年	2011 年	2012 年	2013 年	2014 年
1	法　国	TFR	6 941 228	6 446 244	6 296 484	6 496 052	5 547 694
2	德　国	TCER	3 917 640	4 035 783	4 169 435	4 124 308	4 237 865

续表

排名	国家	游客类型	2010年	2011年	2012年	2013年	2014年
3	西班牙	TFR	2 276 393	2 771 903	2 559 989	2 616 778	2 767 130
4	意大利	VFN	1 806 616	2 079 358	1 923 531	1 959 972	2 127 011
5	英国	VFR	1 758 000	1 788 000	1 734 900	1 891 000	1 972 000
6	比利时	TCER	1 933 579	1 920 003	1 852 656	1 760 620	1 705 537
7	奥地利	TCER	1 617 692	1 644 620	1 714 513	1 673 536	1 671 581
8	土耳其	VFN	1 073 064	1 222 823	1 273 593	1 312 466	1 303 730
9	希腊	TFR	528 157	560 723	478 483	580 867	657 339
10	美国	TFR	570 179	601 013	591 746	589 296	642 211

注：按2014年数据排名。

第六节 瑞 士

瑞士全称瑞士联邦（Swiss Confederation），是位于中欧的内陆国。与奥地利、列支敦士登、意大利、法国和德国接壤。地处北温带，受海洋性气候和大陆性气候交替影响，气候变化较大，年平均气温9℃。面积约为4.13万平方千米。2014年全国人口约为819万，2013年国内生产总值（GDP）为6854亿美元。

瑞士旅游业十分发达，是仅次于机械制造和化工医药的第三大创汇行业。2013年，瑞士拥有旅馆4662家，床位24.6万张。瑞士的主要旅游地是苏黎世、日内瓦、卢塞恩和洛桑等。

表11-40 2014年瑞士旅游业经济影响评估

指标	总数	占全国的比例（%）	增长预测（%）
GDP（百万美元）	14 369.6	2.2	3.5
雇佣人数（千人）	143.3	3.0	4.2

注：本表为估计值。

一、入境旅游概况

（一）入境旅游人数

2008—2014年，瑞士的入境旅游人数总体呈增长趋势：2009年入境旅游人数从2008年的8608千人次降低到8294千人次，负增长率为3.6%；2010年比上年增长4.0%，达到

8628千人次;2011年比上年降低1.1%,减少到8534千人次;2012年增长到8566千人次,增长率为0.4%;2013年较上年增长4.7%,达到8967千人次;2014年继续保持增长,增长率为2.1%,达到9158千人次。

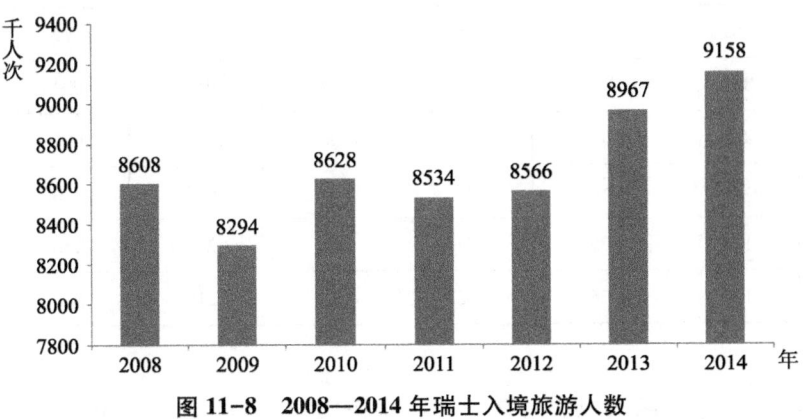

图11-8 2008—2014年瑞士入境旅游人数

（二）入境旅游收入

2009年,瑞士入境旅游收入从2008年的14 461百万美元降低到14 146百万美元,负增长率为2.2%;2010年入境旅游收入为14 724百万美元,较上年增长4.1%;2011年较上年增加16.8%,增至17 196百万美元;2012年较上年降低6.4%,降低到16 088百万美元;2013年较上年有所增长,增长率为4.2%,达到16 767百万美元;2014年继续保持增长,增长率为4.2%,达到17 475百万美元。

表11-41 2008—2014年瑞士入境旅游收入

单位:百万美元

	2008年	2009年	2010年	2011年	2012年	2013年	2014年
总收入	17 570	16 665	17 617	20 644	19 613	20 329	21 006
入境旅游收入	14 461	14 146	14 724	17 196	16 088	16 767	17 475
入境游客交通收入	3109	2519	2893	3448	3525	3562	3531

（三）入境旅游客源结构

瑞士入境游客中,来自欧洲地区的游客的比例一直保持在61%~80%。2013年,瑞士入境游客中,欧洲地区游客占64%,东亚太地区游客占19%,美洲地区游客占11%,中东地区占3%;2014年,瑞士入境游客中,欧洲地区游客占62%,东亚太地区游客占20.2%,美洲地区游客占11.3%,中东地区占3.4%。由此可以看出,瑞士的入境旅游者和欧洲地区其他国家的入境旅游者一样,大都来自欧洲地区,表现出较强的区域内流动的特征。2012年瑞士入境旅游者中欧洲地区游客人数较上年降低4.4%,2013年较上年增加1.9%,2014年较上年下降0.8%。

表 11-42 2008—2014 年瑞士入境旅游人数(按地区分)

单位:千人次

地区	2008 年	2009 年	2010 年	2011 年	2012 年	2013 年	2014 年
非洲	89	80	78	74	82	79	75
美洲	878	820	916	924	952	1004	1037
东亚太	861	874	1074	1300	1491	1696	1847
欧洲	6521	6250	6237	5868	5612	5720	5676
中东	128	133	157	167	211	256	307
南亚	132	136	166	201	218	213	217

2014 年,瑞士最大的入境旅游客源国家是德国,其次是中国、美国、英国、法国、意大利和荷兰等。2013 年瑞士入境游客中,德国游客占 20.68%,来自前七位客源国家的游客人数占总数的 60.97%;2014 年瑞士入境游客中,德国游客占 19.78%,来自前七位客源国家的游客人数占总数的 61.10%。2014 年来自中国和美国的入境旅游者人数增长快速,增长率分别是 16.85% 和 3.51%。

表 11-43 2008—2014 年瑞士入境旅游人数(按游客所在国家分)

排名	国家	入境旅游人数(人次)			市场份额(%)		增长率(%)
		2008 年	2013 年	2014 年	2013 年	2014 年	2013—2014 年
1	德国	2 344 337	1 854 263	1 811 833	20.68	19.78	-2.29
2	中国	1 29 176	704 945	823 713	7.86	8.99	16.85
3	美国	651 876	726 035	751 514	8.10	8.21	3.51
4	英国	825 719	698 375	711 595	7.79	7.77	1.89
5	法国	670 663	692 288	698 588	7.72	7.63	0.91
6	意大利	552 953	493 839	504 484	5.51	5.51	2.16
7	荷兰	412 559	296 623	293 750	3.31	3.21	-0.97
8	日本	277 657	286 681	250 451	3.2	2.73	-12.64
9	印度	132 107	212 960	217 082	2.37	2.37	1.94
10	比利时	246 741	212 484	209 396	2.37	2.29	-1.45
11	西班牙	215 365	208 034	207 432	2.32	2.26	-0.29
12	俄罗斯	130 853	215 603	194 890	2.4	2.13	-9.61
13	奥地利	189 159	187 210	185 871	2.09	2.03	-0.72

二、出境旅游概况

（一）出境旅游人数

2008—2014 年，瑞士出境旅游总人数总体上呈现波动增长趋势。其中，2009 年、2010 年和 2014 年出境旅游总人数均有所降低，与上一年相比负增长率分别为 5.1%、3.8% 和 2.3%。2011—2013 年，瑞士出境旅游总人数呈上升的趋势，2011 年瑞士出境旅游人数增长到 18 949 千人次，2012 年增长到 20 293 千人次，2013 年增长到 20 303 千人次，较上年增长率分别为 19.2%、7.1% 和 0.5%。

表 11-44　2008—2014 年瑞士出境旅游人数

单位：千人次

	2008 年	2009 年	2010 年	2011 年	2012 年	2013 年	2014 年
总人数	17 407	16 522	15 902	18 949	20 293	20 303	19 833
过夜旅游者	11 147	10 453	10 011	10 466	12 098	12 403	12 518
一日游游客	6260	6069	5892	8483	8194	7900	7316

（二）出境旅游花费

2011 年瑞士出境旅游花费达到 13 753 百万美元，较上年增长 23.1%。2012 年出境旅游花费增长到 15 183 百万美元；2013 年瑞士出境旅游花费增长到 16 147 百万美元；2014 年继续保持增长，增长率为 6.1%，达到 17 128 百万美元。

表 11-45　2008—2014 年瑞士出境旅游花费

单位：百万美元

	2008 年	2009 年	2010 年	2011 年	2012 年	2013 年	2014 年
总花费	13 346	13 058	13 460	16 472	17 985	19 088	20 241
出境旅游花费	10 912	10 948	11 173	13 753	15 183	16 147	17 128
出境交通花费	2434	2110	2287	2719	2802	2941	3113

（三）出境旅游目的地

瑞士游客出境旅游第一大目的地是意大利，其次是法国和德国。2014 年，前往意大利的瑞士游客达到 13 412 015 人次，前往法国的瑞士游客达到 6 247 748 人次。在欧洲地区以外的国家中，美国是瑞士游客最大的出境旅游目的地，2014 年瑞士游客前往美国旅游的人数达到 499 649 人次。

表 11-46　2010—2014 年瑞士游客出境主要旅游目的地

单位：人次

排名	国　家	游客类型	2010 年	2011 年	2012 年	2013 年	2014 年
1	意大利	VFN	13 297 391	13 565 237	13 145 021	12 985 489	13 412 015
2	法　国	TFR	5 466 058	5 685 972	6 091 708	6 498 758	6 247 748
3	德　国	TCER	2 028 423	2 301 482	2 489 593	2 594 014	2 778 455
4	西班牙	TFR	1 157 485	1 366 663	1 443 610	1 487 427	1 632 011
5	奥地利	TCER	1 053 566	1 198 958	1 275 578	1 281 675	1 309 660
6	英　国	VFR	623 000	768 000	832 100	807 000	864 000
7	美　国	TFR	390 591	476 502	476 637	473 064	499 649
8	土耳其	VFN	271 139	328 825	354 461	379 344	394 458
9	希　腊	TFR	274 418	361 405	299 619	346 518	377 077
10	匈牙利	VFN	222 000	273 000	214 000	248 000	268 000

注：按 2014 年数据排名。

第十二章 中东欧分区旅游市场概况

依据世界旅游组织的划分方法,中东欧旅游分区包括亚美尼亚、阿塞拜疆、白俄罗斯、保加利亚、捷克、爱沙尼亚、格鲁吉亚、匈牙利、哈萨克斯坦、吉尔吉斯斯坦、拉脱维亚、立陶宛、波兰、摩尔多瓦、罗马尼亚、俄罗斯、斯洛伐克、塔吉克斯坦、土库曼斯坦、乌克兰和乌兹别克斯坦共21个国家,但本章的中东欧分区旅游市场概况分析只包括保加利亚、波兰、俄罗斯、哈萨克斯坦、吉尔吉斯斯坦、捷克、罗马尼亚、乌克兰、乌兹别克斯坦和匈牙利10个国家。中东欧分区处于欧洲的中东部,区域内旅游资源丰富。

一、入境旅游概况

(一)入境旅游人数

2008—2014年,中东欧分区各国家中,除了乌克兰和罗马尼亚有所减少外,其他国家的入境旅游人数总体上保持增长态势。2013年,中东欧分区各国家接待入境旅游人数之和达226 198千人次;2014年降低到219 592千人次,较上年减少了2.9%。2014年,波兰、匈牙利、俄罗斯这三个旅游目的地接待入境旅游人数总共152 155千人次,占中东欧分区各国家入境旅游总人数的69.3%。

表12-1 2008—2014年中东欧分区各国家入境旅游人数

单位:千人次

排名	国家	2008年	2009年	2010年	2011年	2012年	2013年	2014年
1	波兰	59 935	53 840	58 340	60 745	67 390	72 310	73 750
2	匈牙利	39 554	40 624	39 904	41 304	43 565	43 611	45 984
3	俄罗斯	23 676	21 339	22 281	24 932	28 177	30 792	32 421
4	捷克	26 628	23 285	21 941	22 810	25 750	26 332	27 177
5	乌克兰	28 827	24 033	24 114	24 535	25 061	26 025	13 227
6	保加利亚	8533	7873	8374	8713	8867	9192	9409
7	罗马尼亚	8862	7575	7498	7611	7937	8019	8442

续表

排名	国　家	2008年	2009年	2010年	2011年	2012年	2013年	2014年
8	哈萨克斯坦	4117	3774	4097	5685	6163	6841	6333
9	吉尔吉斯斯坦	1844	1394	855	2278	2406	3076	2849

注：①此处各国家入境旅游人数均包括过夜旅游者和一日游游客。
　　②按2014年数据排名。

（二）入境旅游收入

2008—2014年，中东欧分区中，除哈萨克斯坦入境旅游收入有所增长外，俄罗斯、波兰、捷克、匈牙利、保加利亚、罗马尼亚、乌克兰和吉尔吉斯斯坦入境旅游收入均出现不同程度的减少。2014年，除匈牙利、保加利亚和罗马尼亚入境旅游收入有所增长外，俄罗斯、波兰、捷克、乌克兰、哈萨克斯坦和吉尔吉斯斯坦入境旅游收入均出现不同程度的减少。

表12-2　2008—2014年中东欧分区各国家入境旅游收入

单位：百万美元

排名	国　家	2008年	2009年	2010年	2011年	2012年	2013年	2014年
1	波　兰	11 768	9011	9576	10 732	10 985	11 344	11 234
2	俄罗斯	11 842	9366	8830	11 328	10 759	11 988	11 759
3	捷　克	7857	7013	7172	8096	7456	7042	6822
4	匈牙利	6033	5712	5587	5929	5057	5362	5868
5	乌克兰	5768	3576	3788	4294	4842	5083	1612
6	保加利亚	4306	3776	3773	3836	3523	3874	3967
7	罗马尼亚	1991	1229	1136	1421	1463	1591	1826
8	哈萨克斯坦	1012	963	1005	1209	1347	1344	1321
9	吉尔吉斯斯坦	514	459	160	356	434	530	423
10	乌兹别克斯坦	64	99	121	—	—	—	—

注：乌兹别克斯坦2011—2014年数据缺失，故按2010年数据排名。

二、出境旅游概况

（一）出境旅游人数

2008—2014年，中东欧分区各国家中，除罗马尼亚、匈牙利和保加利亚的出境旅游人数有所减少外,俄罗斯、乌克兰、波兰、哈萨克斯坦和吉尔吉斯斯坦的出境旅游人数均呈现不同程度的增长。其中,增长率最高的是哈萨克斯坦,增长了1.4倍;其次是吉尔吉斯斯坦,增长率为95.8%;排在第三位的是乌克兰,增长率为44.8%。2014年,俄罗斯是中东欧地区出境旅游人数最多的国家,为45 889千人次。

表12-3 2008—2014年中东欧分区各国家出境旅游人数

单位:千人次

排名	国家	2008年	2009年	2010年	2011年	2012年	2013年	2014年
1	俄罗斯	36 538	34 276	39 323	43 726	47 813	54 069	45 889
2	乌克兰	15 499	15 334	17 180	19 773	21 433	23 761	22 438
3	罗马尼亚	13 072	11 723	10 905	10 936	11 149	11 364	12 299
4	捷克	9665	8904	8673	5279	5419	5304	—
5	波兰	7600	6300	7100	6300	9300	10 050	10 300
6	哈萨克斯坦	4239	5309	5893	7852	8875	9931	10 230
7	匈牙利	6155	5672	5297	5335	4881	4912	5587
8	保加利亚	5727	4993	3676	3803	3758	3930	4158
9	乌兹别克斯坦	1150	1317	1610	—	—	—	—
10	吉尔吉斯斯坦	736	580	597	931	1326	1401	1441

注:此处各国家中,吉尔吉斯斯坦出境旅游人数包括过夜旅游者和一日游游客,其他国家出境旅游人数均指过夜旅游者,不包括一日游游客;乌兹别克斯坦2011—2014年数据缺失,故按2010年数据排名。

(二)出境旅游花费

2008—2014年,除波兰、匈牙利和保加利亚有所减少外,中东欧分区其他国家的出境旅游花费总体上均有一定程度的增长。其中,增长率最高的是俄罗斯,增长了1.2倍;其次是哈萨克斯坦,增长率为56.5%;排在第三位的是吉尔吉斯斯坦,为28.3%。2014年,俄罗斯是中东欧地区出境旅游花费最多的国家,为50 428百万美元。2014年,除俄罗斯、乌克兰、保加利亚有所下降外,中东欧分区其他国家的出境旅游花费均呈现不同程度的增长。

表12-4 2008—2014年中东欧分区各国家出境旅游花费

单位:百万美元

排名	国家	2008年	2009年	2010年	2011年	2012年	2013年	2014年
1	俄罗斯	23 169	21 019	26 693	32 902	42 798	53 453	50 428
2	波兰	9903	7372	8570	8461	8758	8821	8868

续表

排名	国家	2008年	2009年	2010年	2011年	2012年	2013年	2014年
3	捷克	4652	4077	4252	4789	4472	4637	5133
4	乌克兰	4023	3330	3742	4461	5104	5763	5061
5	罗马尼亚	2176	1472	1636	1966	1833	2059	2412
6	匈牙利	3225	2750	2404	2485	1886	1906	2036
7	哈萨克斯坦	1078	1132	1273	1611	1685	1600	1687
8	保加利亚	2311	1755	1232	1339	1301	1525	1202
9	吉尔吉斯斯坦	304	267	148	247	350	350	390

注：按2014年数据排名。

第一节 保加利亚

保加利亚全称保加利亚共和国（The Republic of Bulgaria），位于欧洲巴尔干半岛东南部。北与罗马尼亚隔多瑙河相望，西与塞尔维亚、马其顿相邻，南与希腊、土耳其接壤，东临黑海。北部属大陆性气候，南部属地中海型气候。面积约为11.1万平方千米。2014年全国人口约为723万，国内生产总值（GDP）为557亿美元。

保加利亚旅游业比较发达，其入境旅游者主要来自罗马尼亚、希腊、土耳其、德国、俄罗斯、马其顿、塞尔维亚、乌克兰、波兰、英国、奥地利、法国、捷克等国。

表12-5 2014年保加利亚旅游业经济影响评估

指标	总数	占全国的比例(%)	增长预测(%)
GDP（百万美元）	20 27.5	3.7	2.8
雇佣人数（千人）	100.1	3.4	-0.4

注：本表为估计值。

一、入境旅游概况

（一）入境旅游人数

2010—2014年，保加利亚的入境旅游人数呈持续增长趋势：2009年入境旅游人数从2008年的8533千人次降低到7873千人次，负增长率为7.7%；2010年比上年增长6.4%，达到8374千人次；2011年比上年增长4.0%，达到8713千人次；2012年增长到8867千人次;2013 年较上年增长 3.7%,达到 9192 千人次;2014 年继续上升,增长率为 2.4%,达到 9409 千人次。

表 12-6　2008—2014 年保加利亚入境旅游人数

单位:千人次

	2008 年	2009 年	2010 年	2011 年	2012 年	2013 年	2014 年
入境旅游人数	8533	7873	8374	8713	8867	9192	9409
过夜旅游者	5780	5739	6047	6328	6541	6898	7311
一日游游客	2753	2134	2327	2385	2326	2294	2098

（二）入境旅游收入

2009 年,保加利亚入境旅游收入从 2008 年的 4306 百万美元降低到 3776 百万美元,负增长率为 12.3%;2010 年入境旅游收入为 3773 百万美元,较上年降低 0.08%;2011 年较上年增加 1.7%,达 3836 百万美元;2012 年较上年降低 8.2%,为 3523 百万美元;2013 年较上年有所增长,增长率为 10.0%,增至 3874 百万美元;2014 年继续上升,增长率为 2.4%,达到 3967 百万美元。

表 12-7　2008—2014 年保加利亚入境旅游收入

单位:百万美元

	2008 年	2009 年	2010 年	2011 年	2012 年	2013 年	2014 年
总收入	4852	4273	4035	4554	4202	4632	4557
入境旅游收入	4306	3776	3773	3836	3523	3874	3967
入境游客交通收入	546	497	464	533	513	581	590

（三）入境旅游客源结构

2008—2014 年,保加利亚入境游客中,来自欧洲地区的游客的比例一直保持在 96%~97%。2013 年,保加利亚入境游客中,欧洲地区游客占 96.7%,美洲地区游客占 1.1%,东亚太地区游客占 0.8%;2014 年,保加利亚入境游客中,欧洲地区游客占 96.5%,美洲地区游客占 1.2%,东亚太地区游客占 1.0%。由此可以看出,保加利亚的入境旅游者和欧洲地区其他国家的入境旅游者一样,大都来自欧洲地区,表现出较强的区域内流动的特征。2012 年保加利亚入境旅游者中欧洲地区游客人数较上年增加 1.6%,2013 年较上年增加 4.3%,2014 年较上年增加 2.1%。

表12-8　2008—2014年保加利亚入境旅游人数（按地区分）

单位：千人次

地区	2008年	2009年	2010年	2011年	2012年	2013年	2014年
非洲	2	2	2	2	3	6	6
美洲	92	82	84	88	94	102	113
东亚太	48	42	44	51	56	78	92
欧洲	8261	7602	8081	8389	8525	8889	9078
中东	22	21	25	24	30	44	36
南亚	21	23	24	27	26	24	33

2014年，保加利亚最大的入境旅游客源国家是罗马尼亚，其次是希腊、土耳其、德国、俄罗斯、塞尔维亚和马其顿。2013年保加利亚入境游客中，罗马尼亚游客占15.94%，来自前七位客源国家的游客人数占总数的65.2%；2014年保加利亚入境游客中，罗马尼亚游客占15.30%，来自前七位客源国家的游客人数占总数的64.8%。2014年，来自德国和塞尔维亚的入境旅游者人数增长快速，较上年增长率分别是10.66%和5.91%。

表12-9　2008—2014年保加利亚入境旅游人数（按游客所在国家分）

排名	国家	入境旅游人数（人次）			市场份额（%）		增长率（%）
		2008年	2013年	2014年	2013年	2014年	2013—2014年
1	罗马尼亚	1 769 194	1 465 600	1 439 853	15.94	15.30	-1.76
2	希腊	881 458	1 105 437	1 100 789	12.03	11.70	-0.42
3	土耳其	1 116 680	1 053 046	1 094 985	11.46	11.64	3.98
4	德国	759 660	812 189	898 791	8.84	9.55	10.66
5	俄罗斯	296 918	695 853	666 538	7.57	7.08	-4.21
6	塞尔维亚	311 666	428 582	453 891	4.66	4.82	5.91
7	马其顿	323 400	429 008	441 107	4.67	4.69	2.82

注：按2014年数据排名。

（四）入境旅游目的

保加利亚所有入境旅游者中，出于娱乐、休闲和度假目的的旅游者占很大一部分，从2008年的4766千人次降低到2014年的4532千人次，负增长率为4.9%；出于商务和专业活动目的入境的游客数量从2008年的418千人次增加到2014年的1217千人次，增长了1.91倍。2014年保加利亚入境旅游者中，出于娱乐、休闲和度假目的的旅游者占所有游客的48.2%，出于商务和专业活动目的的旅游者仅占12.9%。

表 12-10　2008—2014 年保加利亚入境旅游人数（按入境旅游目的分）

单位：千人次

入境旅游目的	2008 年	2009 年	2010 年	2011 年	2012 年	2013 年	2014 年
娱乐、休闲和度假	4766	3810	4228	4484	4623	4914	4532
商务和专业活动	418	1075	934	972	1041	1026	1217
其　　他	3349	2988	3212	3257	3203	3252	3660

二、出境旅游概况

（一）出境旅游人数

2008—2014 年，保加利亚出境旅游人数总体呈现下降趋势。其中 2009 年和 2010 年的出境旅游人数较上年均明显减少，负增长率分别为 12.8% 和 26.4%；2012 年保加利亚出境旅游人数较上年有所减少，负增长率为 1.2%，减少到 3758 千人次；2013 年有所增长，增长率为 4.8%，达 3930 千人次；2014 年出境旅游人数继续上升，较上年增长 5.8%，达 4158 千人次。

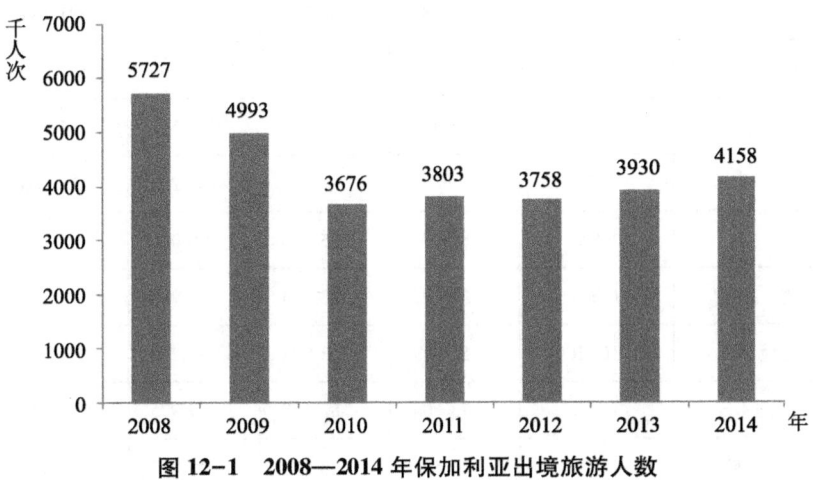

图 12-1　2008—2014 年保加利亚出境旅游人数

（二）出境旅游花费

2011 年保加利亚出境旅游花费 1339 百万美元，较上年增长 8.7%；2012 年出境旅游花费降低到 1301 百万美元，负增长率为 2.8%；2013 年出境旅游花费增长到 1525 百万美元，增长率为 17.2%；2014 年出境旅游花费明显减少，负增长率为 21.2%。

表 12-11 2008—2014 年保加利亚出境旅游花费

单位：百万美元

	2008 年	2009 年	2010 年	2011 年	2012 年	2013 年	2014 年
总花费	2602	1955	1382	1498	1475	1755	1459
出境旅游花费	2311	1755	1232	1339	1301	1525	1202
出境交通花费	291	200	150	159	174	230	257

（三）出境旅游目的地

2014 年，保加利亚游客出境旅游第一大目的地是土耳其，其次是希腊和匈牙利。2014 年，前往土耳其的保加利亚游客达到 1 693 591 人次，前往希腊的保加利亚游客达到 1 534 565 人次。

表 12-12 2010—2014 年保加利亚游客出境主要旅游目的地

单位：人次

排名	国家	游客类型	2010 年	2011 年	2012 年	2013 年	2014 年
1	土耳其	VFN	1 433 970	1 491 561	1 492 073	1 582 912	1 693 591
2	希腊	TFR	664 389	686 209	599 110	691 874	1 534 565
3	匈牙利	VFN	1 191 000	1 380 000	1 443 000	1 174 000	1 284 000
4	罗马尼亚	VFR	786 452	797 382	943 501	1 135 567	1 209 059
5	英国	VFR	—	—	138 200	125 000	184 000
6	波兰	VFN	80 000	85 000	100 000	90 000	107 000
7	德国	TCER	56 077	68 444	71 995	79 353	87 946
8	奥地利	TCER	55 947	63 992	68 238	71 326	77 337
9	西班牙	TCER	73 704	80 598	79 975	71 190	74 345
10	塞尔维亚	TCEN	24 582	28 054	35 243	43 430	51 424

注：按 2014 年数据排名。

第二节 波 兰

波兰全称波兰共和国（The Republic of Poland），位于欧洲中部。西与德国为邻，南与捷克、斯洛伐克接壤，东邻俄罗斯、立陶宛、白俄罗斯、乌克兰，北濒波罗的海。属海洋性向大陆性气候过渡的温带阔叶林气候。面积约为31.27万平方千米。2014年全国人口约为3799万,国内生产总值(GDP)为5480亿美元。

到访波兰的游客多数来自德国、乌克兰、白俄罗斯、俄罗斯、英国、荷兰、奥地利、拉脱维亚、意大利、丹麦、西班牙、瑞典、法国和美国。主要旅游地有首都华沙、沿海城市格但斯克、索波特和什切青,以及托伦、奥尔什丁、南部古城克拉科夫、山城扎科帕内、克雷尼察和东部的比亚沃维扎森林区等。

表12-13 2014年波兰旅游业经济影响评估

指 标	总 数	占全国的比例(%)	增长预测(%)
GDP(百万美元)	10 938.6	2.1	5.2
雇佣人数(千人)	334.1	2.2	3.2

注:本表为估计值。

一、入境旅游概况

(一)入境旅游人数

2010—2014年,波兰的入境旅游人数呈稳定增长趋势:2009年入境旅游人数从2008年的59 935千人次降低到53 840千人次,负增长率为10.2%;2010年比上年增长8.4%,达到58 340千人次;2011年比上年增长4.1%,达到60 745千人次;2012年入境旅游人数增长到67 390千人次;2013年较上年增长7.3%,达到72 310千人次;2014年入境旅游人数继续保持上升,较上年增长率为2.0%,达到73 750千人次。

表12-14 2008—2014年波兰入境旅游人数

单位:千人次

	2008年	2009年	2010年	2011年	2012年	2013年	2014年
入境旅游人数	59 935	53 840	58 340	60 745	67 390	72 310	73 750
过夜旅游者	12 960	11 890	12 470	13 350	14 840	15 800	16 000
一日游游客	46 975	41 950	45 870	47 395	52 550	56 510	57 750

(二)入境旅游收入

2009年,波兰入境旅游收入从2008年的11 768百万美元降低到9011百万美元,负增长率为23.4%;2010年入境旅游收入为9576百万美元,较上年增长6.3%;2011年较上年增长12.1%,增至10 732百万美元;2012年较上年增长2.4%,增长到10 985百万美元;2013年较上年有所增长,增至11 344百万美元;2014年入境旅游收入有所降低,负增长率为1.0%,为11 234百万美元。

表 12-15 2008—2014 年波兰入境旅游收入

单位:百万美元

	2008 年	2009 年	2010 年	2011 年	2012 年	2013 年	2014 年
总收入	12 837	9843	10 037	11 649	11 888	12 432	12 311
入境旅游收入	11 768	9011	9576	10 732	10 985	11 344	11 234
入境游客交通收入	1069	832	461	917	903	1088	1077

(三)入境旅游客源结构

波兰入境游客中,来自欧洲地区的游客的比例一直保持在 97%~99%。2013 年,波兰入境游客中,欧洲地区游客占 99%。2014 年,波兰入境游客中,欧洲地区游客占 98.6%。由此可以看出,波兰的入境旅游者和欧洲地区其他国家的入境旅游者一样,大都来自欧洲地区,表现出较强的区域内流动的特征。2012 年波兰入境旅游者中欧洲地区游客人数较上年增加 11%,2013 年较上年增加 7.3%,2014 年较上年增加 1.7%。

表 12-16 2008—2014 年波兰入境旅游人数(按地区分)

单位:千人次

地区	2008 年	2009 年	2010 年	2011 年	2012 年	2013 年	2014 年
非洲	15	20	20	15	15	15	10
美洲	380	338	395	400	425	425	648
东亚太	220	207	280	300	320	355	344
欧洲	59 290	53 221	57 540	59 950	66 545	71 430	72 661
中东	10	15	15	15	15	15	15
南亚	20	20	30	20	20	20	32

2014 年,波兰最大的入境旅游客源国家是德国,其次是捷克、乌克兰、斯洛伐克、白俄罗斯、俄罗斯和立陶宛。2013 年波兰入境游客中,德国游客占 39.97%,来自前七位客源国家的游客人数占总数的 92.3%;2014 年波兰入境游客中,德国游客占 41.03%,来自前七位客源国家的游客人数占总数的 89.0%。2014 年,来自乌克兰和德国的入境旅游者人数增长快速,增长率分别是 19.13% 和 4.71%。

表 12-17 2008—2014 年波兰入境旅游人数(按游客所在国家分)

排名	国家	入境旅游人数(千人次)			市场份额(%)		增长率(%)
		2008 年	2013 年	2014 年	2013 年	2014 年	2013—2014 年
1	德国	34 630	28 900	30 260	39.97	41.03	4.71
2	捷克	7820	13 380	11 374	18.50	15.42	-14.99

续表

排名	国家	入境旅游人数(千人次)			市场份额(%)		增长率(%)
		2008年	2013年	2014年	2013年	2014年	2013—2014年
3	乌克兰	3320	7330	8732	10.14	11.84	19.13
4	斯洛伐克	3740	6725	5769	9.30	7.82	-14.22
5	白俄罗斯	2130	3950	4066	5.46	5.51	2.94
6	俄罗斯	1290	3570	2807	4.94	3.81	-21.37
7	立陶宛	1930	2890	2605	4.00	3.53	-9.86

注：按2014年数据排名。

(四)入境旅游方式

从总体上看，2008—2014年，波兰的入境游客中经由公路入境的游客人数最多，且呈现上升的趋势；乘坐飞机入境的游客人数排在第二位，总体上保持增长态势；排在第三位的乘坐火车入境的游客人数也呈上升趋势；乘坐船舶入境的游客人数所占的比例最少。2014年，波兰入境游客中经由公路入境的游客人数占比约90.5%，乘坐飞机入境的游客人数占比约6.0%，乘坐火车入境的游客人数占比约3.0%。

表12-18　2008—2014年波兰入境旅游人数(按入境旅游方式分)

单位：千人次

入境旅游方式	2008年	2009年	2010年	2011年	2012年	2013年	2014年
飞机	2800	2650	3200	3650	4040	4338	4425
船舶	350	320	325	310	370	361	368
火车	1430	1220	1430	1600	2020	2164	2212
公路	55 355	49 650	53 385	55 185	60 960	65 447	66 745

(五)入境旅游目的

波兰入境旅游者中，出于娱乐、休闲和度假目的的游客数量一直多于商务和专业活动游客数量，从2008年的4000千人次增加到2014年的5826千人次，增长率为45.7%；出于商务和专业活动目的入境的游客数量从2008年的3790千人次减少到2014年的3276千人次，负增长率为13.7%。2014年波兰入境旅游者中，出于娱乐、休闲和度假目的的旅游者占36.4%，出于商务和专业活动目的的旅游者占20.5%。

表12-19　2008—2014年波兰入境旅游人数(按入境旅游目的分)

单位：千人次

入境旅游目的	2008年	2009年	2010年	2011年	2012年	2013年	2014年
娱乐、休闲和度假	4000	3840	4100	4570	5070	5692	5826
商务和专业活动	3790	3570	3370	3760	4160	3950	3276
其他	5170	4480	5000	5020	5610	6158	6898

二、出境旅游概况

(一) 出境旅游人数

2010—2014 年,波兰出境旅游人数呈持续增长趋势。其中,2010 年和 2011 年较上年的增长率分别为 8.9% 和 1.2%;2012 年波兰出境旅游人数增长到 48 290 千人次,增长率为 11.6%;2013 年继续增长,达到 52 580 千人次,增长率为 8.9%;2014 年继续增长,增长率为 6.5%,增至 56 000 千人次。

表 12-20 2008—2014 年波兰出境旅游人数

单位:千人次

	2008 年	2009 年	2010 年	2011 年	2012 年	2013 年	2014 年
总人数	50 243	39 270	42 760	43 270	48 290	52 580	56 000
过夜旅游者	7600	6300	7100	6300	9300	10050	10300
一日游游客	42 643	32 970	35 660	36 970	38 990	42 530	45 700

(二) 出境旅游花费

2011 年波兰出境旅游花费为 8461 百万美元,较上年降低 1.3%;2012 年出境旅游花费增长到 8758 百万美元,较上年增长 3.5%;2013 年出境旅游花费较上年增长 0.7%;2014 年出境旅游花费继续增长,较上年增长 0.5%,达到 8868 百万美元。

表 12-21 2008—2014 年波兰出境旅游花费

单位:百万美元

	2008 年	2009 年	2010 年	2011 年	2012 年	2013 年	2014 年
总花费	10 689	7888	9100	8882	9129	9132	9540
出境旅游花费	9903	7372	8570	8461	8758	8821	8868
出境交通花费	786	516	530	421	371	311	672

(三) 出境旅游目的地

2014 年,波兰游客出境旅游第一大目的地国家是俄罗斯,其次是匈牙利和意大利。2014 年,前往俄罗斯的波兰游客达到 1 823 143 人次,前往匈牙利的波兰游客达到 1 700 000 人次。

表 12-22　2010—2014 年波兰游客出境主要旅游目的地

单位：人次

排名	国　家	游客类型	2010 年	2011 年	2012 年	2013 年	2014 年
1	俄罗斯	VFN	394 872	704 610	1 190 003	1 644 657	1 823 143
2	匈牙利	VFN	1 540 000	1 331 000	1 603 000	1 812 000	1 700 000
3	意大利	VFN	1 257 219	1 287 725	1 524 685	1 485 405	1 516 054
4	英　国	VFR	1 101 000	1 058 000	1 222 500	1 339 000	1 494 000
5	乌克兰	TFR	2 089 647	1 720 104	1 404 086	1 259 209	1 123 945
6	德　国	TCER	604 274	684 193	737 327	814 467	895 305
7	西班牙	TCER	451 680	577 957	547 845	561 187	635 433
8	克罗地亚	TCER	454 445	494 702	544 134	635 558	630 360
9	希　腊	TFR	402 170	450 618	254 682	385 474	588 712
10	土耳其	VFN	428 275	486 319	428 440	423 129	510 569

注：按 2014 年数据排名。

第三节　俄罗斯

俄罗斯全称俄罗斯联邦（The Russian Federation），位于欧亚大陆北部，地跨东欧北亚，是世界上面积最大的国家。邻国西北面有挪威、芬兰，西面有爱沙尼亚、拉脱维亚、立陶宛、波兰、白俄罗斯，西南面是乌克兰，南面有格鲁吉亚、阿塞拜疆、哈萨克斯坦，东南面有中国、蒙古和朝鲜。东面与日本和美国隔海相望。大部分地区处于北温带，以大陆性气候为主，温差普遍较大。面积为 1707.54 万平方千米。2014 年全国人口约为 14 382 万，国内生产总值（GDP）为 18 606 亿美元。

俄罗斯主要旅游地有莫斯科、圣彼得堡、黑海疗养地、伏尔加河沿岸城市、下诺夫哥罗德和滨海边疆区。

表 12-23　2014 年俄罗斯旅游业经济影响评估

指　标	总　数	占全国的比例（%）	增长预测（%）
GDP（百万美元）	29 924.9	1.4	3.9
雇佣人数（千人）	966.9	1.4	0.7

注：本表为估计值。

一、入境旅游概况

(一)入境旅游人数

2010—2014年,俄罗斯入境旅游人数呈持续增长趋势:2009年入境旅游人数从2008年的23 676千人次降低到21 339千人次,负增长率为9.9%;2010年比上年增长4.4%,达到22 281千人次;2011年比上年增长11.9%,达到24 932千人次;2012年入境旅游人数增长到28 177千人次;2013年较上年增长9.3%,达到30 792千人次;2014年入境旅游人数继续上升,增长率为5.3%,达到32 421千人次。

表12-24 2008—2014年俄罗斯入境旅游人数

单位:千人次

	2008年	2009年	2010年	2011年	2012年	2013年	2014年
入境旅游人数	23 676	21 339	22 281	24 932	28 177	30 792	32 421
一日游游客	1252	1247	1196	1269	1351	1486	—
邮船乘客	1252	1247	1196	1269	1351	1486	—

(二)入境旅游收入

2009年,俄罗斯入境旅游收入从2008年的11 842百万美元降低到9366百万美元,负增长率为20.9%;2010年入境旅游收入为8830百万美元,较上年降低5.7%;2011年较上年增加28.3%,达11 328百万美元;2012年较上年降低5.0%,为10 759百万美元;2013年较上年有所增长,增长率为11.4%,达11 988百万美元;2014年入境旅游收入有所下降,负增长率为1.9%,减少到11 759百万美元。

表12-25 2008—2014年俄罗斯入境旅游收入

单位:百万美元

	2008年	2009年	2010年	2011年	2012年	2013年	2014年
总收入	15 821	12 369	13 239	16 961	17 876	20 198	19 451
入境旅游收入	11 842	9366	8830	11 328	10 759	11 988	11 759
入境游客交通收入	3979	3003	4409	5633	7117	8210	7692

(三)入境旅游客源结构

2008—2014年,俄罗斯入境游客中,来自欧洲地区的游客的比例一直保持在90%~92%。2013年,俄罗斯入境游客中,欧洲地区游客占91%,东亚太地区游客占7%,美洲地区游客占2%;2014年,俄罗斯入境游客中,欧洲地区游客占91.4%,东亚太地区游客占

6.4%，美洲地区游客占 1.3%。由此可以看出，俄罗斯的入境旅游者和欧洲地区其他国家的入境旅游者一样，大都来自欧洲地区，表现出较强的区域内流动的特征。2012 年俄罗斯入境旅游者中欧洲地区游客人数较上年增加 13.0%，2013 年较上年增加 10.1%，2014 年较上年增加 6.1%。

表 12-26　2008—2014 年俄罗斯入境旅游人数（按地区分）

单位：千人次

地 区	2008 年	2009 年	2010 年	2011 年	2012 年	2013 年	2014 年
非 洲	36	35	37	40	40	56	54
美 洲	503	469	421	439	444	494	426
东亚太	1478	1295	1358	1548	1904	1938	2017
欧 洲	21 187	18 791	19 569	21 896	24 741	27 229	28 890
中 东	39	38	41	42	51	59	58
南 亚	96	93	89	99	123	138	147

2014 年，俄罗斯最大的入境旅游客源国家是乌克兰，其次是哈萨克斯坦、乌兹别克斯坦、波兰、芬兰和塔吉克斯坦等。2013 年俄罗斯入境游客中，乌克兰游客占 23%，来自前七位客源国家的游客人数占总数的 62.85%；2014 年俄罗斯入境游客中，乌克兰游客占 30.36%，来自前七位客源国家的游客人数占总数的 67.88%。2014 年，来自乌克兰和波兰的入境旅游者人数增长快速，增长率分别是 39.01% 和 10.85%。

表 12-27　2008—2014 年俄罗斯入境旅游人数（按游客所在国家分）

排名	国 家	入境旅游人数（人次）			市场份额（%）		增长率（%）
		2008 年	2013 年	2014 年	2013 年	2014 年	2013—2014 年
1	乌克兰	6 415 361	7 080 991	9 842 990	23	30.36	39.01
2	哈萨克斯坦	2 732 118	3 848 899	4 215 161	12.5	13.00	9.52
3	乌兹别克斯坦	1 556 237	2 967 444	2 353 140	9.64	7.26	-20.70
4	波 兰	779 826	1 644 657	1 823 143	5.34	5.62	10.85
5	芬 兰	1 000 238	1 388 016	1 446 169	4.51	4.46	4.19
6	塔吉克斯坦	900 682	1 348 828	1 202 260	4.38	3.71	-10.87
7	中 国	815 469	—	1 125 098	3.48	3.47	5.00
8	阿塞拜疆	900 682	1 196 759	1 021 204	3.89	3.15	-14.67
9	摩尔多瓦	1 167 266	1 374 690	923 625	4.46	2.85	-32.81

注：按 2014 年数据排名。

(四)入境旅游方式

从总体上看,2011—2014 年,俄罗斯的入境游客中经由公路入境的游客人数最多,且呈现上升的趋势;乘坐飞机入境的游客人数排在第二位,保持逐渐上升的趋势;而排在第三位的乘坐火车入境的游客人数明显下降;乘坐船舶入境俄罗斯的游客人数所占的比例最少。2014 年,俄罗斯入境游客中经由公路入境的游客人数占 51.5%,乘坐飞机入境的游客人数占 26.8%,乘坐火车入境的游客人数占 17.3%,乘坐船舶入境的游客人数占 4.4%。

表 12-28 2008—2014 年俄罗斯入境旅游人数(按入境旅游方式分)

单位:千人次

入境旅游方式	2008 年	2009 年	2010 年	2011 年	2012 年	2013 年	2014 年
飞　机	5532	4787	5590	6383	7537	8045	8198
船　舶	1252	1247	1196	1269	1351	1487	1333
火　车	7372	5845	5761	5534	5283	5168	5276
公　路	9520	8076	8525	10 336	12 399	14 482	15 738

(五)入境旅游目的

俄罗斯入境旅游者中,出于娱乐、休闲和度假目的的旅游者人数基本保持稳定并略有增长,从 2008 年的 2295 千人次增加到 2014 年的 2583 千人次,增长率为 12.5%;出于商务和专业活动目的入境的游客数量从 2008 年的 4112 千人次增长到 2014 年的 6263 千人次,增长率为 52.3%。2014 年俄罗斯入境旅游者中,出于娱乐、休闲和度假目的的旅游者占 8.0%,出于商务和专业活动目的的旅游者占 19.3%。

表 12-29 2008—2014 年俄罗斯入境旅游人数(按入境旅游目的分)

单位:千人次

入境旅游目的	2008 年	2009 年	2010 年	2011 年	2012 年	2013 年	2014 年
娱乐、休闲和度假	2295	2101	2134	2336	2571	2665	2583
商务和专业活动	4112	3880	4432	5475	6201	5817	6263
其　他	17 269	15 358	15 715	17 121	19 405	22 311	23 575

二、出境旅游概况

(一)出境旅游人数

2008—2014 年,俄罗斯出境旅游人数总体上有所增长。其中,2010 年和 2011 年较上年的增长率分别为 14.7% 和 11.2%;2012 年出境旅游人数增长到 47 813 千人次;2013 年继续增长,达到 54 069 千人次;2014 年出境旅游人数有所下降,负增长率为 15.1%,减少到 45 889 千人次。

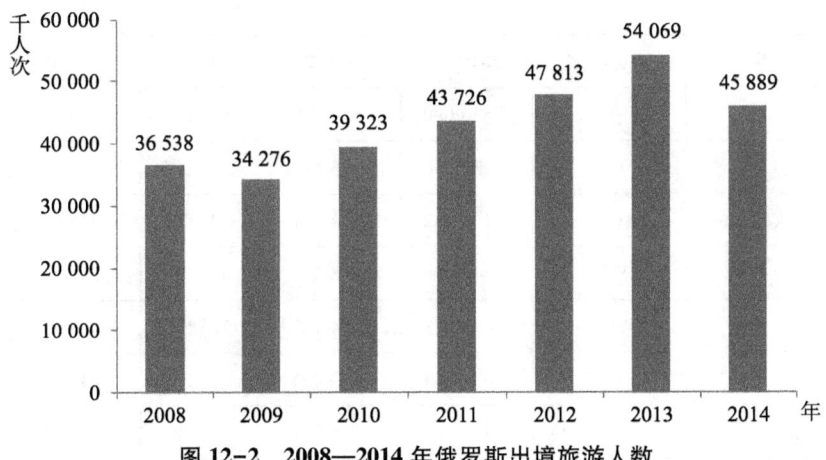

图 12-2 2008—2014 年俄罗斯出境旅游人数

（二）出境旅游花费

2011 年俄罗斯出境旅游花费达到 32 902 百万美元，较上年增长 23.3%；2012 年出境旅游花费增长到 42 798 百万美元，增长率为 30.1%；2013 年出境旅游花费继续增长，达到 53 453 百万美元，增长率为 24.9%；2014 年出境旅游花费有所下降，负增长率为 5.7%，减少到 50 428 百万美元。

表 12-30　2008—2014 年俄罗斯出境旅游花费

单位：百万美元

	2008 年	2009 年	2010 年	2011 年	2012 年	2013 年	2014 年
总花费	26 401	23 785	30 169	37 343	48 096	59 504	55 383
出境旅游花费	23 169	21 019	26 693	32 902	42 798	53 453	50 428
出境交通花费	3232	2766	3476	4441	5298	6051	4955

（三）出境旅游目的地

2014 年，俄罗斯游客出境旅游第一大目的地是土耳其，其次是埃及和波兰。2014 年，前往土耳其的俄罗斯游客达到 4 479 049 人次，前往波兰的俄罗斯游客达到 2 807 000 人次。在欧洲地区以外的国家中，埃及是俄罗斯游客最大的出境旅游目的地，2014 年俄罗斯游客前往埃及旅游的人数达到 3 138 958 人次。

表 12-31　2010—2014 年俄罗斯游客出境主要旅游目的地

单位：人次

排名	国家	游客类型	2010 年	2011 年	2012 年	2013 年	2014 年
1	土耳其	VFN	3 107 043	3 468 214	3 599 925	4 269 306	4 479 049
2	埃及	VFN	2 855 723	1 832 388	2 518 275	2 393 908	3 138 958

续表

排名	国家	游客类型	2010年	2011年	2012年	2013年	2014年
3	波兰	VFN	1 530 000	1 850 000	2 670 000	3 570 000	2 807 000
4	乌克兰	TFR	7 900 436	9 018 487	9 526 695	10 284 782	2 362 982
5	意大利	TCEN	1 140 432	1 474 137	1 707 998	1 926 911	1 785 000
6	哈萨克斯坦	VFR	1 041 978	1 346 594	1 371 306	1 780 574	1 757 721
7	泰国	TFN	644 678	1 054 187	1 316 564	1 746 565	1 606 430
8	西班牙	TCER	682 985	1 070 095	1 396 309	1 644 910	1 441 340
9	希腊	TFR	451 239	738 927	874 787	1 352 901	1 250 174
10	德国	TCER	590 092	737 105	918 226	1 038 826	951 050

注：按2014年数据排名。

第四节 哈萨克斯坦

哈萨克斯坦全称哈萨克斯坦共和国(The Republic of Kazakhstan)，位于亚洲中部。北邻俄罗斯，南与乌兹别克斯坦、土库曼斯坦、吉尔吉斯斯坦接壤，西濒里海，东接中国。属于典型的大陆性气候。面积为272.49万平方千米。2014年全国人口约为1729万，国内生产总值(GDP)为2122亿美元。

哈萨克斯坦主要的旅游景区景点有：阿拉木图市的高山滑雪场，巴尔喀什湖、突厥斯坦古城等。

表12-32 2014年哈萨克斯坦旅游业经济影响评估

指标	总数	占全国的比例(%)	增长预测(%)
GDP(百万美元)	3503.2	1.6	5.0
雇佣人数(千人)	137.5	1.6	3.5

注：本表为估计值。

一、入境旅游概况

（一）入境旅游人数

2008—2014年，哈萨克斯坦的入境旅游人数总体呈增长趋势，2013年达到近几年最高峰，为6841千人次。2009年哈萨克斯坦的入境旅游人数从2008年的4117千人次降低到3774千人次，负增长率为8.3%；2010年比上年增长8.6%，达到4097千人次；2011

年比上年增长38.8%,达到5685千人次;2012年入境旅游人数增长到6163千人次;2013年较上年增长11.0%,达到6841千人次;2014年入境旅游人数有所下滑,较上年负增长7.4%,减少到6333千人次。

表12-33 2008—2014年哈萨克斯坦入境旅游人数

单位:千人次

	2008年	2009年	2010年	2011年	2012年	2013年	2014年
入境旅游人数	4117	3774	4097	5685	6163	6841	6333
过夜旅游者	3211	2944	3196	4093	4437	4926	4560
一日游游客	906	830	901	1592	1726	1915	1773

(二)入境旅游收入

2009年,哈萨克斯坦入境旅游收入从2008年的1012百万美元降低到963百万美元,负增长率为4.8%;2010年入境旅游收入为1005百万美元,较上年增长4.4%;2011年较上年增长20.3%,达1209百万美元;2012年较上年增长11.4%,达1347百万美元;2013年和2014年都较上年有所降低,负增长率分别为0.2%和1.7%。

表12-34 2008—2014年哈萨克斯坦入境旅游收入

单位:百万美元

	2008年	2009年	2010年	2011年	2012年	2013年	2014年
总收入	1255	1185	1236	1524	1572	1601	1555
入境旅游收入	1012	963	1005	1209	1347	1344	1321
入境游客交通收入	243	222	231	315	225	257	234

(三)入境旅游客源结构

哈萨克斯坦入境游客中,来自欧洲地区的游客的比例一直保持在93%~97%。2013年,哈萨克斯坦入境游客中,欧洲地区游客占96%,东亚太地区游客占4%;2014年,哈萨克斯坦入境游客中,欧洲游客占94.4%,东亚太地区游客占4.4%,美洲地区游客占0.5%。由此可以看出,哈萨克斯坦的入境旅游者和欧洲地区及中亚地区其他国家的入境旅游者一样,大都来自欧洲地区。2012年哈萨克斯坦入境旅游者中欧洲地区游客人数较上年增加8.1%,2013年较上年增加11.0%,2014年较上年负增长8.3%。

表12-35 2008—2014年哈萨克斯坦入境旅游人数(按地区分)

单位:千人次

地区	2008年	2009年	2010年	2011年	2012年	2013年	2014年
非洲	2	3	3	2	12	2	2
美洲	29	27	28	29	34	30	33

续表

地区	2008年	2009年	2010年	2011年	2012年	2013年	2014年
东亚太	212	170	149	178	200	249	278
欧洲	4448	3540	3875	5436	5874	6523	5980
中东	4	5	5	5	5	4	5
南亚	23	22	21	23	25	22	24

2014年,哈萨克斯坦最大的入境旅游客源国家是乌兹别克斯坦,其次是俄罗斯、吉尔吉斯斯坦、中国、塔吉克斯坦、土耳其和阿塞拜疆。2013年哈萨克斯坦入境游客中,乌兹别克斯坦游客占36.46%;2014年哈萨克斯坦入境游客中,乌兹别克斯坦游客占33.27%,来自前七位客源国家的游客人数占总数的90.44%。2014年,来自土耳其和中国的入境旅游者人数增长快速,增长率分别是14.03%和11.48%。

表12-36　2008—2014年哈萨克斯坦入境旅游人数(按游客所在国家分)

排名	国家	入境旅游人数(人次)			市场份额(%)		增长率(%)
		2008年	2013年	2014年	2013年	2014年	2013—2014年
1	乌兹别克斯坦	1 364 475	2 494 568	2 107 177	36.46	33.27	-15.53
2	俄罗斯	953 632	1 780 574	1 757 721	26.03	27.76	-1.28
3	吉尔吉斯斯坦	935 769	1 382 706	1 308 139	20.21	20.66	-5.39
4	中国	154 220	205 066	228 617	3	3.61	11.48
5	塔吉克斯坦	205 366	186 214	137 443	2.72	2.17	-26.19
6	土耳其	68 277	92 070	104 986	1.35	1.66	14.03
7	阿塞拜疆	32 621	112 617	83 174	1.65	1.31	-26.14

注:按2014年数据排名。

(四)入境旅游方式

从总体上看,2008—2014年,哈萨克斯坦的入境游客中经由公路入境的游客人数最多,且总体呈现上升趋势;乘坐火车入境的游客人数排在第二位;排在第三位的乘坐飞机入境的游客人数呈现逐渐上升的趋势;乘坐船舶入境的游客人数所占的比例最少。2014年,哈萨克斯坦入境游客中经由公路入境的游客人数约占65.5%,乘坐火车入境的游客人数约占20.6%,乘坐飞机入境的游客人数约占13.8%。

表12-37　2008—2014年哈萨克斯坦入境旅游人数(按入境旅游方式分)

单位:千人次

入境旅游方式	2008年	2009年	2010年	2011年	2012年	2013年	2014年
飞机	519	521	565	785	850	944	874
船舶	14	4	4	6	6	7	6

续表

入境旅游方式	2008年	2009年	2010年	2011年	2012年	2013年	2014年
火车	1307	777	844	1170	1268	1408	1303
公路	2882	2472	2684	3724	4039	4482	4150

(五)入境旅游目的

哈萨克斯坦入境旅游者中,出于娱乐、休闲和度假目的的旅游者所占比例很小,从2008年的90千人次降低到2014年的55千人次,负增长率为38.9%;出于商务和专业活动目的入境的游客数量从2008年的1300千人次增长到2014年的1837千人次,增长率为41.3%。2014年哈萨克斯坦入境旅游者中,出于娱乐、休闲和度假目的的旅游者仅占0.8%,出于商务和专业活动目的的旅游者占29.0%。

表12-38　2008—2014年哈萨克斯坦入境旅游人数(按入境旅游目的分)

单位:千人次

入境旅游目的	2008年	2009年	2010年	2011年	2012年	2013年	2014年
娱乐、休闲和度假	90	49	56	238	92	57	55
商务和专业活动	1300	1095	1188	1649	1787	1984	1837
其他	3332	2630	2853	3798	4284	4800	4441

二、出境旅游概况

(一)出境旅游人数

2008—2014年,哈萨克斯坦出境过夜旅游者人数保持稳定上升趋势。2010年和2011年较上年的增长率分别为11.0%和33.2%;2012—2014年,哈萨克斯坦出境旅游人数持续不断地增长,较上年增长率分别为13.0%、11.9%和3.0%。

表12-39　2008—2014年哈萨克斯坦出境旅游人数

单位:千人次

	2008年	2009年	2010年	2011年	2012年	2013年	2014年
总人数	4330	5423	6019	8020	9066	10144	10450
过夜旅游者	4239	5309	5893	7852	8875	9931	10230
一日游游客	91	114	126	168	190	213	220

(二)出境旅游花费

2011年哈萨克斯坦出境旅游花费达到1611百万美元,较上年增长26.6%;2012年出境旅游花费增长到1685百万美元,增长率为4.6%;2013年出境旅游花费有所下降,负增长率为5.0%;2014年出境旅游花费有所回升,增长率为5.4%,达到1687百万美元。

表12-40 2008—2014年哈萨克斯坦出境旅游花费

单位:百万美元

	2008年	2009年	2010年	2011年	2012年	2013年	2014年
总花费	1361	1319	1489	1831	2022	1904	1919
出境旅游花费	1078	1132	1273	1611	1685	1600	1687
出境交通花费	283	187	216	220	337	304	232

(三)出境旅游目的地

哈萨克斯坦游客出境旅游第一大目的地国家是俄罗斯,其次是吉尔吉斯斯坦和土耳其。2014年,前往俄罗斯的哈萨克斯坦游客达到4 215 161人次,前往吉尔吉斯斯坦的哈萨克斯坦游客达到1 998 480人次。在欧洲地区以外的国家中,韩国是哈萨克斯坦游客最大的出境旅游目的地,2014年哈萨克斯坦游客前往韩国旅游的人数达到21 075人次。

表12-41 2010—2014年哈萨克斯坦游客出境主要旅游目的地

单位:人次

排名	国家	游客类型	2010年	2011年	2012年	2013年	2014年
1	俄罗斯	VFN	2 747 358	3 049 406	3 630 342	3 848 899	4 215 161
2	吉尔吉斯斯坦	VFR	541 710	864 963	1 675 644	2 156 041	1 998 480
3	土耳其	VFN	247 784	315 907	380 046	425 773	437 971
4	波兰	VFN	—	40 000	40 000	40 000	30 000
5	乌克兰	TFR	50 787	61 826	70 784	84 864	29 693
6	阿塞拜疆	VFR	19 209	28 225	25 295	28 226	29 468
7	拉脱维亚	VFR	19 036	23 005	33 361	17 643	28 888
8	格鲁吉亚	VFR	8411	18 565	15 115	21 148	28 394
9	韩国	VFN	7417	8421	11 039	13 158	21 075
10	美国	TFR	10 852	12 836	15 384	17 119	20 391

注:按2014年数据排名。

第五节 吉尔吉斯斯坦

吉尔吉斯斯坦全称吉尔吉斯共和国（The Kyrgyz Republic），位于中亚东北部。北邻哈萨克斯坦，西南邻塔吉克斯坦，西邻乌兹别克斯坦，东南面和东面与中国新疆维吾尔自治区接壤。属大陆性气候。面积为19.85万平方千米。2014年全国人口约为583万，国内生产总值（GDP）为74亿美元。

吉尔吉斯斯坦拥有发展旅游业尤其是山地旅游的极大潜力，境内有大量的高山风景和成百个高山湖泊，最大的湖泊伊塞克湖是世界上最深的湖泊之一，位于海拔1608米处，意为"热湖"，从不封冻，风光秀丽，气候宜人，有清澈见底的矿泉水和可用于治病的湖泥。

表12-42　2014年吉尔吉斯斯坦旅游业经济影响评估

指　标	总　数	占全国的比例（%）	增长预测（%）
GDP（百万美元）	118.2	1.6	5.3
雇佣人数（千人）	36.2	1.6	0.6

注：本表为估计值。

一、入境旅游概况

（一）入境旅游人数

2008—2014年，吉尔吉斯斯坦的入境旅游人数呈波动增长态势，2013年达到近几年最高峰，为3076千人次。2009年吉尔吉斯斯坦的入境旅游人数从2008年的1844千人次降低到1394千人次，负增长率为24.4%；2010年比上年降低38.7%，降至855千人次；2011年比上年增长1.7倍，达到2278千人次；2012年入境旅游人数增长到2406千人次，增长率为5.6%；2013年较上年增长27.8%，达到3076千人次；2014年入境旅游人数有所减少，较上年负增长7.4%。

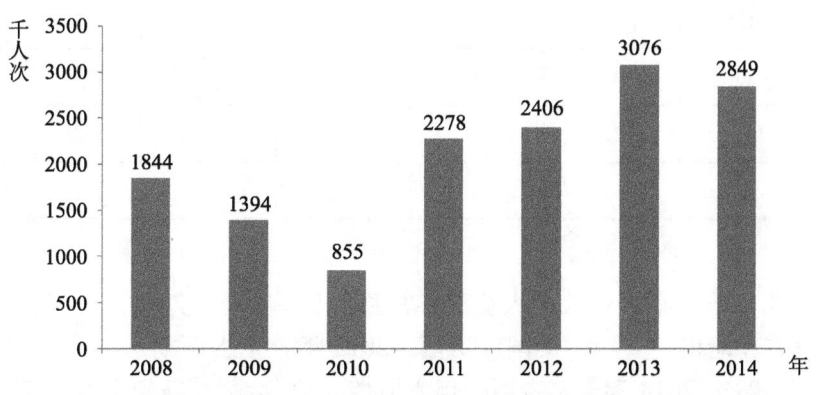

图12-3　2008—2014年吉尔吉斯斯坦入境旅游人数

注：此处入境旅游人数包括过夜旅游者和一日游游客。

(二)入境旅游收入

2009年,吉尔吉斯斯坦入境旅游收入从2008年的514百万美元降低到459百万美元,负增长率为10.7%;2010年入境旅游收入为160百万美元,较上年降低65.1%。2011—2013年入境旅游收入开始回升。其中,2011年较上年增加1.2倍,达356百万美元;2012年较上年增长21.9%,增至434百万美元;2013年继续保持增长,增长率为22.1%。2014年入境旅游收入有所降低,负增长率为20.2%,减少到423百万美元。

表12-43 2008—2014年吉尔吉斯斯坦入境旅游收入

单位:百万美元

	2008年	2009年	2010年	2011年	2012年	2013年	2014年
总收入	569	506	212	405	486	585	468
入境旅游收入	514	459	160	356	434	530	423
入境游客交通收入	55	47	52	49	52	55	45

(三)入境旅游客源结构

吉尔吉斯斯坦入境游客中,来自欧洲地区的游客的比例一直保持在97%~98%。2013年,吉尔吉斯斯坦入境游客中,欧洲地区游客占98%,美洲地区游客占1%,东亚太地区游客占1%;2014年,吉尔吉斯斯坦入境游客中,欧洲地区游客占97.5%,美洲地区游客占0.6%,东亚太地区游客占1.6%。由此可以看出,吉尔吉斯斯坦的入境旅游者和欧洲地区及中亚地区其他国家的入境旅游者一样,大都来自欧洲地区。2012年吉尔吉斯斯坦入境旅游者中欧洲游客人数较上年增加5.7%,2013年较上年增加27.9%,2014年较上年负增长7.6%。

表12-44 2008—2014年吉尔吉斯斯坦入境旅游人数(按地区分)

单位:千人次

地 区	2008年	2009年	2010年	2011年	2012年	2013年	2014年
美 洲	10	13	9	18	19	22	17
东亚太	30	32	24	33	34	39	46
欧 洲	2384	1332	804	2208	2333	2983	2755
南 亚	7	7	5	7	7	7	8

2014年,吉尔吉斯斯坦最大的入境旅游客源国家是哈萨克斯坦,其次是俄罗斯、乌兹别克斯坦、塔吉克斯坦、土耳其、中国和美国。2013年吉尔吉斯斯坦入境游客中,哈萨克斯坦游客占70.09%;2014年吉尔吉斯斯坦入境游客中,哈萨克斯坦游客占70.14%,来自前七位客源国家的游客人数占总数的95.76%。2014年,来自土耳其的入境旅游者人数

快速增长,增长率达到 29.89%。

表 12-45 2008—2014 年吉尔吉斯斯坦入境旅游人数(按游客所在国家分)

排名	国家	入境旅游人数(人次)			市场份额(%)		增长率(%)
		2008 年	2013 年	2014 年	2013 年	2014 年	2013—2014 年
1	哈萨克斯坦	737 460	2 156 041	1 998 480	70.09	70.14	-7.31
2	俄罗斯	204 794	448 881	447 732	14.59	15.71	-0.26
3	乌兹别克斯坦	565 577	190 528	125 948	6.19	4.42	-33.9
4	塔吉克斯坦	218 727	114 121	79 343	3.71	2.78	-30.47
5	土耳其	16 156	25 411	33 006	0.83	1.16	29.89
6	中国	22 487	30 056	29 853	0.98	1.05	-0.68
7	美国	13 381	20 163	14 308	0.66	0.50	-29.04

注:按 2014 年数据排名。

二、出境旅游概况

(一)出境旅游人数

2008—2014 年,吉尔吉斯斯坦出境旅游人数总体保持增长趋势。其中,2010 年和 2011 年较上年的增长率分别为 2.9% 和 55.9%。2012—2014 年,吉尔吉斯斯坦出境旅游人数持续不断增长,2012 年吉尔吉斯斯坦出境旅游人数增长到 1326 千人次,2013 年增长到 1401 千人次,增长率分别为 42.4% 和 5.7%,2014 年较上年有小幅增长,增长率为 2.9%,达到 1441 千人次。

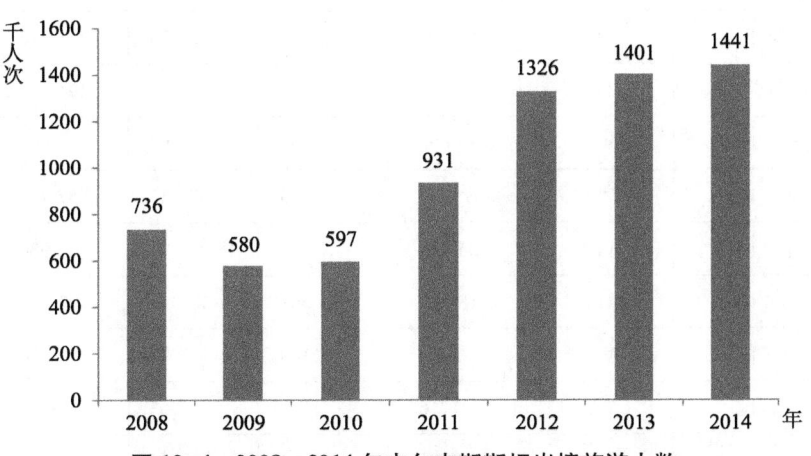

图 12-4 2008—2014 年吉尔吉斯斯坦出境旅游人数

注:此处出境旅游人数包括过夜旅游者和一日游游客。

(二)出境旅游花费

2011年吉尔吉斯斯坦出境旅游花费达到247百万美元,较上年增长66.9%。2012年出境旅游花费增长到350百万美元,增长率为41.7%。2013年出境旅游花费较上年保持不变,仍为350百万美元。2014年出境旅游花费增至390百万美元,较上年增长11.4%。

表12-46 2008—2014年吉尔吉斯斯坦出境旅游花费

单位:百万美元

	2008年	2009年	2010年	2011年	2012年	2013年	2014年
总花费	451	393	275	392	529	505	568
出境旅游花费	304	267	148	247	350	350	390
出境交通花费	147	126	127	145	179	155	178

(三)出境旅游目的地

吉尔吉斯斯坦游客出境旅游第一大目的地是哈萨克斯坦,其次是俄罗斯和乌兹别克斯坦。2014年,前往哈萨克斯坦的吉尔吉斯斯坦游客达到1 308 139人次,前往俄罗斯的吉尔吉斯斯坦游客达到725 664人次。在欧洲地区以外的国家中,中国是吉尔吉斯斯坦游客最大的出境旅游目的地,2013年吉尔吉斯斯坦游客前往中国旅游的人数达到49 936人次。

表12-47 2010—2014年吉尔吉斯斯坦出境旅游目的地

单位:人次

排名	国家	游客类型	2010年	2011年	2012年	2013年	2014年
1	哈萨克斯坦	VFR	930 493	1 539 885	1 454 124	1 382 706	1 308 139
2	俄罗斯	VFN	552 909	592 960	623 970	763 418	725 664
3	乌兹别克斯坦	TFR	—	—	—	194 550	—
4	土耳其	VFN	35 665	41 197	42 866	64 905	81 941
5	塔吉克斯坦	VFR	24 079	7799	53 437	57 732	35 382
6	中国	VFN	35 444	47 633	48 105	49 936	—
7	乌克兰	TFR	18 102	21 501	19 441	22 380	11 656
8	韩国	VFN	2424	2109	2783	3424	4365
9	美国	TFR	1716	1851	1963	2976	2398
10	格鲁吉亚	VFR	2222	3183	2626	2672	2489

注:按2013年数据排名。

第六节 捷 克

捷克全称捷克共和国(The Czech Republic),地处欧洲中部。东靠斯洛伐克,南邻奥地利,西接德国,北毗波兰。属北温带,年均气温7.5℃,年均降水量674毫米。面积约为7.89万平方千米。2014年全国人口约为1051万。捷克为中等发达国家,工业基础雄厚。2014年国内生产总值(GDP)为2055亿美元。

到访捷克的游客主要来自德国、俄罗斯、荷兰、丹麦、英国、西班牙等国。捷克的主要旅游城市有布拉格、捷克克鲁姆洛夫、卡罗维发利等。

表12-48 2014年捷克旅游业经济影响评估

指 标	总 数	占全国的比例(%)	增长预测(%)
GDP(百万美元)	5635.7	2.9	2.9
雇佣人数(千人)	248.5	5.0	0.8

注:本表为估计值。

一、入境旅游概况

(一)入境旅游人数

2011—2014年,捷克的入境旅游人数呈持续增长态势:2009年入境旅游人数从2008年的26 628千人次降低到23 285千人次,负增长率为12.6%;2010年入境旅游人数继续减少,负增长率为5.8%,减少到21 941千人次;2011年开始增长,较2010年增长4.0%,达22 810千人次;2012年入境旅游人数增长到25 750千人次,增长率为12.9%;2013年较上年增长2.3%,达到26 332千人次;2014年入境旅游人数继续上升,增长率为3.2%,达到27 177千人次。

表12-49 2008—2014年捷克入境旅游人数

单位:千人次

	2008年	2009年	2010年	2011年	2012年	2013年	2014年
入境旅游人数	26 628	23 285	21 941	22 810	25 750	26 332	27 177
过夜旅游者	10 119	8848	8629	9019	10 123	10 300	10 617
一日游游客	16 509	14 437	13 312	13 792	15 627	16 032	16 561

(二)入境旅游收入

2009年,捷克入境旅游收入从2008年的7857百万美元降低到7013百万美元;2010

年入境旅游收入为 7172 百万美元,较上年增长 2.3%;2011 年较上年增加 12.9%,增至 8096 百万美元;2012 年较上年降低 7.9%,降低到 7456 百万美元;2013 年继续下降,负增长率为 5.6%;2014 年入境旅游收入持续走低,负增长率为 3.1%,减少到 6822 千人次。

表 12-50 2008—2014 年捷克入境旅游收入

单位:百万美元

	2008 年	2009 年	2010 年	2011 年	2012 年	2013 年	2014 年
总收入	8871	7936	8068	8930	8174	7792	7611
入境旅游收入	7857	7013	7172	8096	7456	7042	6822
入境游客交通收入	1014	923	896	834	718	750	789

(三)入境旅游客源结构

捷克入境游客中,来自欧洲地区的游客的比例一直保持在 78%~86%。2013 年,捷克入境游客中,欧洲地区游客占 80%,美洲地区游客占 8%,东亚太地区游客占 11%;2014 年,捷克入境游客中,欧洲地区游客占 78.9%,美洲地区游客占 8.5%,东亚太地区游客占 11.5%。由此可以看出,捷克的入境旅游者和欧洲地区其他国家的入境旅游者一样,大都来自欧洲地区,表现出较强的区域内流动的特征。2012 年捷克入境旅游者中欧洲游客人数较上年增加 11.9%,2013 年较上年增加 1.7%,2014 年较上年增加 1.5%。

表 12-51 2008—2014 年捷克入境旅游人数(按地区分)

单位:千人次

地 区	2008 年	2009 年	2010 年	2011 年	2012 年	2013 年	2014 年
非 洲	23	20	26	30	37	39	44
美 洲	434	398	460	480	613	650	690
东亚太	502	485	587	674	781	837	934
欧 洲	5691	5130	5261	5531	6190	6297	6391
南 亚	—	—	—	—	25	29	38

2014 年,捷克最大的入境旅游客源国家是德国,其次是俄罗斯、斯洛伐克、美国、波兰、英国和意大利等。2013 年捷克入境游客中,德国游客占 18.87%;2014 年捷克入境游客中,德国游客占 19.22%,来自前七位客源国家的游客人数占总数的 54.08%。2014 年,来自韩国和中国的入境旅游者人数增长快速,增长率分别是 24.23% 和 22.12%。

表 12-52　2008—2014 年捷克入境旅游人数（按游客所在国家分）

排名	国　家	入境旅游人数（人次）			市场份额（%）		增长率（%）
		2008 年	2013 年	2014 年	2013 年	2014 年	2013—2014 年
1	德　国	1 337 372	1 382 292	1 444 365	18.87	19.22	4.49
2	俄罗斯	395 222	767 103	647 360	10.47	8.62	−15.61
3	斯洛伐克	250 488	392 201	433 509	5.35	5.77	10.53
4	美　国	290 262	389 392	407 260	5.31	5.42	4.59
5	波　兰	329 189	381 577	400 834	5.21	5.34	5.05
6	英　国	471 986	360 117	372 627	4.92	4.96	3.47
7	意大利	362 496	344 434	356 884	4.70	4.75	3.61
8	法　国	222 388	274 569	256 706	3.75	3.42	−6.51
9	奥地利	162 387	218 074	231 234	2.98	3.08	6.03
10	中　国	50 664	166 476	203 295	2.27	2.71	22.12
11	韩　国	66 058	150 753	187 280	2.06	2.49	24.23
12	西班牙	241 092	179 513	185 276	2.45	2.47	3.21
13	荷　兰	161 627	152 624	160 031	2.08	2.13	4.85

注：按 2014 年数据排名。

二、出境旅游概况

（一）出境旅游人数

2008—2013 年，捷克出境过夜旅游者人数总体上呈现明显的下降趋势。其中，2010 年和 2011 年较上年分别负增长 2.6% 和 39.1%；2012 年出境旅游人数较上年有所增长，增至 5419 千人次，增长率为 2.7%；2013 年降低到 5304 千人次，负增长率为 2.1%。

表 12-53　2008—2013 年捷克出境旅游人数

单位：千人次

	2008 年	2009 年	2010 年	2011 年	2012 年	2013 年
总人数	12 713	12 336	11 891	—	—	—
过夜旅游者	9665	8904	8673	5279	5419	5304
一日游游客	3048	3432	3218	—	—	—

(二)出境旅游花费

2011年捷克出境旅游花费达到4789百万美元,较上年增长12.6%。2012年出境旅游花费降低到4472百万美元,负增长率为6.6%。2013年捷克出境旅游花费回升到4637百万美元,增长率为3.7%。2014年捷克出境旅游花费继续增长,增长率为10.7%,达到5133百万美元。

表12-54 2008—2014年捷克出境旅游花费

单位:百万美元

	2008年	2009年	2010年	2011年	2012年	2013年	2014年
总花费	4797	4158	4354	4876	4556	4698	5172
出境旅游花费	4652	4077	4252	4789	4472	4637	5133
出境交通花费	145	81	102	87	84	61	39

(三)出境旅游目的地

2014年,捷克游客出境旅游第一大目的地国家是波兰,其次是匈牙利和意大利。2014年,前往波兰的捷克游客达到11 374 000人次;前往匈牙利的捷克游客达到1 356 000人次。

表12-55 2010—2014年捷克游客出境主要旅游目的地

单位:人次

排名	国家	游客类型	2010年	2011年	2012年	2013年	2014年
1	波兰	VFN	9 240 000	10 840 000	12 380 000	13 380 000	11 374 000
2	匈牙利	VFN	1 003 000	916 000	1 041 000	1 188 000	1 356 000
3	意大利	VFN	915 028	1 101 088	1 051 130	106 0395	940 725
4	克罗地亚	TCER	605 732	638 036	647 211	652 154	661 486
5	奥地利	TCER	569 279	603 581	619 287	630 398	660 086
6	德国	TCER	320 868	358 908	391 964	414 439	447 510
7	斯洛伐克	TCEN	433 321	477 159	491 136	492 713	436 699
8	英国	VFR	278 000	287 000	325 400	356 000	352 000
9	希腊	TFR	294 936	309 062	289 034	286 974	347 624
10	土耳其	VFN	174 426	223 369	223 986	217 254	226 189

注:按2014年数据排名。

第七节 罗马尼亚

罗马尼亚（Romania），位于东南欧巴尔干半岛东北部。北和东北分别与乌克兰和摩尔多瓦为邻，南接保加利亚，西南和西北分别与塞尔维亚和匈牙利接壤，东南临黑海。面积约为23.84万平方千米。2014年全国人口约为1991万，国内生产总值（GDP）为1990亿美元。

罗马尼亚旅游资源比较丰富，主要旅游地有布加勒斯特、黑海海滨、多瑙河三角洲、摩尔多瓦地区、喀尔巴阡山山区等。

表12-56 2014年罗马尼亚旅游业经济影响评估

指标	总数	占全国的比例(%)	增长预测(%)
GDP（百万美元）	3154.0	1.6	4.0
雇佣人数（千人）	212.5	2.4	0.5

注：本表为估计值。

一、入境旅游概况

（一）入境旅游人数

2011—2014年，罗马尼亚的入境旅游人数呈稳定增长的状态：2009年入境旅游人数从2008年的8862千人次降低到7575千人次，负增长率为14.5%；2010年比上年降低1.0%，减少到7498千人次；2011年比上年增长1.5%，达到7611千人次；2012年入境旅游人数增长到7937千人次，增长率为4.3%；2013年较上年增长1.0%，达到8019千人次；2014年较上年增长5.3%，达到8442千人次。

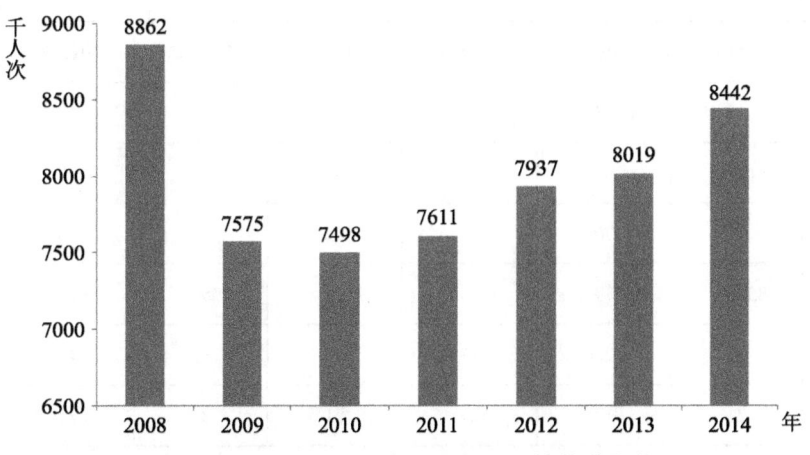

图12-5 2008—2014年罗马尼亚入境旅游人数

注：此处入境旅游人数包括过夜旅游者和一日游游客。

(二) 入境旅游收入

2009年，罗马尼亚入境旅游收入从2008年的1991百万美元降低到1229百万美元，负增长率为38.3%；2010年入境旅游收入为1136百万美元，较上年降低7.6%；2011年较上年增加25.1%，增至1421百万美元；2012年较上年增长3.0%，增至1463百万美元；2013年继续增长，增至1591百万美元；2014年入境旅游收入保持上升，增长率为14.8%，达到1826百万美元。

表12-57　2008—2014年罗马尼亚入境旅游收入

单位：百万美元

	2008年	2009年	2010年	2011年	2012年	2013年	2014年
总收入	2625	1687	1631	2018	1901	2048	2225
入境旅游收入	1991	1229	1136	1421	1463	1591	1826
入境游客交通收入	634	458	495	597	438	457	399

(三) 入境旅游客源结构

罗马尼亚入境游客中，来自欧洲地区的游客的比例一直保持在94%~97%。2013年，罗马尼亚入境游客中，欧洲地区游客占80.7%，美洲地区游客占3%，东亚太地区游客占1%；2014年，罗马尼亚入境游客中，欧洲地区游客占94.2%，美洲地区游客占3.5%，东亚太地区游客占1.3%。由此可以看出，罗马尼亚的入境旅游者和欧洲地区其他国家的入境旅游者一样，大都来自欧洲地区，表现出较强的区域内流动的特征。2012年罗马尼亚入境旅游者中欧洲游客人数较上年增加4.0%，2013年较上年增加0.9%，2014年较上年增加4.3%。

表12-58　2008—2014年罗马尼亚入境旅游人数（按地区分）

单位：千人次

地区	2008年	2009年	2010年	2011年	2012年	2013年	2014年
非洲	13	13	14	16	16	17	20
美洲	192	169	171	182	208	209	294
东亚太	97	70	79	92	98	103	107
欧洲	8506	7279	7179	7267	7556	7625	7955
中东	32	26	33	33	37	42	43
南亚	21	17	21	21	22	22	23

2014年,罗马尼亚最大的入境旅游客源国家是匈牙利,其次是摩尔多瓦、保加利亚、乌克兰、德国、意大利和塞尔维亚。2013年罗马尼亚入境游客中,匈牙利游客占17.99%,来自前七位客源国家的游客人数占总数的68.16%;2014年罗马尼亚入境游客中,匈牙利游客占17.71%,来自前七位客源国家的游客人数占总数的69.12%。2014年,来自摩尔多瓦和意大利的入境旅游者人数增长快速,增长率分别是28.33%和6.88%。

表12-59 2008—2014年罗马尼亚入境旅游人数(按游客所在国家分)

排名	国家	入境旅游人数(人次)			市场份额(%)		增长率(%)
		2008年	2013年	2014年	2013年	2014年	2013—2014年
1	匈牙利	1 950 383	1 442 567	1 495 242	17.99	17.71	3.65
2	摩尔多瓦	1 428 559	995 118	1 277 062	12.41	15.13	28.33
3	保加利亚	1 114 082	1 135 567	1 209 059	14.16	14.32	6.47
4	乌克兰	729 758	793 612	716 260	9.9	8.48	-9.75
5	德国	521 675	448 344	469 867	5.59	5.57	4.80
6	意大利	433 167	332 355	355 229	4.14	4.21	6.88
7	塞尔维亚	—	318 617	312 277	3.97	3.70	-1.99

注:按2014年数据排名。

(四)入境旅游方式

从总体上看,2008—2014年,罗马尼亚的入境游客中经由公路入境的游客人数最多,但总体上有所减少;乘坐飞机入境的游客人数排在第二位,总体上有所增长;2009—2013年,乘坐火车入境的游客人数均多于乘坐船舶入境的游客人数,2014年,乘坐船舶入境的游客人数超过乘坐火车入境的游客人数。2014年,罗马尼亚入境游客中,经由公路入境的游客人数占75.7%,乘坐飞机入境的游客人数占20.0%,乘坐火车入境的游客人数占2.0%,乘坐船舶入境的游客人数占2.2%。

表12-60 2008—2014年罗马尼亚入境旅游人数(按入境旅游方式分)

单位:千人次

入境旅游方式	2008年	2009年	2010年	2011年	2012年	2013年	2014年
飞机	1462	1277	1215	1509	1469	1347	1690
船舶	262	164	154	168	187	196	189
火车	253	208	222	258	255	232	173
公路	6885	5925	5906	5676	6027	6244	6390

二、出境旅游概况

（一）出境旅游人数

2008—2014年，罗马尼亚出境过夜旅游者人数总体上呈现下降趋势。其中，2009年和2010年较上年的负增长率分别为10.3%和7.0%。2011—2014年，罗马尼亚出境过夜旅游者人数有回升趋势：2012年，罗马尼亚出境过夜旅游者人数增长到11 149千人次，增长率为1.9%；2013年增长到11 364千人次，增长率为1.9%；2014年增长率为8.2%，达到12 299千人次。

表12-61　2008—2014年罗马尼亚出境旅游人数

单位：千人次

	2008年	2009年	2010年	2011年	2012年	2013年	2014年
总人数	—	—	11 082	11 228	11 548	—	—
过夜旅游者	13 072	11 723	10 905	10 936	11 149	11 364	12 299
一日游游客	—	—	177	292	399	—	—

（二）出境旅游花费

2011年罗马尼亚出境旅游花费达到1966百万美元，较上年增长20.2%；2012年出境旅游花费降低到1833百万美元，负增长率为6.8%；2013年出境旅游花费回升到2059百万美元，增长率为12.3%；2014年出境旅游花费继续保持上升，增长率为17.1%，增至2412百万美元。

表12-62　2008—2014年罗马尼亚出境旅游花费

单位：百万美元

	2008年	2009年	2010年	2011年	2012年	2013年	2014年
总花费	2409	1769	1896	2295	2109	2176	2636
出境旅游花费	2176	1472	1636	1966	1833	2059	2412
出境交通花费	233	297	260	329	276	117	224

（三）出境旅游目的地

2014年，罗马尼亚游客出境旅游第一大目的地国家是匈牙利，其次是保加利亚和意大利。2014年，前往匈牙利的罗马尼亚游客达到8 248 000人次，前往保加利亚的罗马尼亚游客达到1 439 853人次。

表 12-63　2010—2014 年罗马尼亚游客出境主要旅游目的地

单位：人次

排名	国　家	游客类型	2010 年	2011 年	2012 年	2013 年	2014 年
1	匈牙利	VFN	7 614 000	7 575 000	7 901 000	7 282 000	8 248 000
2	保加利亚	VFR	1 445 342	1 499 415	1 468 179	1 465 600	1 439 853
3	意大利	VFN	863 342	982 513	1 059 922	1 124 890	1 122 412
4	乌克兰	TFR	910 450	735 233	791 281	877 234	584 774
5	希　腊	TFR	257 939	223 699	230 396	278 873	543 360
6	英　国	VFR	—	—	267 100	377 000	471 000
7	土耳其	VFN	355 144	390 248	385 055	395 214	426 585
8	奥地利	TCER	261 439	275 722	265 774	257 211	264 704
9	西班牙	TCER	224 675	255 990	234 254	227 504	261 576
10	波　兰	VFN	120 000	120 000	125 000	135 000	259 000

注：按 2014 年数据排名。

第八节　乌克兰

乌克兰（Ukraine），位于欧洲东部，黑海、亚速海北岸。北邻白俄罗斯，东北接俄罗斯，西连波兰、斯洛伐克、匈牙利，南同罗马尼亚、摩尔多瓦毗邻。受大西洋暖湿气流影响，大部分地区为温带大陆性气候。面积为 60.37 万平方千米。2014 年全国人口约为 4536 万，国内生产总值（GDP）为 1318 亿美元。

乌克兰主要旅游景点分布在基辅、敖德萨、利沃夫、外喀尔巴阡山、切尔尼戈夫等地。乌克兰著名的旅游景区景点有：喀尔巴阡山脉原始山毛榉林、基辅圣安德烈教堂、克米拉米屋、切尔诺贝利、国家艺术博物馆、国家航空博物馆等。

一、入境旅游概况

（一）入境旅游人数

2008 年后，乌克兰入境旅游人数出现明显下滑，之后虽有增长，却没能恢复到 2008 年的总量。2009 年，乌克兰的入境旅游人数从 2008 年的 28 827 千人次降低到 24 033 千人次，负增长率为 16.6%；2010 年比上年增长 0.3%，达到 24 114 千人次；2011 年比上年增长 1.7%，达到 24 535 千人次；2012 年入境旅游人数增长到 25 061 千人次，增长率为 2.1%；2013 年较上年增长 3.8%，达到 26 025 千人次；2014 年入境旅游人数骤然下降，负增长率为 49.2%，减少到 13 227 千人次。

表 12-64 2008—2014 年乌克兰入境旅游人数

单位:千人次

	2008 年	2009 年	2010 年	2011 年	2012 年	2013 年	2014 年
入境旅游人数	28 827	24 033	24 114	24 535	25 061	26 025	13 227
过夜旅游者	25 449	20 798	21 203	21 415	23 013	24 671	12 712
一日游游客	3378	3235	2911	3120	2048	1354	516

（二）入境旅游收入

2009 年,乌克兰入境旅游收入从 2008 年的 5768 百万美元降低到 3576 百万美元;2010 年乌克兰入境旅游收入为 3788 百万美元,较上年增加 5.9%;2011 年较上年增加 13.4%,增至 4294 百万美元;2012 年较上年增长 12.8%,增长到 4842 百万美元;2013 年较上年有所增长,增长率为 5.0%,达到 5083 百万美元;2014 年入境旅游收入骤然下降,负增长率为 68.3%,减少到 1612 百万美元。

表 12-65 2008—2014 年乌克兰入境旅游收入

单位:百万美元

	2008 年	2009 年	2010 年	2011 年	2012 年	2013 年	2014 年
总收入	6722	4349	4696	5406	5988	5931	2263
入境旅游收入	5768	3576	3788	4294	4842	5083	1612
入境游客交通收入	954	773	908	1112	1146	848	651

（三）入境旅游客源结构

乌克兰入境游客中,来自欧洲地区的游客的比例一直保持在 98%～99%。2013 年,乌克兰入境游客中,欧洲地区游客占 99%,美洲地区游客占 1%;2014 年,乌克兰入境游客中,欧洲地区游客占 98.5%,美洲地区游客占 0.8%。由此可以看出,乌克兰的入境旅游者和欧洲地区其他国家的入境旅游者一样,大都来自欧洲地区。2012 年乌克兰入境旅游者中欧洲地区游客人数较上年增加 7.5%;2013 年较上年增加 7.3%;2014 年较上年明显降低,负增长率为 48.6%。

表 12-66 2008—2014 年乌克兰入境旅游人数(按地区分)

单位:千人次

地区	2008 年	2009 年	2010 年	2011 年	2012 年	2013 年	2014 年
非洲	10	10	12	15	15	17	15
美洲	163	161	163	165	176	178	106

续表

地区	2008年	2009年	2010年	2011年	2012年	2013年	2014年
东亚太	46	44	46	50	53	50	29
欧洲	25 164	20 514	20 911	21 118	22 706	24 368	12 516
中东	23	28	29	28	29	29	24
南亚	17	20	23	22	20	18	15

2014年，乌克兰最大的入境旅游客源国家是摩尔多瓦，其次是俄罗斯、白俄罗斯、波兰、匈牙利、罗马尼亚和斯洛伐克。2013年乌克兰入境游客中，摩尔多瓦游客占21.96%，来自前七位客源国家的游客人数占总数的90.75%；2014年乌克兰入境游客中，摩尔多瓦游客占34.37%，来自前七位客源国家的游客人数占总数的89.08%。2014年，来自俄罗斯和白俄罗斯的入境旅游者人数骤然下跌，负增长率分别是77.02%%和52.5%。

表12-67　2008—2014年乌克兰入境旅游人数（按游客所在国家分）

排名	国家	入境旅游人数（人次）			市场份额（%）		增长率（%）
		2008年	2013年	2014年	2013年	2014年	2013—2014年
1	摩尔多瓦	4 418 821	5 417 966	4 368 355	21.96	34.37	-19.37
2	俄罗斯	7 638 222	1 0284 782	2 362 982	41.69	18.59	-77.02
3	白俄罗斯	—	3 353 652	1 592 935	13.59	12.53	-52.50
4	波兰	5 242 980	1 259 209	1 123 945	5.10	8.84	-10.74
5	匈牙利	1 033 376	771 038	874 184	3.13	6.88	13.38
6	罗马尼亚	1 440 466	877 234	584 774	3.56	4.60	-33.34
7	斯洛伐克	644 918	424 306	416 158	1.72	3.27	-1.92

注：按2014年数据排名。

（四）入境旅游方式

从总体上看，2008—2014年，乌克兰的入境游客中经由公路入境的游客人数最多，总体上明显下降；乘坐飞机入境的游客人数排在第二位，总体上也明显下降；排在第三位的是乘坐船舶入境的游客人数。2014年，乌克兰入境游客中，经由公路入境的游客人数占89.9%，乘坐飞机入境的游客人数占9%，乘坐船舶入境的游客人数占1.1%。

表12-68　2008—2014年乌克兰入境旅游人数（按入境旅游方式分）

单位：千人次

入境旅游方式	2008年	2009年	2010年	2011年	2012年	2013年	2014年
飞机	1662	1457	1731	2004	2298	2497	1193
船舶	318	276	269	255	240	263	148
公路	26 848	22 300	22 114	22 276	22 523	23 265	11 886

(五)入境旅游目的

乌克兰入境旅游者中,出于娱乐、休闲和度假目的的旅游者从2008年的1693千人次降低到2014年的147千人次,负增长率为91.3%;出于商务和专业活动目的入境的旅游者从2008年的1114千人次减少到2014年的51千人次,负增长率为95.4%。2014年,乌克兰入境旅游者中,出于娱乐、休闲和度假目的的旅游者占1.2%,出于商务和专业活动目的的旅游者仅占0.4%。

表12-69　2008—2014年乌克兰入境旅游人数(按入境旅游目的分)

单位:千人次

入境旅游目的	2008年	2009年	2010年	2011年	2012年	2013年	2014年
娱乐、休闲和度假	1693	1350	1083	1226	940	488	147
商务和专业活动	1114	845	762	704	374	168	51
其他	22 642	18 603	19 358	19 485	21 699	24 015	12 514

二、出境旅游概况

(一)出境旅游人数

2008—2014年,乌克兰出境过夜旅游者人数总体上有所增长。其中,2010年和2011年较上年的增长率分别为12.0%和15.1%;2012年增长到21 433千人次,2013年增长到23 761千人次,增长率分别为8.4%和10.9%;2014年出境过夜旅游者人数有所降低,负增长率为5.6%,减少到22 438千人次。

表12-70　2008—2014年乌克兰出境旅游人数

单位:千人次

	2008年	2009年	2010年	2011年	2012年	2013年	2014年
总人数	16 100	15 961	17 741	20 335	21 755	23 988	22 637
过夜旅游者	15 499	15 334	17 180	19 773	21 433	23 761	22 438
一日游游客	601	627	561	562	322	227	199

(二)出境旅游花费

2011年乌克兰出境旅游花费达到4461百万美元,较上年增长19.2%;2012年出境旅游花费增长到5104百万美元,增长率为14.4%;2013年出境旅游花费继续增长,达到5763百万美元,增长率为12.9%;2014年出境旅游花费下降到5061百万美元,负增长率为12.2%。

表 12-71　2008—2014 年乌克兰出境旅游花费

单位：百万美元

	2008 年	2009 年	2010 年	2011 年	2012 年	2013 年	2014 年
总花费	4585	3751	4134	4829	5536	6300	5470
出境旅游花费	4023	3330	3742	4461	5104	5763	5061
出境交通花费	562	421	392	368	432	537	409

（三）出境旅游目的地

2014 年，乌克兰游客出境旅游第一大目的地国家是俄罗斯，其次是波兰和匈牙利。2014 年，前往俄罗斯的乌克兰游客达到 9 842 990 人次；前往波兰的乌克兰游客达到 8 732 000 人次。在欧洲地区以外的国家中，埃及是乌克兰游客最大的出境旅游目的地，2014 年乌克兰游客前往埃及旅游的人数达到 446 450 人次。

表 12-72　2010—2014 年乌克兰游客出境主要旅游目的地

单位：人次

排名	国　家	游客类型	2010 年	2011 年	2012 年	2013 年	2014 年
1	俄罗斯	VFN	5 574 067	6 072 775	6 502 543	7 080 991	9 842 990
2	波　兰	VFN	5 030 000	5 830 000	6 740 000	7 330 000	8 732 000
3	匈牙利	VFN	1 819 000	1 831 000	1 863 000	1 901 000	1 744 000
4	罗马尼亚	VFR	672 065	648 394	739 545	793 612	716 260
5	土耳其	VFN	568 227	602 404	634 663	756 187	657 051
6	埃　及	VFN	412 133	311 291	329 208	339 695	446 450
7	保加利亚	VFR	199 080	251 803	325 944	379 444	341 524
8	格鲁吉亚	VFR	47 596	58 966	76 610	126 797	143 521
9	以色列	VFR	90 711	137 266	138 313	134 470	132 412
10	德　国	TCER	75 192	92 875	112 481	129 375	121 562

注：按 2014 年数据排名。

第九节　乌兹别克斯坦

乌兹别克斯坦全称乌兹别克斯坦共和国（The Republic of Uzbekistan），位于中亚腹地，是双内陆国（自身无出海口，5 个邻国也均是内陆国）。南靠阿富汗，北部和东北与哈萨克斯坦接壤,东、东南与吉尔吉斯斯坦和塔吉克斯坦相连,西与土库曼斯坦毗邻。属严重干旱的大陆性气候。夏季漫长、炎热,冬季短促、寒冷。年均降水量平原低地为80~200毫米,山区为1000毫米,大部分集中在冬春两季。面积44.74万平方千米。2014年全国人口约为3074万,国内生产总值(GDP)为626亿美元。

乌兹别克斯坦有众多历史、宗教、建筑古迹,其主要城市和旅游胜地有:塔什干市、撒马尔罕市、布哈拉市、希瓦市,撒马尔罕列基斯坦神学院、古尔-艾米尔陵墓、兀鲁伯天文台以及沙赫静达陵墓。

一、入境旅游概况

(一)入境旅游人数

2008年,乌兹别克斯坦的入境过夜旅游者人数为1069千人次;2009年增加了13.7%,增至1215千人次;2010年较上年降低19.8%,降至975千人次;2013年,入境过夜旅游者人数为1969千人次。

表12-73 2008—2013年乌兹别克斯坦入境旅游人数

单位:千人次

	2008年	2009年	2010年	2013年
过夜旅游者	1069	1215	975	1969

(二)入境旅游收入

2009年乌兹别克入境旅游收入从2008年的64百万美元增长到99百万美元,增长率为54.7%;2010年入境旅游收入为121百万美元,较上年增长22.2%。2011—2014年数据缺失。

表12-74 2008—2010年乌兹别克斯坦入境旅游收入

单位:百万美元

	入境旅游收入		
	2008年	2009年	2010年
入境旅游收入	64	99	121

(三)入境旅游客源结构

2008—2010年,乌兹别克斯坦入境游客中,来自东亚太地区的游客的比例一直保持在53%~79%。但2013年,乌兹别克斯坦入境游客中,东亚太地区游客占2%,美洲地区游客占3%,欧洲地区游客占95%。2008—2013年,来自欧洲地区的游客人数从2008年的385千人次增长到2013年的1873千人次,增长了3.86倍。

表12-75 2008—2013年乌兹别克斯坦入境旅游人数(按地区分)

单位:千人次

地 区	2008年	2009年	2010年	2013年
非 洲	2	—	—	—
美 洲	8	7	1	1
东亚太	579	649	768	44
欧 洲	385	333	157	1873
中 东	55	67	37	4
南 亚	40	159	12	47

2013年,乌兹别克斯坦最大的入境旅游客源国家是哈萨克斯坦,其次是塔吉克斯坦、吉尔吉斯斯坦、俄罗斯、土库曼斯坦、土耳其和韩国。2013年,乌兹别克斯坦入境游客中,哈萨克斯坦游客占55.4%,来自前七位客源国家的游客人数占总数的93.99%。

表12-76 2013年乌兹别克斯坦入境旅游人数(按游客所在国家分)

排名	国 家	入境旅游人数(人次) 2013年	市场份额(%) 2013年
1	哈萨克斯坦	1 090 727	55.40
2	塔吉克斯坦	284 519	14.45
3	吉尔吉斯斯坦	194 550	9.88
4	俄罗斯	115 142	5.85
5	土库曼斯坦	104 879	5.33
6	土耳其	34 823	1.77
7	韩 国	25 866	1.31

注:按2013年数据排名。

(四)入境旅游方式

从总体上看,2008—2010年,乌兹别克斯坦的入境游客中经由公路入境的游客人数最多,总体上有所增长;乘坐飞机入境的游客人数排在第二位,保持基本稳定的态势;排在第三位的乘坐火车入境的游客人数总体上有一定程度的增长。

表 12-77　2008—2010 年乌兹别克斯坦入境旅游人数（按入境旅游方式分）

单位：千人次

入境旅游方式	2008 年	2009 年	2010 年
飞　机	231	217	227
火　车	39	40	49
公　路	659	739	699

（五）入境旅游目的

乌兹别克斯坦入境旅游者中，出于娱乐、休闲和度假目的的旅游者所占比例很小，从 2008 年的 217 千人次降低到 2013 年的 155 千人次，负增长率为 28.6%；出于商务和专业活动目的的旅游者从 2008 年的 131 千人次增加到 2013 年的 140 千人次，增长了 6.9%。2013 年乌兹别克斯坦入境旅游者中，出于娱乐、休闲和度假目的的旅游者占 8%，出于商务和专业活动目的的旅游者占 7%。

表 12-78　2008—2013 年乌兹别克斯坦入境旅游人数（按入境旅游目的分）

单位：千人次

入境旅游目的	2008 年	2009 年	2010 年	2013 年
娱乐、休闲和度假	217	196	130	155
商务和专业活动	131	104	75	140
其　他	722	915	770	1674

二、出境旅游概况

（一）出境旅游人数

2008—2010 年，乌兹别克斯坦出境旅游人数总体上有所增长，2009 年和 2010 年较上年的增长率分别为 14.5% 和 22.2%。

表 12-79　2008—2010 年乌兹别克斯坦出境旅游人数

单位：千人次

	2008 年	2009 年	2010 年
过夜旅游者	1150	1317	1610

（二）出境旅游目的地

乌兹别克斯坦游客出境旅游第一大目的地国家是哈萨克斯坦，其次是乌克兰和吉尔吉斯斯坦。2014 年，前往哈萨克斯坦的乌兹别克斯坦游客达到 2 107 177 人次，前往乌克兰的乌兹别克斯坦游客达到158 030人次。在欧洲地区以外的国家中,中国是乌兹别克斯坦游客最大的出境旅游目的地,2013年乌兹别克斯坦游客前往中国旅游的人数达到57 717人次。

表12-80 2010—2014年乌兹别克斯坦游客出境主要旅游目的地

单位:人次

排名	国家	游客类型	2010年	2011年	2012年	2013年	2014年
1	哈萨克斯坦	VFR	1 341 441	1 932 298	2 288 617	2 494 568	2 107 177
2	乌克兰	TFR	105 469	141 163	185 518	235 361	158 030
3	吉尔吉斯斯坦	VFR	20 140	212 207	158 588	190 528	125 948
4	土耳其	VFN	68 124	85 011	105 976	129 292	143 354
5	塔吉克斯坦	VFR	82 250	126 498	108 165	108 193	74 495
6	中国	VFN	42 575	54 038	56 165	57 717	—
7	韩国	VFN	23 711	31 050	42 246	44 614	49 214
8	阿塞拜疆	VFR	11 879	14 513	18 417	18 627	19 336
9	拉脱维亚	VFR	14 925	22 161	14 223	18 127	—
10	印度	TFN	4906	7285	9808	12 069	12 869

注:按2013年数据排名。

第十节 匈牙利

匈牙利全称匈牙利共和国(The Republic of Hungary),属于中欧内陆国。东邻罗马尼亚、乌克兰,南接斯洛文尼亚、克罗地亚、塞尔维亚,西靠奥地利,北连斯洛伐克。属大陆性气候,凉爽湿润,2013年降雨量约为588毫米。面积约为9.3万平方千米。2014年全国人口约为986万,国内生产总值(GDP)为1371亿美元。

匈牙利旅游业较发达,2012年全国共有星级饭店997家,总床位13.9万张,其中五星级饭店22家、四星级饭店251家。主要旅游地有布达佩斯、巴拉顿湖、多瑙河湾、马特劳山等。

表12-81 2014年匈牙利旅游业经济影响评估

指标	总数	占全国的比例(%)	增长预测(%)
GDP(百万美元)	5398.0	4.1	3.8
雇佣人数(千人)	227.3	5.8	2.4

注:本表为估计值。

一、入境旅游概况

(一)入境旅游人数

2008—2014 年,匈牙利入境旅游人数呈波动增长趋势:2009 年入境旅游人数从 2008 年的 39 554 千人次增长到 40 624 千人次,增长率为 2.7%;2010 年比上年降低 1.8%,减少到 39 904 千人次;2011 年比上年增长 3.5%,达到 41 304 千人次;2013 年入境旅游人数较上年增长 0.1%,达到 43 611 千人次;2014 年继续增长,达到 45 984 千人次。

表 12-82　2008—2014 年匈牙利入境旅游人数

单位:千人次

	2008 年	2009 年	2010 年	2011 年	2012 年	2013 年	2014 年
入境旅游人数	39 554	40 624	39 904	41 304	43 565	43 611	45 984
过夜旅游者	8814	9058	9510	10 250	10 353	10 624	12 140
一日游游客	30 740	31 565	30 394	31 054	33 212	32 987	33 844

(二)入境旅游收入

2009 年匈牙利入境旅游收入从 2008 年的 6033 百万美元降低到 5712 百万美元,负增长率为 5.3%;2010 年入境旅游收入为 5587 百万美元,较上年降低 2.2%;2011 年较上年增加 6.1%,增至 5929 百万美元;2012 年较上年降低 14.7%,降低到 5057 百万美元;2013 年较上年有所增长,增长率为 6.0%,增至 5362 百万美元;2014 年入境旅游收入继续增长,增长率为 9.4%,达到 5868 百万美元。

表 12-83　2008—2014 年匈牙利入境旅游收入

单位:百万美元

	2008 年	2009 年	2010 年	2011 年	2012 年	2013 年	2014 年
总收入	7113	6740	6595	7239	6149	6671	7479
入境旅游收入	6033	5712	5587	5929	5057	5362	5868
入境游客交通收入	1080	1028	1008	1310	1092	1309	1611

(三)入境旅游客源结构

匈牙利入境游客中,来自欧洲地区的游客的比例一直保持在 96%~98%。2013 年,匈牙利入境游客中,欧洲地区游客占 97%,美洲地区游客占 2%,东亚太地区游客占 1%;2014 年,匈牙利入境游客中,欧洲地区游客占 97.0%,美洲地区游客占 1.6%,东亚太地区游客占1.4%。由此可以看出,匈牙利的入境旅游者和欧洲地区其他国家的入境旅游者一样,大都来自欧洲地区,表现出较强的区域内流动的特征。2012年匈牙利入境旅游者中欧洲地区游客人数较上年增加5.9%,2013年较上年降低0.2%,2014年较上年增加5.1%。

表12-84　2008—2014年匈牙利入境旅游人数(按地区分)

单位:千人次

地区	2008年	2009年	2010年	2011年	2012年	2013年	2014年
非洲	21	22	23	26	26	28	29
美洲	548	557	547	615	577	623	723
东亚太	433	439	448	515	459	599	650
欧洲	38 552	39 606	38 887	40 148	42 503	42 415	44 582

匈牙利最大的客源国家是斯洛伐克,其次是罗马尼亚、奥地利、塞尔维亚/黑山、德国、乌克兰、波兰和捷克等。2013年匈牙利入境游客中,斯洛伐克游客占22.94%,来自前七位客源国家的人数占总数的73.71%;2014年匈牙利入境游客中,斯洛伐克游客占22.45%,来自前七位客源国家的人数占总数的80.4%,其中来自捷克和罗马尼亚的入境旅游者人数增长快速,增长率分别是14.14%和13.27%。

表12-85　2008—2014年匈牙利入境旅游人数(按游客所在国家分)

排名	国家	入境旅游人数(千人次)			市场份额(%)		增长率(%)
		2008年	2013年	2014年	2013年	2014年	2013—2014年
1	斯洛伐克	8142	10 015	10 324	22.94	22.45	3.09
2	罗马尼亚	8079	7282	8248	16.66	17.94	13.27
3	奥地利	6397	7117	7297	16.3	15.87	2.53
4	塞尔维亚/黑山	2279	3344	3364	7.66	7.32	0.60
5	德国	3103	2848	2935	6.55	6.38	3.05
6	乌克兰	1371	1901	1744	4.36	3.79	-8.26
7	波兰	1526	1812	1700	4.18	3.70	-6.18
8	捷克	1086	1188	1356	2.72	2.95	14.14

注:按2014年数据排名。

(四)入境旅游方式

从总体上看,2008—2014年,匈牙利的入境游客中经由公路入境的游客人数最多,且明显增长;乘坐飞机入境的游客人数排在第二位,也明显增长。2014年,匈牙利入境游客中,经由公路入境的游客人数占91.9%,乘坐飞机入境的游客人数占8.1%。

表12-86 2008—2014年匈牙利入境旅游人数（按入境旅游方式分）

单位：千人次

入境旅游方式	2008年	2009年	2010年	2011年	2012年	2013年	2014年
飞机	2923	3258	3205	3531	3305	3518	3724
公路	36 631	37 366	36 700	37 773	40 260	40 093	42 260

（五）入境旅游目的

匈牙利入境旅游者中，出于娱乐、休闲和度假目的的旅游者占较大一部分，从2008年的10 803千人次增加到2014年的16 049千人次，增长率为48.6%；出于商务和专业活动目的的旅游者从2008年的1850千人次减少到2014年的1204千人次，负增长率为34.9%。2014年匈牙利入境旅游者中，出于娱乐、休闲和度假目的的旅游者占34.9%，出于商务和专业活动目的的旅游者仅占2.6%。

表12-87 2008—2014年匈牙利入境旅游人数（按入境旅游目的分）

单位：千人次

入境旅游目的	2008年	2009年	2010年	2011年	2012年	2013年	2014年
娱乐、休闲和度假	10 803	11 076	11 727	12 197	13 489	13 509	16 049
商务和专业活动	1850	1594	1635	1422	1390	1327	1204
其他	26 901	27 954	26 542	27 685	28 686	28 774	28 731

二、出境旅游概况

（一）出境旅游人数

2008—2014年，匈牙利出境旅游总人数总体上有所下降。其中，2009年和2010年较上年负增长率分别为3.0%和3.4%；2011年较上年有所上升，增长率为3.4%，达16 634千人次；2012年匈牙利出境旅游总人数降低到16 143千人次，负增长率为3.0%；2013年降低到16 038千人次，负增长率为0.7%；2014年出境旅游总人数有所增长，增长率为1.9%，达到16 340千人次。

表12-88 2008—2014年匈牙利出境旅游人数

单位：千人次

	2008年	2009年	2010年	2011年	2012年	2013年	2014年
总人数	17 162	16 640	16 082	16 634	16 143	16 038	16 340
过夜旅游者	6155	5672	5297	5335	4881	4912	5587
一日游游客	11 006	10 969	10 786	11 299	11 262	11 126	10 753

(二)出境旅游花费

2011年匈牙利出境旅游花费达到2485百万美元,较上年增长3.4%;2012年出境旅游花费降低到1886百万美元,负增长率为24.1%;2013年出境旅游花费增加到1906百万美元,增长率为1.1%;2014年出境旅游花费明显回升,增长率为6.8%,达2036百万美元。

表12-89　2008—2014年匈牙利出境旅游花费

单位:百万美元

	2008年	2009年	2010年	2011年	2012年	2013年	2014年
总花费	3833	3233	2897	3048	2457	2526	2718
出境旅游花费	3225	2750	2404	2485	1886	1906	2036
出境交通花费	608	483	493	563	571	620	682

(三)出境旅游目的地

匈牙利游客出境旅游第一大目的地国家是罗马尼亚,其次是乌克兰和意大利。2014年,前往罗马尼亚的匈牙利游客达到1 495 242人次;前往乌克兰的匈牙利游客达到874 184人次,前往意大利的匈牙利游客达到632 430人次。

表12-90　2010—2014年匈牙利游客出境主要旅游目的地

单位:人次

排名	国家	游客类型	2010年	2011年	2012年	2013年	2014年
1	罗马尼亚	VFR	1 734 844	1 545 502	1 547 014	1 442 567	1 495 242
2	乌克兰	TFR	944 777	862 051	742 445	771 038	874 184
3	意大利	VFN	655 307	658 379	604 932	698 634	632 430
4	奥地利	TCER	442 245	466 860	472 793	479 083	493 055
5	克罗地亚	TCER	297 667	328 106	307 912	326 354	366 262
6	英国	VFR	214 000	211 000	261 600	276 000	323 000
7	波兰	VFN	220 000	230 000	235 000	245 000	257 000
8	德国	TCER	203 445	224 933	235 645	243 649	255 633
9	西班牙	TCER	116 380	120 713	123 983	118 182	146 722
10	捷克	TCEN	103 485	107 689	120 957	114 858	125 943

注:按2014年数据排名。

第十三章 南欧分区旅游市场概况

依据世界旅游组织的划分方法,南欧旅游分区包括阿尔巴尼亚、安道尔、波黑、克罗地亚、希腊、梵蒂冈、意大利、马耳他、黑山、葡萄牙、圣马力诺、塞尔维亚、斯洛文尼亚、西班牙和马其顿共15个国家,但本章南欧分区旅游市场概况只包括克罗地亚、葡萄牙、西班牙、希腊和意大利5个国家。南欧分区处于欧洲的南部,区域内旅游资源丰富,旅游业十分发达。

一、入境旅游概况

(一)入境旅游人数

2008—2014年,南欧分区各国家的入境旅游人数之和总体上保持增长态势。2013年,南欧分区各国家接待入境旅游人数之和达145 344千人次;2014年增长到156 319千人次,较上年增长7.6%。2014年,西班牙、意大利这两个旅游目的地国家接待入境旅游人数113 571千人次,占南欧分区各国家入境旅游总人数的72.7%。

表13-1 2008—2014年南欧分区各国家入境旅游人数

单位:千人次

排名	国家	2008年	2009年	2010年	2011年	2012年	2013年	2014年
1	西班牙	57 192	52 178	52 677	56 177	57 464	60 675	64 995
2	意大利	42 734	43 239	43 626	46 119	46 360	47 704	48 576
3	希腊	15 939	14 915	15 007	16 427	15 518	17 920	22 033
4	克罗地亚	8665	8694	9111	9927	10 369	10 948	11 623
5	葡萄牙	6962	6439	6756	7264	7503	8097	9092

注:按2014年数据排名。

(二)入境旅游收入

2008—2014年,南欧分区各国家除了意大利和克罗地亚有所减少外,西班牙、希腊、葡萄牙的入境旅游收入总体上均有一定程度的增长。2014年,南欧分区各国家的入境旅游收入较2013年均呈现不同程度的增长。

表 13-2　2008—2014 年南欧分区各国家入境旅游收入

单位:百万美元

排名	国　家	2008 年	2009 年	2010 年	2011 年	2012 年	2013 年	2014 年
1	西班牙	61 978	53 337	54 305	62 447	57 877	62 584	65 100
2	意大利	46 193	40 378	38 438	43 241	40 960	43 829	45 547
3	希　腊	17 416	14 681	12 479	14 801	13 216	16 087	17 813
4	葡萄牙	10 980	9693	10 006	11 376	11 001	12 282	13 777
5	克罗地亚	11 280	9000	8069	9348	8683	9512	9863

注:按 2014 年数据排名。

二、出境旅游概况

(一)出境旅游人数

2008—2014 年,意大利、西班牙、希腊和克罗地亚的出境旅游人数总体上均有所增长。其中,增长率最高的是希腊,达到 54.1%;其次是克罗地亚,为 17.2%;排在第三位的是西班牙,为 4.9%。2014 年,意大利是南欧分区出境旅游人数最多的国家,为 28 460 千人次。

表 13-3　2008—2014 年南欧分区各国家出境旅游人数

单位:千人次

排名	国　家	2008 年	2009 年	2010 年	2011 年	2012 年	2013 年	2014 年
1	意大利	28 284	29 060	29 823	29 295	28 810	27 798	28 460
2	西班牙	11 229	12 017	12 379	13 347	12 422	11 246	11 783
3	希　腊	3765	3835	3799	4941	4681	4594	5802
4	克罗地亚	2357	2497	1873	2880	2680	2927	2763
5	葡萄牙	—	—	—	—	1361	1329	—

注:按 2013 年数据排名。

(二)出境旅游花费

2008—2014 年,除葡萄牙有所增长外,南欧分区各国家的出境旅游花费总体上呈下降态势。其中,负增长率最高的是希腊,达到 29.9%;其次是克罗地亚,为 24.0%;排在第三位的是西班牙,为 11.8%。2014 年,意大利是南欧分区出境旅游花费最多的国家,为 28 857 百万美元。2014 年,除克罗地亚有所下降外,意大利、西班牙、葡萄牙和希腊的出境旅游花费均呈现不同程度的增长。

表 13-4 2008—2014 年南欧分区各国家出境旅游花费

单位：百万美元

排名	国家	2008 年	2009 年	2010 年	2011 年	2012 年	2013 年	2014 年
1	意大利	30 931	27 950	26 907	28 730	26 249	26 950	28 857
2	西班牙	20 363	16 911	16 930	17 375	15 401	16 434	17 969
3	葡萄牙	2745	2401	3906	4144	3784	4142	4407
4	希腊	3930	3381	2854	3159	2365	2435	2754
5	克罗地亚	1113	1013	832	881	926	903	846

注：按 2014 年数据排名。

第一节 克罗地亚

克罗地亚全称克罗地亚共和国（The Republic of Croatia），位于欧洲中南部，巴尔干半岛的西北部。西北和北部分别与斯洛文尼亚和匈牙利接壤，东部和东南部与塞尔维亚、波斯尼亚和黑塞哥维那、黑山为邻，南濒亚得里亚海。岛屿众多，海岸线曲折。面积约为 5.66 万平方千米。2014 年全国人口约为 424 万，国内生产总值（GDP）为 572 亿美元。

克罗地亚政府重视发展旅游业。主要风景区有亚得里亚海海滨、普利特维采湖群和布里俄尼岛国家公园等。

表 13-5 2014 年克罗地亚旅游业经济影响评估

指标	总数	占全国的比例（%）	增长预测（%）
GDP（百万美元）	6127.9	12.1	5.4
雇佣人数（千人）	138.1	13.3	2.4

注：本表为估计值。

一、入境旅游概况

（一）入境旅游人数

2008—2014 年，克罗地亚入境旅游人数总体上有所减少：2008 年为 51 336 千人次，为近几年最高峰；2009 年降低到 47 573 千人次，负增长率为 7.3%；2010 年比上年增长 3.0%，达到 49 006 千人次；2011 年比上年增长 2.0%，达到 49 969 千人次；2012 年入境旅游人数降低到 47 185 千人次；2013 年较上年增长 2.5%，达到 48 345 千人次；2014 年继续增加，增长率为 5.8%，达到 51 168 千人次，但仍未超过 2008 年的入境旅游人数。

表13-6　2008—2014年克罗地亚入境旅游人数

单位：千人次

	2008年	2009年	2010年	2011年	2012年	2013年	2014年
入境旅游人数	51 336	47 573	49 006	49 969	47 185	48 345	51 168
过夜旅游者	8665	8694	9111	9927	10 369	10 948	11 623

（二）入境旅游收入

2009年，克罗地亚入境旅游收入从2008年的11 280百万美元降低到9000百万美元，负增长率为20.2%；2010年入境旅游收入为8069百万美元，较上年降低10.3%；2011年较上年增加15.9%，增至9348百万美元；2012年较上年降低7.1%，降低到8683百万美元；2013年较上年有所增长，增长率为9.5%，达到9512百万美元；2014年较上年有所增长，增长率为3.7%，达9863百万美元。

表13-7　2008—2014年克罗地亚入境旅游收入

单位：百万美元

	2008年	2009年	2010年	2011年	2012年	2013年	2014年
总收入	11 681	9308	8299	9598	8912	9715	10 079
入境旅游收入	11 280	9000	8069	9348	8683	9512	9863
入境游客交通收入	401	308	230	250	229	203	216

（三）入境旅游客源结构

克罗地亚入境游客中，来自欧洲地区的游客的比例一直保持在89%~95%。2014年，克罗地亚入境游客中，欧洲地区游客占89%，东亚太地区游客占7.1%，美洲地区游客占3.7%。由此可以看出，克罗地亚的入境旅游者和欧洲地区其他国家的入境旅游者一样，大都来自欧洲地区，表现出较强的区域内流动的特征。2012年克罗地亚入境旅游者中欧洲游客人数较上年增加3.1%，2013年较上年增加4.3%，2014年较上年增加3.3%。

表13-8　2008—2014年克罗地亚入境旅游人数（按地区分）

单位：千人次

地区	2008年	2009年	2010年	2011年	2012年	2013年	2014年
非洲	11	10	11	13	17	20	23
美洲	214	180	208	251	292	382	435
东亚太	275	271	299	360	469	547	823
欧洲	8165	8233	8593	9303	9591	10 007	10 342

2014年,克罗地亚最大的入境旅游客源国家是德国,其次是奥地利、意大利、斯洛文尼亚、英国、法国和波兰。2013年克罗地亚入境游客中,德国游客占13.85%;2014年克罗地亚入境游客中,德国游客占12.91%,来自前七位客源国家的游客人数占总数的50.97%。2014年,来自英国和斯洛文尼亚的入境旅游者人数增长快速,增长率分别是6.15%和2.84%。

表13-9 2008—2014年克罗地亚入境旅游人数(按游客所在国家分)

排名	国家	入境旅游人数(人次)			市场份额(%)		增长率(%)
		2008年	2013年	2014年	2013年	2014年	2013—2014年
1	德国	527 118	647 169	634 031	13.85	12.91	-1.89
2	奥地利	367 003	529 991	543 951	11.34	11.08	2.68
3	意大利	423 672	362 114	371 740	7.75	7.57	2.79
4	斯洛文尼亚	304 948	311 701	320 347	6.67	6.52	2.84
5	英国	164 428	228 457	242 335	4.89	4.93	6.15
6	法国	275 476	238 466	222 878	5.1	4.54	-6.34
7	波兰	103 614	168 588	168 170	3.61	3.42	-0.23

注:按2014年数据排名。

(四)入境旅游方式

克罗地亚入境旅游者中,经由公路入境的游客所占比例最高;乘坐飞机入境的游客人数排在第二位,且在2010—2014年连续不断增长;乘坐船舶入境的游客人数排在第三位;乘坐火车入境的游客人数最少。2013年,经由公路入境的游客人数占90.7%,乘坐飞机入境的游客人数占5.6%,乘坐船舶入境的游客人数占3.3%。2014年,经由公路入境的游客人数占91.2%,乘坐飞机入境的游客人数占5.6%,乘坐船舶入境的游客人数占2.8%。

表13-10 2008—2014年克罗地亚入境旅游人数(按入境旅游方式分)

单位:千人次

入境旅游方式	2008年	2009年	2010年	2011年	2012年	2013年	2014年
飞机	2055	1947	2136	2299	2505	2689	2879
船舶	1367	1405	1542	1638	1619	1602	1451
火车	316	286	260	261	256	212	188
公路	47 598	43 935	45 068	45 771	42 805	43 842	46 650

二、出境旅游概况

（一）出境旅游人数

2008—2014年，克罗地亚出境过夜旅游者人数总体上有所增长；2011年出境过夜旅游者人数为2880千人次；2012年减少到2680千人次，较上年负增长6.9%；2013年有所回升，较上年增长9.2%，达到2927千人次；2014年有所回落，较上年负增长5.6%，减少到2763千人次。

表13-11 2008—2014年克罗地亚出境旅游人数

单位：千人次

	2008年	2009年	2010年	2011年	2012年	2013年	2014年
总人数	4393	4823	—	5526	5159	5444	4638
过夜旅游者	2357	2497	1873	2880	2680	2927	2763
一日游游客	2036	2326	—	2646	2479	2517	1875

（二）出境旅游花费

2011年克罗地亚出境旅游花费达到881百万美元，较上年增长5.9%；2012年出境旅游花费增长到926百万美元；2013年出境旅游花费有所降低，负增长率为2.5%，达903百万美元；2014年出境旅游花费继续下滑，负增长率为6.3%，减少到846百万美元。

表13-12 2008—2014年克罗地亚出境旅游花费

单位：百万美元

	2008年	2009年	2010年	2011年	2012年	2013年	2014年
总花费	1156	1041	861	918	962	923	865
出境旅游花费	1113	1013	832	881	926	903	846
出境交通花费	42	38	29	37	36	20	19

（三）出境旅游目的地

2014年，克罗地亚游客出境旅游第一大目的地国家是意大利，其次是匈牙利和斯洛文尼亚。2014年，前往意大利的克罗地亚游客达到1 135 975人次，前往匈牙利的克罗地亚游客达到903 000人次。

表 13-13　2010—2014 年克罗地亚游客出境主要旅游目的地

单位：人次

排名	国　家	游客类型	2010 年	2011 年	2012 年	2013 年	2014 年
1	意大利	VFN	1 239 545	1 146 611	1 274 320	1 099 408	1 135 975
2	匈牙利	VFN	868 000	934 000	756 000	824 000	903 000
3	斯洛文尼亚	TCEN	103 134	110 377	113 647	118 772	120 260
4	奥地利	TCER	105 712	105 184	106 129	104 470	112 569
5	波黑	TCER	56 100	64 028	72 587	82 176	73 441
6	德国	TCER	—	—	—	54 423	71 275
7	塞维利亚	TCEN	46 367	50 625	47 229	53 394	63 779
8	土耳其	VFN	33 563	41 959	47 144	44 058	45 297
9	英国	VFR	—	—	39 800	52 000	43 000
10	捷克	TCEN	40 889	48 192	45 586	37 373	41 362

注：按 2014 年数据排名。

第二节　葡萄牙

葡萄牙全称葡萄牙共和国（The Portuguese Republic），位于欧洲伊比利亚半岛的西南部。东、北连西班牙，西、南濒大西洋。地形北高南低，多为山地和丘陵。北部属海洋性温带阔叶林气候，南部属亚热带地中海型气候。面积约为 9.22 万平方千米。2014 年全国人口约为 1040 万，国内生产总值（GDP）为 2295 亿美元。

葡萄牙的主要旅游胜地有里斯本、波尔图、阿尔加芙大区、马德拉群岛等。

表 13-14　2014 年葡萄牙旅游业经济影响评估

指　标	总　数	占全国的比例（%）	增长预测（%）
GDP（百万美元）	11 964.8	5.8	1.7
雇佣人数（千人）	322.1	7.2	0.9

注：本表为估计值。

一、入境旅游概况

（一）入境旅游人数

2008—2014 年，葡萄牙入境旅游人数总体上呈稳定增长趋势：2009 年入境旅游人数从 2008 年的 6962 千人次降低到 6439 千人次,负增长 7.5%;2010 年比上年增长 4.9%,达到 6756 千人次;2011 年比上年增长 7.5%,达到 7264 千人次;2012 年入境旅游人数增长到 7503 千人次;2013 年较上年增长 7.9%,达到 8097 千人次;2014 年继续增长,增长率为 12.3%,达到 9092 千人次。

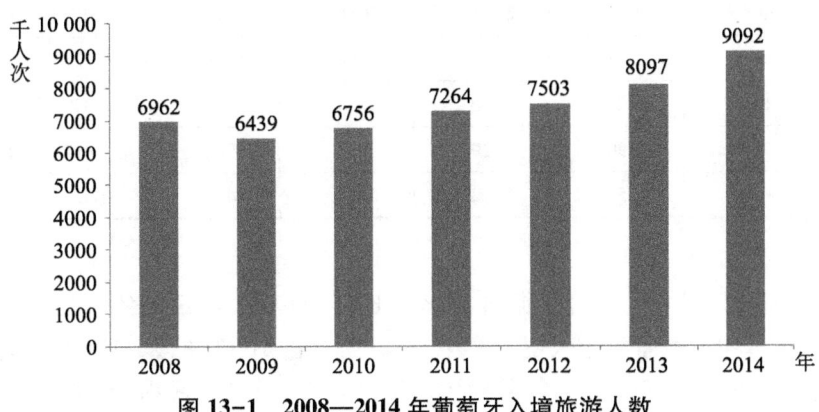

图 13-1　2008—2014 年葡萄牙入境旅游人数

(二)入境旅游收入

2008—2014 年,葡萄牙入境旅游收入总体上有所增长:2009 年从 2008 年的 10 980 百万美元降低到 9693 百万美元,负增长率为 11.7%;2010 年入境旅游收入为 10 006 百万美元,较上年增长 3.2%;2011 年较上年增加 13.7%,增至 11 376 百万美元;2012 年较上年降低 3.3%,降低到 11 001 百万美元;2013 年较上年有所增长,增至 12 282 百万美元,2014 年继续增长,增长率为 12.1%,增至 13 777 百万美元。

表 13-15　2008—2014 年葡萄牙入境旅游收入

单位:百万美元

	2008 年	2009 年	2010 年	2011 年	2012 年	2013 年	2014 年
总收入	14 047	12 315	12 985	14 901	14 582	16 210	17 784
入境旅游收入	10 980	9693	10 006	11 376	11 001	12 282	13 777
入境游客交通收入	3067	2622	2979	3525	3581	3928	4007

(三)入境旅游客源结构

葡萄牙入境游客中,来自欧洲地区的游客的比例一直保持在 81%~86%。2013 年,葡萄牙入境游客中,欧洲地区游客占 81%,美洲地区游客占 13%,东亚太地区游客占 5%,非洲地区游客占 1%;2014 年,葡萄牙入境游客中,欧洲地区游客占 80.1%,美洲地区游客占 12.5%,东亚太地区游客占 5.7%,非洲地区游客占 1.6%。由此可以看出,葡萄牙的入境旅游者和欧洲地区其他国家的入境旅游者一样,大都来自欧洲地区,表现出较强的区域内流动的特征。2012 年葡萄牙入境旅游者中欧洲地区游客人数较上年增长 1.9%，2013 年较上年增长 6.1%，2014 年较上年增长 11.5%。

表 13-16 2008—2014 年葡萄牙入境旅游人数（按地区分）

单位：千人次

地 区	2008 年	2009 年	2010 年	2011 年	2012 年	2013 年	2014 年
非 洲	68	74	75	84	96	121	146
美 洲	676	623	760	874	947	1029	1138
东亚太	202	190	229	261	301	412	521
欧 洲	6016	5552	5692	6044	6159	6534	7287

2014 年，葡萄牙最大的入境旅游客源国家是英国，其次是西班牙、法国、德国、巴西、荷兰和美国等。2013 年葡萄牙入境游客中，英国游客占 16.00%，来自前七位客源国家的游客人数占总数的 68.31%；2014 年葡萄牙入境游客中，英国游客占 16.09%，来自前七位客源国家的游客人数占总数的 68.23%。2014 年，来自比利时和法国的入境旅游者人数增长快速，增长率分别是 24.16% 和 20.23%。

表 13-17 2008—2014 年葡萄牙入境旅游人数（按游客所在国家分）

排名	国 家	入境旅游人数（人次）			市场份额（%）		增长率（%）
		2008 年	2013 年	2014 年	2013 年	2014 年	2013—2014 年
1	英 国	1 219 810	1 220 492	1 380 146	16.00	16.09	13.08
2	西班牙	1 235 782	1 200 984	1 375 803	15.74	16.04	14.56
3	法 国	532 754	784 278	942 943	10.28	11.00	20.23
4	德 国	678 918	802 543	874 226	10.52	10.19	8.93
5	巴 西	295 971	498 964	555 393	6.54	6.48	11.31
6	荷 兰	311 933	380 809	378 052	4.99	4.41	-0.72
7	美 国	224 288	323 588	345 077	4.24	4.02	6.64
8	意大利	355 061	307 639	337 915	4.03	3.94	9.84
9	爱尔兰	164 739	189 642	208 242	2.49	2.43	9.81
10	比利时	147 859	160 654	199 465	2.11	2.33	24.16
11	瑞 士	95 855	142 255	158 160	1.86	1.84	11.18
12	波 兰	76 422	112 309	125 262	1.47	1.46	11.53
13	加拿大	78 859	105 927	124 840	1.39	1.46	17.85

注：按 2014 年数据排名。

二、出境旅游概况

（一）出境旅游人数

2012年葡萄牙出境过夜旅游者人数为1361千人次；2013年降低到1329千人次，负增长率为2.4%。

（二）出境旅游花费

2011年葡萄牙出境旅游花费为4144百万美元，较上年增长6.1%；2012年出境旅游花费降低到3784百万美元，负增长率为8.7%；2013年出境旅游花费回升到4142百万美元，增长率为9.5%；2014年出境旅游花费继续上涨，增长率为6.4%。

表13-18 2008—2014年葡萄牙出境旅游花费

单位：百万美元

	2008年	2009年	2010年	2011年	2012年	2013年	2014年
总花费	4328	3776	4692	4948	4485	4976	5391
出境旅游花费	2745	2401	3906	4144	3784	4142	4407
出境交通花费	1583	1375	786	804	701	834	984

（三）出境旅游目的地

2014年，葡萄牙游客出境旅游第一大目的地国家是西班牙，其次是法国和英国。2014年，前往西班牙的葡萄牙游客达到1 876 524人次，前往法国的葡萄牙游客达到1 385 763人次。在欧洲地区以外的国家中，安哥拉是葡萄牙游客最大的出境旅游目的地，2014年葡萄牙游客前往安哥拉旅游的人数达到219 258人次。

表13-19 2010—2014年葡萄牙游客出境主要旅游目的地

单位：人次

排名	国家	游客类型	2010年	2011年	2012年	2013年	2014年
1	西班牙	TFR	1 895 574	1 878 087	1 824 878	1 679 814	1 876 524
2	法国	TFR	917 430	925 378	972 545	1 273 571	1 385 763
3	英国	VFR	316 000	283 000	291 700	285 000	395 000
4	意大利	VFN	380 725	340 350	247 763	312 484	301 385
5	安哥拉	TFR	100 645	84 755	92 204	141 351	219 258
6	巴西	TFR	189 065	183 728	168 649	168 250	170 066
7	莫桑比克	VFR	25 810	67 214	86 504	77 244	156 124
8	德国	TCER	120 824	120 859	118 063	118 405	130 841

续表

排名	国家	游客类型	2010年	2011年	2012年	2013年	2014年
9	美国	TFR	93 584	96 434	93 346	96 678	109 396
10	荷兰	THSR	53 200	60 000	54 700	67 000	74 000

注：按2014年数据排名。

第三节 西班牙

西班牙全称西班牙王国（The Kingdom of Spain），位于欧洲西南部伊比利亚半岛。西邻葡萄牙，东北与法国、安道尔接壤，北濒比斯开湾，南隔直布罗陀海峡与非洲的摩洛哥相望，东和东南临地中海。中部高原属大陆性气候，北部和西北部沿海属海洋性气候。面积约为50.59万平方千里。2014年全国人口约为4640万，国内生产总值（GDP）为14 043亿美元。

西班牙著名的旅游胜地有：马德里、巴塞罗那、塞维利亚、太阳海岸、美丽海岸等。

表13-20 2014年西班牙旅游业经济影响评估

指标	总数	占全国的比例（%）	增长预测（%）
GDP（百万美元）	74 158.5	5.7	1.8
雇佣人数（千人）	866.4	5.2	1.5

注：本表为估计值。

一、入境旅游概况

（一）入境旅游人数

2008—2014年，西班牙入境旅游人数总体上有所增长；2009年入境旅游人数从2008年的97 670千人次降低到91 899千人次，负增长率为5.9%；2010年比上年增长2.0%，达到93 744千人次；2011年比上年增长5.8%，达到99 187千人次；2012年入境旅游人数降低到98 128千人次；2013年较上年增长5.2%，达到103 231千人次；2014年继续增长，增长率为4.2%，达到107 614千人次。

表13-21 2008—2014年西班牙入境旅游人数

单位：千人次

	2008年	2009年	2010年	2011年	2012年	2013年	2014年
入境旅游人数	97 670	91 899	93 744	99 187	98 128	103 231	107 614
过夜旅游者	57 192	52 178	52 677	56 177	57 464	60 675	64 995
一日游游客	40 478	39 722	41 067	43 010	40 664	42 555	42 619

（二）入境旅游收入

2009年，西班牙入境旅游收入从2008年的61 978百万美元降低到53 337百万美元，负增长率为13.9%；2010年入境旅游收入为54 305百万美元，增长率为1.8%；2011年较上年增加15.0%，达到62 447百万美元；2012年较上年降低7.3%，降低到57 877百万美元；2013年较上年明显增长，增长率为8.1%；2014年入境旅游收入继续增长，增长率为4.0%，达到65 100百万美元。

表13-22　2008—2014年西班牙入境旅游收入

单位：百万美元

	2008年	2009年	2010年	2011年	2012年	2013年	2014年
总收入	70 434	59 743	59 042	67 644	63 253	67 608	—
入境旅游收入	61 978	53 337	54 305	62 447	57 877	62 584	65 100
入境游客交通收入	8456	6406	6855	7403	7265	7224	—

（三）入境旅游客源结构

西班牙入境游客中，来自欧洲地区的游客的比例一直保持在91%～95%。2013年，西班牙入境游客中，欧洲地区游客占91%，美洲地区游客占5%，东亚太地区游客占3%；2014年，西班牙入境游客中，欧洲地区游客占91.0%，美洲地区游客占4.8%，东亚太地区游客占2.8%。由此可以看出，西班牙的入境旅游者和欧洲地区其他国家的入境旅游者一样，大都来自欧洲地区，表现出较强的区域内流动的特征。2012年西班牙入境旅游者中欧洲地区游客人数较上年增加1.6%，2013年较上年增加5.8%，2014年较上年增加6.9%。

表13-23　2008—2014年西班牙入境旅游人数（按地区分）

单位：千人次

地　区	2008年	2009年	2010年	2011年	2012年	2013年	2014年
非　洲	—	267	302	509	492	484	556
美　洲	2398	2574	2618	2887	3123	3073	3135
东亚太	237	505	962	1176	1345	1520	1850
欧　洲	53 512	48 204	48 290	51 420	52 243	55 265	59 084
中　东			68	110	170	217	251
南　亚	—		30	74	91	102	120

2014年，西班牙最大的入境旅游客源国家是英国，其次是法国、德国、意大利、荷兰、

比利时和瑞典。2013年西班牙入境游客中,英国游客占23.62%,来自前七位客源国家的游客人数占总数的71.16%;2014年西班牙入境游客中,英国游客占23.09%,来自前七位客源国家的游客人数占总数的71.49%。2014年,来自比利时和意大利的入境旅游者人数增长快速,增长率分别是16.39%和14.64%。

表13-24　2008—2014年西班牙入境旅游人数(按游客所在国家分)

排名	国家	入境旅游人数(人次)			市场份额(%)		增长率(%)
		2008年	2013年	2014年	2013年	2014年	2013—2014年
1	英国	15 775 244	14 327 277	15 006 744	23.62	23.09	4.70
2	法国	8 149 265	9 525 432	10 615 746	15.70	16.33	11.29
3	德国	10 062 629	9 854 760	10 422 055	16.25	16.04	5.74
4	意大利	3 354 251	3 251 019	3 697 702	5.36	5.69	14.64
5	荷兰	2 479 928	2 617 460	2 767 130	4.31	4.26	5.75
6	比利时	1 636 636	1 873 221	2 180 457	3.09	3.35	16.39
7	瑞典	1 175 260	1 715 477	1 774 112	2.83	2.73	3.43

注:按2014年数据排名。

(四)入境旅游方式

西班牙的入境游客中,乘坐飞机入境的游客人数排在第一位,且总体呈上升趋势;经由公路入境的游客人数排在第二位;乘坐船舶入境的游客人数排在第三位,但呈明显的下降态势;乘坐火车入境的游客人数所占比例最小。2014年,乘坐飞机入境的游客人数占79.7%,经由公路入境的游客人数占18.4%,乘坐船舶入境的游客人数占1.4%。

表13-25　2008—2014年西班牙入境旅游人数(按入境旅游方式分)

单位:千人次

入境旅游方式	2008年	2009年	2010年	2011年	2012年	2013年	2014年
飞机	44 397	40 233	40 559	44 614	46 159	48 763	51 823
船舶	1452	1398	1442	1416	1079	908	915
火车	143	139	172	140	128	116	304
公路	11 200	10 408	10 505	10 007	10 099	10 889	11 953

(五)入境旅游目的

西班牙入境旅游者中,出于娱乐、休闲和度假目的的旅游者占很大比例,从2008年的46 733千人次增加到2014年的56 231千人次,增长率为20.3%;出于商务和专业活动目的的旅游者从2008年的5271千人次减少到2014年的4315千人次,下降了18.1%。2013年入境旅游者中,出于娱乐、休闲和度假目的的旅游者占86.7%,出于商务和专业活动目的的旅游者仅占 6.7%。2014 年入境旅游者中，出于娱乐、休闲和度假目的的旅游者占 86.5%，出于商务和专业活动目的的旅游者仅占 6.6%。

表 13-26　2008—2014 年西班牙入境旅游人数（按入境旅游目的分）

单位：千人次

入境旅游目的	2008 年	2009 年	2010 年	2011 年	2012 年	2013 年	2014 年
娱乐、休闲和度假	46 733	42 497	43 525	47 391	49 205	52 581	56 231
商务和专业活动	5271	4336	4375	4115	3974	4071	4315
其他	5188	5345	4777	4670	4286	4023	4449

二、出境旅游概况

（一）出境旅游人数

2008—2014 年，西班牙出境过夜旅游者人数总体上有所增长，从 2008 年的 11 229 千人次增长到 2014 年的 11 783 千人次，增长了 4.9%。2009 年西班牙出境过夜旅游者人数为 12 017 千人次，较上年增长 7.0%；2010 年和 2011 年分别较上年增长 3.0% 和 7.8%；2012 年和 2013 年连续下降，分别较上年负增长 6.9% 和 9.5%；2014 年出境过夜旅游者人数有所回升，较上年增长 4.8%。

表 13-27　2008—2014 年西班牙出境旅游人数

单位：千人次

	2008 年	2009 年	2010 年	2011 年	2012 年	2013 年	2014 年
总人数	13 042	13 754	14 254	15 944	14 916	13 434	13 952
过夜旅游者	11 229	12 017	12 379	13 347	12 422	11 246	11 783
一日游游客	1813	1737	1875	2597	2494	2188	2169

（二）出境旅游花费

2011 年西班牙出境旅游花费达到 17 375 百万美元，较上年增长 2.6%；2012 年出境旅游花费降低到 15 401 百万美元，较上年下降了 11.4%；2013 年出境旅游花费增长到 16 434 百万美元，较上年增长了 6.7%；2014 年出境旅游花费继续增长，增长率为 9.3%，达到 17 969 百万美元。

表 13-28　2008—2014 年西班牙出境旅游花费

单位：百万美元

	2008 年	2009 年	2010 年	2011 年	2012 年	2013 年	2014 年
总花费	27 157	22 787	22 733	23 209	21 101	22 565	—

续表

	2008年	2009年	2010年	2011年	2012年	2013年	2014年
出境旅游花费	20 363	16 911	16 930	17 375	15 401	16 434	17 969
出境交通花费	6794	5876	5969	6035	5827	6278	—

（三）出境旅游目的地

2014年，西班牙游客出境旅游第一大目的地国家是法国，其次是意大利和英国。2014年，前往法国的西班牙游客达到6 059 518人次，前往意大利的西班牙游客达到2 202 978人次。在欧洲地区以外的国家中，安哥拉是西班牙游客最大的出境旅游目的地，2014年西班牙游客前往安哥拉旅游的人数达到1 682 709人次。

表13-29　2010—2014年西班牙游客出境主要旅游目的地

单位：人次

排名	国家	游客类型	2010年	2011年	2012年	2013年	2014年
1	法国	TFR	4 979 581	5 487 702	6 130 976	5 398 485	6 059 518
2	意大利	VFN	3 045 843	3 061 249	2 631 346	2 277 657	2 202 978
3	英国	VFR	1 809 000	1 836 000	1 716 000	1 746 000	1 986 000
4	安哥拉	TFR	1 414 298	1 588 907	1 570 604	1 636 841	1 682 709
5	葡萄牙	TCER	1 438 984	1 434 736	1 255 634	1 300 502	1 480 337
6	德国	TCER	842 785	889 506	889 655	874 374	921 794
7	美国	TFR	639 654	700 183	607 273	619 860	707 733
8	摩洛哥	TFN	726 540	693 255	730 882	682 834	683 761
9	荷兰	TCER	439 700	425 300	406 100	395 000	396 000
10	比利时	TCER	342 025	367 236	341 267	340 154	366 474

注：按2014年数据排名。

第四节　希　腊

希腊全称希腊共和国（The Hellenic Republic），位于巴尔干半岛最南端。北同保加利亚、马其顿、阿尔巴尼亚相邻，东北与土耳其的欧洲部分接壤，西南濒临伊奥尼亚海，东临爱琴海，南隔地中海与非洲大陆相望。属亚热带地中海气候。面积约为13.196万平方千米，其中15%为岛屿。2014年全国人口约为1096万，国内生产总值（GDP）为2376亿美元。

希腊主要旅游点有：雅典卫城、德尔斐太阳神庙、奥林匹亚古运动场遗址、克里特岛迷宫、埃皮达鲁斯露天剧场、韦尔吉纳马其顿王墓、圣山、罗得岛、科孚岛等。

表13-30 2014年希腊旅游业经济影响评估

指标	总数	占全国的比例(%)	增长预测(%)
GDP(百万美元)	14 197.4	6.5	3.4
雇佣人数(千人)	319.5	8.9	1.7

注:本表为估计值。

一、入境旅游概况

(一)入境旅游人数

2008—2014年,希腊的入境过夜旅游者人数呈波动式增长状态:2009年入境过夜旅游者人数从2008年的15 939千人次降低到14 915千人次,负增长率为6.4%;2010年较上年增长0.6%,达到15 007千人次;2011年比上年增长9.4%,达到16 427千人次;2012年降低到15 518千人次;2013年较上年增长15.5%,达到17 920千人次;2014年继续增长,较上年增长23.0%,为22 033千人次。

表13-31 2008—2014年希腊入境旅游人数

单位:千人次

	2008年	2009年	2010年	2011年	2012年	2013年	2014年
入境旅游人数	—	—	—	—	—	20 112	24 272
过夜旅游者	15 939	14 915	15 007	16 427	15 518	17 920	22 033
一日游游客	—	—	—	—	—	2192	2239
邮船乘客	—	—	—	—	—	2192	2239

(二)入境旅游收入

2009年希腊入境旅游收入从2008年的17 416百万美元降低到14 681百万美元,负增长率为15.7%;2010年入境旅游收入为12 479百万美元,较上年降低15.0%;2011年较上年增加18.6%,增至14 801百万美元;2012年较上年降低10.7%,降低到13 216百万美元;2013年较上年有所增长,增长率为21.7%,达到16 087百万美元;2014年入境旅游收入为17 813百万美元,较上年增长10.7%。

表13-32 2008—2014年希腊入境旅游收入

单位:百万美元

	2008年	2009年	2010年	2011年	2012年	2013年	2014年
总收入	17 586	14 796	13 858	16 256	14 671	17 436	19 481
入境旅游收入	17 416	14 681	12 479	14 801	13 216	16 087	17 813
入境游客交通收入	170	115	1379	1455	1455	1349	1668

(三)入境旅游客源结构

希腊入境游客中,来自欧洲地区的游客的比例一直保持在90%~94%。2013年,希腊入境游客中,欧洲地区游客占94%,美洲地区游客占4%,东亚太地区游客占1%;2014年,希腊入境游客中,欧洲地区游客占93.7%,美洲地区游客占4.0%,东亚太地区游客占1.7%。由此可以看出,希腊的入境旅游者和欧洲地区其他国家的入境旅游者一样,大都来自欧洲地区,表现出较强的区域内流动的特征。2012年希腊入境旅游者中欧洲地区游客人数较上年降低5.0%,2013年较上年增加14.7%,2014年较上年增加22.8%。

表13-33　2008—2014年希腊入境旅游人数(按地区分)

单位:千人次

地区	2008年	2009年	2010年	2011年	2012年	2013年	2014年
非洲	44	26	28	34	33	27	40
美洲	849	729	691	719	559	754	890
东亚太	218	206	199	207	216	238	365
欧洲	14 767	13 884	14 034	15 430	14 661	16 822	20 651
中东	48	56	45	28	36	73	86
南亚	1	2	9	9	13	5	1

2014年,希腊最大的入境旅游客源国家是德国,其次是英国、保加利亚、法国、俄罗斯、意大利、塞尔维亚和土耳其。2013年希腊入境游客中,德国游客占12.65%,来自前七位客源国家的游客人数占总数的50.52%;2014年希腊入境游客中,德国游客占11.16%,来自前七位客源国家的游客人数占总数的49.45%。2014年,来自保加利亚和法国的入境旅游者人数增长快速,增长率分别是121.80%和26.99%。

表13-34　2008—2014年希腊入境旅游人数(按游客所在国家分)

排名	国家	入境旅游人数(人次)			市场份额(%)		增长率(%)
		2008年	2013年	2014年	2013年	2014年	2013—2014年
1	德国	2 469 151	2 267 546	2 459 228	12.65	11.16	8.45
2	英国	2 278 014	1 846 333	2 089 529	10.3	9.48	13.17
3	保加利亚	623 476	691 874	1 534 565	3.86	6.96	121.80
4	法国	910 021	1 152 217	1 463 157	6.43	6.64	26.99
5	俄罗斯	309 071	1 352 901	1 250 174	7.55	5.67	−7.59
6	意大利	1 099 983	964 314	1 117 712	5.38	5.07	15.91
7	塞尔维亚	686 996	778 765	985 661	4.35	4.47	26.57
8	土耳其	207 609	831 113	976 758	4.64	4.43	17.52

注:按2014年数据排名。

(四)入境旅游方式

从总体上看,2008—2014年,希腊的入境游客中乘坐飞机入境的游客人数最多,且明显增长;经由公路入境的游客人数排在第二位,也有较大幅度的增长;排在第三位的乘坐船舶入境的游客人数有一定程度的减少。2014年,乘坐飞机入境的游客人数占63.8%,经由公路入境的游客人数占33%,乘坐船舶入境的游客人数占3.2%。

表 13-35　2008—2014年希腊入境旅游人数(按入境旅游方式分)

单位:千人次

入境旅游方式	2008年	2009年	2010年	2011年	2012年	2013年	2014年
飞　机	11 692	10 748	10 637	11 671	10 993	12 302	14 057
船　舶	1080	1008	1031	948	790	807	701
火　车	66	55	54	4	—	0	7
公　路	3101	3104	3285	3804	3734	4810	7268

二、出境旅游概况

(一)出境旅游人数

2008—2014年,希腊出境旅游人数总体上有所增长;2011年较上年明显增长,增长率为30.1%;2012年希腊出境旅游人数下降到4681千人次;2013年继续下降,减少到4594千人次;2014年希腊出境旅游人数大幅回升,较上年增长26.3%,达到5802千人次。

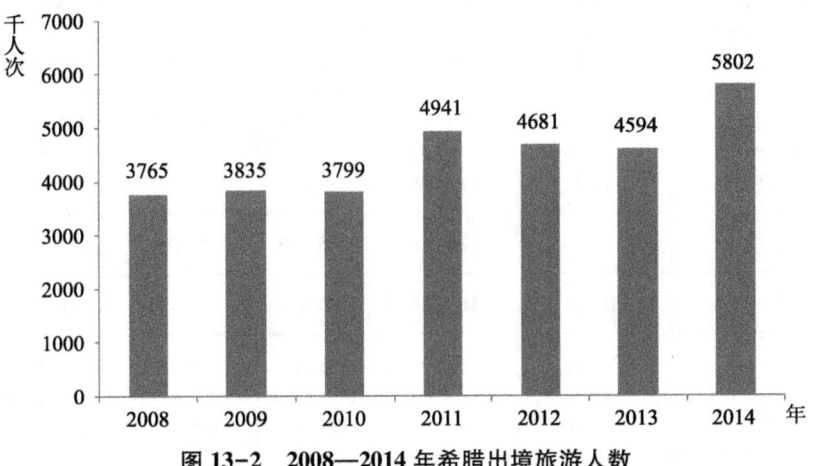

图 13-2　2008—2014年希腊出境旅游人数

(二)出境旅游花费

2011年希腊出境旅游花费达到3159百万美元,较上年增长10.7%;2012年出境旅游花费降低到2365百万美元,负增长率为25.1%;2013年出境旅游花费有所回升,增长率为3.0%,达2435百万美元;2014年出境旅游花费继续上升,增长率为13.1%,达2754百万美元。

表13-36　2008—2014年希腊出境旅游花费

单位:百万美元

	2008年	2009年	2010年	2011年	2012年	2013年	2014年
总花费	3946	3401	3401	3807	3006	3768	4001
出境旅游花费	3930	3381	2854	3159	2365	2435	2754
出境交通花费	16	20	547	648	641	1333	1247

(三)出境旅游目的地

2014年,希腊游客出境旅游第一大目的地国家是保加利亚,其次是土耳其和意大利。2014年,前往保加利亚的希腊游客达到1 100 789人次,前往土耳其的希腊游客达到830 841人次。2014年,保加利亚、法国、塞浦路斯、罗马尼亚接待希腊游客人数较上年有所减少,土耳其、意大利、阿尔巴尼亚、英国、德国、西班牙接待希腊游客人数较上年均有不同程度的增长。

表13-37　2010—2014年希腊游客出境主要旅游目的地

单位:人次

排名	国家	游客类型	2010年	2011年	2012年	2013年	2014年
1	保加利亚	VFR	1 017 914	1 120 640	1 087 260	1 105 437	1 100 789
2	土耳其	VFN	670 297	702 017	669 823	703 168	830 841
3	意大利	VFN	598 570	467 671	399 267	452 698	483 947
4	阿尔巴尼亚	VFN	113 008	155 086	225 175	269 201	369 675
5	英国	VFR	174 000	225 000	159 000	181 000	238 000
6	德国	TCER	166 319	160 856	126 920	126 240	134 598
7	法国	TFR	257 091	178 228	176 882	212 075	128 339
8	西班牙	TCER	187 438	154 658	109 110	106 476	109 000
9	塞浦路斯	TFR	127 667	138 721	132 990	104 949	100 955
10	罗马尼亚	VFR	70 593	83 083	76 786	76 039	72 469

注:按2014年数据排名。

第五节 意大利

意大利全称意大利共和国(Repubblica Italiana),位于欧洲南部,包括亚平宁半岛及西西里、撒丁等岛屿。北以阿尔卑斯山为屏障与法国、瑞士、奥地利、斯洛文尼亚接壤,东、南、西三面分别临地中海的属海亚得里亚海、伊奥尼亚海和第勒尼安海。大部分地区属亚热带地中海式型候,面积约为30.13万平方千米。2014年全国人口约为6134万,国内生产总值(GDP)为21 443亿美元。

意大利旅游资源丰富,气候湿润,风景秀丽,文物古迹很多,有良好的海滩和山区。主要旅游城市包括罗马、威尼斯、佛罗伦萨等。

表 13-38　2014年意大利旅游业经济影响评估

指　标	总　数	占全国的比例(%)	增长预测(%)
GDP(百万美元)	81 895.5	4.2	2.3
雇佣人数(千人)	1105.9	4.9	2.1

注:本表为估计值。

一、入境旅游概况

(一)入境旅游人数

2008—2014年,意大利的入境旅游人数呈稳定增长态势:2009年入境旅游人数从2008年的70 719千人次增长到71 692千人次,增长率为1.4%;2010年比上年增长2.1%,达到73 225千人次;2011年比上年增长3.6%,达到75 866千人次;2012年入境旅游人数增长到76 293千人次;2013年较上年增长0.6%,达到76 762千人次;2014年入境旅游人数继续上升,增长率为1.2%,为77 694千人次。

表 13-39　2008—2014年意大利入境旅游人数

单位:千人次

	2008年	2009年	2010年	2011年	2012年	2013年	2014年
入境旅游人数	70 719	71 692	73 225	75 866	76 293	76 762	77 694
过夜旅游者	42 734	43 239	43 626	46 119	46 360	47 704	48 576
一日游游客	27 985	28 453	29 599	29 747	29 933	29 058	29 118

(二)入境旅游收入

2009年,意大利入境旅游收入从2008年的46 193百万美元降低到40 378百万美元;2010年入境旅游收入为38 438百万美元,较上年降低4.8%;2011年较上年增加12.5%,增至43 241百万美元;2012年较上年降低5.3%,降低到40 960百万美元;2013年较上年有所增长,增至43 829百万美元,增长率为7.0%;2014年入境旅游收入继续上升,增长率为3.9%,达到45 547百万美元。

表13-40　2008—2014年意大利入境旅游收入

单位:百万美元

	2008年	2009年	2010年	2011年	2012年	2013年	2014年
总收入	48 757	41 938	40 058	45 368	43 036	46 190	—
入境旅游收入	46 193	40 378	38 438	43 241	40 960	43 829	45 547
入境游客交通收入	2564	1560	1620	2125	2076	2355	—

(三)入境旅游客源结构

意大利入境游客中,来自欧洲地区的游客的比例一直保持在84%~88%。2013年,意大利入境游客中,欧洲地区游客占85%,美洲地区游客占9%,东亚太地区游客占4%;2014年,意大利入境游客中,欧洲地区游客占84.7%,美洲地区游客占9.9%,东亚太地区游客占3.6%。由此可以看出,意大利的入境旅游者和欧洲地区其他国家的入境旅游者一样,大都来自欧洲地区,表现出较强的区域内流动的特征。2012年意大利入境旅游者中欧洲地区游客人数较上年增加0.8%,2013年较上年增加1.5%,2014年较上年增加1.2%。

表13-41　2008—2014年意大利入境旅游人数(按地区分)

单位:千人次

地　区	2008年	2009年	2010年	2011年	2012年	2013年	2014年
非　洲	300	248	318	280	225	185	206
美　洲	3395	3390	3502	4067	3910	4477	4831
东亚太	1253	1300	1324	1512	1528	1795	1762
欧　洲	37 342	37 854	37 921	39 743	40 063	40 644	41 148
中　东	236	222	289	247	276	304	345
南　亚	207	224	270	269	357	298	283

2014年,意大利最大的入境旅游客源国家是德国,其次是法国、英国、瑞士、奥地利、美国和西班牙。2013年意大利入境游客中,德国游客占20.01%,来自前七位客源国家的游客人数占总数的60.02%;2014年意大利入境游客中,德国游客占19.46%,来自前七位

客源国家的游客人数占总数的 61.70%。2014 年,来自英国和瑞士的入境旅游者人数增长快速,增长率分别是 9.43% 和 7.77%。

表 13-42 2008—2014 年意大利入境旅游人数(按游客所在国家分)

排名	国 家	入境旅游人数(人次)			市场份额(%)		增长率(%)
		2008 年	2013 年	2014 年	2013 年	2014 年	2013—2014 年
1	德 国	9 803 190	9 544 536	9 451 363	20.01	19.46	-0.98
2	法 国	4 820 493	5 251 927	5 358 698	11.00	11.03	2.03
3	英 国	3 761 619	3 443 285	3 767 868	7.22	7.76	9.43
4	瑞 士	2 537 807	3 026 303	3 261 349	6.34	6.71	7.77
5	奥地利	3 098 816	3 332 861	3 244 034	6.99	6.68	-2.67
6	美 国	2 269 448	2 884 008	2 960 747	4.49	6.10	2.66
7	西班牙	2 286 773	1 892 114	1 923 955	3.97	3.96	1.68

注:按 2014 年数据排名。

(四)入境旅游方式

从总体上看,2008—2014 年,意大利的入境游客中经由公路入境的游客人数最多,且呈现上升的趋势;乘坐飞机入境的游客人数排在第二位,且总体上明显增长;排在第三位的乘坐船舶入境的游客人数明显减少;乘坐火车入境的游客人数最少。2014 年,意大利入境游客中,经由公路入境的游客人数占 63.3%,乘坐飞机入境的游客人数占 33.1%,乘坐船舶入境的游客人数占 1.9%,乘坐火车入境的游客人数占 1.6%。

表 13-43 2008—2014 年意大利入境旅游人数(按入境旅游方式分)

单位:千人次

入境旅游方式	2008 年	2009 年	2010 年	2011 年	2012 年	2013 年	2014 年
飞 机	21 368	19 930	21 092	23 079	23 276	24 883	25 737
船 舶	2118	2365	2552	2062	1820	1562	1511
火 车	1776	1565	1373	1432	1212	1209	1245
公 路	45 456	47 832	48 208	49 293	49 986	49 109	49 202

(五)入境旅游目的

意大利入境旅游者中,出于娱乐、休闲和度假目的的旅游者占很大一部分,从 2008 年的 28 596 千人次增加到 2014 年的 32 427 千人次,增长率为 13.4%;出于商务和专业活动目的的旅游者从 2008 年的 12 392 千人次增加到 2014 年的 13 636 千人次,增长率为 10.0%。2014 年意大利入境旅游者中,出于娱乐、休闲和度假目的的旅游者占 41.7%,出于商务和专业活动目的的旅游者仅占 17.6%。

表 13-44　2008—2014 年意大利入境旅游人数（按入境旅游目的分）

单位：千人次

入境旅游目的	2008 年	2009 年	2010 年	2011 年	2012 年	2013 年	2014 年
娱乐、休闲和度假	28 596	27 998	28 259	30 041	29 832	31 112	32 427
商务和专业活动	12 392	13 445	13 530	13 908	14 522	14 186	13 636
其他	29 731	30 249	31 436	31 917	31 938	31 464	31 631

二、出境旅游概况

（一）出境旅游人数

2008—2014 年，意大利出境旅游总人数总体上有所增长，2010 年，意大利出境旅游总人数为 57 040 千人次，较上年增长 1.1%；2011 年较上年负增长 5.1%，减少到 54 155 千人次；2012 年出境旅游总人数为 54 838 千人次；2013 年回落到 54 152 千人次，较上年减少 1.3%；2014 年较上年增长 4.9%，达到 56 806 千人次。

表 13-45　2008—2014 年意大利出境旅游人数

单位：千人次

	2008 年	2009 年	2010 年	2011 年	2012 年	2013 年	2014 年
总人数	56 302	56 436	57 040	54 155	54 838	54 152	56 806
过夜旅游者	28 284	29 060	29 823	29 295	28 810	27 798	28 460
一日游游客	28 018	27 376	27 217	24 860	26 028	26 354	28 346

（二）出境旅游花费

2011 年意大利出境旅游花费达到 28 730 百万美元，较上年增长 6.8%；2012 年出境旅游花费降低到 26 249 百万美元，负增长率为 8.6%；2013 年出境旅游花费回升到 26 950 百万美元，增长率为 2.7%；2014 年出境旅游花费继续上升，增长率为 7.1%，达到 28 857 百万美元。

表 13-46　2008—2014 年意大利出境旅游花费

单位：百万美元

	2008 年	2009 年	2010 年	2011 年	2012 年	2013 年	2014 年
总花费	37 807	34 399	33 053	35 724	32 798	33 504	—
出境旅游花费	30 931	27 950	26 907	28 730	26 249	26 950	28 857
出境交通花费	6876	6449	6146	6994	6549	6557	—

(三) 出境旅游目的地

2014年,意大利游客出境旅游第一大目的地国家是法国,其次是西班牙和英国。2014年,前往法国的意大利游客达到7 504 057人次,前往西班牙的意大利游客达到3 697 702人次。在欧洲地区以外的国家中,美国是意大利游客最大的出境旅游目的地,2014年意大利游客前往美国旅游的人数达到963 540人次。

表13-47　2010—2014年意大利游客出境主要旅游目的地

单位:人次

排名	国　家	游客类型	2010年	2011年	2012年	2013年	2014年
1	法　国	TFR	6 580 334	7 407 051	7 388 458	7 170 531	7 504 057
2	西班牙	TFR	3 490 352	3 764 818	3 537 932	3 225 360	3 697 702
3	英　国	VFR	1 472 000	1 526 000	1 520 500	1 636 000	1 757 000
4	德　国	TCER	1 524 134	1 538 369	1 581 041	1 580 753	1 642 443
5	圣马力诺	VFN	1 381 570	1 385 681	1 238 576	1 217 761	1 304 586
6	希　腊	TFR	843 613	938 232	848 073	964 314	1 117 712
7	克罗地亚	TCER	1 018 375	115 0311	1 050 514	1 016 953	1 060 912
8	奥地利	TCER	1 067 721	1 086 957	1 060 105	1 023 530	1 051 490
9	美　国	TFR	838 225	891 571	831 343	838 883	963 540
10	土耳其	VFN	671 060	752 238	714 041	731 784	697 360

注:按2014年数据排名。

第十四章　东地中海分区旅游市场概况

依据世界旅游组织的划分方法，东地中海旅游分区包括塞浦路斯、土耳其和以色列3个国家。该地区处于地中海的东部，旅游资源丰富。

一、入境旅游概况

（一）入境旅游人数

2008—2014年，塞浦路斯入境旅游人数总体上有所减少，土耳其和以色列入境旅游人数总体上明显增长。2014年，以色列和塞浦路斯入境旅游人数较上年有所下降；土耳其入境旅游人数较上年明显增长，增长率为4.4%。

表14-1　2008—2014年东地中海分区各国家入境旅游人数

单位：千人次

排名	国家	2008年	2009年	2010年	2011年	2012年	2013年	2014年
1	土耳其	31 138	31 760	32 997	36 769	37 715	39 861	41 627
2	以色列	3034	2740	3444	3362	3520	3540	3251
3	塞浦路斯	2631	2370	2450	2626	2635	2626	2558

注：①此处各国家入境旅游人数均包括过夜旅游者和一日游游客。
②按2014年数据排名。

（二）入境旅游收入

2008—2013年，东地中海分区各国家的入境旅游收入总体上均有不同程度的增长。2014年，土耳其和以色列入境旅游收入较上年的增长率分别为5.6%和0.5%。

表14-2　2008—2014年东地中海分区各国家入境旅游收入

单位：百万美元

排名	国家	2008年	2009年	2010年	2011年	2012年	2013年	2014年
1	土耳其	23 365	22 980	22 585	25 054	25 345	27 997	29 552

续表

排名	国家	2008年	2009年	2010年	2011年	2012年	2013年	2014年
2	以色列	4758	4444	5106	5304	5446	5666	5695
3	塞浦路斯	2779	2195	2108	2594	2574	2891	—

注：塞浦路斯2014年数据缺失，故按2013年数据排名。

二、出境旅游概况

（一）出境旅游人数

2008—2014年，东地中海分区各国家的出境旅游人数总体上呈增长态势。其中，增长率最高的是土耳其，达到63.1%；其次是以色列，为23.2%；排在第三位的是塞浦路斯，为13.8%。2014年，土耳其是东地中海分区出境旅游人数最多的国家，出境旅游人数为7982千人次。

表14-3　2008—2014年东地中海分区各国家出境旅游人数

单位：千人次

排名	国家	2008年	2009年	2010年	2011年	2012年	2013年	2014年
1	土耳其	4893	5561	6557	6282	5803	7526	7982
2	以色列	4207	4007	4269	4387	4349	4757	5181
3	塞浦路斯	1062	1051	1100	1058	1194	1115	1209

注：①此处各国家中，塞浦路斯出境旅游人数包括过夜旅游者和一日游游客；土耳其和以色列出境旅游人数指过夜旅游者，不包括一日游游客。
②按2014年数据排名。

（二）出境旅游花费

2008—2014年，土耳其和以色列的出境旅游花费总体上呈增长态势，增长率分别为32.6%和14.9%。2014年，土耳其是东地中海分区出境旅游花费最多的国家，出境旅游花费为5072百万美元。

表14-4　2008—2014年东地中海分区各国家出境旅游花费

单位：百万美元

排名	国家	2008年	2009年	2010年	2011年	2012年	2013年	2014年
1	土耳其	3824	4575	5194	4883	4094	4817	5072
2	以色列	3687	3281	3707	3838	3752	3961	4238
3	塞浦路斯	1593	1300	1116	1300	1285	1220	—

注：塞浦路斯2014年数据缺失，故按2013年数据排名。

第一节 塞浦路斯

塞浦路斯(Cyprus)位于地中海东北部,为地中海第三大岛。属于亚热带地中海型气候,夏季干热,冬季温湿。面积为9251平方千米。2014年全国人口约为115万,国内生产总值(GDP)为232亿美元。

塞浦路斯的主要旅游城市有帕福斯、莱梅索斯(利马索尔)、拉纳卡等。

表14-5 2014年塞浦路斯旅游业经济影响评估

指标	总数	占全国的比例(%)	增长预测(%)
GDP(百万美元)	1438.1	6.8	5.2
雇佣人数(千人)	27	7.8	2.2

注:本表为估计值。

一、入境旅游概况

(一)入境旅游人数

2008—2014年,塞浦路斯的入境旅游人数波动较大,但总体上在2300千~2700千人次。2014年,塞浦路斯入境旅游人数较上年有所减少,负增长2.6%,减少到2558千人次。

表14-6 2008—2014年塞浦路斯入境旅游人数

单位:千人次

	2008年	2009年	2010年	2011年	2012年	2013年	2014年
入境旅游人数	2631	2370	2450	2626	2635	2626	2558
过夜旅游者	2404	2141	2173	2392	2465	2405	2441
一日游游客	227	229	277	234	170	221	147
邮船乘客	221	225	271	216	163	207	135

(二)入境旅游收入

2008—2013年,塞浦路斯的入境旅游收入总体上有所增长,从2008年的2779百万美元增长到2013年的2891百万美元,增长了4.0%。2008—2013年,塞浦路斯的入境游客交通收入持续下降,从2008年452百万美元减少到2013年114百万美元,减少了74.8%。

表 14-7 2008—2013 年塞浦路斯入境旅游收入

单位:百万美元

	2008 年	2009 年	2010 年	2011 年	2012 年	2013 年
总收入	3231	2474	2371	2751	2696	3005
入境旅游收入	2779	2195	2108	2594	2574	2891
入境游客交通收入	452	279	263	157	122	114

(三)入境旅游客源结构

2008—2014 年,塞浦路斯入境旅游者中,来自欧洲地区的游客人数所占比例在 95% 左右。2013 年,塞浦路斯的入境旅游者中,欧洲游客占 95.3%,中东游客占 2.5%,美洲游客占 1.1%,东亚太游客占 0.7%;2014 年,塞浦路斯的入境旅游者中,欧洲游客占 95.1%,中东游客占 2.9%,美洲游客占 0.8%,东亚太游客占 0.7%。

表 14-8 2008—2014 年塞浦路斯入境旅游人数(按地区分)

单位:千人次

地区	2008 年	2009 年	2010 年	2011 年	2012 年	2013 年	2014 年
非洲	7	7	7	7	6	6	5
美洲	28	24	31	32	25	28	20
东亚太	17	15	19	16	16	16	17
欧洲	2300	2040	2056	2279	2356	2291	2321
中东	48	50	51	51	56	59	72
南亚	4	5	8	7	6	5	6

英国是塞浦路斯的第一大入境旅游客源国,2014 年赴塞浦路斯旅游的英国游客为 871 523 人次,占塞浦路斯入境游客总量的 35.7%。俄罗斯、瑞典、希腊、德国等国家也是塞浦路斯的主要入境旅游客源国。2014 年,塞浦路斯的前十位入境旅游客源国中,入境旅游者人数增长最快的是以色列和乌克兰,增长率分别为 57.66% 和 20.78%。

表 14-9 2008—2014 年塞浦路斯入境旅游人数(按游客所在国家分)

排名	国家	入境旅游人数(人次)			市场份额(%)		增长率(%)
		2008 年	2013 年	2014 年	2013 年	2014 年	2013—2014 年
1	英国	1 242 655	891 229	871 523	37.05	35.7	16.84
2	俄罗斯	180 926	608 576	636 766	25.30	26.08	-2.21
3	瑞典	124 948	117 958	106 666	4.90	4.37	4.63

续表

排名	国家	入境旅游人数（人次）			市场份额（%）		增长率（%）
		2008年	2013年	2014年	2013年	2014年	2013—2014年
4	希腊	133 015	104 949	100 955	4.36	4.14	-9.57
5	德国	26 187	98 930	86 397	4.11	2.82	-3.81
6	以色列	32 034	43 653	68 822	1.81	2.32	57.66
7	挪威	63 470	65 736	56 746	2.73	2.01	-13.68
8	瑞士	38 560	41 167	48 947	1.71	1.68	18.90
9	乌克兰	8847	34 022	41 093	1.41	1.25	20.78
10	丹麦	38 216	30 011	30 554	1.25	1.19	1.81

注：按2014年数据排名。

（四）入境旅游方式

从总体上看，塞浦路斯的大多数游客都乘坐飞机入境，2009—2010年，乘坐飞机入境的游客人数在2100千~2200千人次；2011—2014年，乘坐飞机入境的游客人数在2400千~2500千人次。乘坐船舶入境的游客人数只占了较少的一部分。

表14-10　2008—2014年塞浦路斯入境旅游人数（按入境旅游方式分）

单位：千人次

入境旅游方式	2008年	2009年	2010年	2011年	2012年	2013年	2014年
飞机	2410	2145	2179	2410	2471	2419	2453
船舶	221	225	271	216	163	207	135

（五）入境旅游目的

塞浦路斯入境旅游者中，以娱乐、休闲和度假为目的的游客占绝大多数，以商务和专业活动为目的的游客占很小的市场份额，且总体呈下降趋势。2014年，塞浦路斯入境旅游者中，以娱乐、休闲和度假为目的的游客占84.1%，以商务和专业活动为目的的游客占4.7%。

表14-11　2008—2014年塞浦路斯入境旅游人数（按入境旅游目的分）

单位：千人次

入境旅游目的	2008年	2009年	2010年	2011年	2012年	2013年	2014年
娱乐、休闲和度假	1961	1690	1714	1908	1955	1979	2054
商务和专业活动	165	157	150	161	125	100	115
其他	278	294	309	323	290	284	272

二、出境旅游概况

(一)出境旅游人数

2008—2014年,塞浦路斯出境旅游总人数总体上有所增长,从2008年的1062千人次增长到2014年的1209千人次,增长了13.8%;2014年较2013年增长8.4%。

表14-12　2008—2014年塞浦路斯出境旅游人数

单位:千人次

	2008年	2009年	2010年	2011年	2012年	2013年	2014年
总人数	1062	1051	1100	1058	1194	1115	1209
过夜旅游者	1030	1019	1067	1026	—	—	—
一日游游客	32	32	33	32	—	—	—

(二)出境旅游花费

2008—2013年,塞浦路斯出境旅游花费总体呈下降趋势,从2008年的1593百万美元下降到2013年的1220百万美元;除2011年有所增长,2009年、2010年、2012年和2013年都较上年有所降低,负增长率分别为18.4%、14.2%、1.2%和5.1%。

表14-13　2008—2013年塞浦路斯出境旅游花费

单位:百万美元

	2008年	2009年	2010年	2011年	2012年	2013年
总花费	1895	1638	1457	1721	1681	1604
出境旅游花费	1593	1300	1116	1300	1285	1220
出境交通花费	302	338	341	421	396	384

(三)出境旅游目的地

2014年,塞浦路斯游客出境旅游第一大目的地国家是希腊,其次是英国和意大利。2014年,前往希腊的塞浦路斯游客达到448 342人次,前往英国的塞浦路斯游客达到112 000人次。在欧洲地区以外的国家中,美国是塞浦路斯游客最大的出境旅游目的地,2014年塞浦路斯游客前往美国旅游的人数达到8696人次。

表14-14　2010—2014年塞浦路斯游客出境主要旅游目的地

单位:人次

排名	国　家	游客类型	2010年	2011年	2012年	2013年	2014年
1	希　腊	TFR	574 764	439 757	424 827	399 008	448 342
2	英　国	VFR	110 000	124 000	103 900	117 000	112 000

续表

排名	国家	游客类型	2010年	2011年	2012年	2013年	2014年
3	意大利	TCEN	20 569	19 958	24 174	23 343	24 062
4	德国	TCER	13 891	14 434	17 837	17 824	22 752
5	土耳其	TCEN	13 721	39 061	14 217	12 736	18 289
6	保加利亚	VFR	22 050	21 361	18 689	17 785	17 231
7	西班牙	TCER	26 143	28 715	26 250	16 891	16 352
8	法国	TCER	—	17 059	13 429	11 596	15 402
9	美国	TFR	10 136	9505	8904	7760	8696
10	罗马尼亚	VFR	7955	10 408	8742	7168	8628

注：按2014年数据排名。

第二节 土耳其

土耳其全称土耳其共和国（Republic of Turkey），地跨亚、欧两洲，领土绝大部分位于亚洲小亚细亚半岛上。邻格鲁吉亚、亚美尼亚、阿塞拜疆、伊朗、伊拉克、叙利亚、希腊和保加利亚，濒地中海、爱琴海、马尔马拉海和黑海。南部沿海地区属亚热带地中海型气候，内陆为大陆型气候。面积为78.36万平方千米。2014年全国人口约为7584万，国内生产总值（GDP）为7995亿美元。

土耳其的主要旅游城市有：伊斯坦布尔、伊兹密尔、安塔利亚、布尔萨、安卡拉、科尼亚等。亚洛瓦温泉、特洛伊古城遗址和卡帕多西亚、库什湖是主要风景名胜地。

表14-15 2014年土耳其旅游业经济影响评估

指标	总数	占全国的比例(%)	增长预测(%)
GDP（百万美元）	37 392.5	4.6	4.2
雇佣人数（千人）	587.7	2.3	4.1

注：本表为估计值。

一、入境旅游概况

（一）入境旅游人数

2008—2014年，土耳其的入境旅游人数呈现逐年上升态势：2008年入境旅游人数为31 138千人次；2014年增长到41 627千人次，较2008年增长了33.7%，较2013年增长了4.4%。

表 14-16 2008—2014 年土耳其入境旅游人数

单位：千人次

	2008 年	2009 年	2010 年	2011 年	2012 年	2013 年	2014 年
入境旅游人数	31 138	31 760	32 997	36 769	37 715	39 861	41 627
过夜旅游者	29 792	30 187	31 364	34 654	35 698	37 795	39 811
一日游游客	1346	1573	1633	2115	2017	2066	1816

(二)入境旅游收入

2008—2014 年，土耳其的入境旅游收入总体上有所增长。其中，2009 年和 2010 年较上年有所减少，负增长率分别为 1.6% 和 1.7%，分别减少到 22 980 百万美元和 22 585 百万美元；之后四年连续增长，2011—2014 年土耳其的入境旅游收入较上年分别增长了 10.9%、1.2%、10.5% 和 5.6%。

表 14-17 2008—2014 年土耳其入境旅游收入

单位：百万美元

	2008 年	2009 年	2010 年	2011 年	2012 年	2013 年	2014 年
总收入	26 446	26 331	26 318	30 093	31 455	34 863	37 371
入境旅游收入	23 365	22 980	22 585	25 054	25 345	27 997	29 552
入境游客交通收入	3081	3351	3733	5039	6110	6866	7819

(三)入境旅游客源结构

土耳其入境游客中，来自欧洲地区的游客的比例一直保持在 78%~86%。2013 年土耳其入境游客中，欧洲地区游客占 80.0%，中东地区游客占 10.0%，东亚太地区游客占 2.4%，美洲地区游客占 2.4%；2014 年土耳其入境游客中，欧洲地区游客占 78.0%，中东地区游客占 10.2%，东亚太地区游客占 3.0%，美洲地区游客占 2.4%。由此可以看出，土耳其的入境旅游者和欧洲地区其他国家的入境旅游者一样，大都来自欧洲地区，表现出较强的区域内流动的特征。

表 14-18 2008—2014 年土耳其入境旅游人数(按地区分)

单位：千人次

地区	2008 年	2009 年	2010 年	2011 年	2012 年	2013 年	2014 年
非洲	204	287	247	301	372	420	491
美洲	561	559	550	660	714	790	846
东亚太	554	545	628	721	784	848	1032

续表

地区	2008年	2009年	2010年	2011年	2012年	2013年	2014年
欧洲	21 198	21 142	21 666	23 501	24 167	26 157	27 263
中东	1206	1424	1896	2133	2377	3244	3554
南亚	1212	1462	1968	1974	1300	1324	1787

2014年,土耳其最大的入境旅游客源国家是德国,其次是俄罗斯、英国、格鲁吉亚、保加利亚、伊朗和荷兰等国。2014年,土耳其入境游客中,德国游客占12.62%,来自前十位客源国家的游客人数占总数的53%。2014年,来自伊朗和伊拉克的入境旅游者人数增长快速,增长率分别是32.93%和17.35%。

表14-19 2008—2014年土耳其入境旅游人数(按游客所在国家分)

排名	国家	入境旅游人数(人次)			市场份额(%)		增长率(%)
		2008年	2013年	2014年	2013年	2014年	2013—2014年
1	德国	4 415 525	5 041 323	5 025 663	12.65	12.62	4.44
2	俄罗斯	2 879 278	4 269 306	4 460 304	10.71	11.20	5.05
3	英国	2 169 924	2 509 357	2 351 844	6.30	5.91	4.70
4	格鲁吉亚	830 184	1 769 447	1 750 867	4.44	4.40	-0.87
5	保加利亚	1 255 343	1 582 912	1 688 030	3.97	4.24	6.93
6	伊朗	1 134 965	1 312 466	1 590 457	3.00	3.99	32.93
7	荷兰	1 141 580	1 252 826	1 262 280	3.29	3.17	-0.05
8	叙利亚	406 935	1 196 801	1 173 512	3.14	2.95	-6.08
9	法国	885 006	1 046 010	943 419	2.62	2.37	0.05
10	伊拉克	250 130	785 971	857 192	1.83	2.15	17.35

注:按2014年数据排名。

(四)入境旅游方式

土耳其的入境旅游者中,乘坐飞机入境的游客人数占绝大多数,并且总体上不断上升,2008年为22 974千人次,2014年增至31 034千人次;经由公路入境的游客人数排在第二位(2009—2014年),且有较大幅度的增长;乘坐船舶入境的游客人数总体上明显减少;乘坐火车入境土耳其的游客人数只占了较小的一部分。

表14-20 2008—2014年土耳其入境旅游人数(按入境旅游方式分)

单位:千人次

入境旅游方式	2008年	2009年	2010年	2011年	2012年	2013年	2014年
飞机	22 974	22 912	23 101	26 026	27 733	29 418	31 034
船舶	5411	2669	2823	3603	3577	2616	2493

续表

入境旅游方式	2008 年	2009 年	2010 年	2011 年	2012 年	2013 年	2014 年
火　车	73	70	66	54	31	29	25
公　路	2753	6108	7708	7980	7424	7798	8075

（五）入境旅游目的

2008—2014 年，赴土耳其的入境旅游者中，以娱乐、休闲和度假为目的的旅游者占绝大多数且人数逐年增长，以商务和专业活动为目的的旅游者人数总体呈波动下降态势。

表 14-21　2008—2014 年土耳其入境旅游人数（按入境旅游目的分）

单位：千人次

入境旅游目的	2008 年	2009 年	2010 年	2011 年	2012 年	2013 年	2014 年
娱乐、休闲和度假	21 836	22 776	23 754	25 461	27 369	29 428	31 346
商务和专业活动	2525	1795	1901	2375	2381	2523	2492
其　他	6619	7435	7373	8315	6714	7275	7577

二、出境旅游概况

（一）出境旅游人数

2008—2014 年，土耳其的出境旅游人数总体呈波动上升态势，从 2008 年的 4893 千人次上升到 2014 年的 7982 千人次，增长了 63.1%。其中，2011 年和 2012 年出境旅游人数较上年分别负增长 4.2% 和 7.6%，2013 年和 2014 年出境旅游人数较上年分别增长 29.7% 和 6.1%。

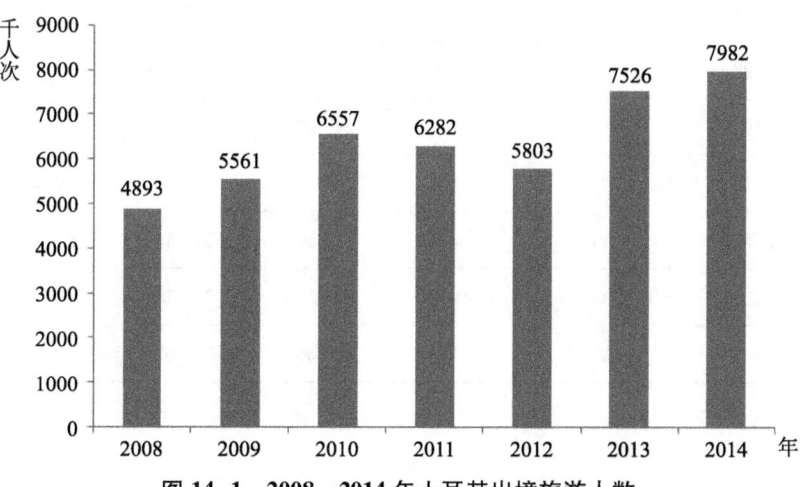

图 14-1　2008—2014 年土耳其出境旅游人数

（二）出境旅游花费

2011年土耳其出境旅游花费达到4883百万美元，较上年下降6.0%；2012年出境旅游花费为4094百万美元，较上年下降16.2%；2013年出境旅游花费开始增长，为4817百万美元，较上年增长17.7%；2014年出境旅游花费达到5072百万美元，较上年增长5.3%。

表14-22　2008—2014年土耳其出境旅游花费

单位：百万美元

	2008年	2009年	2010年	2011年	2012年	2013年	2014年
总花费	4509	5061	5817	5372	4605	5268	5475
出境旅游花费	3824	4575	5194	4883	4094	4817	5072
出境交通花费	685	486	623	489	511	451	403

（三）出境旅游目的地

2014年，土耳其游客出境旅游第一大目的地国家是格鲁吉亚，其次是保加利亚和希腊。2014年，前往格鲁吉亚的土耳其游客达到1 442 695人次，前往保加利亚的土耳其游客达到1 094 985人次。

表14-23　2010—2014年土耳其游客出境主要旅游目的地

单位：人次

排名	国家	游客类型	2010年	2011年	2012年	2013年	2014年
1	格鲁吉亚	VFR	535 593	738 085	1 533 236	1 597 438	1 442 695
2	保加利亚	VFR	943 137	860 654	984 212	1 053 046	1 094 985
3	希腊	TFR	561 198	552 090	602 306	831 113	976 758
4	沙特阿拉伯	TFN	128 927	291 584	452 998	517 174	556 980
5	伊朗	VFN	288 031	419 853	392 615	391 283	407 357
6	俄罗斯	VFN	196 704	249 109	305 429	385 147	361 416
7	意大利	TCEN	210 410	245 705	276 600	330 452	347 869
8	阿塞拜疆	VFR	214 594	242 606	295 549	361 413	314 476
9	德国	TCER	193 397	224 310	244 764	260 410	275 091
10	罗马尼亚	VFR	264 894	270 662	267 083	254 699	255 299

注：按2014年数据排名。

第三节 以色列

以色列(Israel)全称以色列国,位于亚洲西部亚、非、欧三大洲结合处。东接约旦,东北部与叙利亚为邻,南连亚喀巴湾,西南部与埃及为邻,西濒地中海,北与黎巴嫩接壤。属地中海型气候。根据 1947 年联合国关于巴勒斯坦分治决议的规定,以色列国的面积为 1.52 万平方千米,目前实际控制 2.5 万平方千米。2014 年全国人口约为 822 万,国内生产总值(GDP)为 3042 亿美元。

以色列的旅游业在经济中占重要地位,是赚取外汇的一个主要来源。以色列具有独特的旅游胜地和众多的名胜古迹,每年吸引数以百万计的游客前往游览观光。90%以上的游客来自欧洲和美洲,还有通过约旦河桥和埃及—以色列边境进入以色列境内的阿拉伯各国的游客。

表 14-24　2014 年以色列旅游业经济影响评估

指标	总数	占全国的比例(%)	增长预测(%)
GDP(百万美元)	6232	2.2	4.4
雇佣人数(千人)	85.3	2.5	2.1

注:本表为估计值。

一、入境旅游概况

(一)入境旅游人数

2008—2014 年,以色列入境旅游人数呈波动式增长;2008 年入境旅游人数为 3034 千人次;2014 年上升到 3251 千人次,增长了 7.2%;2014 年较 2013 年有所下降,负增长率为 8.2%。

表 14-25　2008—2014 年以色列入境旅游人数

单位:千人次

	2008 年	2009 年	2010 年	2011 年	2012 年	2013 年	2014 年
入境旅游人数	3034	2740	3444	3362	3520	3540	3251
过夜旅游者	2572	2321	2803	2820	2886	2962	2927
一日游游客	462	418	641	542	635	578	324
邮船乘客	46	68	169	237	251	257	88

(二) 入境旅游收入

2008—2014年,以色列的入境旅游收入总体上保持增长态势:2008年入境旅游收入为4758百万美元;2009年下降到4444百万美元,下降了6.6%;2010年开始入境旅游收入保持逐年上升态势,2010—2014年较上年增长率分别为14.9%、3.9%、2.7%、4.0%和0.5%,2014年入境旅游收入达到最高峰(为5695百万美元)。

表 14-26 2008—2014年以色列入境旅游收入

单位:百万美元

	2008年	2009年	2010年	2011年	2012年	2013年	2014年
总收入	5509	5067	5824	6029	6178	6432	6439
入境旅游收入	4758	4444	5106	5304	5446	5666	5695
入境游客交通收入	751	623	718	725	732	766	744

(三) 入境旅游客源结构

以色列入境游客中,来自欧洲地区的游客的比例一直保持在62%~70%。2013年以色列入境游客中,欧洲地区游客占62.0%,美洲地区游客占27.3%,东亚太地区游客占6.2%;2014年以色列入境游客中,欧洲地区游客占62.4%,美洲地区游客占27.2%,东亚太地区游客占6.0%。由此可以看出,以色列的入境旅游者和欧洲地区其他国家的入境旅游者一样,大都来自欧洲地区,表现出较强的区域内流动的特征。

表 14-27 2008—2014年以色列入境旅游人数(按地区分)

单位:千人次

地区	2008年	2009年	2010年	2011年	2012年	2013年	2014年
非洲	74	76	72	85	71	69	63
美洲	783	687	809	776	791	803	794
东亚太	130	95	142	147	172	182	176
欧洲	1521	1407	1704	1730	1761	1826	1821
中东	18	18	21	23	28	23	23
南亚	33	26	43	41	47	43	39

2014年,以色列最大的入境旅游客源国家是美国,其次是俄罗斯、法国、德国和英国。2014年以色列入境游客中,美国游客占19.14%,来自前十位客源国家的游客人数占总数的70.71%。2014年,来自前十位客源国家的游客人数较2013年均出现不同程度的下降。

表 14-28 2008—2014 年以色列入境旅游人数（按游客所在国家分）

排名	国 家	入境旅游人数（人次）			市场份额（%）		增长率（%）
		2008 年	2013 年	2014 年	2013 年	2014 年	2013—2014 年
1	美 国	628 116	622 767	622 100	17.59	19.14	-0.11
2	俄罗斯	367 423	603 125	555 868	17.04	17.10	-7.84
3	法 国	264 306	315 457	298 598	8.91	9.19	-5.34
4	德 国	143 209	254 021	194 141	7.18	5.97	-23.57
5	英 国	191 795	217 137	180 109	6.13	5.54	-17.05
6	乌克兰	125 477	134 470	132 412	3.8	4.07	-1.53
7	意大利	125 649	173 150	120 113	4.89	3.69	-30.63
8	波 兰	156 252	89 164	77 158	2.52	2.37	-13.47
9	加拿大	73 779	70 714	66 180	2.21	2.04	-6.41
10	巴 西	31 767	56 434	51 886	1.59	1.60	-8.06

注：按 2014 年数据排名。

（四）入境旅游方式

飞机一直是以色列入境游客最主要的入境交通方式，近年来乘坐飞机入境的游客人数占整个入境旅游人数的比例一直保持在 82%~88%；经由公路入境的游客人数比例在 13%~18%。2012 年，乘坐飞机入境的游客比例为 86.0%，达 2482 千人次；经由公路入境的游客比例为 14.0%，为 404 千人次。2013 年，乘坐飞机入境的游客达 2580 千人次，占 87.1%；经由公路入境的游客比例为 12.9%，为 381 千人次。2014 年，乘坐飞机入境的游客为 2528 千人次，占 86.4%；经由公路入境的游客比例为 13.6%，为 399 千人次。

表 14-29 2008—2014 年以色列入境旅游人数（按入境旅游方式分）

单位：千人次

入境旅游方式	2008 年	2009 年	2010 年	2011 年	2012 年	2013 年	2014 年
飞 机	2114	1963	2313	2438	2482	2580	2528
船 舶	0.5	—	—	—	—	—	—
公 路	458	358	490	382	404	381	399

（五）入境旅游目的

2008—2014 年，以色列入境旅游者中，出于娱乐、休闲和度假目的的旅游者的比例在 33%~38%，出于商务和专业活动目的的旅游者的比例在 12%~16%。2014 年以色列入境旅游者中，出于娱乐、休闲和度假目的的旅游者占 33.8%，出于商务和专业活动目的的旅游者占 12.9%。

表14-30　2008—2014年以色列入境旅游人数（按入境旅游目的分）

单位：千人次

入境旅游目的	2008年	2009年	2010年	2011年	2012年	2013年	2014年
娱乐、休闲和度假	720	696	1061	1156	981	1066	989
商务和专业活动	334	348	348	395	433	355	378
其他	1518	1277	1394	1269	1472	1540	1560

二、出境旅游概况

（一）出境旅游人数

2008—2014年，以色列出境旅游人数总体上有所增长，从2008年的4207千人次增长到2014年的5181千人次，增长了23.2%；2014年较2013年增长8.9%。

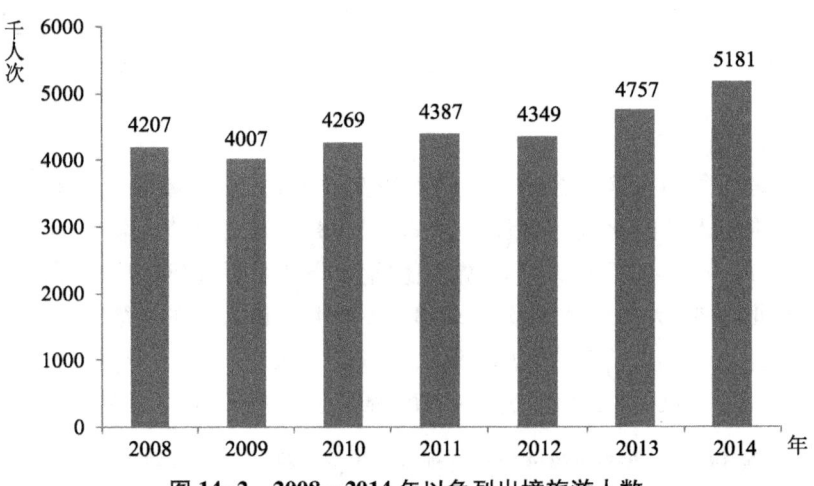

图14-2　2008—2014年以色列出境旅游人数

（二）出境旅游花费

2008—2014年，以色列出境旅游花费总体上有所增长，从2008年的3687百万美元增长到2014年的4238百万美元，增长了14.9%；2014年较2013年增长了7.0%。

表14-31　2008—2014年以色列出境旅游花费

单位：百万美元

	2008年	2009年	2010年	2011年	2012年	2013年	2014年
总花费	4693	4241	4725	4937	4851	5176	5583
出境旅游花费	3687	3281	3707	3838	3752	3961	4238
出境交通花费	1006	960	1018	1099	1099	1215	1345

（三）出境旅游目的地

2014年，以色列游客出境旅游第一大目的地国家是意大利，其次是美国和德国。2014年，前往意大利的以色列游客达到379 290人次，前往德国的以色列游客达到280 555人次。在欧洲地区以外的国家中，美国是以色列游客最大的出境旅游目的地，2014年以色列游客前往美国旅游的人数达到355 509人次。

表14-32　2010—2014年以色列游客出境主要旅游目的地

单位：人次

排名	国　家	游客类型	2010年	2011年	2012年	2013年	2014年
1	意大利	TCEN	289 049	302 765	315 476	351 559	379 290
2	美　国	TFR	306 914	302 673	303 629	331 359	355 509
3	德　国	TCER	187 818	203 595	237 822	254 975	280 555
4	希　腊	TFR	197 159	226 110	207 711	212 466	197 009
5	土耳其	VFN	109 559	79 140	83 740	164 917	188 608
6	英　国	VFR	158 000	164 000	137 900	179 000	185 000
7	约　旦	VFN	243 975	211 889	203 740	184 618	176 032
8	波　兰	TCER	139 567	145 572	152 064	148 546	164 331
9	俄罗斯	VFN	100 291	114 380	123 974	136 827	152 853
10	埃　及	VFN	226 456	177 808	132 217	133 620	140 425

第四编 美洲地区

美洲是亚美利加洲的简称,又称"新大陆",位于西半球北部。东面是大西洋,西面是太平洋,北面是北冰洋,南面隔海与南极洲相望。美洲地区的经济发展很不平衡,除美国和加拿大是经济发达的国家以外,其他都是发展中国家。

美洲旅游资源丰富,既有奇特的自然景观,也有现代的人文景观。由于地域辽阔,自然条件和人文条件的地区差异很大,旅游资源的地区分布特征十分明显。北美地区经济文化发达,造就了很多文明世界的现代人文景观,如美国洛杉矶的迪斯尼游乐场、佛罗里达的魔幻王国、多伦多高达554.4米的电讯塔、纽约的自由女神像、旧金山的金门大桥、圣路易斯的弧形拱门纪念塔等;北美地区的自然资源也很奇特,如科罗拉多大峡谷、阿拉斯加的冰河湾、肯塔基州的猛犸洞、黄石国家公园。墨西哥湾及加勒比海地区,充满着热带和新大陆特有的浓烈情调,是世界上最受欢迎的海滨度假胜地之一;境内的印第安文化和玛雅文化很具吸引力,玛雅人建造的神庙、金字塔、祭坛、宫殿、卫城、广场、球场等遗迹有3000多处,其中不少已被联合国教科文组织列入《世界文化遗产名录》。

依据世界旅游组织的划分方法,这里所指的美洲地区包括4个分区,分别为:

北美分区,包括加拿大、墨西哥和美国共3个国家;

加勒比海分区,包括安圭拉岛、安提瓜和巴布达、阿鲁巴(荷)、巴哈马群岛、巴巴多斯、百慕大群岛、博内尔岛、英属维尔京群岛、开曼群岛(英)、古巴、库拉索(荷)、多米尼克、多米尼加、格林纳达、瓜德罗普(法)、海地、牙买加、法属马提尼克岛、蒙特塞拉特(英)、波多黎各(美)、塞巴、圣卢西亚岛、圣尤斯特歇斯、圣基茨和尼维斯联邦、圣马丁岛、圣文森特、格林纳丁斯群岛、特立尼达和多巴哥、特克斯和凯科斯群岛(英)、美属维尔京群岛共30个国家和地区;

中美分区,包括伯利兹、哥斯达黎加、萨尔瓦多、危地马拉、洪都拉斯、尼加拉瓜、巴拿马共7个国家;

南美分区,包括阿根廷、玻利维亚、巴西、智利、哥伦比亚、厄瓜多尔、法属圭亚那、圭亚那、巴拉圭、秘鲁、苏里南、乌拉圭和委内瑞拉共13个国家。

第十五章　美洲地区旅游市场概况

按照世界旅游组织的划分方法,美洲地区划分为4个分区,即北美洲旅游分区、南美洲旅游分区、中美洲旅游分区和加勒比海旅游分区。美洲地区内,以北美洲分区的旅游业最为发达,北美洲分区的入境旅游人数和入境旅游收入均占美洲地区的一半以上。美洲地区以美国、加拿大和墨西哥的旅游业最为发达。美洲地区入境旅游人数排名前三位的依次是美国、墨西哥、加拿大,入境旅游收入排名前三位的依次是美国、加拿大、墨西哥。

2008年,美洲的国际旅游人数较上年增长了2.8%,其中中美洲分区(6.4%)和南美洲分区(3.8%)的增长率高于这一数值;国际旅游收入增长率(4.9%)也高于世界水平(1.3%),这主要得益于北美地区国际旅游收入的大幅度增长。

2009年,北美洲分区受到了经济危机的严重影响,整个美洲地区在5月、6月和7月也受到了H1N1流感病毒的影响,因此这些月份的国际旅游人数大幅度下降。2009年,美洲的国际旅游人数较上年下降了4.8%,占全球的份额为15.9%;国际旅游收入较上年减少了10.1%,占全球的份额为19.4%。

2010年,美洲地区旅游业强势复苏。美洲接待国际旅游人数较上年增长6.4%,占全球的份额为15.9%;国际旅游收入较上年增长5.0%,占全球的份额为19.8%。

2011年,美洲国际旅游人数和国际旅游收入继续增长。美洲国际旅游人数较上年增长3.9%,其中北美洲分区、加勒比海分区、中美洲分区和南美洲分区较上年分别增长2.5%、3.9%、4.8%和9.4%。美洲国际旅游收入较上年增长5.7%,其中北美洲分区、加勒比海分区、中美洲分区和南美洲分区较上年分别增长6.6%、1.3%、0.9%和6.5%。

2012年,美洲地区旅游业增长速度高于世界水平。国际旅游人数方面,美洲国际旅游人数较上年增长4.6%,高于世界水平(4.0%);国际旅游收入方面,美洲国际旅游收入较上年增长5.9%,高于世界水平(4.0%)。

2013年,美洲国际旅游人数和国际旅游收入继续增长。美洲国际旅游人数较上年增长3.2%,其中北美洲分区、加勒比海分区、中美洲分区和南美洲分区较上年分别增长3.5%、2.4%、3.7%和2.6%。美洲国际旅游收入较上年增长6.4%,其中北美洲分区、加勒比海分区、中美洲分区和南美洲分区较上年分别增长7.8%、2.1%、3.2%和3.2%。

2014年,美洲国际旅游人数和国际旅游收入继续增长。美洲国际旅游人数较上年增长8.0%,其中北美洲分区、加勒比海分区、中美洲分区和南美洲分区较上年分别增长

9.2%、6.2%、5.6%和5.4%。美洲国际旅游收入较上年增长3.1%,其中北美洲分区、加勒比海分区、中美洲分区和南美洲分区较上年分别增长2.2%、6.1%、7.5%和5.7%。2014年,美洲国际旅游人数占全球的份额为16.0%,国际旅游收入占全球的份额为22.0%。

第一节 入境旅游概况

一、入境旅游人数

2008—2014年,美洲地区国际旅游人数增长了22.5%,各分区国际旅游人数也有不同程度的增长:北美分区为23.2%,加勒比海分区为11.4%,中美分区为17.1%,南美分区为31.2%。2014年,美洲地区各分区国际旅游人数较上年均有所增长。

表15-1 2008—2014年美洲地区各分区国际旅游人数

单位:百万人次

地 区	2008年	2009年	2010年	2011年	2012年	2013年	2014年
美 洲	147.8	140.7	150.7	156.6	162.7	167.9	181.0
北 美	97.7	92.1	99.2	101.7	106.4	110.1	120.4
加勒比海	20.1	19.5	20.0	20.8	20.7	21.2	22.4
中 美	8.2	7.6	7.9	8.3	8.9	9.2	9.6
南 美	21.8	21.4	23.6	25.8	26.7	27.4	28.6

资料来源:UNWTO Tourism Highlights 2009—2015.

2014年美洲地区入境旅游人数排在第一位的国家是美国,接待的入境旅游人数为75 011千人次;其次是墨西哥和加拿大,接待的入境旅游人数分别为29 346千人次和16 537千人次。2014年美洲地区入境旅游人数前十位的国家的入境旅游人数较上年均有所增长,其中增幅最大的三个国家为墨西哥(21.5%)、阿根廷(13.1%)和巴西(10.6%)。

表15-2 2008—2014年美洲地区入境旅游人数前十位的国家

单位:千人次

排名	国 家	2008年	2009年	2010年	2011年	2012年	2013年	2014年
1	美 国	57 942	55 103	60 010	62 821	66 657	69 768	75 011
2	墨西哥	22 931	22 346	23 290	23 403	23 403	24 151	29 346
3	加拿大	17 142	15 737	16 219	16 014	16 344	16 059	16 537

续表

排名	国家	2008年	2009年	2010年	2011年	2012年	2013年	2014年
4	巴西	5050	4802	5161	5433	5677	5813	6430
5	阿根廷	4700	4308	5325	5705	5587	5246	5931
6	多米尼加	3980	3992	4125	4306	4563	4690	5141
7	智利	2710	2760	2801	3137	3554	3576	3674
8	波多黎各	3716	3183	3186	3048	3069	3200	3246
9	秘鲁	2058	2140	2299	2598	2846	3164	3215
10	古巴	2316	2405	2507	2688	2815	2829	2970

注：按2014年数据排名。

二、入境旅游收入

2008—2014年，美洲地区国际旅游收入的增长率为45.7%。2008年，美洲地区的国际旅游收入为1881亿美元；2009年明显下降；2010—2014年持续上升，2014年增长到2740亿美元，较上年增长19.5%。2014年，美洲地区各分区国际旅游收入较上年均有所增长。

表15-3　2008—2014年美洲地区各分区国际旅游收入

单位：10亿美元

地区	2008年	2009年	2010年	2011年	2012年	2013年	2014年
美洲	188.1	165.2	180.7	199.1	212.9	229.2	274.0
北美	138.9	118.9	131.2	145.1	156.4	171.0	210.9
加勒比海	23.6	22.2	22.7	23.9	24.2	24.8	27.1
中美	6.4	5.9	6.7	7.2	8.7	9.4	10.2
南美	19.2	18.2	20.1	22.9	23.6	23.9	25.8

资料来源：UNWTO Tourism Highlights 2009—2015.

2008—2014年，美洲地区接待游客的每人次国际旅游收入呈波动式变化，但总体上有所增长，从2008年的1280美元增长到2014年的1510美元，增长了18.0%。2014年，美洲地区各分区接待游客的每人次国际旅游收入较上年均有所增长。

表15-4　2008—2014年美洲地区各分区接待游客的每人次国际旅游收入

单位：美元

地区	2008年	2009年	2010年	2011年	2012年	2013年	2014年
美洲	1280	1170	1220	1270	1300	1360	1510
北美	1420	1290	1340	1430	1470	1550	1750

续表

地区	2008年	2009年	2010年	2011年	2012年	2013年	2014年
加勒比海	1180	1140	1180	1150	1170	1170	1210
中美	820	770	850	860	900	1020	1060
南美	930	850	880	890	890	870	900

注：按2014年数据排名。
资料来源：UNWTO Tourism Highlights 2009—2015.

2014年，美洲地区入境旅游收入排名前三位的国家分别是美国、加拿大和墨西哥，其中美国的入境旅游收入高达177 241百万美元。2014年，哥伦比亚的入境旅游收入较上年增长最快，增长率为53.6%；其次是墨西哥和多米尼加共和国，增长率分别为16.2%和11.3%。

表15-5　2008—2014年美洲地区入境旅游收入前十位的国家

单位：百万美元

排名	国家	2008年	2009年	2010年	2011年	2012年	2013年	2014年
1	美国	139 568	123 408	133 620	147 773	160 732	176 074	177 241
2	加拿大	15 668	13 733	15 829	16 834	17 407	17 656	17 476
3	墨西哥	13 370	11 513	11 992	11 869	12 739	13 949	16 208
4	巴西	5785	5305	5702	6555	6645	6711	6843
5	多米尼加	4166	4049	4163	4391	4687	5064	5637
6	阿根廷	4645	3960	4942	5354	4887	4322	4624
7	哥伦比亚	1844	1999	2083	2201	2354	2491	3825
8	巴拿马	1408	1484	1745	2605	3067	3316	3470
9	波多黎各	3535	3176	3211	3143	3193	3334	3438
10	秘鲁	1991	2014	2008	2262	2443	3009	3001

注：①此处各国家中，多米尼加入境旅游收入包括入境游客交通收入，其他国家入境旅游收入均不包括入境游客交通收入。
②按2014年数据排名。

第二节　出境旅游概况

一、出境旅游人数

2014年，美洲地区出境旅游人数排名前三位的国家分别是美国、加拿大和墨西哥，其中美国的出境旅游人数高达 68 303 千人次。2014 年,墨西哥的出境旅游人数较上年增长最快,增长率为 14.8%;其次是美国,较上年增长 10.4%。

表 15-6 2008—2014 年美洲地区出境旅游人数前十位的国家

单位:千人次

排名	国家	2008 年	2009 年	2010 年	2011 年	2012 年	2013 年	2014 年
1	美国	63 563	62 051	61 061	59 209	60 696	61 874	68 303
2	加拿大	—	—	2868	30 450	32 276	32 971	33 518
3	墨西哥	14 527	14 104	14 334	14 799	15 581	15 911	18 261
4	巴西	5210	4950	6454	7806	8522	8980	9048
5	阿根廷	4614	4981	5307	6686	7266	6746	6517
6	哥伦比亚	2042	2122	2342	2522	3165	3605	3911
7	智利	1899	1909	2219	2638	2837	2999	3169
8	秘鲁	1913	1891	2058	2132	2296	2364	2442
9	乌拉圭	734	826	1027	1534	1816	2281	2396
10	委内瑞拉	1745	1651	1477	1718	1734	1931	1589

注:按 2014 年数据排名。

二、出境旅游花费

2014 年,美洲地区出境旅游花费排名前三位的国家分别是美国、加拿大和巴西,其中美国的出境旅游花费高达 110 788 百万美元。2014 年,哥伦比亚的出境旅游花费较上年增长最快,增长率为 56.4%;其次是美国,较上年增长 16.3%。

表 15-7 2008—2014 年美洲地区出境旅游花费前十位的国家

单位:百万美元

排名	国家	2008 年	2009 年	2010 年	2011 年	2012 年	2013 年	2014 年
1	美国	87 376	81 168	83 057	86 248	91 919	95 271	110 788
2	加拿大	27 226	24 038	29 727	33 388	35 038	35 170	33 817
3	巴西	10 962	10 898	16 420	21 264	22 233	25 103	25 567
4	墨西哥	8568	7207	7255	7832	8449	9122	9606

续表

排名	国家	2008年	2009年	2010年	2011年	2012年	2013年	2014年
5	阿根廷	4561	4494	4878	5542	5905	5580	5362
6	哥伦比亚	1739	1752	1826	2243	2627	2992	4678
7	智利	1397	1167	1383	1624	1833	1908	2136
8	秘鲁	1122	1088	1276	1356	1439	1601	1584
9	乌拉圭	358	336	419	644	878	1312	1356
10	巴拿马	366	338	398	462	505	830	892

注：按2014年数据排名。

第十六章 北美洲分区旅游市场概况

北美洲又称北亚美利加洲，位于西半球的北部，东濒大西洋，西临太平洋，北濒北冰洋。面积约2400万平方千米，约占世界陆地总面积的16.2%，是世界第三大洲。北美洲共有37个国家和地区，居民主要为英、法等欧洲国家移民的后裔。北美分区地跨热带、温带、寒带，气候复杂多样。区内矿物资源丰富，自然旅游资源多种多样，历史文化旅游资源相对较少，北美是世界工业发达的地区之一。依据世界旅游组织的划分方法北美洲分区主要包括美国、加拿大和墨西哥，这三个国家的旅游业较为发达。

一、入境旅游概况

（一）入境旅游人数

2008—2014年，北美洲分区三个主要旅游目的地国家中，美国和墨西哥的入境旅游人数均出现一定程度的增长，增长率分别为29.5%和28.0%。加拿大的入境旅游人数则出现一定程度的下降，负增长率为3.5%。

表16-1 2008—2014年北美洲分区各国家入境旅游人数

单位：千人次

排名	国　家	2008年	2009年	2010年	2011年	2012年	2013年	2014年
1	美　国	57 942	55 103	60 010	62 821	66 657	69 768	75 011
2	墨西哥	22 931	22 346	23 290	23 403	23 403	24 151	29 346
3	加拿大	17 142	15 737	16 219	16 014	16 344	16 059	16 537

注：按2014年数据排名。

（二）入境旅游收入

2008—2014年，北美洲分区三个主要旅游目的地国家中，美国、加拿大和墨西哥的入境旅游收入均出现一定程度的增长，增长率分别为27.0%、11.5%和21.2%。美国入境旅游收入及其增长率继续领跑北美洲分区各个国家。

表 16-2　2008—2014 年北美洲分区各国家入境旅游收入

单位：百万美元

排名	国家	2008 年	2009 年	2010 年	2011 年	2012 年	2013 年	2014 年
1	美国	139 568	123 408	133 620	147 773	160 732	176 074	177 241
2	加拿大	15 668	13 733	15 829	16 834	17 407	17 656	17 476
3	墨西哥	13 370	11 513	11 992	11 869	12 739	13 949	16 208

注：按 2014 年数据排名。

二、出境旅游概况

（一）出境旅游人数

2013 年，北美洲分区出境旅游人数最多的国家是美国，且其以 118 438 千人次出境旅游人数远远高于位居第二的墨西哥（90 777 千人次）；加拿大的出境旅游人数位居第三，为 65 798 千人次。

表 16-3　2008—2014 年北美洲分区各国家出境旅游人数

单位：千人次

排名	国家	2008 年	2009 年	2010 年	2011 年	2012 年	2013 年	2014 年
1	美国	146 122	129 954	121 574	114 089	116 328	118 438	—
2	墨西哥	107 519	98 228	91 657	88 113	87 332	90 777	90 982
3	加拿大	51 737	47 481	53 620	61 909	65 175	65 798	63 737

注：此处各国家中，出境旅游人数均包括过夜旅游者和一日游客；美国 2014 年数据缺失，故按 2013 年数据进行排名。

（二）出境旅游花费

2008—2014 年，美国出境旅游花费始终保持在北美洲地区第一的位置。2014 年，美国出境旅游花费为加拿大出境旅游花费的 3.28 倍；排在第三位的是墨西哥，其出境旅游花费为 9606 百万美元，约为美国出境旅游花费的 8.7%。

表 16-4　2008—2014 年北美洲分区各国家出境旅游花费

单位：百万美元

排名	国家	2008 年	2009 年	2010 年	2011 年	2012 年	2013 年	2014 年
1	美国	87 376	81 168	83 057	86 248	91 919	95 271	110 788
2	加拿大	27 226	24 038	29 727	33 388	35 038	35 170	33 817
3	墨西哥	8568	7207	7255	7832	8449	9122	9606

注：按 2014 年数据排名。

第一节 加拿大

加拿大(Canada)位于北美洲北部。东临大西洋,西濒太平洋,南接美国本土,北靠北冰洋,西北与美国的阿拉斯加州接壤,东北隔巴芬湾与格陵兰岛相望。面积为998.467万平方千米,居世界第二位。截至2014年,全国人口为3554万。大部分国土处于较高纬度,气候比较寒冷,冬季漫长而夏季短促;但东部和西部沿海一带以及靠近美国的哈得孙湾和五大湖地区,气候温暖湿润,是加拿大人口稠密、经济发达的区域。加拿大经济发达,2014年国内生产总值(GDP)为17 867亿美元。

加拿大旅游业发达,主要旅游城市有温哥华、渥太华、多伦多、蒙特利尔、魁北克市等。

表16-5 2014年加拿大旅游业经济影响评估

指标	总数	占全国的比例(%)	增长预测(%)
GDP(百万美元)	19 401.2	1.1	3.6
雇佣人数(千人)	326.5	1.8	0.8

注:本表为估计值。

一、入境旅游概况

(一)入境旅游人数

2008—2014年,加拿大入境旅游人数总体上呈下降趋势,从2008年的27 370千人次减少到2014年的25 557千人次,负增长6.6%;过夜旅游者从2008年的17 142千人次减少到2014年的16 537千人次,负增长3.5%;一日游游客从2008年的10228千人次减少到2014年的9020千人次,负增长11.8%。

表16-6 2008—2014年加拿大入境旅游人数

单位:千人次

	2008年	2009年	2010年	2011年	2012年	2013年	2014年
入境旅游人数	27 370	24 696	25 621	25 066	25 301	25 163	25 557
过夜旅游者	17 142	15 737	16 219	16 014	16 344	16 590	16 537
一日游游客	10 228	8959	9402	9052	8957	8573	9020

(二)入境旅游收入

2008—2014年,加拿大的入境旅游收入总体上有所增加,2009年和2014年略有下降。2008年加拿大入境旅游收入为15 668百万美元；2013年入境旅游收入达到17 656百万美元，增长率为12.7%，增长明显。2009年入境旅游收入为13 733百万美元，较上年减少12.4%；2014年入境旅游收入为17 476百万美元，较上年减少1.0%。

2008—2012年，加拿大的入境游客交通收入总体上有所增加，从2008年的2560百万美元增长到2012年的3289百万美元，增长率为28.5%。2009年入境游客交通收入较上年有所下降，减少到1835百万美元；2013年入境游客交通收入较上年有所下降，减少到3285百万美元。

表16-7　2008—2014年加拿大入境旅游收入

单位：百万美元

	2008年	2009年	2010年	2011年	2012年	2013年	2014年
总收入	18 228	15 568	8438	19 989	20 696	—	—
入境旅游收入	15 668	13 733	15 829	16 834	17 407	17 656	17 476
入境游客交通收入	2560	1835	2609	3155	3289	3285	—

（三）入境旅游客源结构

加拿大的入境旅游客源地区主要集中在美洲。2008—2014年，来自美洲地区的游客数量有所减少，2008年为13 112千人次，占入境旅游人数的76.5%；2014年这一比重下降到73.1%。美国是加拿大的第一大入境旅游客源国。

2008—2014年，加拿大的入境游客中，来自欧洲地区的游客数量总体上有所减少，2008年为2498千人次，占入境旅游人数的15.7%；2014年这一比例下降到14.7%。英国是加拿大的第三大入境旅游客源国，法国和德国分别位居第四位和第五位。

2008—2014年，加拿大入境游客中，来自东亚太地区的游客数量呈上升趋势，2008年为1231千人次，占入境旅游人数的7.2%；2014年这一比例上升到9.6%。中国是加拿大的第二大入境旅游客源国，澳大利亚、韩国和日本分别位居第六位、第七位和第八位。

表16-8　2008—2014年加拿大入境旅游人数（按地区分）

单位：千人次

地区	2008年	2009年	2010年	2011年	2012年	2013年	2014年
非洲	80	76	81	86	92	98	104
美洲	13 112	12 150	12 336	12 080	12 395	12 533	12 082
东亚太	1231	1026	1170	1223	1286	1389	1590
欧洲	2498	2262	2376	2356	2299	2286	2437
中东	77	78	84	85	85	91	103
南亚	145	146	172	185	187	192	221

表 16-9　2008—2014 年加拿大入境旅游人数（按游客所在国家/地区分）

排名	国家/地区	入境旅游人数（千人次）			市场份额（%）		增长率（%）
		2008 年	2013 年	2014 年	2013 年	2014 年	2013—2014 年
1	美 国	22 605.6	20 435.3	51 443.4	81.21	35.51	1.69
2	中 国	166.4	366.3	15365.2	1.46	10.61	16.05
3	英 国	870.2	663.5	8444.1	2.64	5.83	-11.46
4	法 国	426.8	467.2	8216.4	1.86	5.67	-2.82
5	德 国	332	322.4	5524.8	1.28	3.81	-1.35
6	澳大利亚	248.7	279.9	5144.1	1.11	3.55	-7
7	韩 国	196.6	158.5	4243.8	0.63	2.93	8.18
8	日 本	287.2	238.5	3516.6	0.95	2.43	0.57
9	墨西哥	270.8	156.9	2460.6	0.62	1.7	-13.8
10	中国香港	132.4	133.5	1986.6	0.53	1.37	-18.27

注：按 2014 年数据排名。

（四）入境旅游方式

从入境交通方式看，经由公路入境加拿大的游客人数最多，其次是乘坐飞机入境的游客人数。2008 年经由公路入境的游客为 8541 千人次，占入境游客总量的 48.5%；乘坐飞机入境的游客人数占入境游客总量的 46.6%。2014 年，经由公路入境的游客数量较 2008 年减少 556 千人次，负增长 6.5%；乘坐飞机入境的游客数量较 2008 年增加 1.0%；乘坐船舶入境的游客数量较 2008 年减少 15%；乘坐火车入境的游客数量较 2008 年增加 1.0%。

表 16-10　2008—2014 年加拿大入境旅游人数（按入境旅游方式分）

单位：千人次

入境旅游方式	2008 年	2009 年	2010 年	2011 年	2012 年	2013 年	2014 年
飞 机	7651	6781	7162	7255	7418	7726	7728
船 舶	845	812	807	764	725	711	718
火 车	105	92	109	114	111	110	106
公 路	8541	8052	8141	7883	8090	8042	7985

（五）入境旅游目的

加拿大的入境游客中，近一半游客的入境旅游目的是娱乐、休闲和度假。2008—

2014年，娱乐、休闲和度假游客的数量从2008年的8681千人次减少到2014年的7314千人次，负增长15.7%；商务和专业活动旅游者的数量从2008年的2666千人次增加到2014年的2688千人次，增长了0.8%。

表16-11 2008—2014年加拿大入境旅游人数（按入境旅游目的分）

单位：千人次

入境旅游目的	2008年	2009年	2010年	2011年	2012年	2013年	2014年
娱乐、休闲和度假	8681	7766	8050	7647	7690	7096	7314
商务和专业活动	2666	2346	2412	2463	2489	2553	2688
其他	5651	5474	5526	5593	5793	6335	6444

二、出境旅游概况

（一）出境旅游人数

2008—2013年，加拿大出境旅游人数总体上明显增长，从2008年的51 737千人次增长到2013年的65 798千人次，增长率为27.2%。2014年较2013年减少2061千人次，减少到63 737千人次，较上年减少3.1%。

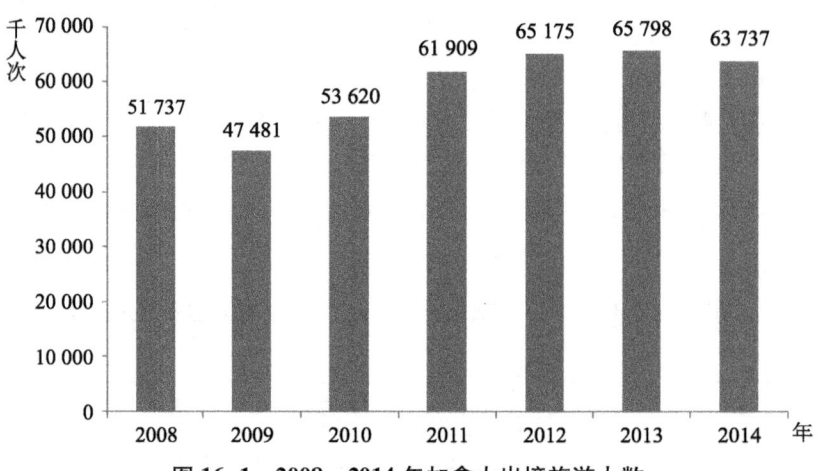

图16-1 2008—2014年加拿大出境旅游人数

注：此处出境旅游人数包括过夜旅游者和一日游游客。

（二）出境旅游花费

随着出境旅游人数的增加，2008—2013年，加拿大出境旅游花费总体上呈增长态势，从2008年的27 226百万美元增加到2013年的35 170百万美元，增长率为29.2%。2009年较上年有所减少，下降到24 038百万美元，负增长11.7%。2014年较上年有所减少，减少到33 817百万美元。

2008—2012年,加拿大出境交通花费总体上呈增长态势,从2008年的6618百万美元增加到2012年的7972百万美元,增长率为20.5%。2013年较上年有所减少,减少到7922百万美元,负增长0.6%。

表16-12　2008—2014年加拿大出境旅游花费

单位:百万美元

	2008年	2009年	2010年	2011年	2012年	2013年	2014年
总花费	33 844	30 065	36 975	41 234	43 010	43 092	—
出境旅游花费	27 226	24 038	29 727	33 388	35 038	35 170	33 817
出境交通花费	6618	6027	7248	7846	7972	7922	—

(三)出境旅游目的地

加拿大游客出境旅游目的地主要集中在美洲地区和欧洲地区。2014年,美洲的美国和墨西哥分别是加拿大的第一大和第二大出境旅游目的地国家,欧洲的法国和意大利分别是加拿大的第四大和第五大出境旅游目的地国家。

表16-13　2010—2014年加拿大游客出境主要旅游目的地

单位:人次

排名	国家/地区	游客类型	2010年	2011年	2012年	2013年	2014年
1	美　国	TFR	20 175 617	21 336 761	2 2697 345	23 406 943	23 003 055
2	墨西哥	TFN	1 460 418	15 63 146	1 571 543	1 599 425	1 676 681
3	古　巴	VFR	945 248	1 002 318	1 071 696	1 105 729	1 175 077
4	法　国	TFR	887 721	867 014	8 612 58	997 691	1 001 428
5	意大利	TFN	561 294	574 527	513 885	573 655	718 631
6	多米尼加	TFR	662 058	668 290	689 543	687 891	712 290
7	英　国	VFR	686 000	740 000	704 000	731 000	649 000
8	牙买加	TFR	325 191	378 938	403 200	399 331	419 898
9	西班牙	TCER	409 078	493 819	484 791	391 795	384 113
10	中国香港	VFR	404 252	410 591	392 519	353 954	354 408

注:按2014年数据排名。

第二节　美　国

美国全称美利坚合众国(The United States of America),位于北美洲中部,领土还包括北美洲西北部的阿拉斯加和太平洋中部的夏威夷群岛。北与加拿大接壤,南靠墨西哥湾,西临太平洋,东濒大西洋。面积约为937.26万平方千米,人口3.19亿(2014年)。大部分地区属于大陆性气候,南部属亚热带气候。美国是世界上经济最发达的国家,其劳动生产率、国内生产总值和对外贸易额均居世界首位。2013年国内生产总值(GDP)为174 190亿美元。

美国旅游政策委员会是专门处理旅游政策的政府机构。一般而言,游客参观游览的主要城市为:纽约、洛杉矶、旧金山、迈阿密、奥兰多等;主要州为:纽约、加利福尼亚、佛罗里达、内华达、夏威夷等。

表16-14 2014年美国旅游业经济影响评估

指　标	总　数	占全国的比例(%)	增长预测(%)
GDP(百万美元)	450 146	2.7	3.7
雇佣人数(千人)	5434.7	3.8	1.9

注:本表为估计值。

一、入境旅游概况

(一)入境旅游人数

2008—2013年,美国入境旅游人数略有下降后持续上升,从2008年的175 638千人次增加到2013年的177 455千人次,增长率为1.0%。2009年入境旅游人数较上年有所下降,为160 508千人次,较上年减少8.6%。

表16-15 2008—2014年美国入境旅游人数

单位:千人次

	2008年	2009年	2010年	2011年	2012年	2013年	2014年
入境旅游人数	175 638	160 508	162 275	164 782	171 320	177 455	—
过夜旅游者	57 942	55 103	60 010	62 821	66 657	69 768	75 011
一日游游客	117 696	105 405	102 265	101 961	104 663	107 687	—

(二)入境旅游收入

2008—2014年,美国入境旅游收入总体上呈增长态势,从2008年的139 568百万美元增加到2014年的177 241百万美元,增长率为27%。2009年入境旅游收入减少到123 408百万美元,较上年减少了11.6%。

2008—2014年,美国入境游客交通收入总体上呈增长态势,从2008年的30 956百万美元增加到2014年的43 516百万美元,增长了40.6%。2009年较上年有所减少,下降到26 102百万美元,较上年负增长15.7%。

表 16-16　2008—2014 年美国入境旅游收入

单位：百万美元

	2008 年	2009 年	2010 年	2011 年	2012 年	2013 年	2014 年
总收入	170 524	149 510	164 606	184 536	200 092	217 219	220 757
入境旅游收入	139 568	123 408	133 620	147 773	160 732	176 074	177 241
入境游客交通收入	30 956	26 102	30 986	36 763	39 360	41 145	43 516

（三）入境旅游客源结构

美国的入境旅游客源地区主要集中在美洲地区，其次是欧洲地区和东亚太地区。2008—2014 年，美国的入境游客中，来自美洲本土的游客数量从 2008 年的 37 133 千人次上升到 2014 年的 47 819 千人次；来自欧洲地区的游客数量从 2008 年的 13 250 千人次上升到 2014 年的 14 721 千人次；来自东亚太地区的游客数量从 2008 年的 6343 千人次上升到 2014 年的 10 137 千人次。

表 16-17　2008—2014 年美国入境旅游人数（按地区分）

单位：千人次

地　区	2008 年	2009 年	2010 年	2011 年	2012 年	2013 年	2014 年
非　洲	311	291	311	326	371	436	511
美　洲	37 133	36 052	38 859	40 533	43 247	44 861	47 819
东亚太	6343	5906	7369	7728	8797	9518	10 137
欧　洲	13 250	11 978	12 437	13 115	12 954	13 424	14 721
中　东	228	246	296	363	463	543	660
南　亚	677	629	738	755	826	983	1125

2014 年，美国的入境游客中，来自加拿大（23 003 千人次）和墨西哥（17 070 千人次）的游客人数最多，其次是来自英国、日本和巴西的游客人数。2014 年，中国是美国的第六大入境旅游客源国，前往美国旅游的中国游客人数是 2190 千人次。

表 16-18　2008—2014 年美国入境旅游人数（按游客所在国家分）

排名	国　家	入境旅游人数（千人次）			市场份额（%）		增长率（%）
		2008 年	2013 年	2014 年	2013 年	2014 年	2013—2014 年
1	加拿大	18 915	23 387	23 003	33.52	30.67	-1.73
2	墨西哥	13 686	14 343	17 070	20.56	22.76	17.34
3	英　国	4565	3835	4149	5.5	5.53	8.18

续表

排名	国家	入境旅游人数(千人次)			市场份额(%)		增长率(%)
		2008年	2013年	2014年	2013年	2014年	2013—2014年
4	日本	3250	3730	3620	5.35	4.83	-2.95
5	巴西	769	2060	2264	2.95	3.02	9.89
6	中国	493	1807	2190	2.59	2.92	21.21
7	德国	1782	1916	2056	2.75	2.74	7.31
8	法国	1244	1505	1658	2.16	2.21	10.21
9	韩国	759	1360	1460	1.95	1.95	7.35
10	澳大利亚	690	1205	1304	1.73	1.74	8.22

注：按2014年数据排名。

(四) 入境旅游方式

2008—2014年，美国入境游客中，乘坐飞机入境的游客数量最多，其次是经由公路入境的游客数量。乘坐飞机入境的游客数量从2008年的32 095千人次增加到2014年的42 997千人次，增长率为33.9%；经由公路入境的游客数量从2008年的25 386千人次增加到2014年的31 124千人次，增长率为22.6%；乘坐船舶入境的游客数量有所波动，但一直维持在400千~600千人次。

表16-19　2008—2014年美国入境旅游人数(按入境旅游方式分)

单位：千人次

入境旅游方式	2008年	2009年	2010年	2011年	2012年	2013年	2014年
飞机	32 095	30 017	33 171	35 608	37 590	40 308	42 997
公路	25 386	24 480	26 273	26 681	28 480	28 852	31 124
船舶	461	427	416	407	449	521	581
火车	—	27	44	46	44	43	43

(五) 入境旅游目的

美国的入境游客中，绝大多数是出于娱乐、休闲和度假目的入境的。2010—2013年，娱乐、休闲和度假游客的数量从2010年的14 104千人次增长到2013年的18 230千人次，增长了29.3%；商务和专业活动游客的数量从2010年的5773千人次增长到2013年的6311千人次，增长了9.3%。

表 16-20　2010—2013 年美国入境旅游人数（按入境旅游目的分）

单位：千人次

入境旅游目的	2010 年	2011 年	2012 年	2013 年
娱乐、休闲和度假	14 104	14 806	16 874	18 230
商务和专业活动	5773	5855	6071	6311
其　他	6485	7222	6815	7497

二、出境旅游概况

（一）出境旅游人数

美国的出境旅游人数很多，而且消费水平高，停留时间也较长。2008—2013 年，美国出境旅游人数总体上呈下降态势，从 2008 年的 146 122 千人次下降到 2013 年的 118 438 千人次，负增长 18.9%。

2008—2014 年，美国的出境过夜旅游者人数总体呈上升态势，从 2008 年的 63 563 千人次增加到 2014 年的 68 303 千人次，增长了 7.5%。

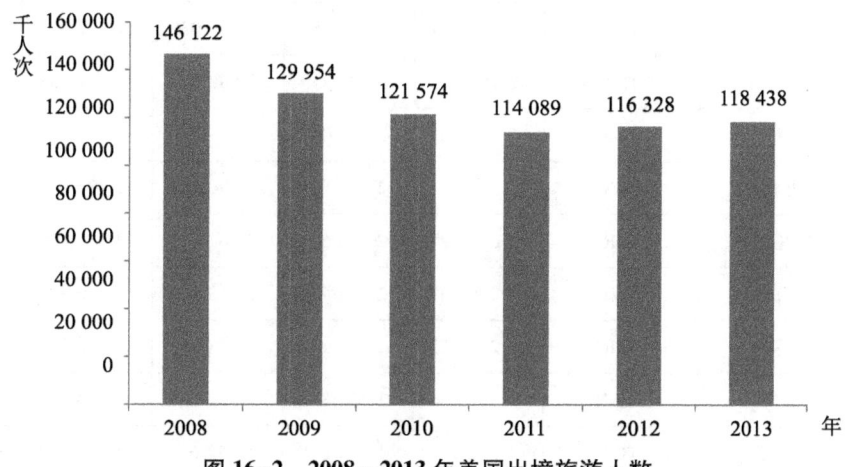

图 16-2　2008—2013 年美国出境旅游人数

注：此处出境旅游人数包括过夜旅游者和一日游游客。

（二）出境旅游花费

2008—2014 年，美国出境旅游花费总体上明显增加，从 2008 年的 87 376 百万美元增加到 2014 年的 110 788 百万美元，增长了 26.8%。2009 年有所下降，较上年减少 6208 百万美元，减少到 81 168 百万美元。

2008—2014 年，美国出境交通花费总体上明显增长，从 2008 年的 31 841 百万美元增长到 2014 年的 34 890 百万美元，增长了 9.6%。2009 年较上年有所减少，减少到 25 117 百万美元，负增长 21.1%。

表 16-21 2008—2014 年美国出境旅游花费

单位:百万美元

	2008 年	2009 年	2010 年	2011 年	2012 年	2013 年	2014 年
总花费	119 217	106 285	110 313	117 327	126 573	132 615	145 678
出境旅游花费	87 376	81 168	83 057	86 248	91 919	95 271	110 788
出境交通花费	31 841	25 117	27 256	31 079	34 654	37 344	34 890

(三)出境旅游目的地

美国游客出境旅游目的地主要集中在美洲地区和欧洲地区。2014 年,美洲的墨西哥和加拿大分别是美国的第一大与第二大出境旅游目的地国家,欧洲的法国、英国和意大利分别位居第三位、第四位和第五位。

表 16-22 2010—2014 年美国游客出境主要旅游目的地

单位:人次

排名	国家/地区	游客类型	2010 年	2011 年	2012 年	2013 年	2014 年
1	墨西哥	TFN	18 527 163	18 554 616	18 658 170	18 939 750	23 653 301
2	加拿大	TFR	11 870 844	11 595 363	11 886 950	11 477 624	11 523 181
3	法 国	TFR	2 780 318	3 208 279	2 888 031	2 967 633	3 168 890
4	英 国	VFR	2 711 000	2 846 000	2 839 800	2 778 000	2 976 000
5	意大利	TFN	2 327 342	2 714 583	2 590 359	2 884 008	2 960 747
6	波多黎各(美)	TFR	2 630 898	2 586 606	2 581 018	2 730 400	2 776 126
7	德 国	TCER	2 206 339	2 163 759	2 313 953	2 309 885	2 371 086
8	多米尼加	TFR	1 219 563	1 297 178	1 478 915	1 622 838	1 829 195
9	秘 鲁	THSN	949 874	1 108 883	1 352 643	1 514 208	1 425 241
10	牙买加	TFR	1 242 943	1 225 565	1 257 669	1 271 262	1 296 457
11	西班牙	TFR	1 134 027	1 137 298	1 239 199	1 194 305	1 218 617
12	中国香港	VFR	1 171 419	1 212 336	1 184 757	1 109 841	1 130 566
13	印 度	TFN	931 292	980 688	1 039 947	1 085 309	1 118 983
14	巴哈马	TFR	1 097 184	1 058 682	1 121 597	1 066 073	1 107 164
15	伯利兹	VFN	842 963	791 109	664 193	766 705	1 007 176

注:按 2014 年数据排名。

第三节 墨西哥

墨西哥全称墨西哥合众国(The United Mexican States),位于北美洲南部。北邻美国,南接危地马拉和伯利兹,东临墨西哥湾和加勒比海,西南濒太平洋。国土面积约为196.44万平方千米。气候复杂多样,高原地区终年温和,西北内陆为大陆性气候,沿海和东南部平原属热带气候。2014年全国人口为1.23亿。2013年国内生产总值(GDP)为12 827亿美元。

墨西哥是美洲文明古国,玛雅文化、托尔特克文化和阿兹特克文化均为墨西哥印第安人所创造。墨西哥是世界能源和矿产大国。旅游业发达,旅游资源丰富,境内有墨西哥城、阿卡普尔科、蒂华纳、坎昆等著名旅游胜地。

表16-23 2014年墨西哥旅游业经济影响评估

指 标	总 数	占全国的比例(%)	增长预测(%)
GDP(百万美元)	74 720.3	5.9	4.5
雇佣人数(千人)	3180.1	6.4	2.2

注:本表为估计值。

一、入境旅游概况

(一)入境旅游人数

2008—2014年,墨西哥入境旅游人数总体上明显下降,从2008年的92 948千人次减少到2014年的81 042千人次,负增长12.8%。过夜旅游者人数从2008年的22 931千人次增加到2014年的29 346千人次,增长了28.0%。

墨西哥入境旅游者中,一日游游客多于过夜旅游者。2008—2014年,一日游游客人数始终为过夜旅游者人数的2~4倍。2008年一日游游客占所有入境旅游者的比重是75.3%,2014年下降到56.7%。

表16-24 2008—2014年墨西哥入境旅游人数

单位:千人次

	2008年	2009年	2010年	2011年	2012年	2013年	2014年
入境旅游人数	92 948	88 044	81 954	75 732	76 749	78 101	81 042
过夜旅游者	22 931	22 346	23 290	23 403	23 403	24 151	29 346
一日游游客	70 017	65 698	58 664	52 329	53 346	53 950	45 911
邮船乘客	6491	5701	6048	5289	5199	4555	5785

（二）入境旅游收入

2008—2014 年，墨西哥的入境旅游收入呈波动态势，但总体上有所增长，从 2008 年的 13 370 百万美元增长到 2014 年的 16 208 百万美元，增长了 21.2%。2012 年、2013 年和 2014 年连续增长，分别较上年增长 7.3%、9.5% 和 16.2%。

表 16-25　2008—2014 年墨西哥入境旅游收入

单位：百万美元

	2008 年	2009 年	2010 年	2011 年	2012 年	2013 年	2014 年
总收入	14 726	12 542	12 628	12 458	13 320	14 311	16 607
入境旅游收入	13 370	11 513	11 992	11 869	12 739	13 949	16 208
入境游客交通收入	1356	1029	636	589	581	362	399

（三）入境旅游客源结构

墨西哥的入境旅游客源主要来自美洲本土。2014 年来自美洲地区的游客人数是 27 064 千人次，占入境旅游人数的 93%；来自欧洲地区的游客人数为 1846 千人次，占入境旅游人数的 6.3%。

表 16-26　2008—2014 年墨西哥入境旅游人数（按地区分）

单位：千人次

地区	2008 年	2009 年	2010 年	2011 年	2012 年	2013 年	2014 年
非洲	13	10	15	15	16	18	20
美洲	19 818	20 178	20 868	21 152	21 541	22 088	27 064
东亚太	105	78	101	112	133	156	186
欧洲	1502	1188	1418	1510	1619	1725	1846

2014 年，墨西哥最大的两个入境旅游客源国家是美国和加拿大，来自这两个国家的入境旅游人数分别为 23 653 301 人次和 1 676 681 人次，分别较上年增长 24.89% 和 4.83%。英国和哥伦比亚是墨西哥的第三大和第四大入境旅游客源国家。

表 16-27　2008—2014 年墨西哥入境旅游人数（按游客所在国家分）

排名	国家	入境旅游人数（人次）			市场份额（%）		增长率（%）
		2008 年	2013 年	2014 年	2013 年	2014 年	2013—2014 年
1	美国	17 981 814	18 939 750	23 653 301	78.42	80.60	24.89
2	加拿大	1 135 001	1 599 425	1 676 681	6.62	5.71	4.83

续表

排名	国家	入境旅游人数（人次）			市场份额(%)		增长率(%)
		2008年	2013年	2014年	2013年	2014年	2013—2014年
3	英国	311 113	414 039	458 932	1.71	1.56	10.84
4	哥伦比亚	67 378	262 653	328 213	1.09	1.12	24.96
5	西班牙	284 512	282 255	310 123	1.17	1.06	9.87
6	巴西	76 491	267 507	309 696	1.11	1.06	15.77
7	阿根廷	126 130	257 820	246 404	1.07	0.84	-4.43
8	法国	208 284	199 866	213 863	0.83	0.73	7.00
9	德国	158 050	187 141	207 031	0.77	0.71	10.63
10	委内瑞拉	82 453	164 968	176 535	0.68	0.60	7.01

注：按2014年数据排名。

（四）入境旅游方式

从入境交通方式来看，除2013年外，2008—2014年经由公路入境的游客人数最多。2013年乘坐飞机入境的游客人数超过经由公路入境的游客人数，达到12 221千人次，所占市场份额为50.6%；经由公路入境的游客人数达11 929千人次，所占市场份额为49.4%。2014年经由公路入境的游客人数再次超过乘坐飞机入境的游客人数，达到15 883千人次，所占市场份额为54.1%；乘坐飞机入境的游客人数为13 463千人次，所占市场份额为45.9%。

表16-28　2008—2014年墨西哥入境旅游人数（按入境旅游方式分）

单位：千人次

入境旅游方式	2008年	2009年	2010年	2011年	2012年	2013年	2014年
飞机	11 007	8675	10 619	10 844	11 361	12 221	13 463
公路	11 924	12 671	12 671	12 559	12 042	11 929	15 883

（五）入境旅游目的

墨西哥的入境游客中，出于其他目的入境的游客人数最多。2008—2014年，以娱乐、休闲和度假为目的的游客人数从2008年的8080千人次增长到2014年的9554千人次，增长了18.2%；以商务和专业活动为目的的游客人数从2008年的792千人次增长到2014年的1254千人次，增长了58.3%。2014年墨西哥入境旅游者中，娱乐、休闲和度假旅游者占32.6%，商务和专业活动旅游者占4.3%。

表 16-29　2008—2014 年墨西哥入境旅游人数（按入境旅游目的分）

单位：千人次

入境旅游目的	2008 年	2009 年	2010 年	2011 年	2012 年	2013 年	2014 年
娱乐、休闲和度假	8080	7234	8174	7888	7356	8299	9554
商务和专业活动	792	683	809	835	930	1064	1254
其他	14 058	14 429	14 306	14 680	15 116	14 788	18 538

二、出境旅游概况

（一）出境旅游人数

2008—2012 年，墨西哥的出境旅游人数持续下降，从 2008 年的 107 519 千人次减少到 2012 年的 87 332 千人次，减少了 18.8%。2013 年和 2014 年连续增长，分别较上年增长 3.9% 和 0.2%。

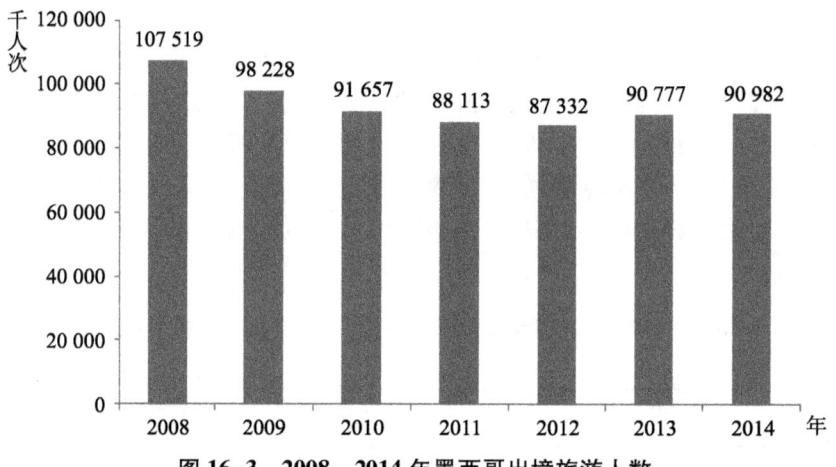

图 16-3　2008—2014 年墨西哥出境旅游人数

注：此处出境旅游人数包括过夜旅游者和一日游游客。

（二）出境旅游花费

2008 年，墨西哥出境旅游花费为 8568 百万美元；2009 年减少到 7207 百万美元，较上年负增长 15.9%。2010—2014 年，墨西哥出境旅游花费持续不断增长，从 2010 年的 7255 百万美元增长到 2014 年的 9606 百万美元，增长了 32.4%。

2008—2014 年，墨西哥出境交通花费总体上明显增长，从 2008 年的 1678 百万美元增长到 2014 年的 2950 百万美元，增长了 75.8%。

表 16-30　2008—2014 年墨西哥出境旅游花费

单位：百万美元

	2008 年	2009 年	2010 年	2011 年	2012 年	2013 年	2014 年
总花费	10 246	8737	9001	9704	10 735	11 970	12 556
出境旅游花费	8568	7207	7255	7832	8449	9122	9606
出境交通花费	1678	1530	1746	1872	2286	2848	2950

（三）出境旅游目的地

美国是墨西哥游客最大的出境旅游目的地国家，2014 年共有 17 069 818 人次墨西哥游客赴美国旅游，较 2013 年增长 17.3%；法国是墨西哥游客第二大出境旅游目的地国家，2014 年共有 328 213 人次墨西哥游客赴法国旅游，较上年增长 10.7%。

表 16-31　2010—2014 年墨西哥游客出境主要旅游目的地

单位：人次

排名	国　家	游客类型	2010 年	2011 年	2012 年	2013 年	2014 年
1	美　国	TFR	13 471 092	13 600 223	14 197 506	14 547 237	17 069 818
2	法　国	TFR	308 936	487 694	346 527	296 366	328 213
3	西班牙	TFR	185 740	259 028	269 305	262 104	323 741
4	加拿大	TFR	120 499	132 217	141 921	150 896	172 604
5	危地马拉	VFR	127 691	132 661	144 076	152 506	139 437
6	意大利	TFN	74 338	111 543	100 218	128 249	129 203
7	哥伦比亚	TFR	64 886	75 011	80 865	94 271	110 172
8	巴　西	TFR	67 616	64 451	61 658	76 738	109 637
9	英　国	VFR	67 000	78 000	83 700	109 000	92 000
10	德　国	TCER	66 107	71 501	79 996	90 749	90 769
11	古　巴	VFR	66 650	76 326	78 289	84 704	82 820
12	哥斯达黎加	TFN	54 660	52 707	66 959	72 568	75 045
13	巴拿马	VFR	48 132	51 422	57 803	60 296	68 340
14	秘　鲁	TFR	38 097	46 005	51 229	60 270	67 016
15	土耳其	VFN	22 908	29 606	31 576	36 617	42 663

注：按 2014 年数据排名。

第十七章 加勒比海分区旅游市场概况

加勒比海分区又称西印度群岛，位于大西洋及其属海加勒比海、墨西哥湾之间。面积约24万平方千米。

依据世界旅游组织的划分方法，加勒比海分区包括安圭拉岛、安提瓜和巴布达、阿鲁巴（荷）、巴哈马群岛、巴巴多斯、百慕大群岛、博内尔岛、英属维尔京群岛、开曼群岛（英）、古巴、库拉索（荷）、多米尼克、多米尼加、格林纳达、瓜德罗普（法）、海地、牙买加、马提尼克（法）、蒙特塞拉特（英）、波多黎各（美）、塞巴、圣卢西亚岛、圣尤斯特歇斯、圣基茨和尼维斯联邦、圣马丁岛、圣文森特、格林纳丁斯群岛、特立尼达和多巴哥、特克斯和凯科斯群岛（英）、美属维尔京群岛共30个国家和地区，但本章的加勒比海分区旅游市场概况分析只包括波多黎各（美）、巴哈马、多米尼加、法属马提尼克岛、古巴、格林纳达、美属维尔京群岛、特立尼达和多巴哥、牙买加共9个国家和地区。

一、入境旅游概况

（一）入境旅游人数

2014年，加勒比海分区入境旅游人数排名前三位的是多米尼加（5141千人次）、波多黎各（3246千人次）和古巴（2970千人次）。此外，牙买加和巴哈马的入境旅游人数均超过了1400千人次。

表17-1 2008—2014年加勒比海分区各国家/地区入境旅游人数

单位：千人次

排名	国家/地区	2008年	2009年	2010年	2011年	2012年	2013年	2014年
1	多米尼加	3980	3992	4125	4306	4563	4690	5141
2	波多黎各（美）	3716	3183	3186	3048	3069	3200	3246
3	古巴	2316	2405	2507	2688	2815	2829	2970
4	牙买加	1767	1831	1922	1952	1986	2008	2080
5	巴哈马	1463	1327	1370	1346	1422	1364	1427

续表

排名	国家/地区	2008年	2009年	2010年	2011年	2012年	2013年	2014年
6	美属维尔京群岛	574	563	590	532	580	570	602
7	法属马提尼克岛	481	442	478	497	488	490	490
8	特立尼达和多巴哥	437	419	388	431	455	434	412
9	格林纳达	130	114	110	118	116	116	134

注：按2014年数据排名。

（二）入境旅游收入

2011年，加勒比海分区入境旅游收入排名前三位的国家是多米尼加（4391百万美元）、波多黎各（3143百万美元）和古巴（2283百万美元）。此外，巴哈马、牙买加和美属维尔京群岛的入境旅游收入均超过1000百万美元。2014年，加勒比海分区入境旅游收入排名前三位的国家是多米尼加（5637百万美元）、波多黎各（3438百万美元）和巴哈马（2447百万美元）。

表17-2　2008—2014年加勒比海分区各国家/地区入境旅游收入

单位：百万美元

排名	国家/地区	2008年	2009年	2010年	2011年	2012年	2013年	2014年
1	多米尼加	4166	4049	4163	4391	4687	5064	5637
2	波多黎各（美）	3535	3176	3211	3143	3193	3334	3438
3	古巴	2090	1899	2025	2283	2326	2344	2367
4	巴哈马	2144	2014	2147	2142	2311	2162	2447
5	牙买加	1976	1925	2001	2013	2046	2074	2255
6	美属维尔京群岛	1157	1021	1013	1085	1153	1232	—
7	法属马提尼克岛	463	420	472	516	462	484	483
8	特立尼达和多巴哥	397	367	450	472	—	—	—
9	格林纳达	127	112	112	117	122	120	—

注：此处各国家/地区中，多米尼加和法属马提尼克岛入境旅游收入包括入境游客交通收入，其他国家/地区入境旅游收入均不包括入境游客交通收入；特立尼达和多巴哥2012—2014年数据缺失，故按2011年数据进行排名。

二、出境旅游概况

（一）出境旅游人数

2014年，波多黎各、多米尼加和古巴的出境过夜旅游者人数分别为793千人次、507

千人次和355千人次。加勒比海分区各国家主要为入境旅游目的地，出境旅游人数相对较少。

表17-3　2008—2014年加勒比海分区各国家/地区出境旅游人数

单位：千人次

排名	国家/地区	2008年	2009年	2010年	2011年	2012年	2013年	2014年
1	波多黎各（美）	1438	1116	980	924	876	839	793
2	多米尼加	413	415	401	408	418	436	507
3	古巴	202	206	251	253	213	287	355

注：按2014年数据排名。

（二）出境旅游花费

2011年，加勒比海分区出境旅游花费排名前三位的国家/地区是波多黎各（816百万美元）、多米尼加（396百万美元）和巴哈马（246百万美元）。此外，牙买加与特立尼达和多巴哥的出境旅游花费均达到150百万美元。2014年，加勒比海分区出境旅游花费排名前三位的国家是波多黎各（763百万美元）、多米尼加（414百万美元）和巴哈马（237百万美元）。

表17-4　2008—2014年加勒比海分区各国家/地区出境旅游花费

单位：百万美元

排名	国家/地区	2008年	2009年	2010年	2011年	2012年	2013年	2014年
1	波多黎各（美）	1213	919	809	816	787	782	763
2	多米尼加	327	359	395	396	399	378	414
3	巴哈马	305	240	228	246	286	262	237
4	牙买加	268	216	193	159	165	171	195
5	特立尼达和多巴哥	75	105	71	150	—	—	—
6	格林纳达	11	10	10	10	11	11	—

注：按2011年数据排名。

第一节　波多黎各（美）

波多黎各（Puerto Rico）全称波多黎各自由邦，位于加勒比海大安的列斯群岛东部。北临大西洋，南濒加勒比海，东与美属、英属维尔京群岛隔水相望，西隔莫纳海峡同多米尼加为邻。属热带雨林气候。面积为8870平方千米。人口为355万（2014年）。2013年国内生产总值（GDP）为1031亿美元。

波多黎各是加勒比海分区的主要旅游目的地,境内主要名胜有:蓬塞艺术博物馆、圣胡安老城、圣胡安大教堂、云盖雨林和16世纪至17世纪家庭博物馆等。

表17-5 2014年波多黎各旅游业经济影响评估

指标	总数	占全国的比例(%)	增长预测(%)
GDP(百万美元)	2396.6	2.3	2.6
雇佣人数(千人)	19.2	1.8	2.0

注:本表为估计值。

一、入境旅游概况

(一)入境旅游人数

2008—2014年,波多黎各入境旅游人数从5213千人次减少到4455千人次,负增长14.5%;过夜旅游者人数从3716千人次减少到3246千人次,负增长12.6%;邮船乘客从1497千人次减少到1209千人次,负增长19.2%。

波多黎各入境旅游者中,邮船乘客比例较高。2008—2014年,一日游游客全是邮船乘客,2008年邮船乘客占所有入境旅游者的28.7%,2014年这一比例下降到27.1%。

表17-6 2008—2014年波多黎各入境旅游人数

单位:千人次

	2008年	2009年	2010年	2011年	2012年	2013年	2014年
入境旅游人数	5213	4415	4379	4214	4189	4238	4455
过夜旅游者	3716	3183	3186	3048	3069	3200	3246
一日游游客	1497	1232	1194	1166	1120	1038	1209
邮船乘客	1497	1232	1194	1166	1120	1038	1209

(二)入境旅游收入

2008—2011年,波多黎各入境旅游收入从3535百万美元下降到3143百万美元,负增长11.1%。2012—2014年,波多黎各入境旅游收入持续增长:2013年增加到3334百万美元,较上年增长4.4%;2014年增加到3438百万美元,较上年增长3.1%。

(三)入境客源结构

波多黎各入境游客绝大多数来自美洲。2008—2012年,来自美洲地区的游客人数呈递减趋势,从2008年的2912千人次减少到2012年的2588千人次。2013—2014年,来自美洲地区的游客人数持续增长:2013年为2739千人次,较上年增长5.8%;2014年为2784千人次,较上年增长1.6%。

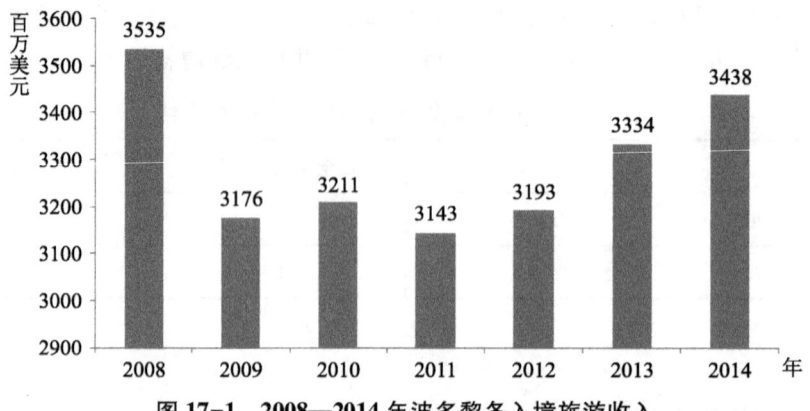

图 17-1 2008—2014 年波多黎各入境旅游收入

注：此处入境旅游收入包括入境游客交通收入。

表 17-7　2008—2014 年波多黎各入境旅游人数（按地区分）

单位：千人次

地 区	2008 年	2009 年	2010 年	2011 年	2012 年	2013 年	2014 年
美 洲	2912	2704	2640	2594	2588	2739	2784

美国是波多黎各的第一大入境旅游客源国家，2014 年，来自美国的游客人数占波多黎各入境旅游人数的比例高达 85.52%，来自美国的游客人数为 2776 千人次，较上年增长 1.67%。

表 17-8　2008—2014 年波多黎各入境旅游人数（按游客所在国家/地区分）

排名	国家/地区	入境旅游人数（千人次）			市场份额（%）		增长率（%）
		2008 年	2013 年	2014 年	2013 年	2014 年	2013—2014 年
1	美 国	2895	2730	2776	85.33	85.52	1.67
2	美属维尔京群岛	17	8.2	7.373	0.26	0.23	-10.09

注：按 2014 年数据排名。

（四）入境旅游方式

从入境交通方式来看，乘坐飞机入境的游客人数最多。2008 年乘坐飞机入境的游客人数为 3716 千人次，占入境旅游人数的 71.3%；乘坐船舶入境的游客人数为 1497 千人次，占入境旅游人数的 28.7%。2014 年乘坐飞机入境的游客人数下降到 3246 千人次，占 72.9%；乘坐船舶入境的游客人数下降到 1209 千人次，占 27.1%。

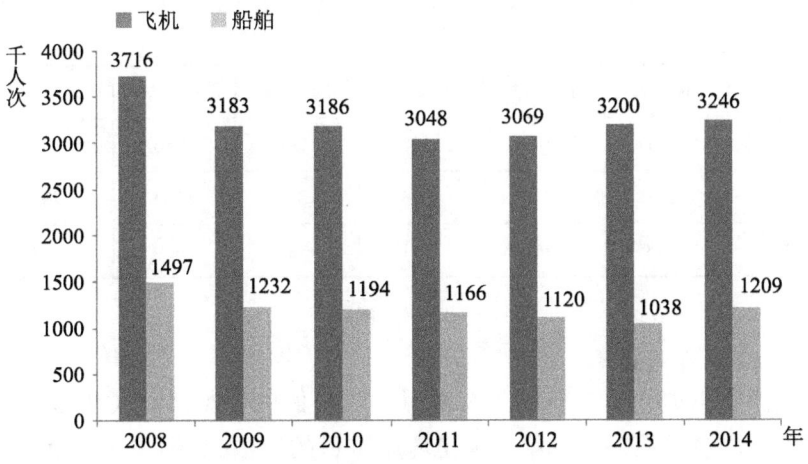

图 17-2 2008—2014 年乘坐飞机和船舶入境波多黎各的游客人数

二、出境旅游概况

（一）出境旅游人数

2008—2014 年，波多黎各出境旅游人数一直不断减少，从 2008 年的 1438 千人次减少到 2014 年的 793 千人次，负增长率为 44.9%。

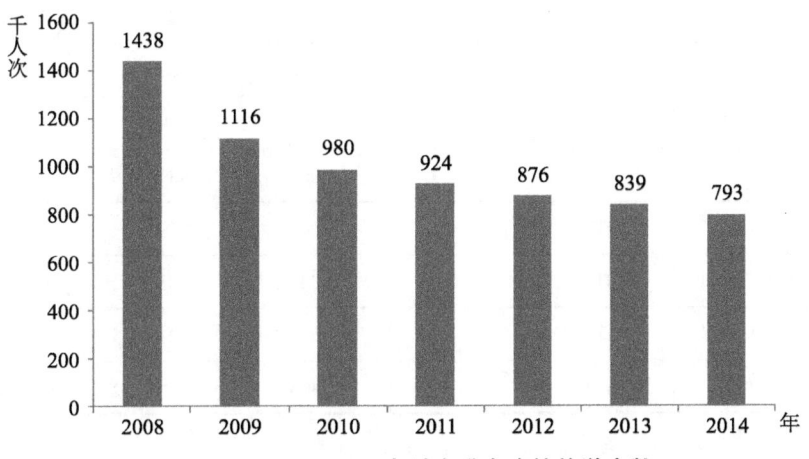

图 17-3　2008—2014 年波多黎各出境旅游人数

（二）出境旅游花费

波多黎各出境旅游花费与出境旅游人数变化趋势基本是一致的。2008—2014 年波多黎各出境旅游花费整体呈下降趋势，从 2008 年的 1213 百万美元下降到 2014 年的 763 百万美元，负增长率为 37.1%。2008—2014 年，波多黎各出境交通花费整体呈下降趋势，从 2008 年的 548 百万美元下降到 2014 年的 325 百万美元，负增长率为 40.7%。

表 17-9　2008—2014 年波多黎各出境旅游花费

单位：百万美元

	2008 年	2009 年	2010 年	2011 年	2012 年	2013 年	2014 年
总花费	1761	1386	1180	1196	1156	1139	1088
出境旅游花费	1213	919	809	816	787	782	763
出境交通花费	548	467	371	380	369	357	325

（三）出境旅游目的地

波多黎各游客出境旅游目的地主要集中在美洲地区。2014 年美洲的多米尼加和安哥拉分别是波多黎各的第一大和第二大出境旅游目的地国家，到访这两个国家的波多黎各游客人数占波多黎各出境旅游人数的 90.5%。

表 17-10　2010—2014 年波多黎各游客出境主要旅游目的地

单位：人次

排名	国　家	游客类型	2010 年	2011 年	2012 年	2013 年	2014 年
1	多米尼加	TFR	118 201	109 505	112 593	103 822	124 057
2	安哥拉	TFR	—	—	—	—	12 212
3	哥伦比亚	TFR	3951	6141	6885	6555	2863
4	牙买加	TFR	1447	1486	1559	1481	1354
5	巴拿马	VFR	1069	750	798	1447	1223
6	加拿大	TFR	995	1005	939	1242	1202
7	洪都拉斯	TFN	155	143	219	225	975
8	安提瓜和巴布达	TFR	1140	838	803	705	764
9	秘鲁	TFR	506	557	591	664	691
10	安圭拉岛	VFR	559	403	655	428	548

注：按 2014 年数据排名。

第二节　巴哈马

巴哈马全称巴哈马国（The Commonwealth of the Bahamas），位于西印度群岛最北部，即美国佛罗里达州东南海岸对面、古巴北侧。由 700 多个岛屿及 2400 多个珊瑚礁组成。面积约为 1.39 万平方千米。2014 年全国人口为 38.3 万。属亚热带气候，年平均气温 23.5℃。2014 年国内生产总值（GDP）为 85.1 亿美元。巴哈马的人均国内生产总值在西半球国家中仅次于美国和加拿大,是加勒比地区最富裕的国家。

旅游业是巴哈马国民经济的第一大支柱产业。游客主要来自美国、加拿大和欧洲。

一、入境旅游概况

(一)入境旅游人数

2008—2014 年,巴哈马入境旅游人数从 4394 千人次上升到 6320 千人次,增长了 43.8%;过夜旅游者人数从 1463 千人次减少到 1427 千人次,负增长 2.5%。

表 17-11　2008—2014 年巴哈马入境旅游人数

单位:千人次

	2008 年	2009 年	2010 年	2011 年	2012 年	2013 年	2014 年
入境旅游人数	4394	4645	5255	5588	5940	6151	6320
过夜旅游者	1463	1327	1370	1346	1422	1364	1427
一日游游客	2931	3318	3885	4242	4518	4787	4893
邮船乘客	2861	3256	3810	4161	4434	4709	4805

(二)入境旅游收入

2008—2014 年,巴哈马的入境旅游收入总体上维持在 2000 百万~2500 百万美元。2009 年由 2008 年的 2144 百万美元减少到 2014 百万美元,负增长 6.0%;2010 年较上年有所增加,增长率为 6.6%;2011 年为 2142 百万美元,基本与 2010 年持平;2012 年入境旅游收入有所增长,增长率为 7.9%;2013 年为 2162 百万美元,较上年减少 6.4%;2014 年为 2447 百万美元,较上年增加 14.1%。

2008—2014 年,巴哈马的入境游客交通收入总体上明显增长,从 2008 年的 11 百万美元增长到 2014 年的 23 百万美元,增长率为 109.1%。

表 17-12　2008—2014 年巴哈马入境旅游收入

单位:百万美元

	2008 年	2009 年	2010 年	2011 年	2012 年	2013 年	2014 年
总收入	2155	2025	2159	2157	2333	2182	2470
入境旅游收入	2144	2014	2147	2142	2311	2162	2447
入境游客交通收入	11	11	12	15	22	20	23

(三)入境旅游客源结构

巴哈马绝大部分入境游客来自美洲本土。来自美洲地区的游客人数从 2008 年的

1331千人次减少到2014年的1299千人次,下降了2.4%;来自欧洲地区的游客人数从2008年的94千人次减少到2014年的84千人次,下降了10.6%。

表17-13 2008—2014年巴哈马入境旅游人数(按地区分)

单位:千人次

地 区	2008年	2009年	2010年	2011年	2012年	2013年	2014年
非 洲	2	2	2	2	2	2	2
美 洲	1331	1213	1256	1230	1303	1241	1299
欧 洲	94	80	79	799	80	81	84
东亚太	7	6	7	7	8	8	9
南 亚	1	1	1	1	1	1	1
中 东	1	0.1	1	1	1	1	1

美国是巴哈马最大的入境旅游客源国家,其次是加拿大。2014年,来自美国的游客人数将近1107.16千人次,占巴哈马入境游客的77.59%;来自加拿大的游客人数达到144.14千人次,占巴哈马入境游客的10.10%。

表17-14 2008—2014年巴哈马入境旅游人数(按游客所在国家分)

排名	国 家	入境旅游人数(千人次)			市场份额(%)		增长率(%)
		2008年	2013年	2014年	2013年	2014年	2013—2014年
1	美 国	1177.27	1066.06	1107.16	78.15	77.59	3.85
2	加拿大	114.96	123.72	144.14	9.07	10.10	16.51
3	英 国	34.57	23.99	23.83	1.76	1.67	-0.68
4	法 国	14.42	14.00	13.29	1.03	0.93	-5.09
5	德 国	10.53	8.93	10.06	0.65	0.70	12.59
6	巴 西	3.86	8.88	9.35	0.65	0.66	5.32
7	意大利	10.87	8.36	9.10	0.61	0.64	8.85
8	牙买加	6.97	6.29	5.50	0.46	0.39	-12.54
9	瑞 士	4.17	5.04	5.49	0.37	0.38	8.87
10	阿根廷	2.05	5.05	4.81	0.37	0.34	-4.76

注:按2014年数据排名。

(四)入境旅游方式

巴哈马入境游客中,乘坐船舶入境的游客人数从2008年的3001千人次增加到2014

年的 4977 千人次,增长了 65.8%;乘坐飞机入境的游客人数 2008—2014 年基本维持在 1200 千~1400 千人次。

乘坐船舶入境的游客人数一直多于乘坐飞机入境的游客人数。2008 年巴哈马入境游客中,乘坐船舶入境的游客占 68.3%,乘坐飞机入境的游客占 31.7%;2014 年巴哈马入境游客中,乘坐船舶入境的游客的比例增加到 78.8%,乘坐飞机入境的游客的比例下降到 21.2%。

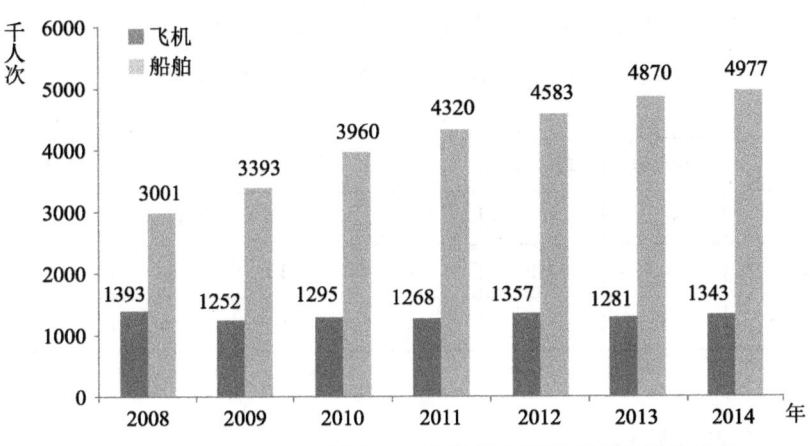

图 17-4　2008—2014 年乘坐飞机和船舶入境巴哈马的游客人数

（五）入境旅游目的

巴哈马入境游客中,出于娱乐、休闲和度假目的的游客人数从 2008 年的 1185 千人次增加到 2014 年的 1233 千人次,增加了 4.1%;出于商务和专业活动目的的游客人数从 2008 年的 127 千人次减少到 2014 年的 94 千人次,下降了 26.0%。

巴哈马入境旅游者中,娱乐、休闲和度假旅游者人数远多于商务和专业活动旅游者人数。2008 年入境旅游者中,娱乐、休闲和度假旅游者的比例为 81.0%,商务和专业活动旅游者的比例为 8.7%;2014 年娱乐、休闲和度假旅游者的比例增加到 86.4%,商务和专业活动旅游者的比例下降到 6.6%。

表 17-15　2008—2014 年巴哈马入境旅游人数（按入境旅游目的分）

单位:千人次

入境旅游目的	2008 年	2009 年	2010 年	2011 年	2012 年	2013 年	2014 年
娱乐、休闲和度假	1185	1079	1124	1098	1221	1144	1233
商务和专业活动	127	92	76	93	99	98	94
其　　他	151	156	170	155	102	122	100

二、出境旅游概况

（一）出境旅游花费

2008—2010 年,巴哈马出境旅游花费一直不断减少,从 2008 年的 305 百万美元减少到 2010 年的 228 百万美元,负增长 25.2%。2011 年和 2012 年,巴哈马出境旅游花费有所增加,增长率分别是 7.9%和 16.3%。2013 年和 2014 年,巴哈马出境旅游花费持续下降,2013 年减少到 262 百万美元,较上年负增长 8.4%;2014 年减少到 237 百万美元,较上年负增长 9.5%。

2008—2010 年,巴哈马出境交通花费变化不大,一直在 140 百万~160 百万美元波动;2011 年较上年下降 28.4%,减少到 101 百万美元;2012 年和 2013 年分别为 98 百万美元和 100 百万美元;2014 年增长到 120 百万美元,较上年增长 20%。

表 17-16　2008—2014 年巴哈马出境旅游花费

单位:百万美元

	2008 年	2009 年	2010 年	2011 年	2012 年	2013 年	2014 年
总花费	460	386	369	347	384	362	357
出境旅游花费	305	240	228	246	286	262	237
出境交通花费	155	146	141	101	98	100	120

(二)出境旅游目的地

巴哈马游客出境旅游目的地主要集中在美洲地区。2014 年美洲地区的美国、加拿大和牙买加分别是巴哈马的第一大、第二大和第三大出境旅游目的地国家。

表 17-17　2010—2014 年巴哈马游客出境主要旅游目的地

单位:人次

排名	国家/地区	游客类型	2010 年	2011 年	2012 年	2013 年	2014 年
1	美国	TFR	243 204	222 741	224 997	206 206	218 888
2	加拿大	TFR	9139	8932	9040	9194	9708
3	牙买加	TFR	4884	5999	5481	5216	5269
4	古巴	VFR	3122	2966	3007	2644	2953
5	特立尼达和多巴哥	TFR	1076	1178	1034	—	1248
6	巴拿马	VFR	373	626	1178	1302	1105
7	巴巴多斯	TFR	921	971	807	1053	963
8	开曼群岛(英)	TFR	1048	830	772	926	871
9	中国香港	VFR	481	513	393	365	381
10	哥斯达黎加	TFN	233	275	350	362	330

注:按 2014 年数据排名。

第三节 多米尼加

多米尼加全称多米尼加共和国(The Dominican Republic),位于加勒比海北部伊斯帕尼奥拉岛东部。东隔莫纳海峡与波多黎各相望,西接海地,南临加勒比海,北濒大西洋。北部、东部属热带雨林气候,西南部属热带草原气候。全年温差不大,平均温度25℃。面积约为4.87万平方千米。2013年人口为1052万,国内生产总值(GDP)为639.7亿美元。

旅游业、出口加工业和侨汇构成多米尼加经济的三大支柱。主要旅游地有圣多明各、加勒比湾、拉罗马纳、卡纳港、普拉塔港和金色海滩等。

表17-18　2014年多米尼加共和国旅游业经济影响评估

指　　标	总　　数	占全国的比例(%)	增长预测(%)
GDP(百万美元)	2806.7	4.7	3.0
雇佣人数(千人)	176.3	4.2	1.7

注:本表为估计值。

一、入境旅游概况

(一)入境旅游人数

多米尼加入境旅游人数从2008年的4455千人次增加到2014年的5629千人次,增长了26.4%;入境过夜旅游者人数从2008年的3980千人次增加到2014年的5141千人次,增长了29.2%。邮船乘客从2008年的475千人次增加到2014年的488千人次,增长了2.7%。其中,2012年邮船乘客人数最低,为338千人次。

表17-19　2008—2014年多米尼加入境旅游人数

单位:千人次

	2008年	2009年	2010年	2011年	2012年	2013年	2014年
入境旅游人数	4455	4489	4478	4654	4901	5114	5629
过夜旅游者	3980	3992	4125	4306	4563	4690	5141
一日游游客	475	497	353	348	338	424	488
邮船乘客	475	497	353	348	338	424	488

(二)入境旅游收入

2008—2014年多米尼加入境旅游收入总体上呈增长态势,从2008年的4166百万美元增加到2014年的5637百万美元,增长率为35.3%;2014年入境旅游收入较上年大幅度增长,增长率为11.3%。

表 17-20　2008—2014 年多米尼加入境旅游收入

单位：百万美元

	2008 年	2009 年	2010 年	2011 年	2012 年	2013 年	2014 年
入境旅游收入	4166	4049	4163	4391	4687	5064	5637

（三）入境旅游客源结构

多米尼加的入境旅游客源地主要集中在美洲地区和欧洲地区。2008—2014 年来自美洲地区的游客人数一直多于来自欧洲地区的游客人数。2008—2014 年，来自美洲地区的游客人数一直增加，从 2008 年的 2128 千人次增加到 2014 年的 3316 千人次，增长了 55.8%。2014 年，来自美洲地区的游客人数占多米尼加入境旅游人数的 74.3%，来自欧洲地区的游客人数占多米尼加共和国入境旅游人数的 25.5%。

表 17-21　2008—2014 年多米尼加入境旅游人数（按地分区）

单位：千人次

地区	2008 年	2009 年	2010 年	2011 年	2012 年	2013 年	2014 年
美洲	2128	2203	2368	2559	2818	2973	3316
欧洲	1311	1205	1143	1132	1095	1082	1138
东亚太	8	7	8	10	9	9	8
南亚	1	1	1	1	1	1	1

2014 年，美洲地区的美国和加拿大是多米尼加的第一大和第二大入境旅游客源国家，其次是欧洲地区的德国、法国、俄罗斯、西班牙和英国。2014 年，来自波多黎各和英国的游客人数增长快速，增长率分别为 19.49% 和 17.55%。

表 17-22　2008—2014 年多米尼加入境旅游人数（按游客所在国家/地区分）

排名	国家/地区	入境旅游人数（千人次）			市场份额（%）		增长率（%）
		2008 年	2013 年	2014 年	2013 年	2014 年	2013—2014 年
1	美国	1108	1623	1829	34.6	35.58	12.72
2	加拿大	640	688	712	14.67	13.86	3.55
3	德国	207	213	230	4.55	4.47	7.88
4	法国	279	218	219	4.66	4.26	0.19
5	俄罗斯	40	184	176	3.92	3.42	-4.56
6	西班牙	240	140	147	2.98	2.85	4.79
7	英国	213	106	125	2.26	2.42	17.55

续表

排名	国家/地区	入境旅游人数（千人次）			市场份额（%）		增长率（%）
		2008年	2013年	2014年	2013年	2014年	2013—2014年
8	波多黎各（美）	—	104	124	—	2.41	19.49
9	阿根廷	35	106	111	2.25	2.16	4.96

注：按2014年数据排名。

（四）入境旅游方式

从入境交通方式来看，多米尼加入境游客选择的入境交通工具主要有飞机和船舶。2008—2014年，乘坐飞机入境的游客人数连年增长，从2008年的3980千人次增加到2014年的5141千人次，增长了29.2%。2008—2012年，乘坐船舶入境的游客人数总体上有所减少，从2008年的475千人次减少到2012年的338千人次，减少了28.8%；2013年和2014年乘坐船舶入境的游客人数均有所增加：2013年为424千人次，较上年增加25.4%；2014年为488千人次，较上年增加15.1%。2014年，多米尼加入境游客中，乘坐飞机入境的游客占91.3%，乘坐船舶入境的游客占8.7%。

表17-23　2008—2014年多米尼加入境旅游人数（按入境旅游方式分）

单位：千人次

入境旅游方式	2008年	2009年	2010年	2011年	2012年	2013年	2014年
飞机	3980	3992	4125	4306	4563	4690	5141
船舶	475	497	353	348	338	424	488

（五）入境旅游目的

从入境旅游目的来看，娱乐、休闲和度假旅游者数量最多。2008—2014年，娱乐、休闲和度假旅游者数量总体上明显增加，从2008年的3698千人次增加到2014年的4704千人次，增长了27.2%。2008—2013年，商务和专业活动旅游者人数总体上有所增长，从2008年的141千人次增加到2013年的155千人次，涨幅达10%。其中，2010年商务和专业活动旅游者人数达到最高，为166千人次；2014年较上年有所下降，减少到134千人次，较上年减少13.5%。

表17-24　2008—2014年多米尼加入境旅游人数（按入境旅游目的分）

单位：千人次

入境旅游目的	2008年	2009年	2010年	2011年	2012年	2013年	2014年
娱乐、休闲和度假	3698	3688	3760	3958	4218	4321	4704
商务和专业活动	141	141	166	159	150	155	134
其他	141	163	199	189	195	214	303

二、出境旅游概况

（一）出境旅游人数

2008—2013年,多米尼加出境旅游人数变化不大,一直保持在400千~440千人次。2010年最少,为401千人次;2013年最多,达436千人次,较上年增长4.3%。2014年突破性增长,达到507千人次,较上年增长16.3%。

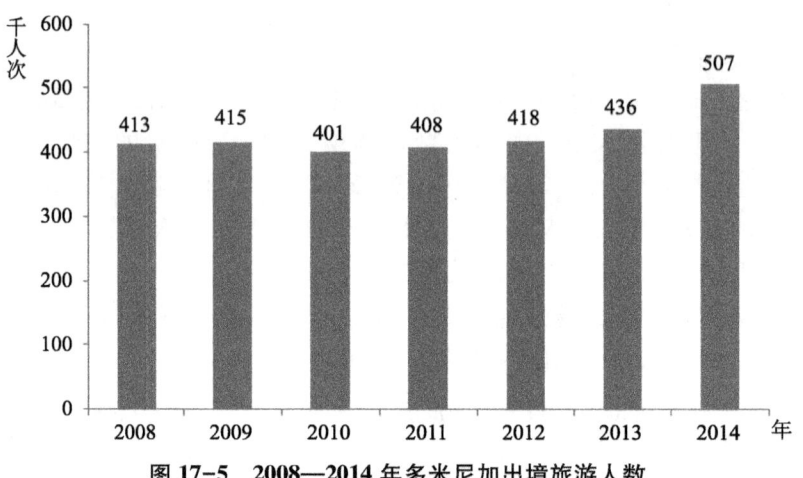

图17-5　2008—2014年多米尼加出境旅游人数

（二）出境旅游花费

2008—2014年,多米尼加出境旅游花费总体上呈增长态势,从2008年的327百万美元增加到2014年的414百万美元,增长了26.6%。其中,2014年最多,为414百万美元;2008年最少,为327百万美元。2014年出境旅游花费较上年增加9.5%。

2008—2014年,多米尼加出境交通花费总体上呈增长态势,从2008年的205百万美元增加到2014年的347百万美元,增长了69.3%。

表17-25　2008—2014年多米尼加出境旅游花费

单位:百万美元

	2008年	2009年	2010年	2011年	2012年	2013年	2014年
总花费	532	523	662	689	690	712	761
出境旅游花费	327	359	395	396	399	378	414
出境交通花费	205	164	267	293	291	334	347

（三）出境旅游目的地

多米尼加出境旅游目的地主要集中在美洲地区。2014年,美洲地区的美国、巴拿马和委内瑞拉分别是多米尼加的第一大、第二大和第三大出境旅游目的地国家。

表17-26　2010—2014年多米尼加游客出境主要旅游目的地

单位：人次

排名	国家/地区	游客类型	2010年	2011年	2012年	2013年	2014年
1	美　国	TFR	239 972	230 188	244 417	238 134	271 747
2	巴拿马	VFR	11 704	13 412	15 935	16 281	13 945
3	委内瑞拉	VFN	7096	8470	10 790	13 130	13 840
4	哥伦比亚	TFR	8682	8641	9322	10 084	12 032
5	波多黎各（美）	THSR	6056	6123	6497	6917	7308
6	海　地	TFR	3168	4487	5864	6495	7061
7	加拿大	TFR	5330	5087	5478	5852	5936
8	古　巴	VFR	4735	4969	4807	4652	5376
9	哥斯达黎加	TFN	5094	5199	4893	5155	5106
10	厄瓜多尔	VFN	2619	2446	2811	3425	4532

注：按2014年数据排名。

第四节　法属马提尼克岛

法属马提尼克岛（Martinique）位于东加勒比海小安的列斯群岛中的向风群岛。属热带雨林气候，年平均气温26℃。面积为1128平方千米。2009年人口为39.6万。经济基础薄弱，主要依靠法国援助。经济以农业为主，工业多为加工业。旅游业是重要的经济支柱和外汇收入的主要来源之一。

法属马提尼克岛仍保留着传统的生活方式，旅游者可以体验到当地舞蹈演出、多米诺骨牌、斗鸡、帆船比赛等活动。

一、入境旅游概况

（一）入境旅游人数

2008—2014年，法属马提尼克岛的入境旅游人数从2008年的568千人次增长到2014年的685千人次，增长了20.6%；过夜旅游者从2008年的481千人次增长到2014年的490千人次，增长了1.9%；邮船乘客从2008年的87千人次增长到2014年的178千人次，增长了104.6%。

表 17-27　2008—2014 年法属马提尼克岛入境旅游人数

单位:千人次

	2008 年	2009 年	2010 年	2011 年	2012 年	2013 年	2014 年
入境旅游人数	568	511	553	538	582	594	685
过夜旅游者	481	442	478	497	488	490	490
一日游游客	87	70	75	41	94	104	195
邮船乘客	87	70	75	41	94	104	178

(二) 入境旅游收入

2008—2014 年,法属马提尼克岛的入境旅游收入有所波动,但是波动不大,维持在 420 百万~520 百万美元。其中,2009 年最少,为 420 百万美元;2011 年最多,为 516 百万美元;2014 年入境旅游收入为 483 百万美元,较上年有所减少,负增长 0.2%。

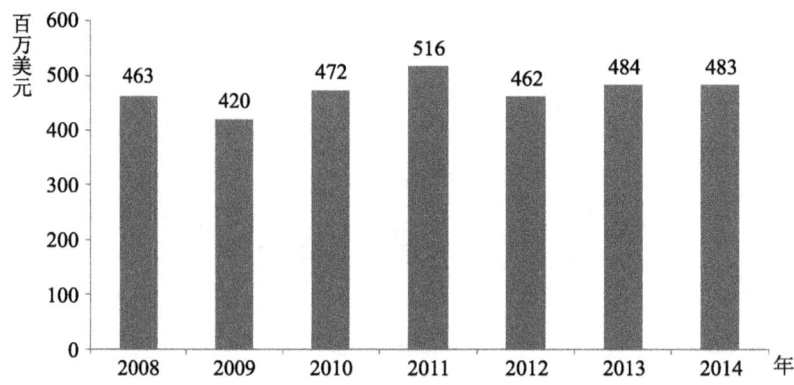

图 17-6　2008—2014 年法属马提尼克岛入境旅游收入

注:此处入境旅游收入包括入境游客交通收入。

(三) 入境旅游客源结构

法属马提尼克岛的入境旅游者中,来自欧洲地区的游客最多,其次是美洲本土的游客。来自欧洲地区的游客人数从 2008 年的 391 千人次增长到 2014 年的 413 千人次,增长了 5.6%;来自美洲地区的游客人数从 2008 年的 86 千人次减少到 2014 年的 75 千人次,减少了 12.8%。

表 17-28　2008—2014 年法属马提尼克岛入境旅游人数(按地区分)

单位:千人次

地　区	2008 年	2009 年	2010 年	2011 年	2012 年	2013 年	2014 年
美　洲	86	63	85	86	78	68	75
欧　洲	391	367	389	405	408	419	413

2014年,法属马提尼克岛前五位入境旅游客源国家依次是:法国、瓜德罗普(法)、比荷卢经济联盟、法属圭亚那、加拿大。2014年,来自法国的游客人数占法属马提尼克岛入境旅游人数的78.7%。2014年,在法属马提尼克岛前五位入境旅游客源国家中,前往法属马提尼克岛游客人数增长率最高的是比荷卢经济联盟(59.73%)。

表17-29　2008—2014年法属马提尼克岛入境旅游人数(按游客所在国家/地区分)

排名	国家/地区	入境旅游人数(千人次)			市场份额(%)		增长率(%)
		2008年	2013年	2014年	2013年	2014年	2013—2014年
1	法　国	371.07	391.71	385.29	79.99	78.7	-1.64
2	瓜德罗普(法)	54.37	39.39	42.35	8.04	8.65	7.52
3	比荷卢经济联盟	8.55	6.54	10.44	1.34	2.13	59.73
4	法属圭亚那	8.57	11.81	9.37	2.41	1.91	-20.64
5	加拿大	3.35	8.01	8.35	1.64	1.71	4.29

注:按2014年数据排名。

(四)入境旅游方式

2008—2014年,乘坐飞机入境法属马提尼克岛的游客数量变化不大,基本维持在410千~480千人次。2009年乘坐飞机入境的游客数量最低,为418千人次;2014年乘坐飞机入境的游客数量最多,为476千人次。乘坐船舶入境的游客数量从2008年的24千人次减少到2014年的14千人次,减少了41.7%。

法属马提尼克岛的入境游客中,乘坐飞机入境的游客数量远多于乘坐船舶入境的游客数量。2008年入境旅游者中,乘坐飞机入境的游客占95%,乘坐船舶入境的游客占5%;2014年乘坐飞机入境的游客比例增长到97.1%,乘坐船舶入境的游客比例下降到2.9%。

表17-30　2008—2014年法属马提尼克岛入境旅游人数(按入境旅游方式分)

单位:千人次

入境旅游方式	2008年	2009年	2010年	2011年	2012年	2013年	2014年
飞　机	457	418	451	475	462	476	476
船　舶	24	24	27	21	26	14	14

(五)入境旅游目的

2008—2014年,娱乐、休闲和度假旅游者人数从2008年的383千人次增长到2014年的412千人次,增长了7.6%;商务和专业活动旅游者人数从2008年的72千人次下降到2014年的56千人次,减少了22.2%。

法属马提尼克岛的入境旅游者中,娱乐、休闲和度假旅游者人数一直多于商务和专业活动旅游者。2008年入境旅游者中,娱乐、休闲和度假旅游者比重为79.6%,商务和专业活动旅游者比重为20.0%；2014年入境旅游者中，娱乐、休闲和度假旅游者比重增长到84.3%，商务和专业活动旅游者比重下降到11.5%。

表17-31 2008—2014年法属马提尼克岛入境旅游人数（按入境旅游目的分）

单位：千人次

入境旅游目的	2008年	2009年	2010年	2011年	2012年	2013年	2014年
娱乐、休闲和度假	383	357	400	441	411	438	412
商务和专业活动	72	65	57	40	56	39	56
其他	26	20	21	15	21	13	21

二、出境旅游概况

法属马提尼克岛的出境旅游目的地主要集中在美洲地区。2014年，美洲地区的法属圭亚那、圣卢西亚和多米尼克分别是法属马提尼克岛的第一大、第二大和第三大出境旅游目的地。

表17-32 2010—2014年法属马提尼克岛游客出境主要旅游目的地

单位：人次

排名	国家/地区	游客类型	2010年	2011年	2012年	2013年	2014年
1	法属圭亚那	TFR	32 679	33 094	31 921	27 980	26 972
2	圣卢西亚	TFR	—	23 326	19 114	18 924	19 328
3	多米尼克	TFR	6096	6428	7002	6687	6482
4	美国	TFR	7706	7015	6245	3708	6398
5	加拿大	TFR	2806	2921	3215	3121	3356
6	多米尼加	TFR	4252	3833	4618	4264	2792
7	巴巴多斯	TFR	2975	2844	2462	1900	1501
8	波多黎各（美）	THSR	—	—	—	583	825
9	苏里南	TFR	166	128	132	130	223
10	安提瓜和巴布达	TFR	236	632	908	332	196

注：按2014年数据排名。

第五节 古 巴

古巴全称古巴共和国（The Republic of Cuba），位于加勒比海西北部墨西哥湾入口。北离美国佛罗里达半岛最南端217千米，东与海地和多米尼加隔海相望（77千米），南距牙买加140千米，西离墨西哥尤卡坦半岛210千米。由古巴岛、青年岛等1600多个岛屿组成,是西印度群岛中最大的岛国。面积约为 11.09 万平方千米。2014 年全国人口为 1125.9 万。全境大部分地区属热带雨林气候,仅西南部沿岸背风坡为热带草原气候,年平均气温为 25℃。古巴经济曾长期维持以蔗糖生产为主的单一经济发展模式。2013 年国内生产总值为 771.5 亿美元。

古巴旅游资源丰富,全国有适宜旅游的海滩约 300 个,其中巴拉德罗海滩是世界著名的旅游胜地。

一、入境旅游概况

(一)入境旅游人数

2008—2014 年,古巴入境旅游人数持续不断增长,从 2008 年的 2348 千人次增加到 2014 年的 3003 千人次,增长率为 27.9%;过夜旅游者人数从 2008 年的 2316 千人次增加到 2014 年的 2970 千人次,增长率为 28.2%;一日游游客从 2008 年的 32 千人次增加到 2014 年的 33 千人次,增长了 3.1%;邮船乘客从 2008 年的 5 千人次增加到 2014 年的 8 千人次,增长率为 60%。

表 17-33　2008—2014 年古巴入境旅游人数

单位:千人次

	2008 年	2009 年	2010 年	2011 年	2012 年	2013 年	2014 年
入境旅游人数	2348	2430	2532	2716	2839	2853	3003
过夜旅游者	2316	2405	2507	2688	2815	2829	2970
一日游游客	32	25	25	28	24	24	33
邮船乘客	5	4	2	1	3	2	8

(二)入境旅游收入

2008—2014 年,古巴入境旅游收入整体呈上升趋势:2009 年相对上年减少 9.1%;2010 年入境旅游收入持续增长;2011 年较上年增长 12.7%,增长幅度最大;2014 年入境旅游收入最高,为 2367 百万美元,较上年增长 0.98%。

2010—2012 年,入境游客交通收入持续增长,从 2010 年的 193 百万美元增加到 2012 的 288 百万美元,增长了 49.2%;2013 年较上年有所减少,减少到 283 百万美元,负增长 1.7%;2014 年入境游客交通收入最低,为 179 百万美元,较上年下降 36.7%。

表 17-34　2008—2014 年古巴入境旅游收入

单位:百万美元

	2008 年	2009 年	2010 年	2011 年	2012 年	2013 年	2014 年
总收入	2347	2082	2218	2503	2613	2627	2546

续表

	2008 年	2009 年	2010 年	2011 年	2012 年	2013 年	2014 年
入境旅游收入	2090	1899	2025	2283	2326	2344	2367
入境游客交通收入	257	183	193	220	288	283	179

(三)入境旅游客源结构

2014 年,古巴的入境游客中,来自美洲地区的游客人数从 2008 年的 1380 千人次增长到 2042 千人次,增长率为 48.0%;来自欧洲地区的游客人数从 2008 年的 909 千人次减少到 867 千人次,负增长率为 4.6%;来自东亚太地区的游客人数从 2008 年的 44 千人次增长到 68 千人次,增长率为 54.5%。2008—2014 年,来自南亚地区的游客人数保持在 4 千~9 千人次,来自中东地区的游客人数始终保持在 2 千~3 千人次。

2008—2014 年,古巴入境游客中,美洲游客最多,其次是欧洲游客。2008 年入境游客中,美洲游客占 58.8%,欧洲游客占 38.7%,东亚太游客占 1.9%;2014 年美洲游客的比例增长到 68%,欧洲游客的比例下降到 28.9%,东亚太游客的比例为 2.3%。

表 17-35　2008—2014 年古巴入境旅游人数(按地区分)

单位:千人次

地 区	2008 年	2009 年	2010 年	2011 年	2012 年	2013 年	2014 年
非 洲	8	9	9	8	11	13	15
美 洲	1380	1536	1664	1799	1927	1964	2042
欧 洲	909	838	810	852	839	810	867
东亚太	44	41	41	48	53	56	68
南 亚	5	4	6	6	6	7	9
中 东	2	2	2	2	2	2	3

2014 年,古巴前十位入境旅游客源国家依次是:加拿大、德国、英国、意大利、法国、美国、墨西哥、委内瑞拉、西班牙、俄罗斯。其中,加拿大是古巴第一大入境旅游客源国,2014 年来自加拿大的游客人数占古巴入境游客的 39.13%。2014 年,各主要客源国家前往古巴的入境旅游人数较上年增长率最高的是委内瑞拉(71.6%),其次是德国(19.96%)。

表 17-36　2008—2014 年古巴入境旅游人数(按游客所在国家分)

排名	国 家	入境旅游人数(千人次)			市场份额(%)		增长率(%)
		2008 年	2013 年	2014 年	2013 年	2014 年	2013—2014 年
1	加拿大	818.25	1105.73	1175.08	38.76	39.13	6.27
2	德 国	100.96	115.98	139.14	4.07	4.63	19.96

续表

排名	国家	入境旅游人数（千人次）			市场份额（%）		增长率（%）
		2008年	2013年	2014年	2013年	2014年	2013—2014年
3	英国	193.93	149.52	123.91	5.24	4.13	-17.1
4	意大利	126.04	95.54	112.08	3.35	3.73	17.31
5	法国	90.73	96.64	103.48	3.39	3.45	7.07
6	美国	41.9	92.35	91.25	3.24	3.04	-1.18
7	墨西哥	84.05	84.7	82.82	2.97	2.76	-2.22
8	委内瑞拉	—	45.94	78.84	—	2.63	71.6
9	西班牙	121.17	73.06	77.10	2.56	2.57	5.53
10	俄罗斯	40.62	70.4	69.24	2.47	2.31	-1.65

注：按2014年数据排名。

（四）入境旅游方式

飞机是古巴入境游客可选择的唯一交通工具，因此，2008—2014年，乘坐飞机入境古巴的游客人数均为古巴当年接待的入境过夜旅游者人数。

（五）入境旅游目的

古巴入境旅游者中，出于娱乐、休闲和度假目的入境的旅游者人数从2008年的2190千人次增长到2014年的2861千人次，增长率为30.6%；商务和专业活动旅游者人数从2008年的12千人次增加到2014年的13千人次，增加了8.3%。

古巴入境旅游者中，娱乐、休闲和度假旅游者人数一直占绝大多数。2008年入境旅游者中，娱乐、休闲和度假旅游者所占比例为94.6%，商务和专业活动旅游者比例为0.5%；2014年入境旅游者中，娱乐、休闲和度假旅游者所占比重增加到96.3%，商务和专业活动旅游者比例为0.4%。

表17-37 2008—2014年古巴入境旅游人数（按入境旅游目的分）

单位：千人次

入境旅游目的	2008年	2009年	2010年	2011年	2012年	2013年	2014年
娱乐、休闲和度假	2190	2289	2397	2578	2701	2722	2861
商务和专业活动	12	12	12	16	17	14	13
其他	114	104	98	94	97	93	96

二、出境旅游概况

（一）出境旅游人数

2008—2014年，古巴出境旅游人数总体上有所增长，从2008年的202千人次增长到

2014 年的 355 千人次,增长了 75.7%。2012 年较上年下降 15.8%,降到 213 千人次;2013 年较上年增长 34.7%,达到 287 千人次;2014 年继续增长,达到 355 千人次,较上年增长 23.7%。

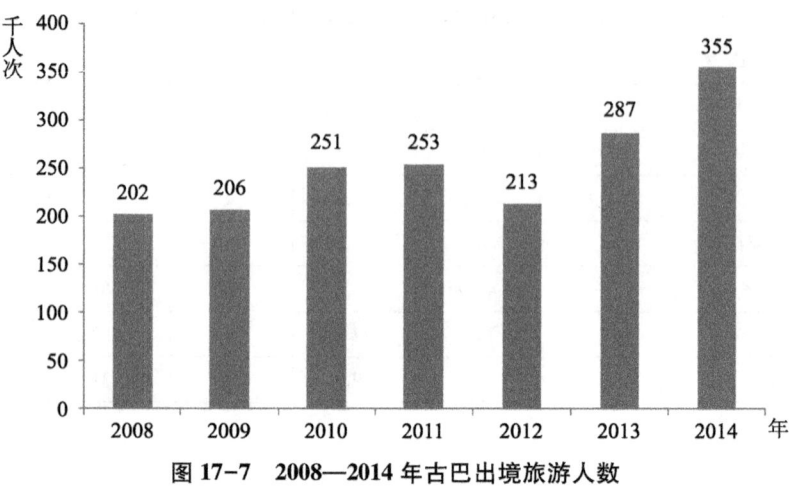

图 17-7 2008—2014 年古巴出境旅游人数

（二）出境旅游目的地

古巴出境旅游目的地主要集中在美洲地区。2014 年,美洲地区的美国、墨西哥和厄瓜多尔分别是古巴的第一大、第二大和第三大出境旅游目的地国家。

美国是古巴最大的出境旅游目的地国家,2014 年共有 78 096 人次古巴游客赴美国旅游,较上年增长 15.72%。2014 年,墨西哥共接待来自古巴的游客人数为 56 253 人次,较上年增长 15.07%。

表 17-38 2010—2014 年古巴游客出境主要旅游目的地

单位:人次

排名	国家/地区	游客类型	2010 年	2011 年	2012 年	2013 年	2014 年
1	美　国	TFR	37 871	36 964	36 655	67 488	78 096
2	墨西哥	TFN	39 249	40 873	44 881	48 887	56 253
3	厄瓜多尔	VFN	27 001	24 064	21 480	24 380	41 545
4	委内瑞拉	VFN	8323	8366	15 839	22 613	24 266
5	开曼群岛(英)	TFR	1328	1815	2451	6911	12 200
6	俄罗斯	VFN	4053	4099	5239	9625	11 609
7	加拿大	TFR	5281	5172	5512	8773	10 036
8	多米尼加	TFR	3818	3838	3996	7121	9833
9	巴拿马	VFR	5025	5461	5960	8245	8869
10	安哥拉	TFR	4113	4058	4563	5351	7722

注:按 2014 年数据排名。

第六节　格林纳达

格林纳达(Grenada)位于东加勒比海小安的列斯群岛南端,南距委内瑞拉海岸约160千米。面积344平方千米。2014年全国人口为10.6万。属热带海洋性气候,年平均气温26℃。经济以农业为主。近年来,旅游业发展较快,成为外汇主要来源。2014年国内生产总值(GDP)为8.82亿美元。

格林纳达旅游资源丰富。国内不仅有漂亮的海滩和纯净的海水,岛上的热带风光同样也给游客们提供了极大乐趣。格林纳达的内陆葱郁且多山,各种类型的自然爱好者、徒步旅行爱好者、山地车爱好者、观鸟爱好者和瀑布迷都喜欢来格林纳达探索和旅游。

一、入境旅游概况

(一)入境旅游人数

格林纳达入境旅游人数从2008年的428千人次减少到2012年的361千人次,负增长15.7%;入境过夜旅游者人数从2008年的130千人次增加到2014年的134千人次,增长了3.1%;邮船乘客人数从2008年的293千人次减少到2014年的235千人次,负增长19.8%。

表17-39　2008—2014年格林纳达入境旅游人数

单位:千人次

	2008年	2009年	2010年	2011年	2012年	2013年	2014年
入境旅游人数	428	460	445	430	361	—	—
过夜旅游者	130	114	110	118	116	116	134
一日游游客	298	346	335	312	245	—	—
邮船乘客	293	343	333	310	243	197	235

(二)入境旅游收入

2008—2013年,格林纳达入境旅游收入时涨时落,总体上有所下降,从2008年的127百万美元减少到2013年的120百万美元,负增长率为5.5%。其中,2009年和2010年最低,均为112百万美元,较2008年下降11.8%;2011年较上年增长4.5%,达到117百万美元;2012年较上年增长4.3%,达到122百万美元;2013年为120百万美元,较上年下降1.6%。

(三)入境旅游客源结构

格林纳达入境旅游者中,来自美洲本土的游客最多,其次是欧洲游客。来自美洲地

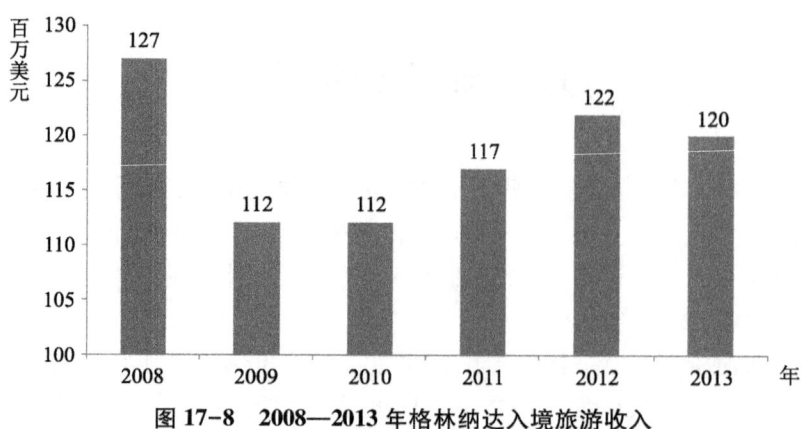

图 17-8 2008—2013 年格林纳达入境旅游收入

区的游客人数从 2008 年的 66 千人次增加到 2012 年的 67 千人次,增长了 1.5%;来自欧洲地区的游客人数从 2008 年的 45 千人次减少到 2012 年的 33 千人次,负增长率为 26.7%。2008—2012 年,来自东亚太地区的游客人数一直保持在 1 千人次。

2013—2014 年数据缺失。

表 17-40　2008—2012 年格林纳达入境旅游人数(按地区分)

单位:千人次

地区	2008 年	2009 年	2010 年	2011 年	2012 年
非洲	1	1	1	1	1
美洲	66	62	59	65	67
欧洲	45	36	35	36	33
东亚太	1	1	1	1	1

2012 年,格林纳达前五位入境旅游客源国家依次是:美国、英国、特立尼达和多巴哥、加拿大和巴巴多斯。其中,来自美国和英国的游客人数占入境旅游人数的比例近 50%。2012 年,各主要客源国家前往格林纳达的入境旅游人数较上年增长率最高的是美国(10.26%)。

表 17-41　2008—2012 年格林纳达入境旅游人数(按游客所在国家分)

排名	国家	入境旅游人数(千人次)			市场份额(%)	增长率(%)
		2008 年	2011 年	2012 年	2012 年	2011—2012 年
1	美国	26.54	28.71	31.66	27.24	10.26
2	英国	35.44	27.83	24.96	21.47	−10.31
3	特立尼达和多巴哥	15.55	15.72	15.09	12.98	−4.00

续表

排名	国家	入境旅游人数(千人次)			市场份额(%)	增长率(%)
		2008年	2011年	2012年	2012年	2011—2012年
4	加拿大	7.10	7.49	8.07	6.94	7.68
5	巴巴多斯	4.79	3.53	3.12	2.69	-11.40

注:按2012年数据排名。

(四)入境旅游方式

2008—2012年,格林纳达的入境游客中,乘坐飞机入境的游客数量有所减少,从2008年的125千人次减少到2012年的112千人次,下降了10.4%;乘坐船舶入境的游客数量从2008年的50千人次减少到2012年的40千人次,下降了20%。

格林纳达的入境游客中,乘坐飞机入境的游客人数占绝大多数。2008年入境游客中,乘坐飞机入境的游客人数占71.4%,乘坐船舶入境的游客人数占28.6%;2012年乘坐飞机入境的游客人数的比例增加到73.7%,乘坐船舶入境的游客人数的比例减少到26.3%。

2013—2014年数据缺失。

表17-42　2008—2012年格林纳达入境旅游人数(按入境旅游方式分)

单位:千人次

入境旅游方式	2008年	2009年	2010年	2011年	2012年
飞机	125	109	105	114	112
船舶	50	40	50	40	40

(五)入境旅游目的

格林纳达入境旅游者中,出于娱乐、休闲和度假目的入境的旅游者从2008年的104千人次下降到2012年的99千人次,负增长4.8%。出于商务和专业活动目的入境的旅游者从2008年的26千人次减少到2012年的17千人次,下降了52.9%。

格林纳达入境旅游者中,娱乐、休闲和度假旅游者人数一直多于商务和专业活动旅游者人数。2012年入境旅游者中,娱乐、休闲和度假旅游者占60.3%,商务和专业活动旅游者占14.7%。

2013—2014年数据缺失。

表17-43　2008—2012年格林纳达入境旅游人数(按入境旅游目的分)

单位:千人次

入境旅游目的	2008年	2009年	2010年	2011年	2012年
娱乐、休闲和度假	104	95	89	98	99
商务和专业活动	26	19	21	20	17
其他	31	22	26	27	29

二、出境旅游概况

(一)出境旅游花费

2008—2013年,格林纳达的出境旅游花费变化不大,维持在10百万~11百万美元。

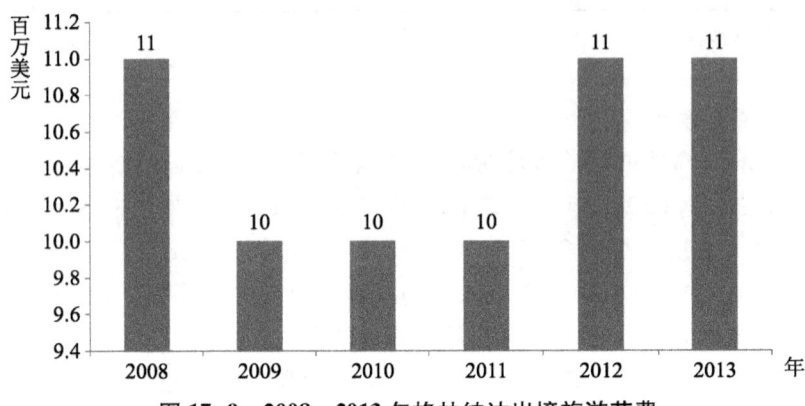

图17-9　2008—2013年格林纳达出境旅游花费

(二)出境旅游目的地

格林纳达出境旅游目的地主要集中在美洲地区。2014年美洲地区的美国、特立尼达和多巴哥与巴巴多斯分别是格林纳达的第一大、第二大和第三大出境旅游目的地国家。

美国是格林纳达最大的出境旅游目的地国家,2014年格林纳达共有7920人次游客赴美国旅游,较上年增长2.54%。2014年特立尼达和多巴哥共接待来自格林纳达的游客人数为6922人次。

表17-44　2010—2014年格林纳达游客出境主要旅游目的地

单位:人次

排名	国　家	游客类型	2010年	2011年	2012年	2013年	2014年
1	美　国	TFR	8507	7928	7627	7724	7920
2	特立尼达和多巴哥	TFR	7269	10665	10954	—	6922
3	巴巴多斯	TFR	4941	5035	4413	4442	4108
4	圣卢西亚	TFR	1489	1584	1518	1434	1655
5	加拿大	TFR	944	894	1053	1006	1210
6	圣文森特和格林纳丁斯	VFR	1204	1097	969	1036	940
7	安提瓜和巴布达	TFR	679	751	645	718	578
8	牙买加	TFR	450	527	518	448	428

续表

排名	国家	游客类型	2010年	2011年	2012年	2013年	2014年
9	多米尼克	TFR	325	419	289	317	332
10	古巴	VFR	93	81	84	80	190

注：按2014年数据排名。

第七节　美属维尔京群岛

美属维尔京群岛（The United States Virgin Islands）是美国在加勒比海的属地群岛，在地理上是维尔京群岛的一部分。位于波多黎各（美）东面，英属维尔京群岛西面，小安的列斯群岛的最北端。属热带气候。由50多个大小岛和珊瑚礁组成，面积为354平方千米，2014年人口10.4万。主要行业有：旅游、建筑、食品、捕鱼、水果种植。

美属维尔京群岛主要旅游名胜有：圣约翰群岛的维尔京群岛国家公园、海滨浴场、印第安古迹和丹麦移民史迹等。

一、入境旅游概况

（一）入境旅游人数

2008—2014年，美属维尔京群岛入境旅游人数从2008年的2435千人次增加到2014年的2814千人次，增长率为15.6%；过夜旅游者人数基本维持在530千~610千人次；一日游游客从2008年的1861千人次增加到2014年的2212千人次，上升18.9%；邮船乘客从2008年的1757千人次增加到2014年的2084千人次，增长率为18.6%。

表17-45　2008—2014年美属维尔京群岛入境旅游人数

单位：千人次

	2008年	2009年	2010年	2011年	2012年	2013年	2014年
入境旅游人数	2435	2245	2549	2688	2642	2702	2814
过夜旅游者	574	563	590	532	580	570	602
一日游游客	1861	1682	1959	2156	2062	2132	2212
邮船乘客	1757	1582	1859	2009	1904	1999	2084

（二）入境旅游收入

2008年，美属维尔京群岛的入境旅游收入为1157百万美元；2009年入境旅游收入较上年下降11.8%；2011—2013年，美属维尔京群岛的入境旅游收入持续增长，从2011年的1085百万美元增加到2013年的1232百万美元，增长了13.5%。

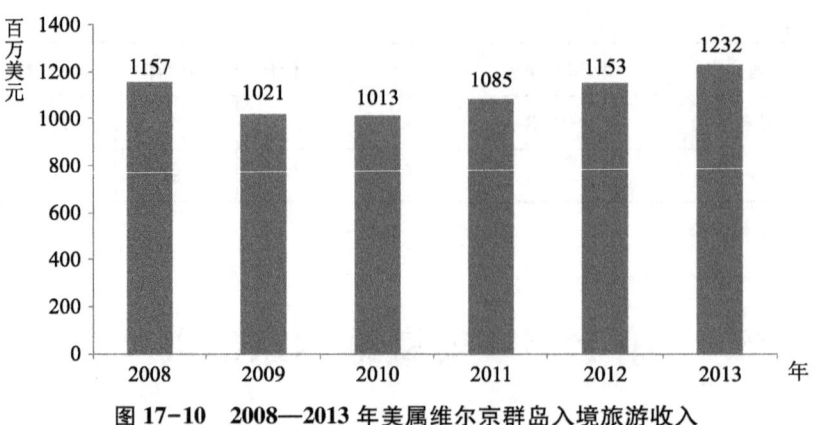

图 17-10　2008—2013 年美属维尔京群岛入境旅游收入

(三) 入境旅游客源结构

美属维尔京群岛的入境游客中,来自美洲地区的游客人数最多,其次是欧洲游客。来自美洲地区的游客人数从 2008 年的 720 千人次增加到 2013 年的 721 千人次,增长率为 0.1%。来自欧洲地区的游客人数有所增长,从 2008 年的 16 千人次增长到 2013 年的 23 千人次,增长了 43.8%。其中,2012 年来自欧洲地区的游客人数最多,为 31 千人次,较上年增长 34.8%。

表 17-46　2008—2014 年美属维尔京群岛入境旅游人数(按地区分)

单位:千人次

地 区	2008 年	2009 年	2010 年	2011 年	2012 年	2013 年	2014 年
美 洲	720	767	732	653	634	721	—
欧 洲	16	16	14	23	31	23	—

美国是美属维尔京群岛最大的入境旅游客源国家。2002 年来自美国的游客人数为 461.7 千人次,占美属维尔京群岛入境游客的比重为 19.76%。2010 年增长到 696.9 千人次,占美属维尔京群岛入境游客的比重增加到 27.32%。

表 17-47　2002—2010 年美属维尔京群岛入境旅游人数(按游客所在国家/地区分)

排名	国家/地区	入境旅游人数(千人次)					市场份额(%)		增长率(%)
		2002 年	2007 年	2008 年	2009 年	2010 年	2002 年	2010 年	2009—2010 年
1	美 国	461.7	612.3	680.6	724.9	696.9	19.76	27.32	-3.86
2	波多黎各(美)	21.9	20.7	21.3	19.8	19.0	0.94	0.74	-4.04
3	丹 麦	1.3	6.55	7.1	9.0	8.2	0.06	0.32	-8.89
4	英属维尔京群岛	3.3	8.1	6.0	7.9	6.8	0.14	0.27	-13.92
5	加拿大	4.4	6.0	9.1	10.4	6.6	0.19	0.26	-36.54

注:2011—2014 年数据缺失,故保留第 2 版原表;按 2010 年数据排名。

(四)入境旅游方式

乘坐船舶入境美属维尔京群岛的游客数量从 2008 年的 1757 千人次增加到 2014 年的 2084 千人次,增长率为 18.6%;乘坐飞机入境的游客数量变化不大,一直维持在 660 千~740 千人次,其中 2012 年乘坐飞机入境的游客人数最多,为 738 千人次,较上年增长 8.7%。

美属维尔京群岛的入境游客中,乘坐船舶入境的游客人数多于乘坐飞机入境的游客人数。2008 年入境旅游者中,乘坐船舶入境的游客人数占 72.2%,乘坐飞机入境的游客人数占 27.8%;2014 年乘坐船舶入境的游客人数的比例增长到 74.1%,乘坐飞机入境的游客人数的比例下降到 25.9%。

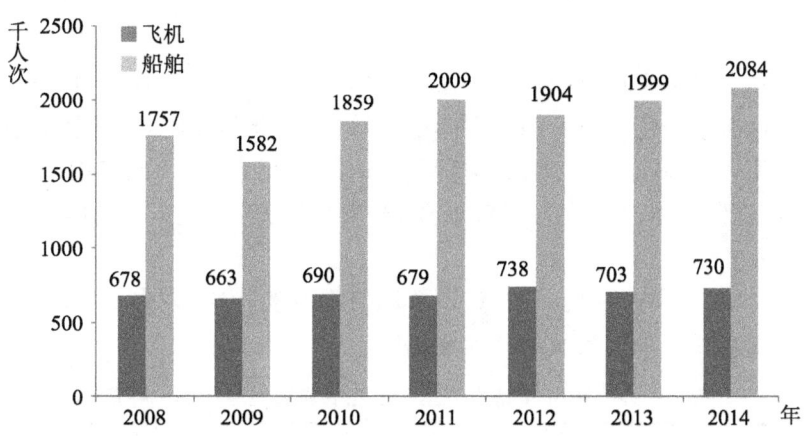

图 17-11　2008—2014 年乘坐飞机和船舶入境美属维尔京群岛的游客人数

二、出境旅游目的地

美属维尔京群岛出境旅游目的地主要集中在美洲地区。2014 年美洲地区的波多黎各(美)、多米尼克与安提瓜和巴布达分别是美属维尔京群岛的第一大、第二大和第三大出境旅游目的地国家。

波多黎各(美)是美属维尔京群岛最大的出境旅游目的地国家。2014 年美属维尔京群岛共有 7373 人次游客赴波多黎各旅游,较上年减少了 10.09%。2014 年多米尼克共接待来自美属维尔京群岛的游客人数为 3205 人次。2014 年安提瓜和巴布达共接待来自美属维尔京群岛的游客人数为 2061 人次,较上年减少 15.39%。

表 17-48　2010—2014 年美属维尔京群岛游客出境主要旅游目的地

单位:人次

排名	国家/地区	游客类型	2010 年	2011 年	2012 年	2013 年	2014 年
1	波多黎各(美)	TFR	8823	7231	6924	8200	7373
2	多米尼克	TFR	3230	3103	2913	2821	3205
3	安提瓜和巴布达	TFR	2911	2731	2428	2436	2061

续表

排名	国家/地区	游客类型	2010年	2011年	2012年	2013年	2014年
4	圣卢西亚	TFR	675	675	541	599	700
5	多米尼加	TFR	826	849	1065	904	622
6	巴巴多斯	TFR	464	456	322	278	273

注:按2014年数据排名。

第八节 特立尼达和多巴哥

特立尼达和多巴哥全称特立尼达和多巴哥共和国(The Republic of Trinidad and Tobago),位于加勒比海小安的列斯群岛的东南端,西南和西北与委内瑞拉隔海相望。属热带海洋性气候。面积5128平方千米,其中特立尼达岛4827平方千米,多巴哥岛301平方千米。2014年全国人口为134万。经济以能源开发和加工业为主。2014年国内生产总值(GDP)为296.2亿美元。

特立尼达和多巴哥希望改变经济过多依赖石油业的状况,大力发展旅游业。入境游客主要来自美国、英国、加拿大及加勒比海国家。

表17-49 2014年特立尼达和多巴哥旅游业经济影响评估

指 标	总 数	占全国的比例(%)	增长预测(%)
GDP(百万美元)	717.0	3.1	2.8
雇佣人数(千人)	27.2	4.4	0.5

注:本表为估计值。

一、入境旅游概况

(一)入境旅游人数

特立尼达和多巴哥入境旅游人数从2008年的482千人次下降到2014年的446千人次,负增长率为7.5%;2014年较上年有所减少,负增长4.5%。入境过夜旅游者人数从2008年的437千人次减少到2014年的412千人次,负增长5.7%。邮船乘客从2008年的45千人次减少到2014年的34千人次,负增长24.4%。

表17-50 2008—2014年特立尼达和多巴哥入境旅游人数

单位:千人次

	2008年	2009年	2010年	2011年	2012年	2013年	2014年
入境旅游人数	482	534	490	491	504	467	446
过夜旅游者	437	419	388	431	455	434	412

续表

	2008年	2009年	2010年	2011年	2012年	2013年	2014年
一日游游客	45	115	102	60	49	33	34
邮船乘客	45	115	102	60	49	33	34

（二）入境旅游收入

2008—2011年，特立尼达和多巴哥的入境旅游收入总体上呈增长态势，从2008年的397百万美元增长到2011年的472百万美元，增长率为18.9%。其中，2011年入境旅游收入最多，为472百万美元；2009年入境旅游收入最少，为367百万美元。

2008—2011年，特立尼达和多巴哥入境游客交通收入基本保持在160百万~190百万美元。

2012—2014年数据缺失。

表17-51　2008—2011年特立尼达和多巴哥入境旅游收入

单位：百万美元

	2008年	2009年	2010年	2011年
总收入	557	548	630	650
入境旅游收入	397	367	450	472
入境游客交通收入	160	181	180	178

（三）入境旅游客源结构

特立尼达和多巴哥入境旅游者中，来自美洲地区的游客人数最多，其次是欧洲游客，来自非洲、东亚太和南亚的游客仅占极少一部分。2008—2014年，来自美洲地区的游客人数从365千人次减少到328千人次，负增长10.1%；来自欧洲地区的游客人数从63千人次增长到70千人次，增长了11.1%。

表17-52　2008—2014年特立尼达和多巴哥入境旅游人数（按地区分）

单位：千人次

地区	2008年	2009年	2010年	2011年	2012年	2013年	2014年
非洲	2	2	1	3	3	1	2
美洲	365	351	325	339	333	338	328
欧洲	63	58	52	74	68	65	70
东亚太	5	5	5	9	11	8	9
南亚	2	2	2	5	5	5	4

2014年,特立尼达和多巴哥前五位入境旅游客源国家依次是:美国、加拿大、英国、圭亚那、委内瑞拉。其中,来自美国、加拿大、英国和圭亚那的游客人数占入境旅游人数的比例高达67.16%。2013—2014年,前五位入境旅游客源国家前往特立尼达和多巴哥的入境旅游人数增长率最高的是委内瑞拉(40.27%)。

表17-53　2009—2014年特立尼达和多巴哥入境旅游人数(按游客所在国家分)

排名	国家	入境旅游人数(千人次)			市场份额(%)	增长率(%)
		2009年	2013年	2014年	2014年	2013—2014年
1	美国	195 438	140 994	161 538	39.17	14.57
2	加拿大	49 514	61 681	54 877	13.31	-11.03
3	英国	38 400	43 224	37 473	9.09	-13.31
4	圭亚那	20 679	32 355	23 061	5.59	-28.73
5	委内瑞拉	11 521	15 008	21 052	5.10	40.27
6	牙买加	7776	—	11 950	2.90	—
7	巴巴多斯	15 672	—	11 629	2.82	—
8	格林纳达	7339	—	6922	1.68	—
9	圣文森特和格林纳丁斯	7421	—	6650	1.61	—
10	德国	4895	5836	5154	1.25	-11.69
11	瑞典	—	—	5029	1.22	—
12	法国	2177	5364	4616	1.12	-13.94
13	圣卢西亚	4429	—	4427	1.07	—
14	荷兰	2409	—	3987	0.97	—
15	印度	1894	4489	3291	0.80	-26.69

注:按2014年数据排名。

(四)入境旅游方式

乘坐飞机入境特立尼达和多巴哥的游客人数从2008年的437千人次减少到2014年的412千人次,下降了5.7%;乘坐船舶入境的游客人数从2008年的45千人次减少到2014年的34千人次,减少了24.4%。

特立尼达和多巴哥的入境游客中,乘坐飞机入境的游客数量远多于乘坐船舶入境的游客数量。2008年入境旅游者中,乘坐飞机入境的游客人数占90.7%,乘坐船舶入境的游客人数占9.3%;2014年乘坐飞机入境的游客人数的比重上升到92.4%,乘坐船舶入境的游客人数的比重下降到7.6%。

表 17-54 2008—2014 年特立尼达和多巴哥入境旅游人数（按入境旅游方式分）

单位：千人次

入境旅游方式	2008 年	2009 年	2010 年	2011 年	2012 年	2013 年	2014 年
飞　机	437	419	388	431	455	434	412
船　舶	45	115	102	60	49	33	34

（五）入境旅游目的

特立尼达和多巴哥入境游客中，出于娱乐、休闲和度假目的入境的游客人数从 2008 年的 196 千人次减少到 2014 年的 114 千人次，负增长 41.8%；商务和专业活动游客人数从 2008 年的 89 千人次增加到 2014 年的 93 千人次，增长了 4.5%。

特立尼达和多巴哥入境游客中，娱乐、休闲和度假游客数量远多于商务和专业活动游客数量。2008 年娱乐、休闲和度假游客占 44.9%，商务和专业活动游客占 20.4%；2014 年娱乐、休闲和度假游客的比重下降到 27.6%，商务和专业活动游客的比重上升到 22.5%。

表 17-55 2008—2014 年特立尼达和多巴哥入境旅游人数（按入境旅游目的分）

单位：千人次

入境旅游目的	2008 年	2009 年	2010 年	2011 年	2012 年	2013 年	2014 年
娱乐、休闲和度假	196	190	182	164	173	96	114
商务和专业活动	89	90	74	103	105	65	93
其　他	152	139	132	164	177	273	206

二、出境旅游概况

（一）出境旅游花费

2008—2011 年，特立尼达和多巴哥出境旅游花费总体上明显增长，从 2008 年的 75 百万美元增长到 2011 年的 150 百万美元，增长了 1 倍。特立尼达和多巴哥出境交通花费也有一定程度的增长，从 2008 年的 27 百万美元增长到 2011 年的 42 百万美元，增长了 55.6%。

表 17-56 2008—2011 年特立尼达和多巴哥出境旅游花费

单位：百万美元

	2008 年	2009 年	2010 年	2011 年
总花费	102	136	97	192
出境旅游花费	75	105	71	150
出境交通花费	27	31	26	42

(二)出境旅游目的地

特立尼达和多巴哥的出境旅游目的地主要集中在美洲地区。2014年美洲的美国、巴巴多斯和加拿大分别是特立尼亚和多巴哥的第一大、第二大和第三大出境旅游目的地国家。

美国是特立尼达和多巴哥最大的出境旅游目的地国家。2014年特立尼达和多巴哥共有150 405人次的游客赴美国旅游,较上年增加了11.77%;2014年巴巴多斯共接待来自特立尼达和多巴哥的游客人数为28 039人次,该人数仅为美国所接待人数的18.64%。

表17-57 2010—2014年特立尼达和多巴哥游客出境主要旅游目的地

单位:人次

排名	国家/地区	游客类型	2010年	2011年	2012年	2013年	2014年
1	美国	TFR	136 628	132 931	144 535	134 567	150 405
2	巴巴多斯	TFR	27 292	36 825	38 005	31 614	28 039
3	加拿大	TFR	21 778	22 004	22 815	24 713	22 801
4	圣卢西亚	TFR	8788	8259	12 608	18 050	13 767
5	牙买加	TFR	10 330	15 513	14 947	11 437	10 840
6	委内瑞拉	VFN	19 406	21 314	21 172	15 682	10 415
7	圣文森特和格林纳丁斯	VFR	7092	7415	7446	7153	6275
8	库拉索(荷)	TFR	6852	6438	5404	5653	5379
9	巴拿马	VFR	—	3718	4376	5433	5086
10	苏里南	TFR	3972	4862	4370	5060	5081

注:按2014年数据排名。

第九节 牙买加

牙买加(Jamaica)位于加勒比海西北部,东隔牙买加海峡与海地相望,北距古巴约140千米。属热带雨林气候,年平均气温27℃。面积10 991平方千米,是加勒比海地区第三大岛。2014年全国人口为272万。2013年国内生产总值为139.2亿美元。

旅游业、矿业、农业和新兴的信息技术服务业是牙买加的国民经济支柱,以旅游业为核心的服务业收入占牙买加国内生产总值的60%以上。游客主要来自美国、欧洲和加拿大。

表17-58 2014年牙买加旅游业经济影响评估

指标	总数	占全国的比例(%)	增长预测(%)
GDP(百万美元)	1102.2	7.7	4.7
雇佣人数(千人)	82.2	7.0	4.3

注:本表为估计值。

一、入境旅游概况

（一）入境旅游人数

牙买加入境旅游人数从2008年的2859千人次增加到2014年的3504千人次，增长率为22.6%；过夜旅游者从2008年的1767千人次增加到2014年的2080千人次，增长率为17.7%；一日游游客从2008年的1092千人次增加到2014年的1424千人次，增长率为30.4%。

表17-59　2008—2014年牙买加入境旅游人数

单位：千人次

	2008年	2009年	2010年	2011年	2012年	2013年	2014年
入境旅游人数	2859	2753	2832	3077	3306	3275	3504
过夜旅游者	1767	1831	1922	1952	1986	2008	2080
一日游游客	1092	922	910	1125	1320	1266	1424
邮船乘客	1092	922	910	1125	1320	1266	1424

（二）入境旅游收入

2008—2013年，牙买加入境旅游收入总体变动不大，基本维持在2000百万美元左右。2009年入境旅游收入最低，为1925百万美元；2014年入境旅游收入最高，为2255百万美元。

2008—2011年，牙买加入境游客交通收入呈下降趋势，从2008年的246百万美元减少到2011年的47百万美元。

表17-60　2008—2014年牙买加入境旅游收入

单位：百万美元

	2008年	2009年	2010年	2011年	2012年	2013年	2014年
总收入	2222	2070	2095	2060	—	—	—
入境旅游收入	1976	1925	2001	2013	2046	2074	2255
入境游客交通收入	246	145	94	47	—	—	—

（三）入境旅游客源结构

牙买加的入境游客中，来自美洲地区的游客人数从2008年的1470千人次增加到2014年的1805千人次，增长率为22.8%；来自欧洲地区的游客人数从2008年的286千人次减少到2014年的262千人次，负增长率为8.4%。

牙买加的入境游客中,来自美洲地区的游客人数最多,其次是来自欧洲地区的游客人数。2008年入境游客中,美洲游客占83.2%,欧洲游客占16.2%;2014年美洲游客的比重增加到86.8%,欧洲游客的比重下降到12.6%。

表17-61　2008—2014年牙买加入境旅游人数(按地区分)

单位:千人次

地区	2008年	2009年	2010年	2011年	2012年	2013年	2014年
非洲	1	1	1	1	2	1	1
美洲	1470	1543	1640	1687	1751	1759	1805
欧洲	286	278	272	254	223	237	262
东亚太	8	7	7	7	8	9	9
南亚	1	1	1	1	1	1	1
中东	1	1	1	1	1	1	2

2014年,牙买加前七位入境旅游客源国家依次是:美国、加拿大、英国、德国、开曼群岛(英)、特立尼达和多巴哥、法国。其中,来自美国、加拿大和英国的游客人数占牙买加入境旅游人数的比例高达91.03%。2014年,前七位客源国家前往牙买加的入境旅游人数较上年增长率最高的是英国(17.12%),其次是德国(8.59%)和加拿大(5.15%)。

表17-62　2008—2014年牙买加入境旅游人数(按游客所在国家/地区分)

排名	国家/地区	入境旅游人数(千人次)			市场份额(%)		增长率(%)
		2008年	2013年	2014年	2013年	2014年	2013—2014年
1	美国	1150.94	1271.26	1296.46	63.3	62.32	1.98
2	加拿大	236.19	399.33	419.90	19.88	20.19	5.15
3	英国	188.44	151.32	177.22	7.53	8.52	17.12
4	德国	18.96	19.66	21.35	0.98	1.03	8.59
5	开曼群岛(英)	20.29	16.23	15.62	0.81	0.75	-3.76
6	特立尼达和多巴哥	—	11 437	10.84	—	0.52	-5.22
7	法国	3.92	12.09	10.10	0.6	0.49	-16.44

注:按2014年数据排名。

(四)入境旅游方式

牙买加入境游客中,乘坐飞机入境的游客人数从2008年的1767千人次增长到2014

年的 2080 千人次,增长了 17.7%;乘坐船舶入境的游客人数从 2008 年的 1092 千人次增长到 2014 年的 1424 千人次,增长了 30.4%。

牙买加的入境游客中,乘坐飞机入境的游客数量远多于乘坐船舶入境的游客数量。2008 年入境游客中,乘坐飞机入境的游客人数占 61.8%,乘坐船舶入境的游客人数占 38.2%;2014 年入境游客中,乘坐飞机入境的游客的比重下降到 59.4%,乘坐船舶入境的游客的比重上升到 40.6%。

表 17-63　2008—2014 年牙买加入境旅游人数(按入境旅游方式分)

单位:千人次

入境旅游方式	2008 年	2009 年	2010 年	2011 年	2012 年	2013 年	2014 年
飞　机	1767	1831	1922	1952	1986	2008	2080
船　舶	1092	922	910	1125	1320	1266	1424

(五)入境旅游目的

牙买加入境游客中,出于娱乐、休闲和度假目的入境的游客人数从 2008 年的 1333 千人次增长到 2014 年的 1668 千人次,增长率为 25.1%;出于商务和专业活动目的入境的游客人数从 2008 年的 109 千人次减少到 2014 年的 97 千人次,负增长率为 11.0%。

牙买加入境游客中,娱乐、休闲和度假游客占绝大多数。2008 年入境游客中,娱乐、休闲和度假游客占 75.4%,商务和专业活动游客占 6.1%;2014 年入境游客中,娱乐、休闲和度假游客的比重上升到 80.2%,商务和专业活动游客的比重减少到 4.7%。

表 17-64　2008—2014 年牙买加入境旅游人数(按入境旅游目的分)

单位:千人次

入境旅游目的	2008 年	2009 年	2010 年	2011 年	2012 年	2013 年	2014 年
娱乐、休闲和度假	1333	1407	1486	1524	1574	1609	1668
商务和专业活动	109	101	103	106	100	96	97
其　他	325	323	333	322	312	303	315

二、出境旅游概况

(一)出境旅游花费

2008—2014 年,牙买加的出境旅游花费整体呈下降趋势,从 2008 年的 268 百万美元减少到 2014 年的 195 百万美元,下降了 27.2%。其中,2011 年最少,为 159 百万美元。

2008—2014年,牙买加出境交通花费总体上明显增长,从2008年的44百万美元增加到2014年的259百万美元,增长率为488.6%。

表17-65　2008—2014年牙买加出境旅游花费

单位:百万美元

	2008年	2009年	2010年	2011年	2012年	2013年	2014年
总花费	312	259	235	213	—	380	454
出境旅游花费	268	216	193	159	165	171	195
出境交通花费	44	43	42	54	—	209	259

(二)出境旅游目的地

牙买加出境旅游目的地主要集中在美洲地区。2014年,美洲地区的美国、加拿大与特立尼达和多巴哥分别为牙买加的第一大、第二大和第三大出境旅游目的地国家。

美国是牙买加最大的出境旅游目的地国家。2014年牙买加共有205 359人次游客赴美国旅游,较上年增长22.03%;2014年加拿大共接待来自牙买加的旅游者人数为29 336人次,该人数为美国同年接待牙买加游客人数的14.3%。

表17-66　2010—2014年牙买加游客出境主要旅游目的地

单位:人次

排名	国家/地区	游客类型	2010年	2011年	2012年	2013年	2014年
1	美国	TFR	178 791	159 235	166 984	168 283	205 359
2	加拿大	TFR	26 077	25 147	25 197	27 583	29 336
3	特立尼达和多巴哥	TFR	7548	13 314	13 350	—	11 950
4	开曼群岛(英)	TFR	7609	7378	8070	7667	7845
5	巴巴多斯	TFR	7948	8862	8423	7951	7403
6	尼日利亚	VFN	10 139	16 720	6482	4231	6791
7	巴哈马群岛	TFR	6831	6888	6441	6291	5502
8	巴哈马	VFR	2763	2857	3294	3847	3777
9	安提瓜和巴布达	TFR	4133	4281	4355	3273	3543
10	中国香港	VFR	2869	3268	2959	2801	2700

注:按2014年数据排名。

第十八章 中美洲分区旅游市场概况

中美洲是中亚美利加洲的简称,指墨西哥以南、哥伦比亚以北的美洲大陆中部地区。东临加勒比海,西濒太平洋,是连接南、北美洲的桥梁。面积约52万平方千米。全区以高原和山地为主。山地紧靠太平洋岸,属美洲科迪勒拉山系的中段,最高处海拔达4000米以上,多火山,有活火山40余座,地震频繁。

依据世界旅游组织的划分方法,中美洲分区包括伯利兹、哥斯达黎加、萨尔瓦多、危地马拉、洪都拉斯、尼加拉瓜、巴拿马共7个国家,但本章的中美洲分区旅游市场概况分析不包括危地马拉。

一、入境旅游概况

(一)入境旅游人数

2014年,中美洲分区各国家中,入境旅游人数最多的是哥斯达黎加,为2527千人次;巴拿马、萨尔瓦多和尼加拉瓜的入境旅游人数均在1300千人次以上水平,分别位居第二位、第三位和第四位。

表18-1 2008—2014年中美洲分区各国家入境旅游人数

单位:千人次

排名	国家	2008年	2009年	2010年	2011年	2012年	2013年	2014年
1	哥斯达黎加	2089	1923	2100	2192	2343	2428	2527
2	巴拿马	1247	1200	1324	1473	1606	1658	1745
3	萨尔瓦多	1385	1091	1150	1184	1255	1283	1345
4	尼加拉瓜	858	932	1011	1060	1180	1229	1330
5	洪都拉斯	869	836	863	871	895	863	868
6	伯利兹	245	232	242	250	277	294	321

注:按2014年数据排名。

(二) 入境旅游收入

2014年，中美洲分区各国家中，入境旅游收入最多的是巴拿马，为3470百万美元；其次是哥斯达黎加，为2865百万美元；萨尔瓦多、洪都拉斯、尼加拉瓜和伯利兹分别位列第三位至第六位，且与第二位的哥斯达黎加的差距较大。

表18-2 2008—2014年中美洲分区各国家入境旅游收入

单位：百万美元

排名	国家	2008年	2009年	2010年	2011年	2012年	2013年	2014年
1	巴拿马	1408	1484	1745	2605	3067	3316	3470
2	哥斯达黎加	2283	1815	1999	2152	2299	2586	2865
3	萨尔瓦多	425	319	390	415	558	621	821
4	洪都拉斯	619	616	625	637	661	698	630
5	尼加拉瓜	301	334	309	378	422	417	445
6	伯利兹	278	256	264	248	298	351	380

注：按2014年数据排名。

二、出境旅游概况

(一) 出境旅游人数

2014年，中美洲分区各国家中，出境旅游人数最多的是萨尔瓦多，为1163千人次；其次是尼加拉瓜，为959千人次；哥斯达黎加和巴拿马的出境旅游人数均在700千人次以上规模。2010—2014年，萨尔瓦多、尼加拉瓜、哥斯达黎加、巴拿马和洪都拉斯的出境旅游人数均出现不同程度的增长。

表18-3 2008—2014年中美洲分区各国家出境旅游人数

单位：千人次

排名	国家	2008年	2009年	2010年	2011年	2012年	2013年	2014年
1	萨尔瓦多	—	—	999	1160	1163	1166	1163
2	尼加拉瓜	942	858	908	912	979	994	959
3	哥斯达黎加	528	579	662	717	773	790	798
4	巴拿马	369	336	392	414	447	619	706
5	洪都拉斯	387	395	408	449	464	471	557

注：按2014年数据排名。

(二)出境旅游花费

2014年,中美洲分区出境旅游花费最多的国家是巴拿马,为892百万美元;哥斯达黎加和洪都拉斯分别位列第二位和第三位,其出境旅游花费均在400百万美元以上;萨尔瓦多和尼加拉瓜的出境旅游花费均在160百万~250百万美元;伯利兹的出境旅游花费较少,为49百万美元。

表18-4 2008—2014年中美洲分区各国家出境旅游花费

单位:百万美元

排名	国家	2008年	2009年	2010年	2011年	2012年	2013年	2014年
1	巴拿马	366	338	398	462	505	830	892
2	哥斯达黎加	593	367	424	405	429	450	461
3	洪都拉斯	291	296	321	354	378	403	412
4	萨尔瓦多	241	187	219	203	261	242	248
5	尼加拉瓜	220	192	205	252	240	273	161
6	伯利兹	41	41	36	34	37	40	49

注:按2014年数据排名。

第一节 伯利兹

伯利兹(Belize)位于中美洲东北部。西北与墨西哥毗邻,西部和南部与危地马拉接壤,东濒加勒比海。属亚热带雨林气候。面积为22 966平方千米。2014年全国人口为34万。经济以农业为主,工业不发达,人民生活用品绝大部分靠进口。2013年国内生产总值(GDP)为16.24亿美元。

伯利兹的旅游业起步较晚,但发展迅速。伯利兹的世界第二大、北半球第一大堤礁以及玛雅遗迹吸引着越来越多的游客。另外,伯利兹还有八大野生动物保护区,其中有世界仅存的美洲虎和红足鲣鸟保护区。近几年来政府重视旅游业投资,游客人数迅速增加。

一、入境旅游概况

(一)入境旅游人数

伯利兹入境旅游人数从2008年的846千人次增长到2014年的1289千人次,增长了52.4%;过夜旅游者人数从2008年的245千人次增加到2014年的321千人次,增长率为31.0%;邮船乘客从2008年的597千人次增加到2014年的968千人次,增长率为62.1%。

表 18-5　2008—2014 年伯利兹入境旅游人数

单位：千人次

	2008 年	2009 年	2010 年	2011 年	2012 年	2013 年	2014 年
入境旅游人数	846	941	1054	1106	1028	1022	1289
过夜旅游者	245	232	242	250	277	294	321
一日游游客	601	709	812	856	751	728	968
邮船乘客	597	705	779	735	641	677	968

（二）入境旅游收入

2008—2014 年，伯利兹入境旅游收入总体上有所增长，从 2008 年的 278 百万美元增长到 2014 年的 380 百万美元，增长率为 36.7%。其中，2011 年入境旅游收入最少，为 248 百万美元；2012 年较上年增长 20.2%，达到 298 百万美元；2013 年为 351 百万美元，较上年增长 17.8%；2014 年最高，为 380 百万美元，较上年增长 8.3%。

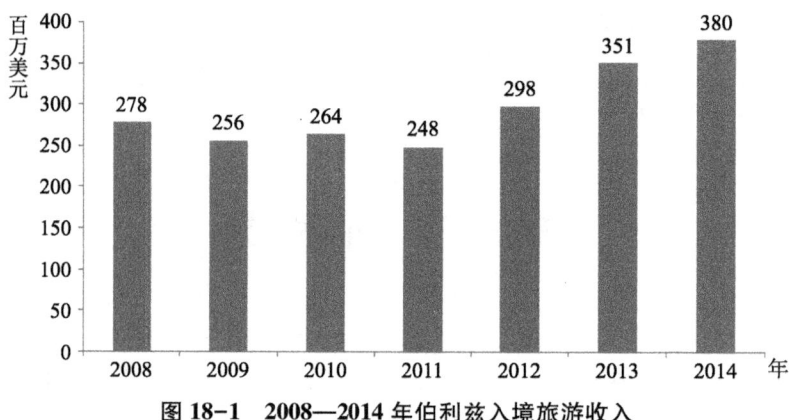

图 18-1　2008—2014 年伯利兹入境旅游收入

（三）入境旅游客源结构

伯利兹的入境游客中，来自美洲地区的游客人数最多，其次是欧洲游客，来自东亚太地区的游客仅占极少一部分。来自美洲地区的游客人数从 2008 年的 196 千人次增加到 2014 年的 257 千人次，增长率为 31.1%；来自欧洲地区的游客人数变化不大，一直保持在 29 千~39 千人次。

表 18-6　2008—2014 年伯利兹入境旅游人数（按地区分）

单位：千人次

地区	2008 年	2009 年	2010 年	2011 年	2012 年	2013 年	2014 年
非洲	1	0.7	0.6	0.5	0.5	0.4	0.5
美洲	196	188	196	203	227	240	257

续表

地区	2008年	2009年	2010年	2011年	2012年	2013年	2014年
东亚太	5	5	6	6	7	8	8
欧洲	34	30	30	30	29	32	39
中东	1	0.4	0.9	0.6	1.3	1.9	2.5
南亚	—	—	—	—	—	—	—

2014年,伯利兹前五位入境旅游客源国家依次是:美国、加拿大、危地马拉、墨西哥、英国。其中,来自美国和加拿大的游客人数占入境旅游人数的比例为79.98%。2014年,前五位入境旅游客源国家前往伯利兹的入境旅游人数增长率最高的是英国(46.27%)。

表18-7　2008—2014年伯利兹入境旅游人数(按游客所在国家分)

排名	国家	入境旅游人数(人次)			市场份额(%)		增长率(%)
		2008年	2013年	2014年	2013年	2014年	2013—2014年
1	美国	670 481	766 705	1 007 176	68.89	73.77	31.36
2	加拿大	53 102	71 214	84 761	6.40	6.21	19.02
3	危地马拉	102 090	113 771	50 898	10.22	3.73	-55.26
4	墨西哥	29 432	32 593	40 466	2.93	2.96	24.16
5	英国	33 468	16 387	23 969	1.47	1.76	46.27
6	萨尔瓦多	4533	6091	5297	0.55	0.39	-13.04
7	洪都拉斯	4324	6183	5171	0.56	0.38	-16.37
8	哥斯达黎加	1210	1470	1556	0.13	0.11	5.85
9	牙买加	1173	1071	1401	0.10	0.1	30.81
10	古巴	904	735	1372	0.07	0.1	86.67

注:按2014年数据排名。

(四)入境旅游方式

2008—2014年,乘坐飞机入境伯利兹的游客人数从178千人次增加到239千人次,增长了34.3%;经由公路入境的游客人数从57千人次增长到71千人次,增长了24.6%;乘坐船舶入境的游客人数从10千人次增加到979千人次,增长了96.9倍。

2009—2014年,伯利兹的入境游客中,乘坐船舶入境的游客数量最多,其次是乘飞机入境的游客数量,经由公路入境的游客数量最少。2008年入境旅游者中,乘坐船舶入境的游客数量占4.1%,乘坐飞机入境的游客数量占72.7%,经由公路入境的游客数量占23.3%;2014年乘坐船舶入境的游客比重增加到76.0%,乘坐飞机入境的游客比重减少到18.5%,经由公路入境的游客比重减少到5.5%。

表 18-8　2008—2014 年伯利兹入境旅游人数（按入境旅游方式分）

单位：千人次

入境旅游方式	2008 年	2009 年	2010 年	2011 年	2012 年	2013 年	2014 年
飞　机	178	168	172	182	212	224	239
船　舶	10	715	789	747	651	688	979
公　路	57	57	92	177	165	111	71

（五）入境旅游目的

伯利兹的入境游客中，出于娱乐、休闲和度假目的入境的游客人数从 2008 年的 235 千人次增长到 2014 年的 304 千人次，增加了 29.4%。出于商务和专业活动目的入境的游客人数从 2008 的 10 千人次增长到 2014 年的 18 千人次，增长了 80%。

伯利兹的入境游客中，娱乐、休闲和度假游客数量远多于商务和专业活动游客数量。2008 年入境旅游者中，娱乐、休闲和度假游客数量占 95.9%，商务和专业活动游客数量占 4.1%；2014 年入境旅游者中，娱乐、休闲和度假游客的比重下降到 94.4%，商务和专业活动游客的比重增加到 4.6%。

表 18-9　2008—2014 年伯利兹入境旅游人数（按入境旅游目的分）

单位：千人次

入境旅游目的	2008 年	2009 年	2010 年	2011 年	2012 年	2013 年	2014 年
娱乐、休闲和度假	235	222	231	238	264	281	304
商务和专业活动	10	10	11	12	13	13	18

二、出境旅游概况

（一）出境旅游花费

2008—2014 年，伯利兹的出境旅游花费时涨时落，但总体变化不大，一直在 34 百万~49 百万美元波动。其中，2014 年最多，为 49 百万美元。

2008—2014 年，伯利兹的出境交通花费时涨时落，但总体是下降的。从 2008 年的 3 百万美元下降到 2014 年的 2 百万美元，负增长 33.3%。

表 18-10　2008—2014 年伯利兹出境旅游花费

单位：百万美元

	2008 年	2009 年	2010 年	2011 年	2012 年	2013 年	2014 年
总花费	44	43	39	37	39	42	51
出境旅游花费	41	41	36	34	37	40	49
出境交通花费	3	2	3	3	2	2	2

(二) 出境旅游目的地

伯利兹的出境旅游目的地国家主要集中在美洲地区。2014年，美洲的危地马拉、美国和非洲的坦桑尼亚分别是伯利兹的第一大、第二大和第三大出境旅游目的地国家。

危地马拉是伯利兹最大的出境旅游目的地国家。2014年伯利兹共有33 758人次游客赴危地马拉旅游，较上年减少了16.24%。2014年美国接待来自伯利兹的游客人数为21 193人次，较上年增加了18.94%。

表18-11　2010—2014年伯利兹游客出境主要旅游目的地

单位：人次

排名	国家/地区	游客类型	2010年	2011年	2012年	2013年	2014年
1	危地马拉	VFR	43 816	35 960	35 481	40 303	33 758
2	美　国	TFR	18 641	17 319	18 672	17 818	21 193
3	坦桑尼亚	VFR	3	314	4	2	4270
4	中国香港	VFR	2529	2638	2287	2527	2222
5	萨尔瓦多	TFN	2508	1317	2284	1374	1932
6	洪都拉斯	TFN	2179	2057	1969	1805	1661
7	加拿大	TFR	946	1017	1246	1195	1333
8	巴拿马	VFR	1070	967	1051	941	851
9	哥斯达黎加	TFN	844	838	846	1060	818
10	尼加拉瓜	TFN	578	537	625	607	818

注：按2014年数据排名。

第二节　巴拿马

巴拿马全称巴拿马共和国（The Republic of Panama），位于中美洲地峡最南端，连接中美洲和南美洲大陆。巴拿马运河全长81.3千米，有"世界桥梁"之称。北濒加勒比海，南临太平洋，西与哥斯达黎加接壤，东同哥伦比亚毗连。巴拿马运河从南至北沟通大西洋和太平洋。地近赤道，属热带海洋性气候，白天湿润、夜间凉爽。面积约为7.55万平方千米。2014年全国人口为393万，国内生产总值（GDP）为462亿美元。

巴拿马是个农业国，工业基础相当薄弱，无重工业。服务业发达，是国民经济的支柱，旅游业是第三大收入来源。

表 18-12　2014 年巴拿马旅游业经济影响评估

指标	总数	占全国的比例(%)	增长预测(%)
GDP(百万美元)	2467.9	5.9	6
雇佣人数(千人)	102.7	5.9	2.8

注：本表为估计值。

一、入境旅游概况

（一）入境旅游人数

巴拿马入境旅游人数总体上呈增长态势，从 2008 年的 1575 千人次增加到 2014 年的 2305 千人次，增长了 46.3%；过夜旅游者从 2008 年的 1247 千人次增加到 2014 年的 1745 千人次，增长了 39.9%；一日游游客从 2008 年的 328 千人次增加到 2014 年的 560 千人次，增长了 70.7%；邮船乘客从 2008 年的 234 千人次增加到 2014 年的 366 千人次，增长了 56.4%。

表 18-13　2008—2014 年巴拿马入境旅游人数

单位：千人次

	2008 年	2009 年	2010 年	2011 年	2012 年	2013 年	2014 年
入境旅游人数	1575	1562	1726	2004	2086	2202	2305
过夜旅游者	1247	1200	1324	1473	1606	1658	1745
一日游游客	328	362	402	531	480	544	560
邮船乘客	234	311	331	429	334	374	366

（二）入境旅游收入

2008—2014 年，巴拿马入境旅游收入一直不断增加，从 2008 年的 1408 百万美元增加到 2014 年的 3470 百万美元，增长了 1.5 倍。其中，2011 年首次超过 2000 百万美元，达到 2605 百万美元，较上年增长了 49.3%；2012 年增加到 3067 百万美元，增长率为 17.7%；2013 年增长到 3316 百万美元，较上年增长 8.1%；2014 年达到历史最高水平，为 3470 百万美元，较上年增长 4.6%。

2010—2014 年，巴拿马入境游客交通收入一直不断增加，从 2010 年的 876 百万美元增加到 2014 年的 2020 百万美元，增长了 1.3 倍。

表 18-14　2008—2014 年巴拿马入境旅游收入

单位：百万美元

	2008 年	2009 年	2010 年	2011 年	2012 年	2013 年	2014 年
总收入	2208	2280	2621	3604	4589	5089	5490
入境旅游收入	1408	1484	1745	2605	3067	3316	3470
入境游客交通收入	800	796	876	999	1522	1773	2020

(三)入境旅游客源结构

巴拿马的入境旅游者中,来自美洲地区的游客人数占绝大多数。2008—2014年,除东亚太地区有所减少外,来自美洲、欧洲和非洲地区的入境游客人数均有所增加。来自美洲地区的游客人数从2008年的984千人次增加到2014年的1355千人次,增长了37.7%;来自欧洲地区的游客人数从2008年的118千人次增加到2014年的214千人次,增长了81.4%;来自东亚太地区的游客人数从2008年的33千人次减少到2014年的32千人次,减少了3.0%。

表18-15　2008—2014年巴拿马入境旅游人数(按地区分)

单位:千人次

地区	2008年	2009年	2010年	2011年	2012年	2013年	2014年
非洲	1	1	1	2	2	3	3
美洲	984	916	1006	1134	1285	1311	1355
东亚太	33	23	27	27	31	29	32
欧洲	118	115	129	142	155	179	214
中东	—	—	—	1	1	1	1
南亚	—	—	—	5	5	5	5

2014年,巴拿马的前六位入境旅游客源国家依次是:哥伦比亚、美国、委内瑞拉、巴西、厄瓜多尔、墨西哥。其中,来自哥伦比亚、美国和委内瑞拉的游客人数占整个入境游客的比例为45.93%。2014年,前十位入境旅游客源国家前往巴拿马的入境旅游人数增长率最高的是巴西(21.38%),其次是墨西哥(13.34%)。

表18-16　2008—2014年巴拿马入境旅游人数(按游客所在国家分)

排名	国家	入境旅游人数(人次)			市场份额(%)		增长率(%)
		2008年	2013年	2014年	2013年	2014年	2013—2014年
1	哥伦比亚	213 776	264 715	281 775	17.33	17.5	6.44
2	美国	272 386	260 122	269 965	17.03	16.77	3.78
3	委内瑞拉	34 403	196 385	187 776	12.86	11.66	-4.38
4	巴西	18 603	67 518	81 950	4.42	5.09	21.38
5	厄瓜多尔	50 129	70 571	71 919	4.62	4.47	1.91
6	墨西哥	51 533	60 296	68 340	3.95	4.24	13.34
7	西班牙	22 242	54 633	61 596	3.58	3.83	12.75
8	阿根廷	23 598	72 730	60 040	4.76	3.73	-17.45
9	哥斯达黎加	65 438	48 945	56 775	3.20	3.53	16.00
10	加拿大	44 171	52 341	52 799	3.43	3.28	0.88

注:按2014年数据排名。

(四)入境旅游方式

巴拿马入境游客中,乘坐飞机入境的游客人数最多,其次是经由公路入境的游客人数。2008—2014年,乘坐飞机入境的游客人数从1044千人次增加到1416千人次,增长了35.6%;经由公路入境的游客人数从125千人次增加到166千人次,增长了32.8%。

2008年,乘坐飞机入境的游客人数占83.8%,经由公路入境的游客人数占10%;2014年,乘坐飞机入境的游客人数的比重下降到81.1%,经由公路入境的游客人数的比重下降到9.5%。

表18-17 2008—2014年巴拿马入境旅游人数(按入境旅游方式分)

单位:千人次

入境旅游方式	2008年	2009年	2010年	2011年	2012年	2013年	2014年
飞机	1044	1007	1096	1209	1333	1357	1416
公路	125	123	152	174	169	173	166

(五)入境旅游目的

巴拿马入境游客中,娱乐、休闲和度假游客数量一直多于商务和专业活动游客数量。出于娱乐、休闲和度假目的的游客人数从2008年的564千人次增长到2014年的1217千人次,增长了近1.2倍。出于商务和专业活动目的的游客人数从2008年的401千人次增长到2012年的519千人次,增长了29.4%;2013年降至160千人次;2014年有所回升,为179千人次。

表18-18 2008—2014年巴拿马入境旅游人数(按入境旅游目的分)

单位:千人次

入境旅游目的	2008年	2009年	2010年	2011年	2012年	2013年	2014年
娱乐、休闲和度假	564	540	591	652	730	1151	1217
商务和专业活动	401	388	422	465	519	160	179
其他	79	80	83	92	100	216	214

二、出境旅游概况

(一)出境旅游人数

2008年巴拿马出境旅游人数为369千人次;2009年较上年减少33千人次,减少到336千人次;2010年增加到392千人次,较上年增长了16.7%;2011年较上年增长5.6%,达到414千人次;2012年较上年增加33千人次,达到447千人次,增长率为8%;2013年较上年增加38.5%,达到619千人次;2014年较上年增加14.1%,达到706千人次。

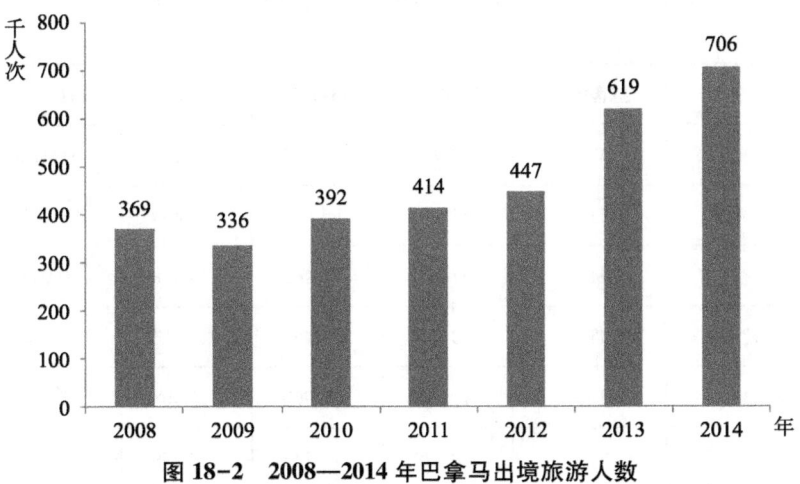

图 18-2　2008—2014 年巴拿马出境旅游人数

（二）出境旅游花费

2008—2014 年，巴拿马的出境旅游花费总体上呈增长态势，从 2008 年的 366 百万美元增加到 2014 年的 892 百万美元，增长了近 1.4 倍。其中，2009 年最少，为 338 百万美元；2014 年较上年增长 7.5%，达到历史最高水平。

2008—2014 年，巴拿马的出境交通花费时涨时落，从 2008 年的 194 百万美元减少到 2014 年的 168 百万美元，减少了 13.4%。其中，2009 年、2012 年和 2014 年较上年均有所下降，分别下降到 165 百万美元、100 百万美元和 168 百万美元。

表 18-19　2008—2014 年巴拿马出境旅游花费

单位：百万美元

	2008 年	2009 年	2010 年	2011 年	2012 年	2013 年	2014 年
总花费	560	503	575	665	605	1190	1060
出境旅游花费	366	338	398	462	505	830	892
出境交通花费	194	165	177	203	100	360	168

（三）出境旅游目的地

巴拿马出境旅游目的地主要集中在美洲地区。2014 年，美洲地区的美国、哥斯达黎加和哥伦比亚分别是巴拿马的第一大、第二大和第三大出境旅游目的地国家。

美国是巴拿马最大的出境旅游目的地国家。2014 年巴拿马共有 156 319 人次游客赴美国旅游，较上年增长 10.41%；2014 年哥斯达黎加共接待来自巴拿马的游客人数为 96 020 人次，较上年减少 2.29%。

表 18-20 2010—2014 年巴拿马游客出境主要旅游目的地

单位：人次

排名	国家	游客类型	2010 年	2011 年	2012 年	2013 年	2014 年
1	美国	TFR	118 976	119 542	133 268	141 578	156 319
2	哥斯达黎加	TFN	77 918	85 053	90 899	98 275	96 020
3	哥伦比亚	TFR	37 822	37 166	36 588	40 046	46 171
4	尼加拉瓜	TFN	20 174	22 451	24 517	24 676	24 553
5	秘鲁	TFR	10 718	10 960	12 908	15 121	16 367
6	萨尔瓦多	TFN	10 579	10 733	11 479	12 263	14 808
7	古巴	VFR	9656	10 347	12 298	12 765	13 277
8	多米尼加	TFR	9406	12 379	14 306	13 662	13 233
9	危地马拉	VFR	13 441	12 571	12 499	12 919	13 011
10	厄瓜多尔	VFN	4640	8891	10 090	11 727	11 656

注：按 2014 年数据排名。

第三节　哥斯达黎加

哥斯达黎加全称哥斯达黎加共和国（The Republic of Costa Rica），位于中美洲的南部。东临加勒比海，西靠北太平洋，北部与尼加拉瓜接壤，东南偏南与巴拿马接壤。属于热带和亚热带气候。面积为 5.11 万平方千米。2014 年全国人口为 494 万。经济主要靠旅游业、农业和电子元件出口。2014 年国内生产总值（GDP）为 495.5 亿美元。外贸、旅游和服务业在国民经济中占重要地位。

表 18-21 2014 年哥斯达黎加旅游业经济影响评估

指标	总数	占全国的比例（%）	增长预测（%）
GDP（百万美元）	2271.3	4.6	5.2
雇佣人数（千人）	95.6	4.6	3.7

注：本表为估计值。

一、入境旅游概况

(一)入境旅游人数

哥斯达黎加入境旅游人数从 2008 年的 2409 千人次增加到 2014 年的 2760 千人次,增加了 14.6%;过夜旅游者人数从 2008 年的 2089 千人次增加到 2014 年的 2527 千人次,增长了 21.0%;邮船乘客从 2008 年的 320 千人次下降到 2014 年的 233 人次,下降了 27.2%。

表 18-22　2008—2014 年哥斯达黎加入境旅游人数

单位:千人次

	2008 年	2009 年	2010 年	2011 年	2012 年	2013 年	2014 年
入境旅游人数	2409	2309	2495	2526	2590	2641	2760
过夜旅游者	2089	1923	2100	2192	2343	2428	2527
一日游游客	320	386	395	334	247	213	233
邮船乘客	320	386	395	334	247	213	233

(二)入境旅游收入

2008—2014 年,除 2009 年较上年有所下降,哥斯达黎加入境旅游收入连续增加,从 2008 年的 2283 百万美元增长到 2014 年的 2865 百万美元,增长率为 25.5%。2009 年入境旅游收入较上年下降 20.5%,下降到 1815 百万美元。

2008—2014 年,哥斯达黎加入境游客交通收入时涨时落:2008 年为 250 百万美元,2009 年下降到 186 百万美元,2010 年持续下降到 180 百万美元,2011 年增加到 223 百万美元,2012 年持续增加到 244 百万美元,2013 年下降到 243 百万美元,2014 年大幅下降到 89 百万美元。

表 18-23　2008—2014 年哥斯达黎加入境旅游收入

单位:百万美元

	2008 年	2009 年	2010 年	2011 年	2012 年	2013 年	2014 年
总收入	2533	2001	2179	2375	2543	2829	2954
入境旅游收入	2283	1815	1999	2152	2299	2586	2865
入境游客交通收入	250	186	180	223	244	243	89

(三)入境旅游客源结构

哥斯达黎加入境游客中,来自美洲地区的游客人数最多,其次是欧洲游客,来自东亚太和非洲的游客仅占极少一部分。2008—2014 年,来自美洲地区的游客人数从 1755 千人次增加到2111千人次,增长了20.3%;来自欧洲地区的游客人数从300千人次增加到371千人次,增长了23.7%。

表18-24　2008—2014年哥斯达黎加入境旅游人数(按地区分)

单位:千人次

地区	2008年	2009年	2010年	2011年	2012年	2013年	2014年
非洲	2	2	2	2	2	2	3
美洲	1755	1635	1782	1857	2009	2075	2111
东亚太	28	27	29	31	36	39	35
欧洲	300	259	287	302	296	312	371
中东	—	—	0.4	0.5	0.6	0.7	0.8
南亚	—	—	3	4	5	5	6

2014年,哥斯达黎加前五位入境旅游客源国家依次是:美国、尼加拉瓜、加拿大、巴拿马和墨西哥。其中,来自美国和尼加拉瓜的游客人数占哥斯达黎加入境旅游人数的比重为57.83%。2014年,前十位入境旅游客源国家前往哥斯达黎加的游客人数增长率最高的是法国(25.05%),其次是西班牙(21.44%)。

表18-25　2008—2014年哥斯达黎加入境旅游人数(按游客所在国家分)

排名	国家	入境旅游人数(人次)			市场份额(%)		增长率(%)
		2008年	2013年	2014年	2013年	2014年	2013—2014年
1	美国	807 162	929 402	997 262	38.28	39.47	7.3
2	尼加拉瓜	455 412	476 678	463 959	19.63	18.36	-2.67
3	加拿大	109 854	160 398	172 730	6.61	6.84	7.69
4	巴拿马	72 855	98 275	96 020	4.05	3.8	-2.29
5	墨西哥	59 545	72 568	75 045	2.99	2.97	3.41
6	西班牙	—	52 950	64 303	—	2.54	21.44
7	德国	44 705	54 754	63 916	2.26	2.53	16.73
8	萨尔瓦多	46 837	64 552	63 214	2.66	2.5	-2.07
9	危地马拉	40 840	56 756	55 677	2.34	2.2	-1.9
10	法国	34 622	39 728	49 681	1.64	1.97	25.05

注:按2014年数据排名。

(四)入境旅游方式

2008—2014年,乘坐飞机入境哥斯达黎加的游客人数从1424千人次增加到1721千人次,增长了20.9%;经由公路入境的游客人数从661千人次增长到796千人次,增长率为20.4%;乘坐船舶入境的游客人数从4千人次增长到10千人次,增长了1.5倍。

哥斯达黎加的入境游客中,乘坐飞机入境的游客人数最多,其次是经由公路入境的游客人数,乘坐船舶入境的游客人数最少。2008年入境旅游者中,乘坐飞机入境的游客人数占68.2%,经由公路入境的游客人数占31.6%,乘坐船舶入境的游客人数占0.2%;2014年入境旅游者中,乘坐飞机入境的游客人数占68.1%,经由公路入境的游客人数占31.5%,乘坐船舶入境的游客人数占0.4%。

表18-26 2008—2014年哥斯达黎加入境旅游人数(按入境旅游方式分)

单位:千人次

入境旅游方式	2008年	2009年	2010年	2011年	2012年	2013年	2014年
飞 机	1424	1320	1418	1464	1552	1617	1721
船 舶	4	2	5	7	10	8	10
公 路	661	601	677	721	781	802	796

(五)入境旅游目的

2008—2014年,出于娱乐、休闲和度假目的入境哥斯达黎加的游客人数从1376千人次增长到1904千人次,增长率为38.4%;出于商务和专业活动目的入境的游客人数从401千人次减少到367千人次,负增长8.5%。

哥斯达黎加的入境游客中,娱乐、休闲和度假游客人数远多于商务和专业活动游客人数。2008年入境旅游者中,娱乐、休闲和度假游客人数占65.9%,商务和专业活动游客人数占19.2%;2014年入境旅游者中,娱乐、休闲和度假游客人数的比例增加到75.3%,商务和专业活动游客人数的比例下降到10.1%。

表18-27 2008—2014年哥斯达黎加入境旅游人数(按入境旅游目的分)

单位:千人次

入境旅游目的	2008年	2009年	2010年	2011年	2012年	2013年	2014年
娱乐、休闲和度假	1376	1479	1663	1672	1689	1820	1904
商务和专业活动	401	194	237	286	306	287	367
其 他	312	250	200	234	348	321	256

二、出境旅游概况

（一）出境旅游人数

2008—2014 年，哥斯达黎加出境旅游人数持续增长，从 2008 年的 528 千人次增长到 2014 年的 798 千人次，增长率为 51.1%。

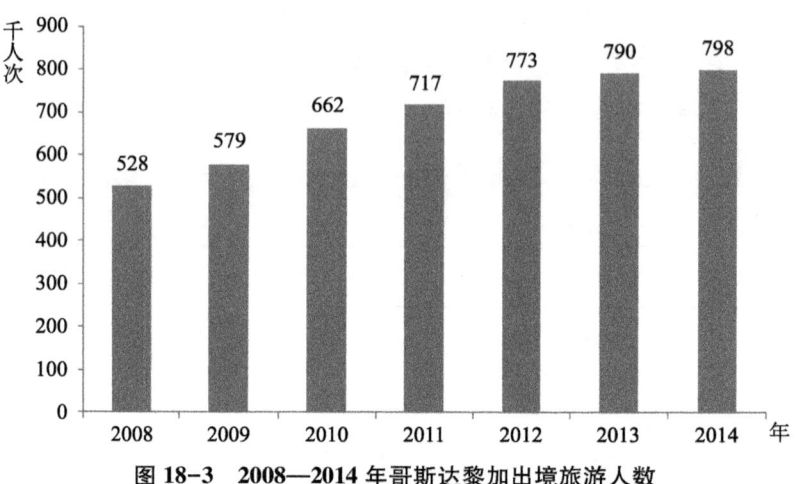

图 18-3 2008—2014 年哥斯达黎加出境旅游人数

（二）出境旅游花费

2008—2014 年，哥斯达黎加的出境旅游花费时涨时落，总体上有所下降，从 2008 年的 593 百万美元下降到 2014 年的 461 百万美元，负增长率为 22.3%；2014 年较上年增长 2.4%。

2008—2014 年，哥斯达黎加的出境交通花费时涨时落，总体上有所上升，从 2008 年的 125 百万美元增长到 2014 年的 133 百万美元，增长率为 6.4%；2014 年较上年增长 9.9%。

表 18-28 2008—2014 年哥斯达黎加出境旅游花费

单位：百万美元

	2008 年	2009 年	2010 年	2011 年	2012 年	2013 年	2014 年
总花费	718	462	533	522	567	571	594
出境旅游花费	593	367	424	405	429	450	461
出境交通花费	125	95	109	117	138	121	133

（三）出境旅游目的地

哥斯达黎加的出境旅游目的地主要集中在美洲地区。2014 年，美洲的美国、尼加拉瓜和墨西哥分别是哥斯达黎加的第一大、第二大和第三大出境旅游目的地国家。

美国是哥斯达黎加最大的出境旅游目的地国家。2014年哥斯达黎加共有202 841人次游客赴美国旅游,较上年增长11.41%;2014年尼加拉瓜共接待来自哥斯达黎加的游客人数为146 071人次,较上年减少了10.80%。

表 18-29　2010—2014 年哥斯达黎加游客出境主要旅游目的地

单位:人次

排名	国　家	游客类型	2010 年	2011 年	2012 年	2013 年	2014 年
1	美　国	TFR	165 594	168 722	179 755	182 063	202 841
2	尼加拉瓜	TFN	125 811	136 466	160 108	163 758	146 071
3	墨西哥	TFN	53 152	44 415	59 361	62 507	66 356
4	巴拿马	VFR	39 524	40 524	42 978	48 945	56 775
5	危地马拉	VFR	48 088	42 039	44 984	46 417	39 739
6	萨尔瓦多	TFN	18 443	20 300	20 306	25 150	27 981
7	哥伦比亚	TFR	22 589	23 394	24 068	27 567	25 837
8	洪都拉斯	TFN	24 073	22 825	21 629	20 199	23 160
9	巴　西	TFR	9792	10 125	10 284	11 771	15 911
10	意大利	VFN	9827	14 904	14 851	17 198	15 219

注:按 2014 年数据排名。

第四节　洪都拉斯

洪都拉斯全称洪都拉斯共和国(The Republic of Honduras),位于中美洲北部。北临加勒比海,南濒太平洋的丰塞卡湾,东、南同尼加拉瓜和萨尔瓦多交界,西与危地马拉接壤。沿海属热带雨林气候,年平均气温31℃;中部山区凉爽干燥,年平均气温为23℃。面积约为11.25平方千米。2014年全国人口为826万,国内生产总值(GDP)为194亿美元。

洪都拉斯是拉美最贫穷的国家之一,工业不发达,严重依赖香蕉和咖啡两种农产品的出口。

表 18-30　2014 年洪都拉斯旅游业经济影响评估

指　标	总　数	占全国的比例(%)	增长预测(%)
GDP(百万美元)	1098.2	5.8	5.5
雇佣人数(千人)	155.8	5	3.4

注:本表为估计值。

一、入境旅游概况

(一)入境旅游人数

2008—2014 年,洪都拉斯入境旅游人数从 1561 千人次增加到 2082 千人次,增长率为33.4%;过夜旅游者人数从 869 千人次下降到 868 千人次,负增长率为 0.1%;邮船乘客从 434 千人次增加到 943 千人次,增长了近 1.2 倍。

表 18-31　2008—2014 年洪都拉斯入境旅游人数

单位:千人次

	2008 年	2009 年	2010 年	2011 年	2012 年	2013 年	2014 年
入境旅游人数	1561	1589	1965	1852	1903	1857	2082
过夜旅游者	869	836	863	871	895	863	868
一日游游客	693	754	1103	980	1009	994	1214
邮船乘客	434	430	803	787	655	708	943

(二)入境旅游收入

2008—2014 年,洪都拉斯入境旅游收入总体上有所增长,从 2008 年的 619 百万美元增长到 2014 年的 630 百万美元,增长率为 1.8%。其中,2014 年较上年有较大幅度下降,减少了 9.7%。

洪都拉斯的入境游客交通收入一直维持在较低的水平,但整体上呈增长趋势,从 2008 年的 0.8 百万美元增长到 2014 年的 12 百万美元,增长了 14 倍。

表 18-32　2008—2014 年洪都拉斯入境旅游收入

单位:百万美元

	2008 年	2009 年	2010 年	2011 年	2012 年	2013 年	2014 年
总收入	619.8	616.1	627	642	666	708	642
入境旅游收入	619	616	625	637	661	698	630
入境游客交通收入	0.8	0.1	2	5	5	10	12

(三)入境旅游客源结构

洪都拉斯入境游客中,来自美洲地区的游客人数占入境旅游人数的绝大多数。来自美洲地区的游客人数从 2008 年的 789.8 千人次增长到 2014 年的 790 千人次,增长率为 0.03%;来自欧洲地区的游客人数从 2008 年的 69.2 千人次减少到 2014 年的 68 千人次,负增长率为1.7%。

表18-33　2008—2014年洪都拉斯入境旅游人数（按地区分）

单位：千人次

地区	2008年	2009年	2010年	2011年	2012年	2013年	2014年
非洲	0.2	0.3	0.4	0.4	0.7	0.7	0.2
美洲	789.8	744	753	759	734	714	790
东亚太	8.5	11	14	16	30	27	10
欧洲	69.2	79	93	94	126	119	68
中东	0.1	0.2	0.2	0.2	0.5	0.3	0.4
南亚	0.3	0.4	0.5	0.6	1.1	0.7	0.3

2014年，洪都拉斯前十位入境旅游客源国家依次是：美国、萨尔瓦多、尼加拉瓜、危地马拉、哥斯达黎加、墨西哥、西班牙、法国、加拿大和巴拿马。其中，来自美国、萨尔瓦多、尼加拉瓜和危地马拉的游客人数占洪都拉斯入境旅游人数的比重为79.48%。2014年，前十位入境旅游客源国家前往洪都拉斯的入境旅游人数增长率最高的是法国（69.18%），其次是巴拿马（46.3%）和萨尔瓦多（30.96%）。

表18-34　2008—2014年洪都拉斯入境旅游人数（按游客所在国家分）

排名	国家	入境旅游人数（人次）			市场份额（%）		增长率（%）
		2008年	2013年	2014年	2013年	2014年	2013—2014年
1	美国	278 432	257 276	288 789	29.81	33.27	12.25
2	萨尔瓦多	167 427	133 256	174 506	15.44	20.1	30.96
3	尼加拉瓜	121 583	97 233	114 610	11.27	13.2	17.87
4	危地马拉	127 484	103 115	112 065	11.95	12.91	8.68
5	哥斯达黎加	25 157	20 199	23 160	2.34	2.67	14.66
6	墨西哥	23 379	21 423	22 885	2.48	2.64	6.82
7	西班牙	11 217	19 599	20 348	2.27	2.34	3.82
8	法国	5103	8695	14 710	1.01	1.69	69.18
9	加拿大	18 606	17 339	13 808	2.01	1.59	-20.36
10	巴拿马	—	7369	10 784	—	1.24	46.30

注：按2014年数据排名。

（四）入境旅游方式

2008—2014 年,乘坐飞机入境洪都拉斯的游客人数从 398 千人次增加到 413 千人次,增加了 3.8%;经由公路入境的游客人数从 470 千人次减少到 455 千人次,减少了 3.2%。

2008—2014 年,经由公路入境洪都拉斯的游客人数一直多于乘坐飞机入境的游客人数。2008 年入境旅游者中,经由公路入境的游客人数占 54.1%,乘坐飞机入境的游客人数占 45.9%;2014 年入境旅游者中,经由公路入境的游客人数占 52.4%,乘坐飞机入境的游客人数占 47.6%。

表 18-35　2008—2014 年洪都拉斯入境旅游人数（按入境旅游方式分）

单位:千人次

入境旅游方式	2008 年	2009 年	2010 年	2011 年	2012 年	2013 年	2014 年
飞　机	398	391	401	426	378	394	413
公　路	470	445	462	445	516	469	455

（五）入境旅游目的

2008—2014 年,出于娱乐、休闲和度假目的入境洪都拉斯的游客人数从 248 千人次增加到 332 千人次,增长了 33.9%;出于商务和专业活动目的入境洪都拉斯的游客人数从 286 千人次减少到 211 千人次,减少了 26.2%。

2010—2014 年,娱乐、休闲和度假游客数量一直多于商务和专业活动游客数量。2008 年入境游客中,娱乐、休闲和度假游客占 28.5%;2012—2014 年,娱乐、休闲和度假游客占比分别 44.4%、42.8%、38.2%。2008 年入境游客中,商务和专业活动游客占 32.9%;2012—2014 年,商务和专业活动游客占比分别为 27.7%、20.8%、24.3%。

表 18-36　2008—2014 年洪都拉斯入境旅游人数（按入境旅游目的分）

单位:千人次

入境旅游目的	2008 年	2009 年	2010 年	2011 年	2012 年	2013 年	2014 年
娱乐、休闲和度假	248	275	313	334	397	369	332
商务和专业活动	286	289	236	210	248	179	211
其　他	335	272	313	327	250	314	325

二、出境旅游概况

（一）出境旅游人数

2008—2014 年,洪都拉斯出境旅游人数持续不断增长,从 2008 年的 387 千人次增长到 2014 年的 557 千人次，增长了 43.9%。

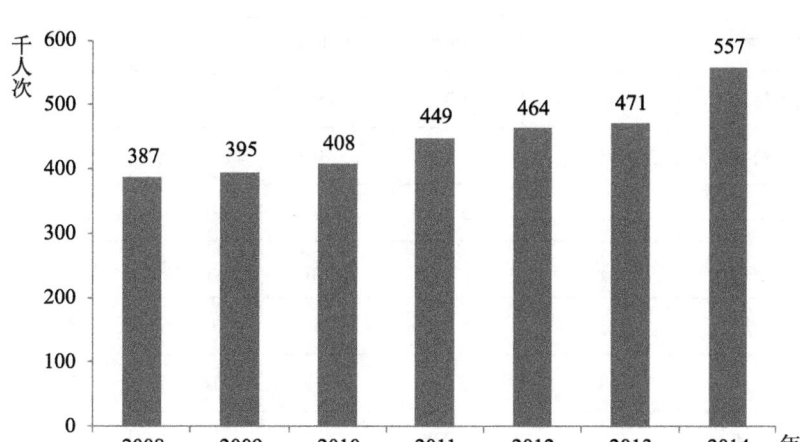

图 18-4　2008—2014 年洪都拉斯出境旅游人数

（二）出境旅游花费

2008—2014 年，洪都拉斯出境旅游花费持续不断增长，从 2008 年的 291 百万美元增加到 2014 年的 412 百万美元，增长率为 41.6%。

2008—2014 年，洪都拉斯出境交通花费总体上有所增长，从 2008 年的 94 百万美元增加到 2014 年的 97 百万美元，增长率为 3.2%。其中，2009 年较上年有所下降，减少到 65 百万美元，较上年负增长 30.9%；2014 年较上年负增长 3.2%。

表 18-37　2008—2014 年洪都拉斯出境旅游花费

单位：百万美元

	2008 年	2009 年	2010 年	2011 年	2012 年	2013 年	2014 年
总花费	385	361	406	446	473	504	509
出境旅游花费	291	296	321	354	378	403	412
出境交通花费	94	65	85	92	95	101	97

（三）出境旅游目的地

洪都拉斯出境旅游目的地主要集中在美洲地区。2014 年，尼加拉瓜、危地马拉和萨尔瓦多分别是洪都拉斯的第一大、第二大和第三大出境旅游目的地国家。

尼加拉瓜是洪都拉斯最大的出境旅游目的地国家。2014 年洪都拉斯共有 263 927 人次游客赴尼加拉瓜旅游，较上年减少了 3.33%。

表18-38 2010—2014年洪都拉斯游客出境主要旅游目的地

单位：人次

排名	国家	游客类型	2010年	2011年	2012年	2013年	2014年
1	尼加拉瓜	TFN	214 776	230 965	251 804	273 015	263 927
2	危地马拉	VFR	258 765	223 010	235 680	220 497	214 664
3	萨尔瓦多	TFN	145 868	126 446	136 451	171 763	177 777
4	美国	TFR	115 616	119 671	130 386	138 719	152 988
5	哥斯达黎加	TFN	34 042	35 598	35 036	38 840	36 957
6	巴拿马	VFR	12 270	13 921	16 400	17 441	18 413
7	哥伦比亚	TFR	4078	4121	4533	5460	6144
8	伯利兹	VFN	5283	5070	6068	6183	5171
9	多米尼加	TFR	2177	2458	1997	2780	2492
10	秘鲁	TFR	1477	1930	1988	2349	2310

注：按2014年数据排名。

第五节 尼加拉瓜

尼加拉瓜全称尼加拉瓜共和国（The Republic of Nicaragua），位于中美洲中部。北接洪都拉斯，南连哥斯达黎加，东临加勒比海，西濒太平洋。为热带雨林气候，年平均气温25.5℃。面积约为12.14万平方千米。尼加拉瓜湖面积8029平方千米，为中美洲最大的湖泊。2014年人口为617万，国内生产总值（GDP）为118亿美元。

尼加拉瓜经济以农业为主，工业基础薄弱，是美洲较贫穷的国家之一。对外贸易在尼加拉瓜经济中占重要地位，主要贸易伙伴有欧盟、日本和中美洲国家。

表18-39 2014年尼加拉瓜旅游业经济影响评估

指标	总数	占全国的比例（%）	增长预测（%）
GDP（百万美元）	439.1	4	5.8
雇佣人数（千人）	82	3.3	1

注：本表为估计值。

一、入境旅游概况

(一)入境旅游人数

2008—2014年,尼加拉瓜入境旅游人数从1011千人次增加到1390千人次,增长率为37.5%;过夜旅游者从858千人次增加到1330千人次,增长率为55.0%;一日游游客从153千人次下降到61千人次,负增长率为60.1%;邮船乘客从60千人次下降到51千人次,负增长率为15%。

表18-40 2008—2014年尼加拉瓜入境旅游人数

单位:千人次

	2008年	2009年	2010年	2011年	2012年	2013年	2014年
入境旅游人数	1011	1010	1071	1122	1233	1273	1390
过夜旅游者	858	932	1011	1060	1180	1229	1330
一日游游客	153	78	60	61	53	44	61
邮船乘客	60	56	37	39	41	32	51

(二)入境旅游收入

2008—2014年,尼加拉瓜入境旅游收入呈波动式增长,从2008年的301百万美元增加到2014年的445百万美元,增长率为47.8%。2013年较上年减少了5百万美元,负增长率为1.2%;2014年较上年增加了28百万美元,增长率为6.7%。

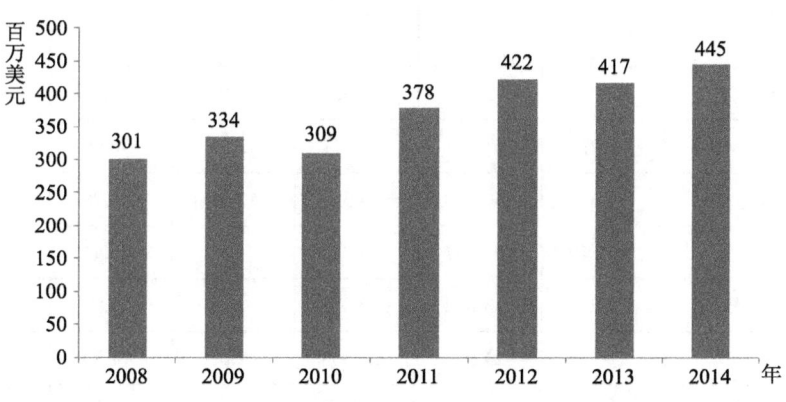

图18-5 2008—2014年尼加拉瓜入境旅游收入

(三)入境旅游客源结构

尼加拉瓜的入境游客中,来自美洲地区的游客人数从2008年的714千人次增长到2014年的1024千人次,增长了43.4%;来自欧洲地区的游客人数从2008年的58千人次增加到2014年的98千人次,增长了69.0%。

尼加拉瓜的入境游客中,绝大部分来自美洲地区。2008年入境游客中,美洲游客占91.1%,欧洲游客占7.4%;2014年入境游客中,美洲游客的比重下降到89.3%,欧洲游客的比重上升到8.5%。

表18-41　2008—2014年尼加拉瓜入境旅游人数(按地区分)

单位:千人次

地区	2008年	2009年	2010年	2011年	2012年	2013年	2014年
非洲	1	1	1	—	1	1	1
美洲	714	770	847	894	1000	1032	1024
东亚太	9	12	11	10	11	12	22
欧洲	58	71	74	76	79	83	98
南亚	2	1	2	2	1	4	2

2014年,来自美国、洪都拉斯、哥斯达黎加和萨尔瓦多的游客人数占尼加拉瓜入境旅游人数的61.72%。2014年,前十位入境旅游客源国家前往尼加拉瓜的入境旅游人数增长率最高的是英国(47.08%),其次是加拿大(16.37%)。

表18-42　2008—2014年尼加拉瓜入境旅游人数(按游客所在国家分)

排名	国家	入境旅游人数(人次)			市场份额(%)		增长率(%)
		2008年	2013年	2014年	2013年	2014年	2013—2014年
1	美国	196 602	243 039	267 320	19.77	20.1	9.99
2	洪都拉斯	182 511	273 015	263 927	22.21	19.85	-3.33
3	哥斯达黎加	70 733	163 758	146 071	13.32	10.99	-10.8
4	萨尔瓦多	123 501	150 963	143 303	12.28	10.78	-5.07
5	危地马拉	68 819	94 957	85 283	7.72	6.41	-10.19
6	加拿大	20 233	33 832	39 370	2.75	2.96	16.37
7	巴拿马	14 924	24 676	24 553	2.01	1.85	-0.5
8	德国	7489	13 936	16 155	1.13	1.21	15.92
9	墨西哥	14 436	14 947	15 666	1.22	1.18	4.81
10	英国	10 011	10 604	15 596	0.86	1.17	47.08

注:按2014年数据排名。

(四)入境旅游方式

2008—2014年,尼加拉瓜入境游客中,经由公路入境的游客人数从476千人次增长到875千人次,增长率为83.8%;乘坐飞机入境的游客人数从356千人次增长到433千人次,增长率为21.6%;乘坐船舶入境的游客人数从29千人次减少到22千人次,减少了24.1%。

表18-43 2008—2014年尼加拉瓜入境旅游人数(按入境旅游方式分)

单位:千人次

入境旅游方式	2008年	2009年	2010年	2011年	2012年	2013年	2014年
飞 机	356	353	351	360	392	400	433
船 舶	29	26	14	15	17	19	22
公 路	476	553	646	685	771	810	875

(五)入境旅游目的

2008—2014年,出于商务和专业活动目的入境尼加拉瓜的旅游者从157千人次增加到286千人次,增长了82.2%;出于娱乐、休闲和度假目的入境的旅游者从644千人次增加到931千人次,增长了44.6%。

尼加拉瓜的入境旅游者中,娱乐、休闲和度假旅游者远多于商务和专业活动旅游者。2008年入境旅游者中,娱乐、休闲和度假旅游者的比例为75.1%,2014年下降到70.0%;2008年入境旅游者中,商务和专业活动旅游者的比例为18.3%,2014年增长到21.5%。

表18-44 2008—2014年尼加拉瓜入境旅游人数(按入境旅游目的分)

单位:千人次

入境旅游目的	2008年	2009年	2010年	2011年	2012年	2013年	2014年
娱乐、休闲和度假	644	755	808	851	852	850	931
商务和专业活动	157	140	136	124	225	269	286
其 他	57	37	67	85	103	111	113

二、出境旅游概况

(一)出境旅游人数

2008—2014年,尼加拉瓜出境旅游人数呈波动式变化,整体上有所增长,从2008年的942千人次增长到2014年的959千人次,增长了1.8%。2014年出境旅游人数较上年有所减少,负增长率为3.5%。

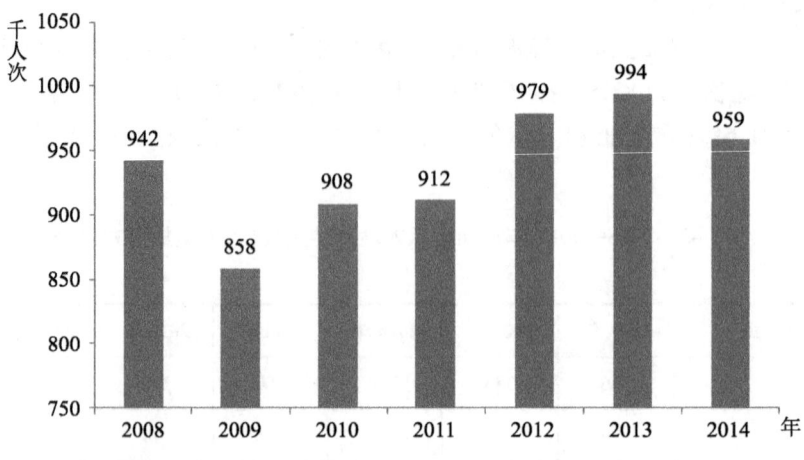

图 18-6　2008—2014 年尼加拉瓜出境旅游人数

（二）出境旅游花费

2008—2014 年,尼加拉瓜出境旅游花费呈波动式变化,总体上趋于下降,从 2008 年的 220 百万美元减少到 2014 年的 161 百万美元,负增长率为 26.8%。其中,2014 年较上年明显减少,负增长率为 41.0%。

2008—2014 年,尼加拉瓜出境交通花费总体上呈增长态势,从 2008 年的 112 百万美元增加到 2014 年的 124 百万美元,增长率为 10.7%。

表 18-45　2008—2014 年尼加拉瓜出境旅游花费

单位:百万美元

	2008 年	2009 年	2010 年	2011 年	2012 年	2013 年	2014 年
总花费	332	300	329	380	372	409	285
出境旅游花费	220	192	205	252	240	273	161
出境交通花费	112	108	124	128	132	136	124

（三）出境旅游目的地

尼加拉瓜出境旅游目的地主要集中在美洲地区。2014 年,美洲的哥斯达黎加、洪都拉斯和危地马拉分别是尼加拉瓜的第一大、第二大和第三大出境旅游目的地国家。

哥斯达黎加是尼加拉瓜最大的出境旅游目的地国家。2014 年,尼加拉瓜共有 463 959 人次游客赴哥斯达黎加旅游,较上年减少了 2.67%。2014 年,洪都拉斯共接待来自尼加拉瓜的游客人数为 114 610 人次,这一人数为同年哥斯达黎加接待尼加拉瓜游客人数的 24.7%。

表 18-46　2010—2014 年尼加拉瓜游客出境主要旅游目的地

单位：人次

排名	国　家	游客类型	2010 年	2011 年	2012 年	2013 年	2014 年
1	哥斯达黎加	TFN	427 362	432 766	474 011	476 678	463 959
2	洪都拉斯	TFN	117 342	110 299	104 904	97 233	114 610
3	危地马拉	VFR	83 819	74 362	77 238	77 691	63 837
4	美　国	TFR	41 050	40 276	45 524	46 775	52 089
5	萨尔瓦多	TFN	43 488	40 755	32 566	32 937	33 931
6	巴拿马	VFR	11 889	12 330	14 540	18 459	20 618
7	哥伦比亚	TFR	1329	1457	1573	1782	2167
8	古　巴	VFR	2187	2088	2373	2166	1935
9	秘　鲁	TFR	1117	1269	1393	1287	1421
10	委内瑞拉	VFN	783	909	1209	1645	1281

注：按 2014 年数据排名。

第六节　萨尔瓦多

萨尔瓦多全称萨尔瓦多共和国（The Republic of EI Salvador），位于中美洲北部，是中美洲中面积最小、人口最稠密、工业化程度最高的国家。东部、北部同洪都拉斯交界，南濒太平洋，西部、西北部同危地马拉接壤。全境属热带气候，年均气温 28℃。沿海和低地气候湿热，山地气候凉爽。领土面积为 2.072 万平方千米。2014 年全国人口为 638 万，国内生产总值（GDP）为 252 亿美元。

萨尔瓦多自然景观丰富，火山地形是最大的特色。地震频繁，有"火山国"之称。土壤肥沃，盛产咖啡、蔗糖和棉花。境内还有著名的玛雅遗迹和圣安得列斯古迹。

一、入境旅游概况

（一）入境旅游人数

2008—2014 年，萨尔瓦多入境旅游人数从 1875 千人次增加到 1886 千人次，增加了 0.59%；过夜旅游者从 1385 千人次下降到 1345 千人次，减少了 2.9%；一日游游客从 490 千人次增加到 541 千人次，增长了 10.4%。

表 18-47　2008—2014 年萨尔瓦多入境旅游人数

单位：千人次

	2008 年	2009 年	2010 年	2011 年	2012 年	2013 年	2014 年
入境旅游人数	1875	1482	1606	1634	1738	1822	1886
过夜旅游者	1385	1091	1150	1184	1255	1283	1345
一日游游客	490	391	456	450	483	539	541

（二）入境旅游收入

除 2009 年外，2008—2014 年，萨尔瓦多入境旅游收入一直不断增长，从 2008 年的 425 百万美元增长到 2014 年的 821 百万美元，增长了 93.2%。其中，2009 年最低，为 319 百万美元，较上年减少 24.9%。

除 2009 年外，2008—2014 年，萨尔瓦多入境游客交通收入一直不断增长，从 2008 年的 286 百万美元增长到 2014 年的 464 百万美元，增长率为 62.2%。2009 年入境游客交通收入最低，为 230 百万美元，较上年减少了 19.6%。

表 18-48　2008—2014 年萨尔瓦多入境旅游收入

单位：百万美元

	2008 年	2009 年	2010 年	2011 年	2012 年	2013 年	2014 年
总收入	711	549	646	729	900	1054	1285
入境旅游收入	425	319	390	415	558	621	821
入境游客交通收入	286	230	256	314	342	433	464

（三）入境旅游客源结构

萨尔瓦多入境游客中，来自美洲地区的游客人数最多。2008—2014 年，来自美洲地区的游客人数从 1343 千人次减少到 1305 千人次，减少了 2.8%；来自欧洲地区的游客人数从 33 千人次减少到 30 千人次，减少了 9.1%；来自东亚太地区的游客人数一直保持在 5 千~10 千人次。

表 18-49　2008—2014 年萨尔瓦多入境旅游人数（按地区分）

单位：千人次

地　区	2008 年	2009 年	2010 年	2011 年	2012 年	2013 年	2014 年
非　洲	—	—	—	—	1	1	1
美　洲	1343	1067	1123	1140	1220	1242	1305
东亚太	9	5	7	10	8	8	9
欧　洲	33	19	20	34	26	32	30

2014年,萨尔瓦多前十位入境旅游客源国家依次是:危地马拉、美国、洪都拉斯、尼加拉瓜、加拿大、哥斯达黎加、墨西哥、哥伦比亚、巴拿马和秘鲁。其中,来自危地马拉、美国和洪都拉斯的游客人数占萨尔瓦多入境旅游人数的83.37%。2014年,前十位入境旅游客源国家前往萨尔瓦多的入境旅游人数增长率最高的是巴拿马(20.75%),其次是哥斯达黎加(11.26%)和危地马拉(10.06%)。

表 18-50　2008—2014 年萨尔瓦多入境旅游人数(按游客所在国家分)

排名	国家	入境旅游人数(人次)			市场份额(%)		增长率(%)
		2008 年	2013 年	2014 年	2013 年	2014 年	2013—2014 年
1	危地马拉	537 578	465 055	511 829	36.25	38.05	10.06
2	美国	361 858	422 811	431 792	32.96	32.10	2.12
3	洪都拉斯	213 075	171 763	177 777	13.39	13.22	3.50
4	尼加拉瓜	96 956	32 937	33 931	2.57	2.52	3.02
5	加拿大	32 050	31 911	29 188	2.49	2.17	-8.53
6	哥斯达黎加	27 668	25 150	27 981	1.96	2.08	11.26
7	墨西哥	28 999	27 489	27 567	2.14	2.05	0.28
8	哥伦比亚	6661	17 428	17 104	1.36	1.27	-1.86
9	巴拿马	11 912	12 263	14 808	0.96	1.1	20.75
10	秘鲁	3292	8758	8012	0.68	0.6	-8.52

注:按 2014 年数据排名。

(四)入境旅游方式

萨尔瓦多入境游客中,经由公路入境的游客人数从 2008 年的 892 千人次减少到 2014 年的 754 千人次,减少了 15.5%;乘坐飞机入境的游客人数从 2008 年的 490 千人次增加到 2014 年的 591 千人次,增长了 20.6%。

萨尔瓦多经由公路入境的游客人数最多,其次是乘坐飞机入境的游客人数。2008 年入境旅游者中,经由公路入境的游客人数占 64.4%,乘坐飞机入境的游客人数占 35.4%;2014 年入境旅游者中,经由公路入境的游客人数占 56.1%,乘坐飞机入境的游客人数占 43.9%。

表 18-51　2008—2014 年萨尔瓦多入境旅游人数(按入境旅游方式分)

单位:千人次

入境旅游方式	2008 年	2009 年	2010 年	2011 年	2012 年	2013 年	2014 年
飞机	490	430	426	470	541	589	591
船舶	3	—	—	—	—	—	—
公路	892	661	723	714	714	694	754

(五)入境旅游目的

2008—2014年,萨尔瓦多入境游客中,出于娱乐、休闲和度假目的入境的游客人数从317千人次增长到513千人次,增长了61.8%;出于商务和专业活动目的入境的游客人数从417千人次减少到158千人次,负增长62.1%。

2008—2014年,除2008年外,娱乐、休闲和度假游客的数量一直多于商务和专业活动游客的数量。2008年入境游客中,娱乐、休闲和度假游客人数占22.9%,2014年增加到38.1%;2008年入境游客中,商务和专业活动游客人数占30.1%,2014年减少到11.7%。

表18-52 2008—2014年萨尔瓦多入境旅游人数(按入境旅游目的分)

单位:千人次

入境旅游目的	2008年	2009年	2010年	2011年	2012年	2013年	2014年
娱乐、休闲和度假	317	409	514	566	501	493	513
商务和专业活动	417	168	165	143	155	146	158
其他	651	514	471	475	599	643	674

二、出境旅游概况

(一)出境旅游人数

2010年,萨尔瓦多出境过夜旅游者人数为999千人次;2011—2014年,萨尔瓦多出境过夜旅游者人数基本稳定,保持在1160千~1170千人次。

表18-53 2010—2014年萨尔瓦多出境旅游人数

单位:千人次

	2010年	2011年	2012年	2013年	2014年
总人数	1421	1469	1462	1515	1515
过夜旅游者	999	1160	1163	1166	1163
一日游游客	423	309	299	348	352

(二)出境旅游花费

2008—2014年,萨尔瓦多出境旅游花费呈波动式变化:2008年出境旅游花费为241百万美元;2009年减少到187百万美元;2010年增加到219百万美元;2011年减少到203百万美元;2012年增长到261百万美元;2013年减少到242百万美元;2014年又增加到248百万美元,较上年增加了2.5%。

2008—2014年,萨尔瓦多出境交通花费总体上明显减少,从2008年的85百万美元减少到2014年的29百万美元,减少了65.9%。2014年较上年增长了1百万美元,增长率为3.6%。

表18-54 2008—2014年萨尔瓦多出境旅游花费

单位:百万美元

	2008年	2009年	2010年	2011年	2012年	2013年	2014年
总花费	326	253	280	244	287	270	277
出境旅游花费	241	187	219	203	261	242	248
出境交通花费	85	66	61	41	26	28	29

(三)出境旅游目的地

萨尔瓦多出境旅游目的地国家主要集中在美洲地区。2014年,美洲地区的危地马拉、洪都拉斯和尼加拉瓜分别是萨尔瓦多的第一大、第二大和第三大出境旅游目的地国家。

危地马拉是萨尔瓦多最大的出境旅游目的地国家。2014年萨尔瓦多共有795 614人次游客赴危地马拉旅游,较上年增长24.69%;2014年萨尔瓦多共有174 506人次游客赴洪都拉斯旅游,这一人数仅为萨尔瓦多到危地马拉游客人数的21.9%。

表18-55 2010—2014年萨尔瓦多游客出境主要旅游目的地

单位:人次

排名	国家	游客类型	2010年	2011年	2012年	2013年	2014年
1	危地马拉	VFR	485 888	542 316	604 871	638 058	795 614
2	洪都拉斯	TFN	159 755	150 343	142 961	133 256	174 506
3	尼加拉瓜	TFN	135 455	138 120	152 741	150 963	143 303
4	美国	TFR	112 346	97 967	100 978	104 735	126 316
5	哥斯达黎加	TFN	53 670	61 257	64 924	64 553	63 214
6	巴拿马	VFR	16 547	16 696	20 820	21 510	22 051
7	哥伦比亚	TFR	6300	9465	11 965	16 358	16 714
8	伯利兹	VFN	5182	5069	5961	6091	5297
9	秘鲁	TFR	2663	4948	5746	5404	5100
10	厄瓜多尔	VFN	1994	2655	3700	3625	4182

注:按2014年数据排名。

第十九章 南美洲分区旅游市场概况

南美洲是南亚美利加洲的简称,位于西半球的南部。东临大西洋,西濒太平洋,北滨加勒比海,南隔德雷克海峡与南极洲相望。一般以巴拿马运河为界,同中美洲分开。大陆东至布朗库角,南至弗罗厄德角,西至帕里尼亚斯角,北至加伊纳斯角。面积约1785万平方千米,约占世界陆地总面积的12%,是世界第四大洲。共有13个国家和地区,人口3.86亿(截至2011年)。南美洲介于北纬13°和南纬57°,赤道横贯北部,大部分地区属热带雨林和热带草原气候。南美洲矿物资源丰富。南美洲各国经济发展水平和经济实力相差悬殊。巴西、阿根廷和智利为经济最为发达的国家。

一、入境旅游概况

(一)入境旅游人数

2014年,南美洲分区前三位入境旅游目的地国家是巴西、阿根廷和智利,三国接待入境旅游人数分别为6430千人次、5931千人次和3674千人次。2008—2014年,南美洲分区各国家入境旅游人数均出现不同程度的增长。

表19-1 2008—2014年南美洲分区各国家入境旅游人数

单位:千人次

排名	国　家	2008年	2009年	2010年	2011年	2012年	2013年	2014年
1	巴　西	5050	4802	5161	5433	5677	5813	6430
2	阿根廷	4700	4308	5325	5705	5587	5246	5931
3	智　利	2710	2760	2801	3137	3554	3576	3674
4	秘　鲁	2058	2140	2299	2598	2846	3164	3215
5	乌拉圭	1938	2055	2353	2857	2695	2683	2682
6	哥伦比亚	2317	2364	1405	2042	2175	2288	2565
7	厄瓜多尔	1005	968	1047	1141	1272	1364	1557

续表

排名	国 家	2008年	2009年	2010年	2011年	2012年	2013年	2014年
8	玻利维亚	594	599	679	711	798	798	871
9	委内瑞拉	745	562	526	595	988	986	867
10	巴拉圭	428	439	465	524	579	610	649
11	苏里南	151	151	205	220	240	249	252
12	圭亚那	130	141	152	157	177	158	206

注：①此处各国家中，厄瓜多尔入境旅游人数包括过夜旅游者和一日游游客，其他国家入境旅游人数均指过夜旅游者，不包括一日游游客。
②按2014年数据排名。

（二）入境旅游收入

2014年，巴西是南美洲分区入境旅游收入最高的国家，为6843百万美元；阿根廷和哥伦比亚紧跟其后，分别为4624百万美元和3825百万美元。此外，秘鲁和智利的入境旅游收入均在2000百万美元以上水平。

表19-2　2008—2014年南美洲分区各国家入境旅游收入

单位：百万美元

排名	国 家	2008年	2009年	2010年	2011年	2012年	2013年	2014年
1	巴西	5785	5305	5702	6555	6645	6711	6843
2	阿根廷	4645	3960	4942	5354	4887	4322	4624
3	秘鲁	1991	2014	2008	2262	2443	3009	3001
4	哥伦比亚	1844	1999	2083	2201	2354	2491	3825
5	智利	1674	1604	1645	1889	2150	2219	2252
6	乌拉圭	1051	1321	1509	2203	2076	1922	1760
7	厄瓜多尔	742	670	781	843	1033	1246	1482
8	委内瑞拉	1030	990	740	739	844	858	—
9	玻利维亚	275	396	425	503	527	557	652
10	巴拉圭	109	205	217	241	265	273	288
11	苏里南	77	64	61	61	71	84	95
12	圭亚那	59	35	80	95	64	77	79

注：委内瑞拉2014年数据缺失，故按2013年数据排名。

二、出境旅游概况

(一) 出境旅游人数

2014年,巴西和阿根廷出境旅游人数位居南美洲分区前两位,分别为9048千人次和6517千人次。2008—2014年,除委内瑞拉有所减少外,南美洲分区其他国家出境旅游人数均出现不同程度的增长。

表 19-3　2014 年南美洲分区各国家出境旅游人数

单位:千人次

排名	国家	2008年	2009年	2010年	2011年	2012年	2013年	2014年
1	巴西	5210	4950	6454	7806	8522	8980	9048
2	阿根廷	4614	4981	5307	6686	7266	6746	6517
3	哥伦比亚	2042	2122	2342	2522	3165	3605	3911
4	智利	1899	1909	2219	2638	2837	2999	3169
5	秘鲁	1913	1891	2058	2132	2296	2364	2442
6	乌拉圭	734	826	1027	1534	1816	2281	2396
7	委内瑞拉	1745	1651	1477	1718	1734	1931	1589
8	厄瓜多尔	815	814	899	1022	1022	1138	1278
9	玻利维亚	589	518	604	775	788	837	932
10	巴拉圭	278	288	302	347	400	440	462

注:按2014年数据排名。

(二) 出境旅游花费

2014年,巴西出境旅游花费远超南美洲分区其他国家,以25 567百万美元出境旅游花费居于首位。2008—2013年,南美洲分区各国家出境旅游花费均出现不同程度的增长。

表 19-4　2008—2014 年南美洲分区各国家出境旅游花费

单位:百万美元

排名	国家	2008年	2009年	2010年	2011年	2012年	2013年	2014年
1	巴西	10 962	10 898	16 420	21 264	22 233	25 103	25 567
2	阿根廷	4561	4494	4878	5542	5905	5580	5362

续表

排名	国　家	2008年	2009年	2010年	2011年	2012年	2013年	2014年
3	委内瑞拉	1812	1609	1617	2211	2377	3230	—
4	哥伦比亚	1739	1752	1826	2243	2627	2992	4678
5	智　利	1397	1167	1383	1624	1833	1908	2136
6	秘　鲁	1122	1088	1276	1356	1439	1601	1584
7	乌拉圭	358	336	419	644	878	1312	1356
8	厄瓜多尔	542	549	568	594	611	621	635
9	玻利维亚	281	374	442	569	552	565	831
10	巴拉圭	122	131	145	174	207	243	256
11	圭亚那	52	52	73	79	82	81	77
12	苏里南	30	32	39	42	51	70	87

注：委内瑞拉2014年数据缺失，故按2013年数据排名。

第一节　阿根廷

阿根廷全称阿根廷共和国（Argentine Republic），位于南美洲东南部。东濒大西洋，南与南极洲隔海相望，西同智利接壤，北界玻利维亚、巴拉圭，东北部与巴西和乌拉圭为邻。面积约为278万平方千米。北部属于热带气候，中部属于亚热带气候，南部为温带气候。2014年人口为4180万，国内生产总值（GDP）为5402亿美元。

阿根廷旅游业发达，是南美洲主要旅游国家，旅游业已成为阿根廷第三大创汇产业。全国有自然保护区39个，世界自然和文化遗产10处。主要旅游点有巴里洛切风景区、伊瓜苏大瀑布、莫雷诺冰川等。

表19-5　2014年阿根廷旅游业经济影响评估

指　标	总　数	占全国的比例（%）	增长预测（%）
GDP（百万美元）	16 651.2	3.5	3.6
雇佣人数（千人）	604.4	3.4	3.7

注：本表为估计值。

一、入境旅游概况

（一）入境旅游人数

2008—2014年，阿根廷的入境旅游人数呈波动式变化，总体上有所增长：2008年入境旅游人数为4700千人次；2009年为4308千人次，较上年下降8.3%；2010年为5325千人次，较上年增长23.6%；2011年入境旅游人数为5705千人次，比去年增长380千人次；2012年阿根廷入境旅游人数为5587千人次，同比下降2.1%；2013年入境旅游人数为5246千人次，较上年减少341千人次；2014年入境旅游人数为5931千人次，较上年增加13.1%。

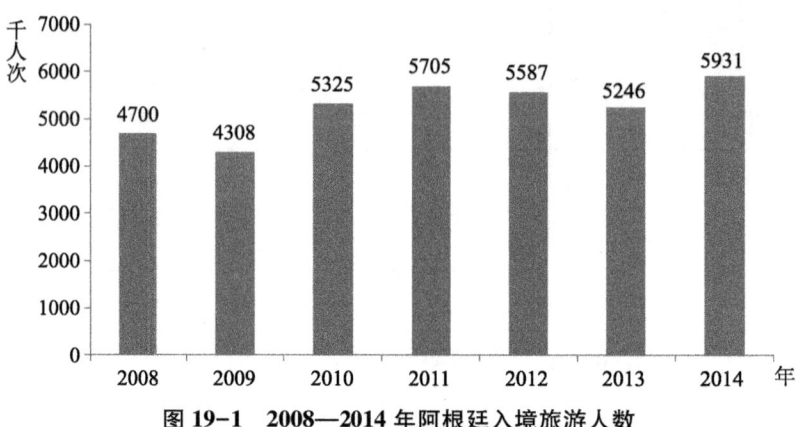

图19-1　2008—2014年阿根廷入境旅游人数

（二）入境旅游收入

2008—2014年，阿根廷入境旅游收入呈波动式变化：2009年最低，为3960百万美元，较2008年4645百万美元的收入水平下降了14.7%；2011年入境旅游收入达到最高，为5354百万美元；2012年和2013年入境旅游收入持续下降，2012年为4887百万美元，较上年下降了8.7%；2013年下降到4313百万美元，较2012年减少了574百万美元；2014年较上年有所增加，为4624百万美元，较上年增长7.2%。

2008—2011年，阿根廷入境游客交通收入整体上呈增长趋势：2011年达到最高，为706百万美元；2009年最低，为516百万美元。2012—2014年连续下降，2012年减少到651百万美元，较上年负增长7.8%；2013年减少到605百万美元，较上年负增长7.1%；2014年减少到594百万美元，较上年负增长1.8%。

表19-6　2008—2014年阿根廷入境旅游收入

单位：百万美元

	2008年	2009年	2010年	2011年	2012年	2013年	2014年
总收入	5295	4476	5629	6060	5538	4918	5218
入境旅游收入	4645	3960	4942	5354	4887	4313	4624
入境游客交通收入	650	516	687	706	651	605	594

(三)入境旅游客源结构

从客源地区来看,来阿根廷旅游的主要为美洲和欧洲的游客,其中美洲游客最多。2008—2014年来自美洲的游客整体上呈增长趋势。2008年美洲游客为3710千人次;2009年降至3392千人次,较上年减少了318千人次;2013年为4701千人次;2014年为5029千人次,较上年增长了7.0%。来自欧洲的游客人数于2010年达到最高峰,为751千人次,占当年入境旅游人数的14.1%。2013年来自欧洲的游客人数为669千人次,较上年减少了39千人次;2014年为700千人次,较上年增加了31千人次。

表19-7　2008—2014年阿根廷入境旅游人数(按地区分)

单位:千人次

地区	2008年	2009年	2010年	2011年	2012年	2013年	2014年
美洲	3710	3392	4368	4760	4671	4701	5029
欧洲	646	722	751	739	708	669	700

从入境旅游客源国家来看,由于地理优势,阿根廷前几位入境旅游客源国家都是南美洲分区的国家。第一大客源国家是智利,其次是巴西、乌拉圭、巴拉圭和玻利维亚。2014年,来自智利的入境旅游人数为1 116 342人次,占阿根廷入境旅游人数的比重为18.82%。

表19-8　2008—2014年阿根廷入境旅游人数(按游客所在国家分)

排名	国家	入境旅游人数(人次)			市场份额(%)		增长率(%)
		2008年	2013年	2014年	2013年	2014年	2013—2014年
1	智利	940 496	1 098 302	1 116 342	19.71	18.82	9.33
2	巴西	873 794	1 083 250	1 081 838	19.44	18.24	11.23
3	乌拉圭	446 760	743 465	909 682	13.15	15.34	30.16
4	巴拉圭	391 217	642 355	665 404	11.53	11.22	35.62
5	玻利维亚	147 846	268 792	405 933	4.82	6.84	30.75

注:按2014年数据排名。

(四)入境旅游方式

从入境旅游方式上看,2013年和2014年,经由公路入境阿根廷的游客人数最多,其次是乘坐飞机入境的游客人数,乘坐船舶入境的游客人数最少。2014年,乘坐飞机入境的游客人数达到2609千人次,占当年入境游客人数的比例为44.0%;经由公路入境的游客人数达到2733千人次,占当年入境游客人数的比例为46.1%。

表19-9　2008—2014年阿根廷入境旅游人数（按入境旅游方式分）

单位：千人次

入境旅游方式	2008年	2009年	2010年	2011年	2012年	2013年	2014年
飞　机	2586	2220	2818	2832	2709	2486	2609
公　路	1622	1630	1947	2394	1403	2496	2733
船　舶	492	457	560	479	475	589	589

（五）入境旅游目的

从入境旅游目的上看，娱乐、休闲和度假旅游者占了绝大多数的比例。2008年入境旅游者中，娱乐、休闲和度假旅游者人数为4057千人次；2009年较2008年减少了384千人次，减至3673千人次。2010—2014年，娱乐、休闲和度假游客人数整体上呈上升趋势：2010年为4555千人次，2014年为5076千人次。2008年商务和专业活动游客人数为644千人次，2014年增长到855千人次。

表19-10　2008—2014年阿根廷入境旅游人数（按入境旅游目的分）

单位：千人次

入境旅游目的	2008年	2009年	2010年	2011年	2012年	2013年	2014年
娱乐、休闲和度假	4057	3673	4555	4900	4791	4494	5076
其　他	644	634	770	805	796	752	855

二、出境旅游概况

（一）出境旅游人数

2008—2014年，阿根廷出境旅游人数持续不断增长：2008年出境旅游人数为5425千人次；2009年为5793千人次；2010年增至6083千人次；2011年较上年增长了26.2%，增至7676千人次；2012年较上年增长8.1%，增至8295千人次；2013年较上年增长18.7%，增至9844千人次；2014年较上年增长1.8%，达到10 022千人次，创历史新高。

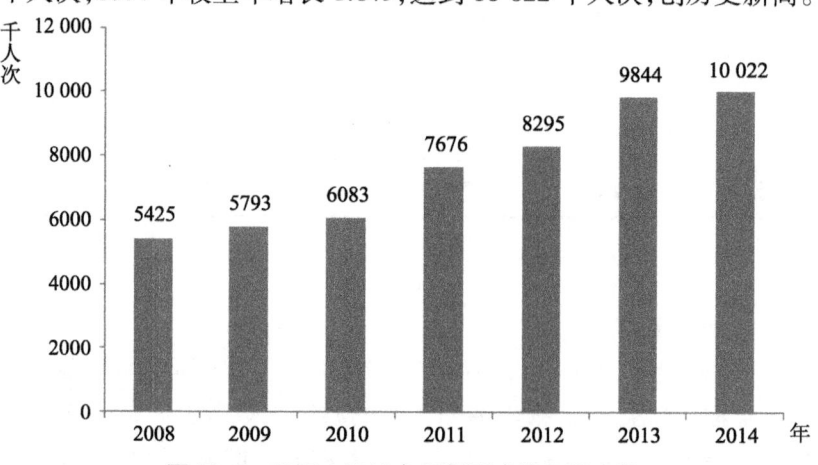

图19-2　2008—2014年阿根廷出境旅游人数

注：此处出境旅游人数包括过夜旅游者和一日游游客。

(二)出境旅游花费

随着出境旅游人数的逐年增加,2008—2014年,阿根廷出境旅游花费整体呈上升趋势:2008年出境旅游花费为4561百万美元;2009年较上年减少了1.5%,减至4494百万美元;2010年出境旅游花费为4878百万美元;2011年较上年增长了13.6%,增至5542百万美元;2012年达到近几年最高峰,为5905百万美元;2013年出境旅游花费有所下降,减少到5580百万美元,较上年下降5.5%;2014年继续下降,减少到5362百万美元,较上年负增长3.9%。

2008—2014年,阿根廷出境交通花费整体呈上升趋势。2008年为1401百万美元;2014年为1630百万美元,增长率为16.3%。2013年出境交通花费为2598百万美元,2014年较上年减少37.3%。

表19-11 2008—2014年阿根廷出境旅游花费

单位:百万美元

	2008年	2009年	2010年	2011年	2012年	2013年	2014年
总花费	5962	5766	6375	7477	8263	8178	6992
出境旅游花费	4561	4494	4878	5542	5905	5580	5362
出境交通花费	1401	1272	1497	1935	2358	2598	1630

(三)出境旅游目的地

阿根廷出境旅游目的地主要集中在美洲地区。2014年,美洲地区的巴西、乌拉圭和智利分别是阿根廷的第一大、第二大和第三大出境旅游目的地国家。

巴西是阿根廷最大的出境旅游目的地国家,2014年阿根廷共有1 743 930人次游客赴巴西旅游,较上年增长1.90%。2014年乌拉圭共接待来自阿根廷的游客人数为1 479 965人次,较上年减少了10.21%。

表19-12 2010—2014年阿根廷游客出境主要旅游目的地

单位:人次

排名	国家	游客类型	2010年	2011年	2012年	2013年	2014年
1	巴西	TFR	1 399 592	1 593 775	1 671 604	1 711 491	1 743 930
2	乌拉圭	VFN	1 261 516	1 723 005	1 763 518	1 648 343	1 479 965
3	智利	TFN	1 001 125	1 118 767	1 377 645	1 362 752	1 325 503
4	美国	TFR	436 192	512 258	614 504	686 098	684 788
5	意大利	TCEN	231 503	297 233	341 330	385 379	358 681
6	西班牙	TFR	276 408	306 759	348 102	362 985	344 015
7	秘鲁	THSN	234 462	345 037	414 406	445 293	325 777
8	巴拉圭	TFN	218 418	222 901	254 328	271 897	308 367
9	墨西哥	TFN	170 467	200 687	251 221	257 820	246 404
10	玻利维亚	TFN	125 488	127 390	155 397	154 582	170 645

注:按2014年数据排名。

第二节 秘 鲁

秘鲁全称秘鲁共和国（The Republic of Peru），位于南美洲西部。北邻厄瓜多尔、哥伦比亚，东界巴西，南接智利，东南与玻利维亚毗邻，西濒太平洋。面积约为128.52万平方千米。全境从西向东分为热带沙漠、高原和热带雨林气候。2014年全国人口为3077万，国内生产总值（GDP）为2029亿美元。秘鲁矿业资源丰富，是世界十二大矿产国之一。

秘鲁是印加文明的发祥地，旅游资源丰富，主要旅游景点有：利马大广场、托雷塔格莱宫、黄金博物馆以及库斯科古城、马丘比丘古城等。秘鲁主要的入境游客来自委内瑞拉、厄瓜多尔、巴西、智利和美国等国。

表19-13　2014年秘鲁旅游业经济影响评估

指　标	总　数	占全国的比例（%）	增长预测（%）
GDP（百万美元）	7312.8	3.5	6.2
雇佣人数（千人）	364.4	2.4	3.7

注：本表为估计值。

一、入境旅游概况

（一）入境旅游人数

2008—2014年，秘鲁入境旅游人数持续增长，从2008年的2581千人次增加到2014年的4062千人次，增长率为57.4%。2009年入境旅游人数为2681千人次；2011年入境旅游人数首次突破3000千人次，达到3299千人次。

表19-14　2008—2014年秘鲁入境旅游人数

单位：千人次

	2008年	2009年	2010年	2011年	2012年	2013年	2014年
入境旅游人数	2581	2681	2948	3299	3642	4011	4062
过夜旅游者	2058	2140	2299	2598	2846	3164	3215
一日游游客	523	541	649	701	796	847	847
邮船乘客	—	—	79	41	80	63	61

（二）入境旅游收入

2008—2014年，秘鲁入境旅游收入总体上明显增长，从2008年的1991百万美元增加到2014年的3001百万美元,增长率为50.7%。从2009年开始,入境旅游收入突破2000百万美元,2010年入境旅游收入为2008百万美元,2012年为2443百万美元,2013年和2014年入境旅游收入均超过3000百万美元。

2008—2014年,秘鲁入境游客交通收入总体上持续上升,从2008年的405百万美元增加到2014年的830百万美元,增长了1.05倍。

表19-15 2008—2014年秘鲁入境旅游收入

单位:百万美元

	2008年	2009年	2010年	2011年	2012年	2013年	2014年
总收入	2396	2440	2475	2814	3074	3925	3831
入境旅游收入	1991	2014	2008	2262	2443	3009	3001
入境游客交通收入	405	426	467	552	631	916	830

(三)入境旅游客源结构

2008—2014年,来自美洲地区的游客人数从1486千人次增加到2479千人次,来自欧洲地区的游客人数从454千人次增加到562千人次,来自东亚太地区的游客人数从109千人次增加到163千人次。

秘鲁入境旅游者中,来自美洲地区的游客人数最多,其次是来自欧洲地区的游客人数,来自南亚地区和非洲地区的游客人数仅占很少一部分。2008年,美洲游客的比例为72.2%,欧洲游客的比例为22.1%,东亚太游客比例为5.2%;2014年,美洲游客的比例增长到77.1%,欧洲游客的比例下降到17.5%,东亚太游客的比例为5.1%。

表19-16 2008—2014年秘鲁入境旅游人数(按地区分)

单位:千人次

地区	2008年	2009年	2010年	2011年	2012年	2013年	2014年
非洲	4	4	4	4	5	4	5
美洲	1486	1581	1747	1997	2191	2473	2479
欧洲	454	446	447	475	506	527	562
东亚太	109	104	97	117	139	154	163
南亚	4	3	3	4	4	4	5

2014年,秘鲁前六位入境旅游客源国家依次是:智利、美国、厄瓜多尔、阿根廷、哥伦比亚和委内瑞拉。2014年,来自智利的游客人数为903 793人次,占秘鲁入境旅游人数的比例为28.11%。

表 19-17　2008—2014 年秘鲁入境旅游人数（按游客所在国家分）

排名	国　家	入境旅游人数（人次）			市场份额（%）		增长率（%）
		2008 年	2013 年	2014 年	2013 年	2014 年	2013—2014 年
1	智　利	452 705	886 485	903 793	28.02	28.11	1.95
2	美　国	420 608	487 328	514 228	15.4	15.99	5.52
3	厄瓜多尔	128 063	208 358	223 995	6.59	6.97	7.5
4	阿根廷	97 478	155 145	155 931	4.90	4.85	0.51
5	哥伦比亚	—	134 725	151 876	—	4.72	12.73
6	委内瑞拉	33 871	158 215	48 411	5.00	1.51	-69.4

注：按 2014 年数据排名。

（四）入境旅游方式

2008—2014 年，乘坐飞机入境秘鲁的游客人数从 1292 千人次增加到 1925 千人次，经由公路入境的游客人数从 733 千人次增长到 1257 千人次，乘坐船舶入境的游客人数从 25 千人次增加到 32 千人次。

秘鲁入境游客中，乘坐飞机入境的游客人数最多，其次是经由公路入境的游客人数，再次是乘坐船舶入境的游客人数，乘坐火车入境的游客人数最少。2008 年入境旅游者中，乘坐飞机入境的游客人数占 62.8%，经由公路入境的游客人数占 35.4%，乘坐船舶入境的游客人数占 1.5%；2014 年入境旅游者中，乘坐飞机入境的游客的比例为 59.9%，经由公路入境的游客的比例为 39.1%，乘坐船舶入境的游客的比例为 1.0%。

表 19-18　2008—2014 年秘鲁入境旅游人数（按入境旅游方式分）

单位：千人次

入境旅游方式	2008 年	2009 年	2010 年	2011 年	2012 年	2013 年	2014 年
飞　机	1292	1344	1378	1563	1717	1935	1925
火　车	7	7	7	6	3	1	—
公　路	733	756	890	1005	1104	1209	1257
船　舶	25	33	24	24	22	19	32

（五）入境旅游目的

2008—2014 年，出于娱乐、休闲和度假目的入境秘鲁的游客人数从 1937 千人次增长到 3026 千人次，增长了 56.2%；出于商务和专业活动目的入境的游客人数从 53 千人次增长到 83 千人次，增长了 56.6%。

秘鲁入境游客中，娱乐、休闲和度假游客人数远多于商务和专业活动游客人数。

2008年入境游客中,娱乐、休闲和度假游客人数占94.1%,商务和专业活动游客人数占2.6%;2014年入境游客中,娱乐、休闲和度假游客人数占比及商务和专业活动游客人数占比与2008年相同。

表 19-19 2008—2014年秘鲁入境旅游人数(按入境旅游目的分)

单位:千人次

入境旅游目的	2008年	2009年	2010年	2011年	2012年	2013年	2014年
娱乐、休闲和度假	1937	2014	2164	2445	2678	2978	3026
商务和专业活动	53	55	59	67	74	82	83
其他	68	71	76	86	94	104	106

二、出境旅游概况

(一)出境旅游人数

2008—2014年,秘鲁出境旅游人数总体呈增长态势,从2008年的1913千人次增长到2014年的2442千人次,增长了27.7%。2009年较上年减少了22千人次;2010年出境旅游人数突破2000千人次,达到2058千人次;2011年出境旅游人数为2132千人次;2012年出境旅游人数为2296千人次;2013年出境旅游人数为2364千人次;2014年较上年增长3.3%,达到2442千人次。

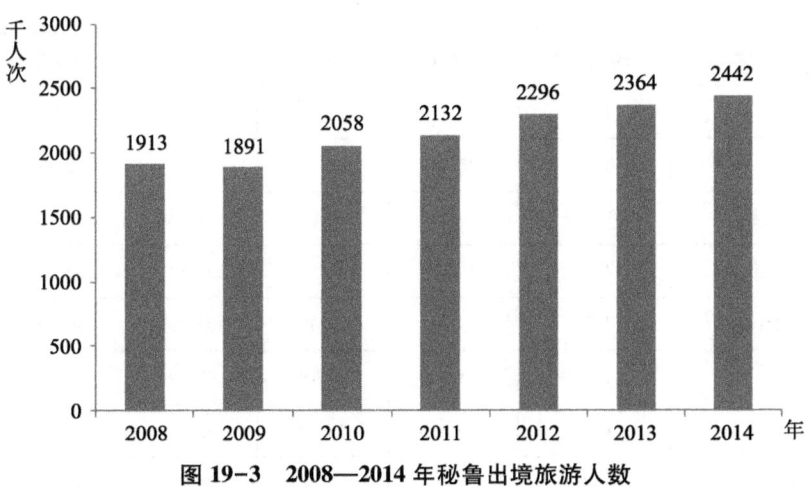

图 19-3 2008—2014年秘鲁出境旅游人数

(二)出境旅游花费

2008—2014年,秘鲁出境旅游花费总体上明显增长,从2008年的1122百万美元增加到2014年的1584百万美元,增长了41.2%。2009年出境旅游花费为1088百万美元;2010年为1276百万美元,较上年增长17.3%;2011年出境旅游花费为1356百万美元,较上年增长 6.3%；2012 年出境旅游花费为 1439 百万美元，较上年增长 6.1%；2013 年出境旅游花费为 1601 百万美元，较上年增长 11.3%；2014 年较上年有所回落，负增长 1.1%。

2008—2014 年，秘鲁出境交通花费不断增长，从 2008 年的 310 百万美元增长到 2014 年的 529 百万美元，增长率为 70.6%。

表 19-20 2008—2014 年秘鲁出境旅游花费

单位：百万美元

	2008 年	2009 年	2010 年	2011 年	2012 年	2013 年	2014 年
总花费	1432	1404	1648	1768	1900	2114	2113
出境旅游花费	1122	1088	1276	1356	1439	1601	1584
出境交通花费	310	316	372	412	461	513	529

（三）出境旅游目的地

秘鲁出境旅游目的地主要集中在美洲地区。2014 年，美洲的智利、美国和厄瓜多尔分别是秘鲁的第一大、第二大和第三大出境旅游目的地国家。

智利是秘鲁最大的出境旅游目的地国家，2014 年秘鲁共有 343 768 人次游客赴智利旅游，较上年增加 3.37%。2014 年，美国共接待来自秘鲁的游客人数为 246 452 人次，较上年增长了 13.07%。

表 19-21 2010—2014 年秘鲁游客出境主要旅游目的地

单位：人次

排名	国家	游客类型	2010 年	2011 年	2012 年	2013 年	2014 年
1	智利	TFN	308 759	338 916	338 026	331 274	343 768
2	美国	TFR	173 269	171 870	190 205	217 967	246 452
3	厄瓜多尔	VFN	154 216	144 905	137 084	150 427	175 405
4	玻利维亚	TFN	148 179	111 537	134 838	122 964	133 632
5	哥伦比亚	TFR	74 093	71 488	82 797	96 502	122 342
6	巴西	TFR	81 020	86 795	91 996	98 602	117 230
7	委内瑞拉	VFN	19 608	19 123	32 719	40 128	36 276
8	巴拿马	VFR	15 431	22 382	30 824	33 273	34 844
9	多米尼加	TFR	24 636	30 646	38 953	35 150	32 933
10	意大利	VFN	23 924	26 154	23 280	26 152	27 349

注：按 2014 年数据排名。

第三节　巴拉圭

巴拉圭全称巴拉圭共和国（Republic of Paraguay），位于南美洲中部，是个内陆国家。南边与阿根廷接壤，东北与西北角分别与巴西和玻利维亚接壤。面积约为40.68万平方千米，巴拉圭河从北向南将全国分为东西两部分。属于热带湿润气候，年平均气温为24.5℃。2013年全国人口为692万。2014年国内生产总值（GDP）为309.8亿美元。

旅游业是巴拉圭外汇收入主要来源之一，外国游客主要来自欧美国家。近年来，受地区经济动荡等影响，巴拉圭旅游业发展面临众多挑战。巴拉圭河是境内比较著名的旅游景点。

表19-22　2014年巴拉圭旅游业经济影响评估

指　标	总　数	占全国的比例（%）	增长预测（%）
GDP（百万美元）	435.8	1.4	3.6
雇佣人数（千人）	37.9	1.2	2.0

注：本表为估计值。

一、入境旅游概况

（一）入境旅游人数

2008—2014年，巴拉圭入境旅游人数从2008年的3118千人次增加到2014年的3455千人次。2012年入境旅游人数为3655千人次，为近几年最大值。过夜旅游者人数从2008年的428千人次增加到2014年的649千人次，增长了51.6%。2008—2014年，一日游游客从2690千人次增加到2806千人次，增长了4.3%。

表19-23　2008—2014年巴拉圭入境旅游人数

单位：千人次

	2008年	2009年	2010年	2011年	2012年	2013年	2014年
入境旅游人数	3118	3083	3171	3365	3655	3538	3455
过夜旅游者	428	439	456	524	579	610	649
一日游游客	2690	2744	2706	2841	3058	2928	2806

（二）入境旅游收入

2008—2014年，巴拉圭入境旅游收入持续不断增长，从2008年的109百万美元增加到2014年的288百万美元，增长了1.6倍。

2008—2014年，巴拉圭入境游客交通收入总体上有所增长，从2008年的19百万美元增加到2014年的26百万美元，增长了36.8%。

表 19-24　2008—2014 年巴拉圭入境旅游收入

单位:百万美元

	2008 年	2009 年	2010 年	2011 年	2012 年	2013 年	2014 年
总收入	128	225	243	261	291	299	314
入境旅游收入	109	205	217	241	265	273	288
入境游客交通收入	19	20	26	20	26	26	26

(三)入境旅游客源结构

2008—2014 年,来自美洲地区的游客人数从 384 千人次增加到 587 千人次,增长了 52.9%;来自欧洲地区的游客人数从 34 千人次增加到 46 千人次,增长了 35.3%;来自东亚太地区的游客人数保持在 10 千人次左右;来自非洲地区、南亚地区和中东地区的游客人数基本上在 1 千人次以下。

巴拉圭入境游客中,来自美洲地区的游客人数最多。2008 年入境游客中,美洲游客占 90.0%,欧洲游客占 6.5%;2014 年入境游客中,美洲游客占 90.6%,欧洲游客占 7.1%。

表 19-25　2008—2014 年巴拉圭入境旅游人数(按地区分)

单位:千人次

地区	2008 年	2009 年	2010 年	2011 年	2012 年	2013 年	2014 年
非洲	0.3	0.4	0.4	0.4	0.6	0.7	1
美洲	384	395	433	481	519	553	587
欧洲	34	35	24	34	46	43	46
东亚太	8	8	7	8	12	12	13
南亚	0.4	0.3	0.2	0.3	0.5	0.6	0.7
中东	0.6	0.6	0.3	0.5	0.7	0.7	0.5

2014 年,巴拉圭前五位入境旅游客源国家依次是:阿根廷、巴西、美国、乌拉圭和智利。其中,来自阿根廷的游客人数为 308 367 人次,占巴拉圭入境旅游人数的比重为 47.52%。

表 19-26　2008—2014 年巴拉圭入境旅游人数(按游客所在国家分)

排名	国家	入境旅游人数(人次)			市场份额(%)		增长率(%)
		2008 年	2013 年	2014 年	2013 年	2014 年	2013—2014 年
1	阿根廷	195 948	271 897	308 367	44.58	47.52	13.41
2	巴西	134 985	191 451	183 127	31.39	28.22	-4.35
3	美国	13 241	18 677	19 204	3.06	2.96	2.82
4	乌拉圭	9327	12 801	14 606	2.1	2.25	14.1
5	智利	—	11 042	14 403	—	2.22	30.44

注:按 2014 年数据排名。

（四）入境旅游方式

2008—2014年,经由公路入境巴拉圭的游客人数从261千人次增加到385千人次,增长了47.5%;乘坐飞机入境的游客人数从143千人次增加到237千人次,增长了65.7%;乘坐船舶入境的游客人数从25千人次增加到27千人次,增长了8%。

巴拉圭入境游客中,经由公路入境的游客人数最多,其次是乘坐飞机入境的游客人数。2008年入境游客中,经由公路入境的游客人数占60.8%,乘坐飞机入境的游客人数占33.3%,乘坐船舶入境的游客人数占5.9%;2014年入境游客中,经由公路入境的游客人数的比例减少到59.3%,乘坐飞机入境的游客人数的比例增加到36.5%,乘坐船舶入境的游客人数的比例减少到4.2%。

表19-27　2008—2014年巴拉圭入境旅游人数（按入境旅游方式分）

单位:千人次

入境旅游方式	2008年	2009年	2010年	2011年	2012年	2013年	2014年
飞　机	143	135	126	173	213	210	237
公　路	261	283	323	327	337	369	385
船　舶	25	21	16	24	29	31	27

（五）入境旅游目的

2008—2014年,出于娱乐、休闲和度假目的入境巴拉圭的游客人数从206千人次减少到117千人次,减少了43.2%;出于商务和专业活动目的入境的游客人数从47千人次增加到136千人次,增长了1.89倍。

巴拉圭入境游客中,娱乐、休闲和度假游客数量一直多于商务和专业活动游客数量。2008年入境游客中,娱乐、休闲和度假游客人数占48.1%,2014年下降到18.0%;2008年入境游客中,商务和专业活动游客人数占11.0%,2014年上升到21.0%。

表19-28　2008—2014年巴拉圭入境旅游人数（按入境旅游目的分）

单位:千人次

入境旅游目的	2008年	2009年	2010年	2011年	2012年	2013年	2014年
娱乐、休闲和度假	206	79	84	94	104	110	117
商务和专业活动	47	92	97	110	122	128	136
其　他	175	268	284	32	353	372	396

二、出境旅游概况

（一）出境旅游人数

2008—2014年,巴拉圭出境旅游人数快速增长,从2008年的1817千人次增加到

2014 年的 4336 千人次,增长了 1.39 倍。2011 年较上年增加 19.3%,增至 2475 千人次;2012 年较上年增长了 584 千人次,增至 3059 千人次;2013 年出境旅游人数为 4037 千人次,较上年增长了 32.0%;2014 年较上年增长 7.4%,达到 4336 千人次,创历史新高。

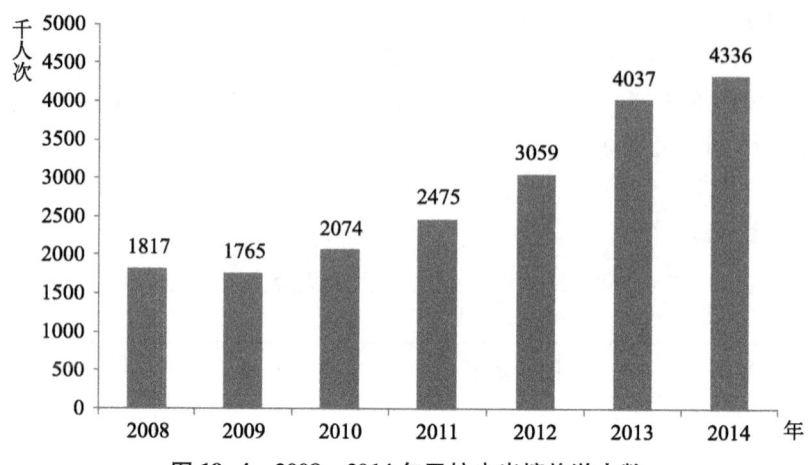

图 19-4　2008—2014 年巴拉圭出境旅游人数

注:此处出境旅游人数包括过夜旅游者和一日游游客。

(二)出境旅游花费

2008—2014 年,巴拉圭出境旅游花费持续上升,从 2008 年的 122 百万美元增加到 2014 年的 256 百万美元,增长了近 1.1 倍。2011 年出境旅游花费为 174 百万美元;2012 年首次突破 200 百万美元,达到 207 百万美元;2014 年为 256 百万美元,较上年增长 5.3%。

2008—2014 年,巴拉圭出境交通花费持续上升,从 2008 年的 86 百万美元增加到 2014 年的 193 百万美元,增长了近 1.24 倍。

表 19-29　2008—2014 年巴拉圭出境旅游花费

单位:百万美元

	2008 年	2009 年	2010 年	2011 年	2012 年	2013 年	2014 年
总花费	208	231	261	308	363	425	449
出境旅游花费	122	131	145	174	207	243	256
出境交通花费	86	100	116	134	156	182	193

(三)出境旅游目的地

巴拉圭出境旅游目的地主要集中在美洲地区。2014 年,美洲的阿根廷、巴西和乌拉圭分别是巴拉圭的第一大、第二大和第三大出境旅游目的地国家。

阿根廷是巴拉圭最大的出境旅游目的地国家,2014 年巴拉圭共有 665 404 人次游客赴阿根廷旅游,较上年增加 35.62%。2014 年,巴西共接待来自巴拉圭的游客人数达

293 841人次,较上年增加9.26%。

表19-30 2010—2014年巴拉圭游客出境主要旅游目的地

单位:人次

排名	国家	游客类型	2010年	2011年	2012年	2013年	2014年
1	阿根廷	TFN	432 200	627 620	602 667	490 652	665 404
2	巴西	TFR	194 340	192 730	246 401	268 932	293 841
3	乌拉圭	VFN	36 672	42 980	39 321	43 636	46 024
4	智利	TFN	28 267	30 024	28 979	29 418	29 980
5	美国	TFR	14 657	16 567	19 354	25 239	28 568
6	玻利维亚	TFN	15 713	17 492	18 449	17 544	16 343
7	秘鲁	TFR	3914	4631	4756	5104	6452
8	哥伦比亚	TFR	2102	2544	2951	3702	4542
9	巴拿马	VFR	1078	1319	3955	3838	4329
10	厄瓜多尔	VFN	1115	1375	1219	1333	1766

注:按2014年数据排名。

第四节 玻利维亚

玻利维亚全称多民族玻利维亚国(The Multinational States of Bolivia),位于南美洲中部,是个内陆国。北及东北与巴西为界,东南毗邻巴拉圭,南邻阿根廷,西南邻智利,西接秘鲁。东部和中部属热带草原气候,西部山地属亚热带森林气候,内陆高原属山地气候。面积约为109.856万平方千米。2014年全国人口为1085万,国内生产总值(GDP)为341.7亿美元。

旅游业是玻利维亚第三大创汇产业。近年来政府重视发展旅游业,旅游基础设施有所改善。外国游客多来自秘鲁、阿根廷、美国、巴西及西欧国家。主要旅游点有的的喀喀湖、殖民遗迹、耶稣传教区和亚马孙河流域地区等。

表19-31 2014年玻利维亚旅游业经济影响评估

指标	总数	占全国的比例(%)	增长预测(%)
GDP(百万美元)	763.1	2.5	3.5
雇佣人数(千人)	96.5	2.1	0.7

注:本表为估计值。

一、入境旅游概况

（一）入境旅游人数

2008—2014年,玻利维亚入境旅游人数持续不断增长,从2008年的594千人次增加到2014年的871千人次,增长率为46.6%。2009年较上年略有增加,增加了5千人次;2010年继续增加,增至679千人次;2011年突破700千人次,增至711千人次;2012年较上年增加了87千人次,增至798千人次;2013年和2012年持平,均为798千人次;2014年较上年增长9.1%,增至871千人次,达到近几年最高峰。

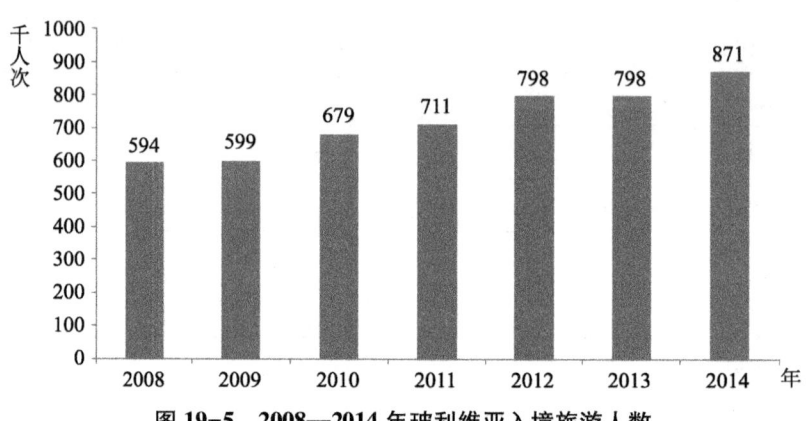

图19-5　2008—2014年玻利维亚入境旅游人数

（二）入境旅游收入

2008—2014年,玻利维亚的入境旅游收入总体上明显增长,从2008年的275百万美元增加到2014年的652百万美元,增长了1.37倍。2009年较上年增长了121百万美元,达到396百万美元;2010年较上年减少86百万美元,为310百万美元;2011年入境旅游收入回升到380百万美元,较上年增长22.6%;2012年较上年增加了214百万美元,增至594百万美元;2013年较上年减少了20百万美元;2014年增至652百万美元,较2013年增长13.6%。

2008—2014年,玻利维亚的入境游客交通收入波动明显,但总体呈增长趋势,从2008年的27百万美元增加到2014年的84百万美元,增长了2.11倍;2011年达到近几年的最高值,为119百万美元。

表19-32　2008—2014年玻利维亚入境旅游收入

单位:百万美元

	2008年	2009年	2010年	2011年	2012年	2013年	2014年
总收入	302	423	339	499	631	639	736
入境旅游收入	275	396	310	380	594	574	652
入境游客交通收入	27	27	29	119	37	65	84

(三)入境旅游客源结构

2008—2014年,玻利维亚入境游客中,来自美洲地区的游客人数从407千人次增加到633千人次,增加了55.5%;来自欧洲地区的游客人数从147千人次增长到178千人次,增加了21.1%。

玻利维亚入境游客中,来自美洲地区的游客人数最多,其次是欧洲游客,来自东亚太和非洲的游客仅占极少一部分。2008年,来自美洲的游客所占比例为60.7%,来自欧洲的游客所占比例为32.1%;2014年,来自美洲的游客所占比例增加到72.8%,来自欧洲的游客所占比例减少到20.5%。

表 19-33 2008—2014年玻利维亚入境旅游人数(按地区分)

单位:千人次

地 区	2008年	2009年	2010年	2011年	2012年	2013年	2014年
非 洲	1	1	1	1	3	1	2
美 洲	407	421	506	500	580	584	633
欧 洲	147	141	134	168	166	157	178
东亚太	39	36	38	42	49	56	57

2014年,玻利维亚前五位入境旅游客源国家依次是:阿根廷、秘鲁、智利、巴西和美国。其中,来自阿根廷的游客人数为170 645人次,占玻利维亚入境旅游人数的比例为19.6%。

表 19-34 2008—2014年玻利维亚入境旅游人数(按游客所在国家分)

排名	国 家	入境旅游人数(人次)			市场份额(%)		增长率(%)
		2008年	2013年	2014年	2013年	2014年	2013—2014年
1	阿根廷	81 204	154 582	170 645	19.36	19.6	10.39
2	秘 鲁	127 317	122 964	133 632	15.4	15.35	8.68
3	智 利	46 337	76 554	89 053	9.59	10.23	16.33
4	巴 西	38 361	73 062	84 085	9.15	9.66	15.09
5	美 国	9145	36 282	53 021	4.55	6.09	46.13

注:按2014年数据排名。

(四)入境旅游方式

2008—2014年,乘坐飞机入境玻利维亚的游客人数从224千人次增加到375千人次,增长了67.4%;乘坐火车入境的游客人数从4千人次增加到8千人次,增长了1倍;经由公路入境的游客人数从365千人次增长到486千人次,增长了33.2%;乘坐船舶入境的游客人数始终保持在 1 千人次。

玻利维亚入境游客中,经由公路入境的游客人数最多,乘坐船舶入境的游客人数最少。2008 年入境游客中,乘坐飞机入境的游客人数占 37.6%,经由公路入境的游客人数占 61.6%,乘坐船舶入境的游客人数占 0.2%;2014 年入境游客中,乘坐飞机入境的游客人数占 43.1%,经由公路入境的游客人数占 55.9%,乘坐船舶入境的游客人数占 0.1%。

表 19-35　2008—2014 年玻利维亚入境旅游人数(按入境旅游方式分)

单位:千人次

入境旅游方式	2008 年	2009 年	2010 年	2011 年	2012 年	2013 年	2014 年
飞　机	224	226	239	287	292	331	375
船　舶	1	1	1	1	1	1	1
公　路	365	268	434	419	500	459	486
火　车	4	4	5	4	5	7	8

(五)入境旅游目的

出于娱乐、休闲和度假目的入境玻利维亚的游客人数从 2008 年的 339 千人次增长到 2014 年的 520 千人次,增长率为 53.4%;出于其他目的的游客人数从 2008 年的 217 千人次增长到 2014 年的 313 千人次,增长率为 44.2%;出于商务和专业活动目的的游客人数最少,从 2008 年的 38 千人次减少到 2014 年的 37 千人次,减少了 2.6%。

玻利维亚入境游客中,娱乐、休闲和度假游客数量远多于商务和专业活动游客数量。2008 年入境游客中,娱乐、休闲和度假游客人数占 57.4%,商务和专业活动游客人数占 7.9%;2014 年入境游客中,娱乐、休闲和度假游客人数占 59.8%,商务和专业活动游客人数占 4.3%。

表 19-36　2008—2014 年玻利维亚入境旅游人数(按入境旅游目的分)

单位:千人次

入境旅游目的	2008 年	2009 年	2010 年	2011 年	2012 年	2013 年	2014 年
娱乐、休闲和度假	339	290	329	344	386	386	520
商务和专业活动	38	50	56	59	66	66	37
其　他	217	269	294	308	346	346	313

二、出境旅游概况

(一)出境旅游人数

2008—2014 年,玻利维亚出境旅游人数整体呈上升趋势:2008 年出境旅游人数为

589千人次;2009年较上年有所下降,减少到518千人次;2010年和2011年较上年分别增加16.6%和28.3%,分别增长到604千人次和775千人次;2012年较2011年增加了1.7%,增加到788千人次;2013年增加到837千人次,较上年增加了6.2%;2014年继续增加,达到932千人次,较上年增加了11.4%。

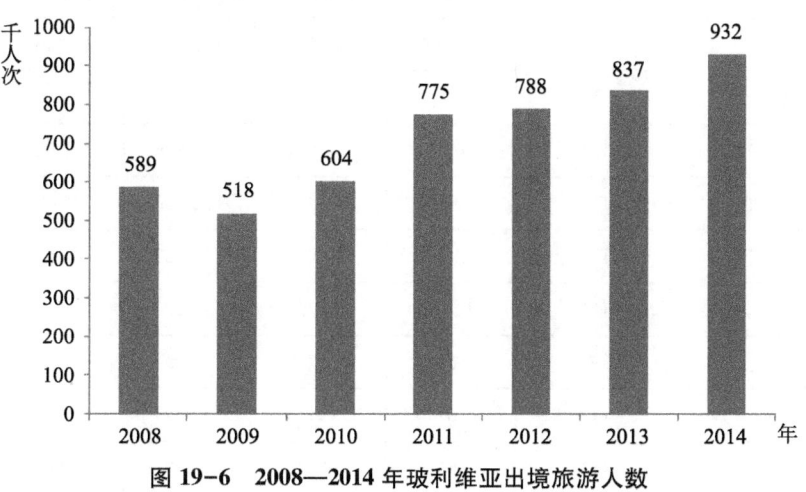

图19-6 2008—2014年玻利维亚出境旅游人数

(二)出境旅游花费

2008—2014年,玻利维亚的出境旅游花费总体上明显增长:2008年出境旅游花费为281百万美元;2009年较上年增长33.1%,达到374百万美元;2010年继续增长,较上年增长18.2%;2012年较上年有所下降,减少到552百万美元;2013年出境旅游花费为565百万美元,较上年增长2.4%;2014年出境旅游花费为831百万美元,较上年增长47.1%。

2008—2014年,玻利维亚的出境交通花费也有所增长:2008年为100百万美元;2014年增至146百万美元,增长了46%。

表19-37 2008—2014年玻利维亚出境旅游花费

单位:百万美元

	2008年	2009年	2010年	2011年	2012年	2013年	2014年
总花费	381	472	545	674	693	713	977
出境旅游花费	281	374	442	569	552	565	831
出境交通花费	100	98	103	105	141	148	146

(三)出境旅游目的地

玻利维亚出境旅游目的地主要集中在美洲地区。2014年,美洲地区的阿根廷、智利和秘鲁分别是玻利维亚的第一大、第二大和第三大出境旅游目的地国家。

阿根廷是玻利维亚最大的出境旅游目的地国家,2014年玻利维亚共有405 933人次游客赴阿根廷旅游,较上年增加了30.75%。2014年,智利共接待来自玻利维亚的游客人数为395 335人次,较上年增加了3.01%。

表19-38　2010—2014年玻利维亚游客出境主要旅游目的地

单位:人次

排名	国家	游客类型	2010年	2011年	2012年	2013年	2014年
1	阿根廷	TFN	184 697	231 636	251 535	310 469	405 933
2	智利	TFN	307 475	321 488	355 758	383 765	395 335
3	秘鲁	TFR	86 181	88 042	101 546	111 983	126 689
4	巴西	TFR	99 359	85 429	112 639	95 028	95 300
5	美国	TFR	32 504	34 467	35 732	41 542	49 504
6	巴拉圭	TFN	11 646	23 256	18 202	18 674	14 322
7	哥伦比亚	TFR	6119	6280	9081	11 596	12 718
8	巴拿马	VFR	6744	9544	12 327	12 115	12 198
9	多米尼加	TFR	5106	7621	7401	8959	9842
10	乌拉圭	VFN	3959	4468	4635	5807	6538

注:按2014年数据排名。

第五节　巴　西

巴西全称巴西联邦共和国(The Federative Republic of Brazil),位于南美洲东南部。北邻法属圭亚那、苏里南、圭亚那、委内瑞拉和哥伦比亚,西界秘鲁、玻利维亚,南接巴拉圭、阿根廷和乌拉圭,东濒大西洋。面积851.49万平方千米。国土的80%位于热带地区,最南端属亚热带气候,北部亚马孙平原属赤道气候,中部高原属热带草原气候。经济实力居拉美首位。2014年全国人口为2.02亿,国内生产总值(GDP)为23 461亿美元。

巴西主要旅游城市和景点有里约热内卢、圣保罗、巴西利亚、伊瓜苏大瀑布、马瑙斯自由港、黑金城、巴拉那石林和大沼泽地等。

表19-39　2014年巴西旅游业经济影响评估

指　标	总　数	占全国的比例(%)	增长预测(%)
GDP(百万美元)	76 971.4	3.5	3.9
雇佣人数(千人)	3048.5	3.0	1.9

注:本表为估计值。

一、入境旅游概况

(一)入境旅游人数

2008—2014年,巴西入境旅游人数总体呈增长趋势:2008年入境旅游人数为5050千人次;2009年较上年减少4.9%,降低到4802千人次。2010—2014年入境旅游人数持续增加,2010年为5161千人次,较上年增加了7.5%;2011年为5433千人次,较上年增加了5.3%;2012年入境旅游人数较上年增加244千人次,增至5677千人次;2013年入境旅游人数为5813千人次,较2012年增长了2.4%;2014年入境旅游人数为6430千人次,较上年增长了10.6%。

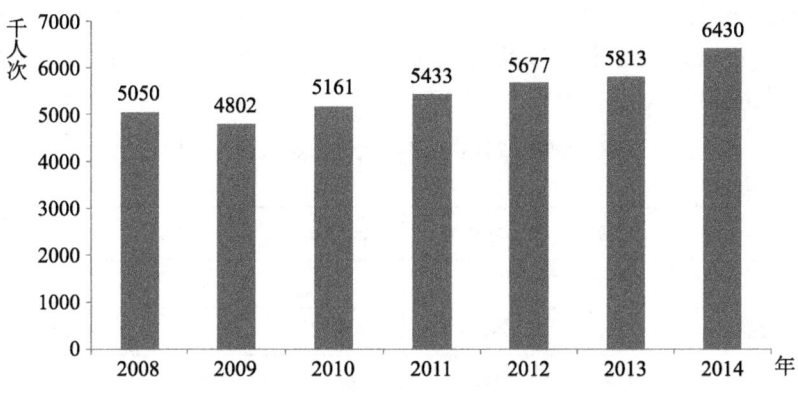

图19-7 2008—2014年巴西入境旅游人数

(二)入境旅游收入

2008—2014年,巴西入境旅游收入总体呈增长趋势:2008年入境旅游收入为5785百万美元;2009年较上年减少了480百万美元,减至5305百万美元。2010—2014年,巴西入境旅游收入持续增长,从2010年的5702百万美元增长到2014年的6843百万美元。2010年比上年增长了397百万美元,达到5702百万美元;2011年进一步增长到6555百万美元;2012年较上年增长了90百万美元,增长到6645百万美元;2013年入境旅游收入为6704百万美元,较上年增长0.9%;2014年入境旅游收入为6843百万美元,较上年增长2.1%。

2008—2014年,巴西入境游客交通收入总体上明显增长。2008年入境游客交通收入为324百万美元;2009年较上年增长了6百万美元,增至330百万美元;2010年比上年减少69百万美元,减至261百万美元;2011年较上年增长了14百万美元,达到275百万美元;2012年较上年减少30百万美元,减至245百万美元;2013年入境游客交通收入增至310百万美元,较上年增长26.5%;2014年继续增长,达到560百万美元,较上年增长80.6%。

表 19-40　2008—2014 年巴西入境旅游收入

单位：百万美元

	2008 年	2009 年	2010 年	2011 年	2012 年	2013 年	2014 年
总收入	6109	5635	5963	6830	6890	7014	7403
入境旅游收入	5785	5305	5702	6555	6645	6704	6843
入境游客交通收入	324	330	261	275	245	310	560

（三）入境旅游客源结构

巴西的入境游客主要来自美洲地区和欧洲地区。2008 年，来自美洲地区的游客人数是 2884 千人次，占巴西入境旅游人数的比重为 57.1%；来自欧洲地区的游客人数是 1814 千人次，占巴西入境旅游人数的比重为 35.9%。2014 年，来自美洲地区的游客人数是 4041 千人次，占巴西入境旅游人数的比重为 62.8%；来自欧洲地区的游客人数是 1891 千人次，占巴西入境旅游人数的比重为 29.4%。

表 19-41　2008—2014 年巴西入境旅游人数（按地区分）

单位：千人次

地区	2008 年	2009 年	2010 年	2011 年	2012 年	2013 年	2014 年
非洲	76	78	84	86	92	95	128
美洲	2884	2862	3196	3402	3582	3726	4041
欧洲	1814	1642	1652	1663	1686	1670	1891
东亚太	256	208	210	261	294	299	344
南亚	19	11	19	21	22	23	26

从入境旅游客源国家来看，南美洲分区的阿根廷是巴西的第一大入境旅游客源国家，其次是美国、智利、巴拉圭和法国。2014 年，来自阿根廷的游客人数为 1 743 930 人次，占巴西入境旅游人数的比重为 27.12%。

表 19-42　2008—2014 年巴西入境旅游人数（按游客所在国家分）

排名	国家	入境旅游人数（人次）			市场份额（%）		增长率（%）
		2008 年	2013 年	2014 年	2013 年	2014 年	2013—2014 年
1	阿根廷	1 017 675	1 711 491	1 743 930	29.44	27.12	1.90
2	美国	625 506	592 827	656 801	10.20	10.21	10.79
3	智利	240 087	250 586	336 950	4.61	5.24	25.63
4	巴拉圭	217 709	268 932	293 841	4.63	4.57	9.26
5	法国	—	224 078	282 375	—	4.39	26.02

注：按 2014 年数据排名。

(四)入境旅游方式

从入境交通方式来看,乘坐飞机入境巴西的游客人数最多。2008年入境游客中,乘坐飞机入境的游客人数占73.1%,为3691千人次;经由公路入境的游客人数占21.5%,为1249千人次。2014年入境游客中,乘坐飞机入境的游客人数占70.6%,达到4540千人次;经由公路入境的游客人数占27.4%,达到1760千人次。

表19-43 2008—2014年巴西入境旅游人数(按入境旅游方式分)

单位:千人次

入境旅游方式	2008年	2009年	2010年	2011年	2012年	2013年	2014年
飞 机	3691	3349	3610	3808	3987	4066	4540
公 路	1249	1299	1400	1443	1541	1612	1760
船 舶	110	154	151	182	150	135	130

(五)入境旅游目的

从入境旅游目的来看,巴西的入境游客中,娱乐、休闲和度假游客人数最多。2008年入境游客中,娱乐、休闲和度假游客人数为2312千人次,占巴西入境旅游人数的比重为45.8%;商务和专业活动游客人数为1374千人次,占巴西入境旅游人数的比重为27.2%。2014年入境游客中,娱乐、休闲和度假游客人数的比重增长到54.7%;商务和专业活动游客人数的比重下降到21.9%。

表19-44 2008—2014年巴西入境旅游人数(按入境旅游目的分)

单位:千人次

入境旅游目的	2008年	2009年	2010年	2011年	2012年	2013年	2014年
娱乐、休闲和度假	2312	2353	2565	2711	2861	2767	3517
商务和专业活动	1374	1100	1203	1391	1431	1523	1408
其 他	1364	1349	1394	1331	1385	1523	1505

二、出境旅游概况

(一)出境旅游人数

2008—2014年,巴西出境旅游人数总体呈增长趋势:2008年巴西出境旅游人数为5210千人次;2009年减少到4950千人次,较上年负增长5.0%;2010—2014年,巴西出境旅游人数连年增长,从2010年的6454千人次增长到2014年的9048千人次,增长率为40.2%。

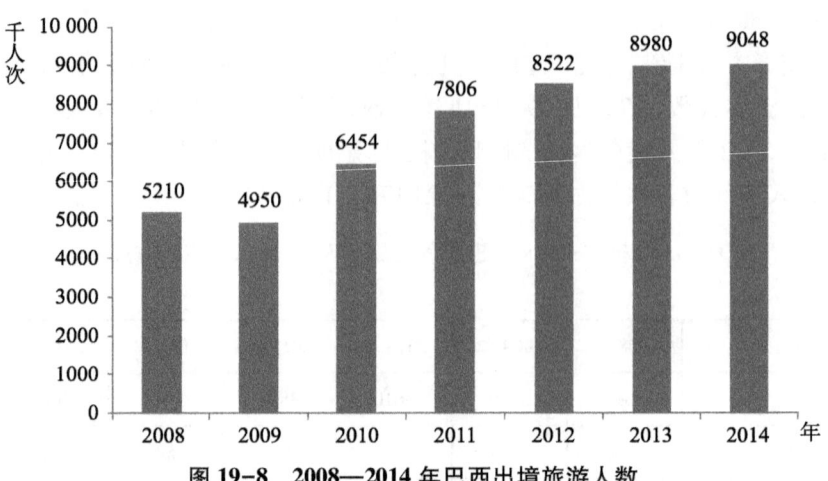

图19-8　2008—2014年巴西出境旅游人数

(二) 出境旅游花费

2008—2014年，巴西出境旅游花费整体上呈上升趋势，从2008年的10 962百万美元增长到2014年的25 567百万美元，增长了1.3倍。2009年较上年减少了64百万美元，下降到10 898百万美元；2011年较上年增长了29.5%，增至21 264百万美元；2012年出境旅游花费为22 233百万美元，较上年增长了4.6%；2013年出境旅游花费为25 103百万美元，较上年增长12.9%；2014年增长到25 567百万美元，较上年增长1.8%。

2008—2014年，巴西出境交通花费整体上呈上升趋势，从2008年的2307百万美元增长到2014年的4431百万美元，增长了92.1%。

表19-45　2008—2014年巴西出境旅游花费

单位：百万美元

	2008年	2009年	2010年	2011年	2012年	2013年	2014年
总花费	13 269	12 897	19 338	25 070	26 202	29 361	29 998
出境旅游花费	10 962	10 898	16 420	21 264	22 233	25 103	25 567
出境交通花费	2307	1999	2918	3806	3969	4258	4431

(三) 出境旅游目的地

巴西出境旅游目的地主要集中在美洲地区和欧洲地区。2014年，美洲地区的美国、阿根廷和乌拉圭分别是巴西的第一大、第二大和第六大出境旅游目的地国家；欧洲地区的意大利、葡萄牙和西班牙分别是巴西的第三大、第四大和第五大出境旅游目的地国家。

美国是巴西最大的出境旅游目的地国家，2014年巴西共有2 263 996人次游客赴美国旅游，较上年增长9.89%。2014年，阿根廷共接待来自巴西的游客人数为1 081 838人次，较上年增长11.23%。

表 19-46 2010—2014 年巴西游客出境主要旅游目的地

单位:人次

排名	国 家	游客类型	2010 年	2011 年	2012 年	2013 年	2014 年
1	美 国	TFR	1 197 866	1 508 279	1 791 103	2 060 291	2 263 996
2	阿根廷	TFN	1 196 832	1 282 374	1 217 374	972 594	1 081 838
3	意大利	TCEN	580 610	757 691	765 174	747 065	762 845
4	葡萄牙	TCER	363 871	440 787	479 115	504 473	561 564
5	西班牙	TCER	424 492	518 838	454 602	454 532	480 563
6	乌拉圭	VFN	376 894	426 315	396 828	392 992	461 675
7	秘 鲁	THSN	213 883	336 108	403 177	478 406	432 329
8	智 利	TFN	229 337	324 594	373 840	362 162	407 740
9	墨西哥	TFN	117 658	196 266	248 899	267 507	309 696
10	德 国	TCER	194 960	237 125	279 092	292 152	303 179

注:按 2014 年数据排名。

第六节 哥伦比亚

哥伦比亚全称哥伦比亚共和国(The Republic of Colombia),位于南美洲西北部。东邻委内瑞拉、巴西,南接厄瓜多尔、秘鲁,西北与巴拿马相连,北临加勒比海,西濒太平洋。面积约 114.18 万平方千米。地处热带,气候因地势而异,东部平原南部和太平洋沿岸属热带雨林气候,1000~2000 米的山地属亚热带森林气候,西北部属热带草原气候。哥伦比亚历史上是以生产咖啡为主的农业国。2014 年全国人口为 4893 万,国内生产总值(GDP)为 3777 亿美元。

哥伦比亚是拉美重要的旅游国之一。主要旅游城市和地区有:卡塔赫纳、圣玛尔塔、圣菲波哥大、圣安德列斯岛和普罗维登西亚岛、麦德林、瓜希拉半岛、博亚卡等。

表 19-47 2014 年哥伦比亚旅游业经济影响评估

指 标	总 数	占全国的比例(%)	增长预测(%)
GDP(百万美元)	6402.8	1.7	4.1
雇佣人数(千人)	457.6	2.2	2.4

注:本表为估计值。

一、入境旅游概况

(一)入境旅游人数

2008—2014年,哥伦比亚的入境旅游人数总体上明显增长:2008年入境旅游人数为2545千人次;2009年较上年增加了104千人次,增至2649千人次;2010年入境旅游人数为1701千人次,较上年大幅度下降;2011年为2355千人次,较上年增加了654千人次;2013年入境旅游人数为2595千人次,较2012年增加了166千人次;2014年入境旅游人数为4193千人次,较上年增长了61.6%。

表19-48 2008—2014年哥伦比亚入境旅游人数

单位:千人次

	2008年	2009年	2010年	2011年	2012年	2013年	2014年
入境旅游人数	2545	2649	1701	2355	2429	2595	4193
过夜旅游者	2317	2364	1405	2042	2175	2288	2565
一日游游客	228	285	296	313	254	307	314
邮船乘客	228	285	296	313	254	307	314

(二)入境旅游收入

2008—2014年,哥伦比亚的入境旅游收入持续不断上升:2008年哥伦比亚的入境旅游收入为1844百万美元;2009年较上年增加155百万美元,增长率为8.4%;2010年入境旅游收入首次突破2000百万美元,达到2797百万美元;2011年入境旅游收入突破3000百万美元,达到3010百万美元;2012年较上年增加450百万美元,增至3460百万美元;2013年入境旅游收入为3611百万美元,较上年增加了4.4%;2014年入境旅游收入达到3825百万美元,较上年增长了5.9%。

2008—2014年,哥伦比亚入境游客交通收入总体上呈增长态势,从2008年的594百万美元增长到2014年的1062百万美元,增长了78.8%。

表19-49 2008—2014年哥伦比亚入境旅游收入

单位:百万美元

	2008年	2009年	2010年	2011年	2012年	2013年	2014年
总收入	2438	2609	3441	3801	4363	4759	4887
入境旅游收入	1844	1999	2797	3010	3460	3611	3825
入境游客交通收入	594	610	644	791	903	1148	1062

(三)入境旅游客源结构

哥伦比亚入境游客中,来自美洲地区的游客人数最多,其次是来自欧洲地区的游客人数,来自东亚太地区的游客人数仅占极少一部分。2008年入境游客中,美洲游客人数为969千人次,占哥伦比亚入境游客人数的79.4%;欧洲游客人数为227千人次,占哥伦比亚入境游客人数的18.6%。2014年入境游客中,美洲游客人数占79.4%,欧洲游客人数占17.9%。

表19-50　2008—2014年哥伦比亚入境旅游人数(按地区分)

单位:千人次

地区	2008年	2009年	2010年	2011年	2012年	2013年	2014年
非洲	2	2	2	3	3	3	4
美洲	969	1964	1140	1193	1278	1389	1562
欧洲	227	258	232	267	272	294	352
东亚太	21	26	25	29	34	36	44
南亚	2	3	3	3	3	3	4
中东	1	1	1	1	1	1	2

2014年,哥伦比亚前五位入境旅游客源国家依次是:美国、委内瑞拉、厄瓜多尔、巴西和秘鲁。其中,来自美国的游客人数为376 566人次,占哥伦比亚入境游客人数的比重为14.68%。

表19-51　2008—2014年哥伦比亚入境旅游人数(按游客所在国家分)

排名	国家	入境旅游人数(人次)			市场份额(%)		增长率(%)
		2008年	2013年	2014年	2013年	2014年	2013—2014年
1	美国	264 453	434 891	376 566	15.03	14.68	9.50
2	委内瑞拉	237 329	239 284	272 807	10.46	10.63	14.01
3	厄瓜多尔	93 452	114 135	126 743	4.99	4.94	11.05
4	巴西	—	89 757	124 718		4.86	38.95
5	秘鲁	66 313	96 502	122 342	4.22	4.77	26.78

注:按2014年数据排名。

(四)入境旅游方式

哥伦比亚的入境游客中,乘坐飞机入境的游客人数从2008年的1068千人次增加到2014年的1714千人次,增长了60.5%;经由公路入境的游客人数从2008年的151千人次增长到2014年的189千人次,增长了25.2%。

哥伦比亚的入境游客中,乘坐飞机入境的游客人数最多。2008年入境游客中,乘坐飞机入境的游客人数占73.6%,经由公路入境的游客人数占11.5%;2014年入境游客中,乘坐飞机入境的游客人数占87.1%,经由公路入境的游客人数占9.6%。

表19-52 2008—2014年哥伦比亚入境旅游人数(按入境旅游方式分)

单位:千人次

入境旅游方式	2008年	2009年	2010年	2011年	2012年	2013年	2014年
飞 机	1068	1192	1237	1321	1416	1542	1714
船 舶	231	6	10	15	15	22	65
公 路	151	155	157	160	160	162	189

(五)入境旅游目的

2010年,哥伦比亚入境游客中,出于娱乐、休闲和度假目的入境的游客人数为960千人次,2011年增加到971千人次,2013年增加到1136千人次,2014年增加到1368千人次。2010年,哥伦比亚入境游客中,出于商务和专业活动目的入境的游客人数为133千人次,2011年增加到191千人次,2013年增加到259千人次,2014年增加到346千人次。

2014年,哥伦比亚入境游客中,娱乐、休闲和度假游客的比例为69.5%,商务和专业活动游客的比例为17.6%。

表19-53 2010—2014年哥伦比亚入境旅游人数(按入境旅游目的分)

单位:千人次

入境旅游目的	2010年	2011年	2012年	2013年	2014年
娱乐、休闲和度假	960	971	1029	1136	1368
商务和专业活动	133	191	206	259	346
其 他	312	334	356	331	254

二、出境旅游概况

(一)出境旅游人数

2008—2014年,哥伦比亚的出境旅游人数不断增长,从2008年的2042千人次增加到2014年的3911千人次,增长了91.5%。2009年出境旅游人数为2122千人次;2012年出境旅游人数首次突破3000千人次,较2011年增长25.5%,达到3165千人次;2013年出境旅游人数为3605千人次;2014年继续增长,达到3911千人次,较上年增长8.5%。

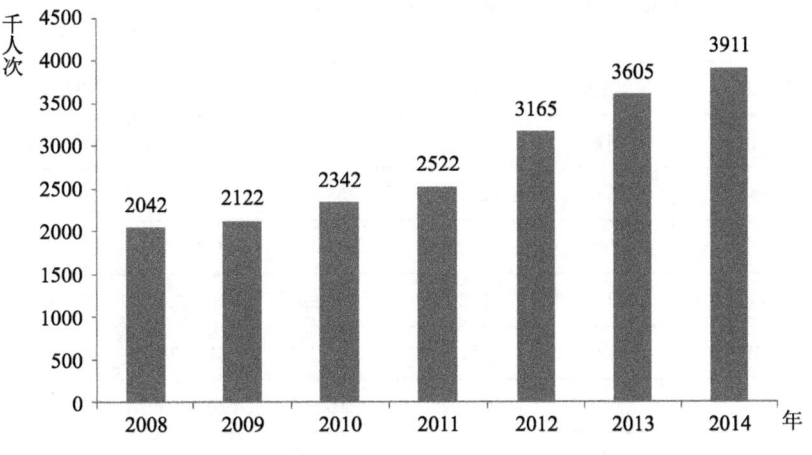

图 19-9　2008—2014 年哥伦比亚出境旅游人数

（二）出境旅游花费

2008—2014 年,哥伦比亚的出境旅游花费呈持续上升趋势,从 2008 年 1739 百万美元上升到 2014 年的 4678 百万美元,增长了 1.7 倍。2009 年较上年增加 13 百万美元,增至 1752 百万美元；2011 出境旅游花费为 2243 百万美元,首次突破 2000 百万美元；2012 年出境旅游花费为 2627 百万美元,较上年增加了 384 百万美元；2014 年突破 4000 百万美元,达到 4678 百万美元,较上年增长 56.4%。

2008—2014 年,哥伦比亚的出境交通花费总体上有所减少,从 2008 年的 598 百万美元减少到 2014 年的 492 百万美元,减少了 17.7%。

表 19-54　2008—2014 年哥伦比亚出境旅游花费

单位：百万美元

	2008 年	2009 年	2010 年	2011 年	2012 年	2013 年	2014 年
总花费	2337	2301	2373	2842	3364	3536	5170
出境旅游花费	1739	1752	1826	2243	2627	2992	4678
出境交通花费	598	549	547	599	737	544	492

（三）出境主要目的地

哥伦比亚出境旅游目的地主要集中在美洲地区。2014 年,美洲地区的美国、厄瓜多尔和秘鲁分别是哥伦比亚的第一大、第二大和第三大出境旅游目的地国家。

美国是哥伦比亚最大的出境旅游目的地国家,2014 年哥伦比亚共有 881 274 人次游客赴美国旅游,较上年增长 17.8%。2014 年,厄瓜多尔共接待来自哥伦比亚的游客人数为 368 079 人次,较上年增长 7.31%。

表 19-55　2010—2014 年哥伦比亚游客出境主要旅游目的地

单位：人次

排名	国　家	游客类型	2010 年	2011 年	2012 年	2013 年	2014 年
1	美　国	TFR	494 739	496 814	602 338	748 116	881 274
2	厄瓜多尔	VFN	203 916	265 557	349 455	343 004	368 079
3	秘　鲁	THSN	168 969	231 412	332 988	396 746	335 368
4	墨西哥	TFN	102 177	125 882	163 725	262 653	328 213
5	委内瑞拉	VFN	57 414	94 279	317 678	308 474	305 247
6	巴拿马	VFR	219 250	218 962	244 890	264 715	281 775
7	巴　西	TFR	85 567	91 345	100 324	116 461	158 886
8	智　利	TFN	52 477	67 834	81 884	85 614	89 092
9	意大利	VFN	16 472	20 690	29 125	47 581	70 444
10	多米尼加	TFR	31 263	40 982	44 955	43 596	58 046

注：按 2014 年数据排名。

第七节　苏里南

苏里南全称苏里南共和国（The Republic of Suriname），位于南美洲北部。东邻法属圭亚那，南界巴西，西连圭亚那，北濒大西洋。面积约为 16.38 万平方千米，2014 年全国人口约 54.3 万。属热带雨林气候，年平均气温 25℃。苏里南自然资源丰富，但经济基础相对薄弱，经济发展不平衡，国民经济主要依靠铝矿业、加工制造业和农业。2014 年国内生产总值（GDP）为 52.7 亿美元。

表 19-56　2014 年苏里南旅游业经济影响评估

指　标	总　数	占全国的比例（%）	增长预测（%）
GDP（百万美元）	48.5	0.9	3.9
雇佣人数（千人）	1.5	0.8	1.2

注：本表为估计值。

一、入境旅游概况

（一）入境旅游人数

2008—2014 年，苏里南入境旅游人数总体上呈上升趋势：2008 年苏里南入境旅游人数为151千人次;2009年与2008年持平,均为151千人次;2010年突破200千人次,达到205千人次;2011年较上年增加15千人次,增至220千人次;2012年入境旅游人数为240千人次;2013年为249千人次,较2012年增加9千人次;2014年为252千人次,较上年增长1.2%。

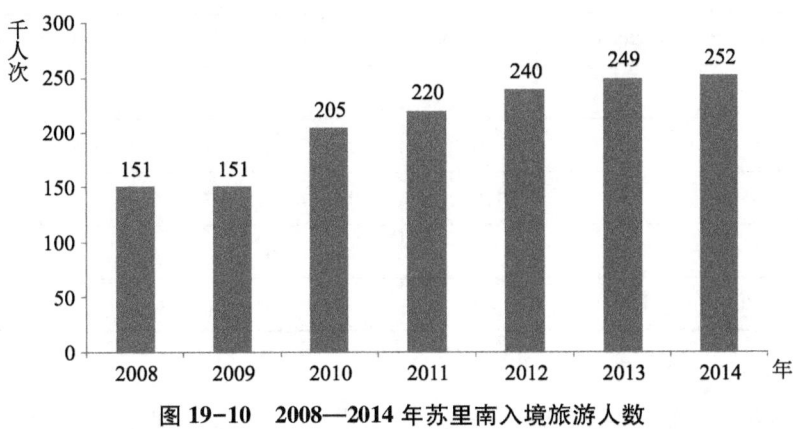

图19-10　2008—2014年苏里南入境旅游人数

（二）入境旅游收入

2008—2014年,苏里南入境旅游收入先降后升。2008年到2011年入境旅游收入呈持续下降趋势:2008年为77百万美元;2009年较上年减少13百万美元,减至64百万美元;2010年继续下降,减至61百万美元。2012年较上年增加10百万美元,增至71百万美元;2013年为84百万美元,较上年增加18.3%;2014年为95百万美元,较上年增加13.1%。

2008—2014年,苏里南入境游客交通收入保持在6百万~8百万美元。

表19-57　2008—2014年苏里南入境旅游收入

单位:百万美元

	2008年	2009年	2010年	2011年	2012年	2013年	2014年
总收入	83	70	69	69	79	92	103
入境旅游收入	77	64	61	61	71	84	95
入境游客交通收入	6	6	8	8	8	8	8

（三）入境旅游客源结构

2008—2014年,苏里南入境游客中,来自欧洲地区的游客人数从2008年95千人次增加到2014年的113千人次,增长了18.9%;来自美洲地区的游客从52千人次增加到2014年的130千人次,增长了1.5倍。

苏里南入境游客中,来自欧洲地区和美洲地区的游客人数所占比重较大,来自东亚太地区的游客人数仅占极少一部分。2008年入境游客中,欧洲游客占63.2%,美洲游客占 34.6%；2014 年入境游客中，欧洲游客的比例减少到 45.1%，美洲游客的比例增加到 51.9%。

表 19-58　2008—2014 年苏里南入境旅游人数（按地区分）

单位：千人次

地区	2008 年	2009 年	2010 年	2011 年	2012 年	2013 年	2014 年
非洲	0.2	0.2	0.2	0.3	0.5	0.5	0.3
美洲	52	59	89	104	124	138	130
欧洲	95	88	110	108	107	103	113
东亚太	3	2	3	5	5	5	6
南亚	0.5	0.5	0.7	0.8	0.7	0.8	1.0

苏里南主要入境旅游客源国家有：荷兰、圭亚那、法属圭亚那、巴西和法国等。2014 年，来自荷兰的游客人数达 92 104 人次，来自圭亚那的游客人数达 46 288 人次，来自法属圭亚那的游客人数为 33 974 人次，来自巴西的游客人数为 14 269 人次，来自法国的游客人数为 14 048 人次。

表 19-59　2008—2014 年苏里南入境旅游人数（按游客所在国家/地区分）

排名	国家/地区	入境旅游人数（人次）			市场份额（%）		增长率（%）
		2008 年	2013 年	2014 年	2013 年	2014 年	2013—2014 年
1	荷兰	88 380	88 002	92 104	35.33	36.61	4.66
2	圭亚那	13 445	42 816	46 288	17.19	18.4	8.10
3	法属圭亚那	—	34 118	33 974	—	13.5	-0.42
4	巴西	7488	23 084	14 269	9.27	5.67	-38.19
5	法国	3976	10 464	14 048	4.2	5.58	34.25

注：按 2014 年数据排名。

（四）入境旅游方式

2010—2014 年，乘坐飞机入境苏里南的游客人数呈波动式增长，从 2010 年的 146 千人次增加到 2014 年的 154 千人次，增长了 5.5%；乘坐船舶入境的游客人数从 2010 年的 59 千人次增长到 2014 年的 98 千人次，增长了 66.1%。

苏里南入境游客中乘坐飞机入境的游客人数最多。2010 年入境游客中，乘坐飞机入境的游客人数占 71.2%，乘坐船舶入境的游客人数占 28.8%；2014 年入境游客中，乘坐飞机入境的游客人数的比例下降到 61.1%，乘坐船舶入境的游客人数的比例上升到 38.9%。

表 19-60　2010—2014年苏里南入境旅游人数（按入境旅游方式分）

单位：千人次

入境旅游方式	2010年	2011年	2012年	2013年	2014年
飞　机	146	150	155	149	154
船　舶	59	70	85	100	98

（五）入境旅游目的

2008—2014年，苏里南入境游客中，出于娱乐、休闲和度假目的的游客人数从2008年的44千人次增加到2014年的129千人次，增长了1.9倍；出于商务和专业活动目的的游客人数从2008年的16千人次增加到2014年的23千人次，增长了43.8%。

苏里南入境游客中，娱乐、休闲和度假游客人数多于商务和专业活动游客人数。2008年入境游客中，娱乐、休闲和度假游客人数占28.7%，2014年增加到51.2%；2008年入境游客中，商务和专业活动游客人数的比例为10.7%，2014年下降到9.1%。

表 19-61　2008—2014年苏里南入境旅游人数（按入境旅游目的分）

单位：千人次

入境旅游目的	2008年	2009年	2010年	2011年	2012年	2013年	2014年
娱乐、休闲和度假	44	46	86	105	117	119	129
商务和专业活动	16	15	19	23	23	25	23
其　他	91	90	99	92	100	105	100

二、出境旅游概况

（一）出境旅游花费

2008—2014年，苏里南出境旅游花费持续不断增长，从2008年的30百万美元增加到2014年的87百万美元，增长了1.9倍。2009年较上年增长2百万美元；2011年出境旅游花费为42百万美元，较上年增长3百万美元；2012年出境旅游花费为51百万美元，较2011年增长9百万美元；2013年较2012年增长37.3%，增至70百万美元；2014年较上年增长24.3%，达到87百万美元。

2008—2014年，苏里南的出境交通花费有一定的波动。2008年出境交通花费为5百万美元；2011年和2012年均为7百万美元；2013年出境交通花费为5百万美元；2014年出境交通花费为3百万美元，较上年减少40%。

表 19-62　2008—2014 年苏里南出境旅游花费

单位：百万美元

	2008 年	2009 年	2010 年	2011 年	2012 年	2013 年	2014 年
总花费	35	35	41	49	58	75	90
出境旅游花费	30	32	39	42	51	70	87
出境交通花费	5	3	2	7	7	5	3

（二）出境旅游目的地

2014 年，沙特阿拉伯是苏里南最大的出境旅游目的地国家，2014 年共有 25 159 人次苏里南游客赴沙特阿拉伯旅游；美国是苏里南的第二大出境旅游目的地国家，2014 年共接待来自苏里南的游客人数为 13 117 人次，较上年增长 10.79%。

表 19-63　2010—2014 年苏里南游客出境主要旅游目的地

单位：人次

排名	国家/地区	游客类型	2010 年	2011 年	2012 年	2013 年	2014 年
1	沙特阿拉伯	TFN	—	—	60 155	—	25 159
2	美国	TFR	8941	9043	10 711	11 840	13 117
3	库拉索（荷）	TFR	9440	9978	10 799	12 395	10 635
4	阿鲁巴岛	TFR	3556	4220	5117	6253	7224
5	巴西	TFR	2930	3952	4859	3430	3379
6	中国香港	VFR	2782	3050	3188	3032	2691
7	特立尼达和多巴哥	TFR	2791	3073	4191	3625	2515
8	法属圭亚那	TFR	—	—	193	1377	1778
9	哥伦比亚	TFR	361	410	404	558	641
10	印度	TFN	493	558	539	551	541

注：按 2014 年数据排名。

第八节　乌拉圭

乌拉圭全称乌拉圭东岸共和国（Oriental Republic of Uruguay），位于南美洲东南部。北同巴西接壤，西与阿根廷交界，东南濒临大西洋。国土面积约为 17.62 万平方千米。境内地势平坦，大部分为丘陵和平原，北部和东部有少数低山分布。属温带气候。自然风光优美,社会环境安定,被誉为"南美瑞士";又因其形似宝石而又盛产紫晶石,故被誉为"钻石之国"。2014年全国人口为342万,国内生产总值(GDP)为574.7亿美元。

乌拉圭政府重视发展旅游业,旅游业发达。境外游客主要来自阿根廷、巴西、巴拉圭和智利等周边国家。埃斯特角城和首都蒙得维的亚是主要旅游地。

表19-64　2014年乌拉圭旅游业经济影响评估

指　标	总　数	占全国的比例(%)	增长预测(%)
GDP(百万美元)	1582.4	2.8	5.2
雇佣人数(千人)	44.7	2.7	2.9

注:本表为估计值。

一、入境旅游概况

(一)入境旅游人数

2008—2014年,乌拉圭入境旅游人数总体呈上升趋势,从2008年的2255千人次增加到2014年的3195千人次,增长了41.7%;过夜旅游者人数从2008年的1938千人次增加到2014年的2682千人次,增长了38.4%;一日游游客人数从2008年的317千人次增加到2014年513千人次,增长了61.8%。

表19-65　2008—2014年乌拉圭入境旅游人数

单位:千人次

	2008年	2009年	2010年	2011年	2012年	2013年	2014年
入境旅游人数	2255	2303	2708	3244	3155	3242	3195
过夜旅游者	1938	2055	2353	2857	2695	2683	2682
一日游游客	317	248	355	387	460	559	513
邮船乘客	—	—	300	284	319	428	385

(二)入境旅游收入

2008—2014年,乌拉圭入境旅游收入总体呈上升趋势,从2008年的1051百万美元增长到2014年的1760百万美元,增长了67.5%。2009年达1321百万美元,较上年增长了24.9%;2010年入境旅游收入为1509百万美元;2011年入境旅游收入超过2000百万美元,达到2203百万美元;2012年入境旅游收入较上年减少了5.8%,减少到2076百万美元;2013年入境旅游收入为1922百万美元;2014年继续下降,较上年负增长8.4%。

2008—2014年,乌拉圭入境游客交通收入总体上有所减少,从2008年的144百万美元减少到2014年101百万美元,减少了29.9%。其中,2011年达到近几年最高峰,为198

百万美元。

表 19-66 2008—2014 年乌拉圭入境旅游收入

单位：百万美元

	2008 年	2009 年	2010 年	2011 年	2012 年	2013 年	2014 年
总收入	1195	1460	1669	2401	2219	2015	1861
入境旅游收入	1051	1321	1509	2203	2076	1922	1760
入境游客交通收入	144	139	160	198	143	93	101

（三）入境旅游客源结构

2008—2014 年，乌拉圭入境游客主要来自美洲地区和欧洲地区，来自东亚太地区的游客人数只占了极少一部分。2008 年，来自美洲地区的游客人数占乌拉圭入境旅游人数的 91.2%，2014 年占 92.7%。2008 年，来自欧洲地区的游客人数占乌拉圭入境旅游人数的 8.2%，2014 年占 6.3%。

表 19-67 2008—2014 年乌拉圭入境旅游人数（按地区分）

单位：千人次

地区	2008 年	2009 年	2010 年	2011 年	2012 年	2013 年	2014 年
美洲	1544	1643	1888	2401	2417	2308	2208
欧洲	139	140	147	151	130	139	151
东亚太	14	17	17	19	19	18	20

2014 年，南美洲分区的阿根廷和巴西是乌拉圭的第一大和第二大入境旅游客源国家，北美洲分区的美国是乌拉圭的第三大入境旅游客源国家。2014 年，来自阿根廷和巴西的游客人数占乌拉圭入境旅游人数的 69.09%。

表 19-68 2008—2014 年乌拉圭入境旅游人数（按游客所在国家分）

排名	国家	入境旅游人数（人次）			市场份额（%）		增长率（%）
		2008 年	2013 年	2014 年	2013 年	2014 年	2013—2014 年
1	阿根廷	1 025 574	1 648 343	1 479 965	58.55	52.66	-10.21
2	巴西	300 791	392 992	461 675	13.96	16.43	17.48
3	美国	69 369	54 001	54 695	1.92	1.95	1.29
4	智利	39 236	54 474	54 420	1.93	1.94	-0.1
5	巴拉圭	27 708	43 636	46 024	1.55	1.64	5.47

注：按 2014 年数据排名。

（四）入境旅游方式

2011—2014 年，乌拉圭入境游客中，经由公路入境的游客人数最多，乘坐船舶入境的游客人数排在第二位，乘坐飞机入境的游客人数最少。2008 年，经由公路入境的游客人数是 546 千人次，占乌拉圭入境游客人数的 27.4%；乘坐船舶入境的游客人数是 990 千人次，占乌拉圭入境游客人数的 49.6%；乘坐飞机入境的游客人数是 458 千人次，占乌拉圭入境游客人数的 23.0%。2014 年，经由公路入境的游客人数占 48.4%，乘坐船舶入境的游客人数占 30.5%，乘坐飞机入境的游客人数占 21.2%。

表 19-69　2008—2014 年乌拉圭入境旅游人数（按入境旅游方式分）

单位：千人次

入境旅游方式	2008 年	2009 年	2010 年	2011 年	2012 年	2013 年	2014 年
飞　机	458	468	565	628	568	503	565
公　路	546	643	740	1227	1273	1275	1291
船　舶	990	983	1016	984	909	910	814

（五）入境旅游目的

2008—2014 年，乌拉圭入境游客中，出于娱乐、休闲和度假目的的入境的游客人数最多。2008 年入境游客中，娱乐、休闲和度假游客人数占 70.1%，达到 1400 千人次；商务和专业活动游客人数占 6.5%，达到 129 千人次。2014 年入境游客中，娱乐、休闲和度假游客人数的比例减少到 60.4%，商务和专业活动游客人数的比例增加到 7.3%。

表 19-70　2008—2014 年乌拉圭入境旅游人数（按入境旅游目的分）

单位：千人次

入境旅游目的	2008 年	2009 年	2010 年	2011 年	2012 年	2013 年	2014 年
娱乐、休闲和度假	1400	1304	1482	1928	1906	1782	1698
商务和专业活动	129	174	207	206	188	216	204
其　他	469	621	719	826	752	817	909

二、出境旅游概况

（一）出境旅游人数

2008—2014 年，乌拉圭出境旅游人数连年增长，从 2008 年的 734 千人次增长到 2014 年的 2396 千人次，增长了 2.3 倍。2009 年较上年增加 92 千人次，上升到 826 千人次；2010 年出境旅游人数突破 1000 千人次，达到 1027 千人次；2011 年出境旅游人数为 1534 千人次，较上年增长了 49.4%；2012 年较 2011 年增长 18.4%，增至 1816 千人次；2013 年出境旅游人数为 2281 千人次,较上年增长 25.6%;2014 年继续增长,较上年增长 5.0%,达到 2396 千人次。

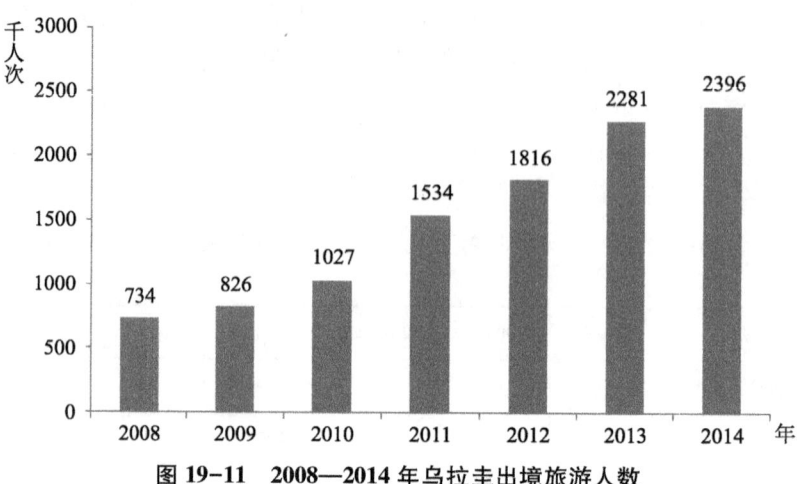

图 19-11　2008—2014 年乌拉圭出境旅游人数

(二) 出境旅游花费

2008—2014 年,乌拉圭出境旅游花费整体呈上升趋势:2008 年为 358 百万美元;2009 年降至 336 百万美元,负增长 6.1%;2010 年出境旅游花费为 419 百万美元,较上年增长 27.4%;2011 年较上年增长 53.7%,增至 644 百万美元;2012 年继续增长,增至 878 百万美元,较 2011 年增加了 234 百万美元;2013 年出境旅游花费为 1312 百万美元,较上年增长 49.4%;2014 年出境旅游花费为 1356 百万美元,较上年增长 3.4%。

2008—2014 年,乌拉圭出境交通花费总体上明显增长,从 2008 年的 108 百万美元增长到 2014 年的 266 百万美元,增长了 1.5 倍。

表 19-71　2008—2014 年乌拉圭出境旅游花费

单位:百万美元

	2008 年	2009 年	2010 年	2011 年	2012 年	2013 年	2014 年
总花费	466	442	549	797	1043	1466	1622
出境旅游花费	358	336	419	644	878	1312	1356
出境交通花费	108	106	130	153	165	154	266

(三) 出境旅游目的地

乌拉圭出境旅游目的地主要集中在美洲地区。2014 年,美洲地区的阿根廷、巴西和美国分别是乌拉圭的第一大、第二大和第三大出境旅游目的地国家。

阿根廷是乌拉圭最大的出境旅游目的地国家,2014 年乌拉圭共有 909 682 人次游客赴阿根廷旅游,较上年增加 30.16%。2014 年,巴西共接待来自乌拉圭的游客人数为 223 508 人次,较上年减少 14.86%。

表19-72　2010—2014年乌拉圭游客出境主要旅游目的地

单位：人次

排名	国家	游客类型	2010年	2011年	2012年	2013年	2014年
1	阿根廷	TFN	653 936	655 635	607 467	698 879	909 682
2	巴西	TFR	228 545	261 204	253 864	262 512	223 508
3	美国	TFR	41 980	46 695	54 680	66 161	75 375
4	智利	TFN	30 614	36 888	35 624	36 291	39 369
5	巴拉圭	TFN	11 216	14 154	15 448	12 801	14 606
6	秘鲁	TFR	8219	10 303	11 846	12 509	13 821
7	巴拿马	VFR	11 400	11 163	11 898	11 286	12 086
8	古巴	VFR	5128	7009	7910	8294	10 258
9	哥伦比亚	TFR	7558	7586	9004	9272	9911
10	委内瑞拉	VFN	3247	3300	6170	8151	6941

注：按2014年数据排名。

第九节　智　利

智利全称智利共和国(Republic of Chile)，位于南美洲西南部，安第斯山脉西麓。东邻阿根廷，北界秘鲁和玻利维亚，西濒太平洋，南与南极洲隔海相望。面积约为75.66万平方千米。南北长4200千米，东西宽90~400千米，为世界上最狭长的国家。智利属于中等发展水平国家，矿业、林业、渔业和农业资源丰富。2014年全国人口为1777万，国内生产总值(GDP)为2580.62亿美元。

智利政府十分重视发展旅游业。近年来，在维护原有海滨和南部风景区的基础上，不断开发新的旅游景点，完善旅游服务设施。智利的入境游客主要来自巴西、阿根廷等周边国家和北美洲、欧洲国家。

表19-73　2014年智利旅游业经济影响评估

指标	总数	占全国的比例(%)	增长预测(%)
GDP(百万美元)	9040.0	3.2	3.7
雇佣人数(千人)	245.4	3.2	1.7

注：本表为估计值。

一、入境旅游概况

(一)入境旅游人数

2008—2014年,智利的入境旅游人数整体呈上升趋势:2008年为3713千人次;2009年较上年有所下降,减少到3657千人次;2010年继续下降,较上年减少72千人次,减少到3585千人次;2011年较上年增加10.5%,增至3963千人次;2012年入境旅游人数为4397千人次,较上年增加11.0%;2013年为4457千人次,较上年增长1.4%;2014年入境旅游人数为4601千人次,较上年增长3.2%。

2008—2014年,智利的入境过夜旅游者人数从2008年的2710千人次增加到2014年的3674千人次,增长了35.6%;一日游游客人数从2008年的1003千人次减少到2014年的926千人次,减少了7.7%。

表19-74　2008—2014年智利入境旅游人数

单位:千人次

	2008年	2009年	2010年	2011年	2012年	2013年	2014年
入境旅游人数	3713	3657	3585	3963	4397	4457	4601
过夜旅游者	2710	2760	2801	3137	3554	3576	3674
一日游游客	1003	897	784	826	843	881	926

(二)入境旅游收入

2008—2014年,智利的入境旅游收入总体上有所增长:2008年入境旅游收入为1674百万美元;2009年较上年减少70百万美元,减至1604百万美元;2010年入境旅游收入有所回升,达到1645百万美元;2011年较上年增加244百万美元,增至1889百万美元;2012年为2150百万美元,较2011年增加13.8%;2013年入境旅游收入为2219百万美元,较上年增加了69百万美元;2014年入境旅游收入为2252百万美元,较上年增长1.5%。

2008—2014年,智利的入境游客交通收入总体上有所增长,从2008年的863百万美元增加到2014年的882百万美元,增长了2.2%。

表19-75　2008—2014年智利入境旅游收入

单位:百万美元

	2008年	2009年	2010年	2011年	2012年	2013年	2014年
总收入	2537	2350	2422	2751	3114	3144	3134
入境旅游收入	1674	1604	1645	1889	2150	2219	2252
入境游客交通收入	863	746	777	862	964	963	882

(三)入境旅游客源结构

2008—2014年,智利入境游客中,来自美洲地区的游客人数从2008年的2074千人次增长到2014年的2952千人次,增长了42.3%;来自欧洲地区的游客人数从2008年的409千人次增长到2014年的426千人次,增长了4.2%;来自东亚太地区的游客人数从2008年的79千人次增长到2014年的104千人次,增长了31.6%。

智利入境游客中,来自美洲地区的游客人数最多,来自欧洲地区的游客人数排在第二位,来自东亚太地区的游客人数排在第三位,来自其他地区的游客人数仅占极少一部分。2008年入境游客中,美洲游客占80.7%,欧洲游客占16.6%;2014年入境游客中,美洲游客的比例上升到84.6%,欧洲游客的比例下降到12.2%。

表19-76 2008—2014年智利入境旅游人数(按地区分)

单位:千人次

地 区	2008年	2009年	2010年	2011年	2012年	2013年	2014年
非 洲	5	4	4	4	4	4	4
美 洲	2074	2174	2222	2533	2899	2901	2952
欧 洲	409	383	363	376	388	396	426
东亚太	79	73	72	78	98	100	104
南 亚	3	3	3	3	3	3	3
中 东	1	1	1	1	1	1	1

2014年,智利前五位入境旅游客源国家依次是:阿根廷、巴西、玻利维亚、秘鲁和美国。其中,来自阿根廷的游客人数为1 325 503人次,占智利入境旅游人数的比重为36.07%。

表19-77 2008—2014年智利入境旅游人数(按游客所在国家分)

排名	国 家	入境旅游人数(人次)			市场份额(%)		增长率(%)
		2008年	2013年	2014年	2013年	2014年	2013—2014年
1	阿根廷	863 897	1 362 752	1 325 503	38.11	36.07	-2.73
2	巴 西	252 973	362 162	407 740	10.13	11.1	12.58
3	玻利维亚	307 845	383 765	395 335	10.73	10.76	3.01
4	秘 鲁	252 472	331 274	343 768	9.26	9.36	3.77
5	美 国	168 548	154 204	162 366	4.31	4.42	5.29

注:按2014年数据排名。

(四)入境旅游方式

2008—2014 年,智利的入境旅游者中,乘坐飞机入境的游客人数从 2008 年的 1086 千人次增加到 2014 年的 1535 千人次,增长率为 41.3%;经由公路入境的游客人数从 2008 年的 1624 千人次增加到 2014 年的 2140 千人次,增长率为 31.8%。

2008—2014 年,智利的入境旅游者中,经由公路入境的游客人数最多,其次是乘坐飞机入境的游客人数。2008 年入境旅游者中,经由公路入境的游客人数占 56.9%,乘坐飞机入境的游客人数占 40.1%;2014 年入境旅游者中,经由公路入境的游客人数占 58.2%,乘坐飞机入境的游客人数占 41.8%。

表 19-78 2008—2014 年智利入境旅游人数(按入境旅游方式分)

单位:千人次

入境旅游方式	2008 年	2009 年	2010 年	2011 年	2012 年	2013 年	2014 年
飞机	1086	1030	1052	1265	1445	1475	1535
公路	1624	1730	1749	1872	2109	2101	2140

(五)入境旅游目的

2008—2014 年,智利入境游客中,出于娱乐、休闲和度假目的的游客人数从 2008 年的 1316 千人次增至 2014 年的 1910 千人次;出于商务和专业活动目的的游客人数从 2008 年的 568 千人次增至 2014 年的 666 千人次。

智利入境游客中,娱乐、休闲和度假游客人数远多于商务和专业活动游客人数。2008 年入境游客中,娱乐、休闲和度假游客人数占 48.6%,商务和专业活动游客人数占 21.0%;2014 年入境游客中,娱乐、休闲和度假游客人数占 52.0%,商务和专业活动游客人数占 18.1%。

表 19-79 2008—2014 年智利入境旅游人数(按入境旅游目的分)

单位:千人次

入境旅游目的	2008 年	2009 年	2010 年	2011 年	2012 年	2013 年	2014 年
娱乐、休闲和度假	1316	1165	1075	1467	1834	1863	1910
商务和专业活动	568	734	769	702	651	624	666
其他	828	861	957	967	1070	1089	1099

二、出境旅游概况

(一)出境旅游人数

2008—2014 年,智利出境旅游人数持续增加:2008 年出境旅游人数为 2316 千人次;

2009年较上年增加43千人次,增至2359千人次;2010年较上年增长16.0%,增至2737千人次;2011年出境旅游人数突破3000千人次,达到3220千人次;2012年较2011年增长7.1%,增至3448千人次;2013年出境旅游人数为3674千人次,较2012年增长6.5%;2014年出境旅游人数为3842千人次,较上年增长4.6%。

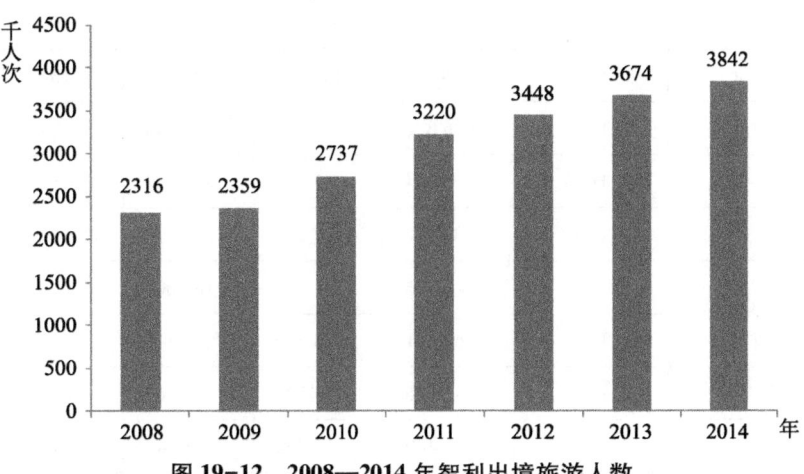

图19-12 2008—2014年智利出境旅游人数

注:此处出境旅游人数包括过夜旅游者和一日游游客。

(二)出境旅游花费

2008—2014年,智利出境旅游花费总体上呈增长态势:2008年出境旅游花费为1397百万美元;2009年较2008年减少了230百万美元,减至1167百万美元;2010年开始回升,增长到1383百万美元;2011年出境旅游花费为1624百万美元,较上年增加了241百万美元;2012年增至1833百万美元,较上年增加了12.9%;2013年出境旅游花费为1908百万美元,较上年增加了75百万美元;2014年出境旅游花费为2136百万美元,较上年增加了11.9%。

2008—2014年,智利出境交通花费整体上呈上升趋势,从2008年的392百万美元增加到2014年的640百万美元,增加了63.3%。

表19-80 2008—2014年智利出境旅游花费

单位:百万美元

	2008年	2009年	2010年	2011年	2012年	2013年	2014年
总花费	1789	1504	1808	2047	2377	2476	2776
出境旅游花费	1397	1167	1383	1624	1833	1908	2136
出境交通花费	392	337	425	423	544	568	640

(三)出境旅游目的地

智利出境旅游目的地主要集中在美洲地区。2014年,美洲地区的阿根廷、秘鲁和巴西分别是智利的第一大、第二大和第三大出境旅游目的地国家。

阿根廷是智利最大的出境旅游目的地国家,2014年智利共有1 116 342人次游客赴阿根廷旅游,较上年增长9.33%。2014年,秘鲁共接待来自智利的游客人数达903 793人次,较上年增长1.95%。

表19-81　2010—2014年智利游客出境主要旅游目的地

单位:人次

排名	国家	游客类型	2010年	2011年	2012年	2013年	2014年
1	阿根廷	TFN	1 076 372	1 101 337	1 133 846	1 021 041	1 116 342
2	秘鲁	TFR	595 944	741 717	806 929	886 485	903 793
3	巴西	TFR	200 724	217 200	250 586	268 203	336 950
4	美国	TFR	146 736	171 459	187 603	212 199	248 912
5	墨西哥	TFN	67 661	76 379	88 148	94 647	107 455
6	哥伦比亚	TFR	42 976	53 732	73 869	88 490	102 696
7	玻利维亚	TFN	53 160	56 344	78 547	76 554	89 053
8	意大利	VFN	52 491	53 247	56 281	73 875	83 617
9	多米尼加	TFR	40 729	49 862	60 804	73 924	82 212
10	西班牙	TFR	17 706	37 671	40 618	57 641	61 253

注:按2014年数据排名。

第十节　圭亚那

圭亚那全称圭亚那共和国(Republic of Guyana),位于南美洲北部。西北与委内瑞拉交界,南与巴西毗邻,东与苏里南接壤,东北濒大西洋。属热带雨林气候,年降雨量1500～2000毫米,年均气温28℃。面积约为21.5万平方千米。2014年全国人口为80.3万,国内生产总值(GDP)为32.2亿美元。

近年来,圭亚那政府部门十分重视旅游资源开发,但基础设施建设落后,接待业配套不足,旅游业发展受限。

表19-82　2014年圭亚那旅游业经济影响评估

指标	总数	占全国的比例(%)	增长预测(%)
GDP(百万美元)	90.8	3.0	3.2
雇佣人数(千人)	7.8	3.3	-0.6

注:本表为估计值。

一、入境旅游概况

（一）入境旅游人数

2008—2014年，圭亚那入境旅游人数总体呈上升趋势：2008年入境旅游人数为130千人次；2009年较上年增加11千人次，增至141千人次；2010年入境旅游人数为152千人次；2011年较上年增加5千人次，增至157千人次；2012年入境旅游人数为177千人次，较上年增加20千人次；2013年入境旅游人数有所下滑，减少到158千人次；2014年入境旅游人数为206千人次，较上年增长30.4%。

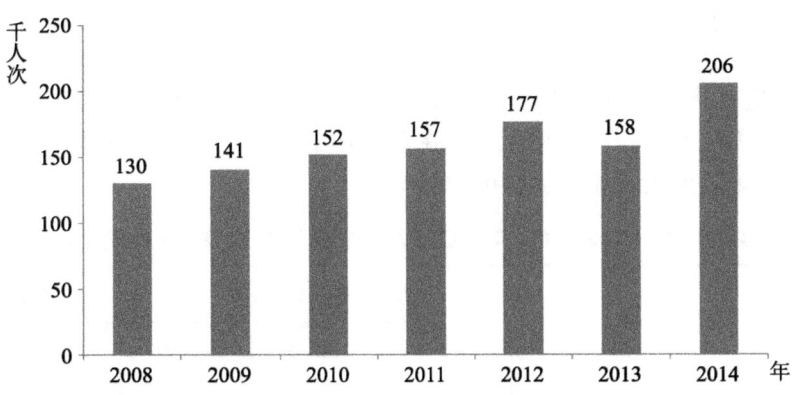

图19-13　2008—2014年圭亚那入境旅游人数

（二）入境旅游收入

2008—2014年，圭亚那入境旅游收入呈波动式增长：2008年入境旅游收入为59百万美元；2009年较上年减少24百万美元，减至35百万美元；2010年入境旅游收入为80百万美元，较上年增加1.3倍；2011年入境旅游收入为95百万美元，为近几年最大值；2012年入境旅游收入为64百万美元；2013年较2012年增加13百万美元，增至77百万美元；2014年入境旅游收入为79百万美元，较上年增加2百万美元。

表19-83　2008—2014年圭亚那入境旅游收入

单位：百万美元

	2008年	2009年	2010年	2011年	2012年	2013年	2014年
入境旅游收入	59	35	80	95	64	77	79

（三）入境旅游客源结构

2008—2014年，圭亚那的入境游客主要来自美洲地区和欧洲地区。2008年，来自美洲地区的游客人数为118千人次,占圭亚那入境旅游人数的92.9%;来自欧洲地区的游客人数为9千人次,占圭亚那入境旅游人数的7.1%。2014年,来自美洲地区的游客人数为111千人次,占圭亚那入境旅游人数的91.0%;来自欧洲地区的游客人数为11千人次,占圭亚那入境旅游人数的9.0%。

表19-84 2008—2014年圭亚那入境旅游人数(按地区分)

单位:千人次

地 区	2008年	2009年	2010年	2011年	2012年	2014年
美 洲	118	131	141	107	125	111
欧 洲	9	8	8	8	9	11

注:2013年数据缺失。

美国和加拿大是圭亚那的第一大和第二大入境旅游客源国家。2014年,来自美国的游客人数为84 103人次,占圭亚那入境旅游人数的40.86%;来自加拿大的游客人数为26 681人次,占圭亚那入境旅游人数的12.96%。

表19-85 2008—2014年圭亚那入境旅游人数(按游客所在国家分)

排名	国 家	入境旅游人数(人次)			市场份额(%)	
		2008年	2012年	2014年	2012年	2014年
1	美 国	66 350	98 625	84 103	55.83	40.86
2	加拿大	21 470	25 977	26 681	14.71	12.96

注:按2014年数据排名。

(四)入境旅游方式

2008—2014年,圭亚那的入境旅游者选择的入境交通方式只有飞机,因此,乘坐飞机入境圭亚那的旅游者人数即为当年圭亚那的入境过夜旅游者人数。

二、出境旅游概况

(一)出境旅游花费

2008—2014年,圭亚那的出境旅游花费先升后降:2008年和2009年出境旅游花费均为52百万美元;2010年出境旅游花费为73百万美元,较上年增加21百万美元;2011年出境旅游花费为79百万美元;2012年较上年增加3百万美元,为82百万美元;2013年出境旅游花费为81百万美元,较上年减少1百万美元;2014年出境旅游花费为77百万美元,较上年减少4百万美元。

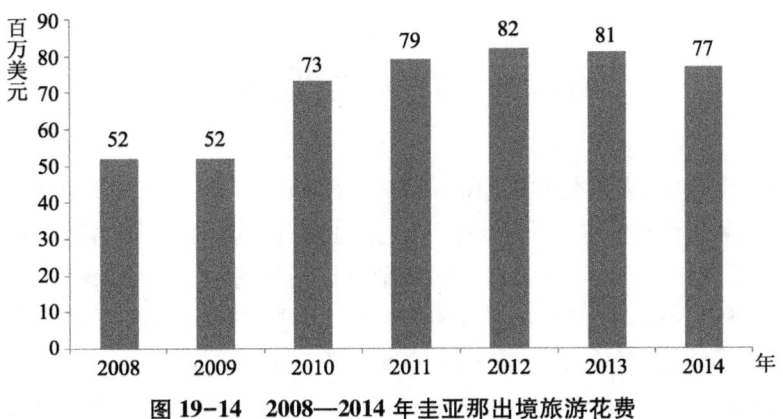

图 19-14　2008—2014 年圭亚那出境旅游花费

(二) 出境旅游目的地

圭亚那的出境旅游目的地主要集中在美洲地区。2014 年，美洲地区的苏里南、美国与特立尼达和多巴哥分别是圭亚那的第一大、第二大和第三大出境旅游目的地国家。

苏里南是圭亚那最大的出境旅游目的地国家，2014 年圭亚那有 46 288 人次游客赴苏里南旅游，较上年下降 7.55%。2014 年，美国共接待来自圭亚那的游客人数达 36 389 人次，较上年增长 26.96%。

表 19-86　2010—2014 年圭亚那游客出境主要旅游目的地

单位：人次

排名	国　家	游客类型	2010 年	2011 年	2012 年	2013 年	2014 年
1	苏里南	TFR	30 446	33 010	43 846	50 069	46 288
2	美　国	TFR	15 601	16 427	24 222	28 662	36 389
3	特立尼达和多巴哥	TFR	18 339	31 727	37 568	32 355	23 061
4	巴巴多斯	TFR	11 673	16 524	14 167	11 626	9911
5	加拿大	TFR	3267	3803	4484	4793	5214
6	巴　西	TFR	5236	4314	3400	4286	4973
7	安哥拉	TFR	818	843	1175	2128	4407
8	牙买加	TFR	1827	2376	2288	1860	2472
9	安提瓜和巴布达	TFR	2130	2395	2367	1795	1699
10	库拉索(荷)	TFR	1029	990	1022	1442	1562

注：按 2014 年数据排名。

第十一节 厄瓜多尔

厄瓜多尔全称厄瓜多尔共和国（Republic of Ecuador），位于南美洲西北部。东北与哥伦比亚毗连，东南与秘鲁接壤，西临太平洋。赤道横贯国境北部（国名即西班牙语"赤道"之意）。东、西部属热带雨林气候，南部向热带草原气候过渡，中部山地属热带草原气候。年平均降水量2000~3000毫米，山区1000毫米。面积约为25.64万平方千米。2014年人口为1598万，国内生产总值（GDP）为1005.4亿美元。

近年来，厄瓜多尔重视旅游业发展，旅游业已成为全国第四大创汇行业。入境游客主要来自美国、哥伦比亚、秘鲁、委内瑞拉和西班牙。主要旅游城市和地区有基多、瓜亚基尔、昆卡、因巴布拉省、东部亚马孙河流域和加拉帕戈斯群岛。基多市、加拉帕戈斯群岛国家公园和昆卡古城被联合国教科文组织列入《世界文化与自然遗产名录》。

一、入境旅游概况

（一）入境旅游人数

2008—2014年，厄瓜多尔入境旅游人数总体呈增长趋势：2008年为1005千人次；2009年较上年有所减少，减少到968千人次；2010年较上年增长8.2%，增至1047千人次；2011年入境旅游人数为1141千人次，较上年增长9.0%；2012年较上年增加11.5%，增至1272千人次；2013年入境旅游人数为1364千人次，较上年增加7.2%；2014年入境旅游人数为1557千人次，较上年增加14.1%。

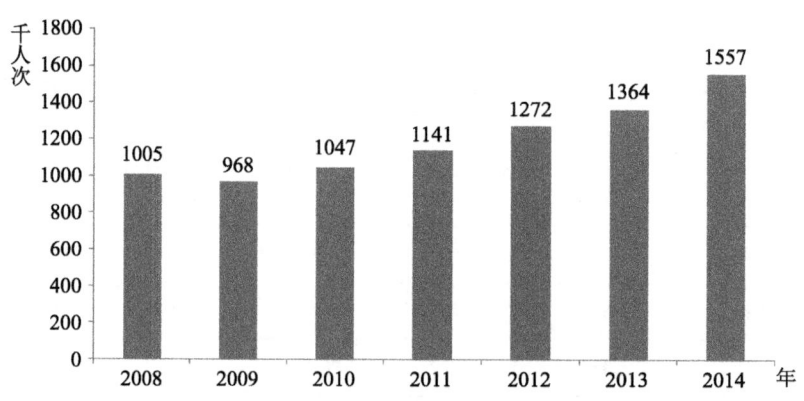

图19-15　2008—2014年厄瓜多尔入境旅游人数

注：此处入境旅游人数包括过夜旅游者和一日游游客。

（二）入境旅游收入

2008—2014年，厄瓜多尔入境旅游收入总体呈增长趋势：2008年入境旅游收入为742百万美元；2009年下降到670百万美元；2010年为781百万美元，较上年增加111百万美元;2011年较上年增加62百万美元,增至843百万美元;2012年入境旅游收入为1033百万美元,较上年增加22.5%;2013年较2012年增加20.6%,增至1246百万美元;2014年入境旅游收入为1482百万美元,较上年增加18.9%。

2008—2014年,厄瓜多尔入境游客交通收入保持在3百万~6百万美元。2014年入境游客交通收入为5百万美元。

表19-87　2008—2014年厄瓜多尔入境旅游收入

单位:百万美元

	2008年	2009年	2010年	2011年	2012年	2013年	2014年
总收入	745	674	786	849	1039	1251	1487
入境旅游收入	742	670	781	843	1033	1246	1482
入境游客交通收入	3	4	5	6	6	5	5

(三)入境旅游客源结构

2008—2014年,厄瓜多尔的入境游客主要来自美洲地区和欧洲地区。2008年,来自美洲地区的游客人数为753千人次,占厄瓜多尔入境旅游人数的76.1%;来自欧洲地区的游客人数为198千人次,占厄瓜多尔入境旅游人数的20.0%。2014年,来自美洲地区的游客人数为1215千人次,占厄瓜多尔入境旅游人数的78.5%;来自欧洲地区的游客人数为248千人次,占厄瓜多尔入境旅游人数的16.0%。

表19-88　2008—2014年厄瓜多尔入境旅游人数(按地区分)

单位:千人次

地区	2008年	2009年	2010年	2011年	2012年	2013年	2014年
非洲	2	3	3	2	3	5	4
美洲	753	735	810	885	996	1086	1215
东亚太	34	29	31	41	49	44	71
欧洲	198	198	198	207	218	218	248
中东	—	1	1	1	1	1	1
南亚	2	3	4	4	5	4	9

2014年,厄瓜多尔的前五位入境旅游客源国家是:哥伦比亚、美国、秘鲁、委内瑞拉和西班牙。其中,来自哥伦比亚的游客人数为368 079人次,占厄瓜多尔入境旅游人数的比重为23.64%。

表 19-89　2008—2014 年厄瓜多尔入境旅游人数（按游客所在国家分）

排名	国家	入境旅游人数（人次）			市场份额（%）		增长率（%）
		2008 年	2013 年	2014 年	2013 年	2014 年	2013—2014 年
1	哥伦比亚	200 487	343 004	368 079	25.15	23.64	7.31
2	美 国	244 406	248 852	259 406	18.24	16.66	4.24
3	秘 鲁	147 420	150 427	175 405	11.03	11.27	16.6
4	委内瑞拉	26 771	101 643	119 763	7.45	7.69	17.83
5	西班牙	49 937	64 726	67 623	4.75	4.34	4.48

注：按 2014 年数据排名。

（四）入境旅游方式

2008—2014 年，厄瓜多尔入境游客主要以乘坐飞机和经由公路两种方式入境，乘坐船舶入境的游客人数占较少一部分。2008 年，乘坐飞机入境的游客人数为 714 千人次，占厄瓜多尔入境旅游人数的 71.0%；经由公路入境的游客人数为 282 千人次，占 28.1%。2014 年，乘坐飞机入境的游客人数为 1041 千人次，占厄瓜多尔入境旅游人数的 66.9%；经由公路入境的游客人数为 452 千人次，占 29.0%。

表 19-90　2008—2014 年厄瓜多尔入境旅游人数（按入境旅游方式分）

单位：千人次

入境旅游方式	2008 年	2009 年	2010 年	2011 年	2012 年	2013 年	2014 年
飞 机	714	699	750	783	848	959	1041
公 路	282	261	289	337	396	393	452
船 舶	9	6	8	21	27	12	64

（五）入境旅游目的

2008—2014 年，厄瓜多尔入境游客中，出于娱乐、休闲和度假目的的游客人数从 2010 年的 788 千人次增至 2014 年的 1172 千人次，增长了 48.7%；出于商务和专业活动目的的游客人数从 2010 年的 259 千人次增至 2014 年的 386 千人次，增长了 49.0%。

厄瓜多尔入境游客中，娱乐、休闲和度假游客人数远多于商务和专业活动游客人数。2010 年入境旅游者中，娱乐、休闲和度假旅游者占 75.3%，商务和专业活动旅游者的比例为 24.7%；2014 年入境旅游者中，娱乐、休闲和度假旅游者的比例为 75.2%，商务和专业活动旅游者的比例为 24.8%。

表 19-91　2010—2014 年厄瓜多尔入境旅游人数（按入境旅游目的分）

单位：千人次

入境旅游目的	2010 年	2011 年	2012 年	2013 年	2014 年
娱乐、休闲和度假	788	858	957	1026	1172
商务和专业活动	259	283	315	338	386

二、出境旅游概况

（一）出境旅游人数

2008—2014 年,厄瓜多尔出境旅游人数整体呈上升趋势：2008 年和 2009 年出境旅游人数基本持平,分别为 815 千人次和 814 千人次；2010 年较上年增加 85 千人次,增至 899 千人次；2011 年和 2012 年出境旅游人数均超过 1000 千人次,均为 1022 千人次；2013 年出境旅游人数达到 1138 千人次,较上年增加 116 千人次；2014 年较上年增长 12.3%,达到 1278 千人次。

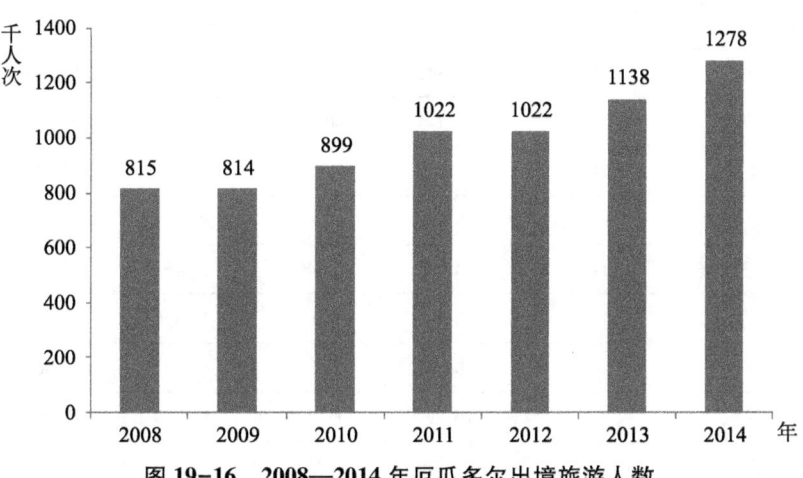

图 19-16　2008—2014 年厄瓜多尔出境旅游人数

（二）出境旅游花费

2008—2014 年,厄瓜多尔出境旅游花费持续不断上升：2008 年出境旅游花费为 542 百万美元；2009 年较上年增加 7 百万美元,增至 549 百万美元；2010 年出境旅游花费为 568 百万美元,较上年增加 19 百万美元；2011 年出境旅游花费为 594 百万美元；2012 年突破 600 百万美元,达到 611 百万美元；2013 年较 2012 年增加 10 百万美元,增至 621 百万美元；2014 年较 2013 年增加 14 百万美元,增至 635 百万美元。

2008—2014 年,厄瓜多尔出境交通花费持续不断上升,从 2008 年的 248 百万美元增长到 2014 年的 386 百万美元,增长了 55.6%。

表 19-92 2008—2014 年厄瓜多尔出境旅游花费

单位:百万美元

	2008 年	2009 年	2010 年	2011 年	2012 年	2013 年	2014 年
总花费	790	806	863	917	944	987	1021
出境旅游花费	542	549	568	594	611	621	635
出境交通花费	248	267	295	323	333	366	386

(三)出境旅游目的地

厄瓜多尔的出境旅游目的地主要集中在美洲地区。2014 年,美洲地区的美国、秘鲁和哥伦比亚分别是厄瓜多尔的第一大、第二大和第三大出境旅游目的地国家。

美国是厄瓜多尔最大的出境旅游目的地国家,2014 年厄瓜多尔有 335 286 人次游客赴美国旅游,较上年增长 31.63%。2014 年,秘鲁共接待来自厄瓜多尔的游客人数达 223 995 人次,较上年增长 7.50%。

表 19-93 2010—2014 年厄瓜多尔游客出境主要旅游目的地

单位:人次

排名	国家	游客类型	2010 年	2011 年	2012 年	2013 年	2014 年
1	美国	TFR	195 546	210 910	209 828	254 737	335 286
2	秘鲁	TFR	152 445	160 841	176 071	208 358	223 995
3	哥伦比亚	TFR	116 359	101 512	107 452	114 135	126 743
4	巴拿马	VFR	30 861	43 975	59 782	70 571	71 919
5	巴西	TFR	23 095	25 495	26 462	29 324	42 349
6	智利	TFN	23 591	27 888	28 596	28 230	28 521
7	委内瑞拉	VFN	10 451	13 090	22 297	30 866	27 706
8	多米尼加	TFR	16 597	18 786	13 889	10 974	10 132
9	玻利维亚	TFN	9020	7526	9936	9652	10 061
10	古巴	VFR	7011	6964	6281	7369	6647

注:按 2014 年数据排名。

第十二节　委内瑞拉

委内瑞拉全称委内瑞拉玻利瓦尔共和国(Bolivarian Republic of Venezuela),位于南美洲北部。东与圭亚那为邻,南同巴西接壤,西与哥伦比亚交界,北濒加勒比海。除山地外,全境基本属热带草原气候。气温因海拔高度不同而异,山地温和,平原炎热。面积为

91.67万平方千米。2014年全国人口为3085万,国内生产总值(GDP)为5099.6亿美元。

委内瑞拉著名游览点有安赫尔瀑布和玛格丽塔岛等。入境游客主要来自哥伦比亚、巴西、美国等国家。

表 19-94　2014年委内瑞拉旅游业经济影响评估

指　标	总　数	占全国的比例(%)	增长预测(%)
GDP(百万美元)	12 441.0	3.2	4.3
雇佣人数(千人)	355.8	2.8	3.4

注:本表为估计值。

一、入境旅游概况

(一)入境旅游人数

2008—2014年,委内瑞拉入境旅游人数总体上有所增长:2008年入境旅游人数为857千人次;2009年较上年减少290千人次,减至567千人次;2010年入境旅游人数为535千人次,较上年减少32千人次;2011年回升至625千人次,较上年增加90千人次;2012年较上年增加69.8%,增至1061千人次;2013年入境旅游人数为1085千人次,较上年增加2.3%;2014年较上年下降10.9%,减少到967千人次。

表 19-95　2008—2014年委内瑞拉入境旅游人数

单位:千人次

	2008年	2009年	2010年	2011年	2012年	2013年	2014年
入境旅游人数	857	567	535	625	1061	1085	967
过夜旅游者	745	562	526	595	988	986	867
一日游游客	112	5	9	30	73	99	110
邮船乘客	112	5	9	30	73	99	110

(二)入境旅游收入

2008—2013年,委内瑞拉入境旅游收入先降后升:2008年入境旅游收入为1030百万美元;2009年较上年减少40百万美元,减至990百万美元;2010年入境旅游收入为740百万美元,较2009年减少25.3%;2011年入境旅游收入为739百万美元;2012年较2011年增长105百万美元,增至844百万美元;2013年入境旅游收入为858百万美元,较上年增加14百万美元。

2008—2013年,委内瑞拉入境游客交通收入保持在50百万~70百万美元。

表 19-96　2008—2013 年委内瑞拉入境旅游收入

单位：百万美元

	2008 年	2009 年	2010 年	2011 年	2012 年	2013 年
总收入	1097	1055	794	805	904	926
入境旅游收入	1030	990	740	739	844	858
入境游客交通收入	67	65	54	66	60	68

（三）入境旅游客源结构

2008—2014 年，委内瑞拉入境游客主要来自美洲地区和欧洲地区，来自其他地区的游客人数仅占很少一部分。2008 年，来自美洲地区的游客人数为 408 千人次，占委内瑞拉入境旅游人数的 55.1%；来自欧洲地区的游客人数为 302 千人次，占 40.8%。2014 年，来自美洲地区的游客人数为 605 千人次，占委内瑞拉入境旅游人数的 71.3%；来自欧洲地区的游客人数为 180 千人次，占 21.2%。

表 19-97　2008—2014 年委内瑞拉入境旅游人数（按地区分）

单位：千人次

地 区	2008 年	2009 年	2010 年	2011 年	2012 年	2013 年	2014 年
非 洲	1	1	—	1	3	4	4
美 洲	408	314	313	373	688	676	605
欧 洲	302	220	193	194	240	230	180
东亚太	19	14	11	13	32	44	41
南 亚	1	2	1	1	3	4	3
中 东	10	8	7	8	14	17	15

2014 年，委内瑞拉的前五位入境旅游客源国家依次是：哥伦比亚、巴西、美国、西班牙和阿根廷。其中，来自哥伦比亚的游客人数为 266 016 人次，占委内瑞拉入境旅游人数的比重为 31.05%。

表 19-98　2008—2014 年委内瑞拉入境旅游人数（按游客所在国家分）

排名	国 家	入境旅游人数（人次）			市场份额（%）		增长率（%）
		2008 年	2013 年	2014 年	2013 年	2014 年	2013—2014 年
1	哥伦比亚	77 417	273 976	266 016	27.8	31.05	-2.91
2	巴 西	58 539	79 182	72 838	8.03	8.5	-8.01
3	美 国	86 982	69 663	50 083	7.07	5.85	-28.11
4	西班牙	66 649	59 429	47 895	6.03	5.59	-19.41
5	阿根廷	26 055	69 663	45 386	5.44	5.3	-15.33

注：按 2014 年数据排名。

（四）入境旅游方式

2008—2014年，委内瑞拉入境游客中，乘坐飞机入境的游客人数最多，经由公路和乘坐船舶入境的游客人数仅占很少一部分。2008年，乘坐飞机入境的游客人数为698千人次，占委内瑞拉入境旅游人数的93.7%；2014年，乘坐飞机入境的游客人数为614千人次，占委内瑞拉入境旅游人数的71.7%。

表19-99　2008—2014年委内瑞拉入境旅游人数（按入境旅游方式分）

单位：千人次

入境旅游方式	2008年	2009年	2010年	2011年	2012年	2013年	2014年
飞　机	698	529	481	503	672	684	614
公　路	45	27	37	63	248	212	242
船　舶	2	5	9	29	68	90	—

（五）入境旅游目的

2008年，委内瑞拉入境游客中，以娱乐、休闲和度假为目的的游客人数为220千人次，占入境旅游人数的29.5%；以商务和专业活动为目的的游客人数为195千人次，占26.2%。2014年，委内瑞拉入境游客中，以娱乐、休闲和度假为目的的游客人数为332千人次，占入境旅游人数的38.7%；以商务和专业活动为目的的游客人数为190千人次，占22.2%。

表19-100　2008—2014年委内瑞拉入境旅游人数（按入境旅游目的分）

单位：千人次

入境旅游目的	2008年	2009年	2010年	2011年	2012年	2013年	2014年
娱乐、休闲和度假	220	169	96	125	365	348	332
商务和专业活动	195	145	124	159	222	259	190
其　他	330	248	306	311	401	379	335

二、出境旅游概况

（一）出境旅游人数

2008—2014年，委内瑞拉出境旅游人数总体上有所减少：2008年出境旅游人数为1745千人次；2009年较上年减少5.4%，减至1651千人次；2010年出境旅游人数为1477千人次，较上年减少10.5%；2011年出境旅游人数为1718千人次，较2010年增加16.3%；2012年较上年增加0.9%，增至1734千人次；2013年出境旅游人数为1931千人次，较

2012年增加11.4%;2014年出境旅游人数为1589千人次,较上年减少17.7%。

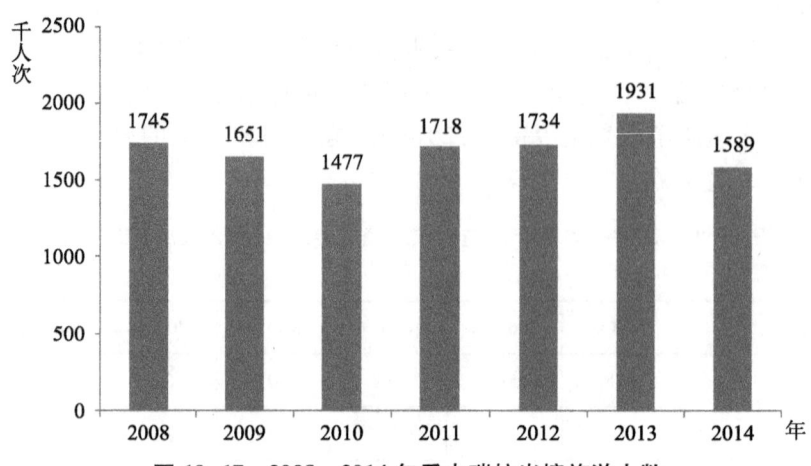

图19-17　2008—2014年委内瑞拉出境旅游人数

（二）出境旅游花费

2008—2013年,委内瑞拉出境旅游花费总体上明显增长;2008年出境旅游花费为1812百万美元;2009年较2008年减少了11.2%,减至1609百万美元;2010年有所回升,较上年增加8百万美元,增至1617百万美元;2011年出境旅游花费为2211百万美元,较上年增加36.7%;2012年出境旅游花费为2377百万美元,较2012年增加166百万美元;2013年出境旅游花费为3230百万美元,较上年增加853百万美元。

2008—2013年,委内瑞拉出境交通花费总体上明显增长,从2008年的782百万美元增长到2013年的2187百万美元,增长了1.8倍。

表19-101　2008—2014年委内瑞拉出境旅游花费

单位:百万美元

	2008年	2009年	2010年	2011年	2012年	2013年
总花费	2594	2275	2238	2922	3202	5417
出境旅游花费	1812	1609	1617	2211	2377	3230
出境交通花费	782	666	621	711	825	2187

（三）出境旅游目的地

委内瑞拉的出境旅游目的地主要集中在美洲地区和欧洲地区。2014年,美洲地区的美国、哥伦比亚和阿鲁巴(荷)分别是委内瑞拉的第一大、第二大和第三大出境旅游目的地国家,欧洲地区的西班牙和意大利分别是委内瑞拉的第六大和第七大出境旅游目的地国家。

美国是委内瑞拉最大的出境旅游目的地国家,2014年委内瑞拉有616 037人次游客赴美国旅游,较上年下降21.83%。2014年,哥伦比亚共接待来自委内瑞拉的游客人数达

272 807 人次,较上年增长 14.01%。

表 19-102　2010—2014 年委内瑞拉游客出境主要旅游目的地

单位:人次

排名	国家/地区	游客类型	2010 年	2011 年	2012 年	2013 年	2014 年
1	美　国	TFR	491 604	561 080	674 754	788 069	616 037
2	哥伦比亚	TFR	187 619	215 007	230 212	239 284	272 807
3	阿鲁巴(荷)	TFR	90 709	117 838	143 201	188 020	249 593
4	巴拿马	VFR	131 608	168 184	187 351	196 385	187 776
5	墨西哥	TFN	84 868	88 804	129 331	164 968	176 535
6	西班牙	TFR	51 229	109 360	173 121	149 505	158 567
7	意大利	VFN	56 189	97 105	83 285	145 750	122 645
8	厄瓜多尔	VFN	31 558	38 308	45 701	101 643	119 763
9	多米尼加	TFR	45 196	53 079	72 680	70 404	108 380
10	巴　西	TFR	51 186	57 261	51 106	68 309	108 170

注:按 2014 年数据排名。

第五编 非洲地区

非洲全称阿非利加洲，位于东半球的西部，亚欧大陆的西南面。西面和东面分别是浩瀚的大西洋和印度洋，北面隔地中海和直布罗陀海峡与世界重要的旅游客源地区欧洲相望，东北隔红海和著名的苏伊士运河与亚洲相邻。赤道横贯大陆中部，将非洲一分为二，赤道与最北点和最南点的距离大致相等。面积为3020万平方千米，约占世界陆地总面积的20.2%，仅次于亚洲，为世界第二大洲。截至2014年末，非洲地区人口总数约12亿，占世界人口总数的16.5%，仅次于亚洲，居世界第二位。

非洲的气候有一些显著的特点。由于赤道横贯中部，其最明显的特点是"热"，即热带气候面积广大。非洲气候另一个显著特点是"干"，洲内有著名的北非撒哈拉大沙漠、南部非洲的纳米布沙漠和卡拉哈迪沙漠等。另外，非洲地区一些地方是世界著名的多雨区，在气候上属热带雨林类型，在这种气候类型下，形成了大片郁郁葱葱的原始热带雨林，比如刚果盆地。北非沿岸的气候属于地中海类型，冬季温和多雨，夏季炎热干燥。北非夏日阳光下绵延数千里的优质海滨沙滩，是旅游者，特别是来自欧洲地区的旅游者的度假和旅游胜地。

依据世界旅游组织的划分方法，这里所指的非洲地区包括5个分区，分别为：

北非分区，包括阿尔及利亚、摩洛哥、苏丹和突尼斯共4个国家；

西非分区，包括贝宁、布基纳法索、佛得角、科特迪瓦、冈比亚、加纳、几内亚、几内亚比绍、马里、毛里塔尼亚、尼日尔、尼日利亚、塞内加尔、塞拉利昂和多哥共15个国家；

中非分区，包括安哥拉、喀麦隆、中非、乍得、刚果、刚果民主共和国、赤道几内亚、加蓬、圣多美和普林西比共9个国家；

东非分区，包括布隆迪、科摩罗、吉布提、厄立特里亚、埃塞俄比亚、肯尼亚、马达加斯加、马拉维、毛里求斯、莫桑比克、留尼汪（法）、卢旺达、塞舌尔、坦桑尼亚、乌干达、赞比亚和津巴布韦共17个国家；

南非分区，包括博茨瓦纳、莱索托、纳米比亚、南非和斯威士兰共5个国家。

第二十章　非洲地区旅游市场概况

2008年非洲国际旅游人数增长率为3%，不到2007年的一半，但是与全球水平相比，还是取得了较好的发展；国际旅游收入增长率为3.8%。北非分区的摩洛哥和突尼斯由于政府的支持取得了较好的增长。南部非洲分区如安哥拉、加纳、马里和乌干达的入境旅游人数取得了较好的增长，南非由于政府的支持和大力促销，也实现了高速增长。

2009年全球受世界经济危机的影响，但与其他区域不同，非洲地区的国际旅游人数取得了一定的增长，增长率为3.1%，增至4560万人次，占全世界国际旅游人数的5.2%。然而，国际旅游收入下降了4.4%，降至289亿美元，占全世界国际旅游收入的3.4%。撒哈拉以南的非洲分区的几个国家整体表现优于2009年平均水平，安哥拉的入境旅游人数增速达到24.3%，加纳为15.0%。在北非分区，摩洛哥仍然表现突出，入境旅游人数增速为5.9%。

2010年整个非洲地区依旧保持着快速增长状态，这主要得益于2010年南非举办的足球世界杯。国际旅游人数达到4940万人次，增长速度为7.3%；国际旅游收入增至316亿美元，增速为4.0%。由于世界杯的成功举办，南非入境旅游人数增加了15.1%。区域外的其他国家的表现也超出平均水平，马达加斯加增速达到20.5%，佛得角为17.1%。北非分区以6.2%的速度增加，其中摩洛哥的增速达到11.4%。

2011年非洲地区的国际旅游人数增速仅为0.9%，增至5020万人次；撒哈拉以南的非洲分区的增速为6.9%，弥补了北非分区9.1%的负增长率。国际旅游收入以2.2%的增速增至326亿美元。在这一年中，佛得角的入境旅游人数增速最快，达到27.4%，紧随其后的是阿尔及利亚(15.7%)、马达加斯加(14.8%)、留尼汪(12.1%)等。北非地区由于受政治变动的影响，突尼斯入境旅游人数下降了30.7%。

2012年非洲地区的国际旅游人数超过5000万人次，达到5240万人次。国际旅游人数以5.9%的速度增加，增速仅次于亚太地区；国际旅游收入以5.8%的速度增加至336亿美元，占全世界的3.1%。撒哈拉以南的非洲分区的国际旅游人数以4.4%的速度增加，该区域内最大的旅游目的地——南非在2012年以10.2%的速度增至918.8万人次，其他旅游目的地国家也显示出了强劲的增长能力，如喀麦隆(35.3%)、坦桑尼亚(23.7%)、塞拉利昂(13.9%)等。

2013年非洲地区的国际旅游人数继续增长，以5.4%的速度增加至5580万人次，占全世界国际旅游人数的5.1%；国际旅游收入为342亿美元。北非分区中的摩洛哥以

7.2%的增速成为第一个突破1000万人次的国家。尽管区内每个目的地国家并不相同,撒哈拉以南的非洲分区的国际旅游人数整体上以5.0%的速度增加,其中,区内最大的旅游目的地国家——南非以3.5%的速度增加,塞舌尔增速为10.7%,冈比亚为8.8%。

2014年非洲地区的国际旅游人数增至5570万人次;国际旅游收入以2.9%的速度增至364亿美元,占全世界国际旅游收入的2.9%。北非分区摩洛哥的入境旅游人数保持增长势头,2014年增速为2.4%,区域内突尼斯却以3.2%的速度下降。撒哈拉以南的非洲分区中南非入境旅游人数保持稳定,没有太大的变动。区域内其他国家增长势头迅猛,如科特迪瓦(23.9%)、马达加斯加(13.2%),毛里求斯(4.6%)等。

第一节 入境旅游概况

一、入境旅游人数

2004—2014年,非洲地区接待的国际旅游人数整体上呈上升趋势,从2004年的3450万人次增长到2014年的5570万人次,增长率为61.4%。

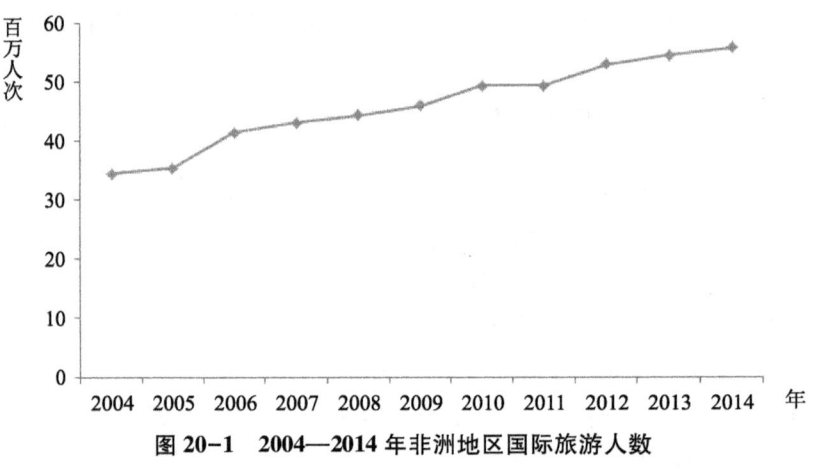

图20-1 2004—2014年非洲地区国际旅游人数

表20-1 1990—2014年非洲地区各分区国际旅游人数

单位:百万人次

地 区	1990年	1995年	2000年	2005年	2010年	2011年	2012年	2013年	2014年
非 洲	14.8	18.8	26.2	34.8	49.5	49.4	52.9	54.4	55.7
北 非	8.4	7.3	10.2	13.9	18.8	17.1	18.5	19.6	19.8
撒哈拉以南的分区	6.4	11.5	16	20.9	31.0	32.4	34.5	34.7	35.9

资料来源:UNWTO Tourism Highlights 2009—2015.

2013 年,非洲地区入境旅游人数居首位的国家是南非,其入境旅游人数为 9537 千人次;其次是北非分区的摩洛哥,为 6851 千人次;排在第三位的是尼日利亚,为 4038 千人次。

表 20-2　2008—2014 年非洲地区入境旅游人数前十位的国家

单位:千人次

排名	国　家	2008 年	2009 年	2010 年	2011 年	2012 年	2013 年	2014 年
1	南　非	9592	7012	8074	8339	9188	9537	9549
2	摩洛哥	7221	6626	6702	7321	6697	6851	—
3	尼日利亚	5820	5053	6113	3765	4673	4038	4803
4	突尼斯	2953	2773	2645	1914	2227	2191	2359
5	莫桑比克	1193	1461	1718	1902	2113	1886	1661
6	津巴布韦	1956	2017	2239	2423	1794	1833	1905
7	博茨瓦纳	2101	2103	1973	—	1614	1544	—
8	肯尼亚	1203	1490	1609	1823	1711	1520	1350
9	乌干达	844	807	946	1151	1197	1206	1266
10	纳米比亚	931	980	984	1027	1079	1176	—

注:此处各国家中,摩洛哥和肯尼亚入境旅游人数包括过夜旅游者和一日游游客,其他国家入境旅游人数均指过夜旅游者,不包括一日游游客;摩洛哥、博茨瓦纳和纳米比亚 2014 年数据缺失,故按 2013 年数据排名。

二、入境旅游收入

2004—2014 年,非洲地区的国际旅游收入整体上呈上升趋势:2004 年国际旅游收入为 192 亿美元,2014 年国际旅游收入为 364 亿美元。2004—2014 年非洲地区国际旅游收入年均增长率为 6.6%。2009 年,非洲地区各分区的国际旅游收入较上年都有所减少,北非分区减少了 8.3%,撒哈拉以南的非洲分区减少了 2.6%。

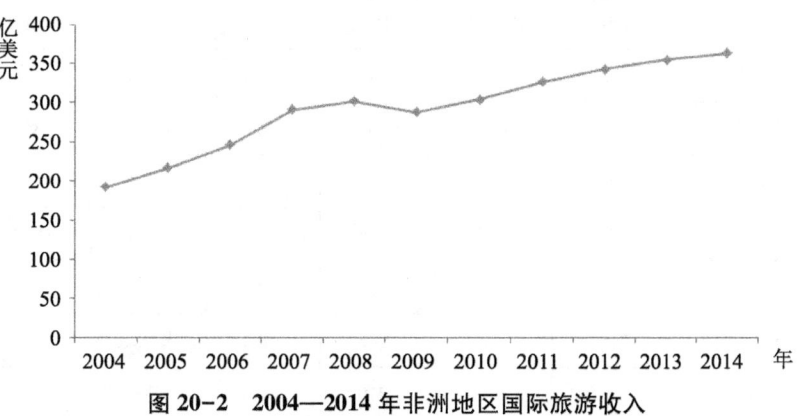

图 20-2　2004—2014 年非洲地区国际旅游收入

表 20-3 2008—2014 年非洲地区各分区国际旅游收入

单位：亿美元

地 区	2008 年	2009 年	2010 年	2011 年	2012 年	2013 年	2014 年
非 洲	302	288	304	327	343	355	364
北 非	108	99	97	96	100	102	106
撒哈拉以南的非洲分区	194	189	207	231	243	253	259

资料来源：UNWTO Tourism Highlights 2009—2015.

2008—2014 年，非洲地区接待游客的每人次国际旅游收入在 610~650 美元波动。2008 年为 650 美元，2013 年为 610 美元，2014 年与 2008 年持平。北非分区接待游客的每人次国际旅游收入整体上为下降趋势，2008 年为 630 美元，2014 年为 530 美元。撒哈拉以南的非洲分区整体呈现出上升的趋势，2008 年为 670 美元，2014 年为 720 美元。

表 20-4 2008—2014 年非洲地区各分区接待游客的每人次国际旅游收入

单位：美元

地 区	2008 年	2009 年	2010 年	2011 年	2012 年	2013 年	2014 年
非 洲	650	630	640	650	640	610	650
北 非	630	570	540	560	510	520	530
撒哈拉以南的非洲分区	670	670	710	700	720	660	720

资料来源：UNWTO Tourism Highlights 2009—2015.

2013 年，非洲地区入境旅游收入居首位的国家是南非，入境旅游收入达到 9245 百万美元；紧随其后的是北非分区的摩洛哥和突尼斯，入境旅游收入分别是 6851 百万美元和 2191 百万美元。

表 20-5 2008—2014 年非洲地区入境旅游收入前十位的国家

单位：百万美元

排名	国 家	2008 年	2009 年	2010 年	2011 年	2012 年	2013 年	2014 年
1	南 非	7956	7624	9085	9515	9996	9245	9338
2	摩洛哥	7221	6626	6702	7321	6697	6851	—
3	突尼斯	2953	2773	2645	1914	2227	2191	2359
4	坦桑尼亚	1289	1160	1255	1353	1713	1853	2006
5	乌干达	498	667	784	960	1135	1334	792
6	毛里求斯	1454	1120	1285	1484	1480	1322	1447
7	安哥拉	285	534	719	646	706	1234	1589

续表

排名	国家	2008年	2009年	2010年	2011年	2012年	2013年	2014年
8	肯尼亚	752	690	800	926	935	881	811
9	津巴布韦	294	523	634	662	749	856	827
10	加纳	919	768	620	694	914	853	897

注：摩洛哥2014年数据缺失，故按2013年数据排名。

第二节 出境旅游概况

一、出境旅游人数

2011年，非洲地区出境旅游人数居于首位的国家是南非，为5455千人次；北非分区的摩洛哥和突尼斯分别位居第二位和第三位，出境旅游人数分别是2378千人次和2303千人次。

表20-6 2008—2014年非洲地区出境旅游人数前十位的国家

单位：千人次

排名	国家	2008年	2009年	2010年	2011年	2012年	2013年	2014年
1	南非	4429	4424	5165	5455	5031	5168	—
2	摩洛哥	3421	2293	2175	2378	2323	2195	1850
3	突尼斯	3118	2623	2250	2303	—	—	—
4	阿尔及利亚	1539	1677	1757	1715	1911	2136	2839
5	斯威士兰	1177	1246	1141	1264	1397	1573	1657
6	津巴布韦	593	631	650	693	720	757	792
7	乌干达	337	311	324	367	382	378	511
8	毛里求斯	226	196	212	219	237	250	257
9	塞拉利昂	73	72	76	99	104	111	93
10	塞舌尔	54	49	59	57	54	55	59

注：此处各国家中，南非2014年数据缺失，突尼斯2012—2014年数据缺失，故按2011年数据排名。

二、出境旅游花费

2013年,非洲地区出境旅游花费居首位的国家是尼日利亚,出境旅游花费为5864百万美元;南非与摩洛哥紧跟其后,位居第二位和第三位,出境旅游花费分别为3429百万美元和1318百万美元。

表20-7 2008—2014年非洲地区出境旅游花费前十位的国家

单位:百万美元

排名	国家	2008年	2009年	2010年	2011年	2012年	2013年	2014年
1	尼日利亚	9779	5012	5587	6599	6168	5864	5269
2	南非	4404	4151	5595	5283	4069	3429	3169
3	摩洛哥	1090	1106	1203	1363	1253	1318	—
4	突尼斯	458	415	547	607	593	675	681
5	乌干达	156	192	320	405	484	555	222
6	加纳	542	684	574	464	467	473	459
7	阿尔及利亚	469	456	601	527	529	471	612
8	苏丹	1188	868	1116	937	699	460	439
9	毛里求斯	452	354	398	400	366	438	481
10	莫桑比克	202	212	216	230	187	241	253

注:摩洛哥2014年数据缺失,故按2013年数据排名。

第二十一章 北非分区旅游市场概况

北非西起大西洋,东至红海,北边从地中海边一直到撒哈拉沙漠南端,包括埃及、利比亚、阿尔及利亚、突尼斯、摩洛哥等几个所谓的"马格里布国家"。因为气候非常灼热,被称为"阳光灼热之地"。北非是最早为西方人所了解的非洲地区。北非分区蕴藏着非洲最为丰富的地下资源,同时也以悠久的历史和灿烂的古老文化而闻名于世。非洲的埃及人和柏柏尔人,早在公元前就创造了自己的文化,这里还有腓尼基文化和古罗马文化,所以名胜古迹众多。境内有世界上著名的苏伊士运河、撒哈拉沙漠。北非是非洲最为富裕的地区之一,油气资源丰富。北非居民以阿拉伯人居多,居民建筑带有伊斯兰风格,同时融入非洲当地的色彩。

依据世界旅游组织的划分方法,北非分区包括阿尔及利亚、摩洛哥、苏丹和突尼斯共4个国家。和非洲其他分区相比,北非分区旅游发展相对较好。

一、入境旅游概况

(一)入境旅游人数

摩洛哥和突尼斯是北非分区重要的旅游目的地,2014年,摩洛哥和突尼斯入境旅游人数分别达到10 283千人次和6060千人次。

表21-1 2008—2014年北非分区各国家入境旅游人数

单位:千人次

排名	国家	2008年	2009年	2010年	2011年	2012年	2013年	2014年
1	摩洛哥	7879	8341	9288	9342	9375	10 046	10 283
2	突尼斯	7050	6901	6903	4785	5950	6269	6060
3	阿尔及利亚	1772	1912	2070	2395	2634	2733	2301
4	苏丹	440	420	495	536	575	591	684

①注:此处各国家中,阿尔及利亚入境旅游人数包括过夜旅游者和一日游游客,摩洛哥、突尼斯和苏丹入境旅游人数指过夜旅游者,不包括一日游游客。

②按2014年数据排名。

(二) 入境旅游收入

摩洛哥和突尼斯的入境旅游收入远超过北非分区内的其他国家,2013年,摩洛哥和突尼斯入境旅游收入分别为6851百万美元和2191百万美元。

表21-2　2008—2014年北非分区各国家入境旅游收入

单位:百万美元

排名	国　家	2008年	2009年	2010年	2011年	2012年	2013年	2014年
1	摩洛哥	7221	6626	6702	7321	6697	6851	—
2	突尼斯	2953	2773	2645	1914	2227	2191	2359
3	苏　丹	331	299	94	185	772	773	976
4	阿尔及利亚	324	246	220	209	217	250	258

注:摩洛哥2014年数据缺失,故按2013年数据排名。

二、出境旅游概况

(一) 出境旅游人数

2011年,北非分区出境旅游人数最多的国家是摩洛哥,为2378千人次;紧随其后的是突尼斯,出境旅游人数为2303千人次;阿尔及利亚的出境旅游人数排在第三位,为1715千人次。

表21-3　2008—2014年北非分区各国家出境旅游人数

单位:千人次

排名	国　家	2008年	2009年	2010年	2011年	2012年	2013年	2014年
1	摩洛哥	3421	2293	2175	2378	2323	2195	1850
2	突尼斯	3118	2623	2250	2303	—	—	—
3	阿尔及利亚	1539	1677	1757	1715	1911	2136	2839

注:突尼斯2012—2014年数据缺失,故按2011年数据排名。

(二) 出境旅游花费

2013年,北非分区出境旅游花费最多的国家是摩洛哥,为1318百万美元;其次是突尼斯,出境旅游花费为675百万美元;阿尔及利亚出境旅游花费位居第三位,为471百万美元。

表21-4　2008—2014年北非分区各国家出境旅游花费排名

单位：百万美元

排名	国　家	2008年	2009年	2010年	2011年	2012年	2013年	2014年
1	摩洛哥	1090	1106	1203	1363	1253	1318	—
2	突尼斯	458	415	547	607	593	675	681
3	阿尔及利亚	469	456	601	527	529	471	612
4	苏　丹	1188	868	1116	937	699	460	439

注：摩洛哥2014年数据缺失，故按2013年数据排名。

第一节　阿尔及利亚

阿尔及利亚全称阿尔及利亚民主人民共和国（The People's Democratic Republic of Algeria），位于非洲西北部。北临地中海，东临突尼斯、利比亚，南与尼日尔、马里和毛里塔尼亚接壤，西与摩洛哥、西撒哈拉交界。面积约为238.12万平方千米。北部沿海地区属地中海气候，中部为热带草原气候，南部为热带沙漠气候。2014年全国人口为3950万。阿尔及利亚在非洲属经济较发达国家，2014年国内生产总值（GDP）为2140.6亿美元。

阿尔及利亚旅游资源丰富，全境有7处自然、文化景点被联合国教科文组织列为世界遗产。国内著名的旅游城市和景点有：阿尔及尔堡、达尔贝达国际机场、提帕萨城镇、启阿旅游胜地、卡必利亚、君士坦丁、哈吉·阿赫迈德宫、国家博物馆、13世纪的大清真寺和1961年创办的君士坦丁大学。

表21-5　2014年阿尔及利亚旅游业经济影响评估

指　标	总　数	占全国的比例（%）	增长预测（%）
GDP（百万美元）	7115.6	4.0	3.8
雇佣人数（千人）	364.0	3.5	2.8

注：本表为估计值。

一、入境旅游概况

（一）入境旅游人数

2008—2013年，阿尔及利亚的入境旅游人数逐年递增，从2008年的1772千人次增长到2013年的2733千人次；2009—2013年，较上年的增长率依次是7.9%、8.3%、15.7%、10.0%和3.8%。2014年入境旅游人数较上年有所下降，减少了15.8%，减少到2301千人次。

（二）入境旅游收入

2008—2014年，阿尔及利亚入境旅游收入整体呈下降态势，从2008年的324百万美

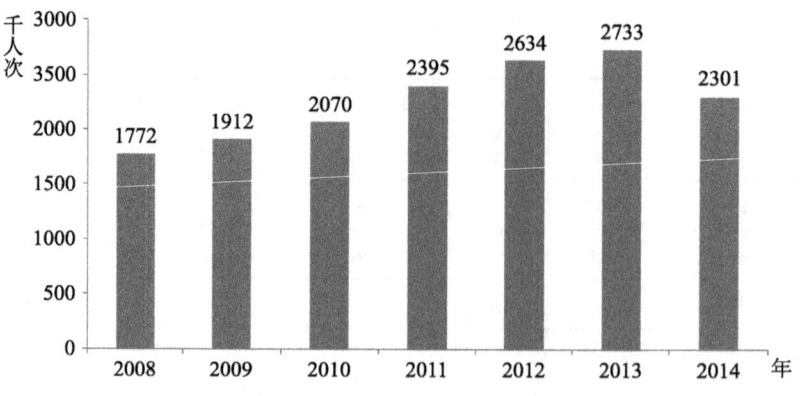

图 21-1　2008—2014 年阿尔及利亚入境旅游人数

注：此处入境旅游人数包括过夜旅游者和一日游游客。

元降低到 2014 年的 258 百万美元。2011 年，阿尔及利亚入境旅游收入为 209 百万美元；2012—2014 年有所回升，较上年的增长率分别是 3.8%、15.2% 和 3.2%。

表 21-6　2008—2014 年阿尔及利亚入境旅游收入

单位：百万美元

	2008 年	2009 年	2010 年	2011 年	2012 年	2013 年	2014 年
总收入	474	361	324	300	295	326	347
入境旅游收入	324	246	220	209	217	250	258
入境游客交通收入	150	115	104	91	78	76	89

（三）入境旅游客源结构

阿尔及利亚的入境旅游者大多数来自非洲地区和欧洲地区。2008—2014 年，来自非洲地区的入境旅游人数总体呈增长态势，从 2008 年的 194 千人次增长到 2014 年的 542 千人次，增长了 1.79 倍。来自欧洲地区的入境旅游人数居于第二位，2008—2014 年基本维持在 210 千~290 千人次。

表 21-7　2008—2014 年阿尔及利亚入境旅游人数（按地区分）

单位：千人次

地 区	2008 年	2009 年	2010 年	2011 年	2012 年	2013 年	2014 年
非 洲	194	258	311	554	635	591	542
美 洲	11	13	10	12	12	10	10
欧 洲	268	284	242	219	240	245	258
东亚太	39	47	42	55	55	46	50
中 东	45	54	50	61	40	73	81

2014年，突尼斯是阿尔及利亚最大的入境旅游客源国家，法国居于第二位。2014年来自突尼斯的入境旅游人数为473 956人次，占阿尔及利亚入境旅游人数的比重为20.59%。

表21-8　2008—2014年阿尔及利亚入境旅游人数（按游客所在国家分）

排名	国　　家	入境旅游人数（人次）			市场份额（%）	增长率（%）
		2008年	2013年	2014年	2014年	2013—2014年
1	突尼斯	148 157	533 222	473 956	20.59	-11.11
2	法　国	170 538	118 726	121 272	5.27	2.14
3	西班牙	20 000	34 455	37 314	1.62	8.30
4	中　国	—	24 444	27 620	1.20	12.99
5	利比亚	13 940	31 110	21 621	0.94	-30.5
6	土耳其	—	14 549	21 307	0.93	46.45
7	意大利	15 477	22 460	20 251	0.88	-9.84

注：按2014年数据排名。

（四）入境旅游目的

2008年，阿尔及利亚入境旅游者中，娱乐、休闲和度假旅游者人数为359千人次，占入境旅游人数的比例为71.4%；商务和专业活动旅游者人数为197千人次，占28.6%。2009年，娱乐、休闲和度假旅游者人数增长到429千人次，占65.4%；商务和专业活动旅游者人数增长到227千人次，占34.6%。2014年，娱乐、休闲和度假旅游者人数为612千人次，占65.0%；商务和专业活动旅游者人数为329千人次，占35.0%。

表21-9　2008—2014年阿尔及利亚入境旅游人数（按入境旅游目的分）

单位：千人次

入境旅游目的	2008年	2009年	2010年	2011年	2012年	2013年	2014年
娱乐、休闲和度假	359	429	377	630	702	672	612
商务和专业活动	197	227	288	272	280	292	329

二、出境旅游概况

（一）出境旅游人数

2008—2014年，阿尔及利亚出境旅游人数整体呈上升趋势，除2011年外，出境旅游人数不断增长，从2008年的1539千人次增长到2014年的2839千人次。2009年较上年增长 9.0%,达到 1677 千人次;2010 年较上年增加 80 千人次,增加到 1757 千人次;2011 年较上年降低 2.4%,减少到 1715 千人次;2014 年出境旅游人数达到最高峰,较上年增加 32.9%,增至 2839 千人次。

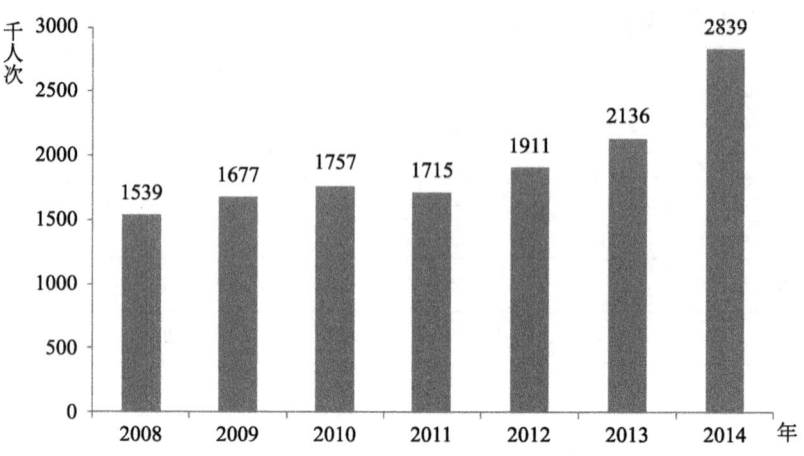

图 21-2　2008—2014 年阿尔及利亚出境旅游人数

（二）出境旅游花费

2008—2014 年,阿尔及利亚出境旅游花费呈波动态势:2008 年出境旅游花费为 469 百万美元;2009 年降至 456 百万美元;2010 年增加到 601 百万美元,较上年增加 31.8%;2011 年较上年下降 12.3%,减至 527 百万美元;2012 年出境旅游花费为 529 百万美元,较上年增长 0.4%;2013 年较上年下降 11%;2014 年明显回升,较上年增长 29.9%,增至 612 百万美元。

表 21-10　2008—2014 年阿尔及利亚出境旅游花费

单位:百万美元

	2008 年	2009 年	2010 年	2011 年	2012 年	2013 年	2014 年
总花费	617	575	716	595	598	532	685
出境旅游花费	469	456	601	527	529	471	612
出境交通花费	148	119	115	68	69	61	73

（三）出境旅游目的地

2014 年,阿尔及利亚游客出境主要旅游目的地集中在非洲地区和中东地区,前三位出境旅游目的地国家分别是突尼斯、沙特阿拉伯和土耳其,出境旅游人数分别为 1 284 278 人次、286 966 人次和 160 052 人次。

表21-11 2010—2014年阿尔及利亚游客出境主要旅游目的地

单位：人次

排名	国家/地区	游客类型	2010年	2011年	2012年	2013年	2014年
1	突尼斯	TFN	1 060 043	693 732	901 677	954 908	1 284 278
2	沙特阿拉伯	TFN	96 097	161 109	226 139	213 141	286 966
3	土耳其	VFN	67 954	84 844	104 489	118 189	160 052
4	摩洛哥	TFN	68 183	80 741	93 195	103 215	95 081
5	意大利	VFN	17 896	25 264	18 091	46 780	33 599
6	埃及	VFN	22 782	20 982	26 955	25 127	31 330
7	约旦	VFN	18 453	11 494	10 250	10 027	11 258
8	加拿大	TFR	6954	8216	9707	10 295	10 544
9	美国	TFR	4116	5054	5339	6692	9666
10	中国香港	VFR	10 943	9700	8770	7846	7953

注：按2014年数据排名。

第二节 摩洛哥

摩洛哥全称摩洛哥王国（The Kingdom of Morocco），位于非洲西北端。东、东南接阿尔及利亚，南部为西撒哈拉，西濒大西洋，北隔直布罗陀海峡与西班牙相望，扼地中海入大西洋的门户。面积为45.9万平方千米。气候类型较为多样，北部为地中海气候，中部为亚热带山地气候，东南部为热带沙漠气候。2014年全国人口为3350万，国内生产总值（GDP）为1060亿美元。

摩洛哥旅游业发达，已成为摩洛哥第二大支柱产业。摩洛哥主要旅游点有：拉巴特、马拉喀什、卡萨布兰卡、非斯、阿加迪尔、丹吉尔等。

表21-12 2014年摩洛哥旅游业经济影响评估

指标	总数	占全国的比例（%）	增长预测（%）
GDP（百万美元）	9029.9	8.6	5.6
雇佣人数（千人）	814.0	7.6	2.7

注：本表为估计值。

一、入境旅游概况

(一)入境旅游人数

2008—2014年,摩洛哥入境过夜旅游者人数持续不断增长,从2008年的7879千人次增长到2014年的10 283千人次,增长了30.5%。2009年入境过夜旅游者人数为8341千人次,较2008年增长5.9%;2010年增长到9288千人次;2011年较上年增长0.6%,达9342千人次;2013年继续增长到10 046千人次,增长率达7.2%,突破10 000千人次;2014年增长率为2.4%,增长到10 283千人次。

摩洛哥入境邮船乘客从2008年的330千人次减少到2014年的224千人次,负增长32.1%。

表21-13 2008—2014年摩洛哥入境旅游人数

单位:千人次

	2008年	2009年	2010年	2011年	2012年	2013年	2014年
入境旅游人数	8209	8661	9752	9784	9830	10 283	10 507
过夜旅游者	7879	8341	9288	9342	9375	10 046	10 283
一日游游客	330	319	464	442	455	237	224
邮船乘客	330	319	464	442	455	237	224

(二)入境旅游收入

2008—2013年,摩洛哥入境旅游收入整体呈下降态势,从2008年的7221百万美元减至2013年的6851百万美元。2009年摩洛哥的入境旅游收入为6626百万美元,比2008年降低8.2%;2010年入境旅游收入增长到6702百万美元,增长了76百万美元;2011年入境旅游收入为近几年的最大值,达到7321百万美元,较上年增长9.2%;2012年较上年减少8.5%,减少到6697百万美元;2013年增加到6851百万美元,较上年增长2.3%。

表21-14 2008—2013年摩洛哥入境旅游收入

单位:百万美元

	2008年	2009年	2010年	2011年	2012年	2013年
总收入	8885	7980	8176	9101	8491	8201
入境旅游收入	7221	6626	6702	7321	6697	6851
入境游客交通收入	1664	1354	1474	1780	1794	1350

(三) 入境旅游客源结构

摩洛哥的入境旅游者大多数来自欧洲地区。2008—2014 年,来自欧洲地区的旅游者人数总体呈上升趋势:2008 年为 3564 千人次;2009 年为 3624 千人次;2010—2014 年均在 4000 千人次以上,2014 年达到 4441 千人次。

表 21-15　2008—2014 年摩洛哥入境旅游人数(按地区分)

单位:千人次

地区	2008 年	2009 年	2010 年	2011 年	2012 年	2013 年	2014 年
非 洲	214	223	256	291	317	331	344
美 洲	202	215	251	240	258	295	304
欧 洲	3564	3624	4145	4138	4107	4308	4441
东亚太	76	78	100	97	113	125	127
南 亚	12	12	12	12	14	14	16
中 东	127	135	142	152	198	249	203

摩洛哥的主要入境旅游客源国家集中在欧美地区。2014 年摩洛哥的前五位入境旅游客源国家依次是:法国、西班牙、英国、德国和意大利。2014 年,来自法国的游客人数为 1 798 190 人次,占摩洛哥入境旅游人数的比重为 17.49%。

表 21-16　2008—2014 年摩洛哥入境旅游人数(按游客所在国家分)

排名	国家	入境旅游人数(人次)			市场份额(%)		增长率(%)
		2008 年	2013 年	2014 年	2013 年	2014 年	2013—2014 年
1	法 国	1 707 055	1 782 056	1 798 190	17.74	17.49	0.91
2	西班牙	595 279	682 834	683 761	6.8	6.65	0.14
3	英 国	274 762	403 325	476 550	4.01	4.63	18.16
4	德 国	179 037	237 852	255 124	2.37	2.48	7.26
5	意大利	163 315	234 912	254 209	2.34	2.47	8.21
6	美 国	110 778	160 033	167 267	1.59	1.63	4.52

注:按 2014 年数据排名。

(四) 入境旅游方式

摩洛哥入境旅游者中,乘坐飞机入境的游客人数最多,其次是乘坐船舶入境的游客人数,经由公路入境的游客人数最少。2008年入境旅游者中,乘坐飞机入境的游客人数占60.8%,乘坐船舶入境的游客人数占22.3%。2014年入境旅游者中,乘坐飞机入境的游客人数为6950千人次,占摩洛哥入境旅游人数的比例为67.6%,;乘坐船舶入境的游客人数达到2036千人次,占摩洛哥入境旅游人数的比例为19.8%。

表21-17 2008—2014年摩洛哥入境旅游人数(按入境旅游方式分)

单位:千人次

入境旅游方式	2008年	2009年	2010年	2011年	2012年	2013年	2014年
飞 机	4792	5108	6136	6254	6019	6691	6950
公 路	1331	1320	1229	1186	1415	1362	1297
船 舶	1756	1913	1924	1902	1941	1993	2036

(五)入境旅游目的

2009—2014年,摩洛哥入境旅游者中,娱乐、休闲和度假旅游者人数远多于商务和专业活动旅游者人数。2009年,娱乐、休闲和度假旅游者人数为3703千人次,占摩洛哥入境旅游人数的比例为44.4%;商务和专业活动旅游者人数为459千人次,所占比例为5.5%。2014年,娱乐、休闲和度假旅游者人数为4602千人次,占摩洛哥入境旅游人数的比例为44.8%;商务和专业活动旅游者人数达到517千人次,所占比例为5.0%。

表21-18 2009—2014年摩洛哥入境旅游人数(按入境旅游目的分)

单位:千人次

入境旅游目的	2009年	2010年	2011年	2013年	2014年
娱乐、休闲和度假	3703	4622	4823	3983	4602
商务和专业活动	459	397	259	499	517
其他	4179	4269	4260	5564	5164

二、出境旅游概况

(一)出境旅游人数

2008—2014年,摩洛哥出境旅游人数整体呈下降趋势:2008年,出境旅游人数为3421千人次;2009较上年减少33.0%,减少到2293千人次;2010年比2009年下降5.1%,下降到2175千人次;2011年较上年增长9.3%;2012年减少到2323千人次,减少了2.3%;2013年较上年降低5.5%,降至2195千人次;2014年减少到1850千人次,较上年负增长15.7%。

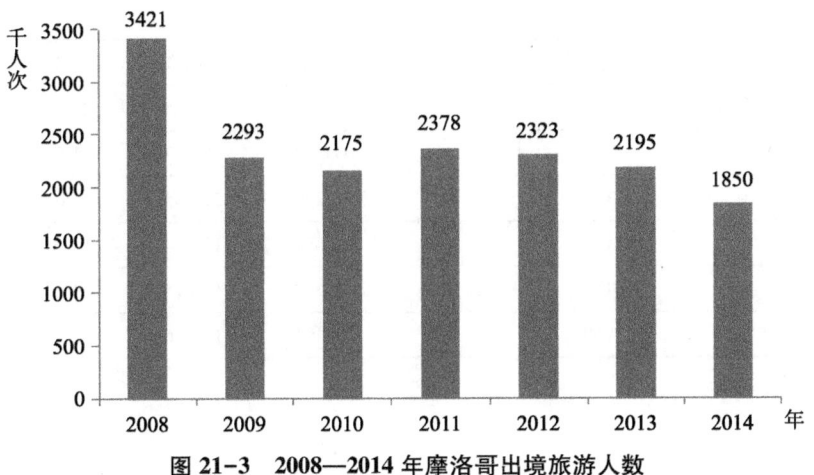

图 21-3　2008—2014 年摩洛哥出境旅游人数

（二）出境旅游花费

2008—2013 年，摩洛哥出境旅游花费整体上有所增长，从 2008 年的 1090 百万美元上升到 2013 年的 1318 百万美元。2009 年出境旅游花费为 1106 百万美元，较上年增加 1.5%；2011 年增加到近几年最大值，达到 1363 百万美元；2012 年较上年有所下降，减少了 8.1%；2013 年出境旅游花费回升至 1318 百万美元，较上年增长 5.2%。

表 21-19　2008—2013 年摩洛哥出境旅游花费

单位：百万美元

	2008 年	2009 年	2010 年	2011 年	2012 年	2013 年
总花费	1910	1713	1879	2260	2095	2002
出境旅游花费	1090	1106	1203	1363	1253	1318
出境交通花费	820	607	676	897	842	684

（三）出境旅游目的地

2014 年，摩洛哥的前三位出境旅游目的地国家是沙特阿拉伯、土耳其和意大利。2011—2014 年，除意大利和埃及接待摩洛哥游客人数有所下降外，沙特阿拉伯、土耳其、突尼斯、阿尔及利亚、美国、巴林、加拿大和科威特接待摩洛哥游客人数均出现不同程度的增长。

表 21-20　2010—2014 年摩洛哥游客出境主要旅游目的地

单位：人次

排名	国　　家	游客类型	2010 年	2011 年	2012 年	2013 年	2014 年
1	沙特阿拉伯	TFN	60 995	89 532	108 365	98 258	109 305
2	土耳其	VFN	57 447	68 645	77 884	82 579	89 562
3	意大利	VFN	150 887	86 979	42 734	20 926	49 050
4	突尼斯	TFN	29 104	34 748	34 875	31 936	41 874

续表

排名	国家	游客类型	2010年	2011年	2012年	2013年	2014年
5	阿尔及利亚	VFN	17 115	17 218	21 125	26 760	37 961
6	埃及	VFN	57 591	37 274	39 417	31 287	31 368
7	美国	TFR	18 657	20 230	21 135	22 616	25 312
8	巴林	VFN	—	8657	13 974	16 259	18 041
9	加拿大	TFR	11 471	11 760	12 676	13 470	13 488
10	科威特	VFN	11 808	11 451	13 006	13 978	13 091

注：按2014年数据排名。

第三节 苏 丹

苏丹全称苏丹共和国（The Republic of the Sudan），位于非洲东北部、红海西岸。北邻埃及，西接利比亚、乍得、中非，南毗刚果民主共和国、乌干达、肯尼亚，东邻埃塞俄比亚、厄立特里亚，东北濒临红海。面积188万平方千米，2013年人口为3700万。2014年国内生产总值（GDP）为626亿美元。

苏丹经济以农牧业为基础，重工业较少。2011年7月9日，南苏丹正式宣布独立。

一、入境旅游概况

（一）入境旅游人数

2008年苏丹的入境旅游人数为440千人次，2009年下降到420千人次。2010—2014年持续不断增长，从2010年的495千人次增长到2014年的684千人次，增长了38.2%；2014年较上年明显增长，增长率为15.7%。

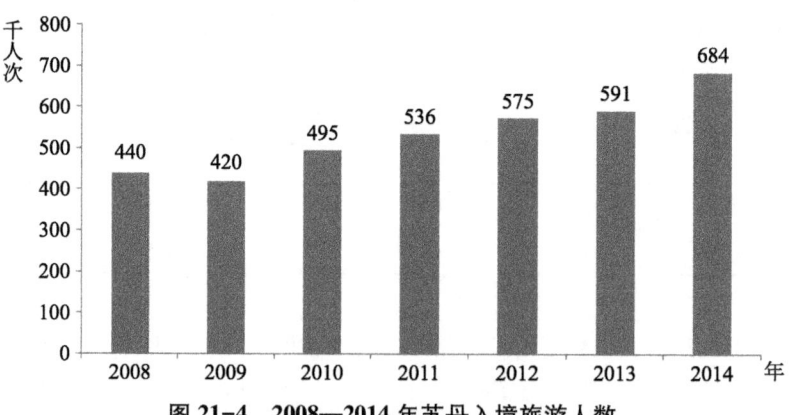

图21-4 2008—2014年苏丹入境旅游人数

(二)入境旅游收入

2008—2010年,苏丹入境旅游收入持续下降:2008年为331百万美元;2009年减至299百万美元;2010年继续下降,减至94百万美元;2011年较上年增加96.8%,达到185百万美元;2012年入境旅游收入较上年增加了3.2倍,增至772百万美元;2013年较上年增加了1百万美元,达到773百万美元;2014年较上年增加26.3%,增至976百万美元。

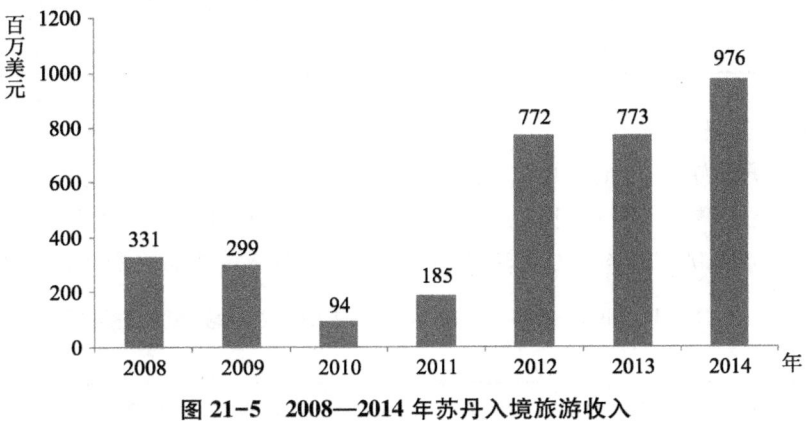

图21-5　2008—2014年苏丹入境旅游收入

(三)入境旅游客源结构

2013年苏丹入境旅游者中,来自中东地区的旅游者占52.5%,非洲旅游者占18.8%,欧洲旅游者占8.9%。2014年苏丹入境旅游者中,来自中东地区的旅游者占49.2%,非洲旅游者占18.1%,欧洲旅游者占12.1%。

表21-21　2008—2014年苏丹入境旅游人数(按地区分)

单位:千人次

地　区	2008年	2009年	2010年	2011年	2012年	2013年	2014年
非　洲	66	60	49	54	104	108	120
美　洲	15	21	20	21	24	26	38
欧　洲	—	—	74	80	51	51	80
东亚太	—	—	30	32	36	39	45
南　亚	—	—	40	43	47	49	54
中　东	—	—	272	295	297	302	326

(四)入境旅游方式

乘坐飞机是赴苏丹的旅游者主要的入境旅游方式。2008年乘坐飞机入境的游客人数为264千人次,占苏丹入境旅游人数的77.6%;2014年为479千人次,占苏丹入境旅游人数的70.0%。乘坐船舶和经由公路入境的游客人数相对较少。

表21-22 2008—2014年苏丹入境旅游人数（按入境旅游方式分）

单位：千人次

入境旅游方式	2008年	2009年	2010年	2011年	2012年	2013年	2014年
飞 机	264	294	287	311	402	414	479
公 路	18	42	10	11	58	59	14
船 舶	58	84	198	214	115	118	191

（五）入境旅游目的

苏丹的入境旅游者中，出于娱乐、休闲和度假目的的游客人数所占份额最多，出于商务和专业活动目的的游客人数相对较少。2014年，娱乐、休闲和度假游客人数占苏丹入境旅游人数的比重为63.0%，商务和专业活动游客人数占苏丹入境旅游人数的比重为26.0%。

表21-23 2008—2014年苏丹入境旅游人数（按入境旅游目的分）

单位：千人次

入境旅游目的	2008年	2009年	2010年	2011年	2012年	2013年	2014年
娱乐、休闲和度假	291	277	396	429	379	390	431
商务和专业活动	101	97	99	107	132	136	178
其 他	48	46	—	—	63	65	75

二、出境旅游概况

（一）出境旅游花费

2008—2014年，苏丹出境旅游花费整体呈下降趋势：2008年出境旅游花费为1188百万美元；2009年下降到868百万美元；2010年较上年增加28.6%，增至1116百万美元；2011年出境旅游花费为937百万美元，较上年减少16.0%；2012年和2013年持续下降，分别降至699百万美元和460百万美元；2014年降至439百万美元，较上年负增长4.6%。

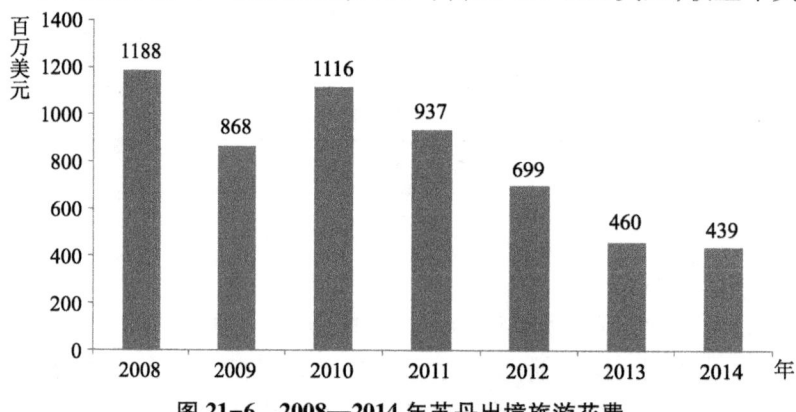

图21-6 2008—2014年苏丹出境旅游花费

(二)出境旅游目的地

埃及和沙特阿拉伯是苏丹游客最主要的出境旅游目的地国家。2014年,埃及和沙特阿拉伯接待苏丹游客人数分别为186 472人次和184 937人次。2014年,巴林和埃塞俄比亚接待苏丹游客人数均在20 000人次以上。

表21-24 2010—2014年苏丹游客出境主要旅游目的地

单位:人次

排名	国家	游客类型	2010年	2011年	2012年	2013年	2014年
1	埃及	VFN	189 731	200 376	198 018	178 971	186 472
2	沙特阿拉伯	TFN	65 352	149 175	139 489	231 707	184 937
3	巴林	VFN	—	38 733	41 088	42 531	46 087
4	埃塞俄比亚	TFR	12 979	17 922	16 814	20 313	23 104
5	约旦	VFN	22 769	20 109	16 898	16 460	15 978
6	科威特	VFN	8043	9049	10 420	13 053	15 489
7	马来西亚	TFR	10 914	13 703	14 343	10 831	12 976
8	印度	TFN	7418	8414	9626	8778	11 896
9	土耳其	VFN	6634	7458	8161	9319	10 714
10	坦桑尼亚	VFR	612	328	1383	1571	4840

注:按2014年数据排名。

第四节 突尼斯

突尼斯全称突尼斯共和国(The Republic of Tunisia),位于非洲北端。西与阿尔及利亚为邻,东南与利比亚接壤,北、东临地中海并隔突尼斯海峡与意大利相望。面积约为16.42万平方千米。北部属地中海型气候,夏季炎热干燥,冬季温暖湿润;中部属热带草原气候;南部属热带沙漠气候。2013年全国人口为1090万,2014年国内生产总值(GDP)为491亿美元。

旅游业在突尼斯国民经济中居重要地位,是突尼斯第一大外汇来源。旅游资源几乎全部集中于海岸线的100千米区域内,旅游设施主要分布在东部沿海地带,有五大旅游中心,苏塞"康达维"中心是全国最大的旅游基地。著名的旅游城市及地区有:突尼斯市、苏塞、莫纳斯提尔、本塞卡角和杰尔巴岛。

表 21-25　2014 年突尼斯旅游业经济影响评估

指　标	总　数	占全国的比例(%)	增长预测(%)
GDP(百万美元)	3400.7	7.3	3.6
雇佣人数(千人)	227.9	6.6	1.0

注:本表为估计值。

一、入境旅游概况

(一)入境旅游人数

2008—2014 年,突尼斯入境旅游人数总体上有所下降:2008 年为 7050 千人次;2009 年和 2010 年分别是 6901 千人次和 6903 千人次;2011 年较上年明显减少,负增长 30.7%;2012 年回升到 5950 千人次,较上年增长 24.3%;2013 年继续增长,达到 6269 千人次,较上年增长 5.4%;2014 年回落到 6060 千人次,较上年负增长 3.3%。

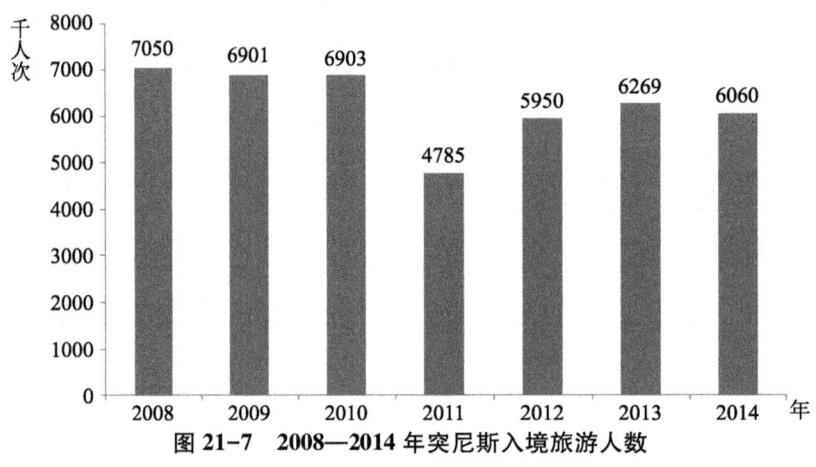

图 21-7　2008—2014 年突尼斯入境旅游人数

(二)入境旅游收入

2008—2011 年,突尼斯入境旅游收入呈持续下降趋势,从 2008 年的 2953 百万美元减少到 2011 年的 1914 百万美元,减少了 35.2%。2009 年较上年减少 180 百万美元,减至 2773 百万美元;2010 年较上年减少 128 百万美元;2011 年为 1914 百万美元,较上年减少 27.6%,为近几年最低值。2012 年较上年有所回升,达到 2227 百万美元;2013 年较上年减少 36 百万美元,减少了 1.6%;2014 年较上年增加 7.7%,增至 2359 百万美元。

表 21-26　2008—2014 年突尼斯入境旅游收入

单位:百万美元

	2008 年	2009 年	2010 年	2011 年	2012 年	2013 年	2014 年
总收入	3909	3524	3477	2529	2931	2863	3042
入境旅游收入	2953	2773	2645	1914	2227	2191	2359
入境游客交通收入	956	751	832	615	704	672	683

(三)入境旅游客源结构

欧洲地区是突尼斯最大的入境旅游客源地区。2008年入境旅游者中,来自欧洲地区的游客人数达到4107千人次,占突尼斯入境旅游人数的58.6%;来自中东地区的游客人数为1809千人次,占25.8%;来自非洲地区的游客人数为1043千人次,占14.9%。2014年入境旅游者中,来自欧洲地区的游客人数为2810千人次,占突尼斯入境旅游人数的46.5%;来自中东地区的游客人数为1809千人次,占29.9%;来自非洲地区的游客人数为1385千人次,占22.9%。

表21-27　2008—2014年突尼斯入境旅游人数(按地区分)

单位:千人次

地区	2008年	2009年	2010年	2011年	2012年	2013年	2014年
非洲	1043	1036	1136	829	996	1043	1385
美洲	39	39	39	24	31	26	27
欧洲	4107	3744	3814	2134	2965	2897	2810
东亚太	16	17	21	16	13	13	14
中东	1809	2034	1863	1731	1926	2271	1809

2014年,利比亚是突尼斯的第一大入境旅游客源国家,其次是阿尔及利亚、法国、德国、英国和意大利。2014年,突尼斯入境游客中,来自利比亚的游客人数为1 758 799人次,占突尼斯入境旅游人数的比重为28.98%。

表21-28　2008—2014年突尼斯入境旅游人数(按游客所在国家分)

排名	国家	入境旅游人数(人次)			市场份额(%)		增长率(%)
		2008年	2013年	2014年	2013年	2014年	2013—2014年
1	利比亚	1 766 881	2 236 135	1 758 799	35.67	28.98	-21.35
2	阿尔及利亚	968 499	954 908	1 284 278	15.23	21.16	34.49
3	法国	1 395 255	767 138	720 175	12.24	11.87	-6.12
4	德国	521 513	424 455	425 648	6.77	7.01	0.28
5	英国	254 922	408 655	424 707	6.52	7	3.93
6	意大利	444 541	231 831	252 625	3.7	4.16	8.97

注:按2014年数据排名。

(四)入境旅游方式

赴突尼斯的入境旅游者中,乘坐飞机入境的游客人数最多,其次是经由公路入境的游客人数。2008年,乘坐飞机入境的游客人数占62.0%,经由公路入境的游客人数占36.5%,乘坐船舶入境的游客人数占1.5%。2011年,乘坐飞机入境的游客人数占50.3%,经由公路入境的游客人数占47.8%,乘坐船舶入境的游客人数占1.9%。2014年,乘坐飞机入境的游客人数占56.8%,经由公路入境的游客人数占41.7%,乘坐船舶入境的游客人数占1.5%。

表21-29 2008—2014年突尼斯入境旅游人数(按入境旅游方式分)

单位:千人次

入境旅游方式	2008年	2009年	2010年	2011年	2014年
飞　机	4371	4034	4140	2406	3449
公　路	2576	2759	2653	2289	2532
船　舶	103	109	110	90	89

二、出境旅游概况

(一)出境旅游人数

2008—2011年,突尼斯出境旅游人数整体上有所下降,从2008年的3118千人次减少到2011年的2303千人次。2009年出境旅游人数为2623千人次,比2008年减少15.9%;2010年出境旅游人数为2225千人次,较上年减少373千人次;2011年较上年增长2.4%,增至2303千人次。

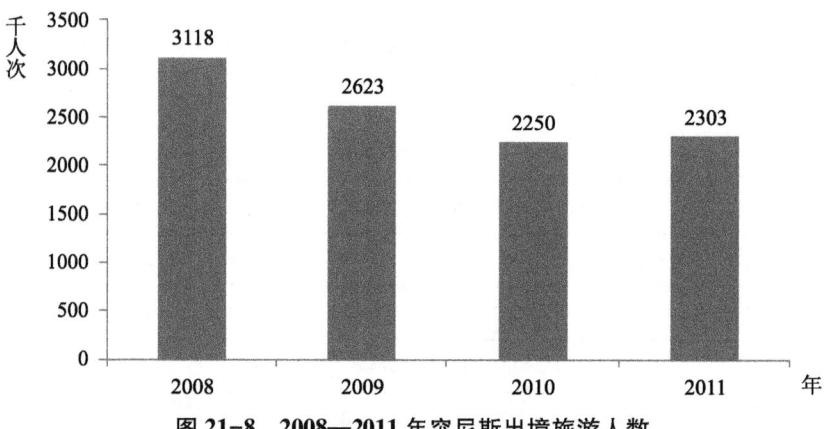

图21-8 2008—2011年突尼斯出境旅游人数

(二)出境旅游花费

2008—2014年,突尼斯出境旅游花费整体呈增长态势,从2008年的458百万美元增长到2014年的681百万美元。在此期间,2009年和2012年较上年分别减少9.4%和2.3%;2010年和2011年持续增长,较上年分别增长31.8%和11.0%,依次增至547百万美元和607百万美元。2013年较上年增长13.8%,增至675百万美元;2014年继续增长,达到681百万美元,较上年增长0.9%。

表21-30 2008—2014年突尼斯出境旅游花费

单位:百万美元

	2008年	2009年	2010年	2011年	2012年	2013年	2014年
总花费	555	478	611	678	673	768	770
出境旅游花费	458	415	547	607	593	675	681
出境交通花费	97	63	64	71	80	93	89

(三)出境旅游目的地

2014年,突尼斯前三大出境旅游目的地国家是阿尔及利亚、土耳其和沙特阿拉伯,接待突尼斯游客人数分别为473 956人次、100 612人次和69 415人次。2014年,土耳其、沙特阿拉伯、摩洛哥、埃及、美国和巴林接待突尼斯游客人数较上年均出现不同程度的增长。

表21-31 2010—2014年突尼斯游客出境主要旅游目的地

单位:人次

排名	国家	游客类型	2010年	2011年	2012年	2013年	2014年
1	阿尔及利亚	VFN	245 222	485 033	531 596	533 222	473 956
2	土耳其	VFN	57 855	63 176	86 595	91 683	100 612
3	沙特阿拉伯	TFN	34 001	34 983	54 217	41 167	69 415
4	摩洛哥	TFN	36 335	41 111	41 650	43 511	46 802
5	意大利	VFN	60 849	63 231	44 214	42 294	33 189
6	埃及	VFN	49 033	23 555	32 574	25 283	26 355
7	美国	TFR	5622	5654	6786	8175	9000
8	科威特	VFN	7917	7907	9009	8714	8675
9	巴林	VFN	—	5231	6524	6625	7456
10	尼日利亚	VFN	56 118	1550	6358	—	7433

注:按2014年数据排名。

第二十二章 西非分区旅游市场概况

西非分区是非洲包括国家最多的一个分区,共计 17 个国家和地区:尼日尔、马里、毛里塔尼亚、尼日利亚、贝宁、多哥、加纳、布基纳法索、科特迪瓦、利比里亚、塞拉利昂、几内亚、几内亚比绍、冈比亚、塞内加尔、佛得角、西撒哈拉。西非向来以物产丰富而著称,是非洲最大的热带粮食作物生产基地,也是可可、棕油、天然橡胶、咖啡、菠萝、胡椒等的最大产区,前四者集中了非洲产量与出口量的 95% 以上。西非有相当丰富的矿产。西非属于热带地区,降雨少,旱季长而雨季短,旱灾频繁。境内的尼日尔河是非洲第三大河。西非是非洲古代文明最兴盛的地区之一。境内的尼日利亚有 200~250 个民族,是非洲乃至全世界民族成分最为复杂的国家。境内尼日利亚、加纳、塞内加尔的旅游业相对比较发达。

依据世界旅游组织的划分方法,西非分区包括贝宁、布基纳法索、佛得角、科特迪瓦、冈比亚、加纳、几内亚、几内亚比绍、马里、毛里塔尼亚、尼日尔、尼日利亚、塞内加尔、塞拉利昂和多哥共 15 个国家,但本章的西非分区旅游市场概况分析只包括贝宁、布基纳法索、几内亚、加纳、马里、尼日尔、尼日利亚、塞拉利昂和塞内加尔共 9 个国家。

一、入境旅游概况

(一)入境旅游人数

2014 年,西非分区中,尼日利亚、加纳和塞内加尔是主要的旅游目的地,尼日利亚入境旅游人数为 4803 千人次,加纳入境旅游人数为 1093 千人次,塞内加尔入境旅游人数为 836 千人次。

表 22-1 2008—2014 年西非分区各国家入境旅游人数

单位:千人次

排名	国家	2008 年	2009 年	2010 年	2011 年	2012 年	2013 年	2014 年
1	尼日利亚	5820	5053	6113	3765	4673	4038	4803
2	加纳	689	803	931	821	903	994	1093
3	塞内加尔	867	810	900	968	962	1063	836
4	贝宁	188	190	199	209	220	231	242

续表

排名	国家	2008年	2009年	2010年	2011年	2012年	2013年	2014年
5	布基纳法索	272	269	274	238	237	218	191
6	马里	190	160	169	160	134	142	168
7	尼日尔	73	66	74	82	94	123	135
8	塞拉利昂	36	37	39	52	60	81	44
9	几内亚	—	—	12	131	96	56	33

注：按2014年数据排名。

（二）入境旅游收入

2012年，西非分区中，入境旅游收入最高的国家是加纳，为914百万美元；排在第二位和第三位的是尼日利亚和塞内加尔，入境旅游收入分别为557百万美元和407百万美元。

表22-2　2008—2014年西非分区各国家入境旅游收入

单位：百万美元

排名	国家	2008年	2009年	2010年	2011年	2012年	2013年	2014年
1	加纳	919	768	620	694	914	853	897
2	尼日利亚	569	602	571	623	557	538	539
3	塞内加尔	543	463	453	468	407	439	—
4	贝宁	236	131	149	180	170	189	—
5	马里	275	192	205	210	142	178	—
6	布基纳法索	62	66	72	75	84	153	—
7	尼日尔	79	66	105	51	50	58	—
8	塞拉利昂	34	25	26	44	47	66	35
9	几内亚	3	2.8	2	2.1	1.4	—	—

注：按2014年数据排名。

二、出境旅游概况

（一）出境旅游人数

2014年，西非分区出境旅游人数最多的国家是塞拉利昂，为93千人次。

表22-3 2008—2014年西非分区各国家出境旅游人数

单位：千人次

国　家	2008年	2009年	2010年	2011年	2012年	2013年	2014年
塞拉利昂	73	72	76	99	104	111	93

注：其他国家数据缺失。

（二）出境旅游花费

2012年，西非分区中，出境旅游花费最高的国家是尼日利亚，为6168百万美元，排在第二位和第三位的是加纳和塞内加尔，出境旅游花费分别为467百万美元和144百万美元。

表22-4 2008—2014年西非分区各国家出境旅游花费

单位：百万美元

排名	国　家	2008年	2009年	2010年	2011年	2012年	2013年	2014年
1	尼日利亚	9779	5012	5587	6599	6168	5864	5269
2	加　纳	542	684	574	464	467	473	459
3	塞内加尔	175	156	160	151	144	150	—
4	马　里	147	102	111	119	102	118	—
5	布基纳法索	63	64	69	72	77	144	—
6	贝　宁	64	53	57	53	43	39	—
7	尼日尔	68	54	92	40	36	47	—
8	几内亚	36	13	8	33	23	—	—
9	塞拉利昂	24	13	13	17	15	20	19

注：按2012年数据排名。

第一节　贝　宁

贝宁全称贝宁共和国（The Republic of Benin），位于西非中南部。东邻尼日利亚，西北、东北分别与布基纳法索、尼日尔交界，西与多哥接壤，南濒大西洋。沿海平原为热带雨林气候，其余大部分地区为热带草原气候。面积约为11.26万平方千米。2014年全国人口为1060万，国内生产总值（GDP）为87.5亿美元。

旅游业系贝宁新兴产业,是仅次于棉花的第二大创汇产业。近年来政府对旅游业的投入不断加大。主要旅游城市及景点有冈维埃水上村、维达古城、维达历史博物馆、阿波美古都、野生动物园、埃维埃旅游公园、海滩等。贝宁现正兴建从科托努至维达捕鱼路的旅游开发区,以发展海滨旅游。

一、入境旅游概况

(一)入境旅游人数

2008—2014 年,贝宁入境过夜旅游者人数呈持续上升趋势:2008 年为 188 千人次;2009 年为 190 千人次;2010 年增长到 199 千人次;2011 年超过 200 千人次,为 209 千人次;2012 年增长到 220 千人次;2013 年较上年增长 5.0%,增至 231 千人次;2014 年继续增长,达到 242 千人次,增长率为 4.8%。

表 22-5 2008—2014 年贝宁入境旅游人数

单位:千人次

	2008 年	2009 年	2010 年	2011 年	2012 年	2013 年	2014 年
入境旅游人数	1027	—	—	222	232	252	265
过夜旅游者	188	190	199	209	220	231	242
一日游游客				11	12	21	23
邮船乘客	—	—	—	1	2	6	7

(二)入境旅游收入

2008 年,贝宁入境旅游收入为 236 百万美元;2009 年较上年减少 105 百万美元,减至 131 百万美元;2010 年有所回升,增加到 149 百万美元;2011 年入境旅游收入达到 180 百万美元;2012 年下降到 170 百万美元;2013 年较上年增加 19 百万美元,达到 189 百万美元。

表 22-6 2008—2014 年贝宁入境旅游收入

单位:百万美元

	2008 年	2009 年	2010 年	2011 年	2012 年	2013 年	2014 年
总收入	236	131	149	201	174	193	—
入境旅游收入	236	131	149	180	170	189	—
入境游客交通收入	0.4	0.4	0.4	21	4	4	—

(三)入境旅游客源结构

贝宁的入境旅游者中,来自非洲地区的游客人数所占比例最高,排在第二位的是来自欧洲地区的游客人数,来自东亚太、美洲、中东和南亚地区的游客人数所占比重较小。2014年非洲地区游客人数所占比重为63.1%,欧洲地区游客人数所占比重为23.0%。

表22-7 2008—2014年贝宁入境旅游人数(按地区分)

单位:千人次

地区	2008年	2009年	2010年	2011年	2012年	2013年	2014年
非洲	117.9	91	138	126	135	134	137
美洲	3.9	5	3	3	5	8	9
欧洲	50.7	35	33	57	54	50	50
东亚太	1.6	0.9	0.8	1	3	6	12
南亚	0.7	0.5	1	1	1	2	3
中东	0.3	0.4	2	3	3	4	6

2014年,贝宁入境旅游者中,来自尼日利亚的游客人数居第一位,达到27 562人次;来自尼日尔和布基纳法索的游客人数分别居第二位和第三位;来自中国的游客人数居第六位,为8687人次,较上年增长124.47%。

表22-8 2008—2014年贝宁入境旅游人数(按游客所在国家分)

排名	国家	入境旅游人数(人次)			市场份额(%)		增长率(%)
		2008年	2013年	2014年	2013年	2014年	2013—2014年
1	尼日利亚	21 150	24 652	27 562	10.67	11.37	11.80
2	尼日尔	5240	13 997	15 630	6.06	6.45	11.67
3	布基纳法索	10 600	12 077	14 733	5.23	6.08	21.99
4	科特迪瓦	—	11 692	12 973	—	5.35	10.96
5	法国	15 846	12 116	11 658	5.25	4.81	-3.78
6	中国	—	3870	8687	—	3.58	124.47

注:按2014年数据排名。

(四)入境旅游方式

乘坐飞机和经由公路是赴贝宁的旅游者主要的入境旅游方式。2008—2014年,乘坐飞机和经由公路入境贝宁的游客人数整体上均有一定程度的增长。2014年,乘坐飞机入境的游客人数达到98千人次,经由公路入境的游客人数达到126千人次,乘坐船舶入境的游客人数较少。

表 22-9　2008—2014 年贝宁入境旅游人数（按入境旅游方式分）

单位：千人次

入境旅游方式	2008 年	2009 年	2010 年	2011 年	2012 年	2013 年	2014 年
飞　机	71	81	88	73	95	107	98
公　路	90	101	86	113	106	103	126
船　舶	27	8	25	23	19	20	19

（五）入境旅游目的

贝宁的入境旅游者中，出于商务和专业活动目的入境的游客人数所占市场份额最大：2008 年为 85 千人次；2009 年为 108 千人次；2010—2012 年出于商务和专业活动目的入境的游客人数均在 90 千～100 千人次；2013 年增长到 114 千人次，较上年增长 15.2%；2014 年继续增长，达到 124 千人次，增长率为 8.8%。出于娱乐、休闲和度假目的入境的游客人数总体上有所增长，从 2008 年的 48 千人次增长到 2014 年的 71 千人次，增长了 47.9%。

表 22-10　2008—2014 年贝宁入境旅游人数（按入境旅游目的分）

单位：千人次

入境旅游目的	2008 年	2009 年	2010 年	2011 年	2012 年	2013 年	2014 年
娱乐、休闲和度假	48	35	39	52	77	63	71
商务和专业活动	85	108	96	94	99	114	124
其　他	55	47	64	63	44	54	47

二、出境旅游概况

（一）出境旅游花费

2008—2014 年，贝宁出境旅游花费整体呈下降态势：2008 年为 64 百万美元；2009 年减少了 11 百万美元，减至 53 百万美元；2010 年有所回升，增至 57 百万美元；2011 年、2012 年和 2013 年连续下降，2013 年出境旅游花费下降到 39 百万美元。

表 22-11　2008—2013 年贝宁出境旅游花费

单位：百万美元

	2008 年	2009 年	2010 年	2011 年	2012 年	2013 年
总花费	102	88	91	81	96	40
出境旅游花费	64	53	57	53	43	39
出境交通花费	38	35	34	28	53	1

(二)出境旅游目的地

2014年,贝宁前三位出境旅游目的地国家分别是尼日利亚、多哥和刚果,接待贝宁游客人数分别为88 847人次、19 212人次和9478人次。

表22-12　2010—2014年贝宁游客出境主要旅游目的地

单位:人次

排名	国家/地区	游客类型	2010年	2011年	2012年	2013年	2014年
1	尼日利亚	VFN	855 712	65 760	58 110	83 767	88 847
2	多哥	THSR	13 788	16 850	14 627	17 729	19 212
3	刚果	VFR	—	6397	4134	7896	9478
4	布基纳法索	THSN	11 754	10 032	9211	8622	8113
5	美国	TFR	1876	1804	1852	1728	2081
6	马里	TFR	1878	2090	1362	1464	1981
7	南非	VFR	1334	1387	1628	2014	1960
8	中国香港	VFR	2135	2217	1777	1697	1844
9	摩洛哥	TFN	1369	1234	1265	1549	1238
10	坦桑尼亚	VFR	143	125	244	505	1027

注:按2014年数据排名。

第二节　布基纳法索

布基纳法索(The Burkina Faso)是位于非洲西部的内陆国。东及东北与尼日尔为邻,东南与贝宁相连,南与科特迪瓦、加纳、多哥交界,西、北与马里接壤。属热带草原气候。面积27.42万平方千米。2013年全国人口为1690万,2014年国内生产总值(GDP)为131亿美元。

表22-13　2014年布基纳法索旅游业经济影响评估

指标	总数	占全国的比例(%)	增长预测(%)
GDP(百万美元)	168.9	1.4	4.2
雇佣人数(千人)	60.7	1.2	1.2

注:本表为估计值。

一、入境旅游概况

(一)入境旅游人数

2008年布基纳法索入境旅游人数为272千人次;2009年较上年减少1.1%;2010年较上年增长5千人次,达到274千人次;2011—2014年入境旅游人数连续下降,从2011年的238千人次减少到2014年的191千人次,减少了19.7%;2014年较2013年负增长12.4%。

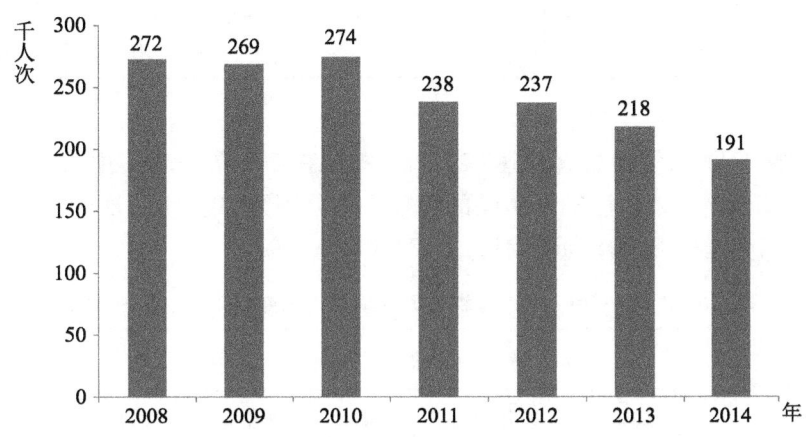

图 22-1　2008—2014 年布基纳法索入境旅游人数

(二)入境旅游收入

2008—2013年,布基纳法索入境旅游收入持续不断增长,从2008年的62百万美元增长到2013年的153百万美元,增长了近1.5倍;2013年较上年增长82.1%。

表 22-14　2008—2013 年布基纳法索入境旅游收入

单位:百万美元

	2008 年	2009 年	2010 年	2011 年	2012 年	2013 年
总收入	82	99	105	—	—	—
入境旅游收入	62	66	72	75	84	153
入境游客交通收入	20	33	33	—	—	—

(三)入境旅游客源结构

2014年,布基纳法索入境旅游者中,来自非洲地区的游客人数所占比例最高(46.7%),来自欧洲地区的游客人数占32.2%,来自东亚太地区的游客人数占13.9%,来自美洲地区的游客人数占6.7%。

表 22-15　2008—2014 年布基纳法索入境旅游人数（按地区分）

单位：千人次

地区	2008年	2009年	2010年	2011年	2012年	2013年	2014年
非洲	113	119	128	117	118	108	84
美洲	18	18	29	17	19	20	12
欧洲	124	116	107	86	79	68	58
东亚太	6	7	7	8	9	9	25
中东	2	2	1	2	2	2	1

在布基纳法索的入境旅游客源国家中，法国排在第一位，来自法国的游客人数远超过其他国家。2014 年，来自法国和中国的游客人数分别为 29 311 人次和 17 651 人次，占布基纳法索入境旅游人数的比重分别为 15.34% 和 9.24%。

表 22-16　2008—2014 年布基纳法索入境旅游人数（按游客所在国家分）

排名	国家	入境旅游人数（人次）			市场份额（%）		增长率（%）
		2008年	2013年	2014年	2013年	2014年	2013—2014年
1	法国	75 528	35 715	29 311	16.38	15.34	-17.93
2	中国	—	2492	17 651	—	9.24	608.31
3	科特迪瓦	18 176	18 852	16 509	8.65	8.64	-12.43
4	马里	12 258	16 065	12 469	7.37	6.52	-22.38
5	贝宁	—	8622	8113	—	4.25	-5.90
6	尼日尔	11 811	11 265	7766	5.17	4.06	-31.06

注：按 2014 年数据排名。

（四）入境旅游目的

布基纳法索的入境旅游者中，出于商务和专业活动目的入境的游客人数所占市场份额最大，且总体呈上升趋势：2008 年为 221 千人次；2009 年为 246 千人次；2010 年为 263 千人次；2013 年突破 300 千人次，达到 319 千人次；2014 年有所下降，降至 278 千人次。出于娱乐、休闲和度假目的入境的游客人数少于商务和专业活动游客人数，2014 年娱乐、休闲和度假游客人数为 92 千人次。

表 22-17 2008—2014 年布基纳法索入境旅游人数（按入境旅游目的分）

单位：千人次

入境旅游目的	2008 年	2009 年	2010 年	2011 年	2012 年	2013 年	2014 年
娱乐、休闲和度假	82	79	85	88	97	81	92
商务和专业活动	221	246	263	256	291	319	278
其他	73	76	79	90	95	106	116

二、出境旅游概况

（一）出境旅游花费

2008 年布基纳法索出境旅游花费为 63 百万美元，之后几年连年增长：2009 年较上年增加 1 百万美元；2010 年又增加 5 百万美元，增至 69 百万美元；2013 年出境旅游花费较上年增加 87.0%，增至 144 百万美元。

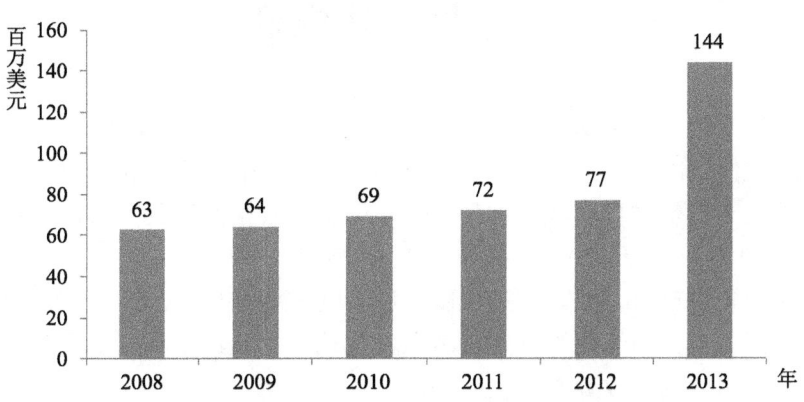

图 22-2 2008—2013 年布基纳法索出境旅游花费

（二）出境旅游目的地

2014 年，布基纳法索前三大出境旅游目的地国家分别是尼日利亚、多哥和贝宁，三国接待布基纳法索游客人数分别为 21 152 人次、17 316 人次和 14 733 人次。美国和加拿大接待布基纳法索游客人数分别为 4205 人次和 1124 人次，在布基纳法索出境旅游目的地国家中分别排在第五位和第十位。

表 22-18 2010—2014 年布基纳法索游客出境主要旅游目的地

单位：人次

排名	国家/地区	游客类型	2010 年	2011 年	2012 年	2013 年	2014 年
1	尼日利亚	VFN	69 459	10 000	11 934	33 000	21 152
2	多哥	THSR	13 618	18 620	13 818	16 628	17 316
3	贝宁	TFR	9122	6980	9891	12 077	14 733

续表

排名	国家/地区	游客类型	2010年	2011年	2012年	2013年	2014年
4	刚果	VFR	—	1372	1404	3262	4500
5	美国	TFR	1771	1934	2237	2862	4205
6	马里	TFR	4204	4823	3346	3359	4193
7	摩洛哥	TFN	2742	2589	2870	3388	3312
8	中国香港	VFR	2562	1667	2832	2573	1404
9	沙特阿拉伯	TFN	—	1158	766	1830	1262
10	加拿大	TFR	758	772	1048	1007	1124

注：按2014年数据排名。

第三节 几内亚

几内亚全称几内亚共和国（The Republic of Guinea），位于西非西部。东北邻几内亚比绍，北接塞内加尔和马里，东与科特迪瓦相连，南与塞拉利昂和利比里亚接壤，西濒大西洋。沿海地区为热带季风气候，内地为热带草原气候。面积约为24.59万平方千米。2013年全国人口为1170万，2014年国内生产总值（GDP）为66亿美元。

几内亚旅游资源丰富，全国共有旅游景点200多个。位于几内亚与利比里亚交界的宁巴山被联合国教科文组织列为世界自然和文化遗产。受此地区局势不稳等因素影响，几内亚旅游资源未得到有效开发。

表22-19 2014年几内亚旅游业经济影响评估

指　标	总　数	占全国的比例（%）	增长预测（%）
GDP（百万美元）	134.3	2.1	5.8
雇佣人数（千人）	38.5	1.6	2.9

注：本表为估计值。

一、入境旅游概况

（一）入境旅游人数

2010年几内亚入境旅游人数为12千人次；2011年较上年增加9.9倍，达到131千人次，为近几年最大值；2012年降至96千人次，较上年减少26.7%；2013年为56千人次，较上年减少40千人次；2014年较上年下降41.1%，降至33千人次。

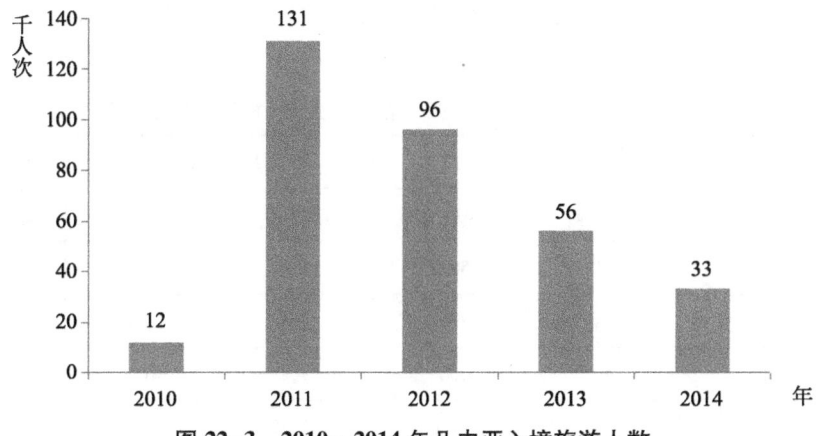

图 22-3　2010—2014 年几内亚入境旅游人数

（二）入境旅游收入

2008 年几内亚入境旅游收入为 3 百万美元；2009 年较上年减少 0.2 百万美元，为 2.8 百万美元；2010 年继续下降，减少到 2 百万美元；2011 年有所回升，为 2.1 百万美元；2012 年入境旅游收入为 1.4 百万美元，为近几年最小值。

表 22-20　2008—2012 年几内亚入境旅游收入

单位：百万美元

	入境旅游收入				
	2008 年	2009 年	2010 年	2011 年	2012 年
总收入	4	4.9	2.04	2.12	1.7
入境旅游收入	3	2.8	2	2.1	1.4
入境游客交通收入	1	2.1	0.04	0.02	0.3

（三）入境旅游客源结构

2014 年，几内亚的入境旅游者中，来自欧洲地区的游客人数为 13 千人次，占 39.4%；来自非洲地区的游客人数为 11 千人次，占 33.3%。

表 22-21　2008—2014 年几内亚入境旅游人数（按地区分）

单位：千人次

地 区	2010 年	2011 年	2012 年	2013 年	2014 年
非 洲	5	44	40	20	11
美 洲	1	18	9	6	3
欧 洲	5	55	37	22	13
东亚太	1	10	5	6	4
南 亚	0.2	3	3	2	1
中 东	0.3	2	2	1	1

2014年,几内亚的前三大入境旅游客源国家是法国、中国和塞内加尔。2014年,来自法国的游客人数为5828人次,占几内亚入境旅游人数的比重为17.78%。

表22-22 2013—2014年几内亚入境旅游人数(按游客所在国家分)

排名	国家	入境旅游人数(人次)		市场份额(%)		增长率(%)
		2013年	2014年	2013年	2014年	2013—2014年
1	法国	10 141	5828	18.06	17.78	−42.53
2	中国	4447	2908	7.92	8.87	−34.61
3	塞内加尔	4012	2060	7.15	6.29	−48.65
4	美国	3937	1950	7.01	5.95	−50.47
5	科特迪瓦	3268	1799	5.82	5.49	−44.95
6	摩洛哥	1146	1093	—	3.34	−4.62

注:按2014年数据排名。

(四)入境旅游方式

乘坐飞机是赴几内亚的旅游者首选的入境旅游方式。2013年乘坐飞机的入境旅游者为56千人次,较2012年减少40千人次;2014年下降到33千人次,较上年负增长41.1%。

表22-23 2010—2014年几内亚入境旅游人数(按入境旅游方式分)

单位:千人次

入境旅游方式	2010年	2011年	2012年	2013年	2014年
飞机	12	131	96	56	33

(五)入境旅游目的

2013—2014年,几内亚的入境旅游者中,出于商务和专业活动目的入境的游客人数占多数。2014年,商务和专业活动游客人数为16千人次,占几内亚入境旅游人数的比重为48.5%;娱乐、休闲和度假游客人数为10千人次,占几内亚入境旅游人数的比重为30.3%。

表22-24 2008—2014年几内亚入境旅游人数(按入境旅游目的分)

单位:千人次

入境旅游目的	2010年	2011年	2012年	2013年	2014年
娱乐、休闲和度假	5.4	49	50	19	10
商务和专业活动	6.9	55	38	29	16
其他	0.1	27	8	9	7

二、出境旅游概况

(一) 出境旅游花费

2008—2012年，几内亚出境旅游花费总体上有所减少：2008年出境旅游花费为36百万美元；2009年降至13百万美元；2010年为8百万美元，为近几年最低值；2011年较上年明显回升，增加到33百万美元；2012年下降到23百万美元，较上年负增长30.3%。

表22-25　2008—2012年几内亚出境旅游花费

单位：百万美元

	2008年	2009年	2010年	2011年	2012年
总花费	59	28	17	49	41
出境旅游花费	36	13	8	33	23
出境交通花费	23	15	9	16	18

(二) 出境旅游目的地

2014年，几内亚的前三大出境旅游目的地国家是摩洛哥、尼日利亚和刚果，三国接待几内亚游客人数分别为15 610人次、12 110人次和4480人次。

表22-26　2010—2014年几内亚游客出境主要旅游目的地

单位：人次

排名	国家/地区	游客类型	2010年	2011年	2012年	2013年	2014年
1	摩洛哥	TFN	14 297	10 005	12 042	11 506	15 610
2	尼日利亚	VFN	42 836	38 800	22 272	43 447	12 110
3	刚果	VFR	—	2165	320	3981	4480
4	马里	TFN	—	—	3670	3816	3508
5	中国香港	VFR	6056	4896	4315	3450	3479
6	贝宁	TFR	1800	918	1799	1560	2250
7	美国	TFR	1536	1604	1795	1601	2182
8	布基纳法索	THSN	4922	5103	4904	3849	2165
9	南非	VFR	2023	2239	3131	3046	2116
10	中国澳门	VFR	608	916	1099	1189	1164

注：按2014年数据排名。

第四节 加 纳

加纳全称加纳共和国(The Republic of Ghana),位于非洲西部、几内亚湾北岸。西邻科特迪瓦,北接布基纳法索,东毗多哥,南濒大西洋。沿海平原和西南部阿散蒂高原属热带雨林气候,沃尔特河谷和北部高原地区属热带草原气候。面积约为23.85万平方千米。2014年全国人口为2700万,国内生产总值(GDP)为385.84亿美元。

加纳为非洲十大旅游国之一。加纳政府重视利用自然和人文资源,大力发展旅游业。目前,旅游业已成为加纳增速最快的产业,超过木材加工业成为黄金开采、可可种植后的第三大创汇产业。加纳入境游客主要来自美国、英国、德国及荷兰。主要旅游点有阿布里植物园、阿科松博、库马西文化中心、海岸角、埃尔米纳奴隶堡及金矿带等。

表22-27 2014年加纳旅游业经济影响评估

指 标	总 数	占全国的比例(%)	增长预测(%)
GDP(百万美元)	1281.2	3.0	4.5
雇佣人数(千人)	124.7	2.3	2.4

注:本表为估计值。

一、入境旅游概况

(一)入境旅游人数

2008年加纳入境旅游人数为689千人次;2009年为803千人次,较上年增长16.5%;2010年入境旅游人数增加到931千人次,较上年增加15.9%;2011年有所下降,较2010年负增长11.8%;2012—2014年连年增长,2014年达到1093千人次,较上年增长10.0%。

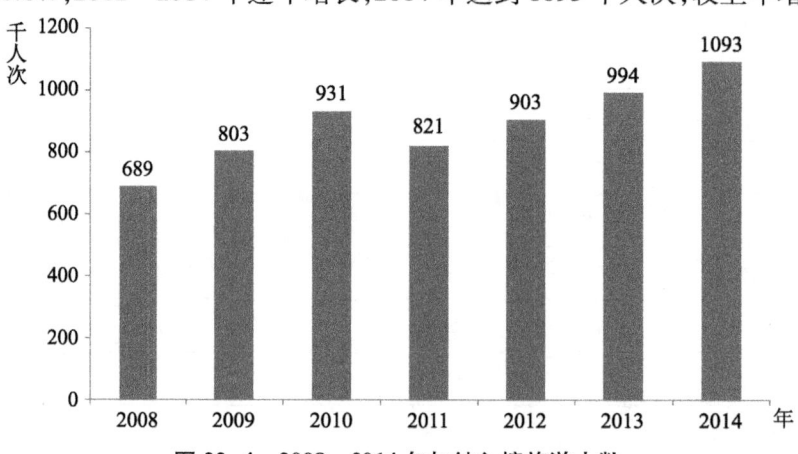

图22-4 2008—2014年加纳入境旅游人数

(二)入境旅游收入

2008—2014年,加纳入境旅游收入总体上有所减少:2008年入境旅游收入为919百万美元;2009年较上年减少16.4%,减至768百万美元;2010年继续下降,减少到620百万美元;2011年较上年有所回升,增加了11.9%,增至694百万美元;2012年入境旅游收入回升到914百万美元,较上年增加31.7%;2013年较上年减少6.7%,减至853百万美元;2014年较上年增加5.2%,增至897百万美元。

表22-28 2008—2014年加纳入境旅游收入

单位:百万美元

	2008年	2009年	2010年	2011年	2012年	2013年	2014年
总收入	970	849	706	797	1154	1010	1027
入境旅游收入	919	768	620	694	914	853	897
入境游客交通收入	51	81	86	103	240	157	130

(三)入境旅游目的

加纳的入境旅游者中,出于商务和专业活动目的入境的游客人数所占的份额较大。2008年,娱乐、休闲和度假游客人数为133千人次,2009年为161千人次。2008年,商务和专业活动游客人数为279千人次,2009年为321千人次。2014年商务和专业活动游客人数为628千人次。

表22-29 2008—2014年加纳入境旅游人数(按入境旅游目的分)

单位:千人次

入境旅游目的	2008年	2009年	2010年	2011年	2012年	2013年	2014年
娱乐、休闲和度假	133	161	—	—	—	—	—
商务和专业活动	279	321	434	486	640	597	628
其他	286	321	—	—	—	—	—

二、出境旅游概况

(一)出境旅游花费

2008年加纳出境旅游花费为542百万美元;2009年较上年增加26.2%,增加到684百万美元;2010年较上年减少110百万美元,减至574百万美元;2011年继续下降,较上年减少19.2%,减至464百万美元;2012年有所回升,增至467百万美元;2013年增至473百万美元;2014年减少到459百万美元,较上年负增长3.0%。

表 22-30　2008—2014 年加纳出境旅游花费

单位：百万美元

	2008 年	2009 年	2010 年	2011 年	2012 年	2013 年	2014 年
总花费	870	948	882	1026	979	982	948
出境旅游花费	542	684	574	464	467	473	459
出境交通花费	328	264	308	562	512	509	489

（二）出境旅游目的地

2014 年，加纳前三大出境旅游目的地国家是尼日利亚、美国和南非，三国接待加纳游客人数分别为 104 344 人次、22 287 人次和 21 342 人次。2010—2014 年，尼日利亚、美国、南非、刚果、贝宁、埃塞俄比亚、科威特和黎巴嫩接待加纳游客人数总体上均有不同程度的增长。

表 22-31　2010—2014 年加纳游客出境主要旅游目的地

单位：人次

排名	国　家	游客类型	2010 年	2011 年	2012 年	2013 年	2014 年
1	尼日利亚	VFN	45 406	177 640	169 720	95 287	104 344
2	美　国	TFR	18 554	19 127	20 775	21 663	22 287
3	南　非	VFR	19 948	20 134	24 857	29 383	21 342
4	刚　果	THSR	4553	7961	6521	6847	7698
5	埃　及	VFN	10 018	8366	8502	10 021	7639
6	贝　宁	TFR	4400	5500	6008	6899	7136
7	埃塞俄比亚	TFR	4407	4764	5129	6270	6994
8	布基纳法索	THSN	8402	10 152	8787	7090	6074
9	科威特	VFN	3084	2662	2331	2307	5752
10	黎巴嫩	TFN	3435	4115	3940	4002	4902

注：按 2014 年数据排名。

第五节　马　里

马里全称马里共和国（The Republic of Mali），位于非洲西部撒哈拉沙漠南缘。西邻毛里塔尼亚、塞内加尔，北、东与阿尔及利亚和尼日尔为邻，南接几内亚、科特迪瓦和布基纳法索,为内陆国。北部为热带沙漠气候,干旱炎热;中、南部为热带草原气候。面积约为124.12万平方千米。2013年全国人口为1530万,2014年国内生产总值(GDP)为119亿美元。

马里旅游资源丰富,但交通不便。杰内古城、通布图(廷巴克图)古城、多贡遗迹和加奥阿斯基亚王陵被联合国教科文组织列入《世界遗产名录》。主要旅游城市有首都巴马科、古城通布图和水城莫普提,最佳旅游季节为11月至次年1月。近年来马里旅游业受北方安全形势影响严重下滑。通布图部分历史遗迹遭到伊斯兰极端分子破坏,2012年6月被联合国教科文组织列入《濒危世界遗产名录》。

表22-32　2014年马里旅游业经济影响评估

指标	总数	占全国的比例(%)	增长预测(%)
GDP(百万美元)	407.5	4.1	5.9
雇佣人数(千人)	58.2	2.5	3.7

注:本表为估计值。

一、入境旅游概况

（一）入境旅游人数

2008—2014年,马里入境旅游人数呈波动式变化:2008年为190千人次;2009年减少到160千人次,较上年负增长15.8%;2010年较上年增加9千人次,增至169千人次;2011年入境旅游人数与2009年持平,均为160千人次;2012年较上年减少16.3%,减至134千人次;2013年入境旅游人数为142千人次;2014年较上年增加18.3%,增至168千人次。

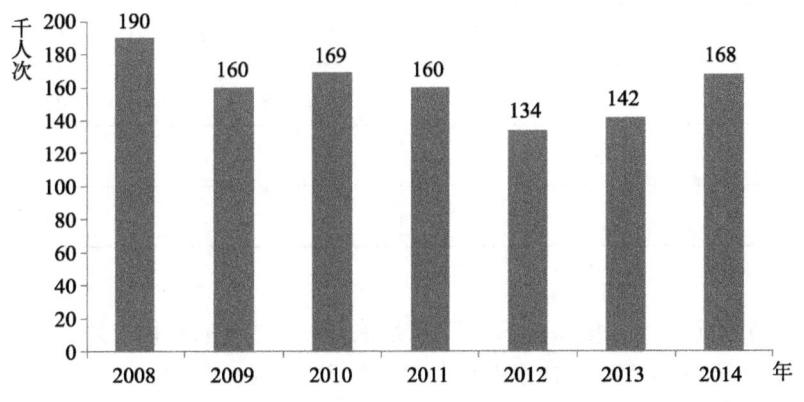

图22-5　2008—2014年马里入境旅游人数

(二)入境旅游收入

2008—2013年,马里入境旅游收入整体呈下降态势:2008年为275百万美元;2009年较上年减少30.2%,减至192百万美元;2010年和2011年较上年均有所增加,分别增长到205百万美元和210百万美元;2012年下降到142百万美元;2013年有所回升,较上年增长25.4%,达到178百万美元。

表22-33 2008—2013年马里入境旅游收入

单位:百万美元

	2008年	2009年	2010年	2011年	2012年	2013年
总收入	286	196	208	218	144	178.2
入境旅游收入	275	192	205	210	142	178
入境游客交通收入	11	4	3	8	2	0.2

(三)入境旅游客源结构

2014年,马里入境旅游者中,来自欧洲地区的游客人数为71千人次,占马里入境旅游人数的比重为47.0%;来自非洲地区的游客人数为62千人次,占41.1%;来自美洲地区的游客人数为8千人次,占5.3%。

表22-34 2008—2014年马里入境旅游人数(按地区分)

单位:千人次

地区	2008年	2009年	2010年	2011年	2012年	2013年	2014年
非洲	47	45	47	52	60	53	62
美洲	20	27	23	21	6	6	8
欧洲	101	73	83	69	29	55	71
东亚太	5	1	3	3	6	4	5
南亚	—	—	—	—	2	2	3
中东	4	3	3	4	1	1	2

2014年,马里前三大入境旅游客源国家是法国、塞内加尔和科特迪瓦,来自这三个国家的游客人数分别为31 580人次、8308人次和7632人次。其中,来自法国的游客人数远超过来自其他国家的游客人数,2014年来自法国的游客人数占马里入境旅游人数的比重为20.74%。

表22-35　2008—2014年马里入境旅游人数（按游客所在国家分）

排名	国　家	入境旅游人数（人次）			市场份额（%）	增长率（%）
		2008年	2013年	2014年	2014	2013—2014年
1	法　国	41 778	21 717	31 580	20.74	45.42
2	塞内加尔	8166	7464	8308	5.46	11.31
3	科特迪瓦	6940	6432	7632	5.01	18.86
4	美　国	8269	3946	4479	2.94	13.51
5	布基纳法索	—	3402	3793	2.49	11.49
6	几内亚	—	3816	3508	2.3	-8.07

注：按2014年数据排名。

（四）入境旅游方式

乘坐飞机是赴马里的旅游者最主要的入境旅游方式。2009年乘坐飞机入境马里的游客人数为116千人次；2010年较上年增加13千人次，增至129千人次；2011年乘坐飞机入境的游客人数为130千人次；2012年降至101千人次；2013年回升到121千人次；2014年乘坐飞机入境的游客人数达到152千人次，较上年增长25.6%。

表22-36　2009—2014年马里入境旅游人数（按入境旅游方式分）

单位：千人次

入境旅游方式	2009年	2010年	2011年	2012年	2013年	2014年
飞　机	116	129	130	101	121	152
公　路	44	40	30	33	21	16

二、出境旅游概况

（一）出境旅游花费

2008年马里出境旅游花费为147百万美元；2009年较上年减少30.6%，减至102百万美元；2010年有所回升，增至111百万美元；2011年出境旅游花费为119百万美元，较上年增加8百万美元；2012年下降到102百万美元；2013年有所回升，较上年增长15.7%，增至118百万美元。

表 22-37　2008—2013 年马里出境旅游花费

单位：百万美元

	2008 年	2009 年	2010 年	2011 年	2012 年	2013 年
总花费	228	191	167	171	164	189
出境旅游花费	147	102	111	119	102	118
出境交通花费	81	89	56	52	62	71

（二）出境旅游目的地

2014 年，马里前三大出境旅游目的地国家是尼日利亚、摩洛哥和刚果，三国接待马里游客人数分别为 66 185 人次、20 808 人次和 14 171 人次。2010—2014 年，摩洛哥、贝宁、中国澳门和埃塞俄比亚接待马里游客人数总体上均呈现不同程度的增长。

表 22-38　2010—2014 年马里游客出境主要旅游目的地

单位：人次

排名	国家/地区	游客类型	2010 年	2011 年	2012 年	2013 年	2014 年
1	尼日利亚	VFN	80 793	29 200	29 918	64 183	66 185
2	摩洛哥	TFN	12 441	15 225	16 436	18 193	20 808
3	刚果	VFR	—	7171	5615	11 903	14 171
4	布基纳法索	THSN	15 643	14 846	16 949	16 065	12 469
5	阿尔及利亚	VFN	30 648	34 478	35 752	9494	9820
6	中国香港	VFR	8559	7759	6455	6677	6079
7	贝宁	TFR	1945	2600	3012	2347	5526
8	中国澳门	VFN	3310	3969	3427	3636	5370
9	埃塞俄比亚	TFR	3097	1833	2029	4477	3869
10	美国	TFR	3106	2832	2188	2838	3031

注：按 2014 年数据排名。

第六节　尼日尔

尼日尔全称尼日尔共和国（The Republic of Niger），位于撒哈拉沙漠南缘北纬，系西非的一个内陆国家。东邻乍得，西界马里、布基纳法索，南与贝宁、尼日利亚接壤，北与阿尔及利亚、利比亚毗连。大部分地区属热带荒漠气候，最南部属热带草原气候。面积为 126.7 万平方千米。2013 年全国人口 1720 万，2014 年国内生产总值（GDP）76 亿美元。

尼日尔境内主要旅游景点有：南部的尼日尔河 W 国家公园，北部的阿伊尔—泰内雷沙漠自然保护区、贾多高原、阿加德兹图阿雷格族城和泰内雷沙漠等。巴黎—达喀尔汽车拉力赛穿越尼日尔国境,带动了尼日尔旅游业发展。尼日尔非洲国际时装节是尼日尔另一重要旅游项目,1998年首次举办,两年一届。1997年以来,尼日尔陆续开办"狩猎旅游""博物馆旅游"等特色旅游项目。

一、入境旅游概况

(一)入境旅游人数

2008—2014年,尼日尔入境旅游人数整体呈上升趋势:2008年入境旅游人数为73千人次;2009年减少7千人次,减至66千人次;2010年较上年增长8千人次,增至74千人次;2011年尼日尔入境旅游人数为82千人次;2012年增至94千人次;2013年尼日尔入境旅游人数突破100千人次,达到123千人次;2014年增至135千人次,较上年增长9.8%。

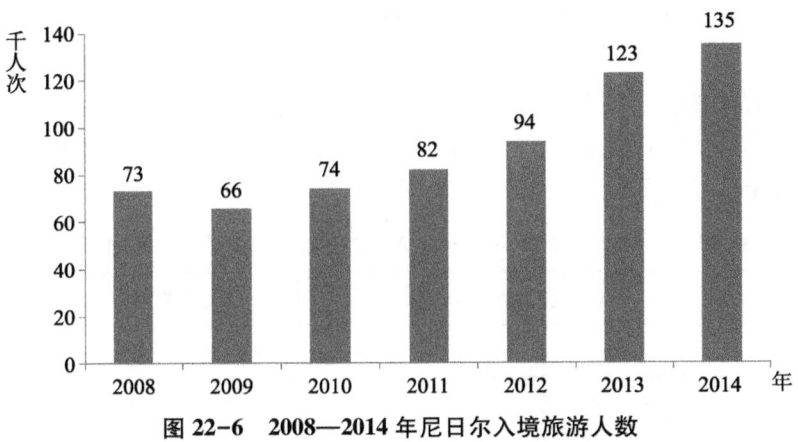

图22-6 2008—2014年尼日尔入境旅游人数

(二)入境旅游收入

2008年尼日尔入境旅游收入为79百万美元;2009年比2008年减少16.5%,降至66百万美元;2010年入境旅游收入增加到105百万美元;2011年和2012年连续下降,分别减少到51百万美元和50百万美元;2013年有所回升,增长到58百万美元,较上年增长16.0%。

表22-39 2008—2013年尼日尔入境旅游收入

单位:百万美元

	2008年	2009年	2010年	2011年	2012年	2013年
总收入	86	69	106	54	51	59
入境旅游收入	79	66	105	51	50	58
入境游客交通收入	7	3	1	3	1	1

(三)入境旅游客源结构

2014年,尼日尔入境旅游者中,来自非洲地区的游客人数为76千人次,占尼日尔入境旅游人数的比重为56.3%;来自欧洲地区的游客人数为36千人次,占26.7%;来自美洲地区和东亚太地区的游客人数基本持平,分别为12千人次和11千人次。

表22-40 2008—2014年尼日尔入境旅游人数(按地区分)

单位:千人次

地 区	2008年	2009年	2010年	2011年	2012年	2013年	2014年
非 洲	47	42	48	53	57	70	76
美 洲	5	4	5	5	7	11	12
欧 洲	18	16	18	20	24	33	36
东亚太	3	3	3	4	6	10	11

2014年,尼日尔前三大入境旅游客源国家是法国、美国和日本。其中,来自法国的游客人数为25 702人次,占尼日尔入境旅游人数的比重为19.08%。加拿大、意大利和比利时等国也是尼日尔重要的入境旅游客源国家。

表22-41 2008—2014年尼日尔入境旅游人数(按游客所在国家分)

排名	国 家	入境旅游人数(人次)			市场份额(%)		增长率(%)
		2008年	2013年	2014年	2013年	2014年	2013—2014年
1	法 国	14 667	23 517	25 702	19.07	19.08	9.29
2	美 国	2348	6298	6879	5.11	5.11	9.23
3	日 本	1900	6187	6795	5.02	5.02	9.25
4	加拿大	1252	4518	4935	3.66	3.66	9.23
5	意大利	775	2871	3116	2.33	2.31	8.53
6	比利时	881	2510	2746	2.04	2.04	9.40

注:按2014年数据排名。

(四)入境旅游方式

乘坐飞机是赴尼日尔的旅游者最主要的入境旅游方式。2008—2014年,乘坐飞机入境尼日尔的游客人数与当年尼日尔入境过夜旅游者人数相等。

(五)入境旅游目的

尼日尔的入境旅游者中,出于商务和专业活动目的入境的游客人数所占份额最大。2008—2014年,商务和专业活动游客人数从2008年的37千人次增加到2014年的67千人次,娱乐、休闲和度假游客人数从2008年的9千人次增加到2014年的18千人次。

表 22-42　2008—2014 年尼日尔入境旅游人数（按入境旅游目的分）

单位：千人次

入境旅游目的	2008 年	2009 年	2010 年	2011 年	2012 年	2013 年	2014 年
娱乐、休闲和度假	9	8	9	10	12	16	18
商务和专业活动	37	34	38	42	48	63	67
其他	27	24	27	30	34	45	50

二、出境旅游概况

（一）出境旅游花费

2008 年尼日尔出境旅游花费为 68 百万美元；2009 年为 54 百万美元；2010 年上升到 92 百万美元，较上年增长 70.4%；2011 年和 2012 年连续下降，分别减少到 40 百万美元和 36 百万美元；2013 年有所回升，增长到 47 百万美元，较上年增长 30.6%。

表 22-43　2008—2013 年尼日尔出境旅游花费

单位：百万美元

	2008 年	2009 年	2010 年	2011 年	2012 年	2013 年
总花费	98	84	95	57	132	81
出境旅游花费	68	54	92	40	36	47
出境交通花费	30	30	3	17	96	34

（二）出境旅游目的地

2014 年，尼日尔前三大出境旅游目的地国家均位于西非分区，分别是尼日利亚、贝宁和布基纳法索，三国接待尼日尔游客人数分别是 304 554 人次、15 630 人次和 7766 人次。2014 年，尼日利亚、贝宁、摩洛哥、中国香港、沙特阿拉伯、中国澳门和刚果接待尼日尔游客人数较上年均呈现一定程度的增长。

表 22-44　2010—2014 年尼日尔游客出境主要旅游目的地

单位：人次

排名	国家/地区	游客类型	2010 年	2011 年	2012 年	2013 年	2014 年
1	尼日利亚	VFN	1 273 550	64 400	93 370	297 607	304 554
2	贝宁	TFR	6000	5500	8100	13 997	15 630
3	布基纳法索	THSN	14 342	12 486	11 917	11 265	7766

续表

排名	国家/地区	游客类型	2010年	2011年	2012年	2013年	2014年
4	摩洛哥	TFN	4933	5713	6465	6032	6820
5	埃及	VFN	1343	10 670	2915	4986	4314
6	中国香港	VFR	3150	2708	2577	2998	3375
7	沙特阿拉伯	TFN	1965	2376	2520	1603	2753
8	中国澳门	VFN	226	392	603	1262	2261
9	刚果	VFR	—	541	316	1058	1949
10	比利时	TCER	1506	1605	1795	1911	1678

注：按2014年数据排名。

第七节 尼日利亚

尼日利亚全称尼日利亚联邦共和国（The Federal Republic of Nigeria），位于西非东南部。东邻喀麦隆，东北与乍得相交，西接贝宁，北界尼日尔，南濒大西洋几内亚湾。地势北高南低，境内河流众多。面积约为92.38万平方千米。2013年全国人口为1.736亿，2014年国内生产总值（GDP）为5799亿美元。

尼日利亚旅游资源丰富，但尚未很好开发。主要旅游景点有：夸拉州和高原州的瀑布，博尔诺州的乍得湖寺院，克罗斯河州的大牧牛场，伊莫州的奥古塔湖，翁多州的温泉和包奇州的野生动物园。

表22-45 2014年尼日利亚旅游业经济影响评估

指标	总数	占全国的比例(%)	增长预测(%)
GDP（百万美元）	4738.1	1.6	5.8
雇佣人数（千人）	866.2	1.3	3.3

注：本表为估计值。

一、入境旅游概况

（一）入境旅游人数

2008年尼日利亚入境旅游人数为5820千人次；2009年较上年减少13.2%，减至5053

千人次;2010年较上年增加21.0%,增加到6113千人次;2011年入境旅游人数为3765千人次,较2010年大幅下降;2012年较2011年增加24.1%,增至4673千人次;2013年入境旅游人数为4038千人次;2014年较上年增加18.9%,增至4803千人次。

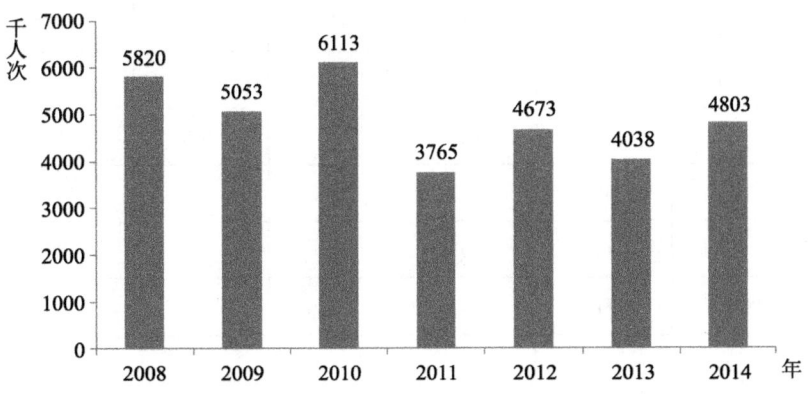

图22-7　2008—2014年尼日利亚入境旅游人数

注:此处入境旅游人数包括过夜旅游者和一日游游客。

(二)入境旅游收入

2008年尼日利亚入境旅游收入为569百万美元;2009年较上年增加33百万美元,增至602百万美元;2010年入境旅游收入为571百万美元;2011年入境旅游收入为623百万美元,较上年增加52百万美元;2012年入境旅游收入为557百万美元;2013年继续下降,减少到538百万美元;2014年入境旅游收入为539百万美元。

表22-46　2008—2014年尼日利亚入境旅游收入

单位:百万美元

	2008年	2009年	2010年	2011年	2012年	2013年	2014年
总收入	959	791	738	688	641	616	601
入境旅游收入	569	602	571	623	557	538	539
入境游客交通收入	390	189	167	65	84	78	62

(三)入境旅游客源结构

2014年,尼日利亚入境旅游者中,来自非洲地区的游客人数为1267千人次,占尼日利亚入境旅游人数的比重为57.0%;来自欧洲地区的游客人数为357千人次,占16.1%;来自美洲地区的游客人数为258千人次,占11.6%;来自东亚太地区的游客人数为168千人次,占7.6%。

表 22-47 2008—2014 年尼日利亚入境旅游人数（按地区分）

单位：千人次

地区	2008 年	2009 年	2010 年	2011 年	2012 年	2013 年	2014 年
非洲	4015	4175	4185	872	1092	1281	1267
美洲	244	256	258	177	478	241	258
欧洲	964	1001	1003	449	699	319	357
东亚太	338	351	352	340	415	181	168
南亚	137	143	143	213	221	98	105
中东	105	110	111	38	113	62	66

2014 年，尼日利亚前三大入境旅游客源国家是尼日尔、美国和喀麦隆，来自这三个国家的游客人数分别为 304 554 人次、203 523 人次和 161 819 人次。其中，来自尼日尔的游客人数远超过其他国家，2014 年，来自尼日尔的游客人数占尼日利亚入境旅游人数的比重为 6.34%。

表 22-48 2008—2014 年尼日利亚入境旅游人数（按游客所在国家分）

排名	国家	入境旅游人数（人次）			市场份额（%）		增长率（%）
		2008 年	2013 年	2014 年	2013 年	2014 年	2013—2014 年
1	尼日尔	1 224 399	297 607	304 554	7.37	6.34	2.33
2	美国	75 742	199 895	203 523	4.95	4.24	1.81
3	喀麦隆	223 984	158 647	161 819	3.93	3.37	2.00
4	英国	80 904	140 311	152 296	3.47	3.17	8.54
5	中国	72 984	113 779	117 424	2.82	2.44	3.20
6	加纳	43 420	95 287	104 344	2.36	2.17	9.50

注：按 2014 年数据排名。

（四）入境旅游方式

2008—2014 年，尼日利亚的入境旅游者中，乘坐飞机入境的游客人数最多，其次是经由公路入境的游客人数，排在第三位的是乘坐船舶入境的游客人数。乘坐飞机入境的游客人数总体呈下降趋势，从 2008 年的 3401 千人次减少到 2014 年的 2699 千人次，减少了 20.6%；经由公路入境的游客人数从 2008 年的 1795 千人次减少到 2014 年的 1480 千人次，减少了 17.5%；乘坐船舶入境的游客人数从 2008 年的 407 千人次增长到 2014 年的 624 千人次，增长了 53.3%。

表 22-49 2008—2014 年尼日利亚入境旅游人数（按入境旅游方式分）

单位：千人次

入境旅游方式	2008 年	2009 年	2010 年	2011 年	2012 年	2013 年	2014 年
飞　机	3401	3662	3118	2503	2313	2439	2699
公　路	1795	1871	2812	1195	2103	1280	1480
船　舶	407	520	183	67	257	319	624

（五）入境旅游目的

2008 年，尼日利亚入境旅游者中，娱乐、休闲和度假游客人数占 30.6%，商务和专业活动游客人数占 36.6%。2014 年，尼日利亚入境旅游者中，娱乐、休闲和度假游客人数所占比重下降到 25.7%，商务和专业活动游客人数所占比重下降到 32.6%。

表 22-50 2008—2014 年尼日利亚入境旅游人数（按入境旅游目的分）

单位：千人次

入境旅游目的	2008 年	2009 年	2010 年	2011 年	2012 年	2013 年	2014 年
娱乐、休闲和度假	1780	1993	1651	599	300	910	1234
商务和专业活动	2131	2042	3729	1788	2333	813	1565
其　他	1909	2018	733	1378	2041	2314	2004

二、出境旅游概况

（一）出境旅游花费

2008 年尼日利亚出境旅游花费为 9779 百万美元；2009 年大幅下降，减少到 5012 百万美元；2010 年出境旅游花费为 5587 百万美元；2011 年继续增长，增至 6599 百万美元；2012 年较上年有所下降，减少到 6168 百万美元；2013 年和 2014 年出境旅游花费连续下降，2014 年减少到 5269 百万美元，较上年负增长 10.1%。

表 22-51 2008—2014 年尼日利亚出境旅游花费

单位：百万美元

	2008 年	2009 年	2010 年	2011 年	2012 年	2013 年	2014 年
总花费	11 009	6236	8379	9534	9280	9150	8573
出境旅游花费	9779	5012	5587	6599	6168	5864	5269
出境交通花费	1230	1224	2792	2935	3112	3286	3304

(二)出境旅游目的地

2014年,尼日利亚前三大出境旅游目的地国家是美国、英国和沙特阿拉伯,三国接待尼日利亚游客人数分别是171 701人次、134 000人次和69 556人次。2014年,美国、沙特阿拉伯、土耳其、贝宁和埃塞俄比亚接待尼日利亚游客人数较上年均呈现一定程度的增长。

表22-52 2010—2014年尼日利亚游客出境主要旅游目的地

单位:人次

排名	国家	游客类型	2010年	2011年	2012年	2013年	2014年
1	美国	TFR	79 427	82 945	104 682	141 618	171 701
2	英国	VFR	168 000	142 000	154 000	157 000	134 000
3	沙特阿拉伯	TFN	51 090	65 882	66 468	45 491	69 556
4	南非	TFR	46 853	64 402	73 282	84 552	65 973
5	埃及	VFN	57 731	47 889	46 182	49 822	45 295
6	土耳其	VFN	9172	14 564	19 897	22 869	28 387
7	印度	TFN	23 893	33 537	36 762	34 522	28 314
8	贝宁	TFR	15 975	17 614	20 200	24 652	27 562
9	埃塞俄比亚	TFR	10 434	16 437	16 701	18 945	21 087
10	以色列	VFR	31 723	45 093	29 602	24 608	20 534

注:按2014年数据排名。

第八节 塞拉利昂

塞拉利昂全称塞拉利昂共和国(The Republic of Sierra Leone),位于非洲西部。北、东北与几内亚接壤,东南与利比里亚交界,西、西南濒临大西洋。属热带季风气候。面积71 740平方千米。2014年全国人口为630万,国内生产总值(GDP)为52亿美元。

塞拉利昂海滨地区风光秀丽,十分适宜发展旅游业。但由于交通不便和缺乏资金,旅游资源一直得不到有效开发。主要旅游景点有:50千米长、未被污染的原始沙滩以及宾蒂马尼山脉和铁吉山脉等。

表22-53 2014年塞拉利昂旅游业经济影响评估

指标	总数	占全国的比例(%)	增长预测(%)
GDP(百万美元)	88.8	1.9	5.0
雇佣人数(千人)	25.6	2.1	3.0

注:本表为估计值。

一、入境旅游概况

（一）入境旅游人数

2008—2013年，塞拉利昂入境旅游人数持续增长：2008年为36千人次；2009年为37千人次；2010年为39千人次；2011年入境旅游人数达到52千人次，较上年增加13千人次；2012年为60千人次，较上年增长15.4%；2013年入境旅游人数为81千人次，较上年增加21千人次，增长率为35.0%。2014年入境旅游人数出现明显下降，较上年减少45.7%，减少到44千人次。

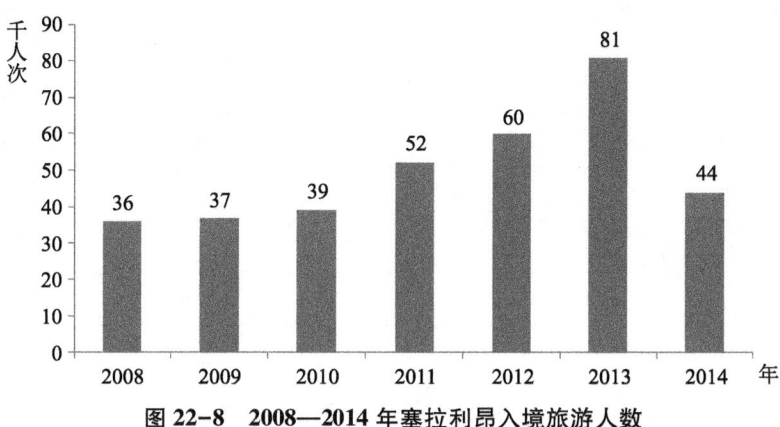

图22-8　2008—2014年塞拉利昂入境旅游人数

（二）入境旅游收入

2008—2014年，塞拉利昂入境旅游收入呈波动式变化：2008年入境旅游收入为34百万美元；2009年减少9百万美元，减至25百万美元；2010年入境旅游收入为26百万美元；2011年入境旅游收入为44百万美元，较上年增加69.2%；2012年入境旅游收入为47百万美元，较上年增长6.8%；2013年较上年增加40.4%，增至66百万美元；2014年入境旅游收入出现明显下降，较上年减少47.0%，降至35百万美元。

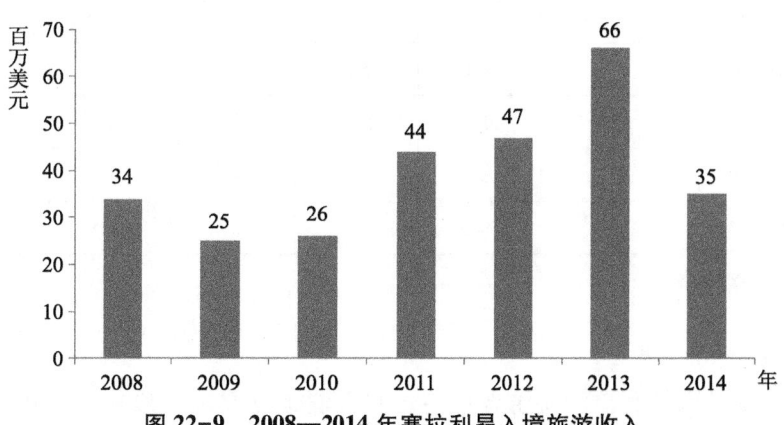

图22-9　2008—2014年塞拉利昂入境旅游收入

(三)入境旅游客源结构

2014年,塞拉利昂入境旅游者中,来自欧洲地区的游客人数为15千人次,占塞拉利昂入境旅游人数的比重为34.9%;来自非洲地区的游客人数为12千人次,占27.9%;来自美洲地区的游客人数为9千人次,占20.9%;来自东亚太、中东和南亚地区的游客人数只占较小的比重。由此可见,欧洲地区、非洲地区和美洲地区是塞拉利昂重要的入境旅游客源地区。

表22-54　2008—2014年塞拉利昂入境旅游人数(按地区分)

单位:千人次

地 区	2008年	2009年	2010年	2011年	2012年	2013年	2014年
非 洲	12	13	11	16	16	22	12
美 洲	7	7	7	11	11	20	9
欧 洲	13	11	10	14	16	26	15
东亚太	3	4	6	9	8	7	4
南 亚	—	—	1	1	3	3	1
中 东	1	2	3	1	6	4	2

2014年,塞拉利昂前三大入境旅游客源国家是英国、美国和加拿大,来自这三个国家的游客人数分别为8066人次、6324人次和2924人次。2014年,来自英国和美国的游客人数占塞拉利昂入境旅游人数的比重分别为18.44%和14.26%。

表22-55　2008—2014年塞拉利昂入境旅游人数(按游客所在国家分)

排名	国 家	入境旅游人数(人次)			市场份额(%)		增长率(%)
		2008年	2013年	2014年	2013年	2014年	2013—2014年
1	英 国	—	17 091	8066	21.04	18.44	-52.81
2	美 国	—	15 066	6324	18.54	14.26	-58.62
3	加拿大	—	4364	2924	5.37	6.69	-33
4	肯尼亚	—	1847	2315	—	5.29	25.34
5	黎巴嫩	—	3508	2135	—	4.88	-39.14
6	中 国	—	3090	1832	3.8	4.19	-40.71

注:按2014年数据排名。

(四)入境旅游方式

乘坐飞机是赴塞拉利昂的旅游者最主要的入境旅游方式。2008—2014年,乘坐飞机入境塞拉利昂的游客人数与当年塞拉利昂入境过夜旅游者人数相等。

(五)入境旅游目的

2008—2014年,塞拉利昂的入境旅游者中,出于商务和专业活动目的的游客人数最多。2014年,商务和专业活动游客人数为22千人次,占塞拉利昂入境旅游人数的比重为50%;娱乐、休闲和度假游客人数为8千人次,占18.2%。

表22-56 2008—2014年塞拉利昂入境旅游人数(按入境旅游目的分)

单位:千人次

入境旅游目的	2008年	2009年	2010年	2011年	2012年	2013年	2014年
娱乐、休闲和度假	4	9	8	11	9	13	8
商务和专业活动	13	16	17	24	30	42	22
其 他	19	12	14	17	21	26	14

二、出境旅游概况

(一)出境旅游人数

2008—2014年,塞拉利昂出境旅游人数总体上有所增长:2008年为73千人次;2009年较上年减少1千人次,为72千人次;2010年为76千人次;2011年较上年增加30.3%,增至99千人次;2012年较上年增加5千人次,增至104千人次;2013年出境旅游人数为111千人次;2014年出境旅游人数有所减少,较上年下降16.2%,下降到93千人次。

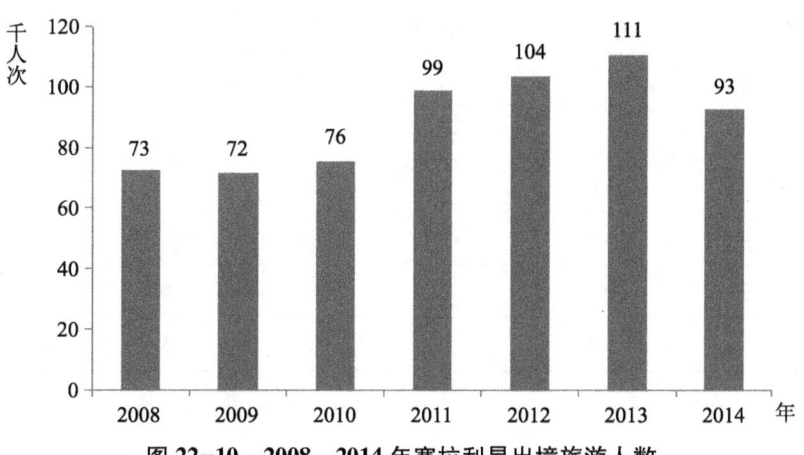

图22-10 2008—2014年塞拉利昂出境旅游人数

(二)出境旅游花费

2008年塞拉利昂出境旅游花费为24百万美元;2009年较上年减少11百万美元,减至13百万美元;2010年出境旅游花费与2009年持平,均为13百万美元;2011年出境旅游花费为17百万美元;2012年出境旅游花费为15百万美元;2013年和2014年出境旅游花费相差不大,分别为20百万美元和19百万美元。

表22-57 2008—2014年塞拉利昂出境旅游花费

单位:百万美元

	2008年	2009年	2010年	2011年	2012年	2013年	2014年
总花费	24.4	22	22	29	32	55	24
出境旅游花费	24	13	13	17	15	20	19
出境交通花费	0.4	9	9	12	17	35	5

(三)出境旅游目的地

2014年,塞拉利昂前三大出境旅游目的地国家是尼日利亚、美国和比利时,三国接待塞拉利昂游客人数分别为18 372人次、2444人次和1613人次。2014年,美国、比利时、黎巴嫩、中国香港、科威特、贝宁和波兰接待塞拉利昂游客人数较上年均出现一定程度的增长。

表22-58 2010—2014年塞拉利昂游客出境主要旅游目的地

单位:人次

排名	国家/地区	游客类型	2010年	2011年	2012年	2013年	2014年
1	尼日利亚	VFN	36 257	12 960	14 536	32 079	18 372
2	美国	TFR	1734	1929	1954	2276	2444
3	比利时	TCER	1674	1553	1352	1598	1613
4	黎巴嫩	TFN	1071	1163	1181	1157	1433
5	南非	VFR	1126	1115	1165	1123	630
6	几内亚	TFN	—	2710	2379	1214	557
7	中国香港	VFN	49	91	203	199	532
8	科威特	VFN	133	158	247	293	528
9	贝宁	TFR	186	223	300	285	455
10	波兰	TCER	195	233	215	258	312

注:按2014年数据排名。

第九节 塞内加尔

塞内加尔全称塞内加尔共和国(The Republic of Senegal),位于非洲西部最西端。北接毛里塔尼亚,东邻马里,南接几内亚和几内亚比绍,西濒大西洋。大部分地区属热带草原气候。面积约为19.67万平方千米。2014年全国人口为1450万,国内生产总值(GDP)为154亿美元。

旅游业是塞内加尔经济的四大支柱之一,为塞内加尔第二大创汇产业,被塞内加尔政府列入促进经济快速增长战略中优先发展的产业。塞内加尔旅游点主要集中在达喀尔、捷斯、济金绍尔、圣路易地区。12月至次年2月为旅游旺季。

表22-59　2014年塞内加尔旅游业经济影响评估

指标	总数	占全国的比例(%)	增长预测(%)
GDP(百万美元)	796.0	5.3	4.1
雇佣人数(千人)	134.2	4.5	1.7

注:本表为估计值。

一、入境旅游概况

(一)入境旅游人数

2008—2013年,塞内加尔入境旅游人数整体呈上升趋势,从2008年的877千人次增长到2013年的1069千人次,增长了21.9%。2014年较上年明显减少,负增长21.2%,减少到842千人次。

表22-60　2008—2014年塞内加尔入境旅游人数

单位:千人次

	2008年	2009年	2010年	2011年	2012年	2013年	2014年
入境旅游人数	877	815	906	977	967	1069	842
过夜旅游者	867	810	900	968	962	1063	836
一日游游客	10	5	6	9	5	6	6
邮船乘客	10	5	6	9	5	6	6

(二)入境旅游收入

2008—2013年,塞内加尔入境旅游收入整体呈下降趋势:2008年入境旅游收入为543百万美元;2009年为463百万美元,较上年减少80百万美元;2010年继续减少,减至453百万美元;2011年有所回升,较上年增加15百万美元,达到468百万美元;2012年较上年减少13.0%,减至407百万美元;2013年有所回升,较上年增长7.9%,增至439百万美元。

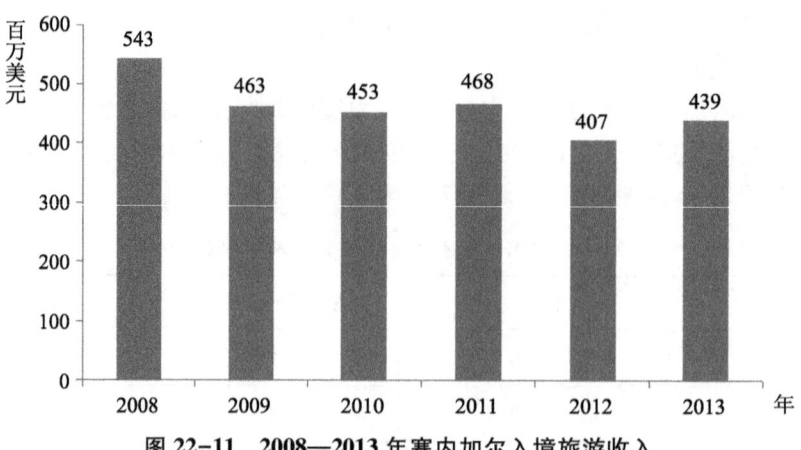

图 22-11　2008—2013 年塞内加尔入境旅游收入

(三)入境旅游客源结构

塞内加尔的入境游客主要来自欧洲地区和非洲地区。2008—2011 年,来自欧洲地区和非洲地区的游客人数均出现一定程度的减少:来自欧洲地区的游客人数从 2008 年的 325 千人次减少到 2011 年的 294 千人次,减少了 9.5%;来自非洲地区的游客人数从 2008 年的 126 千人次减少到 2011 年的 113 千人次,减少了 10.3%。来自美洲地区的游客人数相对稳定,保持在 20 千~23 千人次。

表 22-61　2008—2011 年塞内加尔入境旅游人数(按地区分)

单位:千人次

地　区	2008 年	2009 年	2010 年	2011 年
非　洲	126	113	123	113
美　洲	20	22	23	21
欧　洲	325	303	320	294

2011 年,塞内加尔前三大入境旅游客源国家是法国、美国和比利时,来自这三个国家的游客人数分别为 194 892 人次、18 366 人次和 14 343 人次。2011 年,来自法国的游客人数占塞内加尔入境旅游人数的比重高达 43.31%。

表 22-62　2008—2011 年塞内加尔入境旅游人数(按游客所在国家分)

排名	国　家	入境旅游人数(人次)			市场份额(%)		增长率(%)
		2008 年	2010 年	2011 年	2010 年	2011 年	2010—2011 年
1	法　国	212 296	205 114	194 892	41.67	43.31	-4.98
2	美　国	17 783	19 958	18 366	4.05	4.08	-7.98
3	比利时	17 271	14 400	14 343	2.93	3.19	-0.40

续表

排名	国家	入境旅游人数(人次)			市场份额(%)		增长率(%)
		2008年	2010年	2011年	2010年	2011年	2010—2011年
4	几内亚	15 779	15 327	13 269	3.11	2.95	-13.43
5	西班牙	14 548	14 593	13 135	2.96	2.92	-9.99
6	意大利	11 482	11 603	10 960	2.36	2.44	-5.54

注:按2011年数据排名。

(四)入境旅游方式

塞内加尔的入境旅游者中,经由公路和乘坐飞机入境的游客人数最多,乘坐船舶入境的游客人数较少。2008—2014年,经由公路入境的游客人数从2008年的365千人次增长到2014年的462千人次,增长了26.6%;乘坐飞机入境的游客人数从2008年的502千人次减少到2014年的374千人次,减少了25.5%;乘坐船舶入境的游客人数一直在10千人次及以下。

表22-63　2008—2014年塞内加尔入境旅游人数(按入境旅游方式分)

单位:千人次

入境旅游方式	2008年	2009年	2010年	2011年	2012年	2013年	2014年
飞　机	502	469	507	488	466	499	374
公　路	365	341	393	480	496	564	462
船　舶	10	5	6	9	5	7	6

(五)入境旅游目的

塞内加尔的入境旅游者中,出于娱乐、休闲和度假目的的游客人数最多,出于商务和专业活动目的的游客人数较少。2008—2012年,娱乐、休闲和度假游客人数从2008年的245千人次减少到2012年的226千人次,减少了7.8%;商务和专业活动游客人数从2008年的107千人次减少到2012年的79千人次,减少了26.2%。2013—2014年数据缺失。

表22-64　2008—2012年塞内加尔入境旅游人数(按入境旅游目的分)

单位:千人次

入境旅游目的	2008年	2009年	2010年	2011年	2012年
娱乐、休闲和度假	245	226	230	232	226
商务和专业活动	107	93	99	89	79
其　他	139	140	163	129	131

二、出境旅游概况

(一)出境旅游花费

2008—2013 年,塞内加尔出境旅游花费总体上有一定程度的减少,从 2008 年的 175 千人次减少到 2013 年的 150 千人次,减少了 14.3%;2013 年较上年增长 4.2%,增至 150 千人次。

表 22-65 2008—2013 年塞内加尔出境旅游花费

单位:百万美元

	2008 年	2009 年	2010 年	2011 年	2012 年	2013 年
总花费	276	258	217	250	—	—
出境旅游花费	175	156	160	151	144	150
出境交通花费	101	102	57	99	—	—

(二)出境旅游目的地

2014 年,塞内加尔前三大出境旅游目的地国家是尼日利亚、摩洛哥和马里,三国接待塞内加尔游客人数分别是 51 219 人次、41 267 人次和 10 801 人次。2014 年,尼日利亚、摩洛哥、马里、美国、贝宁、刚果和土耳其接待塞内加尔游客人数较上年均有一定程度的增长。

表 22-66 2010—2014 年塞内加尔游客出境主要旅游目的地

单位:人次

排名	国家	游客类型	2010 年	2011 年	2012 年	2013 年	2014 年
1	尼日利亚	VFN	126 464	30 920	35 754	49 207	51 219
2	摩洛哥	TFN	32 969	36 067	42 785	41 203	41 267
3	马里	TFR	11 129	12 077	8411	10 202	10 801
4	美国	TFR	7176	6967	6821	7446	7688
5	布基纳法索	THSN	10 638	9570	10 174	9566	6824
6	贝宁	TFR	4600	3100	5877	4328	6166
7	刚果	VFR	—	5064	3067	4863	5225
8	土耳其	VFN	4755	5579	5650	4811	5133
9	南非	VFR	3115	3068	3713	4008	2476
10	几内亚	TFR	—	11 289	10 015	4350	2360

注:按 2014 年数据排名。

第二十三章 中非分区旅游市场概况

中非分区位于非洲中部,赤道横穿其间。中非基本上是一个环绕刚果河流域的巨大盆地,这里保留着非洲最大的一片热带雨林,森林面积达200万平方千米左右,仅次于南美亚马孙森林,整个盆地森林覆盖率达50%。热带森林中出产各种名贵的热带木材,物种丰富,有3万多种动植物。中非热带雨林是地球上所剩无几的热带原始雨林之一,境内的刚果河是非洲第二大河流,乍得湖是非洲最大的内陆湖。

依据世界旅游组织的划分方法,中非分区包括安哥拉、喀麦隆、中非、乍得、刚果、刚果民主共和国、赤道几内亚、加蓬、圣多美和普林西比共9个国家,但本章的中非分区旅游市场概况分析只包括安哥拉、刚果民主共和国和中非共3个国家。

一、入境旅游概况

(一)入境旅游人数

2012年,中非分区各国家中,安哥拉、刚果民主共和国和中非入境旅游人数分别为528千人次、167千人次和71千人次。

表23-1 2008—2014年中非分区各国家入境旅游人数

单位:千人次

排名	国 家	2008年	2009年	2010年	2011年	2012年	2013年	2014年
1	安哥拉	294	366	425	481	528	650	595
2	刚果民主共和国	50	53	81	186	167	191	—
3	中 非	30.6	52	54	65	71	—	—

注:按2012年数据排名。

(二)入境旅游收入

2012年,中非分区各国家中,入境旅游收入最多的是安哥拉,为706百万美元,中非和刚果民主共和国入境旅游收入分别为11百万美元和6.9百万美元。

表 23-2　2008—2014 年中非分区各国家入境旅游收入

单位：百万美元

排名	国家	2008 年	2009 年	2010 年	2011 年	2012 年	2013 年	2014 年
1	安哥拉	285	534	719	646	706	1234	1589
2	中非	11.8	4.5	11	11	11	—	—
3	刚果民主共和国	0.7	24	10.7	11.4	6.9	8.4	0.4

注：按 2012 年数据排名。

二、出境旅游概况

（一）出境旅游人数

从仅有数据来看，2010 年中非共和国出境旅游人数为 38 千人次。

（二）出境旅游花费

2012 年，中非分区各国家中，安哥拉、刚果民主共和国和中非出境旅游花费分别为 159 百万美元、108 百万美元和 50 百万美元。

表 23-3　2008—2014 年中非分区各国家出境旅游花费

单位：百万美元

排名	国家	2008 年	2009 年	2010 年	2011 年	2012 年	2013 年	2014 年
1	安哥拉	254	133	148	180	159	166	113
2	刚果民主共和国	127	121	150	298	108	170	283
3	中非	49	52	49	50	50	—	—

注：按 2012 年数据排名。

第一节　安哥拉

安哥拉全称安哥拉共和国（The Republic of Angola），位于非洲西南部。北邻刚果和刚果民主共和国，东接赞比亚，南连纳米比亚，西濒大西洋。大部分地区属热带草原气候，西南部属亚热带气候。面积为 124.67 万平方千米。2014 年全国人口为 2430 万。

安哥拉与赞比亚、津巴布韦、博茨瓦纳和纳米比亚建立了跨境自然环境保护区。

表 23-4　2014 年安哥拉旅游业经济影响评估

指　标	总　数	占全国的比例(%)	增长预测(%)
GDP(百万美元)	1909.4	1.4	7.6
雇佣人数(千人)	63.7	1.5	4.7

注：本表为估计值。

一、入境旅游概况

（一）入境旅游人数

2008—2013 年，安哥拉入境旅游人数持续增长，从 2008 年的 294 千人次增长到 2013 年的 650 千人次，增长了 1.2 倍。2014 年较上年有所下降，减少到 595 千人次，负增长 8.5%。

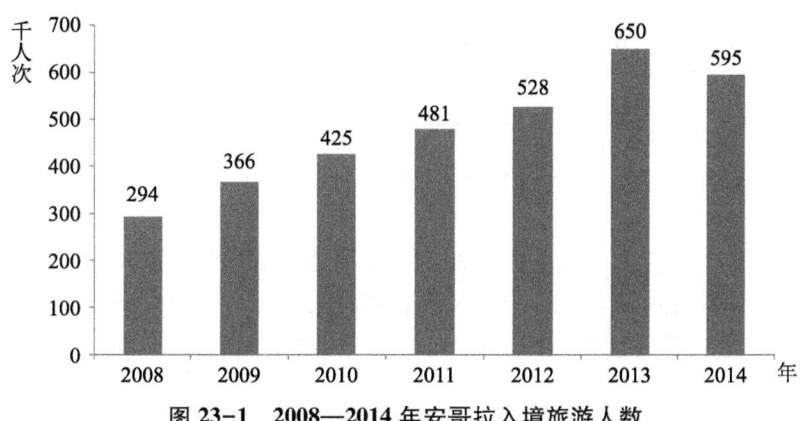

图 23-1　2008—2014 年安哥拉入境旅游人数

（二）入境旅游收入

2008—2014 年，安哥拉入境旅游收入总体上有显著增长：2008 年为 285 百万美元；2009 年较上年增长 87.4%，增至 534 百万美元；2010 年比 2009 年增长 34.6%；2011 年有所回落，较上年减少 10.2%，减至 646 百万美元；2012 年比 2011 年增加 9.3%，增至 706 百万美元；2013 年入境旅游收入为 1234 百万美元，较上年增加 74.8%；2014 年继续增长，达到 1589 百万美元，较上年增长 28.8%。

表 23-5　2008—2014 年安哥拉入境旅游收入

单位：百万美元

	2008 年	2009 年	2010 年	2011 年	2012 年	2013 年	2014 年
总收入	293	554	726	653	711	1241	1597
入境旅游收入	285	534	719	646	706	1234	1589
入境游客交通收入	8	20	7	7	5	7	8

(三)入境旅游客源结构

2014年,安哥拉入境旅游者中,来自欧洲地区的游客人数为326千人次,占安哥拉入境旅游人数的比重为54.6%;来自非洲地区的游客人数为106千人次,占17.8%;来自美洲地区的游客人数为84千人次,占14.1%;来自东亚太地区的游客人数为66千人次,占11.1%。

表23-6 2008—2014年安哥拉入境旅游人数(按地区分)

单位:千人次

地区	2008年	2009年	2010年	2011年	2012年	2013年	2014年
非洲	37	46	73	148	173	223	106
美洲	59	76	83	58	68	74	84
东亚太	59	66	81	88	94	106	66
欧洲	130	161	170	170	177	231	326
中东	3	4	9	3	6	8	7
南亚	6	11	10	14	10	8	8

2014年,安哥拉前三大入境旅游客源国家是葡萄牙、南非和中国,来自这三个国家的游客人数分别为219 258人次、56 852人次和49 965人次。2014年,来自葡萄牙的游客人数占安哥拉入境旅游人数的比重高达36.85%,远高于排在第二位的来自南非的游客人数所占的比重。

表23-7 2018—2014年安哥拉入境旅游人数(按游客所在国家/地区分)

排名	国家/地区	入境旅游人数(人次)			市场份额(%)		增长率(%)
		2008年	2013年	2014年	2013年	2014年	2013—2014年
1	葡萄牙	53 658	141 351	219 258	21.75	36.85	55.12
2	南非	15 476	94 177	56 852	14.49	9.55	-39.63
3	中国	43 035	84 300	49 965	12.97	8.40	-40.73
4	巴西	35 231	43 615	44 001	6.71	7.40	0.89
5	纳米比亚	1174	73 614	25 079	11.32	4.21	-65.93
6	法国	26 649	19 491	18 806	3.00	3.16	-3.51
7	英国	20 425	31 748	18 363	4.88	3.09	-42.16
8	波多黎各(美)	—	—	12 212	—	2.05	—

续表

排名	国家/地区	入境旅游人数（人次）			市场份额（%）		增长率（%）
		2008年	2013年	2014年	2013年	2014年	2013—2014年
9	比利时	—	1281	11 142	—	1.87	769.79
10	美 国	14 319	17 424	8843	2.68	1.49	-49.25
11	西班牙	2593	7054	8567	1.09	1.44	21.45
12	古 巴	2754	5351	7722	0.82	1.3	44.31
13	印 度	5262	6923	6464	1.07	1.09	-6.63

注：按2014年数据排名。

（四）入境旅游方式

乘坐飞机是赴安哥拉的旅游者最主要的入境旅游方式。2008—2014年，乘坐飞机入境安哥拉的游客人数与当年安哥拉入境过夜旅游者人数相等。

（五）入境旅游目的

2008—2010年，安哥拉入境旅游者中，娱乐、休闲和度假游客人数高于商务和专业活动游客人数；2011—2014年，商务和专业活动游客人数高于娱乐、休闲和度假游客人数。2008—2014年，安哥拉入境旅游者中，娱乐、休闲和度假游客人数总体上变化不大；商务和专业活动游客人数有显著增长，从2008年的59千人次增长到2014年的235千人次，增长了近3.0倍。

表23-8　2008—2014年安哥拉入境旅游人数（按入境旅游目的分）

单位：千人次

入境旅游目的	2008年	2009年	2010年	2011年	2012年	2013年	2014年
娱乐、休闲和度假	87	154	126	53	84	131	88
商务和专业活动	59	76	112	235	239	264	235
其他	148	135	187	193	205	255	272

二、出境旅游概况

（一）出境旅游花费

2008—2014年，安哥拉出境旅游花费总体上明显下降，从2008年的254百万美元减少到2014年的113百万美元，减少了55.5%；2014年较2013年减少53百万美元，负增长31.9%。

表 23-9 2008—2014 年安哥拉出境旅游花费

单位：百万美元

	2008 年	2009 年	2010 年	2011 年	2012 年	2013 年	2014 年
总花费	447	270	275	323	292	319	508
出境旅游花费	254	133	148	180	159	166	113
出境交通花费	193	137	127	143	133	153	395

（二）出境旅游目的地

2014 年，安哥拉前四大出境旅游目的地国家是南非、巴西、刚果和美国，四国接待安哥拉游客人数均在 10 000 人次以上，分别为 54 454 人次、48 666 人次、21 124 人次和 13 288 人次。2014 年，巴西、刚果、美国、古巴、俄罗斯、坦桑尼亚和摩洛哥接待安哥拉游客人数较上年均出现一定程度的增长。

表 23-10 2010—2014 年安哥拉游客出境主要旅游目的地

单位：人次

排名	国家/地区	游客类型	2010 年	2011 年	2012 年	2013 年	2014 年
1	南非	VFR	39 535	39 952	48 608	58 065	54 454
2	巴西	TFR	38 051	37 221	37 779	38 587	48 666
3	刚果	VFR	—	9661	7896	14 750	21 124
4	美国	TFR	6610	7726	9964	11 647	13 288
5	古巴	VFR	2307	2838	3793	5380	5905
6	俄罗斯	VFN	1091	1513	1673	1857	2539
7	印度	TFN	1620	1891	2263	2300	2214
8	中国香港	VFN	1329	1673	1756	1957	1925
9	坦桑尼亚	VFR	517	656	609	811	1710
10	摩洛哥	TFN	2926	4231	2378	1015	1435

注：按 2014 年数据排名。

第二节 刚果民主共和国

刚果民主共和国（The Democratic Republic of the Congo），地处非洲中西部。东邻乌干达、卢旺达、布隆迪、坦桑尼亚，南接赞比亚、安哥拉，北连苏丹和中非，西隔刚果河与刚果相望。西部有狭长走廊通大西洋。北部属热带雨林气候，南部属热带草原气候。面积约为 234.49 万平方千米。2014 年全国人口约 6936 万，国内生产总值（GDP）为 329.6 亿美元。

一、入境旅游概况

(一)入境旅游人数

2008年刚果民主共和国入境旅游人数为50千人次;2009年较上年增长6.0%,增至53千人次;2010年继续增长,达到81千人次;2011年较上年增长129.6%,达到186千人次;2012年下降到167千人次,较上年负增长10.2%;2013年较上年增加24千人次,增至191千人次,增长率为14.4%。

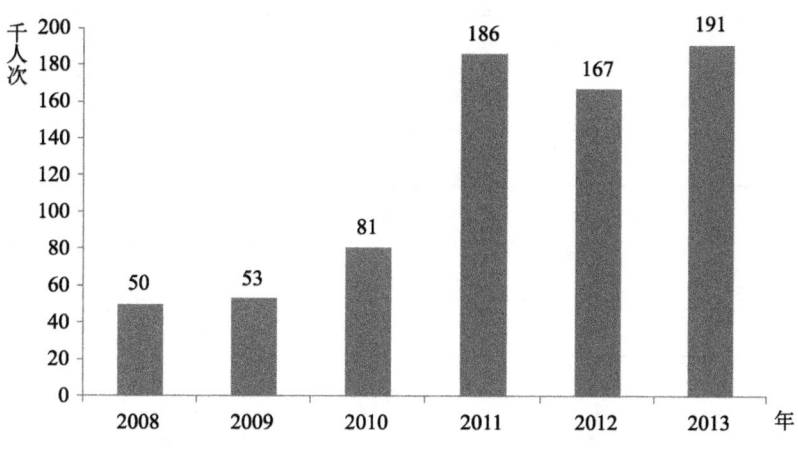

图23-2　2008—2013年刚果民主共和国入境旅游人数

(二)入境旅游客源结构

刚果民主共和国入境旅游者中,来自非洲地区和欧洲地区的游客人数最多,来自美洲地区和东亚太地区的游客人数较少,来自南亚地区和中东地区的游客人数只占了极少的一部分。2013年,刚果民主共和国入境旅游者中,来自非洲地区的游客人数为72千人次,占刚果民主共和国入境旅游人数的比重为44.2%;来自欧洲地区的游客人数为49千人次,占30.1%;来自美洲地区的游客人数为20千人次,占12.3%;来自东亚太地区的游客人数为14千人次,占8.6%。

表23-11　2008—2013年刚果民主共和国入境旅游人数(按地区分)

单位:千人次

地　区	2008年	2009年	2010年	2011年	2012年	2013年
非　洲	28	31	20	44	66	72
美　洲	4	3	7	21	18	20
东亚太	5	6	4	14	22	14
欧　洲	13	13	35	68	51	49
中　东	—	—	2	6	11	3
南　亚	—	—	3	6	—	5

2013年,刚果民主共和国前三大入境旅游客源国家是安哥拉、南非和印度,来自这三个国家的游客人数分别为5600人次、4970人次和4951人次。2012年,来自中国的游客人数为4219人次。

表23-12　2011—2012年刚果民主共和国入境旅游人数(按游客所在国家分)

排名	国　家	入境旅游人数(人次)		市场份额(%)
		2011年	2012年	2013年
1	安哥拉	5529	5600	2.93
2	南　非	4962	4970	2.6
3	印　度	5668	4951	2.59
4	加拿大	6694	4273	2.23
5	中　国	—	4219	2.2
6	肯尼亚	2668	3716	1.94
7	布隆迪	2107	3526	1.84
8	日　本	—	3289	1.72
9	乌干达	—	3171	1.66
10	巴　西	1708	3169	1.66

注:按2012年数据排名。

(三)入境旅游方式

刚果民主共和国的入境旅游者中,乘坐飞机入境的游客人数最多,经由公路和乘坐船舶入境的游客人数较少。2008—2011年,乘坐飞机入境的游客人数从50千人次增长到160千人次,增长了2.2倍;2012年有所下降,较上年减少4千人次;2013年较上年增长15.4%,达到180千人次。

表23-13　2008—2013年刚果民主共和国入境旅游人数(按入境旅游方式分)

单位:千人次

入境旅游方式	2008年	2009年	2010年	2011年	2012年	2013年
飞　机	50	53	81	160	156	180
船　舶	—	—	—	—	1	3
公　路	—	—	—	26	8	6

(四)入境旅游目的

2008—2013年,刚果民主共和国入境旅游者中,商务和专业活动游客人数始终多于娱乐、休闲和度假游客人数。2008年,娱乐、休闲和度假游客人数为8千人次,占刚果民主共和国入境旅游人数的比重为16.0%;商务和专业活动游客人数为32千人次,占64.0%。2014年,娱乐、休闲和度假游客人数为28千人次,占刚果民主共和国入境旅游人数的比重为14.6%;商务和专业活动游客人数为84千人次,占43.8%。

表 23-14　2008—2013年刚果民主共和国入境旅游人数(按入境旅游目的分)

单位:千人次

入境旅游目的	2008年	2009年	2010年	2011年	2012年	2013年
娱乐、休闲和度假	8	8	10	20	35	28
商务和专业活动	32	34	35	119	76	84
其　他	10	11	36	47	56	80

二、出境旅游概况

(一)出境旅游花费

2008—2014年,刚果民主共和国出境旅游花费整体呈增长趋势:2008年为127百万美元;2011年达到298百万美元,增长了134.6%;2012年出境旅游花费下降到108百万美元;2013年和2014年连续增长,较上年增长率分别为57.4%和66.5%,2014年出境旅游花费增长到283百万美元。

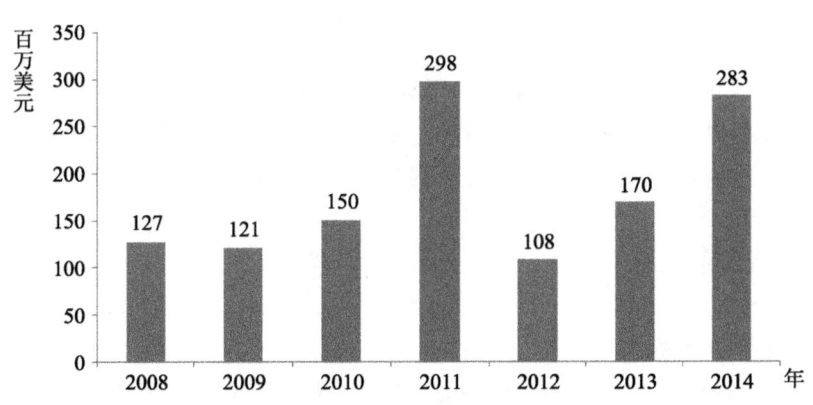

图 23-3　2008—2014年刚果民主共和国出境旅游花费

(二)出境旅游目的地

2014年,刚果民主共和国游客出境旅游第一大目的地国家是卢旺达,其次是刚果、乌干达、南非和津巴布韦等。2014年,在非洲地区以外的国家中,美国是刚果民主共和国最大的出境旅游目的地国家,前往美国旅游的刚果民主共和国游客人数达到5419人次。

表23-15　2010—2014年刚果民主共和国游客出境主要旅游目的地

单位:人次

排名	国家/地区	游客类型	2010年	2011年	2012年	2013年	2014年
1	卢旺达	VFN	242 976	383 099	474 306	488 122	535 513
2	刚果	VFR	—	80 170	78 331	145 988	110 185
3	乌干达	TFR	20 306	42 147	42 604	49 925	55 630
4	南非	VFR	32 077	33 811	34 348	35 571	31 028
5	津巴布韦	VFR	15 751	13 840	23 584	23 164	30 707
6	坦桑尼亚	VFR	11 836	19 043	10 264	12 573	10 597
7	美国	TFR	1189	920	1316	3601	5419
8	比利时	TCER	2940	3323	3589	3662	3213
9	加拿大	TFR	1003	859	1175	1407	1631
10	中国澳门	VFN	1099	1808	2378	2150	1451

注:按2014年数据排名。

第三节　中　非

中非全称中非共和国(The Central African Republic),位于非洲大陆中部,属内陆国家。东接苏丹,南界刚果和刚果民主共和国,西连喀麦隆,北邻乍得。面积约为62.298平方千米。2014年全国人口为470.92万,国内生产总值(GDP)为17.83亿美元。

一、入境旅游概况

(一)入境旅游人数

2008年中非入境旅游人数为30.6千人次;2009年较上年上升69.9%,增加到52千人次;2010年比2009年上升3.8%,增加到54千人次;2011年继续上升,增至65千人次;2012年较上年上升9.2%,增加到71千人次。2013—2014年数据缺失。

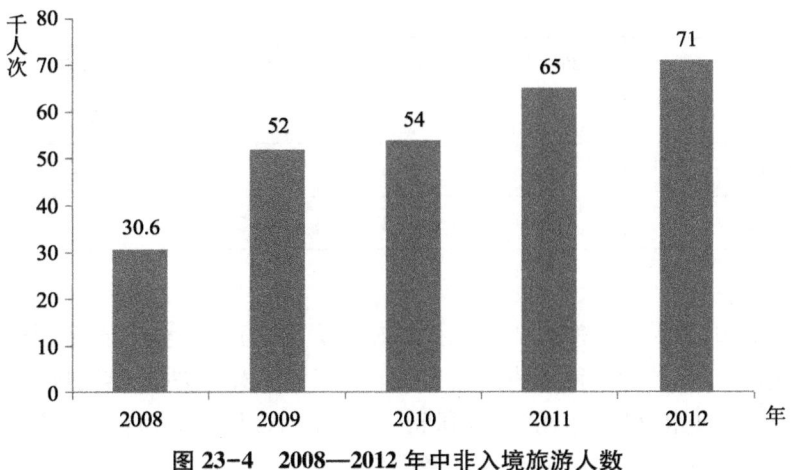

图 23-4 2008—2012 年中非入境旅游人数

（二）入境旅游收入

2008 年中非入境旅游收入为 11.8 百万美元；2009 年出现大幅下降，下降到 4.5 百万美元；2010 年回升到 11 百万美元；2011 年和 2012 年入境旅游收入保持不变，仍为 11 百万美元。2013—2014 年数据缺失。

表 23-16 2008—2012 年中非入境旅游收入

单位：百万美元

	2008 年	2009 年	2010 年	2011 年	2012 年
总收入	20.8	7.5	14.4	15	15
入境旅游收入	11.8	4.5	11	11	11
入境游客交通收入	9	3	3.4	4	4

（三）入境旅游客源结构

2012 年，中非入境旅游者中，来自非洲地区的游客人数为 35.9 千人次，占中非共和国入境旅游人数的比重为 51.9%；来自欧洲地区的游客人数为 17.6 千人次，占 25.4%；来自东亚太地区的游客人数为 5.9 千人次，占 8.5%；来自美洲地区的游客人数为 5.2 千人次，占 7.5%。2013—2014 年数据缺失。

表 23-17 2008—2012 年中非入境旅游人数（按地区分）

单位：千人次

地　区	2008 年	2009 年	2010 年	2011 年	2012 年
非　洲	16	27	26.7	32.7	35.9
美　洲	1.3	3.2	5.1	5.1	5.2

续表

地 区	2008年	2009年	2010年	2011年	2012年
东亚太	2.3	3.9	5	5.8	5.9
欧 洲	10.6	16.6	13.1	16.6	17.6
中 东	0.4	1.2	2.7	3.8	4.6

2012年，中非前十位入境旅游客源国家依次是：法国、喀麦隆、加蓬、黎巴嫩、刚果民主共和国、中国、贝宁、乍得、科特迪瓦和美国。2012年，来自法国、喀麦隆、加蓬、黎巴嫩、刚果民主共和国、贝宁、科特迪瓦、尼日利亚、塞内加尔、意大利和加拿大的游客人数较上年均有一定程度的增长。2013—2014年数据缺失。

表23-18 2008—2012年中非入境旅游人数（按游客所在国家分）

单位：人次

排名	国 家	2008年	2009年	2010年	2011年	2012年
1	法 国	476	4431	7661	8924	9200
2	喀麦隆	2895	895	2861	3967	4265
3	加 蓬	762	695	762	3720	3954
4	黎巴嫩	387	712	1484	1879	2430
5	刚果民主共和国	1124	588	1124	1898	2369
6	中 国	292	1748	1997	2300	2125
7	贝 宁	692	1386	1088	1816	2124
8	乍 得	1275	3221	2732	2125	1998
9	科特迪瓦	1024	1116	1236	1624	1834
10	美 国	775	1367	2157	1715	1694
11	尼日利亚	811	1133	1350	1500	1678
12	塞内加尔	1127	1662	1577	1485	1578
13	意大利	788	2017	1229	1385	1512
14	日 本	108	908	1322	1515	1329
15	加拿大	209	1076	1130	1250	1306

注：按2012年数据排名。

(四) 入境旅游方式

乘坐飞机是赴中非的旅游者最主要的入境旅游方式。2008—2012年,乘坐飞机入境中非的游客人数与当年中非入境过夜旅游者人数相等。2013—2014年数据缺失。

(五) 入境旅游目的

2008—2012年,中非的入境旅游者中,娱乐、休闲和度假游客人数从4.4千人次增长到11千人次,增长了1.5倍;商务和专业活动游客人数从13.9千人次增长到39千人次,增长了1.8倍。2012年,中非的入境旅游者中,娱乐、休闲和度假游客人数占15.5%,商务和专业活动游客人数占54.9%。2013—2014年数据缺失。

表23-19　2008—2012年中非入境旅游人数(按入境旅游目的分)

单位:千人次

入境旅游目的	2008年	2009年	2010年	2011年	2012年
娱乐、休闲和度假	4.4	9	8	9	11
商务和专业活动	13.9	26	30	37	39
其他	12.3	18	16	19	21

二、出境旅游概况

(一) 出境旅游花费

2008年中非出境旅游花费为49百万美元;2009年较上年上升6.1%,达到52百万美元;2010年下降到49百万美元;2010年和2011年均为50百万美元。2013—2014年数据缺失。

表23-20　2008—2012年中非出境旅游花费

单位:百万美元

	2008年	2009年	2010年	2011年	2012年
总花费	56	61	67	68	69
出境旅游花费	49	52	49	50	50
出境交通花费	7	9	18	18	19

(二) 出境旅游目的地

2014年,中非前三大出境旅游目的地国家是刚果、摩洛哥和贝宁,三国接待中非游客人数分别为32 986人次、993人次和830人次。2014年,刚果、摩洛哥、美国、卢旺达和马里接待中非游客人数较上年均有一定程度的增长。

表 23-21 2010—2014 年中非游客出境主要旅游目的地

单位：人次

排名	国家	游客类型	2010 年	2011 年	2012 年	2013 年	2014 年
1	刚果	VFR	—	2492	3786	11 268	32 986
2	摩洛哥	TFN	855	937	776	826	993
3	贝宁	TFR	800	700	600	855	830
4	尼日利亚	VFN	16 035	2731	8472	—	519
5	美国	TFR	234	225	205	292	331
6	比利时	TCER	304	328	441	582	316
7	卢旺达	VFN	147	167	174	176	271
8	马里	TFN	—	—	88	123	207
9	南非	VFR	175	144	200	202	124
10	波兰	THSR	37	80	70	290	104

第二十四章　东非分区旅游市场概况

东非分区地跨赤道,以高大的雪峰、成串的湖泊和两条巨大的裂谷而独具特色。地形上属于东非高原,东非大裂谷贯穿其间。东非分区内有非洲的最高峰,有辽阔的热带稀树草原,有绮丽多姿的自然景色,有丰富的野生动植物资源。东非分区诞生了世界上最古老的人类,凝注着非洲最原始的灵魂。辽阔的稀树草原与众多的野生动物是东非分区最经典的景观。

依据世界旅游组织的划分方法,东非分区包括布隆迪、科摩罗、吉布提、厄立特里亚、埃塞俄比亚、肯尼亚、马达加斯加、马拉维、毛里求斯、莫桑比克、留尼汪(法)、卢旺达、塞舌尔、坦桑尼亚、乌干达、赞比亚和津巴布韦共17个国家,但本章的东非分区旅游市场概况分析不包括布隆迪、科摩罗、吉布提、留尼汪(法)和卢旺达。

一、入境旅游概况

（一）入境旅游人数

2014年,东非分区最重要的旅游目的地国家是津巴布韦、莫桑比克和肯尼亚,分别接待了1905千人次、1661千人次和1350千人次入境游客。在第二档次的旅游目的地国家中,接待入境游客人数超过1000千人次的国家有乌干达(1266千人次)、坦桑尼亚(1113千人次)和毛里求斯(1039千人次)。赞比亚、埃塞俄比亚、塞舌尔和马达加斯加接待入境游客人数均低于1000千人次。

表24-1　2008—2014年东非分区各国家入境旅游人数

单位:千人次

排名	国　家	2008年	2009年	2010年	2011年	2012年	2013年	2014年
1	津巴布韦	1956	2017	2239	2423	1794	1833	1905
2	莫桑比克	1193	1461	1718	1902	2113	1886	1661
3	肯尼亚	1203	1490	1609	1823	1711	1520	1350
4	乌干达	844	807	946	1151	1197	1206	1266
5	毛里求斯	930	871	935	965	965	993	1039
6	赞比亚	812	710	815	920	859	915	947

续表

排名	国家	2008年	2009年	2010年	2011年	2012年	2013年	2014年
7	坦桑尼亚	750	695	754	843	1043	1063	1113
8	马拉维	742	755	746	767	770	795	—
9	埃塞俄比亚	383	427	468	523	597	581	770
10	马达加斯加	375	163	196	225	256	196	222
11	塞舌尔	159	158	175	194	208	230	233
12	厄立特里亚	70	79	84	107	—	—	—

注：此处各国家中，肯尼亚入境旅游人数包括过夜旅游者和一日游游客，其他国家入境旅游人数均指过夜旅游者，不包括一日游游客；厄立特里亚2012—2014年数据缺失，故按2011年数据排名。

（二）入境旅游收入

2012年，坦桑尼亚以1713百万美元的入境旅游收入成为东非分区入境旅游收入最高的国家；紧随其后的是毛里求斯，入境旅游收入为1480百万美元。2012年，入境旅游收入在500百万美元以上的国家还有乌干达、肯尼亚、津巴布韦、埃塞俄比亚、马达加斯加和赞比亚。

表24-2　2008—2014年东非分区各国家入境旅游收入

单位：百万美元

排名	国家	2008年	2009年	2010年	2011年	2012年	2013年	2014年
1	坦桑尼亚	1289	1160	1255	1353	1713	1853	2006
2	毛里求斯	1454	1120	1285	1484	1480	1322	1447
3	乌干达	498	667	784	960	1135	1334	792
4	肯尼亚	752	690	800	926	935	881	811
5	津巴布韦	294	523	634	662	749	856	827
6	埃塞俄比亚	377	329	522	758	607	—	—
7	马达加斯加	351	308	307	476	559	574	—
8	赞比亚	148	98	492	555	518	552	642
9	塞舌尔	35	257	274	291	388	430	398
10	莫桑比克	190	196	108	138	189	199	207
11	马拉维	70	70	31	31	31	29	32

注：埃塞俄比亚2013—2014年数据缺失，故按2012年数据排名。

二、出境旅游概况

(一) 出境旅游人数

2014年,东非分区出境旅游人数最多的国家是津巴布韦,其以792千人次的出境旅游人数远远高于排在第二位的乌干达(511千人次)。2014年,出境旅游人数超过200千人次的国家还有毛里求斯,出境旅游人数为257千人次。2014年,塞舌尔出境旅游人数为59千人次。

表24-3 2008—2014年东非分区各国家出境旅游人数

单位:千人次

排名	国家	2008年	2009年	2010年	2011年	2012年	2013年	2014年
1	津巴布韦	593	631	650	693	720	757	792
2	乌干达	337	311	324	367	382	378	511
3	毛里求斯	226	196	212	219	237	250	257
4	塞舌尔	54	49	59	57	54	55	59

注:按2014年数据排名。

(二) 出境旅游花费

2012年,东非分区出境旅游花费最高的国家是坦桑尼亚,出境旅游花费为967百万美元;乌干达和毛里求斯紧随其后,出境旅游花费分别为484百万美元和366百万美元;莫桑比克、埃塞俄比亚、肯尼亚、赞比亚和马达加斯加的出境旅游花费也都超过了100百万美元;马拉维和塞舌尔的出境旅游花费在100百万美元以下。

表24-4 2008—2014年东非分区各国家出境旅游花费

单位:百万美元

排名	国家	2008年	2009年	2010年	2011年	2012年	2013年	2014年
1	坦桑尼亚	721	766	830	899	967	1034	1102
2	乌干达	156	192	320	405	484	555	222
3	毛里求斯	452	354	398	400	366	438	481
4	莫桑比克	202	212	216	230	187	241	253
5	埃塞俄比亚	156	138	143	170	181	—	—
6	肯尼亚	266	227	212	197	174	233	206

续表

排名	国家	2008年	2009年	2010年	2011年	2012年	2013年	2014年
7	赞比亚	64	39	105	111	165	210	222
8	马达加斯加	143	123	104	150	108	134	—
9	马拉维	46	63	61	61	65	62	74
10	塞舌尔	4.4	35	38	40	35	37	37

注：埃塞俄比亚2013—2014年数据缺失，故按2012年数据排名。

第一节　埃塞俄比亚

埃塞俄比亚全称埃塞俄比亚联邦民主共和国(The Federal Democratic Republic of Ethiopia)，是非洲东北部内陆国。东与吉布提、索马里毗邻，西同苏丹交界，南与肯尼亚接壤，北接厄立特里亚。高原占全国面积的2/3，平均海拔近3000米，素有"非洲屋脊"之称。气候类型复杂，温差较大。面积为110.36万平方千米。2014年全国人口为9650万，国内生产总值(GDP)为496亿美元。

埃塞俄比亚旅游资源丰富，文物古迹及野生动物公园较多，有8处遗迹被联合国教科文组织列入《世界遗产名录》。政府已采取扩建机场、简化签证手续等措施促进旅游业发展，计划使埃塞俄比亚到2020年发展成为非洲十大旅游国之一。

表24-5　2014年埃塞俄比亚旅游业经济影响评估

指标	总数	占全国的比例(%)	增长预测(%)
GDP(百万美元)	1926.4	4.2	4.8
雇佣人数(千人)	985.5	3.8	0.6

注：本表为估计值。

一、入境旅游概况

(一)入境旅游人数

2008—2014年，埃塞俄比亚入境旅游人数持续增长，从2008年的383千人次增长到2014年的770千人次，增长率高达101.0%。2009年为427千人次，较上年增长11.5%；2010年增速有所减缓，较上年增长9.6%；2011—2013年分别较上年增长11.8%、14.1%和14.1%；2014年较上年增长13.1%，增至770千人次。

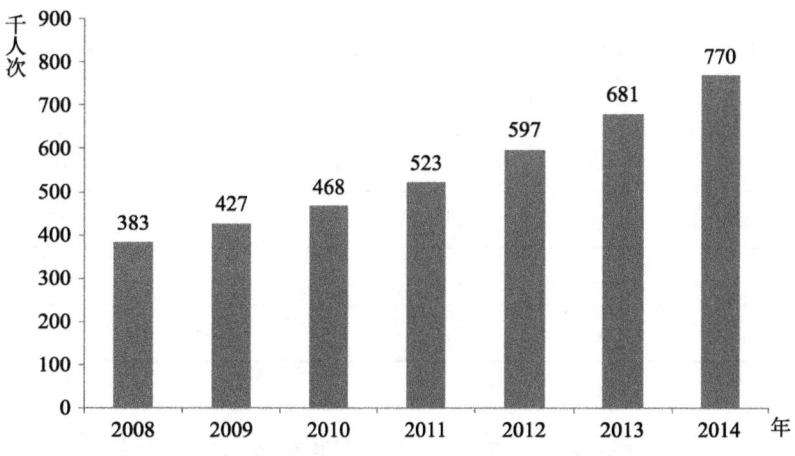

图 24-1　2008—2014 年埃塞俄比亚入境旅游人数

(二) 入境旅游收入

2008—2012 年,埃塞俄比亚入境旅游收入总体呈上升趋势:2008 年入境旅游收入为 377 百万美元;2009 年较上年下降 12.7%,下降到 329 百万美元;2010 年和 2011 年增幅明显,分别较上年增长 58.7% 和 45.2%;2012 年有所下降,较上年减少 19.9%,减少到 607 百万美元。2013—2014 年数据缺失。

表 24-6　2008—2012 年埃塞俄比亚入境旅游收入

单位:百万美元

	2008 年	2009 年	2010 年	2011 年	2012 年
总收入	1184	1119	1434	1998	1980
入境旅游收入	377	329	522	758	607
入境游客交通收入	807	790	912	1240	1373

(三) 入境旅游客源结构

2014 年,埃塞俄比亚入境旅游者中,来自非洲地区的旅游者占 30.1%,来自欧洲地区的旅游者占 30.0%,来自美洲地区的旅游者占 19.5%,来自中东地区的旅游者占 8.8%,来自东亚太地区的旅游者占 7.9%,来自南亚地区的旅游者占 3.6%。

表 24-7　2008—2014 年埃塞俄比亚入境旅游人数(按地区分)

单位:千人次

地　区	2008 年	2009 年	2010 年	2011 年	2012 年	2013 年	2014 年
非　洲	116	150	140	160	169	217	232

续表

地区	2008年	2009年	2010年	2011年	2012年	2013年	2014年
美 洲	59	78	95	96	121	130	150
欧 洲	95	119	137	163	181	201	231
东亚太	23	31	39	36	52	52	61
南 亚	11	12	15	21	22	23	28
中 东	25	37	42	47	51	59	68

肯尼亚和尼日利亚是埃塞俄比亚在非洲地区重要的入境旅游客源国家,英国、德国、意大利和法国是其在欧洲地区重要的入境旅游客源国家,中国和印度是其在亚洲地区重要的入境旅游客源国家,沙特阿拉伯是其在中东地区重要的入境旅游客源国家。2014年,美国、英国和中国是埃塞俄比亚前三位入境旅游客源国家。2014年,埃塞俄比亚入境游客中,美国游客占16.11%,远高于排在第二位的英国游客的比重。

表24-8　2008—2014年埃塞俄比亚入境旅游人数(按游客所在国家分)

排名	国家	入境旅游人数(人次)			市场份额(%)		增长率(%)
		2008年	2013年	2014年	2013年	2014年	2013—2014年
1	美 国	49 678	108 089	124 105	15.87	16.11	14.82
2	英 国	18 283	36 980	41 628	5.43	5.4	12.57
3	中 国	13 791	31 688	37 158	4.65	4.82	17.26
4	德 国	12 643	29 286	34 779	4.3	4.51	18.76
5	意大利	11 235	24 213	27 998	3.55	3.63	15.63
6	肯尼亚	10 417	23 521	26 822	3.45	3.48	14.03
7	印 度	10 560	21 789	25 606	3.2	3.32	17.52
8	沙特阿拉伯	7160	19 495	24 180	2.86	3.14	24.03
9	法 国	8965	20 290	23 780	2.98	3.09	17.2
10	尼日利亚	9744	18 945	21 087	2.78	2.74	11.31

注:按2014年数据排名。

(四)入境旅游方式

2008—2014年,埃塞俄比亚入境旅游者中,乘坐飞机入境的游客人数从2008年的330千人次增长到2014年的749千人次,增长了1.3倍;经由公路入境的游客人数从

2008 年的 53 千人次减少到 2014 年的 22 千人次,减少了 58.5%。2008 年,乘坐飞机入境埃塞俄比亚的游客人数占 86.2%,经由公路入境埃塞俄比亚的游客人数占 13.8%;2014 年,乘坐飞机入境埃塞俄比亚的游客人数占 97.1%,经由公路入境埃塞俄比亚的游客人数占 2.9%。

表 24-9　2008—2014 年埃塞俄比亚入境旅游人数(按入境旅游方式分)

单位:千人次

入境旅游方式	2008 年	2009 年	2010 年	2011 年	2012 年	2013 年	2014 年
飞　机	330	371	403	450	513	586	749
公　路	53	56	65	73	83	95	22

（五）入境旅游目的

2008 年,埃塞俄比亚入境旅游者中,以娱乐、休闲和度假为目的的旅游者人数为 99 千人次,占埃塞俄比亚入境旅游人数的比重为 30.0%;以商务和专业活动为目的的旅游者人数为 65 千人次,占 19.7%;其他目的旅游者人数为 166 千人次,占 50.3%。2014 年,埃塞俄比亚入境旅游者中,以娱乐、休闲和度假为目的的旅游者人数增至 269 千人次,占埃塞俄比亚入境旅游人数的比重为 34.9%;以商务和专业活动为目的的旅游者人数增至 214 千人次,占 27.8%;其他目的旅游者人数增至 288 千人次,占 37.4%。

表 24-10　2008—2014 年埃塞俄比亚入境旅游人数(按入境旅游目的分)

单位:千人次

入境旅游目的	2008 年	2009 年	2010 年	2011 年	2012 年	2013 年	2014 年
娱乐、休闲和度假	99	138	171	183	191	232	269
商务和专业活动	65	119	114	141	188	189	214
其　他	166	170	183	199	217	261	288

二、出境旅游概况

（一）出境旅游花费

2008—2012 年,埃塞俄比亚出境旅游花费总体呈上升趋势:2008 年为 156 百万美元;2009 年有所下降,较上年减少 11.5%;2010 年略有回升,较上年增长 3.6%,达到 143 百万美元;2011 年和 2012 年分别较上年增长 18.9% 和 6.5%,并在 2012 年达到 181 百万美元。

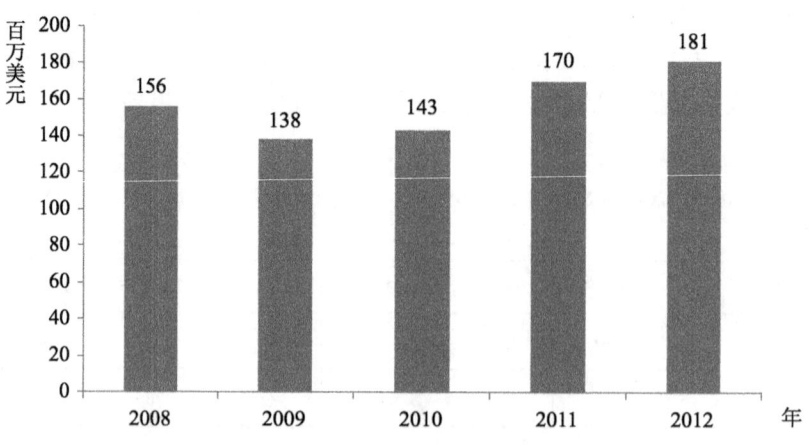

图 24-2　2008—2012 年埃塞俄比亚出境旅游花费

（二）出境旅游目的地

2014 年，埃塞俄比亚前三大出境旅游目的地国家是沙特阿拉伯、科威特和黎巴嫩，三国接待埃塞俄比亚游客人数分别为 47 116 人次、35 602 人次和 23 292 人次。2014 年，美国、尼日利亚、埃及和乌干达接待埃塞俄比亚游客人数较上年均有一定程度的增长。

表 24-11　2010—2014 年埃塞俄比亚游客出境主要旅游目的地

单位：人次

排名	国　家	游客类型	2010 年	2011 年	2012 年	2013 年	2014 年
1	沙特阿拉伯	TFN	9628	45 820	64 634	59 290	47 116
2	科威特	VFN	43 611	63 866	57 541	65 180	35 602
3	黎巴嫩	TFN	18 676	39 158	39 321	41 223	23 292
4	美　国	TFR	8630	9979	11 189	13 065	13 949
5	印　度	TFN	3797	6411	11 795	14 899	13 133
6	尼日利亚	VFN	81 053	6307	15 434	8383	12 536
7	巴　林	VFN	—	7017	8779	13 666	11 163
8	南　非	VFR	9857	9618	8459	9590	7464
9	埃　及	VFN	6668	4879	6880	6434	7099
10	乌干达	TFR	6657	6148	6364	5432	6107

注：按 2014 年数据排名。

第二节 厄立特里亚

厄立特里亚全称厄立特里亚国(The State of Eritrea),位于非洲东部,扼红海进出印度洋的门户。西与苏丹接壤,南邻埃塞俄比亚,东南与吉布提毗连,东北隔红海与也门和沙特阿拉伯相望。高原地区气候宜人,年平均气温为17°C;东部和西部低地气候炎热干燥,年平均气温分别为30°C和28°C;红海沿岸雨水稀少,多为沙漠。面积约为12.43万平方千米。2014年全国人口为650万,国内生产总值(GDP)为45.26亿美元。

厄立特里亚历史悠久,境内存有不少古王国遗迹。地貌复杂多样,自然景观丰富。旅游业为厄立特里亚主要创汇产业。阿斯马拉、马萨瓦、阿萨布和达赫拉克群岛为著名的旅游点。厄立特里亚政府鼓励私营机构投资旅游业,但由于基础设施落后,旅游饭店等配套设施缺乏,旅游市场开发滞后。2011年,厄立特里亚旅游部在各主要旅游胜地多次召开旅游行业会议,要求加大旅游配套设施建设力度。

一、入境旅游概况

(一)入境旅游人数

2006—2011年,厄立特里亚入境旅游人数总体上有所增长:2006年为78千人次;2007年较上年增长3.8%;2008年有所下降,较上年减少13.6%;2009年和2010年略有回升,分别较上年增加12.9%和6.3%;2011年大幅增长,增长率为27.4%,增长到107千人次。2012—2014年数据缺失。

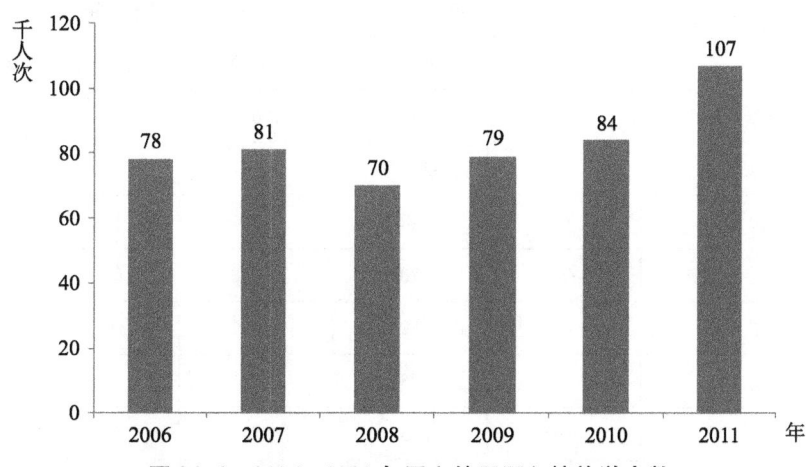

图24-3 2006—2011年厄立特里亚入境旅游人数

注:此处入境旅游人数包括过夜旅游者和一日游游客。

(二)入境旅游客源结构

2011年,厄立特里亚入境旅游者中,来自非洲地区的游客人数为21千人次,占厄立特里亚入境旅游人数的比重为67.7%;来自欧洲地区的游客人数为5千人次,占16.1%;来自东亚太地区的游客人数为2千人次,占6.5%。2012—2014年数据缺失。由此可见,厄立特里亚的入境旅游者中大多数来自非洲本土,表现出较强的区域内流动的特征。

表24-12　2006—2011年厄立特里亚入境旅游人数(按地区分)

单位:千人次

地区	2006年	2007年	2008年	2009年	2010年	2011年
非洲	4	5	5	7	8	21
美洲	1	1	1	1	1	1
欧洲	6	5	5	5	5	5
东亚太	2	2	2	1	1	2
南亚	3	3	—	—	1	1
中东	3	2	1	1	1	1

2011年,苏丹是厄立特里亚在非洲地区最重要的入境旅游客源国家;意大利、德国和英国位居苏丹之后,是厄立特里亚在欧洲地区重要的入境旅游客源国家;中国和印度是厄立特里亚在亚洲地区重要的入境旅游客源国家。2011年,厄立特里亚入境旅游者中,来自苏丹的游客人数增长最快,增长率高达215.96%;其次是来自沙特阿拉伯和中国的游客人数,增长率分别为50.19%和46.63%。2012—2014年数据缺失。

表24-13　2008—2011年厄立特里亚入境旅游人数(按游客所在国家分)

排名	国家	入境旅游人数(人次)			市场份额(%)	增长率(%)
		2008年	2010年	2011年	2010年	2010—2011年
1	苏丹	3570	6220	19653	7.41	215.96
2	意大利	2108	1754	1694	2.09	-3.42
3	德国	742	880	1004	1.05	14.09
4	英国	680	703	968	0.74	37.70
5	中国	468	594	871	0.21	46.63
6	美国	499	738	831	1.68	12.60
7	印度	395	730	577	2.53	-20.96
8	南非	159	450	452	—	0.44
9	加拿大	229	347	438	—	26.22
10	沙特阿拉伯	553	261	392	0.54	50.19

注:按2011年数据排名。

(三)入境旅游方式

2006—2011年,厄立特里亚入境旅游者中,经由公路入境的游客人数与乘坐飞机入境的游客人数几乎相当,但乘坐飞机入境的游客人数增速缓慢,而经由公路入境的游客人数增速相对较快。经由公路入境的游客人数从2006年的41千人次增加到2011年的65千人次,增长了58.5%。2012—2014年数据缺失。

表24-14 2006—2011年厄立特里亚入境旅游人数(按入境旅游方式分)

单位:千人次

入境旅游方式	2006年	2007年	2008年	2009年	2010年	2011年
飞 机	35	38	38	35	40	42
公 路	41	41	31	44	44	65
船 舶	2	2	1	—	—	—

(四)入境旅游目的

2006—2011年,厄立特里亚入境旅游者中,以其他目的入境的旅游者人数最多,2011年达到100千人次;以商务和专业活动目的入境的旅游者人数排在第二位,2006年为12千人次,之后几年有所下降,2009—2011年为7千人次;以娱乐、休闲和度假目的入境的旅游者人数最少,2006年和2007年均为6千人次。2012—2014年数据缺失。

表24-15 2006—2011年厄立特里亚入境旅游人数(按入境旅游目的分)

单位:千人次

入境旅游目的	2006年	2007年	2008年	2009年	2010年	2011年
娱乐、休闲和度假	6	6	—	—	—	—
商务和专业活动	12	10	8	7	7	7
其 他	60	65	62	72	77	100

二、出境旅游目的地

2014年,厄立特里亚前三大出境旅游目的地国家是埃及、沙特阿拉伯和巴林,三国接待厄立特里亚游客人数分别为6701人次、5926人次和2256人次。2014年,沙特阿拉伯、巴林、美国、科威特、埃塞俄比亚、印度和卢旺达接待厄立特里亚游客人数较上年均有一定程度的增长。

表 24-16　2010—2014 年厄立特里亚游客出境主要旅游目的地

单位：人次

排名	国家	游客类型	2010 年	2011 年	2012 年	2013 年	2014 年
1	埃及	VFN	6661	4743	5881	9107	6701
2	沙特阿拉伯	TFN	2804	6128	5554	5245	5926
3	巴林	VFN	—	2155	1963	1928	2256
4	美国	TFR	263	231	244	998	1936
5	科威特	VFN	1044	969	976	1075	1176
6	埃塞俄比亚	TFR	686	340	601	775	820
7	印度	TFN	638	616	639	653	746
8	卢旺达	VFN	658	677	580	555	738
9	南非	VFR	645	718	950	734	662
10	约旦	TFN	407	367	346	625	445

注：按 2014 年数据排名。

第三节　津巴布韦

津巴布韦全称津巴布韦共和国（The Republic of Zimbabwe），位于非洲东南部。东邻莫桑比克，南接南非，西和西北与博茨瓦纳、赞比亚毗邻。属热带草原气候，年均气温 22℃。面积约为 39 万平方千米。2014 年全国人口为 1306 万。津巴布韦是南部非洲除南非外经济发展水平较高的国家，2014 年国内生产总值（GDP）为 140 亿美元。

津巴布韦最著名的风景点为维多利亚瀑布，还有 26 个国家公园和野生动物保护区。2013 年 8 月，津巴布韦与赞比亚联合举办第 20 届联合国旅游组织大会。

表 24-17　2014 年津巴布韦旅游业经济影响评估

指标	总数	占全国的比例（%）	增长预测（%）
GDP（百万美元）	475.0	2.3	7.6
雇佣人数（千人）	23.3	1.3	4.9

注：本表为估计值。

一、入境旅游概况

（一）入境旅游人数

2008—2011 年，津巴布韦入境旅游人数呈增长态势，从 2008 年的 1956 千人次增长到 2011 年的 2423 千人次,增长了 23.9%。2012 年出现大幅下降,较上年减少 26.0%。2013 年和 2014 年连续增长,分别较上年增长 2.2% 和 3.9%,2014 年入境旅游人数为 1905 千人次。

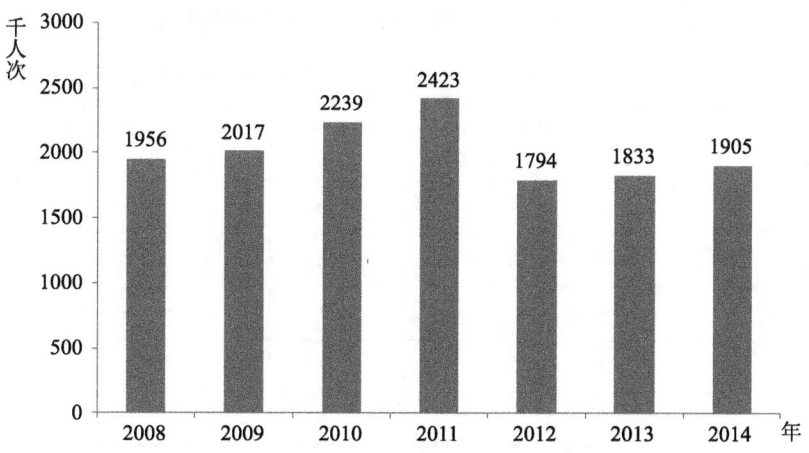

图 24-4 2008—2014 年津巴布韦入境旅游人数

注:此处入境旅游人数包括过夜旅游者和一日游游客。

(二)入境旅游收入

2008—2013 年,津巴布韦入境旅游收入持续不断增长,从 2008 年的 294 百万美元增长到 2013 年的 856 百万美元,增长了 1.9 倍。2014 年较上年有所下降,减少到 827 百万美元,负增长率为 3.4%。

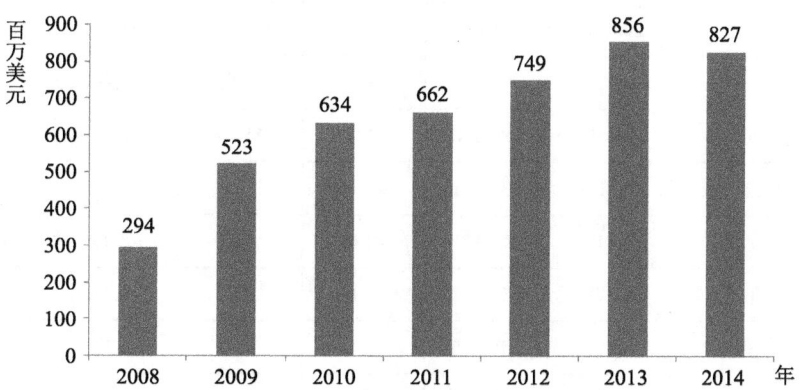

图 24-5 2008—2014 年津巴布韦入境旅游收入

注:此处入境旅游收入包括入境游客交通收入。

(三)入境旅游客源结构

津巴布韦的入境旅游者大多数来自非洲地区。2014 年,来自非洲地区的游客人数为 1616 千人次,占津巴布韦入境旅游人数的比重为 84.8%;来自欧洲地区的游客人数为 147

千人次,占 7.7%;来自美洲地区的游客人数为 69 千人次,占 3.6%;来自东亚太地区的游客人数为 68 千人次,占 3.6%;来自南亚地区的游客人数为 3 千人次,占 0.2%;来自中东地区的游客人数为 2 千人次,占 0.1%。

表 24-18 2008—2014 年津巴布韦入境旅游人数(按地区分)

单位:千人次

地区	2008 年	2009 年	2010 年	2011 年	2012 年	2013 年	2014 年
非洲	1732	1679	1951	2041	1562	1570	1616
美洲	43	58	69	90	59	54	69
欧洲	111	160	128	158	114	131	147
东亚太	63	104	84	125	56	73	68
南亚	5	10	5	6	2	3	3
中东	1	5	2	3	1	1	2

2014 年,津巴布韦前三大入境旅游客源国家是南非、马拉维和赞比亚,来自这三个国家的游客人数分别为 609 455 人次、322 092 人次和 294 316 人次。2014 年,津巴布韦前十大入境旅游客源国家中,游客人数增速最快的是刚果(32.56%),其次是美国(29.93%)和赞比亚(25.93%)。

表 24-19 2008—2014 年津巴布韦入境旅游人数(按游客所在国家分)

排名	国家	入境旅游人数(人次)			市场份额(%)		增长率(%)
		2008 年	2013 年	2014 年	2013 年	2014 年	2013—2014 年
1	南非	936 727	715 260	609 455	39.03	31.99	-14.79
2	马拉维	63 597	286 510	322 092	15.63	16.91	12.42
3	赞比亚	346 244	233 721	294 316	12.75	15.45	25.93
4	莫桑比克	118 117	174 137	170 425	9.5	8.95	-2.13
5	博茨瓦纳	147 780	59 411	72 100	3.24	3.78	21.3
6	美国	32 274	45 496	59 113	2.48	3.1	29.93
7	英国	22 778	41 763	38 864	2.28	2.04	-6.94
8	刚果	20 037	23 164	30 707	1.26	1.61	32.56
9	坦桑尼亚	10 236	27 285	28 555	1.49	1.5	4.65
10	日本	14 803	20 374	19 400	1.11	1.02	-4.78

注:按 2014 年数据排名。

(四)入境旅游方式

2008—2014年,津巴布韦的入境旅游者中,经由公路入境的游客人数占绝大多数,每年经由公路入境的游客人数占津巴布韦入境旅游人数的比重在70%以上。2014年,经由公路入境津巴布韦的游客人数为1707千人次,占津巴布韦入境旅游人数的比重高达89.6%。

表24-20 2008—2014年津巴布韦入境旅游人数(按入境旅游方式分)

单位:千人次

入境旅游方式	2008年	2009年	2010年	2011年	2012年	2013年	2014年
飞 机	429	573	326	350	228	223	198
公 路	1526	1444	1913	2073	1565	1610	1707

(五)入境旅游目的

津巴布韦入境旅游者中,出于娱乐、休闲和度假目的的旅游者占很大一部分,但近年来这一部分旅游者人数总体有下降趋势,从2008年的1820千人次减少到2014年的1563千人次。出于商务和专业活动目的的旅游者人数有所增加,从2008年的129千人次增加到2014年的294千人次。2014年,津巴布韦入境旅游者中,出于娱乐、休闲和度假目的的旅游者人数占82.0%,出于商务和专业活动目的的旅游者人数仅占15.4%。

表24-21 2008—2014年津巴布韦入境旅游人数(按入境旅游目的分)

单位:千人次

入境旅游目的	2008年	2009年	2010年	2011年	2012年	2013年	2014年
娱乐、休闲和度假	1820	1874	1889	1969	1373	1534	1563
商务和专业活动	129	136	343	417	369	237	294
其 他	7	7	7	37	52	61	48

二、出境旅游概况

(一)出境旅游人数

2008—2014年,津巴布韦出境旅游人数逐年增加,但增速缓慢:2008年出境旅游人数为593千人次;2009年较上年增长6.4%;2010年较上年增长3.0%;2011年较2010年增加6.6%;2012年较上年增加3.9%;2013年和2014年较上年分别增长5.1%和4.6%,2014年出境旅游人数增至792千人次。

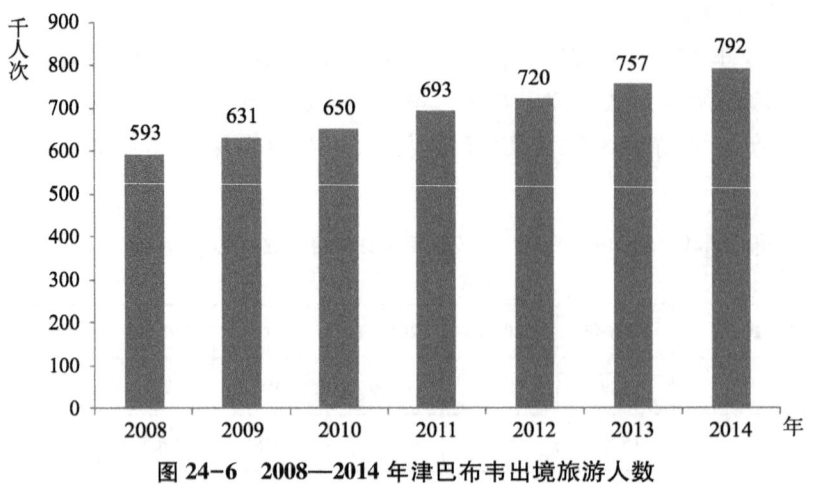

图 24-6　2008—2014 年津巴布韦出境旅游人数

（二）出境旅游目的地

2010—2014 年，南非一直是津巴布韦的第一大出境旅游目的地国家。2014 年，赞比亚和莫桑比克分别是津巴布韦的第二大和第三大出境旅游目的地国家，两国接待津巴布韦游客人数分别为 208 962 人次和 157 149 人次。

表 24-22　2010—2014 年津巴布韦游客出境主要旅游目的地

单位：人次

排名	国家	游客类型	2010 年	2011 年	2012 年	2013 年	2014 年
1	南非	VFR	2 085 579	2 279 821	2 752 029	3 211 662	3 386 302
2	赞比亚	TFR	171 806	227 733	119 100	191 048	208 962
3	莫桑比克	VFR	149 060	151 264	198 021	176 823	157 149
4	斯威士兰	VFR	24 943	26 241	30 648	39 253	58 624
5	坦桑尼亚	VFR	7524	17 099	28 091	30 765	36 497
6	尼日利亚	VFN	22 921	—	8904	18 432	7557
7	埃塞俄比亚	TFR	3692	5260	4453	5932	6569
8	美国	TFR	4158	4335	4839	5015	6410
9	澳大利亚	VFR	2510	2520	2750	2690	3670
10	印度	TFN	1798	2052	2681	2443	2780

注：按 2014 年数据排名。

第四节 肯尼亚

肯尼亚全称肯尼亚共和国（The Republic of Kenya），位于非洲东部，赤道横贯中部。东邻索马里，南接坦桑尼亚，西连乌干达，北与埃塞俄比亚、苏丹交界，东南濒临印度洋。位于热带季风区，沿海地区湿热，高原气候温和。面积约为58.26万平方千米。2014年全国人口为4550万，国内生产总值（GDP）为598亿美元。

肯尼亚是人类发祥地之一，境内曾出土约250万年前的人类头盖骨化石。肯尼亚气候宜人，环境优美，旅游资源极其丰富。旅游业是肯尼亚支柱产业。主要旅游点有内罗毕、察沃、安博塞利、纳库鲁、马赛马拉等地的国家公园、湖泊风景区及东非大裂谷、肯尼亚山和蒙巴萨海滨等。

表24-23　2014年肯尼亚旅游业经济影响评估

指标	总数	占全国的比例（%）	增长预测（%）
GDP（百万美元）	2119.8	4.8	5.2
雇佣人数（千人）	226.3	4.1	2.3

注：本表为估计值。

一、入境旅游概况

（一）入境旅游人数

肯尼亚入境旅游人数整体呈先上升后下降趋势，从2008年的1203千人次增长到2011年的1823千人次又下降到2014年的1350千人次。2009—2011年分别较上年增长23.9%、8.0%和13.3%，2012—2014年分别较上年减少6.1%、11.2%和11.2%，2014年下降到1350千人次。

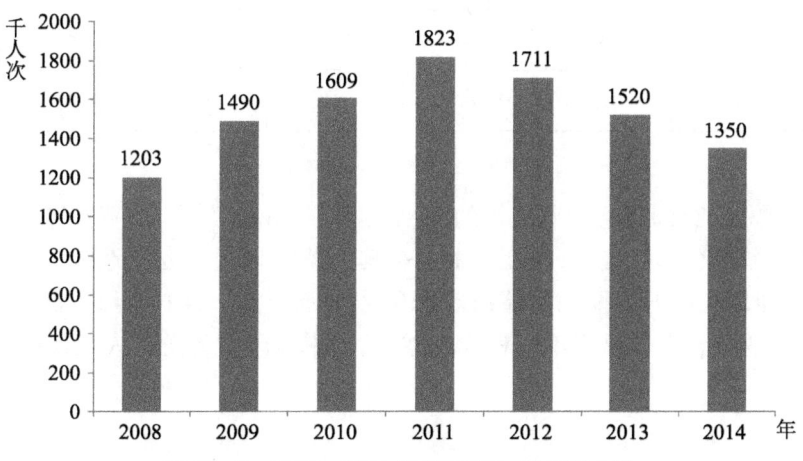

图24-7　2008—2014年肯尼亚入境旅游人数

注：此处入境旅游人数包括过夜旅游者和一日游游客。

(二)入境旅游收入

2008—2014年,肯尼亚入境旅游收入总体上有所增长;2008年为752百万美元;2009年下降到690百万美元,较上年负增长8.2%;2010—2012年连续增长,分别较上年增长15.9%、15.8%和1.0%,增至935百万美元;2013年和2014年均有所下降,分别较上年减少5.8%和7.9%,2014年入境旅游收入为811百万美元。

表24-24 2008—2014年肯尼亚入境旅游收入

单位:百万美元

	2008年	2009年	2010年	2011年	2012年	2013年	2014年
总收入	1398	1124	1620	1844	2004	1829	1833
入境旅游收入	752	690	800	926	935	881	811
入境游客交通收入	646	434	820	918	1069	948	1022

(三)入境旅游客源结构

2014年,肯尼亚入境旅游者中,来自欧洲地区的游客人数最多,占肯尼亚入境旅游人数的比重为49.8%;来自非洲地区的游客人数占26.2%;来自美洲地区的游客人数占15.0%;来自东亚太地区的游客人数占9.0%。

表24-25 2008—2014年肯尼亚入境旅游人数(按地区分)

单位:千人次

地 区	2008年	2009年	2010年	2011年	2012年	2013年	2014年
非 洲	136	158	279	355	310	286	320
美 洲	89	111	131	186	190	166	183
欧 洲	819	1040	932	931	865	826	609
东亚太	111	122	162	218	206	125	110

2014年,德国、英国、意大利、斯堪的纳维亚、瑞士和法国是肯尼亚在欧洲地区的主要入境旅游客源国家/地区,美国、印度和中国是其在美洲地区和亚洲地区的主要入境旅游客源国家,非洲地区内的主要入境旅游客源国家为乌干达。2014年,来自部分主要入境旅游客源国家的游客人数呈现不同程度的减少,但来自印度的游客人数保持9.1%的增长速度。

表 24-26　2008—2014 年肯尼亚入境旅游人数（按游客所在国家/地区分）

排名	国家/地区	入境旅游人数（人次）			市场份额（%）		增长率（%）
		2008 年	2013 年	2014 年	2013 年	2014 年	2013—2014 年
1	德　国	339 500	751 100	751 697	19.56	23.34	0.08
2	美　国	148 100	294 600	293 880	7.67	9.09	-0.24
3	英　国	486 600	498 300	275 011	12.98	8.50	-44.81
4	意大利	158 200	234 800	156 176	6.11	4.83	-33.49
5	斯堪的纳维亚	48 700	143 500	120 021	3.74	3.71	-16.36
6	印　度	51 200	101 100	110 302	2.63	3.41	9.10
7	中　国	20 700	105 900	92 114	2.76	2.85	-13.02
8	瑞　士	66 800	96 900	82 137	2.52	2.54	-15.24
9	法　国	63 800	113 900	75 646	2.97	2.34	-33.59
10	乌干达	43 200	110 200	67 692	2.87	2.09	-38.57

注：按 2014 年数据排名。

（四）入境旅游方式

肯尼亚的入境游客多数来自欧洲、美洲、亚洲等距离较远的国家以及周边国家，所以乘坐飞机和经由公路是入境肯尼亚的旅游者主要的入境旅游方式。2008 年乘坐飞机入境的旅游者人数占 63.5%，经由公路入境的旅游者人数占 35.7%。2014 年，乘坐飞机入境的旅游者人数占 65.8%，经由公路入境的旅游者人数占 32.5%。肯尼亚乘坐船舶入境的旅游者人数所占比例较小。

表 24-27　2008—2014 年肯尼亚入境旅游人数（按入境旅游方式分）

单位：千人次

入境旅游方式	2008 年	2009 年	2010 年	2011 年	2012 年	2013 年	2014 年
飞　机	764	962	1120	1301	1292	1133	888
公　路	429	500	461	487	413	381	439
船　舶	10	28	28	35	6	6	23

（五）入境旅游目的

2008—2014 年，肯尼亚的入境旅游者中，出于娱乐、休闲和度假目的的游客人数最多：2008 年，娱乐、休闲和度假游客人数占肯尼亚入境旅游人数的比重为 77.8%，商务和专业活动游客人数占 9.1%；2014 年，娱乐、休闲和度假游客人数的比重减少到 67.7%，商务和专业活动游客人数的比重增加到17.0%。

表24-28 2008—2014年肯尼亚入境旅游人数（按入境旅游目的分）

单位：千人次

入境旅游目的	2008年	2009年	2010年	2011年	2012年	2013年	2014年
娱乐、休闲和度假	936	1061	1064	1242	1164	1035	915
商务和专业活动	109	180	266	310	291	259	229
其他	158	249	279	271	256	226	207

二、出境旅游概况

（一）出境旅游花费

2008—2014年，肯尼亚出境旅游花费总体上有所减少，从2008年的266百万美元减少到2014年的206百万美元，减少了22.6%。2009年较上年减少14.7%；2010年和2011年继续下降，分别较上年减少6.6%和7.1%；2012年减少到174百万美元，较上年减少11.7%；2013年有所增加，较上年增加33.9%；2014年有所减少，较上年减少11.6%，减至206百万美元。

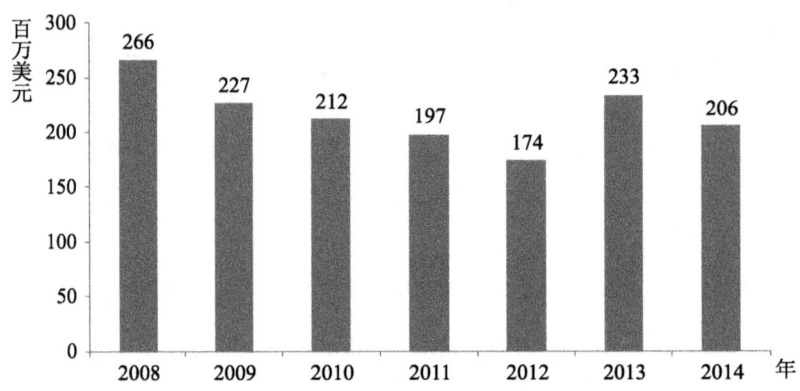

图24-8 2008—2014年肯尼亚出境旅游花费

（二）出境旅游目的地

2010—2014年，肯尼亚的邻国乌干达一直是肯尼亚游客出境最大的旅游目的地国家。2014年，接待肯尼亚游客人数排在第二位和第三位的国家是坦桑尼亚和卢旺达。不难看出，在肯尼亚游客出境主要旅游目的地国家中，非洲本土吸引了大部分游客。此外，印度、英国和美国分别是肯尼亚在亚洲地区、欧洲地区和美洲地区主要的出境旅游目的地国家。

表 24-29　2010—2014年肯尼亚游客出境主要旅游目的地

单位：人次

排名	国家	游客类型	2010年	2011年	2012年	2013年	2014年
1	乌干达	TFR	294 170	344 210	393 369	380 614	360 670
2	坦桑尼亚	VFR	193 474	171 473	183 269	193 078	188 214
3	卢旺达	VFN	37 193	44 020	58 578	53 758	62 972
4	印度	TFN	29 223	30 045	34 037	40 484	46 158
5	南非	VFR	32 081	33 651	36 354	38 626	31 743
6	英国	VFR	—	—	32 000	33 000	27 000
7	埃塞俄比亚	TFR	15 322	19 904	20 279	23 521	26 822
8	美国	TFR	15 173	13 422	14 954	16 373	19 782
9	津巴布韦	VFR	8509	6514	7273	8230	12 520
10	赞比亚	TFR	12 785	14 698	10 643	14 515	11 337

注：按2014年数据排名。

第五节　马达加斯加

马达加斯加全称马达加斯加共和国（The Republic of Madagascar），位于非洲大陆以东、印度洋西部，是非洲第一大、世界第四大岛。隔莫桑比克海峡与非洲大陆相望。东南沿海属热带雨林气候，终年湿热，年平均气温24°C；中部为热带高原气候，温和凉爽，年平均气温18.3°C；西部为热带草原气候，干旱少雨，年平均气温26.6°C。面积为59.075万平方千米。2014年全国人口为2320万，国内生产总值（GDP）为105.92亿美元。

马达加斯加旅游资源丰富，但服务设施不足。20世纪90年代以来，马政府将旅游业列为重点发展行业，鼓励外商向旅游业投资。马达加斯加主要旅游景点有安布希曼加王宫、阿齐纳纳纳雨林等。

表 24-30　2014年马达加斯加旅游业经济影响评估

指标	总数	占全国的比例（%）	增长预测（%）
GDP（百万美元）	599.2	5.9	5.1
雇佣人数（千人）	224.9	4.6	3.0

注：本表为估计值。

一、入境旅游概况

(一)入境旅游人数

2008—2014年,马达加斯加入境旅游人数总体上明显减少:2008年为375千人次;2009年受国内政治危机影响,入境旅游人数骤减至163千人次,约占2008年入境旅游人数的43.5%;在经历2009年入境旅游人数低谷后,2010—2012年稳步增加,分别较上年增长20.2%、14.8%和13.8%,2012年增至256千人次;2013年有所下降,较上年减少23.4%,减至196千人次;2014年有所回升,较上年增长13.3%,增至222千人次。

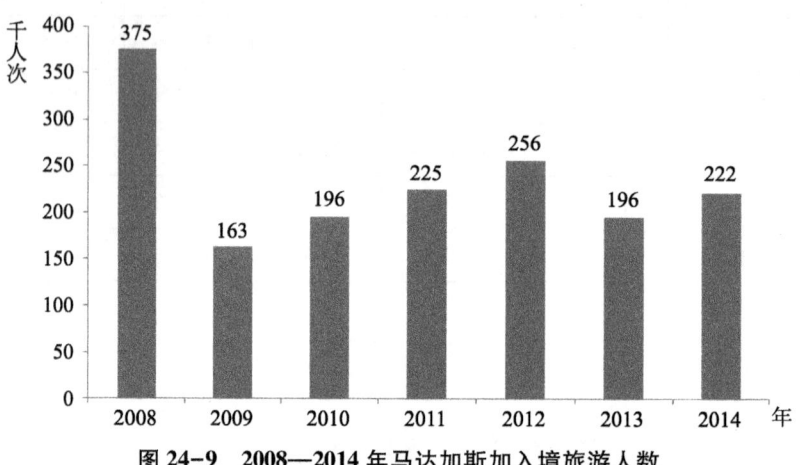

图24-9　2008—2014年马达加斯加入境旅游人数

(二)入境旅游收入

2010年马达加斯加入境旅游收入为307百万美元;2011年较上年增加55.0%,增至476百万美元;2012年较上年增加17.4%,增至559百万美元;2013年较上年增加2.7%,增至574百万美元。

表24-31　2010—2013年马达加斯加入境旅游收入

单位:百万美元

	2010年	2011年	2012年	2013年
总收入	319	479	563	578
入境旅游收入	307	476	559	574
入境游客交通收入	12	3	4	4

(三)入境旅游客源结构

2014年,马达加斯加入境旅游者中,来自欧洲地区的游客人数为162千人次,占马达加斯加入境旅游人数的比重为 73.3%；来自非洲地区的游客人数为 37 千人次，占 16.7%；来自东亚太地区的游客人数为 13 千人次，占 5.9%；来自美洲地区的游客人数为 9 千人次，占 4.1%。

表 24-32　2008—2014 年马达加斯加入境旅游人数（按地区分）

单位：千人次

地　区	2008 年	2009 年	2010 年	2011 年	2012 年	2013 年	2014 年
非　洲	84	37	40	39	45	35	37
美　洲	11	5	6	10	10	6	9
欧　洲	262	111	143	153	177	142	162
东亚太	16	6	7	23	23	12	13

法国、意大利、德国、英国和比/荷/卢是马达加斯加在欧洲地区重要的入境旅游客源国家，其中来自法国的游客人数最多，2014 年市场份额为 44.12%。留尼汪（法）、毛里求斯、南非和科摩罗是马达加斯加在非洲地区重要的入境旅游客源国家，美国和加拿大是马达加斯加在美洲地区重要的入境旅游客源国家。

表 24-33　2008—2014 年马达加斯加入境旅游人数（按游客所在国家/地区分）

排名	国家/地区	入境旅游人数（人次）			市场份额（%）		增长率（%）
		2008 年	2013 年	2014 年	2013 年	2014 年	2013—2014 年
1	法　国	210 000	93 180	98 111	53.75	44.12	5.29
2	意大利	15 000	29 841	43 719	3.49	19.66	46.51
3	留尼汪（法）	52 501	17 752	18 235	7.33	8.2	2.72
4	加拿大/美国	11 250	5762	8229	3.63	3.7	42.81
5	毛里求斯	15 000	5498	5915	3.29	2.66	7.58
6	南　非	10 750	3743	5026	2.33	2.26	34.28
7	德　国	11 250	3992	5003	2.36	2.25	25.33
8	英　国	15 000	4008	4247	3.53	1.91	5.96
9	科摩罗	803	4069	3758	2.33	1.69	-7.64
10	比/荷/卢	—	3387	2157	1.82	0.97	-36.32

（四）入境旅游方式

乘坐飞机是赴马达加斯加的旅游者最主要的入境旅游方式。2008—2014 年，乘坐飞机入境马达加斯加的游客人数与当年马达加斯加入境过夜旅游者人数相等。

（五）入境旅游目的

2008—2014 年，马达加斯加入境旅游者中，娱乐、休闲和度假旅游者人数与商务和专业活动旅游者人数均出现明显的减少：娱乐、休闲和度假旅游者人数从 232 千人次减少到 141 千人次，减少了 39.2%；商务和专业活动旅游者人数从 108 千人次减少到 41 千人次，减少了 62.0%。2014 年，马达加斯加入境旅游者中，娱乐、休闲和度假旅游者人数占比为 63.5%，商务和专业活动旅游者人数占比为 18.5%。

表 24-34　2008—2014 年马达加斯加入境旅游人数（按入境旅游目的分）

单位：千人次

入境旅游目的	2008 年	2009 年	2010 年	2011 年	2012 年	2013 年	2014 年
娱乐、休闲和度假	232	106	132	151	172	104	141
商务和专业活动	108	33	35	40	46	37	41
其　他	35	24	29	34	38	55	40

二、出境旅游概况

（一）出境旅游花费

2008—2013 年，马达加斯加出境旅游花费总体上呈波动式变化：2008 年出境旅游花费是 143 百万美元；2009 年有所下降，较上年减少 14.0%；2010 年继续下降，较 2009 年减少 15.4%，降至 104 百万美元；2011 年大幅回升，较上年增加 44.2%，增至 150 百万美元；2012 年出现明显下降，较上年减少 28.0%；2013 年有所回升，较上年增长 24.1%，增至 134 百万美元。

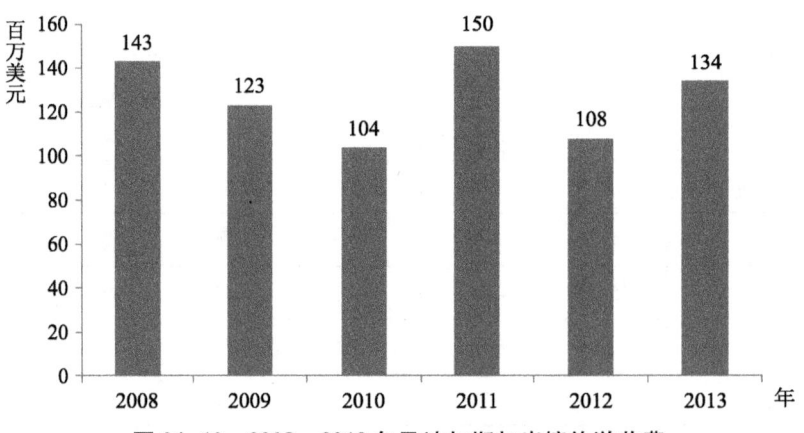

图 24-10　2008—2013 年马达加斯加出境旅游花费

（二）出境旅游目的地

2010—2014 年，毛里求斯一直是马达加斯加游客出境最大的旅游目的地国家。2014

年,接待马达加斯加游客人数排在第二位和第三位的国家/地区是中国香港和南非。2014年,中国香港、印度、美国、黎巴嫩、贝宁、坦桑尼亚和加拿大接待马达加斯加游客人数较上年均出现一定程度的增长。

表24-35 2010—2014年马达加斯加游客出境主要旅游目的地

单位:人次

排名	国家/地区	游客类型	2010年	2011年	2012年	2013年	2014年
1	毛里求斯	TFR	9833	11 449	13 563	13 943	13 039
2	中国香港	VFR	4277	4005	3322	3129	4143
3	南非	VFR	3208	3099	4978	6695	2908
4	印度	TFN	2377	1509	1497	1570	2170
5	科威特	VFN	705	458	1978	3510	1476
6	美国	TFR	703	729	787	840	1074
7	黎巴嫩	TFN	375	280	389	728	981
8	贝宁	TFR	980	612	714	458	818
9	坦桑尼亚	VFR	222	211	4064	715	758
10	加拿大	TFR	662	693	657	594	649

注:按2014年数据排名。

第六节 马拉维

马拉维全称马拉维共和国(The Republic of Malawi),是非洲东南部内陆国家,与莫桑比克、赞比亚、坦桑尼亚为邻。境内多高原,3/4国土海拔在1000~1500米。属热带草原气候,雨量适中,气候温和,年平均气温20°C左右。面积约为11.85万平方千米。2013年人口为1640万,2014年国内生产总值(GDP)为41亿美元。

近年来,马拉维大力改进旅游设施,旅游业发展较快。游客主要来自莫桑比克、津巴布韦、南非、坦桑尼亚和英、美等国。主要旅游胜地有马拉维湖、国家公园、狩猎区和自然保护区等。

表24-36 2014年马拉维旅游业经济影响评估

指标	总数	占全国的比例(%)	增长预测(%)
GDP(百万美元)	187.6	4.5	4.4
雇佣人数(千人)	135.6	3.8	0.5

注:本表为估计值。

一、入境旅游概况

（一）入境旅游人数

2008—2013年，马拉维入境旅游人数总体上呈上升态势：2008年为742千人次；2009年较上年增加1.8%，增至755千人次；2010年有所下降，较上年减少1.2%，减少到746千人次；2011—2013年持续增长，较上年的增长率分别为2.8%、0.4%和3.2%，2013年增长到795千人次。

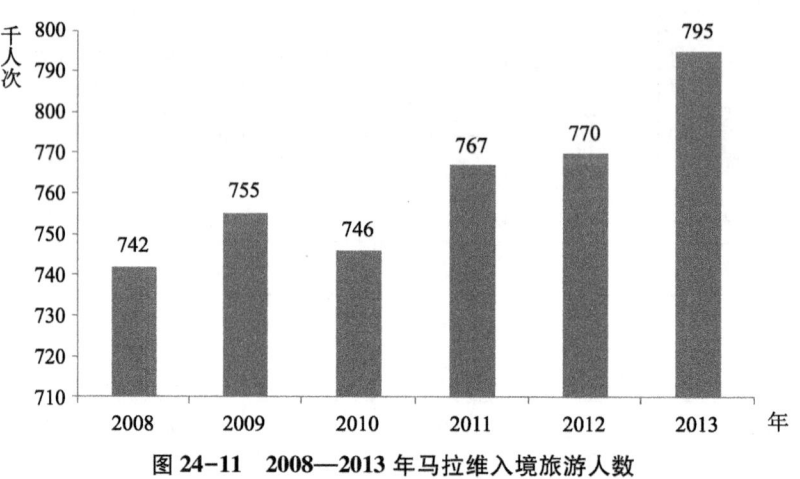

图24-11　2008—2013年马拉维入境旅游人数

（二）入境旅游收入

2008—2014年，马拉维入境旅游收入总体上呈下降态势：2008年和2009年马拉维入境旅游收入均为70百万美元；2010年大幅下降，比上年减少55.7%，减至31百万美元；2011年和2012年保持在31百万美元；2013年较上年减少6.5%，减至29百万美元；2014年有所回升，较上年增加10.3%，增至32百万美元。

表24-37　2008—2014年马拉维入境旅游收入

单位：百万美元

	2008年	2009年	2010年	2011年	2012年	2013年	2014年
总收入	82	83	45	36	35	33	36
入境旅游收入	70	70	31	31	31	29	32
入境游客交通收入	12	13	14	5	4	4	4

（三）入境旅游客源结构

2012年，马拉维入境旅游者中，来自非洲地区的旅游者人数为631千人次，占马拉维入境旅游人数的比重为82.6%;来自欧洲地区的旅游者人数为92千人次,占12.0%;来自美洲地区的旅游者人数为28千人次,占3.7%;来自东亚太地区的旅游者人数为7千人次,占0.9%;来自南亚地区的旅游者人数为4千人次,占0.5%;来自中东地区的旅游者人数为2千人次,占0.3%。2013—2014年数据缺失。

表24-38 2008—2012年马拉维入境旅游人数(按地区分)

单位:千人次

地 区	2008年	2009年	2010年	2011年	2012年
非 洲	574	574	562	588	631
美 洲	45	46	46	45	28
欧 洲	98	105	105	102	92
东亚太	12	12	20	10	7
南 亚	10	14	8	16	4
中 东	2	2	2	3	2

马拉维主要的入境旅游客源国家主要集中在非洲地区,莫桑比克、津巴布韦和赞比亚是其在非洲地区主要的入境旅游客源国家,2012年,来自这三个国家的游客人数占马拉维入境旅游人数的比重为49.6%。

表24-39 2008—2012年马拉维入境旅游人数(按游客所在国家分)

排名	国 家	入境旅游人数(人次)			市场份额(%)		增长率(%)
		2008年	2011年	2012年	2011年	2012年	2011—2012年
1	莫桑比克	139 296	196 629	249 341	25.64	32.39	26.81
2	津巴布韦	143 363	131 756	89 802	17.18	11.67	-31.84
3	英国/爱尔兰	50 786	51 936	52 128	6.77	6.77	0.37
4	赞比亚	76 408	95 766	42 638	12.49	5.54	-55.48
5	加拿大/美国	43 085	43 778	27 061	5.71	3.52	-38.19

注:按2012年数据排名。

(四)入境旅游方式

2008—2012年,马拉维的入境旅游者中,经由公路入境的游客人数最多,且总体上大幅增长,从2008年的487千人次增长到2012年的1651千人次,增长了2.4倍;乘坐飞机入境的游客人数排在第二位,且总体上有所减少,从2008年的227千人次减少到2012年的199千人次,减少了12.3%。乘坐火车和乘坐船舶入境的游客人数所占比重较小。2013—2014年数据缺失。

表24-40 2008—2012年马拉维入境旅游人数（按入境旅游方式分）

单位：千人次

入境旅游方式	2008年	2009年	2010年	2011年	2012年
飞 机	227	251	224	227	199
火 车	13	15	3	15	3
公 路	487	468	515	564	1651
船 舶	15	21	4	4	3

（五）入境旅游目的

马拉维的入境旅游者中，商务和专业活动旅游者人数最多。2008—2013年，商务和专业活动旅游者人数从2008年的372千人次增长到2013年的475千人次，增长了27.7%；娱乐、休闲和度假旅游者人数从2008年的179千人次增长到2013年的253千人次，增长了41.3%。

表24-41 2008—2014年马拉维入境旅游人数（按入境旅游目的分）

单位：千人次

入境旅游目的	2008年	2009年	2010年	2011年	2012年	2013年
娱乐、休闲和度假	179	245	189	206	203	253
商务和专业活动	372	382	435	460	487	475
其 他	191	128	122	101	81	68

二、出境旅游概况

（一）出境旅游花费

2008—2014年，马拉维出境旅游花费总体上有所增长：2008年出境旅游花费为46百万美元；2009—2013年出境旅游花费保持在60百万~70百万美元；2014年出境旅游花费为74百万美元，较上年增长19.4%。

表24-42 2008—2014年马拉维出境旅游花费

单位：百万美元

	2008年	2009年	2010年	2011年	2012年	2013年	2014年
总花费	53	91	90	92	96	90	106
出境旅游花费	46	63	61	61	65	62	74
出境交通花费	7	28	29	31	31	28	32

（二）出境旅游目的地

2014年，津巴布韦是马拉维游客出境最大的旅游目的地国家，排在第二位和第三位的国家是莫桑比克和南非。此外，美洲地区的美国和亚洲地区的印度等国家也已成为马拉维游客主要的出境旅游目的地国家。

表24-43 2010—2014年马拉维游客出境主要旅游目的地

单位：人次

排名	国家	游客类型	2010年	2011年	2012年	2013年	2014年
1	津巴布韦	VFR	67 291	138 676	241 344	286 510	322 092
2	莫桑比克	VFR	228 092	215 374	264 723	236 385	210 084
3	南非	VFR	137 023	146 432	151 553	180 519	177 912
4	坦桑尼亚	VFR	22 233	6523	14 715	18 197	18 200
5	埃塞俄比亚	TFR	3878	3625	4175	4667	5596
6	斯威士兰	VFR	3017	3183	3313	3689	4760
7	莱索托	VFR	333	295	309	372	2826
8	尼日利亚	VFN	—	—	1776	2049	2305
9	美国	TFR	1331	1347	1519	1377	1513
10	印度	TFN	1250	1132	10 406	1393	1273

注：按2014年数据排名。

第七节 毛里求斯

毛里求斯全称毛里求斯共和国（The Republic of Mauritius），位于非洲大陆以东、印度洋西南部。西距马达加斯加约800千米，南距留尼汪（法）160千米。属亚热带海洋性气候，分夏、冬两季，终年湿热。面积2040平方千米。2012年人口为129.35万，2014年国内生产总值（GDP）为127.12亿美元。

旅游业是毛里求斯重要的创汇产业，入境游客主要来自法国、英国、德国等欧洲国家及留尼汪（法）、南非、马达加斯加等周边国家。国际金融危机一度对毛里求斯旅游业造成一定冲击，但近年来，中国、阿联酋等新兴市场国家赴毛里求斯游客人数大幅增长，一定程度上减缓了因西方国家游客锐减造成的入境旅游人数下降速度。

表24-44 2014年毛里求斯旅游业经济影响评估

指标	总数	占全国的比例（%）	增长预测（%）
GDP（百万美元）	1326.1	11.3	4.4
雇佣人数（千人）	61.8	10.8	2.5

注：本表为估计值。

一、入境旅游概况

(一)入境旅游人数

2008—2014年,毛里求斯入境旅游人数总体上有所增长:2008年入境旅游人数为970千人次;2009年减少到890千人次;2010年有所回升,较上年增长7.4%;2011—2014年连续增长,2013年突破1000千人次,达到1015千人次;2014年增加到1066千人次,较上年增长5.0%。毛里求斯入境旅游人数中,过夜旅游者占绝大多数,一日游游客和邮船乘客占很小份额。

表 24-45 2008—2014年毛里求斯入境旅游人数

单位:千人次

	2008年	2009年	2010年	2011年	2012年	2013年	2014年
入境旅游人数	970	890	956	983	984	1015	1066
过夜旅游者	930	871	935	965	965	993	1039
一日游游客	40	19	21	18	19	22	27
邮船乘客	13	14	14	12	12	9	13

(二)入境旅游收入

2008—2014年,毛里求斯入境旅游总收入总体上有所下降:2008年入境旅游总收入为1823百万美元;2009年减少到1390百万美元,较上年负增长23.8%;2010年大幅增加,较上年增长14.0%;2011年继续增长,增长率为14.1%;2012年和2013年连续下降,分别较上年负增长1.7%和10.4%;2014年较2013年增加7.9%,增至1719百万美元。

表 24-46 2008—2014年毛里求斯入境旅游收入

单位:百万美元

	2008年	2009年	2010年	2011年	2012年	2013年	2014年
总收入	1823	1390	1585	1808	1778	1593	1719
入境旅游收入	1454	1120	1285	1484	1480	1322	1447
入境游客交通收入	369	270	300	324	298	271	272

(三)入境旅游客源结构

2014年,毛里求斯入境旅游者中,来自欧洲地区的游客人数为571千人次,占毛里求斯入境旅游人数的比重为55.0%;来自非洲地区的游客人数为274千人次,占26.4%;来自东亚太地区的游客人数为99千人次,占9.5%;来自南亚地区的游客人数为65千人次,占6.3%。

表24-47　2008—2014年毛里求斯入境旅游人数(按地区分)

单位:千人次

地区	2008年	2009年	2010年	2011年	2012年	2013年	2014年
非洲	213	204	226	231	265	277	274
美洲	14	13	14	14	16	15	17
欧洲	609	580	606	610	561	548	571
东亚太	40	26	31	46	55	79	99
南亚	46	41	51	56	58	60	65
中东	7	6	6	6	9	13	13

2014年,毛里求斯前三大入境旅游客源国家是法国、留尼汪(法)和英国,来自这三个国家的游客人数分别为243 665人次、141 665人次和115 326人次;来自中国的游客人数为63 365人次,在毛里求斯入境旅游客源国家中排在第五位。

表24-48　2008—2014年毛里求斯入境旅游人数(按游客所在国家/地区分)

排名	国家/地区	入境旅游人数(人次)			市场份额(%)		增长率(%)
		2008年	2013年	2014年	2013年	2014年	2013—2014年
1	法国	260 054	244 752	243 665	24.65	23.45	-0.44
2	留尼汪(法)	96 174	143 114	141 665	14.41	13.64	-1.01
3	英国	107 919	98 017	115 326	9.87	11.10	17.66
4	南非	84 448	94 208	93 120	9.49	8.96	-1.15
5	中国	8425	41 913	63 365	4.22	6.10	51.18
6	德国	61 484	60 530	62 231	6.10	5.99	2.81
7	印度	43 911	57 255	61 167	5.77	5.89	6.83
8	意大利	66 432	31 205	29 557	3.14	2.84	-5.28
9	瑞士	16 037	27 756	29 285	2.79	2.82	5.51
10	澳大利亚	18 852	18 393	17 529	1.85	1.69	-4.70

注:按2014年数据排名。

(四)入境旅游方式

2008—2014年,毛里求斯的入境旅游者中,绝大多数旅游者是乘坐飞机入境,并且总体上有所增长:2008年为914千人次;2014年增长到1035千人次,较2008年增长了13.2%;2014年较2013年增长5.6%。

表24-49 2008—2014年毛里求斯入境旅游人数(按入境旅游方式分)

单位:千人次

入境旅游方式	2008年	2009年	2010年	2011年	2012年	2013年	2014年
飞 机	914	848	911	940	948	980	1035
船 舶	16	23	24	25	17	13	4

(五)入境旅游目的

2008—2014年,毛里求斯入境旅游者中,出于娱乐、休闲和度假目的的旅游者人数最多,且呈增长态势;出于商务和专业活动目的的旅游者人数较少。2014年,娱乐、休闲和度假旅游者人数为970千人次,占毛里求斯入境旅游人数的比重为93.4%;商务和专业活动旅游者人数为45千人次,占4.3%。

表24-50 2008—2014年毛里求斯入境旅游人数(按入境旅游目的分)

单位:千人次

入境旅游目的	2008年	2009年	2010年	2011年	2012年	2013年	2014年
娱乐、休闲和度假	821	820	866	898	897	923	970
商务和专业活动	37	29	36	41	43	43	45
其 他	112	41	54	44	44	27	24

二、出境旅游概况

(一)出境旅游人数

2008—2014年,毛里求斯出境旅游人数总体上呈增长态势:2008年为226千人次;2009年显著下降,减少到196千人次,负增长13.3%;2010—2014年连续增长,从2010年的212千人次增长到2014年的257千人次,增长了21.2%;2014年较2013年增长2.8%。

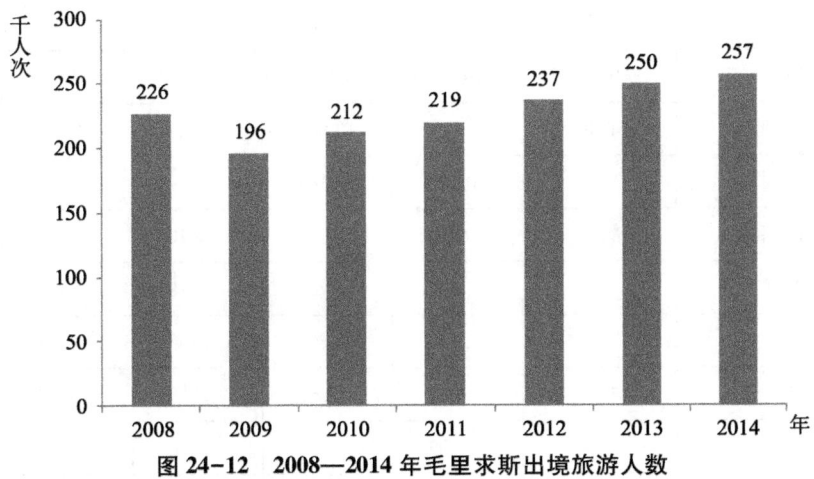

图 24-12　2008—2014 年毛里求斯出境旅游人数

（二）出境旅游花费

2008—2014 年，毛里求斯出境旅游花费总体上有所增长：2008 年为 452 百万美元；2009 年显著下降，负增长 21.7%；2010 年和 2011 年分别较上年增长 12.4% 和 0.5%；2012 年下降到 366 百万美元；2013 年回升到 438 百万美元，较上年增长 19.7%；2014 年较上年增长 9.8%，增至 481 百万美元。

表 24-51　2008—2014 年毛里求斯出境旅游花费

单位：百万美元

	2008 年	2009 年	2010 年	2011 年	2012 年	2013 年	2014 年
总花费	489	384	423	427	394	458	503
出境旅游花费	452	354	398	400	366	438	481
出境交通花费	37	30	25	27	28	20	22

（三）出境旅游目的地

2014 年，毛里求斯前三大出境旅游目的地国家/地区是印度、南非和中国香港，三国/地区接待毛里求斯游客人数分别为 27 945 人次、18 981 人次和 14 686 人次。2014 年，印度、马达加斯加、美国、塞舌尔和加拿大接待毛里求斯游客人数较上年均有一定程度的增长。

表 24-52　2010—2014 年毛里求斯游客出境主要旅游目的地

单位：人次

排名	国家/地区	游客类型	2010 年	2011 年	2012 年	2013 年	2014 年
1	印　度	TFN	21 672	22 091	25 013	27 418	27 945
2	南　非	VFR	19 743	19 893	20 525	21 825	18 981
3	中国香港	VFR	23 217	21 914	18 382	16 994	14 686

续表

排名	国家/地区	游客类型	2010 年	2011 年	2012 年	2013 年	2014 年
4	马来西亚	TFR	—	10 850	12 342	14 038	13 641
5	新加坡	VFN	10 190	9147	9489	9012	8448
6	澳大利亚	VFR	6710	6720	6470	6250	6160
7	马达加斯加	TFN	7845	7261	8418	5498	5915
8	美 国	TFR	2523	2669	3133	3348	3649
9	塞舌尔	TFR	3631	3867	2868	3322	3464
10	加拿大	TFR	2103	1953	2066	2241	2502

注：按 2014 年数据排名。

第八节　莫桑比克

莫桑比克全称莫桑比克共和国（The Republic of Mozambique），位于非洲东南部。南邻南非、斯威士兰，西接津巴布韦、赞比亚、马拉维，北接坦桑尼亚，东濒印度洋，隔莫桑比克海峡与马达加斯加相望。属热带草原气候，全年分旱、雨两季。面积约为 79.94 平方千米。2014 年全国人口为 2350 万，国内生产总值（GDP）为 166 亿美元。

莫桑比克有着丰富的海洋资源，北部海洋鲨鱼种类繁多。莫桑比克的海滩非常漂亮，首都马普托，海水明净，海岸线漫长。

表 24-53　2014 年莫桑比克旅游业经济影响评估

指　标	总　数	占全国的比例(%)	增长预测(%)
GDP（百万美元）	461.2	3.2	6.1
雇佣人数（千人）	273.0	2.4	2.4

注：本表为估计值。

一、入境旅游概况

（一）入境旅游人数

2008—2014 年，莫桑比克入境旅游人数先升后降：2008 年为 1439 千人次；2009 年较上年增长 18.9%；2010 年比 2009 年增长 7.3%；2011 年达到 2013 千人次，较 2010 年增长 9.6%；2012 年增至 2206 千人次，较上年增长 9.6%；2013 年入境旅游人数较上年明显减少，负增长 10.7%；2014 年较上年减少 11.1%，减至 1751 千人次。

表 24-54 2008—2014 年莫桑比克入境旅游人数

单位:千人次

	2008 年	2009 年	2010 年	2011 年	2012 年	2013 年	2014 年
入境旅游人数	1439	1711	1836	2013	2206	1970	1751
过夜旅游者	1193	1461	1718	1902	2113	1886	1661
一日游游客	246	250	118	111	93	83	90

(二)入境旅游收入

2008—2014 年,莫桑比克入境旅游收入总体上有所增加:2008 年为 190 百万美元;2009 年增至 196 百万美元,较上年增长 3.2%;2010 年较上年减少 44.9%,减至 108 百万美元;2011—2014 年连续增长,分别较上年增长 27.8%、37.0%、5.3% 和 4.0%,2014 年增至 207 百万美元。

表 24-55 2008—2014 年莫桑比克入境旅游收入

单位:百万美元

	2008 年	2009 年	2010 年	2011 年	2012 年	2013 年	2014 年
总收入	213	217	135	171	224	228	225
入境旅游收入	190	196	108	138	189	199	207
入境游客交通收入	23	21	27	33	35	29	18

(三)入境旅游客源结构

2014 年,莫桑比克入境旅游者中,来自非洲地区的旅游者人数为 1255 千人次,占莫桑比克入境旅游人数的比重为 72.2%;来自欧洲地区的旅游者人数为 353 千人次,占 20.3%;来自美洲地区的旅游者人数为 108 千人次,占 6.2%;来自东亚太地区的旅游者人数为 23 千人次,占 1.3%。

表 24-56 2008—2014 年莫桑比克入境旅游人数(按地区分)

单位:千人次

地区	2008 年	2009 年	2010 年	2011 年	2012 年	2013 年	2014 年
非洲	1213	1443	1466	1584	1581	1411	1255
美洲	39	46	102	107	135	121	108
欧洲	162	193	219	273	444	397	353
东亚太	19	22	28	33	29	26	23

2014年,莫桑比克前三大入境旅游客源国家是南非、马拉维和津巴布韦,来自这三个国家的游客人数分别是 774 995 人次、210 084 人次和 157 149 人次。2014 年,来自南非的游客人数占莫桑比克入境旅游人数的比重高达 44.27%。

表 24-57 2008—2014 年莫桑比克入境旅游人数(按游客所在国家分)

排名	国家	入境旅游人数(人次)			市场份额(%)		增长率(%)
		2008 年	2013 年	2014 年	2013 年	2014 年	2013—2014 年
1	南非	675 745	872 017	774 995	44.27	44.27	-11.13
2	马拉维	96 562	236 385	210 084	12.00	12.00	-11.13
3	津巴布韦	238 825	176 823	157 149	8.98	8.98	-11.13
4	葡萄牙	31 406	77 244	156 124	3.92	8.92	102.12
5	美国	21 682	68 403	60 792	3.47	3.47	-11.13
6	斯威士兰	157 703	67 007	59 552	3.40	3.40	-11.13
7	英国	27 900	51 186	43 932	2.60	2.51	-14.17

注:按 2014 年数据排名。

(四)入境旅游方式

2008—2014 年,莫桑比克的入境旅游者中,经由公路入境的游客人数从 1330 千人次减少到 960 千人次,减少了 27.8%;乘坐飞机入境的游客人数从 109 千人次增长到 739 千人次,增长了 5.8 倍。2014 年,莫桑比克的入境旅游者中,经由公路入境的游客人数为 960 千人次,占莫桑比克入境旅游人数的比重 55.6%;乘坐飞机入境的游客人数为 739 千人次,占 42.8%;乘坐火车入境的游客人数为 29 千人次,占 1.7%。

表 24-58 2008—2014 年莫桑比克入境旅游人数(按入境旅游方式分)

单位:千人次

入境旅游方式	2008 年	2009 年	2010 年	2011 年	2012 年	2013 年	2014 年
飞机	109	190	508	604	730	675	739
火车	—	—	6	15	29	26	29
公路	1330	1471	1100	1276	1420	1266	960

(五)入境旅游目的

莫桑比克的入境旅游者中,出于娱乐、休闲和度假目的的旅游者人数最多,出于商务和专业活动目的的旅游者人数相对较少。2014 年,莫桑比克的入境旅游者中,娱乐、休闲和度假旅游者人数为 1145 千人次,占莫桑比克入境旅游人数的比重为 65.4%;商务和专业活动旅游者人数为 264 千人次,占 15.1%。

表 24-59　2008—2014 年莫桑比克入境旅游人数（按入境旅游目的分）

单位：千人次

入境旅游目的	2008 年	2009 年	2010 年	2011 年	2012 年	2013 年	2014 年
娱乐、休闲和度假	688	720	1078	1010	1450	1295	1145
商务和专业活动	214	431	405	618	437	312	264
其　他	291	310	235	273	225	280	341

二、出境旅游概况

（一）出境旅游花费

2008—2014 年，莫桑比克出境旅游花费总体上有所增长：2008 年为 202 百万美元；2009 年增至 212 百万美元；2010 年较上年增长 1.9%；2011 年增长到 230 百万美元；2012 年较上年有所减少，负增长 18.7%；2013 年大幅回升，达到 241 百万美元，较上年增长 28.9%；2014 年继续增加，较上年增加 5.0%，增至 253 百万美元。

表 24-60　2008—2014 年莫桑比克出境旅游花费

单位：百万美元

	2008 年	2009 年	2010 年	2011 年	2012 年	2013 年	2014 年
总花费	235	247	247	264	248	313	331
出境旅游花费	202	212	216	230	187	241	253
出境交通花费	33	35	31	34	61	72	78

（二）出境旅游目的地

2010—2014 年，南非一直是莫桑比克最大的出境旅游目的地国家。2014 年，南非接待莫桑比克游客人数为 2 051 528 人次，远超过排在第二位的斯威士兰的 219 555 人次。2014 年，南非、斯威士兰、坦桑尼亚、印度、安哥拉、美国、中国香港、莱索托和沙特阿拉伯接待莫桑比克游客人数较上年均有一定程度的增长。

表 24-61　2010—2014 年莫桑比克游客出境主要旅游目的地

单位：人次

排名	国家/地区	游客类型	2010 年	2011 年	2012 年	2013 年	2014 年
1	南　非	VFR	1 328 731	1 389 253	1 502 618	1 754 003	2 051 528
2	斯威士兰	VFR	241 334	236 507	222 989	213 827	219 555

续表

排名	国家/地区	游客类型	2010年	2011年	2012年	2013年	2014年
3	津巴布韦	VFR	131 653	148 857	146 922	174 137	170 425
4	坦桑尼亚	VFR	6151	11 301	16 292	15 225	22 661
5	印 度	TFN	2442	3118	3766	4469	5288
6	安哥拉	TFR	3089	1577	1720	2311	4721
7	美 国	TFR	1132	1210	1473	2239	2637
8	中国香港	VFR	2100	2344	1962	1903	2151
9	莱索托	VFR	302	359	610	426	1358
10	沙特阿拉伯	TFN	—	614	720	838	1144

注：按2014年数据排名。

第九节　塞舌尔

塞舌尔全称塞舌尔共和国（The Republic of Seychelles），是印度洋西部的群岛国家，由约115个大小岛屿组成。西距肯尼亚蒙巴萨港1593千米，西南距马达加斯加925千米，南与毛里求斯隔海相望。属热带雨林气候，终年高温多雨。面积约为455平方千米。2014年全国人口为9.09万，国内生产总值（GDP）为14亿美元。

塞舌尔风景秀丽，全境50%以上地区被辟为自然保护区，享有"旅游者天堂"的美誉。主要景点有马埃岛、普拉特岛、拉迪格岛等。旅游业为塞舌尔第一大经济支柱。2013年，塞舌尔外汇收入首破3亿美元，创历史新高。旅游者主要来自法国、意大利、德国、英国、南非、俄罗斯、阿联酋和中国等国家。近年来，塞舌尔旅游部门越来越注重开发中国、印度、海湾国家等亚洲新兴旅游市场。

表24-62　2014年塞舌尔旅游业经济影响评估

指　标	总数	占全国的比例（%）	增长预测（%）
GDP（百万美元）	240.6	21.2	4.3
雇佣人数（千人）	9.7	22.7	1.8

注：本表为估计值。

一、入境旅游概况

(一)入境旅游人数

2008—2014年,塞舌尔的入境旅游人数连年增加:2008年塞舌尔入境旅游人数为173千人次;2009年较上年增长2.9%;2010年比2009年增加7.3%;2011年继续增加,较上年增长9.9%;2012年较上年增长2.9%;2013年达到237千人次,较上年增长9.7%;2014年增长到239千人次。塞舌尔入境旅游人数中,过夜旅游者占绝大多数,一日游游客和邮船乘客占很小比例。

表24-63　2008—2014年塞舌尔入境旅游人数

单位:千人次

	2008年	2009年	2010年	2011年	2012年	2013年	2014年
入境旅游人数	173	178	191	210	216	237	239
过夜旅游者	159	158	175	194	208	230	233
一日游游客	14	20	16	16	8	7	6
邮船乘客	14	20	16	16	8	7	6

(二)入境旅游收入

2008—2013年,塞舌尔入境旅游收入不断上升:2008年为35百万美元;2009年明显增长,增至257百万美元;2010年较上年增长6.6%;2011年较上年增长6.2%,达到291百万美元;2012年较上年增长33.3%,达到388百万美元;2013年继续增长,较上年增加10.8%,增至430百万美元。2014年有所减少,较上年减少7.4%,减至398百万美元。

表24-64　2008—2014年塞舌尔入境旅游收入

单位:百万美元

	2008年	2009年	2010年	2011年	2012年	2013年	2014年
总收入	46	349	352	380	429	484	481
入境旅游收入	35	257	274	291	388	430	398
入境游客交通收入	11	92	78	89	41	54	83

(三)入境旅游客源结构

2014年,塞舌尔入境旅游者中,来自欧洲地区的旅游者人数为156千人次,占塞舌尔入境旅游人数的比重为66.7%;来自非洲地区的旅游者人数为28千人次,占12.0%;来自东亚太和中东地区的旅游者人数均为19千人次,均占8.1%;来自美洲地区和南亚地区的旅游者人数所占比重较小。

表 24-65　2008—2014 年塞舌尔入境旅游人数（按地区分）

单位：千人次

地区	2008 年	2009 年	2010 年	2011 年	2012 年	2013 年	2014 年
非洲	19	18	22	24	25	27	28
美洲	4	5	4	5	6	6	7
欧洲	125	122	132	144	146	161	156
东亚太	3	4	4	6	9	13	19
南亚	2	2	4	3	3	4	5
中东	5	6	8	12	18	20	19

2014 年，塞舌尔前四大入境旅游客源国家都在欧洲地区，分别是德国、法国、意大利和俄罗斯。阿联酋是塞舌尔在中东地区主要的入境旅游客源国家，中国是塞舌尔在亚洲地区主要的入境旅游客源国家，南非是塞舌尔在非洲地区主要的入境旅游客源国家，美国是塞舌尔在美洲地区主要的入境旅游客源国家。

表 24-66　2008—2014 年塞舌尔入境旅游人数（按游客所在国家分）

排名	国家	入境旅游人数（人次）			市场份额（%）		增长率（%）
		2008 年	2013 年	2014 年	2013 年	2014 年	2013—2014 年
1	德国	21 222	33 489	35 917	14.54	15.44	7.25
2	法国	31 386	35 765	32 400	15.53	13.93	-9.14
3	意大利	23 818	21 767	19 876	9.45	8.54	-8.69
4	俄罗斯	6569	14 367	14 793	6.24	6.36	2.97
5	阿联酋	3553	13 895	13 845	6.03	5.95	-0.36
6	中国	843	7745	13 349	3.36	5.74	72.36
7	英国	13 755	12 564	12 585	5.46	5.41	0.17
8	南非	8219	13 294	12 480	5.77	5.36	-6.12
9	瑞士	5268	9658	9812	4.19	4.22	1.59
10	美国	3116	4084	4533	1.77	1.95	10.99

（四）入境旅游方式

2008—2014 年，塞舌尔的入境旅游者中，乘坐飞机入境的旅游者人数最多，且总体呈上升态势：2008 年为 156 千人次；2009 年保持相对稳定，为 155 千人次；2010 年达到 174 千人次；2013 年增长到 230 千人次，较上年增长 11.1%；2014 年略有增长，增至 232 千人次。乘坐船舶入境的旅游者人数所占份额较小。

表 24-67　2008—2014 年塞舌尔入境旅游人数（按入境旅游方式分）

单位：千人次

入境旅游方式	2008 年	2009 年	2010 年	2011 年	2012 年	2013 年	2014 年
飞机	156	155	174	193	207	230	232
船舶	3	2	1	1	1	0.7	1

（五）入境旅游目的

塞舌尔的入境旅游者中，出于娱乐、休闲和度假目的的旅游者人数最多，从 2008 年的 142 千人次增长到 2014 年的 215 千人次，增长了 51.4%。2014 年，塞舌尔的入境旅游者中，娱乐、休闲和度假旅游者人数占 92.3%；商务和专业活动旅游者人数占 3.9%。

表 24-68　2008—2014 年塞舌尔入境旅游人数（按入境旅游目的分）

单位：千人次

入境旅游目的	2008 年	2009 年	2010 年	2011 年	2012 年	2013 年	2014 年
娱乐、休闲和度假	142	142	157	176	192	213	215
商务和专业活动	10	10	10	7	6	8	9
其他	7	5	8	11	10	9	9

二、出境旅游概况

（一）出境旅游人数

2008 年塞舌尔出境旅游人数为 54 千人次；2009 年下降到 49 千人次，负增长 9.3%；2010 年较上年增长 20.4%；2011 年较上年下降 2 千人次；2012 年继续下降，减少到 54 千人次；2013 年略有回升，增长到 55 千人次；2014 年继续增长，较上年增长 7.3%，增至 59 千人次。

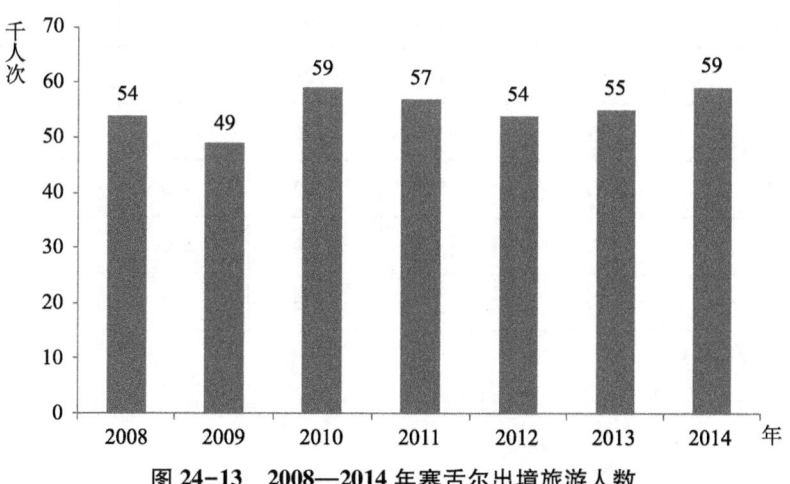

图 24-13　2008—2014 年塞舌尔出境旅游人数

(二)出境旅游花费

2008年塞舌尔出境旅游花费为4.4百万美元,2009—2014年保持在35百万~40百万美元。2008年塞舌尔出境交通花费为2.7百万美元,2009—2014年保持在20百万~30百万美元。

表 24-69　2008—2014年塞舌尔出境旅游花费

单位:百万美元

	2008年	2009年	2010年	2011年	2012年	2013年	2014年
总花费	7.1	56	63	65	58	62	65
出境旅游花费	4.4	35	38	40	35	37	37
出境交通花费	2.7	21	25	25	23	25	28

(三)出境旅游目的地

2010—2014年,毛里求斯一直是塞舌尔游客出境最大的旅游目的地。在主要的出境旅游目的地中,非洲地区吸引了塞舌尔大部分客源。此外,亚洲地区成为近几年塞舌尔游客主要的出境旅游目的地,包括斯里兰卡、印度、中国香港和马来西亚等国家和地区。

表 24-70　2010—2014年塞舌尔游客出境主要旅游目的地

单位:人次

排名	国家/地区	游客类型	2010年	2011年	2012年	2013年	2014年
1	毛里求斯	TFR	10 160	8485	6779	7187	6926
2	南非	VFR	3115	3588	3571	5132	5450
3	斯里兰卡	TFR	—	—	—	327	2709
4	印度	TFN	1672	2330	2220	2029	2308
5	中国香港	VFR	572	565	522	1812	1128
6	津巴布韦	VFR	434	1321	2352	383	932
7	马来西亚	TFR	—	926	614	534	508
8	澳大利亚	VFR	510	400	310	320	500
9	巴林	VFN	—	478	530	483	491
10	俄罗斯	VFN	200	323	228	309	455

注:按2014年数据排名。

第十节　坦桑尼亚

坦桑尼亚全称坦桑尼亚联合共和国（The United Republic of Tanzania），位于非洲东部、赤道以南。北与肯尼亚和乌干达交界，南与赞比亚、马拉维、莫桑比克接壤，西与卢旺达、布隆迪和刚果民主共和国为邻，东濒印度洋。东部沿海地区和内陆部分低地属热带草原气候，西部内陆高原属热带山地气候。面积约为94.5万平方千米。2012年人口为4490万，2014年国内生产总值（GDP）为376亿美元。

坦桑尼亚旅游资源丰富，非洲三大湖泊维多利亚湖、坦噶尼喀湖和马拉维湖均在坦桑尼亚边境线上，海拔5895米的非洲第一高峰——乞力马扎罗山世界闻名。其他自然景观有恩戈罗恩戈罗自然保护区、东非大裂谷、塞伦盖蒂国家公园等，另有桑岛奴隶城、世界最古老的古人类遗址、阿拉伯商人遗址等历史人文景观。坦桑尼亚1/3国土为国家公园、动物和森林保护区。共有15个国家公园、50个野生动物保护区、1个生态保护区、2个海洋公园和2个海洋保护区。

表24-71　2014年坦桑尼亚旅游业经济影响评估

指　标	总　数	占全国的比例(%)	增长预测(%)
GDP（百万美元）	1506.4	4.5	6.2
雇佣人数（千人）	402.3	3.8	2.2

注：本表为估计值。

一、入境旅游概况

（一）入境旅游人数

2008—2014年，除2009年有所下降外，坦桑尼亚入境旅游人数不断上升：2008年为770千人次；2009年下降到714千人次，较上年负增长7.3%；2010年较上年增长9.7%；2011年增长到868千人次，较2010年增长10.9%；2012年超过1000千人次，达到1077千人次，较上年增长24.1%；2013年继续增长，达到1096千人次，较上年增长1.8%；2014年较上年增加4.0%，增至1140千人次。

表24-72　2008—2014年坦桑尼亚入境旅游人数

单位：千人次

	2008年	2009年	2010年	2011年	2012年	2013年	2014年
入境旅游人数	770	714	783	868	1077	1096	1140
过夜旅游者	750	695	754	843	1043	1063	1113
一日游游客	20	19	29	25	34	33	27

(二)入境旅游收入

2008—2014年,坦桑尼亚的入境旅游收入总体上呈上升态势:2008年入境旅游收入为1289百万美元;2009年下降到1160百万美元,较上年负增长10.0%;2010年回升到1255百万美元,较上年增长8.2%;2011年和2012年持续增长,分别较上年增长7.8%和26.6%,2012年增长到1713百万美元;2013和2014保持稳定增长,增长率分别是8.2%和8.3%,2014年增加到2006百万美元。

表24-73　2008—2014年坦桑尼亚入境旅游收入

单位:百万美元

	2008年	2009年	2010年	2011年	2012年	2013年	2014年
总收入	1293	1192	1279	1383	1754	1912	2043
入境旅游收入	1289	1160	1255	1353	1713	1853	2006
入境游客交通收入	4	32	24	30	41	59	37

(三)入境旅游客源结构

2014年,坦桑尼亚的入境旅游者中,来自非洲地区的旅游者人数为526千人次,占坦桑尼亚入境旅游人数的比重为46.1%;来自欧洲地区的旅游者人数为362千人次,占31.8%;来自美洲地区的旅游者人数为124千人次,占10.9%;来自东亚太地区的旅游者人数为71千人次,占6.2%;来自南亚地区的旅游者人数为35千人次,占3.1%;来自中东地区的旅游者人数为22千人次,占1.9%。

表24-74　2008—2014年坦桑尼亚入境旅游人数(按地区分)

单位:千人次

地区	2008年	2009年	2010年	2011年	2012年	2013年	2014年
非洲	373	349	392	446	490	522	526
美洲	88	68	71	95	101	101	124
欧洲	246	233	243	250	330	362	362
东亚太	32	31	43	40	79	57	71
南亚	21	22	24	22	57	36	35
中东	10	11	10	15	21	18	22

2014年,肯尼亚、布隆迪、卢旺达、赞比亚、津巴布韦和乌干达等国家是坦桑尼亚在非洲地区重要的入境旅游客源国家,其中,来自布隆迪的游客人数较上年增长速度最快,高

达47.83%;美国、英国、意大利和德国是坦桑尼亚在美洲地区和欧洲地区重要的入境旅游客源国家。

表24-75　2008—2014年坦桑尼亚入境旅游人数(按游客所在国家分)

排名	国家	入境旅游人数(人次)			市场份额(%)		增长率(%)
		2008年	2013年	2014年	2013年	2014年	2013—2014年
1	肯尼亚	184 269	193 078	188 214	17.62	16.51	-2.52
2	美国	66 953	69 671	80 489	6.36	7.06	15.53
3	英国	58 245	70 379	60 034	6.42	5.27	-14.7
4	布隆迪	11 721	34 873	51 553	3.18	4.52	47.83
5	卢旺达	14 394	46 637	50 038	4.26	4.39	7.29
6	意大利	45 950	57 372	49 518	5.24	4.34	-13.69
7	德国	27 100	53 951	47 262	4.92	4.15	-12.4
8	赞比亚	37 682	64 825	36 679	5.92	3.22	-43.42
9	津巴布韦	—	30 765	36 497	—	3.2	18.63
10	乌干达	31 682	39 488	36 420	3.6	3.19	-7.77

注:按2014年数据排名。

(四)入境旅游方式

2008—2014年,坦桑尼亚的入境旅游者中,乘坐飞机入境的旅游者人数最多,从2008年的439千人次增长到2014年的636千人次,增长了44.9%;经由公路入境的旅游者人数低于乘坐飞机入境的旅游者人数,从2008年的317千人次增长到2014年的439千人次,增长了38.5%。2014年,乘坐飞机和经由公路入境坦桑尼亚的旅游者人数占坦桑尼亚入境旅游人数的比例分别为55.8%和38.5%,乘坐船舶和乘坐火车入境的旅游者人数所占的比例较小。

表24-76　2008—2014年坦桑尼亚入境旅游人数(按入境旅游方式分)

单位:千人次

入境旅游方式	2008年	2009年	2010年	2011年	2012年	2013年	2014年
飞机	439	380	405	476	604	563	636
火车	5	3	3	4	7	6	5
公路	317	321	352	385	462	469	439
船舶	9	10	23	3	3	59	60

（五）入境旅游目的

2008—2014年，坦桑尼亚的入境旅游者中，出于娱乐、休闲和度假目的的旅游者人数远多于出于商务和专业活动目的的旅游者人数。2014年，坦桑尼亚的入境旅游者中，娱乐、休闲和度假旅游者人数为920千人次，占坦桑尼亚入境旅游人数的比重为80.7%；商务和专业活动旅游者人数为68千人次，占6.0%。

表24-77　2008—2014年坦桑尼亚入境旅游人数（按入境旅游目的分）

单位：千人次

入境旅游目的	2008年	2009年	2010年	2011年	2012年	2013年	2014年
娱乐、休闲和度假	650	593	609	694	843	891	920
商务和专业活动	37	29	56	47	56	66	68
其他	83	92	118	127	178	139	152

二、出境旅游概况

（一）出境旅游花费

2008—2014年，坦桑尼亚的出境旅游花费持续不断增长：2008年为721百万美元；2009年较上年增长6.2%，增至766百万美元；2010—2014年继续增长，分别较上年增长8.4%、8.3%、7.6%、6.9%和6.6%，2014年达到1102百万美元。

表24-78　2008—2014年坦桑尼亚出境旅游花费

单位：百万美元

	2008年	2009年	2010年	2011年	2012年	2013年	2014年
总花费	746	806	861	928	1003	1101	1206
出境旅游花费	721	766	830	899	967	1034	1102
出境交通花费	25	40	31	29	36	67	104

（二）出境旅游目的地

2010—2014年，赞比亚一直是坦桑尼亚游客出境最大的旅游目的地国家。2014年接待坦桑尼亚游客人数排在第二位和第三位的国家分别是卢旺达和乌干达。在主要的出境旅游目的地国家中，坦桑尼亚周边国家吸引了大部分客源，非洲本土的其他主要出境旅游目的地国家还包括南非、津巴布韦、尼日利亚和埃塞俄比亚等。印度和中国香港是坦桑尼亚在亚洲地区重要的出境旅游目的地国家和地区。

表24-79 2010—2014年坦桑尼亚游客出境主要旅游目的地

单位：人次

排名	国家/地区	游客类型	2010年	2011年	2012年	2013年	2014年
1	赞比亚	TFR	121 275	116 280	214 820	184 187	219 215
2	卢旺达	VFN	40 286	53 560	94 602	85 852	87 855
3	乌干达	TFR	42 289	59 013	79 795	74 485	57 197
4	南非	VFR	21 827	32 059	39 645	42 016	31 468
5	津巴布韦	VFR	8454	14 038	14 740	27 285	28 555
6	印度	TFN	17 645	19 470	21 862	23 345	26 284
7	尼日利亚	VFN	17 666	1900	13 074	15 183	11 464
8	埃塞俄比亚	TFR	5756	5464	5965	8118	8599
9	中国香港	VFR	10 745	8334	8842	8735	7592
10	美国	TFR	4986	5013	5589	1923	6197

注：按2014年数据排名。

第十一节 乌干达

乌干达全称乌干达共和国（The Republic of Uganda），是位于非洲东部、地跨赤道的内陆国。东邻肯尼亚，南与坦桑尼亚和卢旺达交界，西与刚果民主共和国接壤，北与苏丹毗连。大部分地区属热带草原气候，年均气温22°C左右，气候温和，雨量充沛。面积约为24.1万平方千米。2014年全国人口为3490万，国内生产总值（GDP）为242亿美元。

20世纪六七十年代初，乌干达旅游业是仅次于咖啡和棉花的第三大创汇产业，但此后连年不断的内战使旅游业遭到严重破坏。"全国抵抗运动"执政后，随着国内局势日益稳定，旅游设施逐步恢复，旅游业得以复兴。乌干达主要旅游点有尼罗河源头、伊丽莎白国家公园和基代波河谷国家公园等。

表24-80 2014年乌干达旅游业经济影响评估

指标	总数	占全国的比例（%）	增长预测（%）
GDP（百万美元）	887.7	3.3	5.8
雇佣人数（千人）	182.4	2.8	3.3

注：本表为估计值。

一、入境旅游概况

(一) 入境旅游人数

2008年乌干达入境旅游人数为844千人次;2009年减少到807千人次,较上年负增长4.4%;2010—2014年,乌干达入境旅游人数持续不断增加,从2010年的946千人次增长到2014年的1266千人次,增长了33.8%,2014年较2013年增长5.0%。

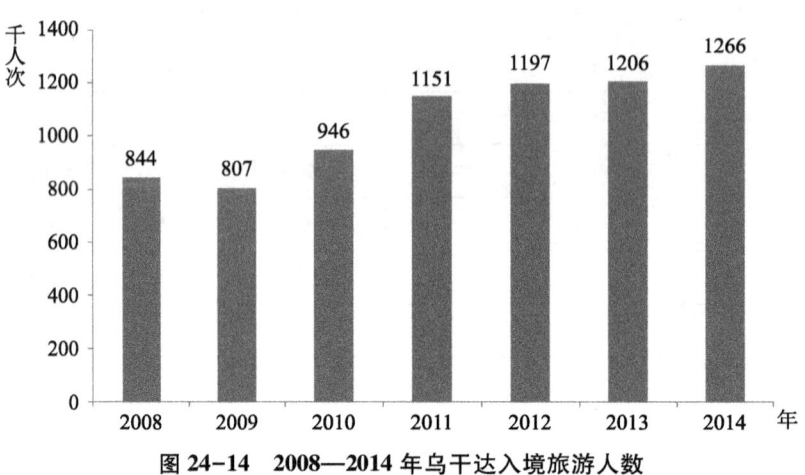

图24-14 2008—2014年乌干达入境旅游人数

(二) 入境旅游收入

2008—2013年,乌干达入境旅游收入连年增长,从2008年的498百万美元增长到2013年的1334百万美元,增长了167.9%。2014年出现大幅下降,较2013年减少40.6%,减至792百万美元。

表24-81 2008—2014年乌干达入境旅游收入

单位:百万美元

	2008年	2009年	2010年	2011年	2012年	2013年	2014年
总收入	536	683	802	977	1157	1355	811
入境旅游收入	498	667	784	960	1135	1334	792
入境游客交通收入	38	16	18	17	22	21	19

(三) 入境旅游客源结构

2014年,乌干达的入境旅游者中,来自非洲地区的旅游者人数为986千人次,占乌干达入境旅游人数的比重为77.9%;来自欧洲地区的旅游者人数为111千人次,占8.8%;来自美洲地区的旅游者人数为77千人次,占6.1%;来自东亚太地区的旅游者人数为46千人次,占 3.6%;来自南亚地区的旅游者人数为 32 千人次,占 2.5%;来自中东地区的旅游者人数为 13 千人次,占 1.0%。

表 24-82　2008—2014 年乌干达入境旅游人数(按地区分)

单位:千人次

地区	2008 年	2009 年	2010 年	2011 年	2012 年	2013 年	2014 年
非洲	624	630	676	873	929	933	986
美洲	54	47	65	59	71	73	77
欧洲	106	80	113	155	109	109	111
东亚太	15	19	28	30	34	45	46
南亚	19	15	19	22	28	32	32
中东	10	9	16	9	8	13	13

2014 年,肯尼亚、卢旺达和美国是乌干达的前三大入境旅游客源国家,来自这三个国家的游客人数分别为 360 670 人次、348 183 人次和 60 226 人次,占乌干达入境旅游人数的市场份额分别为 28.49%、27.5% 和 4.76%。2014 年,来自中国的游客人数较上年大幅增长,增长率为 35.59%。

表 24-83　2008—2014 年乌干达入境旅游人数(按游客所在国家分)

排名	国家	入境旅游人数(人次)			市场份额(%)		增长率(%)
		2008 年	2013 年	2014 年	2013 年	2014 年	2013—2014 年
1	肯尼亚	249 786	380 614	360 670	31.55	28.49	-5.24
2	卢旺达	181 339	280 431	348 183	23.25	27.5	24.16
3	美国	42 418	56 766	60 226	4.71	4.76	6.10
4	坦桑尼亚	45 276	74 485	57 197	6.17	4.52	-23.21
5	刚果	12 495	49 925	55 630	4.14	4.39	11.43
6	英国	51 812	43 009	36 577	3.57	2.89	-14.96
7	印度	16 236	28 647	29 620	2.37	2.34	3.40
8	南非	13 940	21 184	18 080	1.76	1.43	-14.65
9	中国	6088	10 792	14 633	0.89	1.16	35.59
10	德国	8083	11 070	11 845	0.92	0.94	7.00

注:按 2014 年数据排名。

(四)入境旅游方式

2008—2014年,乌干达入境旅游者中,经由公路和乘坐飞机入境的旅游者人数都有所增加,但经由公路入境的旅游者人数多于乘坐飞机入境的旅游者人数。2014年,经由公路和乘坐飞机入境的旅游者人数占乌干达入境旅游人数的比重分别为65.0%和35.0%。

表24-84 2008—2014年乌干达入境旅游人数(按入境旅游方式分)

单位:千人次

入境旅游方式	2008年	2009年	2010年	2011年	2012年	2013年	2014年
飞机	358	271	369	369	416	423	443
公路	486	536	577	782	781	783	823

(五)入境旅游目的

2008—2014年,乌干达的入境旅游者中,出于其他目的入境的旅游者人数最多,且总体上呈增长态势,从2008年的537千人次增长到2014年的774千人次,增长了44.1%。2014年,乌干达的入境旅游者中,娱乐、休闲和度假旅游者人数与商务和专业活动旅游者人数占乌干达入境旅游人数的比重分别为17.4%和21.5%,出于其他目的的旅游者人数占61.1%。

表24-85 2008—2014年乌干达入境旅游人数(按入境旅游目的分)

单位:千人次

入境旅游目的	2008年	2009年	2010年	2011年	2012年	2013年	2014年
娱乐、休闲和度假	144	126	149	76	225	188	220
商务和专业活动	163	167	184	160	210	296	272
其他	537	514	613	915	762	722	774

二、出境旅游概况

(一)出境旅游人数

2008年乌干达出境旅游人数为337千人次;2009减少到311千人次,负增长7.7%;2010—2012年,出境旅游人数连续增长,从2010年的324千人次增长到2012年的382千人次,增长了17.9%;2013年有所减少,回落到378千人次,较上年负增长1.0%;2014年出现大幅增长,较2013年增长35.2%,增至511千人次。

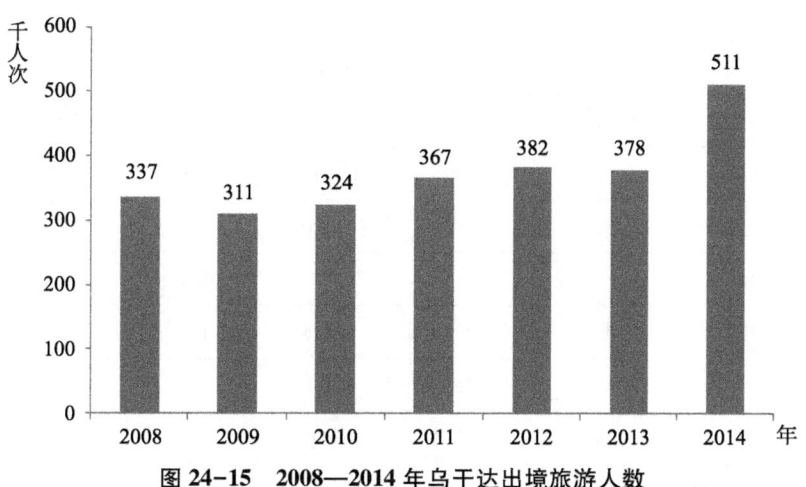

图 24-15　2008—2014 年乌干达出境旅游人数

（二）出境旅游花费

2008—2013 年，乌干达出境旅游花费连续不断增长，从 2008 年的 156 百万美元增长到 2013 年的 555 百万美元，增长了 255.8%。2014 年出现大幅下降，较上年负增长 60.0%，减至 222 百万美元。

表 24-86　2008—2014 年乌干达出境旅游花费

单位：百万美元

	2008 年	2009 年	2010 年	2011 年	2012 年	2013 年	2014 年
总花费	315	351	464	540	642	696	376
出境旅游花费	156	192	320	405	484	555	222
出境交通花费	159	159	144	135	158	141	154

（三）出境旅游目的地

2014 年，乌干达前三大出境旅游目的地国家是卢旺达、坦桑尼亚和南非，其接待乌干达游客人数分别为 276 244 人次、36 420 人次和 14 771 人次。2014 年，卢旺达、埃塞俄比亚、津巴布韦、尼日利亚、美国和埃及接待乌干达游客人数较上年均有一定程度的增长。

表 24-87　2010—2014 年乌干达游客出境主要旅游目的地

单位：人次

排名	国家/地区	游客类型	2010 年	2011 年	2012 年	2013 年	2014 年
1	卢旺达	VFN	133 089	191 927	205 902	232 462	276 244
2	坦桑尼亚	VFR	31 869	32 634	36 583	39 488	36 420
3	南非	VFR	15 597	17 024	17 625	19 163	14 771

续表

排名	国家/地区	游客类型	2010年	2011年	2012年	2013年	2014年
4	埃塞俄比亚	TFR	7151	7148	7154	9461	10 556
5	津巴布韦	VFR	2893	11 555	3914	4598	9018
6	尼日利亚	VFN	3886	2720	9410	5383	6997
7	美国	TFR	5115	5611	6645	6670	6955
8	印度	TFN	3011	3615	3841	3857	3705
9	埃及	VFN	2533	3138	3208	3455	3571
10	中国香港	VFR	4338	3991	3004	2932	2834

注：按2014年数据排名。

第十二节　赞比亚

赞比亚全称赞比亚共和国（The Republic of Zambia），是非洲中南部内陆国家。东接马拉维、莫桑比克，南接津巴布韦、博茨瓦纳和纳米比亚，西邻安哥拉，北靠刚果民主共和国及坦桑尼亚。属热带草原气候，因地势较高，终年温暖如春。面积约为75.26万平方千米。2014年全国人口为1463万，国内生产总值（GDP）为232亿美元。

赞比亚有世界著名的维多利亚瀑布和19个国家级野生动物园，其中卡富埃国家公园占地面积最大。赞比亚还辟有32个狩猎管理区。2013年8月，赞比亚与津巴布韦联合举办了第20届世界旅游组织大会。

表24-88　2014年赞比亚旅游业经济影响评估

指标	总数	占全国的比例（%）	增长预测（%）
GDP（百万美元）	475.0	2.3	7.6
雇佣人数（千人）	23.3	1.3	4.9

注：本表为估计值。

一、入境旅游概况

（一）入境旅游人数

2008—2014年，赞比亚入境旅游人数呈现出明显的波动性：2008年为812千人次；2009年下降到710千人次，较上年负增长12.6%；2010年和2011年分别较上年增长

14.8%和12.9%,2011年达到920千人次;2012年有所下降,较2011年负增长6.6%;2013年回升到915千人次,较上年增长6.5%;2014年继续增长,增至947千人次,较上年增长3.5%。

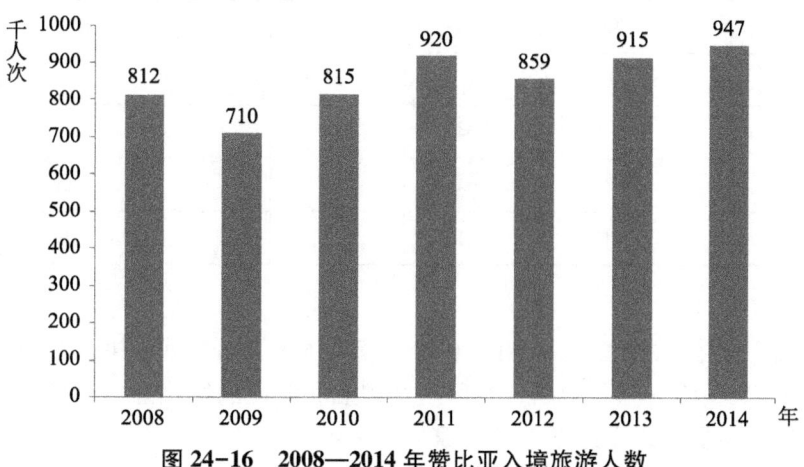

图24-16 2008—2014年赞比亚入境旅游人数

（二）入境旅游收入

2008—2014年,赞比亚入境旅游收入整体上明显增长;2008年入境旅游收入为148百万美元;2009年下降33.8%,降至98百万美元;2010年较上年大幅增加,增长了4倍,增至492百万美元;2011年较上年增加12.8%;2012年较上年下降6.7%;2013年和2014年连续增长,增长率分别为6.6%和16.3%,2014年增至642百万美元。

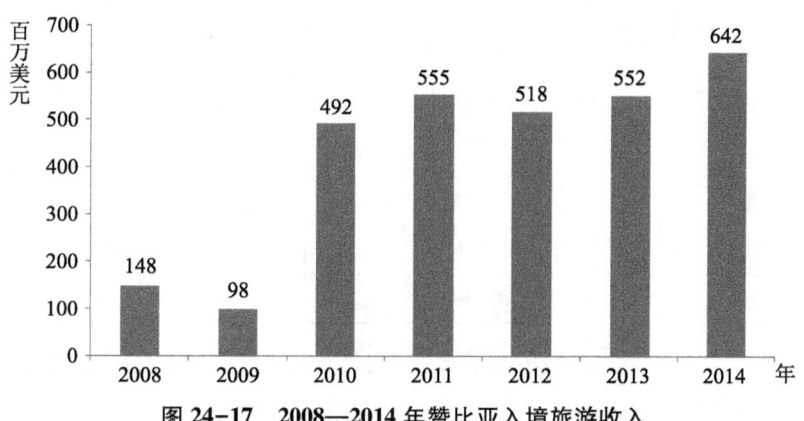

图24-17 2008—2014年赞比亚入境旅游收入

（三）入境旅游客源结构

2014年,赞比亚入境旅游者中,来自非洲地区的旅游者人数为732千人次,占77.2%;来自欧洲地区的旅游者人数为78千人次,占8.2%;来自东亚太地区的旅游者人数为72千人次,占7.6%;来自美洲地区的旅游者人数为45千人次,占4.7%;来自南亚地区的旅游者人数为21千人次,占2.2%。

表 24-89　2008—2014 年赞比亚入境旅游人数（按地区分）

单位：千人次

地区	2008 年	2009 年	2010 年	2011 年	2012 年	2013 年	2014 年
非洲	607	467	583	652	654	720	732
美洲	47	63	42	52	32	41	45
欧洲	109	128	104	114	66	79	78
东亚太	35	39	64	80	92	57	72
南亚	14	13	21	22	15	17	21

2014 年，坦桑尼亚、津巴布韦、南非和肯尼亚等国家是赞比亚在非洲地区内重要的入境旅游客源国家，美国、英国、中国、印度、澳大利亚和斯堪的纳维亚等国家和地区是赞比亚在非洲地区外重要的入境旅游客源国家。

表 24-90　2008—2014 年赞比亚入境旅游人数（按游客所在国家/地区分）

排名	国家/地区	入境旅游人数（人次）			市场份额（%）		增长率（%）
		2008 年	2013 年	2014 年	2013 年	2014 年	2013—2014 年
1	坦桑尼亚	106 284	184 187	219 215	20.14	23.15	19.02
2	津巴布韦	226 428	191 048	208 962	20.89	22.07	9.38
3	南非	95 415	87 048	98 216	9.52	10.37	12.83
4	美国	33 870	31 826	32 625	3.48	3.45	2.51
5	英国	46 516	32 309	31 280	3.53	3.3	-3.18
6	中国	—	27 666	30 831	3.03	3.26	11.69
7	印度	13 934	17 072	21 117	1.87	2.23	23.23
8	肯尼亚	12 331	14 515	11 337	1.59	1.2	-21.89
9	澳大利亚	14 517	10 136	11 201	1.11	1.18	10.51
10	斯堪的纳维亚	—	6843	8948	—	0.94	30.76

注：按 2014 年数据排名。

（四）入境旅游方式

2008—2014 年，赞比亚的入境旅游者中，经由公路和乘坐飞机入境的旅游者人数均有所增长：经由公路入境的旅游者人数从 576 千人次增长到 665 千人次，增长了 15.5%；乘坐飞机入境的旅游者人数从 236 千人次增长到 262 千人次，增长了 11.0%。2014 年，赞比亚的入境旅游者中，经由公路和乘坐飞机入境的旅游者人数分别占 70.3% 和 27.7%，乘坐火车和乘坐船舶入境的旅游者人数分别占 1.6% 和 0.4%。

表 24-91　2008—2014 年赞比亚入境旅游人数（按入境旅游方式分）

单位：千人次

入境旅游方式	2008 年	2009 年	2010 年	2011 年	2012 年	2013 年	2014 年
飞　机	236	191	249	297	252	241	262
火　车	—	35	11	45	52	16	15
公　路	576	484	555	578	547	650	665
船　舶	—	—	—	—	8	8	4

（五）入境旅游目的

2014 年，赞比亚的入境旅游者中，出于商务和专业活动目的的旅游者人数为 434 千人次，占赞比亚入境旅游人数的比重为 45.8%；出于娱乐、休闲和度假目的的旅游者人数为 237 千人次，占 25.0%；出于其他目的的旅游者人数为 276 千人次，占 29.1%。

表 24-92　2008—2014 年赞比亚入境旅游人数（按入境旅游目的分）

单位：千人次

入境旅游目的	2008 年	2009 年	2010 年	2011 年	2012 年	2013 年	2014 年
娱乐、休闲和度假	184	172	251	194	223	252	237
商务和专业活动	339	329	442	571	474	535	434
其　他	288	209	122	156	162	127	276

二、出境旅游概况

（一）出境旅游花费

2008—2014 年，赞比亚出境旅游花费总体上明显增长：2008 年为 64 百万美元；2009 年减少到 39 百万美元，负增长 39.1%；2010 年较上年增加 169.2%，增至 105 百万美元；2011—2014 年连续增长，分别较上年增长 5.7%、48.6%、27.3% 和 5.7%，2014 年出境旅游花费达到 222 百万美元。

表 24-93　2008—2014 年赞比亚出境旅游花费

单位：百万美元

	2008 年	2009 年	2010 年	2011 年	2012 年	2013 年	2014 年
总花费	107	83	167	223	303	357	378
出境旅游花费	64	39	105	111	165	210	222
出境交通花费	43	44	62	112	138	147	156

（二）出境旅游目的地

2014年，赞比亚前三大出境旅游目的地国家分别是津巴布韦、南非和坦桑尼亚，三国接待赞比亚游客人数分别为294 316人次、188 419人次和36 679人次。2014年，津巴布韦、美国、尼日利亚、莱索托和澳大利亚接待赞比亚游客人数较上年均有一定程度的增长。

表24-94　2010—2014年赞比亚游客出境主要旅游目的地

单位：人次

排名	国家/地区	游客类型	2010年	2011年	2012年	2013年	2014年
1	津巴布韦	VFR	168 722	184 988	278 856	233 721	294 316
2	南非	VFR	172 215	174 782	181 206	191 703	188 419
3	坦桑尼亚	VFR	34 983	47 898	51 880	64 825	36 679
4	斯威士兰	VFR	7128	6915	7004	6535	5458
5	印度	TFN	2621	2944	3428	3853	3834
6	美国	TFR	2994	3052	3541	3558	3716
7	中国香港	VFR	3553	3577	3396	3523	2875
8	尼日利亚	VFN	2483	720	6622	2340	2496
9	莱索托	VFR	707	570	662	855	1802
10	澳大利亚	VFR	1000	1380	1230	1210	1230

注：按2014年数据排名。

第二十五章 南部非洲分区旅游市场概况

南部非洲是指非洲大陆赤道南面刚果河与赞比西河分水岭以南的地区,总面积为660万平方千米,占非洲总面积的22%。南部非洲气候差异很大,有热带草原气候、地中海型气候、沙漠气候,还有海岛上的海洋性气候。南部非洲也是非洲经济发展反差最大的地区,贫富悬殊,有发达的工业国,也有落后的农业国。南非高原有丰富的矿藏资源,尤以金刚石最为出名。在过去10多年中,南部非洲是非洲发展最快的地区。

依据世界旅游组织的划分方法,南非分区包括博茨瓦纳、莱索托、纳米比亚、南非和斯威士兰共5个国家。

一、入境旅游概况

(一)入境旅游人数

2013年,南非分区最重要的旅游目的地国家是南非、博茨瓦纳和纳米比亚,分别接待了9537千人次、1544千人次和1176千人次入境游客。斯威士兰和莱索托接待入境游客人数分别为968千人次和320千人次。

表25-1 2008—2014年南非分区各国家入境旅游人数

单位:千人次

排名	国　家	2008年	2009年	2010年	2011年	2012年	2013年	2014年
1	南　非	9592	7012	8074	8339	9188	9537	9549
2	博茨瓦纳	2101	2103	1973	—	1614	1544	—
3	纳米比亚	931	980	984	1027	1079	1176	—
4	斯威士兰	756	908	868	879	888	968	—
5	莱索托	285	320	414	397	317	320	—

注:博茨瓦纳、纳米比亚、斯威士兰和莱索托2014年数据缺失,故按2013年数据排名。

（二）入境旅游收入

2013年,南非以9245百万美元的入境旅游收入成为南非分区入境旅游收入最高的国家,排在第二位和第三位的国家是纳米比亚和博茨瓦纳,入境旅游收入分别为411百万美元和110百万美元。莱索托和斯威士兰的入境旅游收入均在20百万美元以下。

表25-2 2008—2014年南非分区各国家入境旅游收入

单位:百万美元

排名	国家	2008年	2009年	2010年	2011年	2012年	2013年	2014年
1	南非	7956	7624	9085	9515	9996	9245	9338
2	纳米比亚	382	405	439	518	485	411	408
3	博茨瓦纳	58	52	78	33	34	110	—
4	莱索托	30	30	23	24	22	17	17
5	斯威士兰	26	40	51	21	30	13	15

注:博茨瓦纳2014年数据缺失,故按2013年数据排名。

二、出境旅游概况

（一）出境旅游人数

2013年,南非分区最大的出境旅游客源国家是南非,且其以5168千人次的出境旅游人数远远高于排在第二位的斯威士兰的出境旅游人数(1573千人次)。

表25-3 2008—2014年南非分区各国家出境旅游人数

单位:千人次

排名	国家	2008年	2009年	2010年	2011年	2012年	2013年	2014年
1	南非	4429	4424	5165	5455	5031	5168	—
2	斯威士兰	1177	1246	1141	1264	1397	1573	1657

注:南非2014年数据缺失,故按2013年数据排名。

（二）出境旅游花费

2008—2014年,南非出境旅游花费始终在南非分区各国家中居于首位,且远高于其他国家的出境旅游花费。2013年,莱索托和纳米比亚出境旅游花费分别排在第二位和第三位,出境旅游花费分别为211百万美元和124百万美元。

表 25-4 2008—2014 年南非分区各国家出境旅游花费

单位：百万美元

排名	国家	2008 年	2009 年	2010 年	2011 年	2012 年	2013 年	2014 年
1	南非	4404	4151	5595	5283	4069	3429	3169
2	莱索托	243	239	270	290	248	211	172
3	纳米比亚	114	120	146	207	154	124	150
4	斯威士兰	46	72	61	69	72	76	89
5	博茨瓦纳	52	79	88	81	72	47	—

注：博茨瓦纳 2014 年数据缺失，故按 2013 年数据排名。

第一节 博茨瓦纳

博茨瓦纳全称博茨瓦纳共和国（The Republic of Botswana），是位于非洲南部的内陆国家。东接津巴布韦，西连纳米比亚，北邻赞比亚，南接南非。大部分地区属热带草原气候，西部为沙漠、半沙漠气候。面积为 58.173 万平方千米。2011 年人口为 203 万，2014 年国内生产总值（GDP）为 158.13 亿美元。

博茨瓦纳是非洲主要旅游国之一。旅游资源丰富，是非洲野生动物种类和数量较多的国家。政府把全国 38% 的国土划为野生动物保护区，设立了 3 个国家公园、5 个野生动物保护区。乔贝国家公园和奥卡万戈三角洲野生动物保护区为主要旅游点。旅游业现为博茨瓦纳第二大外汇收入来源，是经济多元化战略的重点发展产业。

表 25-5 2014 年博茨瓦纳旅游业经济影响评估

指标	总数	占全国的比例（%）	增长预测（%）
GDP（百万美元）	656.3	3.2	5.8
雇佣人数（千人）	31.0	4.6	2.6

注：本表为估计值。

一、入境旅游概况

（一）入境旅游人数

2008—2013 年，博茨瓦纳的入境过夜旅游者人数总体上呈下降趋势，从 2008 年的 2101 千人次减少到 2013 年的 1544 千人次，减少了 26.5%，2013 年较 2012 年减少 4.3%。

表 25-6　2008—2013 年博茨瓦纳入境旅游人数

单位：千人次

	2008 年	2009 年	2010 年	2012 年	2013 年
入境旅游人数	2344	2468	2532	—	—
过夜旅游者	2101	2103	1973	1614	1544
一日游游客	243	365	387	—	—

（二）入境旅游收入

2008—2013 年，博茨瓦纳入境旅游收入呈现出波动性特征，但总体上明显增长，从 2008 年的 58 百万美元增长到 2013 年的 110 百万美元，增长了 89.7%。2014 年较 2013 年大幅增长，增长了 2.2 倍。

表 25-7　2008—2013 年博茨瓦纳入境旅游收入

单位：百万美元

	2008 年	2009 年	2010 年	2011 年	2012 年	2013 年
总收入	59	53	80	36	36	113
入境旅游收入	58	52	78	33	34	110
入境游客交通收入	0.7	0.6	2	3	2	3

（三）入境旅游客源结构

博茨瓦纳的入境旅游者中，绝大多数来自非洲地区。2013 年，博茨瓦纳入境旅游者中，来自非洲地区的旅游者人数为 1182 千人次，占博茨瓦纳入境旅游人数的比重为 76.8%；来自欧洲地区的旅游者人数为 151 千人次，占 9.8%；来自美洲地区的旅游者人数为 150 千人次，占 9.7%；来自东亚太地区的旅游者人数为 53 千人次，占 3.4%。

表 25-8　2008—2013 年博茨瓦纳入境旅游人数（按地区分）

单位：千人次

地 区	2008 年	2010 年	2012 年	2013 年
非 洲	1933	1787	1364	1182
美 洲	38	33	40	150
欧 洲	86	97	140	151
东亚太	28	26	46	53
南 亚	2	4	9	3

2013年,博茨瓦纳的前三大入境旅游客源国家是津巴布韦、南非和赞比亚,来自这三个国家的游客人数占博茨瓦纳入境旅游人数的比重为68.0%。在非洲地区以外,美国、德国、英国、澳大利亚、加拿大和日本也是博茨瓦纳重要的入境旅游客源国家。

表25-9 2008—2013年博茨瓦纳入境旅游人数(按游客所在国家分)

排名	国家	入境旅游人数(人次)		市场份额(%)
		2008年	2013年	2013年
1	津巴布韦	948 161	445 402	28.8
2	南非	595 113	414 976	26.9
3	赞比亚	250 802	190 319	12.3
4	美国	32 286	119 815	7.8
5	纳米比亚	110 852	96 511	6.3
6	德国	17 258	37 239	2.4
7	英国	24 695	36 118	2.3
8	澳大利亚	11 303	26 759	1.7
9	加拿大	—	23 270	1.5
10	日本	—	14 639	0.9

注:按2013年数据排名。

(四)入境旅游方式

博茨瓦纳的入境旅游方式以经由公路为主。2008年,经由公路为主要入境方式的旅游者人数占93.4%,达1961千人次;其次为乘坐飞机和乘坐火车入境的旅游者人数,分别占4.0%和2.6%。

表25-10 2002—2008年博茨瓦纳入境旅游人数(按入境旅游方式分)

单位:千人次

入境旅游方式	2002年	2003年	2004年	2006年	2007年	2008年
飞机	97	71	66	68	83	85
火车	1	1	1	37	77	54
公路	1176	1332	1455	1320	1576	1961

注:2009—2014年数据缺失,故保留第2版原表。

(五)入境旅游目的

博茨瓦纳的入境旅游者中,出于其他目的入境的旅游者人数占绝大多数。2013年,出于其他目的入境的旅游者人数为713千人次,占46.2%;出于娱乐、休闲和度假目的的入境的旅游者人数为 474 千人次，占 30.7%；出于商务和专业活动目的入境的旅游者人数为 357 千人次，占 23.1%。

表 25-11 2008—2013 年博茨瓦纳入境旅游人数（按入境旅游目的分）

单位：千人次

入境旅游目的	2008 年	2009 年	2010 年	2012 年	2013 年
娱乐、休闲和度假	391	273	409	367	474
商务和专业活动	147	88	188	149	357
其他	1563	1192	1376	1098	713

二、出境旅游概况

（一）出境旅游花费

2008—2013 年，博茨瓦纳出境旅游花费先升后降：2008 年为 52 百万美元；2009 年增长到 79 百万美元，较上年增长 51.9%；2010 年增长到 88 百万美元，较上年增长 11.4%；2011 年减少到 81 百万美元，较上年负增长 8.0%；2012 年减少到 72 百万美元，较 2011 年减少 11.1%；2013 年较上年减少 34.7%，减少到 47 百万美元。

表 25-12 2008—2013 年博茨瓦纳出境旅游花费

单位：百万美元

	2008 年	2009 年	2010 年	2011 年	2012 年	2013 年
总花费	54	80	88.5	81.5	73	47
出境旅游花费	52	79	88	81	72	47
出境交通花费	2	1	0.5	0.5	0.9	0.2

（二）出境旅游目的地

2010—2014 年，南非一直是博茨瓦纳游客出境最大的旅游目的地国家。2014 年，津巴布韦和莱索托接待博茨瓦纳游客人数分别为 72 100 人次和 7942 人次，在博茨瓦纳出境旅游目的地国家中分别排在第二位和第三位。2014 年，南非、津巴布韦、莱索托、斯威士兰、美国、坦桑尼亚、印度和毛里求斯接待博茨瓦纳游客人数较上年均有一定程度的增长。

表 25-13 2010—2014 年博茨瓦纳游客出境主要旅游目的地

单位：人次

排名	国家/地区	游客类型	2010 年	2011 年	2012 年	2013 年	2014 年
1	南非	VFR	829 518	782 223	717 813	886 947	976 792
2	津巴布韦	VFR	114 718	119 098	64 926	59 441	72 100

续表

排名	国家/地区	游客类型	2010年	2011年	2012年	2013年	2014年
3	莱索托	VFR	1922	1419	1752	2200	7942
4	斯威士兰	VFR	4053	3710	4328	4293	5913
5	美国	TFR	2279	2163	2186	1700	1875
6	坦桑尼亚	VFR	741	944	1107	1152	1535
7	中国香港	VFR	2838	2594	1774	1134	1040
8	澳大利亚	VFR	810	780	850	960	890
9	印度	TFN	1050	837	919	795	828
10	毛里求斯	TFR	487	435	550	666	758

注：按2014年数据排名。

第二节 莱索托

莱索托全称莱索托王国（The Kingdom of Lesotho），是非洲南部内陆国家，四周为南非所环抱。属大陆性亚热带气候。面积30 344平方千米。2014年全国人口为210万，国内生产总值（GDP）为22亿美元。

莱索托政府鼓励发展旅游业，游客多来自南非。莱索托高原调水工程极大地促进了山区旅游业的发展，滑雪成为新兴旅游项目。

表25-14 2014年莱索托旅游业经济影响评估

指标	总数	占全国的比例（%）	增长预测（%）
GDP（百万美元）	121.4	5.5	5.7
雇佣人数（千人）	24.8	4.6	3.2

注：本表为估计值。

一、入境旅游概况

（一）入境旅游人数

2008—2010年，莱索托入境旅游人数连续增长：2009年从2008年的293千人次增长到344千人次，增长了17.4%，2010年增长到426千人次，较上年增长23.8%。2011年有所下降，较上年负增长6.6%；2012年和2013年连续增长，增长率分别为6.3%和2.4%，2013年达到433千人次；2014年出现大幅增长，较上年增长149.2%，增至1079千人次。

表 25-15　2008—2014 年莱索托入境旅游人数

单位：千人次

	2008 年	2009 年	2010 年	2011 年	2012 年	2013 年	2014 年
入境旅游人数	293	344	426	398	423	433	1079
过夜旅游者	285	320	414	397	317	320	—
一日游游客	8	24	11	0.5	106	113	—

（二）入境旅游收入

2008—2014 年，莱索托入境旅游收入总体上呈下降态势：2008 年和 2009 年均为 30 百万美元；2010 年减少到 23 百万美元，较上年负增长 23.3%；2011 年较上年增加 4.3%，增至 24 百万美元；2012 年和 2013 年连续减少，分别较上年减少 8.3% 和 22.7%，2013 年入境旅游收入下降到 17 百万美元；2014 年与 2013 年持平，均为 17 百万美元。

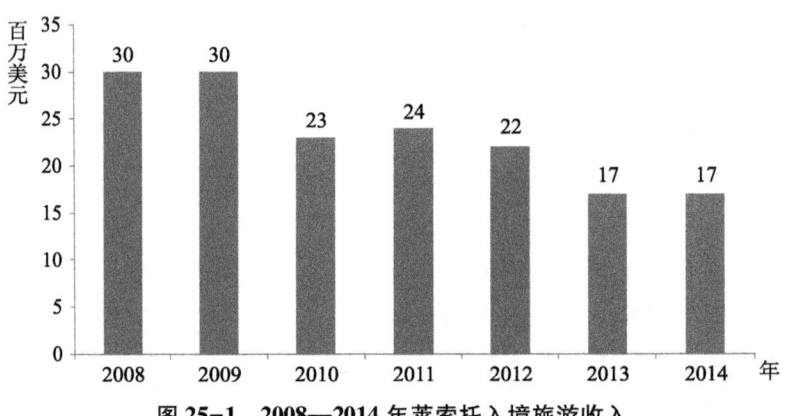

图 25-1　2008—2014 年莱索托入境旅游收入

（三）入境旅游客源结构

2008—2014 年，莱索托的入境旅游者主要来自非洲地区。2014 年，来自非洲地区的旅游者人数为 1018 千人次，占莱索托入境旅游人数的比重为 94.3%；来自欧洲地区的旅游者人数为 24 千人次，占 2.2%；来自东亚太地区的旅游者人数为 21 千人次，占 1.9%；来自美洲地区和南亚地区的旅游者人数所占比重较小。

表 25-16　2008—2014 年莱索托入境旅游人数（按地区分）

单位：千人次

地区	2008 年	2009 年	2010 年	2011 年	2012 年	2013 年	2014 年
非洲	259	314	401	380	404	408	1018
美洲	5	4	4	3	3	3	11
欧洲	23	20	17	13	13	17	24
东亚太	6	5	4	2	3	4	21

2008—2014年,南非一直是莱索托最大的入境旅游客源国家。2014年,南非、博茨瓦纳和斯威士兰是莱索托在非洲地区内重要的入境旅游客源国家,中国、美国、英国、印度、荷兰、德国和中国台湾是莱索托在非洲地区外重要的入境旅游客源国家和地区。

表25-17　2008—2014年莱索托入境旅游人数(按游客所在国家/地区分)

排名	国家/地区	入境旅游人数(人次)			市场份额(%)		增长率(%)
		2008年	2013年	2014年	2013年	2014年	2013—2014年
1	南非	246 014	397 696	968 742	91.85	89.82	143.59
2	中国	1136	1360	9630	0.31	0.89	608.09
3	美国	1311	2679	8798	0.62	0.82	228.41
4	博茨瓦纳	1796	2200	7942	0.51	0.74	261
5	英国	2245	2380	6128	0.55	0.57	157.48
6	印度	—	259	4619	—	0.43	1683.4
7	荷兰	2925	4870	4454	1.12	0.41	−8.54
8	德国	3349	4727	3746	1.09	0.35	−20.75
9	斯威士兰	1233	1332	3716	0.31	0.34	178.98
10	中国台湾	—	198	3352	—	0.31	1592.93

注:按2014年数据排名。

(四)入境旅游方式

莱索托的入境旅游者中,经由公路入境的旅游者人数占绝大多数。2008—2013年,经由公路入境的旅游者人数在270千~420千人次,乘坐飞机入境的旅游者人数所占比重较小。2014年,经由公路入境的旅游者人数达到1079千人次。

表25-18　2008—2014年莱索托入境旅游人数(按入境旅游方式分)

单位:千人次

入境旅游方式	2008年	2009年	2010年	2011年	2012年	2013年	2014年
飞机	15	14	13	12	11	14	—
公路	278	330	413	386	412	419	1079

(五)入境旅游目的

莱索托的入境旅游者中,出于其他目的入境的旅游者人数最多,从2008年的143千人次增长到2013年的268千人次,增长了87.4%;出于娱乐、休闲和度假目的的旅游者人数高于出于商务和专业活动目的的旅游者人数。2008—2010年,出于娱乐、休闲和度假目的的旅游者人数连续增长,2010年达到132千人次;2011年减少到117千人次,较上年负增长11.4%;2012年增长到130千人次,较2011年增长11.1%;2013年减少到119千人次,较上年负增长8.5%。

表25-19　2008—2014年莱索托入境旅游人数（按入境旅游目的分）

单位：千人次

入境旅游目的	2008年	2009年	2010年	2011年	2012年	2013年
娱乐、休闲和度假	111	126	132	117	130	119
商务和专业活动	39	40	52	51	50	46
其他	143	178	242	230	243	268

二、出境旅游概况

（一）出境旅游花费

2008—2014年，莱索托出境旅游花费总体上有所减少：2008年和2009年分别为243百万美元和239百万美元；2010年和2011年连续增长，分别较上年增长13.0%和7.4%；2012年回落到248百万美元，较2011年减少14.5%；2013年和2014年连续下降，负增长率分别是14.9%和18.5%，2014年减少到172百万美元。

表25-20　2008—2014年莱索托出境旅游花费

单位：百万美元

	2008年	2009年	2010年	2011年	2012年	2013年	2014年
总花费	248	247	278	300	256	217	179
出境旅游花费	243	239	270	290	248	211	172
出境交通花费	5	8	8	10	8	6	7

（二）出境旅游目的地

2010—2014年，南非一直是莱索托游客出境最大的旅游目的地国家。2014年，接待莱索托游客人数排在第二位和第三位的国家是津巴布韦和斯威士兰。2014年，南非、津巴布韦、斯威士兰、坦桑尼亚、印度、美国、中国香港、毛里求斯和澳大利亚接待莱索托游客人数较上年均有一定程度的增长。

表25-21　2010—2014年莱索托游客出境主要旅游目的地

单位：人次

排名	国家/地区	游客类型	2010年	2011年	2012年	2013年	2014年
1	南非	VFR	2 610 507	3 160 694	3 122 796	3 056 859	3 081 975
2	津巴布韦	VFR	4957	6655	20 051	4942	16 486
3	斯威士兰	VFR	4906	3348	4308	3632	5554
4	尼日利亚	VFN	13 812	—	2964	—	1200

续表

排名	国家/地区	游客类型	2010年	2011年	2012年	2013年	2014年
5	坦桑尼亚	VFR	261	493	395	589	592
6	印度	TFN	523	421	365	392	565
7	美国	TFR	298	339	367	286	321
8	中国香港	VFR	274	302	275	235	304
9	毛里求斯	TFR	107	125	168	145	177
10	澳大利亚	VFR	90	50	70	70	130

注：按2014年数据排名。

第三节 纳米比亚

纳米比亚全称纳米比亚共和国（The Republic of Namibia），位于非洲西南部。北同安哥拉、赞比亚为邻，东、南毗博茨瓦纳和南非，西濒大西洋。大部分属热带和亚热带干旱、半干旱气候。面积约为82.43平方千米。2014年全国人口为230万，国内生产总值（GDP）为127.94亿美元。

纳米比亚旅游业较发达。海滩、自然保护区等旅游景点集中在北部地区和南部地区，其中北部的埃托沙国家公园闻名世界。

表25-22 2014年纳米比亚旅游业经济影响评估

指标	总数	占全国的比例(%)	增长预测(%)
GDP（百万美元）	323.7	3.0	9.1
雇佣人数（千人）	24.2	4.5	7.3

注：本表为估计值。

一、入境旅游概况

（一）入境旅游人数

2008—2013年，纳米比亚入境旅游人数连续不断增加：2008年为1079千人次；2009年较上年增长1.9%；2010年增至1114千人次，比上年增加1.3%；2011年继续增长，较上年增长4.4%；2012年较2011年增加7.1%，达到1245千人次；2013年较上年增长6.6%，达到1327千人次。纳米比亚的过夜旅游者占入境旅游者的绝大多数，一日游游客所占比重较小。

表 25-23　2008—2013 年纳米比亚入境旅游人数

单位:千人次

	2008 年	2009 年	2010 年	2011 年	2012 年	2013 年
入境旅游人数	1079	1100	1114	1163	1245	1327
过夜旅游者	931	980	984	1027	1079	1176
一日游游客	148	120	130	136	166	151

（二）入境旅游收入

2008—2014 年,纳米比亚入境旅游收入先升后降:2008 年为 382 百万美元;2009 年比上年提高 6.0%;2010 年增加到 439 百万美元,较上年增长 8.4%;2011 年增至 518 百万美元,较 2010 年增加 18.0%;2012—2014 年持续下降,负增长率分别是 6.4%、15.3% 和 0.7%,2014 年下降到 408 百万美元。

表 25-24　2008—2014 年纳米比亚入境旅游收入

单位:百万美元

	2008 年	2009 年	2010 年	2011 年	2012 年	2013 年	2014 年
总收入	484	511	560	645	598	524	517
入境旅游收入	382	405	439	518	485	411	408
入境游客交通收入	102	106	121	127	113	113	109

（三）入境旅游客源结构

2013 年,纳米比亚的入境旅游者中,来自非洲地区的旅游者人数为 913 千人次,占纳米比亚入境旅游人数的比重为 77.6%;来自欧洲地区的旅游者人数为 200 千人次,占 17.0%;来自美洲地区的旅游者人数为 29 千人次,占 2.5%;来自东亚太地区的旅游者人数为 17 千人次,占 1.4%。

表 25-25　2008—2013 年纳米比亚入境旅游人数（按地区分）

单位:千人次

地　区	2008 年	2009 年	2010 年	2011 年	2012 年	2013 年
非　洲	676	724	714	784	827	913
美　洲	29	27	26	25	27	29
欧　洲	204	206	219	194	198	200
东亚太	10	11	11	12	14	17

2013年,纳米比亚前三大入境旅游客源国家是安哥拉、南非和赞比亚,来自这三个国家的游客人数占纳米比亚入境旅游人数的比重为68.2%。2013年,纳米比亚前十大入境旅游客源国家中,来自博茨瓦纳的游客人数较上年增速最快,增长率为25.94%。

表25-26　2008—2013年纳米比亚入境旅游人数(按游客所在国家分)

排名	国家	入境旅游人数(人次)			市场份额(%)		增长率(%)
		2008年	2012年	2013年	2012年	2013年	2012—2013年
1	安哥拉	310 315	379 842	426 025	35.21	36.23	12.16
2	南非	243 038	269 393	277 182	24.97	23.57	2.89
3	赞比亚	29 281	80 515	98 792	7.46	8.40	22.70
4	德国	81 543	80 127	79 551	7.43	6.76	-0.72
5	津巴布韦	50 248	54 020	56 566	5.01	4.81	4.71
6	博茨瓦纳	26 378	25 273	31 829	2.34	2.71	25.94
7	英国	28 111	21 035	23 185	1.95	1.97	10.22
8	美国	20 856	18 704	19 157	1.73	1.63	2.42
9	法国	4604	15 937	15 911	1.48	1.35	-0.16
10	葡萄牙	5965	12 679	14 048	1.18	1.19	10.80

注:按2013年数据排名。

(四)入境旅游方式

2008—2013年,纳米比亚的入境旅游者中,经由公路入境的旅游者人数最多,其次是乘坐飞机入境的旅游者人数,乘坐船舶入境的旅游者人数较少。经由公路入境的旅游者人数从2008年的649千人次增长到2013年的844千人次,增长了30.0%;乘坐飞机入境的旅游者人数从2008年的273千人次增长到2013年的321千人次,增长了17.6%。

表25-27　2008—2013年纳米比亚入境旅游人数(按入境旅游方式分)

单位:千人次

入境旅游方式	2008年	2010年	2011年	2012年	2013年
飞机	273	282	282	291	321
公路	649	687	730	778	844
船舶	9	15	15	10	12

(五)入境旅游目的

2010—2013年,纳米比亚的入境旅游者中,出于其他目的入境的旅游者人数所占比重最高,出于娱乐、休闲和度假目的的旅游者人数约为 400 千人次,出于商务和专业活动目的入境的旅游者人数约为 100 千人次。2013 年,出于其他目的入境的旅游者人数为 607 千人次,占纳米比亚入境旅游人数的比重为 51.6%;出于娱乐、休闲和度假目的入境的旅游者人数为 422 千人次,占 35.9%;出于商务和专业活动目的入境的旅游者人数为 147 千人次,占 12.5%。

表 25-28　2008—2013 年纳米比亚入境旅游人数(按入境旅游目的分)

单位:千人次

入境旅游目的	2010 年	2011 年	2012 年	2013 年
娱乐、休闲和度假	417	423	429	422
商务和专业活动	141	123	148	147
其他	426	481	501	607

二、出境旅游概况

(一)出境旅游花费

2008—2014 年,纳米比亚出境旅游花费总体上有所增长:2008 年出境旅游花费是 114 百万美元;2009—2011 年连续增长,较上年的增长率分别为 5.3%、21.7% 和 41.8%,2011 年达到 207 百万美元;2012 年和 2013 年连续下降,负增长率分别为 25.6% 和 19.5%;2014 年有所回升,较 2013 年增长 21.0%,增至 150 百万美元。

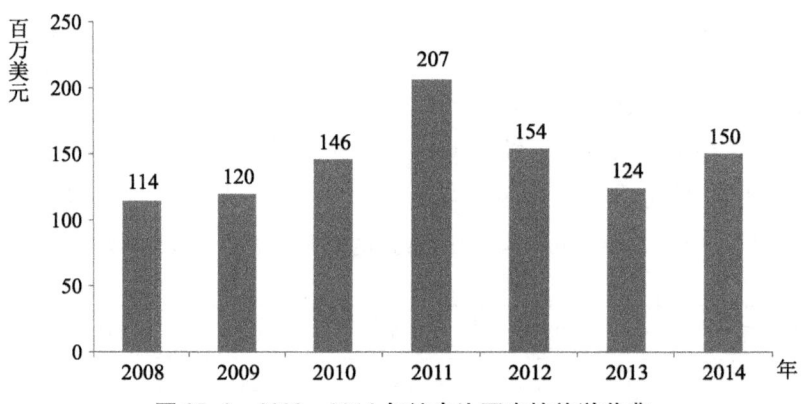

图 25-2　2008—2014 年纳米比亚出境旅游花费

(二)出境旅游目的地

2010—2014 年,南非一直是纳米比亚游客出境最大的旅游目的地国家。在主要的出境旅游目的地国家和地区中,纳米比亚周边的非洲国家吸引了大部分客源,包括南非、津巴布韦、尼日利亚、毛里求斯和坦桑尼亚。美国是纳米比亚在美洲地区的主要旅游目的地,中国香港和印度是其在亚洲地区的主要旅游目的地,俄罗斯是其在欧洲地区的主要旅游目的地,澳大利亚是其在大洋洲地区的主要旅游目的地。

表25-29　2010—2014年纳米比亚游客出境主要旅游目的地

单位:人次

排名	国家/地区	游客类型	2010年	2011年	2012年	2013年	2014年
1	南非	VFR	226 541	235 780	234 205	263 290	256 334
2	津巴布韦	VFR	19 917	23 322	11 487	11 037	16 606
3	尼日利亚	VFN	36 556	—	7140	6912	6690
4	美国	TFR	1430	1732	1878	1807	1881
5	中国香港	VFR	637	995	1102	1223	1727
6	毛里求斯	TFR	761	856	1047	1237	1393
7	印度	TFN	613	593	757	664	733
8	俄罗斯	VFN	416	423	511	656	714
9	坦桑尼亚	VFR	895	1210	924	1203	708
10	澳大利亚	VFR	580	600	710	630	600

第四节　南　非

南非全称南非共和国(The Republic of South Africa),是非洲大陆最南端的国家。北邻纳米比亚、博茨瓦纳、津巴布韦、莫桑比克和斯威士兰,东、南、西三面濒印度洋和大西洋,另有莱索托为南非领土所包围。全国大部分地区属亚热带气候。面积约为121.91万平方千米。2014年全国人口为5400万,国内生产总值(GDP)约3500亿美元。

旅游业是当前南非发展最快的行业之一。旅游点主要集中于东北部和东、南沿海地区。生态旅游与民俗旅游是南非旅游业两大最主要的增长点。

表25-30　2014年南非旅游业经济影响评估

指　　标	总　　数	占全国的比例(%)	增长预测(%)
GDP(百万美元)	10 680.8	3.0	3.9
雇佣人数(千人)	645.5	4.6	2.4

注:本表为估计值。

一、入境旅游概况

(一)入境旅游人数

2008—2014年,南非入境旅游人数总体上呈增长态势:2008年为9729千人次;2009年减少到9532千人次,较上年负增长2.0%;2010—2014年,入境旅游人数持续不断增长,从2010年的11 303千人次增长到2014年的14 530千人次,增长了28.5%,2014年较2013年增长1.5%。

表25-31 2008—2014年南非入境旅游人数

单位:千人次

	2008年	2009年	2010年	2011年	2012年	2013年	2014年
入境旅游人数	9729	9532	11 303	12 097	13 069	14 318	14 530
过夜旅游者	9592	7012	8074	8339	9188	9537	9549
一日游游客	—	2520	3229	3758	3881	4781	4980

(二)入境旅游收入

南非是非洲地区经济比较发达的国家之一,旅游业为南非经济社会发展作出了较大的贡献。2008年南非入境旅游收入为7956百万美元;2009年下降到7624百万美元,较上年负增长4.2%;2010—2012年,入境旅游收入连续增长,分别较上年增长19.2%、4.7%和5.1%;2013年回落到9245百万美元,较2012年负增长7.5%;2014年略有增加,较2013年增加1.0%,增至9338百万美元。

表25-32 2008—2014年南非入境旅游收入

单位:百万美元

	2008年	2009年	2010年	2011年	2012年	2013年	2014年
总收入	9178	8684	10 308	10 707	11 201	10 468	10 484
入境旅游收入	7956	7624	9085	9515	9996	9245	9338
入境游客交通收入	1222	1060	1223	1192	1205	1223	1146

(三)入境旅游客源结构

南非入境旅游者中,来自非洲地区的旅游者人数最多,其次是来自欧洲地区的旅游者人数。2014年,来自非洲地区的旅游者人数为7272千人次,占南非入境旅游人数的比重为76.3%;来自欧洲地区的旅游者人数为1400千人次,占14.7%;来自美洲地区的旅游者人数为435千人次,占4.6%;来自东亚太地区的旅游者人数为293千人次,占3.1%;来自南亚地区的旅游者人数为110千人次,占1.2%;来自中东地区的旅游者人数为24千人次,占0.3%。

表25-33　2008—2014年南非入境旅游人数(按地区分)

单位:千人次

地区	2008年	2009年	2010年	2011年	2012年	2013年	2014年
非洲	7344	5083	5734	6130	6648	6847	7272
美洲	407	334	458	433	514	546	435
欧洲	1434	1248	1355	1307	1434	1517	1400
东亚太	271	216	293	305	401	437	293
南亚	52	75	98	119	142	145	110
中东	23	19	21	20	23	26	24

2014年,南非前三大入境旅游客源国家是津巴布韦、莱索托和莫桑比克,来自这三个国家的游客人数占南非入境旅游人数的市场份额为51.62%。英国和美国是南非在非洲地区外重要的入境旅游客源国家。

表25-34　2008—2014年南非入境旅游人数(按游客所在国家分)

排名	国家	入境旅游人数(人次)			市场份额(%)		增长率(%)
		2008年	2013年	2014年	2013年	2014年	2013—2014年
1	津巴布韦	1 226 993	3 211 662	2 143 716	22.43	22.45	10.78
2	莱索托	2 163 372	3 056 859	1 501 642	21.35	15.73	2.76
3	莫桑比克	1 226 989	1 754 003	1 283 016	12.25	13.44	14.89
4	斯威士兰	1 088 033	1 446 736	918 490	10.1	9.62	9.81
5	博茨瓦纳	804 701	886 947	555 590	6.19	5.82	3.44
6	英国	485 166	469 068	401 914	3.28	4.21	-7.94
7	美国	287 438	388 145	309 255	2.71	3.24	-10.97
8	纳米比亚	221 995	263 290	211 453	1.84	2.21	-4.76
9	赞比亚	192 041	191 703	176 972	1.34	1.85	-1.64
10	马拉维	163 328	180 519	166 964	1.26	1.75	-1.98

注:按2014年数据排名。

（四）入境旅游方式

南非的入境旅游者主要来自周边国家，故经由公路入境的游客人数最多，其次是乘坐飞机入境的游客人数，乘坐船舶和乘坐火车入境的游客人数较少。2014年，经由公路入境的游客人数为6972千人次，占南非入境旅游人数的比重为73.0%；乘坐飞机入境的游客人数为2573千人次，占26.9%。

表25-35　2008—2014年南非入境旅游人数（按入境旅游方式分）

单位：千人次

入境旅游方式	2008年	2009年	2010年	2011年	2012年	2013年	2014年
飞　机	2581	2152	2739	2503	2937	3164	2573
火　车	1	3	1	—	—	—	—
公　路	6960	4854	5328	5827	6240	6366	6972
船　舶	2	1	5	9	11	7	4

（五）入境旅游目的

南非的入境旅游者中，出于娱乐、休闲和度假目的入境的旅游者人数占绝大多数。2014年，出于娱乐、休闲和度假目的入境的旅游者人数为9142千人次，占南非入境旅游人数的比重为95.7%；出于商务和专业活动目的入境的旅游者人数为407千人次，占4.3%。

表25-36　2008—2014年南非入境旅游人数（按入境旅游目的分）

单位：千人次

入境旅游目的	2008年	2009年	2010年	2011年	2012年	2013年	2014年
娱乐、休闲和度假	9081	6803	7552	7868	8310	8610	9142
商务和专业活动	295	197	331	267	293	272	407
其　他	216	12	191	204	585	655	—

二、出境旅游概况

（一）出境旅游人数

2008—2013年，南非出境旅游人数总体上呈增长态势：2008年为4429千人次；2009年与2008年保持相近规模，为4424千人次；2010年增长到5165千人次，较上年增长16.7%；2011年继续增长，较2010年增长5.6%，增至5455千人次；2012年滑落到5031千人次，较上年负增长7.8%；2013年回升到5168千人次，较2012年增长2.7%。

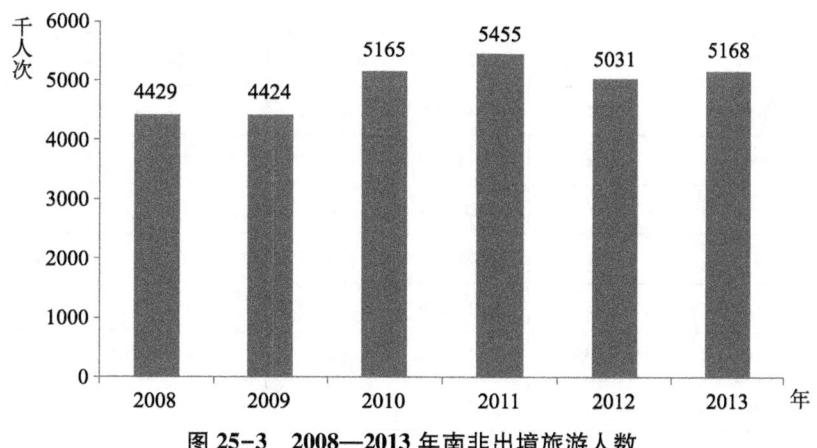

图 25-3　2008—2013 年南非出境旅游人数

（二）出境旅游花费

2008—2014 年，南非出境旅游花费总体上呈下降态势：2008 年为 4404 百万美元；2009年下降到 4151 百万美元，较上年负增长 5.7%；2010 年回升到 5595 百万美元，较上年增长34.8%；2011—2014 年连续下降，2014 年减少到 3169 百万美元，较上年减少 7.6%。

表 25-37　2008—2014 年南非出境旅游花费

单位：百万美元

	2008 年	2009 年	2010 年	2011 年	2012 年	2013 年	2014 年
总花费	6905	6420	8139	8397	7144	6490	6314
出境旅游花费	4404	4151	5595	5283	4069	3429	3169
出境交通花费	2501	2269	2544	3114	3075	3061	3145

（三）出境旅游目的地

2014 年，南非前三大出境旅游目的地国家是莱索托、斯威士兰和莫桑比克，三国接待南非游客人数分别为 968 742 人次、856 492 人次和 774 995 人次。在非洲地区内，莱索托、斯威士兰、莫桑比克、津巴布韦、赞比亚和毛里求斯是南非重要的出境旅游目的地国家；在非洲地区外，英国、美国、意大利和德国是南非重要的出境旅游目的地国家。

表 25-38　2010—2014 年南非游客出境主要旅游目的地

单位：人次

排名	国　　家	游客类型	2010 年	2011 年	2012 年	2013 年	2014 年
1	莱索托	VFR	390 849	371 867	394 336	397 696	968 742
2	斯威士兰	VFR	911 194	924 566	871 459	875 632	856 492
3	莫桑比克	VFR	946 583	950 941	971 868	872 017	774 995

续表

排名	国家	游客类型	2010 年	2011 年	2012 年	2013 年	2014 年
4	津巴布韦	VFR	1 368 238	1 309 463	719 637	715 260	609 455
5	英国	VFR	208 000	193 000	210 700	225 000	217 000
6	美国	TFR	80 174	86 597	95 086	105 009	113 727
7	赞比亚	TFR	144 960	134 556	134 602	87 048	98 216
8	毛里求斯	TFR	81 458	86 232	89 058	94 208	93 120
9	意大利	TCEN	71 950	84 255	89 643	91 646	86 010
10	德国	TCER	66 512	68 100	74 459	71 323	78 654

注：按 2014 年数据排名。

第五节 斯威士兰

斯威士兰全称斯威士兰王国（The Kingdom of Swaziland），是非洲南部内陆国。北、西、南三面为南非所环抱，东与莫桑比克为邻。属亚热带气候。面积 17 363 平方千米。2014 年全国人口为 127 万，国内生产总值（GDP）为 34 亿美元。

斯威士兰旅游业较发达，但基本由南非财团控制。博彩业是其旅游业的一大特色。近年来，政府通过开发野生动物园和展示斯威士兰丰富多彩的礼仪文化招揽游客。礼仪文化包括王宫内的各种庆祝活动、斯威士兰传统婚礼以及各种民族舞蹈等。

表 25-39 2014 年斯威士兰旅游业经济影响评估

指标	总数	占全国的比例（%）	增长预测（%）
GDP（百万美元）	80.5	2.2	1.3
雇佣人数（千人）	5.6	1.9	1.2

注：本表为估计值。

一、入境旅游概况

（一）入境旅游人数

2008—2014 年，斯威士兰入境旅游人数总体上有所增长：2008 年入境旅游人数为 1186 千人次；2009 年较上年增加 13.3%，达到 1344 千人次；2010 年保持相对稳定规模，为 1343 千人次；2011 年和 2012 年连续下降，分别较上年减少 1.1% 和 3.8%；2013 年回升到 1299 千人次，较 2012 年增长 1.6%；2014 年较 2013 年增长 2.0%，增至 1325 千人次。

表 25-40　2008—2014 年斯威士兰入境旅游人数

单位：千人次

	2008 年	2009 年	2010 年	2011 年	2012 年	2013 年	2014 年
入境旅游人数	1186	1344	1343	1328	1278	1299	1325
过夜旅游者	756	908	868	879	888	968	—
一日游游客	430	436	475	449	390	331	—

（二）入境旅游收入

2008—2014 年，斯威士兰入境旅游收入总体上有所下降：2008 年为 26 百万美元；2009 年和 2010 年连续增长，分别较上年增长 53.8% 和 27.5%；2011 年明显下降，较上年负增长 58.8%；2012 年回升到 30 百万美元，较 2011 年增长 42.9%；2013 年负增长 56.7%，减少到 13 百万美元；2014 年有所回升，增加到 15 百万美元，增长率为 15.4%。

表 25-41　2008—2014 年斯威士兰入境旅游收入

单位：百万美元

	2008 年	2009 年	2010 年	2011 年	2012 年	2013 年	2014 年
总收入	26.3	40.1	51.4	21.3	30.3	13.3	16
入境旅游收入	26	40	51	21	30	13	15
入境游客交通收入	0.3	0.1	0.4	0.3	0.3	0.3	1

（三）入境旅游客源结构

2014 年，斯威士兰的入境旅游者中，来自非洲地区的旅游者人数为 1178 千人次，占斯威士兰入境旅游人数的比重为 88.9%；来自欧洲地区的旅游者人数为 101 千人次，占 7.6%；来自美洲地区的旅游者人数为 23 千人次，占 1.7%；来自东亚太地区的旅游者人数为 13 千人次，占 1.0%；来自南亚地区的旅游者人数为 10 千人次，占 0.8%。

表 25-42　2008—2014 年斯威士兰入境旅游人数（按地区分）

单位：千人次

地　区	2008 年	2009 年	2010 年	2011 年	2012 年	2013 年	2014 年
非　洲	1041	1191	1218	1225	1165	1170	1178
美　洲	20	20	20	19	20	21	23
欧　洲	108	114	85	67	74	87	101
东亚太	12	11	11	10	11	12	13
南　亚	6	7	8	7	8	9	10

2008—2014年,南非一直是斯威士兰最大的入境旅游客源国家,2014年,来自南非的游客人数占斯威士兰入境旅游人数的比重高达64.66%。在非洲地区内,南非、莫桑比克、津巴布韦和博茨瓦纳是斯威士兰重要的入境旅游客源国家;在非洲地区外,德国、荷兰、美国、英国、法国和葡萄牙是斯威士兰重要的入境旅游客源国家。

表25-43 2008—2014年斯威士兰入境旅游人数(按游客所在国家分)

排名	国家	入境旅游人数(人次)			市场份额(%)		增长率(%)
		2008年	2013年	2014年	2013年	2014年	2013—2014年
1	南非	781 173	875 632	856 492	67.42	64.66	-2.19
2	莫桑比克	209 139	213 827	219 555	16.46	16.57	2.68
3	津巴布韦	14 562	39 253	58 624	3.02	4.43	49.35
4	德国	19 111	18 933	21 669	1.46	1.64	14.45
5	荷兰	17 554	13 032	17 874	1	1.35	37.15
6	美国	14 421	15 816	17 359	1.22	1.31	9.76
7	英国	21 581	16 428	15 813	1.26	1.19	-3.74
8	法国	16 619	10 445	14 152	0.8	1.07	35.49
9	葡萄牙	6800	6641	6720	0.51	0.51	1.19
10	博茨瓦纳	—	4293	5913	—	0.45	37.74

注:按2014年数据排名。

(四)入境旅游方式

由于斯威士兰的入境旅游者中,绝大多数来自南非,所以经由公路入境的游客人数最多。2014年,经由公路和乘坐飞机入境斯威士兰的游客人数占斯威士兰入境旅游人数的比重分别为98.8%和1.2%。

表25-44 2008—2014年斯威士兰入境旅游人数(按入境旅游方式分)

单位:千人次

入境旅游方式	2008年	2009年	2010年	2011年	2012年	2013年	2014年
飞机	27	26	25	22	23	22	16
公路	1159	1318	1317	1306	1256	1277	1308

(五)入境旅游目的

斯威士兰的入境旅游者中,出于娱乐、休闲和度假目的入境的旅游者人数最多,且在2008—2013年连年增长。2013年,斯威士兰的入境旅游者中,出于娱乐、休闲和度假目的入境的旅游者人数为761千人次,占斯威士兰入境旅游人数的比重为58.6%;出于商务和专业活动目的入境的旅游者人数为 130 千人次,占 10.0%;出于其他目的入境的旅游者人数为 408 千人次,占 31.4%。

表 25-45　2008—2014 年斯威士兰入境旅游人数(按入境旅游目的分)

单位:千人次

入境旅游目的	2008 年	2009 年	2010 年	2011 年	2012 年	2013 年
娱乐、休闲和度假	537	669	674	675	678	761
商务和专业活动	151	151	129	135	128	130
其　他	498	524	540	518	473	408

二、出境旅游概况

(一)出境旅游人数

2008—2014 年,斯威士兰出境旅游人数总体上呈增长态势:2008 年为 1177 千人次;2009 年增长到 1246 千人次,增长率为 5.9%;2010 年下降到 1141 千人次,较上年负增长 8.4%;2011—2014 年,出境旅游人数连年增长,分别较上年增长 10.8%、10.5%、12.6% 和 5.3%,2014 年达到 1657 千人次。

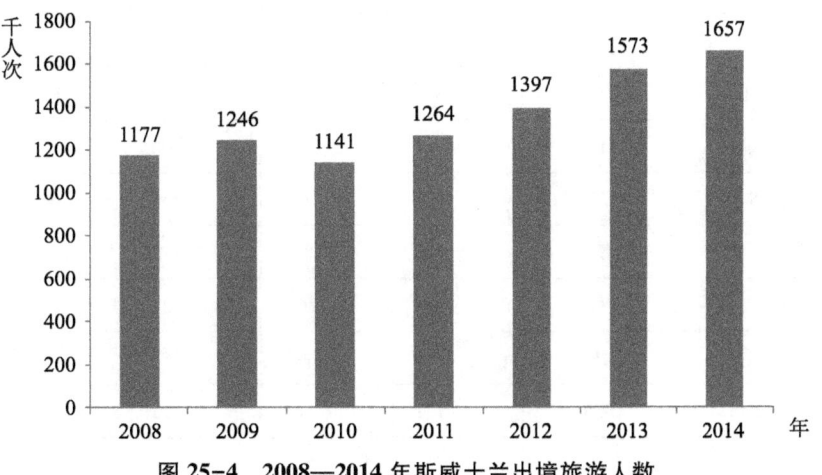

图 25-4　2008—2014 年斯威士兰出境旅游人数

(二)出境旅游花费

2008—2014 年,斯威士兰出境旅游花费总体上呈增长态势:2008 年为 46 百万美元;2009 年增长到 72 百万美元,增长率为 56.5%;2010 年回落到 61 百万美元,较上年负增长 15.3%;2011—2014 年,出境旅游花费连年增长,分别较上年增长 13.1%、4.3%、5.6% 和 17.1%,2014 年达到 89 百万美元。

表 25-46　2008—2014 年斯威士兰出境旅游花费

单位：百万美元

	2008 年	2009 年	2010 年	2011 年	2012 年	2013 年	2014 年
总花费	59	98	87	78	91	96	105
出境旅游花费	46	72	61	69	72	76	89
出境交通花费	13	26	26	9	19	20	16

（三）出境旅游目的地

2010—2014 年，南非一直是斯威士兰游客出境最大的旅游目的地国家。2014 年，接待斯威士兰游客人数排在第二位和第三位的国家分别是莫桑比克和津巴布韦。2014 年，南非、津巴布韦、莱索托、美国、比利时、拉脱维亚和毛里求斯接待斯威士兰游客人数较上年均有一定程度的增长。

表 25-47　2010—2014 年斯威士兰游客出境主要旅游目的地

单位：人次

排名	国　家	游客类型	2010 年	2011 年	2012 年	2013 年	2014 年
1	南　非	VFR	1 037 165	1 161 736	1 276 285	1 446 736	1 585 175
2	莫桑比克	VFR	39 016	140 884	64 096	67 007	59 552
3	津巴布韦	VFR	14 378	13 253	9338	5117	14 781
4	莱索托	VFR	874	875	1071	1332	3716
5	美　国	TFR	838	1189	1406	1569	1720
6	比利时	TCER	979	839	841	690	1270
7	坦桑尼亚	VFR	722	2879	589	886	551
8	印　度	TFN	397	534	1628	660	419
9	拉脱维亚	TCER	39	196	213	190	407
10	毛里求斯	TFR	131	208	253	283	379

第六编　中东地区

中东位于亚、非、欧三大洲的接合部,西北面临地中海,通过苏伊士运河与红海、阿拉伯海连通,经印度洋向东可通向亚洲,向西可抵达欧洲,历来是东西方的交通要道,具有十分重要的战略及商业地位。"中东地区"或"中东"是指地中海东部与南部区域,即从地中海东部到波斯湾的大片地区。"中东"地理上也是非洲与欧亚大陆的亚区。中东地区是全球油气资源最集中的地方。沙特阿拉伯、科威特等国是石油输出高收入国家,其余大都是发展中国家。本区的许多国家正努力摆脱单一石油经济的状况,实现经济多样化和私有化。

　　依据世界旅游组织的划分方法,中东地区包括埃及、利比亚、巴林、伊拉克、约旦、叙利亚、黎巴嫩、巴勒斯坦、科威特、阿曼、卡塔尔、沙特阿拉伯、阿拉伯联合酋长国和也门共14个国家,但本编的中东地区旅游市场概况分析只包括阿拉伯联合酋长国、埃及、巴林、黎巴嫩、沙特阿拉伯、叙利亚和约旦7个国家。

第二十六章 中东地区旅游市场概况

中东地区是世界文明的两大发源地之一,是两大宗教的发源地。其独特的民俗风情、宗教文化古迹和海滨、沙漠、死海等奇特的自然景观,构成了极为丰富的人文和自然旅游资源,并且交通便利,所有这些都为中东地区旅游业发展提供了良好的条件。

2008年,中东地区旅游业持续快速发展,国际旅游人数增长18%,达到5500万人次;国际旅游收入增长17%(实际价值计算),达到460亿美元。其中,黎巴嫩(31%)、叙利亚(31%)和沙特阿拉伯(28%)的入境旅游人数增长速度引领中东地区旅游业发展,其次是埃及(16%)、阿曼(13%)和约旦(9%)。

2009年,中东地区国际旅游人数和国际旅游收入均出现下降,国际旅游人数下降5%,减少到5300万人次;国际旅游收入下降1%(实际价值计算),减少到410亿美元。中东地区国际旅游人数下降主要是因为区域内两个最大的旅游目的地——沙特阿拉伯(-26%)和埃及(-3%)出现下降,尽管如此,区域内大部分国家却呈现出积极的发展势头,如黎巴嫩(40%)、卡塔尔(18%)和叙利亚(12%)入境旅游人数保持在10%以上的增长速度。

2010年,中东地区国际旅游人数和国际旅游收入恢复到10%以上的增长速度,国际旅游人数增长14%,达到6000万人次,国际旅游收入增长14%(实际价值计算),达到500亿美元。区域内大部分国家入境旅游人数均保持在两位数增长速度,如叙利亚(40%)、巴勒斯坦(32%)、约旦(20%)、埃及(18%)和黎巴嫩(17%)等。

2011年,因为区域内许多国家政局动荡,中东地区旅游业遭遇了严重的下降,国际旅游人数下降8%,下降到5500万人次;国际旅游收入为460亿美元。许多国家遭受了直接或间接的社会与政治影响,入境旅游人数出现严重下滑,如叙利亚(-41%)、埃及(-32%)、黎巴嫩(-24%)、巴勒斯坦(-15%)和约旦(-13%)。然而,一些国家仍然保持了平稳的增长,如沙特阿拉伯(60%)和阿联酋(9%)。

2012年,中东地区国际旅游人数下降5%,下降到5200万人次,这主要是因为区域内一些国家仍然处于紧张局势,区域内最大的旅游目的地——沙特阿拉伯的入境旅游人数下降了22%。中东地区国际旅游收入下降2%(实际价值计算),国际旅游收入为470亿美元。埃及(18%)、巴勒斯坦(9%)、约旦(5%)、阿联酋(10%)等国家入境旅游人数出现增长,黎巴嫩(-18%)等国家入境旅游人数出现下降。

2013年,中东地区内一些国家持续处于紧张局势,中东地区国际旅游人数保持在5200万人次;国际旅游收入下降2%(实际价值计算),国际旅游收入为470亿美元。在世界旅游市场中,中东地区国际旅游人数和国际旅游收入所占市场份额分别为5%和4%。不同国家的入境旅游人数变化也存在一定的差异:阿联酋(11%)、巴勒斯坦(11%)、阿曼(8%)、沙特阿拉伯(-7%)、埃及(-18%)、黎巴嫩(-7%)、约旦(-5%)。

2014年,中东地区国际旅游人数较上年增加300万人次,增至5100万人次,增长率为5%。在经历了三年的困难时期后,中东地区旅游业呈现出复苏迹象。国际旅游收入增长6%(实际价值计算),国际旅游收入为490亿美元。在世界旅游市场中,中东地区国际旅游人数和国际旅游收入所占市场份额分别为5%和4%。中东地区国际旅游人数增长主要是因为区域内最大的旅游目的地——沙特阿拉伯(13%)强势复苏。此外,卡塔尔(8%)、黎巴嫩(6%)、巴勒斯坦(2%)、约旦(1%)、埃及(5%)等国家也呈现出积极的增长态势。

第一节 入境旅游概况

一、入境旅游人数

2014年,中东地区入境旅游人数排名前三位的国家依次是沙特阿拉伯、巴林和埃及。2008—2010年,沙特阿拉伯入境旅游人数整体上呈下降态势:2008年入境旅游人数为14757千人次;2009年和2010年连续减少;2010年减少到10 850千人次,为近几年最低值。2011—2014年入境旅游人数整体上呈上升态势,2014年增加到18 259千人次。

2008—2014年,巴林入境旅游人数整体上呈增长态势:2008年入境旅游人数为8631千人次;2009年增长到8861千人次,较上年增长2.7%;2010年大幅上涨,较2009年增长34.9%,突破10 000千人次,达到11 952千人次;2011年大幅下降,较上年负增长43.7%,下降到6732千人次;2012年和2013年连续增长,增长率分别为19.8%和13.7%,2013年入境旅游人数为9163千人次;2014年较上年增长14.1%,增至10 452千人次。

2008年埃及入境旅游人数为12 296千人次;2009年较上年降低3.1%,降至11 914千人次;2010年大幅上涨,较上年增长17.9%;2011年下降32.4%,降至9497千人次;2012年较上年增长17.9%,增至11 196千人次;2013年较上年下降18.1%,降至9174千人次;2014年较上年增长4.9%,增至9628千人次。

表26-1 2008—2014年中东地区各国家入境旅游人数

单位:千人次

排名	国　家	2008年	2009年	2010年	2011年	2012年	2013年	2014年
1	沙特阿拉伯	14 757	10 897	10 850	14 179	16 332	15 772	18 259
2	巴　林	8631	8861	11 952	6732	8062	9163	10 452

续表

排名	国家	2008年	2009年	2010年	2011年	2012年	2013年	2014年
3	埃及	12 296	11 914	14 051	9497	11 196	9174	9628
4	约旦	3729	3789	4207	3960	4162	3945	3990
5	黎巴嫩	1333	1844	2168	1655	1366	1274	1355

注：①此处各国家中，巴林入境旅游人数包括过夜旅游者和一日游游客，其他4个国家的入境旅游人数均指过夜旅游者，不包括一日游游客。

②按2014年数据排名。

二、入境旅游收入

2008—2014年，中东地区各国家入境旅游收入同入境旅游人数的变化相似，均出现不同程度的波动。2014年，中东地区的入境旅游收入主要是由沙特阿拉伯（8238百万美元）、埃及（7208百万美元）和黎巴嫩（6272百万美元）这三个国家创造的。

表26-2　2008—2014年中东地区各国家入境旅游收入

单位：百万美元

排名	国家	2008年	2009年	2010年	2011年	2012年	2013年	2014年
1	沙特阿拉伯	5909	5995	6712	8459	7432	7651	8238
2	埃及	10 985	10 755	12 528	8707	9940	6044	7208
3	黎巴嫩	5819	6774	7861	6545	6328	5872	6272
4	约旦	2943	2911	3585	3425	4061	4117	4376
5	巴林	1166	1118	1362	1035	1051	1165	1197

注：按2014年数据排名。

第二节　出境旅游概况

一、出境旅游人数

2008—2014年，中东地区各国家中，沙特阿拉伯和埃及的出境旅游人数总体上呈增长态势，约旦的出境旅游人数总体上呈下降态势。2014年，出境旅游人数最多的国家是沙特阿拉伯，达到19 824千人次；其次是埃及，为6180千人次；排在第三位的是约旦，为1407千人次。

表 26-3　2014 年中东地区各国家出境旅游人数

单位：千人次

排名	国家	2008 年	2009 年	2010 年	2011 年	2012 年	2013 年	2014 年
1	沙特阿拉伯	4087	6032	17 827	15 280	18 671	19 154	19 824
2	埃及	—	4716	4618	4863	5678	5782	6180
3	约旦	2288	2466	3086	2194	1780	1744	1407

注：①此处各国家出境旅游人数均包括过夜旅游者和一日游游客。
②按 2014 年数据排名。

二、出境旅游花费

2008—2014 年，中东地区各国家的出境旅游花费总体上呈增长态势。2014 年，沙特阿拉伯的出境旅游花费为 24 118 百万美元；其次是黎巴嫩，出境旅游花费为 4999 百万美元；排在第三位的是埃及，为 3140 百万美元。

表 26-4　2008—2014 年中东地区各国家出境旅游花费

单位：百万美元

排名	国家	2008 年	2009 年	2010 年	2011 年	2012 年	2013 年	2014 年
1	沙特阿拉伯	15 129	20 419	21 135	17 271	17 023	17 660	24 118
2	黎巴嫩	3564	4012	4515	4004	4200	4388	4999
3	埃及	2915	2538	2240	2203	2618	3014	3140
4	约旦	1004	1064	1572	1161	1144	1096	1142
5	巴林	503	408	506	718	729	713	718

注：按 2014 年数据排名。

第二十七章 中东地区主要国家旅游市场概况

第一节 阿拉伯联合酋长国

阿拉伯联合酋长国(The United Arab Emirates)简称阿联酋,位于阿拉伯半岛东部。北濒波斯湾,西北与卡塔尔为邻,西和南与沙特阿拉伯交界,东和东北与阿曼毗连。属热带沙漠气候,炎热干燥,偶有沙暴。面积为8.36万平方千米。2014年全国人口为945万,国内生产总值(GDP)为4016亿美元。

阿联酋的旅游业在非石油国内生产总值中占据显著位置。阿联酋酒店业极为发达,服务设施完善,贸易、展览和会议对扩大旅游业起了重大作用。

表27-1 2014年阿联酋旅游业经济影响评估

指 标	总 数	占全国的比例(%)	增长预测(%)
GDP(百万美元)	15 378.7	4.0	3.1
雇佣人数(千人)	291.3	5.3	1.8

注:本表为估计值。

一、入境旅游概况

(一)入境旅游人数

2000—2005年,阿联酋的入境旅游人数逐年增加:2000年为3907千人次;2001年为4134千人次,较上年增长5.8%;2002年大幅增长,较上年增长了31.7%;2005年增加到7126千人次,较上年增加15.0%。这主要是由于跨区域入境旅游人数的增长,尤其是来自英国、印度、俄罗斯和美国等国游客人数的增长;另一方面得益于阿联酋作为区域商务和娱乐中心的成功市场定位。

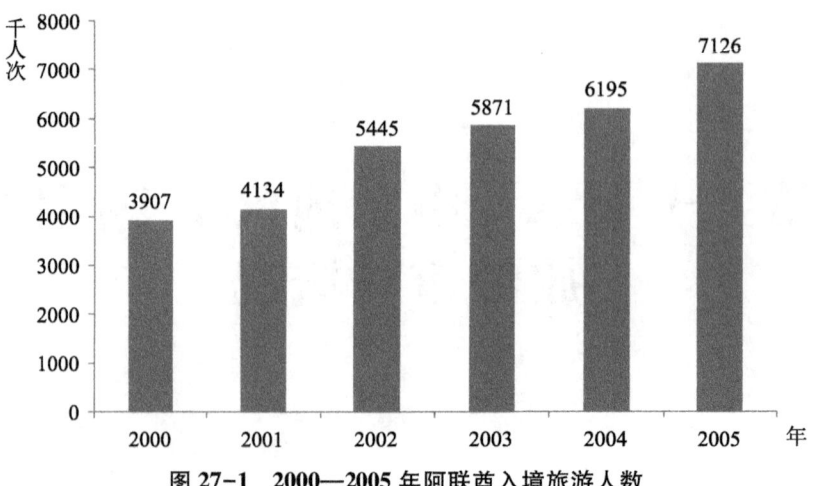

图 27-1　2000—2005 年阿联酋入境旅游人数

注：2006—2014 年数据缺失，故保留第 2 版原图。

（二）入境旅游收入

随着入境旅游人数的不断增加，2000—2005 年阿联酋的入境旅游收入也不断上升：2000 年为 1063 百万美元，2005 年达到 3218 百万美元。2005 年后阿联酋的入境旅游收入增长较快，2000—2005 年的年均增长率为 24.8%，而 2005—2008 年的年均增长率则高达 30.6%。

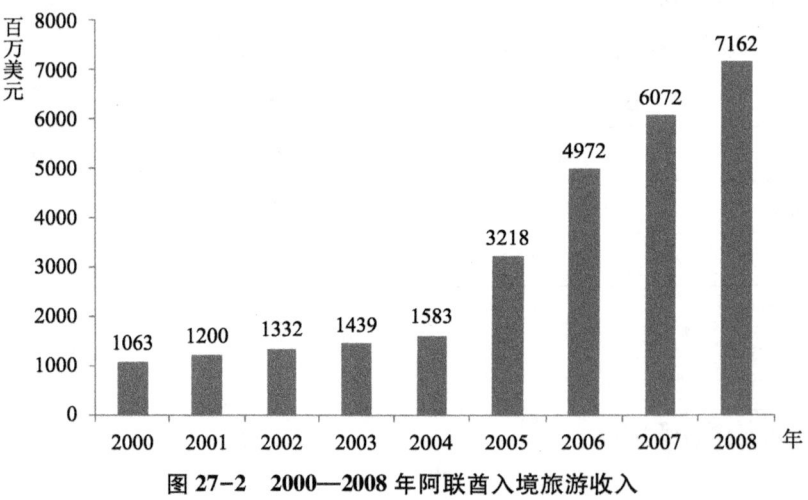

图 27-2　2000—2008 年阿联酋入境旅游收入

注：此处入境旅游收入包括入境游客交通收入；2009—2014 年数据缺失，故保留第 2 版原图。

（三）入境旅游客源结构

2002 年赴阿联酋的入境旅游者中，中东地区旅游者所占比重最高，为 28.6%；其次是欧洲地区，占 27.0%；亚太地区排第三位，占 22.1%。从 2003 年开始，来自欧洲地区的旅游者人数最多，2003 年为 1585 千人次；2004 年达到 2008 千人次，占阿联酋入境旅游人数的比重为 36.5%。

表 27-2 2000—2005 年阿联酋入境旅游人数（按地区分）

单位：千人次

地 区	2000 年	2001 年	2002 年	2003 年	2004 年	2005 年
非 洲	174	218	311	307	315	—
美 洲	139	150	239	272	286	432
欧 洲	1077	1115	1468	1585	2008	2395
东亚太	264	285	395	428	445	
南 亚	568	590	807	922	909	
中 东	1089	1221	1557	1583	1545	—

注：2006—2014 年数据缺失，故保留第 2 版原表。

2004 年，阿联酋的前三位入境旅游客源国家分别英国、印度和俄罗斯；除英国和俄罗斯外，阿联酋在欧洲地区的重要客源国还有德国和法国。埃及和黎巴嫩是阿联酋在非洲地区的主要客源国，伊朗和巴基斯坦是阿联酋在南亚地区的主要客源国，美国是阿联酋在美洲地区的主要客源国。

表 27-3 2000—2004 年阿联酋入境旅游人数（按游客所在国家分）

排名	国 家	入境旅游人数（千人次）					市场份额（%）		年均增长率（%）
		2000 年	2001 年	2002 年	2003 年	2004 年	2000 年	2004 年	2000—2004 年
1	英 国	338	384	492	496	645	8.65	10.41	17.53
2	印 度	235	246	336	358	356	6.03	5.75	10.92
3	俄罗斯	229	205	268	324	341	5.86	5.50	10.47
4	德 国	172	194	237	235	338	4.39	5.45	18.45
5	伊 朗	155	194	270	334	337	3.96	5.44	21.43
6	美 国	101	98.9	123	175	193	2.57	3.11	17.70
7	巴基斯坦	136	117	155	184	173	3.48	2.80	6.21
8	埃 及	94.1	96	112	121	132	2.41	2.12	8.77
9	法 国	61	69.6	90.7	98.6	112	1.56	1.81	16.54
10	黎巴嫩	55.8	61.1	74.2	83.1	90.4	1.43	1.46	12.83

注：2005—2014 年数据缺失，故保留第 2 版原表；按 2004 年数据排名。

二、出境旅游概况

(一)出境旅游花费

2000—2008年,阿联酋的出境旅游花费不断增加:2000年为3019百万美元;2008年增加到13 288百万美元,年均增长率高达20.4%。

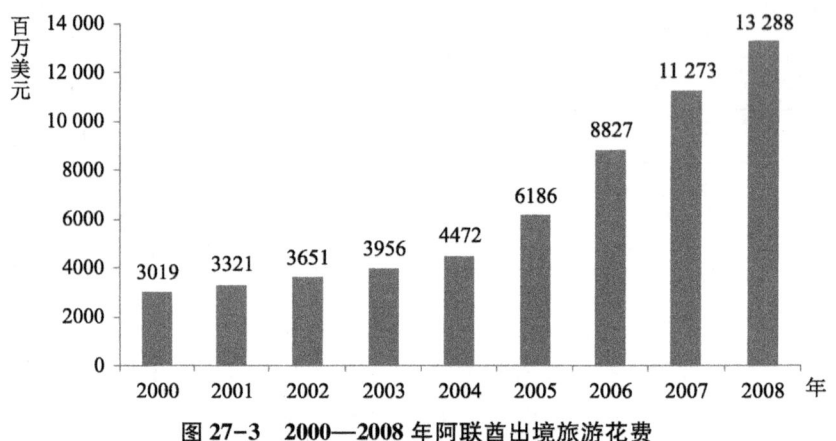

图27-3 2000—2008年阿联酋出境旅游花费

注:此处出境旅游花费包括出境交通花费;2009—2014年数据缺失,故保留第2版原图。

(二)出境旅游目的地

2010—2014年,沙特阿拉伯一直是阿联酋游客出境最大的旅游目的地国家。2014年,接待阿联酋游客人数排在第二位和第三位的国家是英国和泰国,接待阿联酋游客人数分别为260千人次和153.59千人次。

表27-4 2010—2014年阿联酋游客出境主要旅游目的地

单位:千人次

排名	国 家	游客类型	2010年	2011年	2012年	2013年	2014年
1	沙特阿拉伯	TFN	1957.61	1372.63	1580.48	934.37	1343.82
2	英 国	VFR	213.00	241.00	256.40	304.00	260.00
3	泰 国	TFR	140.88	149.87	163.60	164.71	153.59
4	意大利	VFN	112.93	80.83	87.35	80.29	124.79
5	美 国	TFR	55.43	63.42	72.95	83.57	104.84
6	卡塔尔	TFR	90.72	111.25	116.67	123.46	102.31
7	瑞 士	THSR	—	47.27	60.00	72.70	96.03
8	奥地利	TCER	—	—	—	—	85.56
9	科威特	VFN	45.96	45.66	49.46	64.75	79.53
10	土耳其	TCEN	48.33	49.60	67.21	74.45	77.15

注:按2014年数据排名。

第二节 埃 及

埃及全称阿拉伯埃及共和国(The Arab Republic of Egypt),地跨亚、非两大洲,大部分国土位于非洲东北部,只有苏伊士运河以东的西奈半岛位于亚洲西南部。西连利比亚,南接苏丹,东临红海并与巴勒斯坦、以色列接壤,北濒地中海。全境干燥少雨,尼罗河三角洲和北部沿海地区属亚热带地中海型气候,其余大部分地区属热带沙漠气候。国土面积为100.145万平方千米。2014年全国人口为8339万,国内生产总值(GDP)为2865亿美元。

埃及是世界四大文明古国之一,历史悠久,名胜古迹众多,具有发展旅游业的良好条件。政府非常重视发展旅游业。主要旅游景点有金字塔、狮身人面像、卢克索神庙、阿斯旺高坝等。

表27-5 2014年埃及旅游业经济影响评估

指 标	总 数	占全国的比例(%)	增长预测(%)
GDP(百万美元)	14 093.1	5.6	4.9
雇佣人数(千人)	1251.2	5.1	2.5

注:本表为估计值。

一、入境旅游概况

(一)入境旅游人数

2008—2014年,埃及入境过夜旅游者人数时涨时落:2008年入境过夜旅游者人数为12 296千人次;2009年较上年降低3.1%,降至11 914千人次;2010年大幅上涨,较上年增长17.9%,增至14 051千人次,为近几年最高值;2011年较上年下降32.4%,降至9497千人次;2012年较上年增长17.9%,增至11 196千人次;2013年较上年下降18.1%,降至9174千人次;2014年较上年增长4.9%,增至9628千人次。

表27-6 2008—2014年埃及入境旅游人数

单位:千人次

	2008年	2009年	2010年	2011年	2012年	2013年	2014年
入境旅游人数	12 835	12 536	14 731	9845	11 532	9464	9878
过夜旅游者	12 296	11 914	14 051	9497	11 196	9174	9628
一日游游客	540	622	680	348	336	290	249

(二)入境旅游收入

2008—2014年,埃及入境旅游收入时涨时落,总体呈下降态势:2008年入境旅游收入为10 985百万美元;2009年变化不大,下降2.1%;2010年较上年增长16.5%,增至12 528百万美元;2011年出现大幅下降,较上年负增长30.5%,降至8707百万美元;2012年有所回升,较上年增长14.2%,达到9940百万美元;2013年下降39.2%,降至6044百万美元;2014年较2013年增加1164百万美元,增长率为19.3%。

表27-7 2008—2014年埃及入境旅游收入

单位:百万美元

	2008年	2009年	2010年	2011年	2012年	2013年	2014年
总收入	12 104	11 757	13 633	9333	10 823	6747	7979
入境旅游收入	10 985	10 755	12 528	8707	9940	6044	7208
入境游客交通收入	1119	1002	1105	626	883	700	771

(三)入境旅游客源结构

2014年,埃及的入境旅游者中,来自欧洲地区的旅游者人数为7578千人次,占埃及入境旅游人数的比重高达76.7%;来自中东地区的旅游者人数为1343千人次,占13.6%;来自非洲地区的旅游者人数为399千人次,占4.0%;来自美洲地区的旅游者人数为244千人次,占2.5%;来自东亚太地区的旅游者人数为213千人次,占2.2%;来自南亚地区的旅游者人数所占比重较小。

表27-8 2008—2014年埃及入境旅游人数(按地区分)

单位:千人次

地 区	2008年	2009年	2010年	2011年	2012年	2013年	2014年
非 洲	401	455	491	435	428	399	399
美 洲	486	489	563	287	285	240	244
欧 洲	9622	9416	11177	7211	8416	6976	7578
东亚太	495	448	559	278	305	248	213
南 亚	116	118	144	102	107	84	76
中 东	1676	1571	1761	1511	1966	1494	1343

2014年埃及的前五大入境旅游客源国家是俄罗斯、英国、德国、乌克兰和意大利,来自这五个国家的游客人数占埃及入境旅游人数的比重达到58.4%。2014年,埃及的两大

阿拉伯客源市场是沙特阿拉伯和利比亚。

表27-9　2008—2014年埃及入境旅游人数（按游客所在国家分）

排名	国家	入境旅游人数（千人次）			市场份额（%）		增长率（%）
		2008年	2013年	2014年	2013年	2014年	2013—2014年
1	俄罗斯	1825.31	2393.91	3138.96	25.29	31.78	31.12
2	英国	1201.86	955.34	905.71	10.09	9.17	-5.20
3	德国	1202.51	885.48	887.23	5.90	8.88	-0.93
4	乌克兰	—	339.70	446.45	3.59	4.52	31.43
5	意大利	1073.16	504.11	400.36	5.33	4.05	-20.58
6	沙特阿拉伯	402.29	207.62	350.11	2.19	3.54	68.63
7	波兰	598.93	271.43	302.82	2.87	3.07	11.56
8	利比亚	481.55	307.06	210.96	3.24	2.14	-31.30
9	苏丹	159.12	178.97	186.47	1.89	1.89	4.19
10	白俄罗斯	—	104.04	166.55	1.10	1.69	60.09

注：按2014年数据排名。

（四）入境旅游方式

2008—2014年，埃及的入境旅游者中，乘坐飞机入境的旅游者人数最多，其次是经由公路入境的旅游者人数，乘坐船舶入境的旅游者人数较少。2014年，乘坐飞机入境的旅游者人数为9010千人次，占埃及入境旅游人数的比重为91.2%；经由公路入境的旅游者人数为742千人次，占7.5%；乘坐船舶入境的旅游者人数为126千人次，占1.3%。

表27-10　2008—2014年埃及入境旅游人数（按入境旅游方式分）

单位：千人次

入境旅游方式	2008年	2009年	2010年	2011年	2012年	2013年	2014年
飞机	11 500	11 396	12 616	8159	9845	8237	9010
公路	1049	898	1838	1501	1452	994	742
船舶	287	242	277	185	235	233	126

（五）入境旅游目的

2008—2014年，埃及的入境旅游者中，出于娱乐、休闲和度假目的入境的旅游者人数占绝大多数，出于商务和专业活动目的入境的旅游者人数所占比重较小。2014年，出于娱乐、休闲和度假目的入境的旅游者人数为9407千人次，占埃及入境旅游人数的比重为

97.7%;出于商务和专业活动目的入境的旅游者人数为144千人次,占1.5%;出于其他目的入境的旅游者人数为77千人次,占0.8%。

表27-11 2008—2014年埃及入境旅游人数(按入境旅游目的分)

单位:千人次

入境旅游目的	2008年	2009年	2010年	2011年	2012年	2013年	2014年
娱乐、休闲和度假	12 013	11 640	13 812	9335	11 005	8943	9407
商务和专业活动	111	179	126	86	101	149	144
其 他	172	95	112	76	90	82	77

二、出境旅游概况

(一)出境旅游人数

2009—2014年,埃及出境旅游人数整体呈增长态势:2009年出境旅游人数为4716千人次;2010年有所下降,较上年减少2.1%;2011—2014年,出境旅游人数连年增长,分别较上年增长5.3%、16.8%、1.8%和6.9%,2014年达到6180千人次。

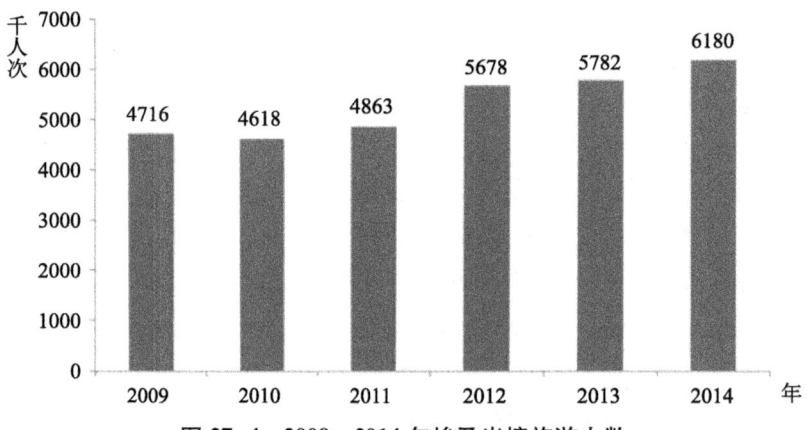

图27-4 2009—2014年埃及出境旅游人数

注:此处出境旅游人数包括过夜旅游者和一日游游客。

(二)出境旅游花费

2008年埃及出境旅游花费为2915百万美元;2009年为2538百万美元,负增长率为12.9%;2010年减少到2240百万美元,较上年负增长11.7%;2011年较上年下降1.7%;2012年和2013年连续增长,分别较上年增长18.8%和15.1%,2013年出境旅游花费突破3000百万美元,达到3014百万美元;2014年较上年增长4.2%,增至3140百万美元。

表 27-12 2008—2014 年埃及出境旅游花费

单位：百万美元

	2008 年	2009 年	2010 年	2011 年	2012 年	2013 年	2014 年
总花费	3390	2941	2696	2575	3037	3261	3486
出境旅游花费	2915	2538	2240	2203	2618	3014	3140
出境交通花费	475	403	456	372	419	247	346

（三）出境旅游目的地

2014 年，埃及前三大出境旅游目的地国家是沙特阿拉伯、科威特和约旦，三国接待埃及游客人数分别为 1659.11 千人次、760.58 千人次和 249.56 千人次。2014 年，科威特、巴林、土耳其、美国、黎巴嫩、英国和泰国接待埃及游客人数较上年均有一定程度的增长。

表 27-13 2010—2014 年埃及游客出境主要旅游目的地

单位：千人次

排名	国家	游客类型	2010 年	2011 年	2012 年	2013 年	2014 年
1	沙特阿拉伯	TFN	763.90	904.16	1251.82	1736.12	1659.11
2	科威特	VFN	569.45	594.10	646.09	710.42	760.58
3	约旦	VFN	383.17	326.51	353.83	262.95	249.56
4	巴林	VFN	—	130.92	159.77	186.45	219.72
5	土耳其	VFN	61.56	796.65	112.03	107.44	108.76
6	美国	TFR	41.95	46.35	62.34	66.26	72.27
7	黎巴嫩	TFN	67.77	62.83	64.02	63.58	69.18
8	意大利	VFN	54.85	70.40	55.03	67.83	60.94
9	英国	VFR	42.00	41.00	50.00	54.00	59.00
10	泰国	TFN	16.73	16.70	19.92	28.18	28.93

注：按 2014 年数据排名。

第三节 巴 林

巴林全称巴林王国（The Kingdom of Bahrain），是波斯湾西南部的岛国，位于卡塔尔和沙特阿拉伯之间。属热带沙漠气候。面积为 712 平方千米。2014 年全国人口为 134 万，国内生产总值（GDP）为 339 亿美元。

巴林为发展多种经济,集中资金优先建设基础设施和发展交通、通信,为经济发展奠定基础。开放的市场、宽松的社会环境、优质的服务行业、秀丽的岛国风光等,也为袖珍岛国巴林发展多种经济创造了良好的条件。除石油化工和炼铝业之外,金融业、服务业、旅游业和商业已经成为巴林的支柱产业。

表 27-14 2014 年巴林旅游业经济影响评估

指标	总数	占全国的比例(%)	增长预测(%)
GDP(百万美元)	1330.4	4.1	5.0
雇佣人数(千人)	30.2	4.1	3.3

注:本表为估计值。

一、入境旅游概况

(一)入境旅游人数

2008—2014 年,巴林入境旅游人数总体上有所增长:2008 年入境旅游人数为 8631 千人次;2009 年略有增长,增长率为 2.7%,增至 8861 千人次;2010 年大幅上涨,较上年增长 34.9%,突破 10 000 千人次,达到 11 952 千人次;2011 年大幅下降,较上年减少 43.7%,减至 6732 千人次;2012—2014 年连续增长,分别较上年增长 19.8%、13.7% 和 14.1%,2014 年入境旅游人数增至 10 452 千人次。

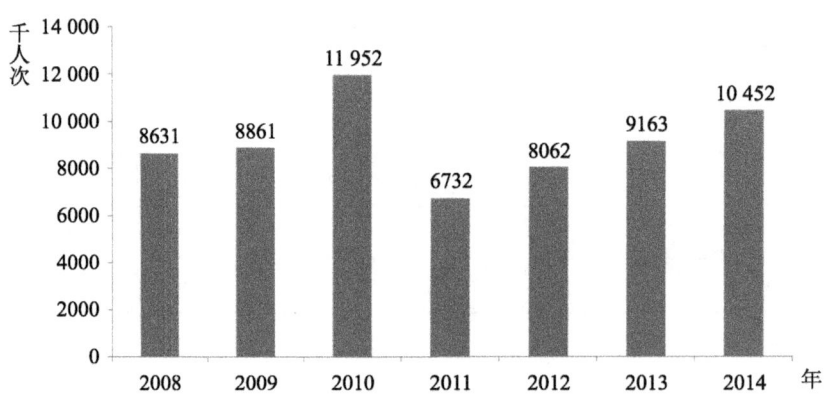

图 27-5 2008—2014 年巴林入境旅游人数

注:此处入境旅游人数包括过夜旅游者和一日游游客。

(二)入境旅游收入

2008—2014 年,巴林入境旅游收入时涨时落:2008 年入境旅游收入为 1166 百万美元;2009 年为 1118 百万美元,较上年负增长 4.1%;2010 年较上年增长 21.8%,增至 1362

百万美元;2011年出现大幅下降,负增长率为24.0%,下降到1035百万美元;2012年较上年增长1.5%,增至1051百万美元;2013年较2012年增长10.8%,增至1165百万美元;2014年较2013年增长2.7%,增至1197百万美元。

表27-15　2008—2014年巴林入境旅游收入

单位:百万美元

	2008年	2009年	2010年	2011年	2012年	2013年	2014年
总收入	1927	1873	2163	1766	1742	1865	1915
入境旅游收入	1166	1118	1362	1035	1051	1165	1197
入境游客交通收入	761	755	801	731	691	700	718

（三）入境旅游客源结构

2014年,巴林的入境旅游者中,来自中东地区的旅游者人数为7495千人次,占巴林入境旅游人数的比重为71.7%;来自南亚地区的旅游者人数为1521千人次,占14.6%;来自欧洲地区的旅游者人数为580千人次,占5.5%;来自东亚太地区的旅游者人数为378千人次,占3.6%;来自美洲地区的旅游者人数为345千人次,占3.3%;来自非洲地区的旅游者人数为133千人次,占1.3%。

表27-16　2011—2014年巴林入境旅游人数(按地区分)

单位:千人次

地　区	2011年	2012年	2013年	2014年
非　洲	100	114	124	133
美　洲	291	326	335	345
欧　洲	513	541	552	580
东亚太	339	367	335	378
南　亚	1213	1381	1394	1521
中　东	4276	5333	6423	7495

2014年,巴林的前三大入境旅游客源国家是沙特阿拉伯、印度和科威特,来自这三个国家的游客人数占巴林入境旅游人数的比重为71.2%。2014年,印度、英国、美国和菲律宾是巴林重要的跨区域入境旅游客源国家。

表 27-17　2011—2014 年巴林入境旅游人数（按游客所在国家分）

排名	国家	入境旅游人数（千人次）			市场份额（%）		增长率（%）
		2011 年	2013 年	2014 年	2013 年	2014 年	2013—2014 年
1	沙特阿拉伯	3320.19	5062.46	6040.99	55.25	57.80	19.33
2	印度	837.51	966.31	1047.00	10.55	10.02	8.35
3	科威特	275.90	356.28	353.00	3.89	3.38	-0.92
4	巴基斯坦	214.95	263.22	298.20	2.87	2.85	13.29
5	英国	250.55	260.54	278.60	2.84	2.67	6.93
6	美国	206.35	244.58	246.68	2.67	2.36	0.86
7	埃及	130.92	186.45	219.72	2.03	2.10	17.84
8	约旦	132.04	178.31	202.62	1.95	1.94	13.63
9	菲律宾	175.78	186.08	198.86	2.03	1.90	6.87
10	叙利亚	74.08	116.43	139.11	1.27	1.33	19.48

注：按 2014 年数据排名。

（四）入境旅游方式

2008—2014 年，巴林的入境旅游者中，经由公路入境的旅游者人数从 6690 千人次增长到 8689 千人次，增长了 29.9%；乘坐飞机入境的旅游者人数从 1855 千人次减少到 1706 千人次，减少了 8.0%；乘坐船舶入境的旅游者人数从 80 千人次减少到 59 千人次，减少了 26.3%。2014 年，巴林入境旅游者中，经由公路入境的旅游者人数占巴林入境旅游人数的比重为 83.1%，乘坐飞机和乘坐船舶入境的旅游者人数分别占 16.3% 和 0.6%。

表 27-18　2008—2014 年巴林入境旅游人数（按入境旅游方式分）

单位：千人次

入境旅游方式	2008 年	2009 年	2010 年	2011 年	2012 年	2013 年	2014 年
飞机	1855	1941	2280	1521	1628	1615	1706
公路	6690	6825	9528	5156	6381	7482	8689
船舶	80	94	143	55	55	66	59

（五）入境旅游目的

2011 年，巴林的入境旅游者中，出于娱乐、休闲和度假目的入境的旅游者人数为 3460 千人次，占 51.4%；出于商务和专业活动目的入境的旅游者人数为 650 千人次，占 9.7%；出于其他目的入境的旅游者人数为 2622 千人次，占 38.9%。

表27-19 2008—2011年巴林入境旅游人数（按入境旅游目的分）

单位：千人次

入境旅游目的	2008年	2011年
娱乐、休闲和度假	5679	3460
商务和专业活动	1267	650
其他	1683	2622

二、出境旅游概况

（一）出境旅游花费

2008—2014年，巴林出境旅游花费总体上呈增长态势：2008年为503百万美元；2009年下降18.9%，下降到408百万美元；2010年较上年增长24.0%，增至506百万美元；2011年较上年增长41.9%，增至718百万美元；2012年较上年增长1.5%，增至729百万美元；2013年有所下降，较上年减少2.2%；2014年有所回升，较上年增长0.7%，增至718百万美元。

表27-20 2008—2014年巴林出境旅游花费

单位：百万美元

	2008年	2009年	2010年	2011年	2012年	2013年	2014年
总花费	704	597	684	899	889	873	864
出境旅游花费	503	408	506	718	729	713	718
出境交通花费	201	189	178	181	160	160	146

（二）出境旅游目的地

2010—2014年，沙特阿拉伯一直是巴林游客出境最大的旅游目的地国家。2014年，接待巴林游客人数排在第二位和第三位的国家是科威特和卡塔尔，接待巴林游客人数分别为237.51千人次和126.05千人次。2014年，沙特阿拉伯、科威特、卡塔尔、伊朗、约旦、土耳其、埃及、印度和美国接待巴林游客人数较上年均有一定程度的增长。

表27-21 2010—2014年巴林游客出境主要旅游目的地

单位：千人次

排名	国家	游客类型	2010年	2011年	2012年	2013年	2014年
1	沙特阿拉伯	TFN	820.13	801.15	1037.09	905.27	1222.79
2	科威特	VFN	122.19	121.48	163.78	230.27	237.51
3	卡塔尔	TFR	87.19	89.68	102.74	113.53	126.05

续表

排名	国家	游客类型	2010年	2011年	2012年	2013年	2014年
4	伊朗	VFN	36.84	13.36	44.25	60.57	86.57
5	约旦	TFN	100.22	43.65	35.94	28.36	31.07
6	英国	VFR	—	—	30.40	34.00	27.00
7	土耳其	VFN	9.38	9.71	13.34	16.23	24.31
8	埃及	VFN	20.29	12.59	14.83	12.78	18.06
9	印度	TFN	7.77	9.59	10.05	10.53	13.14
10	美国	TFR	7.73	7.30	8.70	8.27	9.10

注：按2014年数据排名。

第四节 黎巴嫩

黎巴嫩全称黎巴嫩共和国（The Republic of Lebanon），位于亚洲西南部、地中海东岸。东部和北部与叙利亚交界，南部与巴勒斯坦、以色列为邻，西濒地中海。属亚热带地中海型气候。面积为10 452平方千米。2014年全国人口为451万，国内生产总值（GDP）为457.3亿美元。

黎巴嫩原为中东旅游胜地。内战前，每年入境游客达200万人次，旅游收入占国民收入的20%以上，游客主要来自海湾地区产油国和欧美国家。内战期间，旅游业一蹶不振。战后黎巴嫩政府将振兴旅游业作为重建计划的重要组成部分。黎巴嫩主要旅游点有腓尼基时代兴建的比布鲁斯城、古罗马时代兴建的巴勒贝克城和十字军时代兴建的赛达城堡。此外，北部的雪山有很多滑雪场，吸引了大量游客。

表27-22 2014年黎巴嫩旅游业经济影响评估

指标	总数	占全国的比例（%）	增长预测（%）
GDP（百万美元）	3161.1	6.9	6.2
雇佣人数（千人）	92.7	6.7	3.8

注：本表为估计值。

一、入境旅游概况

（一）入境旅游人数

2008—2013年，黎巴嫩入境旅游人数先升后降：2008年入境旅游人数为1333千人次;2009年增至1844千人次,较上年增长38.3%;2010年较上年增长17.6%,增至2168千人次;2011—2013年连续下降,负增长率分别为23.7%、17.5%和6.7%,2013年入境旅游人数降至1274千人次。2014年黎巴嫩入境旅游人数有所回升,较上年增长6.4%,增至1355千人次。

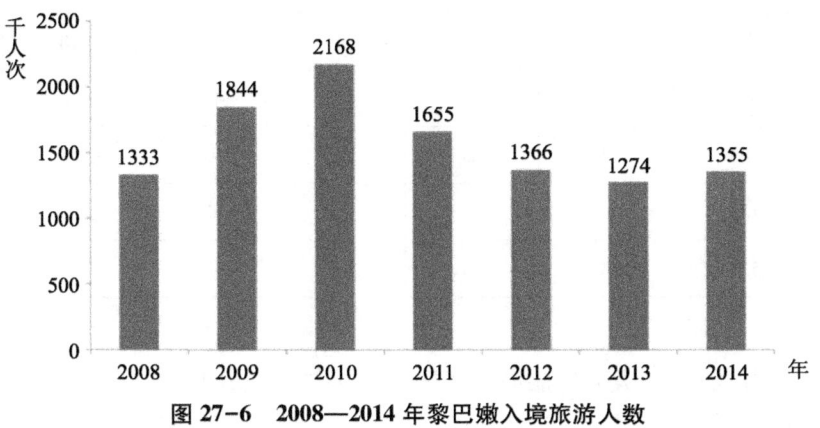

图27-6 2008—2014年黎巴嫩入境旅游人数

(二)入境旅游收入

2008—2014年,黎巴嫩入境旅游收入总体上有所增长:2008年入境旅游收入为5819百万美元;2009年增长16.4%,增至6774百万美元;2010年较上年增长16.0%,达到7861百万美元;2011年较上年下降16.7%,下降到6545百万美元;2012年较上年下降3.3%,下降到6328百万美元;2013年入境旅游收入为5872百万美元,较上年减少7.2%;2014年有所回升,较上年增长6.8%,增至6272百万美元。

表27-23 2008—2014年黎巴嫩入境旅游收入

单位:百万美元

	2008年	2009年	2010年	2011年	2012年	2013年	2014年
总收入	6317	7157	8026	6797	6853	6412	6576
入境旅游收入	5819	6774	7861	6545	6328	5872	6272
入境游客交通收入	498	383	165	252	525	540	304

(三)入境旅游客源结构

2014年,黎巴嫩的入境旅游者中,来自欧洲地区的旅游者人数为449千人次,占黎巴嫩入境旅游人数的比重为33.2%;来自中东地区的旅游者人数为441千人次,占32.6%;来自美洲地区的旅游者人数为225千人次,占16.6%;来自东亚太地区的旅游者人数为100千人次,占7.4%;来自非洲地区的旅游者人数为76千人次,占5.6%;来自南亚地区的旅游者人数为63千人次,占4.7%。

表 27-24 2008—2014 年黎巴嫩入境旅游人数（按地区分）

单位：千人次

地区	2008 年	2009 年	2010 年	2011 年	2012 年	2013 年	2014 年
非洲	51	66	66	83	82	85	76
美洲	177	233	249	223	221	210	225
欧洲	348	455	551	487	446	435	449
东亚太	89	129	133	112	102	98	100
南亚	133	198	299	188	76	63	63
中东	533	762	868	560	437	381	441

2014 年，黎巴嫩前三大入境旅游客源国家是伊拉克、法国和美国，来自这三个国家的游客人数占黎巴嫩入境旅游人数的比重为 31.29%。在中东地区内，伊拉克、约旦、埃及和沙特阿拉伯是黎巴嫩重要的入境旅游客源国家；在中东地区外，法国、美国、加拿大、德国、英国和澳大利亚是黎巴嫩重要的入境旅游客源国家。

表 27-25 2008—2014 年黎巴嫩入境旅游人数（按游客所在国家分）

排名	国家	入境旅游人数（千人次）			市场份额（%）		增长率（%）
		2008 年	2013 年	2014 年	2013 年	2014 年	2013—2014 年
1	伊拉克	72.81	141.99	189.16	11.14	13.96	33.22
2	法国	91.07	117.69	120.71	9.24	8.91	2.57
3	美国	83.84	103.48	114.02	8.12	8.42	10.18
4	加拿大	66.78	71.81	71.84	5.64	5.79	9.16
5	约旦	180.89	78.02	73.82	6.12	5.45	-5.38
6	埃及	41.66	63.58	69.18	4.99	5.11	8.81
7	德国	53.85	61.12	67.99	4.80	5.02	11.23
8	英国	38.09	48.50	49.18	3.81	3.63	1.39
9	澳大利亚	40.88	43.56	48.47	3.42	3.58	11.26
10	沙特阿拉伯	101.75	40.96	45.79	3.21	3.38	11.79

注：按 2014 年数据排名。

（四）入境旅游方式

2008—2014 年，黎巴嫩的入境旅游者中，乘坐飞机入境的旅游者人数占绝大多数，且总体上呈增长态势。2014年,黎巴嫩的入境旅游者中,乘坐飞机入境的旅游者人数为1282千人次,占黎巴嫩入境旅游人数的比重为94.7%;经由公路入境的旅游者人数为65千人次,占4.8%;乘坐船舶入境的旅游者人数为7千人次,占0.5%。

表27-26　2008—2014年黎巴嫩入境旅游人数(按入境旅游方式分)

单位:千人次

入境旅游方式	2008年	2009年	2010年	2011年	2012年	2013年	2014年
飞　机	900	1261	1406	1368	1287	1203	1282
公　路	431	588	759	284	72	64	65
船　舶	11	12	18	26	56	7	7

二、出境旅游概况

(一)出境旅游花费

2008—2014年,黎巴嫩出境旅游花费总体上明显增长:2008年为3564百万美元;2009年增长12.6%,增至4012百万美元;2010年继续增长,增长率为12.5%,达到4515百万美元;2011年较上年下降11.3%,下降到4004百万美元;2012年较上年增长4.9%,增至4200百万美元;2013年和2014年连续增长,分别较上年增长4.5%和13.9%,2014年增至4999百万美元,为近几年最高峰。

表27-27　2008—2014年黎巴嫩出境旅游花费

单位:百万美元

	2008年	2009年	2010年	2011年	2012年	2013年	2014年
总花费	4297	4928	4868	4440	4512	4692	5179
出境旅游花费	3564	4012	4515	4004	4200	4388	4999
出境交通花费	733	916	355	436	312	304	180

(二)出境旅游目的地

2014年,黎巴嫩前三大出境旅游目的地国家是土耳其、沙特阿拉伯和科威特,三国接待黎巴嫩游客人数分别为161.27千人次、150.46千人次和117.00千人次。2014年,土耳其、沙特阿拉伯、科威特、巴林、意大利、约旦、埃及、尼日利亚、伊朗和美国接待黎巴嫩游客人数较上年均有一定程度的增长。

表27-28 2010—2014年黎巴嫩游客出境主要旅游目的地

单位:千人次

排名	国家	游客类型	2010年	2011年	2012年	2013年	2014年
1	土耳其	VFN	134.55	137.11	144.49	143.63	161.27
2	沙特阿拉伯	TFN	116.13	61.90	132.49	146.79	150.46
3	科威特	VFN	117.69	104.74	108.28	111.41	117.00
4	巴林	VFN	—	61.13	78.48	90.80	98.57
5	意大利	VFN	26.46	36.59	45.98	65.433	79.45
6	约旦	VFN	189.61	108.64	65.86	58.77	66.74
7	埃及	VFN	75.48	52.34	56.96	49.28	64.70
8	尼日利亚	VFN	41.68	24.84	60.54	37.69	42.00
9	伊朗	VFN	17.42	20.48	18.59	36.35	40.42
10	美国	TFR	18.85	20.35	23.06	29.95	35.41

注:按2014年数据排名。

第五节　沙特阿拉伯

沙特阿拉伯全称沙特阿拉伯王国(The Kingdom of Saudi Arabia),位于阿拉伯半岛,东濒波斯湾,西临红海,同约旦、伊拉克、科威特、阿联酋、阿曼、也门等国接壤。大部分属高原,地势西高东低。西部高原属地中海型气候,其他地区属亚热带沙漠气候。面积为225万平方千米。2014年,全国人口为2937万,国内生产总值(GDP)为7462亿美元。

从入境旅游人数看,沙特阿拉伯在中东地区位于榜首。其中,绝大多数旅游者来自中东地区国家。近年来,沙特阿拉伯政府为了活跃经济、缓解完全依赖石油发展经济的压力,大力发展旅游业。

表27-29 2014年沙特阿拉伯旅游业经济影响评估

指标	总数	占全国的比例(%)	增长预测(%)
GDP(百万美元)	12 667.1	1.7	4.7
雇佣人数(千人)	168.0	1.8	4.1

注:本表为估计值。

一、入境旅游概况

(一)入境旅游人数

2008—2014年,沙特阿拉伯入境旅游人数总体上明显增长;2008年入境旅游人数为17 717千人次;2009年比2008年减少24.8%;2010年较上年减少2.2%,减至13 025千人次;2011年较2010年大幅增长,增长率为21.1%;2012年较上年增长10.9%,增至17 499千人次;2013年较上年增长13.9%,增至19 934千人次;2014年较上年增长15.4%,增至23 009千人次,为近几年最高值。

表27-30 2008—2014年沙特阿拉伯入境旅游人数

单位:千人次

	2008年	2009年	2010年	2011年	2012年	2013年	2014年
入境旅游人数	17 717	13 319	13 025	15 776	17 499	19 934	23 009
过夜旅游者	14 757	10 897	10 850	14 179	16 332	15 772	18 259
一日游游客	2960	2422	2175	1597	1167	4162	4750

(二)入境旅游收入

2008年沙特阿拉伯入境旅游收入为5909百万美元;2009年较上年增长1.5%,增至5995百万美元;2010年比2009年增长12.0%;2011年大幅上升,增长率为26.0%,增至8459百万美元;2012年较上年明显下降,负增长率为12.1%;2013年有所回升,较上年增长2.9%,增至7651百万美元;2014年较上年增长7.7%,增至8238百万美元。

表27-31 2008—2014年沙特阿拉伯入境旅游收入

单位:百万美元

	2008年	2009年	2010年	2011年	2012年	2013年	2014年
总收入	7226	6744	7536	9317	8400	8690	9263
入境旅游收入	5909	5995	6712	8459	7432	7651	8238
入境游客交通收入	1317	749	824	858	968	1039	1025

(三)入境旅游客源结构

2014年,沙特阿拉伯的入境旅游者中,来自中东地区的旅游者人数为11 143千人次,占沙特阿拉伯入境旅游人数的比重为61.0%;来自南亚地区的旅游者人数为3685千人次,占20.2%;来自东亚太地区的旅游者人数为1177千人次,占6.4%;来自欧洲地区的旅游者人数为1148千人次,占6.3%;来自非洲地区的旅游者人数为848千人次,占4.6%;来自美洲地区的旅游者人数为209千人次,占1.1%。

表 27-32　2008—2014 年沙特阿拉伯入境旅游人数（按地区分）

单位：千人次

地区	2008 年	2009 年	2010 年	2011 年	2012 年	2013 年	2014 年
非洲	1033	261	369	667	895	769	848
美洲	297	57	54	54	157	179	209
欧洲	1185	445	367	644	839	1126	1148
东亚太	941	362	485	696	771	1197	1177
南亚	1967	1094	1330	2566	3024	2892	3685
中东	9334	8678	8245	9545	10 637	9608	11 143

2014 年，沙特阿拉伯的前三大入境旅游客源国家是科威特、约旦和埃及，来自这三个国家的游客人数占沙特阿拉伯入境旅游人数的比重为 32.59%。2014 年，来自阿联酋的游客人数增速最快（43.82%），其次是约旦（41.56%）和伊朗（41.31%）。

表 27-33　2008—2014 年沙特阿拉伯入境旅游人数（按游客所在国家分）

排名	国家	入境旅游人数（千人次）			市场份额（%）		增长率（%）
		2008 年	2013 年	2014 年	2013 年	2014 年	2013—2014 年
1	科威特	2589.99	1751.62	2409.84	13.09	13.20	22.26
2	约旦	501.27	1885.69	1881.28	14.09	10.30	41.56
3	埃及	1853.66	1709.02	1659.11	12.77	9.09	-4.44
4	巴基斯坦	817.55	1114.31	1408.14	4.44	7.71	26.37
5	阿联酋	1613.57	654.64	1343.82	10.47	7.36	43.82
6	卡塔尔	808.07	689.19	1260.86	12.67	6.91	-4.94
7	巴林	594.19	826.62	1222.79	6.18	6.70	35.07
8	印度	601.92	1006.23	1193.41	4.89	6.54	18.60
9	伊朗	349.85	541.24	764.63	4.05	4.19	41.31
10	印度尼西亚	401.76	749.31	759.25	1.93	4.16	1.33

注：按 2014 年数据排名。

（四）入境旅游方式

2010—2014 年，沙特阿拉伯的入境旅游者中，乘坐飞机入境的旅游者人数最多，其次是经由公路入境的旅游者人数，乘坐船舶入境的旅游者人数最少。2014 年，沙特阿拉伯的入境旅游者中，乘坐飞机入境的旅游者人数为 12 395 千人次，占沙特阿拉伯入境旅游人数的比重为 67.9%；经由公路入境的旅游者人数为 5796 千人次，占 31.7%；乘坐船舶入境的旅游者人数为 69 千人次，占 0.4%。

表 27-34　2008—2014 年沙特阿拉伯入境旅游人数（按入境旅游方式分）

单位：千人次

入境旅游方式	2008 年	2009 年	2010 年	2011 年	2012 年	2013 年	2014 年
飞机	9282	5301	7006	8778	10 756	10 860	12 395
公路	4456	5307	3616	5396	5575	4893	5796
船舶	1020	289	228	5	1	19	69

（五）入境旅游目的

2014 年，沙特阿拉伯的入境旅游者中，出于娱乐、休闲和度假目的入境的旅游者人数为 772 千人次，占沙特阿拉伯入境旅游人数的比重为 4.2%；出于商务和专业活动目的入境的旅游者人数为 2684 千人次，占 14.7%；出于其他目的入境的旅游者人数为 14 804 千人次，占 81.1%。

表 27-35　2008—2014 年沙特阿拉伯入境旅游人数（按入境旅游目的分）

单位：千人次

入境旅游目的	2008 年	2009 年	2010 年	2011 年	2012 年	2013 年	2014 年
娱乐、休闲和度假	1154	1570	252	551	487	516	772
商务和专业活动	3660	1604	2660	1912	2824	1476	2684
其他	9943	7722	7938	11 715	13 021	13 780	14 804

二、出境旅游概况

（一）出境旅游人数

2008 年沙特阿拉伯出境过夜旅游者人数为 4087 千人次；2009 年较上年增长 47.6%，增至 6032 千人次；2010 年较上年大幅增长，增长了 2.0 倍，达到 17 827 千人次；2011 年较上年减少 14.3%，减至 15 281 千人次；2012—2014 年连续增长，分别较上年增长 21.8%、2.9% 和 3.5%，2014 年增至 19 824 千人次。

表 27-36　2008—2014 年沙特阿拉伯出境旅游人数

单位：千人次

	2008 年	2009 年	2010 年	2011 年	2012 年	2013 年	2014 年
总人数	4705	6467	18 625	15 865	20 084	22 535	22 323
过夜旅游者	4087	6032	17 827	15 281	18 614	19 154	19 824
一日游游客	618	435	798	584	1470	3381	2498

(二)出境旅游花费

2008年沙特阿拉伯出境旅游花费为15 129百万美元;2009年为20 419百万美元,较上年增长35.0%;2010年较上年增长3.5%,增至21 135百万美元;2011年出现明显下降,下降到17 271百万美元,负增长率为18.3%;2012年较上年下降1.4%;2013年有所回升,回升到17 660百万美元,较上年增长3.7%;2014年较上年增长36.6%,增至24 118百万美元。

表27-37 2008—2014年沙特阿拉伯出境旅游花费

单位:百万美元

	2008年	2009年	2010年	2011年	2012年	2013年	2014年
总花费	16 478	21 312	22 076	18 202	17 986	18 648	25 137
出境旅游花费	15 129	20 419	21 135	17 271	17 023	17 660	24 118
出境交通花费	1349	893	941	931	963	988	1019

(三)出境旅游目的地

2014年,沙特阿拉伯前三大出境旅游目的地国家是巴林、科威特和约旦,三国接待沙特阿拉伯游客人数分别为6040.99千人次、2485.97千人次和1057.60千人次。2014年,巴林、科威特、卡塔尔、土耳其、埃及、美国、伊朗、印度尼西亚和英国接待沙特阿拉伯游客人数较上年均有一定程度的增长。

表27-38 2010—2014年沙特阿拉伯游客出境主要旅游目的地

单位:千人次

排名	国家	游客类型	2010年	2011年	2012年	2013年	2014年
1	巴林	VFN	—	3320.19	4213.41	5062.46	6040.99
2	科威特	VFN	1708.66	2063.82	2160.29	2365.26	2485.97
3	约旦	VFN	1332.68	1074.19	1144.12	1079.36	1057.60
4	卡塔尔	TFR	338.63	498.65	574.11	673.35	703.57
5	土耳其	TCEN	136.81	175.36	248.06	271.86	374.74
6	埃及	VFN	374.95	198.32	241.64	207.62	350.11
7	美国	TFR	89.41	132.92	182.23	221.23	275.78
8	伊朗	VFN	60.11	74.28	111.05	155.20	172.09
9	印度尼西亚	TFN	94.44	110.91	92.67	121.89	151.45
10	英国	VFR	79.00	105.00	110.60	126.00	144.00

注:按2014年数据排名。

第六节 叙利亚

叙利亚全称阿拉伯叙利亚共和国（The Syrian Arab Republic），位于亚洲大陆西部，地中海东岸。北靠土耳其，东邻伊拉克，南连约旦，西南与黎巴嫩、巴勒斯坦接壤，西与塞浦路斯隔海相望。沿海和北部地区属亚热带地中海型气候，南部地区属热带沙漠气候。面积约为18.52万平方千米。2014年全国人口为2330万，国内生产总值（GDP）为330亿美元。

近年来，叙利亚加大对欧洲市场的宣传，吸引欧洲旅游者。同时，叙利亚实施了一系列投资政策吸引本国和外国公司投资旅游业。地区安全稳定因素仍是影响叙利亚旅游发展的关键因素。

一、入境旅游概况

（一）入境旅游人数

2008年叙利亚入境过夜旅游者人数为5430千人次；2009年增至6092千人次，增长率为12.2%；2010年继续增长，达到8546千人次，增长率为40.3%；2011年出现大幅下降，降至5070千人次，负增长率为40.7%。2012—2014年数据缺失。

表27-39 2008—2011年叙利亚入境旅游人数

单位：千人次

	2008年	2009年	2010年	2011年
入境旅游人数	6951	7721	10 970	6476
过夜旅游者	5430	6092	8546	5070
一日游游客	1521	1629	2424	1406

（二）入境旅游收入

2008年叙利亚入境旅游收入为3150百万美元；2009年较上年增长19.3%，增至3757百万美元；2010年继续增长，增至6190百万美元，较上年增长64.8%；2011年，随着入境旅游人数的大幅下降，入境旅游收入也大幅下降，较上年下降71.7%，降至1753百万美元。2012—2014年数据缺失。

表27-40 2008—2011年叙利亚入境旅游收入

单位：百万美元

	2008年	2009年	2010年	2011年
总收入	3176	2781	6308	1816
入境旅游收入	3150	3757	6190	1753
入境游客交通收入	26	24	118	63

(三)入境旅游客源结构

2011年,叙利亚的入境旅游者中,来自中东地区的旅游者人数为3112千人次,占叙利亚入境旅游人数的比重为57.7%;来自欧洲地区的旅游者人数为1468千人次,占27.2%;来自南亚地区的旅游者人数为701千人次,占13.0%;来自非洲、美洲和东亚太地区的旅游者人数所占比重较小。2012—2014年数据缺失。

表27-41　2008—2011年叙利亚入境旅游人数(按地区分)

单位:千人次

地区	2008年	2009年	2010年	2011年
非洲	85	76	90	46
美洲	75	84	97	37
欧洲	905	1142	1959	1468
东亚太	53	60	78	31
南亚	389	499	961	701
中东	4391	4712	6192	3112

2011年,叙利亚的前三大入境旅游客源国家是土耳其、黎巴嫩和伊拉克,来自这三个国家的游客人数分别为1290千人次、1262千人次和1001千人次。2011年,来自巴基斯坦和巴勒斯坦的游客人数较上年有所增长,来自其他8个国家的游客人数较上年均出现不同程度的下降。2012—2014年数据缺失。

表27-42　2008—2011年叙利亚入境旅游人数(按游客所在国家分)

单位:千人次

排名	国家	2008年	2009年	2010年	2011年
1	土耳其	563	733	1460	1290
2	黎巴嫩	1587	1815	2292	1262
3	伊拉克	889	894	1006	1001
4	伊朗	362	455	892	615
5	约旦	1045	1063	1950	560
6	沙特阿拉伯	403	476	484	134
7	巴基斯坦	12	22	34	39
8	巴勒斯坦	93	52	36	37
9	科威特	127	147	134	33
10	德国	53	60	81	29

注:按2011年数据排名。

(四)入境旅游方式

2008—2011年,叙利亚的入境旅游者中,经由公路入境的旅游者人数最多,其次是乘坐飞机入境的旅游者人数,乘坐船舶入境的旅游者人数只占了极少的一部分。2011年,叙利亚的入境旅游者中,经由公路入境的旅游者人数为4582千人次,占84.3%;乘坐飞机入境的旅游者人数为849千人次,占15.6%。2012—2014年数据缺失。

表27-43 2008—2011年叙利亚入境旅游人数(按入境旅游方式分)

单位:千人次

入境旅游方式	2008年	2009年	2010年	2011年
飞 机	1256	1088	1455	849
公 路	5666	5559	7990	4582
船 舶	29	9	12	2

(五)入境旅游目的

叙利亚的入境旅游者中,出于其他目的入境的旅游者人数最多,其次是出于娱乐、休闲和度假目的入境的旅游者人数,出于商务和专业活动目的入境的旅游者人数最少。2010年,出于其他目的入境的旅游者人数为4710千人次,占叙利亚入境旅游人数的比重为49.8%;出于娱乐、休闲和度假目的入境的旅游者人数为4305千人次,占45.5%;出于商务和专业活动目的入境的旅游者人数为442千人次,占4.7%。2011—2014年数据缺失。

表27-44 2008—2010年叙利亚入境旅游人数(按入境旅游目的分)

单位:千人次

入境旅游目的	2008年	2009年	2010年
娱乐、休闲和度假	2905	2296	4305
商务和专业活动	556	539	442
其 他	3489	3821	4710

二、出境旅游概况

(一)出境旅游人数

2008年,叙利亚出境过夜旅游者人数为5253千人次;2009年为5215千人次,较上年下降0.7%;2010年明显增长,增至6259千人次,较上年增长20.0%。2011—2014年数据缺失。

(二)出境旅游花费

2008—2010年,叙利亚出境旅游花费连续增长:2008年为800百万美元;2009年为882百万美元,较上年增长10.3%;2010年为1510百万美元,较上年增长71.2%。2011—

2014 年数据缺失。

表 27-45　2008—2010 年叙利亚出境旅游花费

单位：百万美元

	2008 年	2009 年	2010 年
总花费	911	980	1598
出境旅游花费	800	882	1510
出境交通花费	111	98	88

（三）出境旅游目的地

2014 年，叙利亚的前三大出境旅游目的地国家是土耳其、约旦和沙特阿拉伯，三国接待叙利亚游客人数分别为 1176.49 千人次、421.17 千人次和 225.30 千人次。2014 年，沙特阿拉伯、巴林和亚美尼亚接待叙利亚游客人数较上年均有一定程度的增长。

表 27-46　2010—2014 年叙利亚游客出境主要旅游目的地

单位：千人次

排名	国家	游客类型	2010 年	2011 年	2012 年	2013 年	2014 年
1	土耳其	VFN	899.49	974.05	730.04	1252.83	1176.49
2	约旦	VFN	2452.00	1903.75	1190.20	548.66	421.17
3	沙特阿拉伯	TFN	254.14	608.66	114.52	60.37	225.30
4	科威特	VFN	307.95	269.01	227.43	199.46	189.38
5	巴林	VFN	—	74.08	95.51	116.43	139.11
6	埃及	VFN	115.66	102.37	259.64	255.82	63.08
7	亚美尼亚	TFR	21.34	23.00	23.20	24.31	26.79
8	罗马尼亚	VFR	14.19	13.84	15.73	19.05	16.38
9	俄罗斯	VFN	12.88	13.26	16.83	14.99	14.25
10	保加利亚	VFR	10.96	9.37	11.38	22.76	13.57

注：按 2014 年数据排名。

第七节　约　旦

约旦全称约旦哈希姆王国（The Hashemite Kingdom of Jordan），位于亚洲西部，阿拉伯半岛西北，约旦河以东。西与巴勒斯坦、以色列为邻，北与叙利亚接壤，东北与伊拉克交界,东南和南部与沙特阿拉伯相连。约旦基本上是个内陆国家,西南一角濒临红海的亚喀巴湾是唯一出海口。首都安曼和西部山地属亚热带地中海型气候,温和湿润;其余地区属热带沙漠气候。面积 89 340 平方千米。2014 年全国人口为 661 万,国内生产总值(GDP)为 358 亿美元。

旅游业是约旦的三大经济支柱之一,又是主要外汇来源之一。主要旅游地有安曼、死海、杰拉什、佩特拉、亚喀巴等。

表 27-47　2014 年约旦旅游业经济影响评估

指标	总数	占全国的比例(%)	增长预测(%)
GDP(百万美元)	1786.3	5.3	5.1
雇佣人数(千人)	66.9	4.5	3.4

注:本表为估计值。

一、入境旅游概况

(一)入境旅游人数

2008—2014 年,约旦入境过夜旅游者人数总体上有所增长;2008 年入境过夜旅游者人数为 3729 千人次;2009 年略有上升,增长 1.6%;2010 年较上年增长 11.0%,增至 4207 千人次;2011 年较上年减少 5.9%,减至 3960 千人次;2012 年有所回升,较上年增长 5.1%,增至 4162 千人次;2013 年下降到 3945 千人次,负增长率为 5.2%;2014 年较 2013 年增长 1.1%,增至 3990 千人次。

表 27-48　2008—2014 年约旦入境旅游人数

单位:千人次

	2008 年	2009 年	2010 年	2011 年	2012 年	2013 年	2014 年
入境旅游人数	7100	7085	8078	6813	6314	5389	5327
过夜旅游者	3729	3789	4207	3960	4162	3945	3990
一日游游客	3372	3295	3871	2853	2152	1444	1337
邮船乘客	32	41	74	72	85	96	36

(二)入境旅游收入

2008 年约旦入境旅游收入为 2943 百万美元;2009 年下降 1.1%,降至 2911 百万美元;2010 年较上年增长 23.2%,增至 3585 百万美元;2011 年较上年下降 4.5%,降至 3425 百万美元;2012 年较上年增长 18.6%,增至 4061 百万美元;2013 年较上年增加 1.4%,增至 4117 百万美元;2014 年较上年增长 6.3%,增至 4376 百万美元。

表 27-49 2008—2014 年约旦入境旅游收入

单位：百万美元

	2008年	2009年	2010年	2011年	2012年	2013年	2014年
总收入	3539	3472	4390	4351	5123	5145	5537
入境旅游收入	2943	2911	3585	3425	4061	4117	4376
入境游客交通收入	596	561	805	926	1062	1028	1161

（三）入境旅游客源结构

2008—2014 年，约旦的入境旅游者主要来自中东地区和欧洲地区。2014 年，来自中东地区的旅游者人数为 1755 千人次，占约旦入境旅游人数的比重为 44.0%；来自欧洲地区的旅游者人数为 533 千人次，占 13.4%；来自美洲地区的旅游者人数为 196 千人次，占 4.9%；来自东亚太地区的旅游者人数为 170 千人次，占 4.3%；来自南亚地区和非洲地区的旅游者人数所占比重较小。

表 27-50 2008—2014 年约旦入境旅游人数（按地区分）

单位：千人次

地区	2008年	2009年	2010年	2011年	2012年	2013年	2014年
非洲	50	46	50	50	55	55	58
美洲	200	190	215	189	199	188	196
欧洲	658	602	745	627	590	537	533
东亚太	146	138	149	154	175	177	170
南亚	74	72	65	77	78	75	75
中东	1777	1867	2055	1893	2007	1828	1755

2014 年，约旦的前三大入境旅游客源国家是沙特阿拉伯、巴勒斯坦和伊拉克，来自这三个国家的游客人数占约旦入境旅游人数的比重为 30.12%。美国是约旦在中东地区外重要的入境旅游客源国家，2014 年，来自美国的游客人数占约旦入境旅游人数的比重为 3.58%。

表 27-51 2008—2014 年约旦入境旅游人数（按游客所在国家分）

排名	国家	入境旅游人数（千人次）			市场份额（%）		增长率（%）
		2008年	2013年	2014年	2013年	2014年	2013—2014年
1	沙特阿拉伯	606.71	547.09	545.12	13.87	13.66	-0.36
2	巴勒斯坦	266.85	382.76	435.11	9.70	10.91	13.68

续表

排名	国家	入境旅游人数（千人次）			市场份额（%）		增长率（%）
		2008年	2013年	2014年	2013年	2014年	2013—2014年
3	伊拉克	180.80	321.03	221.50	8.14	5.55	-31.00
4	美国	161.88	133.00	142.71	3.37	3.58	7.30
5	以色列	228.60	147.23	139.23	3.73	3.49	-5.43
6	叙利亚	304.71	204.25	136.03	5.18	3.41	-33.40
7	利比亚	31.23	78.91	83.83	2.00	2.10	6.24
8	科威特	88.15	57.03	69.87	1.45	1.75	22.50
9	埃及	50.79	61.26	69.76	1.55	1.75	13.87
10	也门	31.58	61.17	65.92	1.55	1.65	7.77

注：按2014年数据排名。

（四）入境旅游方式

2008—2014年，约旦的入境旅游者中，经由公路入境的旅游者人数最多，主要是因为绝大多数入境旅游者来自约旦周边邻国。2014年，约旦入境旅游者中，经由公路入境的旅游者人数为3762千人次，占约旦入境旅游人数的比重为54.2%；乘坐飞机入境的旅游者人数为2910千人次，占41.9%；乘坐船舶入境的旅游者人数为269千人次，占3.9%。

表27-52　2008—2014年约旦入境旅游人数（按入境旅游方式分）

单位：千人次

入境旅游方式	2008年	2009年	2010年	2011年	2012年	2013年	2014年
飞机	1735	1883	2186	2270	2604	2686	2910
公路	6889	6870	8439	6077	5053	3963	3762
船舶	608	507	511	366	408	330	269

（五）入境旅游目的

2008—2014年，约旦的入境旅游者中，出于其他目的入境的旅游者人数最多，其次是出于娱乐、休闲和度假目的入境的旅游者人数，出于商务和专业活动目的入境的旅游者人数最少。2014年，约旦的入境旅游者中，出于其他目的入境的旅游者人数为2722千人次，占约旦入境旅游人数的比重为68.2%；出于娱乐、休闲和度假目的入境的旅游者人数为1013千人次，占25.4%；出于商务和专业活动目的入境的旅游者人数为255千人次，占6.4%。

表 27-53　2008—2014 年约旦入境旅游人数（按入境旅游目的分）

单位：千人次

入境旅游目的	2008 年	2009 年	2010 年	2011 年	2012 年	2013 年	2014 年
娱乐、休闲和度假	1036	1058	1196	1126	1183	1023	1013
商务和专业活动	397	400	299	281	296	298	255
其　他	2296	2331	2712	2553	2683	2624	2722

二、出境旅游概况

（一）出境旅游人数

2008—2014 年，约旦出境旅游总人数先升后降：2008 年出境旅游总人数为 2288 千人次；2009 年较上年增长 7.8%，增至 2466 千人次；2010 年达到近几年最高峰，为 3086 千人次，较上年增长 25.1%；2011—2014 年，约旦出境旅游总人数连续下降，负增长率分别是 28.9%、18.9%、2.0% 和 19.3%，2014 年降至 1407 千人次。

表 27-54　2008—2014 年约旦出境旅游人数

单位：千人次

	2008 年	2009 年	2010 年	2011 年	2012 年	2013 年	2014 年
总人数	2288	2466	3086	2194	1780	1744	1407
过夜旅游者	—	—	2708	1931	1567	1498	1230
一日游游客	—	—	378	263	214	246	177

（二）出境旅游花费

2008—2014 年，约旦出境旅游花费保持在 1000 百万～1600 百万美元。2008 年约旦出境旅游花费为 1004 百万美元；2009 年较上年增长 6.0%，增至 1064 百万美元；2010 年出现大幅增长，增至 1572 百万美元，增长率为 47.7%；2011—2013 年，随着出境旅游人数的持续下降，出境旅游花费连续减少，负增长率分别为 26.1%、1.5% 和 4.2%，2013 年降至 1096 百万美元；2014 年有所回升，较上年增长 4.2%，增至 1142 百万美元。

表 27-55　2008—2014 年约旦出境旅游花费

单位：百万美元

	2008 年	2009 年	2010 年	2011 年	2012 年	2013 年	2014 年
总花费	1140	1202	1736	1280	1257	1206	1251
出境旅游花费	1004	1064	1572	1161	1144	1096	1142
出境交通花费	136	138	164	119	113	110	109

（三）出境旅游目的地

2014 年，约旦前三大出境旅游目的地国家是沙特阿拉伯、巴林和埃及，三国接待约旦游客人数分别为 1881.28 千人次、202.62 千人次、170.78 千人次。2014 年，沙特阿拉伯、巴林、埃及、土耳其、科威特、美国和意大利接待约旦游客人数较上年均有一定程度的增长。

表 27-56　2010—2014 年约旦游客出境主要旅游目的地

单位：千人次

排名	国家/地区	游客类型	2010 年	2011 年	2012 年	2013 年	2014 年
1	沙特阿拉伯	TFN	451.10	1880.89	2806.35	1328.92	1881.28
2	巴林	VFN	—	132.04	159.58	178.31	202.62
3	埃及	VFN	171.22	151.84	179.34	155.35	170.78
4	土耳其	VFN	96.56	94.91	102.15	102.87	131.33
5	科威特	VFN	94.48	97.27	103.02	112.62	121.43
6	黎巴嫩	TFN	274.62	129.64	89.10	78.02	73.82
7	美国	TFR	16.46	17.25	19.45	23.34	29.26
8	意大利	VFN	18.21	29.05	23.60	16.91	26.93
9	以色列	VFR	18.31	20.71	23.83	18.37	17.74
10	中国香港	VFR	14.81	17.65	14.36	13.17	12.03

注：按 2014 年数据排名。

第八节　地中海地区

地中海地区位于亚、非、欧三洲之间，是世界上最大的陆间海。东西长约 4000 千米，南北宽约 1800 千米，总面积约 800 万平方千米。地中海是世界上最重要、最繁忙的水上通道，西经直布罗陀海峡通往大西洋，东北经达达尼尔海峡、马尔马拉海、博斯普鲁斯海峡与黑海相通，东南经苏伊士运河、红海通往印度洋。因此，地中海的战略地位、经济地位、交通地位都十分重要。地中海地区主要包括法国、西班牙、葡萄牙、意大利、希腊、斯洛文尼亚、阿尔巴尼亚、克罗地亚、土耳其、塞浦路斯、沙特阿拉伯、以色列、巴勒斯坦、黎巴嫩、埃及、叙利亚、阿尔及利亚、摩洛哥等 24 个国家，这些国家分属于欧洲、非洲和中东三个不同地区。

一、入境旅游概况

(一)入境旅游人数

2013年,地中海地区最重要的旅游目的地国家是法国、西班牙和意大利,入境旅游人数分别为83 634千人次、60 675千人次和47 704千人次。在第二档次的入境旅游目的地国家中,入境旅游人数超过10 000千人次的国家有土耳其(39 861千人次)、希腊(17 920千人次)、沙特阿拉伯(15 772千人次)和克罗地亚(10 948千人次)。埃及、葡萄牙和摩洛哥入境旅游人数均低于10 000千人次,且各国之间存在较大的差距。

表27-57 2008—2014年地中海地区入境旅游人数前十位的国家

单位:千人次

排名	国家	2008年	2009年	2010年	2011年	2012年	2013年	2014年
1	法国	79 218	76 764	76 647	80 499	81 980	83 634	83 767
2	西班牙	57 192	52 178	52 677	56 177	57 464	60 675	64 995
3	意大利	42 734	43 239	43 626	46 119	46 360	47 704	48 576
4	土耳其	31 138	31 760	32 997	36 769	37 715	39 861	41 627
5	希腊	15 939	14 915	15 007	16 427	15 518	17 920	22 033
6	沙特阿拉伯	14 757	10 897	10 850	14 179	16 332	15 772	18 259
7	克罗地亚	8665	8694	9111	9927	10 369	10 948	11 623
8	埃及	12 296	11 914	14 051	9497	11 196	9174	9628
9	葡萄牙	6962	6439	6756	7264	7503	8097	9092
10	摩洛哥	7221	6626	6702	7321	6697	6851	—

注:此处各国家中,土耳其和摩洛哥入境旅游人数包括过夜旅游者和一日游游客,其他8个国家的入境旅游人数均指过夜旅游者,不包括一日游游客;摩洛哥2014年数据缺失,故按2013年数据进行排名。

(二)入境旅游收入

2013年,西班牙以625.84亿美元的入境旅游收入成为地中海地区入境旅游收入最高的国家;紧随其后的是法国和意大利,入境旅游收入分别为564.63亿美元和438.29亿美元。入境旅游收入在100亿美元以上的国家还有土耳其(279.97亿美元)、希腊(160.87亿美元)和葡萄牙(122.82亿美元)。克罗地亚、沙特阿拉伯、摩洛哥和埃及的入境旅游收入均在60亿美元~100亿美元。

表 27-58 2008—2014 年地中海地区入境旅游收入前十位的国家

单位：百万美元

排名	国家	2008 年	2009 年	2010 年	2011 年	2012 年	2013 年	2014 年
1	西班牙	61 978	53 337	54 305	62 447	57 877	62 584	65 100
2	法国	57 228	49 581	46 466	55 115	53 349	56 463	57 668
3	意大利	46 193	40 378	38 438	43 241	40 960	43 829	45 547
4	土耳其	23 365	22 980	22 585	25 054	25 345	27 997	29 552
5	希腊	17 416	14 681	12 479	14 801	13 216	16 087	17 813
6	葡萄牙	10 980	9693	10 006	11 376	11 001	12 282	13 777
7	克罗地亚	11 280	9000	8069	9348	8683	9512	9863
8	沙特阿拉伯	5909	5995	6712	8459	7432	7651	8238
9	摩洛哥	7221	6626	6702	7321	6697	6851	—
10	埃及	10 985	10 755	12 528	8707	9940	6044	7208

注：摩洛哥 2014 年数据缺失，故按 2013 年数据排名。

二、出境旅游概况

（一）出境旅游人数

2014 年，地中海地区最大的出境旅游客源国是意大利，其以 28 460 千人次的出境旅游人数略高于排在第二位的法国（28 180 千人次），远高于排在第三位的沙特阿拉伯（19 824 千人次）。出境旅游人数超过 5000 千人次的国家还有西班牙（11 783 千人次）、土耳其（7982 千人次）、埃及（6180 千人次）、希腊（5802 千人次）和以色列（5181 千人次）。阿尔及利亚和克罗地亚的出境旅游人数位于 2700 千人次~2900 千人次。

表 27-59 2008—2014 年地中海地区出境旅游人数前十位的国家

单位：千人次

排名	国家	2008 年	2009 年	2010 年	2011 年	2012 年	2013 年	2014 年
1	意大利	28 284	29 060	29 823	29 295	28 810	27 798	28 460
2	法国	25 506	25 140	25 041	26 155	25 450	26 243	28 180
3	沙特阿拉伯	4087	6032	17 827	15 280	18 671	19 154	19 824
4	西班牙	11 229	12 017	12 379	13 347	12 422	11 246	11 783

续表

排名	国家	2008年	2009年	2010年	2011年	2012年	2013年	2014年
5	土耳其	4893	5561	6557	6282	5803	7526	7982
6	埃及	—	4716	4618	4863	5678	5782	6180
7	希腊	3765	3835	3799	4941	4681	4594	5802
8	以色列	4207	4007	4269	4387	4349	4757	5181
9	阿尔及利亚	1539	1677	1757	1715	1911	2136	2839
10	克罗地亚	2357	2497	1873	2880	2680	2927	2763

注：①此处各国家中，沙特阿拉伯和埃及出境旅游人数包括过夜旅游者和一日游游客，其他8个国家的出境旅游人数均指过夜旅游者，不包括一日游游客。
②按2014年数据排名。

（二）出境旅游花费

2014年，法国以487.33亿美元出境旅游花费的绝对优势位居第一；紧随其后的是意大利和沙特阿拉伯，出境旅游花费分别为288.57亿美元和241.18亿美元。2014年，西班牙（179.69亿美元）和土耳其（50.72亿美元）的出境旅游花费超过了50亿美元。黎巴嫩、葡萄牙、以色列、埃及和希腊的出境旅游花费均在27亿美元~50亿美元。

表27-60　2008—2014年地中海地区出境旅游花费前十位的国家

单位：百万美元

排名	国家	2008年	2009年	2010年	2011年	2012年	2013年	2014年
1	法国	41 277	38 416	38 304	44 695	39 851	42 944	48 733
2	意大利	30 931	27 950	26 907	28 730	26 249	26 950	28 857
3	沙特阿拉伯	15 129	20 419	21 135	17 271	17 023	17 660	24 118
4	西班牙	20 363	16 911	16 930	17 375	15 401	16 434	17 969
5	土耳其	3824	4575	5194	4883	4094	4817	5072
6	黎巴嫩	3564	4012	4515	4004	4200	4388	4999
7	葡萄牙	2745	2401	3906	4144	3784	4142	4407
8	以色列	3687	3281	3707	3838	3752	3961	4238
9	埃及	2915	2538	2240	2203	2618	3014	3140
10	希腊	3930	3381	2854	3159	2365	2435	2754

注：按2014年数据排名。

附录1 基础统计指标解释和各旅游区解释及各旅游区指标的更新时间

1.基础统计指标解释

1.1 入境旅游人数除作出特别说明外,均指入境过夜旅游者(Tourist)。

1.2 入境旅游收入除作出特别说明外,均指入境旅行收入(Travel),不包括入境游客交通收入(Passenger Transport)。

1.3 出境旅游人数除作出特别说明外,均指出境过夜旅游者(Tourist)。

1.4 出境旅游花费除作出特别说明外,均指出境旅行花费(Travel),不包括出境交通花费(Passenger Transport)。

1.5 除作出特别说明外,2008—2014年的数据统计中入境旅游人数(Visitors)包括入境过夜旅游者人数、一日游游客人数,其中一日游游客包括邮船乘客。此条解释也适用于下面"各旅游区解释"中的"所有旅游者(Visitors)"。

1.6 每人次入境旅游收入(International Tourism Receipts per Tourist Arrival)是指每一位入境旅游者在目的地国家的平均花费,计算公式为:入境旅游收入/入境旅游人数。

1.7 每百人出境旅游人数(Trips abroad per 100 of inhabitants)是指每一百个居民中有多少次出境旅游。

1.8 根据世界旅游组织,游客可分为以下类型:

TFN:为跨越边境的国际过夜旅游者人数(不包括一日游游客),按国籍统计;

TFR:为跨越边境的国际过夜旅游者人数(不包括一日游游客),按居住国统计;

VFN:为跨越边境的国际旅游者人数(包括过夜旅游者、一日游游客和邮船乘客),按国籍统计;

VFR:为跨越边境的国际旅游者人数(包括过夜旅游者、一日游游客和邮船乘客),按居住国统计;

THSN:为在酒店及类似住宿设施居住的国际旅游者人数,按国籍统计;

THSR:为在酒店及类似住宿设施居住的国际旅游者人数,按居住国统计;

TCEN:为在集体性旅游住宿设施居住的国际旅游者人数,按国籍统计;

TCER:为在集体性旅游住宿设施居住的国际旅游者人数,按居住国统计。

2. 各旅游区解释

如无特别说明,各国家/地区统计指标的口径依照上述基本解释。各旅游区中一些国家的部分指标统计口径与基本解释有所不同,具体如下:

2.1 亚太旅游区

2.1.1 下列国家/地区按游客来自地区、游客所在国家/地区、入境旅游方式、入境旅游目的统计的入境旅游人数的统计口径均是过夜旅游者:菲律宾、柬埔寨、缅甸、马来西亚、泰国、印度尼西亚、巴基斯坦、马尔代夫、尼泊尔、斯里兰卡、印度、斐济、法属波利尼西亚、新喀里多尼亚(法)。

2.1.2 下列国家/地区按游客来自地区、游客所在国家/地区、入境旅游方式、入境旅游目的统计的入境旅游人数的统计口径均是所有旅游者:韩国、日本、中国、中国台湾、老挝、越南、新加坡、澳大利亚、新西兰。

2.1.3 蒙古入境旅游人数(按游客来自地区分、按游客所在国家分、按入境旅游目的分)的统计口径为过夜旅游者。

2.1.4 中国香港入境旅游人数(按游客来自地区分、按游客所在国家分、按入境旅游方式分)的统计口径为所有旅游者,入境旅游人数(按入境旅游目的分)的统计口径为过夜旅游者。

2.1.5 中国澳门入境旅游人数(按游客来自地区分、按游客所在国家分、按入境旅游方式分)的统计口径为所有旅游者。

2.1.6 孟加拉国入境旅游人数(按游客来自地区分、按游客所在国家分、按入境旅游目的分)的统计口径为过夜旅游者。

2.1.7 伊朗入境旅游人数(按游客来自地区分、按游客所在国家分、按入境旅游方式分)的统计口径为所有旅游者。

2.1.8 库克群岛入境旅游人数(按游客来自地区分、按游客所在国家分、按入境旅游目的分)的统计口径为过夜旅游者。

2.1.9 瓦努阿图入境旅游人数(按游客来自地区分、按游客所在国家分、按入境旅游目的分)的统计口径为过夜旅游者,入境旅游人数(按入境旅游方式分)的统计口径为所有旅游者。

2.2 欧洲旅游区

2.2.1 下列国家按游客来自地区、游客所在国家、入境旅游方式、入境旅游目的统计的入境旅游人数的统计口径均是过夜旅游者:爱尔兰、挪威、法国、乌兹别克斯坦、西班牙和意大利。

2.2.2 下列国家按游客来自地区、游客所在国家、入境旅游方式、入境旅游目的统计的入境旅游人数的统计口径均是所有旅游者:瑞典、英国、俄罗斯、匈牙利、哈萨克斯坦和吉尔吉斯斯坦。

2.2.3 奥地利、德国、荷兰、瑞士、捷克和葡萄牙的入境旅游人数(按游客来自地区、按游客所在国家分)的统计口径为过夜旅游者。

2.2.4 比利时入境旅游人数(按游客来自地区、按游客所在国家分、按入境旅游目的分)的统计口径为过夜旅游者。

2.2.5 希腊入境旅游人数(按游客来自地区、按游客所在国家分、按入境旅游方式分)的统计口径为过夜旅游者。

2.2.6 丹麦入境旅游人数(按入境旅游目的分)的统计口径为所有旅游者,入境旅游人数(按游客来自地区分、按游客所在国家分)的统计口径为过夜旅游者。

2.2.7 波兰入境旅游人数(按游客来自地区分、按游客所在国家分、按入境旅游方式分)的统计口径为所有旅游者,入境旅游人数(按入境旅游目的分)的统计口径为过夜旅游者。

2.2.8 乌克兰入境旅游人数(按游客来自地区分)的统计口径为过夜旅游者,入境旅游人数(按游客所在国家分、按入境旅游方式分)的统计口径为所有旅游者。

2.2.9 克罗地亚入境旅游人数(按游客来自地区分、按游客所在国家分)的统计口径为过夜旅游者,入境旅游人数(按入境旅游方式分)的统计口径为所有旅游者。

2.2.10 塞浦路斯和以色列入境旅游人数(按游客来自地区分、按游客所在国家分、按入境旅游目的分)的统计口径为过夜旅游者,入境旅游人数(按入境旅游方式分)的统计口径为所有旅游者。

2.2.11 土耳其入境旅游人数(按游客来自地区分、按游客所在国家分)的统计口径为过夜旅游者,入境旅游人数(按入境旅游方式分、按入境旅游目的分)的统计口径为所有旅游者。

2.3 美洲旅游区

2.3.1 下列国家/地区按游客来自地区、游客所在国家/地区、入境旅游方式、入境旅游目的统计的入境旅游人数的统计口径均是过夜旅游者:墨西哥、法属马提尼克岛、格林纳达、哥斯达黎加、洪都拉斯、尼加拉瓜、萨尔瓦多、阿根廷、秘鲁、巴拉圭、玻利维亚、巴西、哥伦比亚、苏里南、智利和委内瑞拉。

2.3.2 下列国家按游客来自地区、游客所在国家、入境旅游方式、入境旅游目的统计的入境旅游人数的统计口径均是所有旅游者:厄瓜多尔。

2.3.3 下列国家按游客来自地区、游客所在国家、入境旅游目的统计的入境旅游人数的统计口径均是过夜旅游者,按入境旅游方式统计的入境旅游人数的统计口径均是所有旅游者:巴哈马、多米尼加、特立尼达和多巴哥、牙买加。

2.3.4 下列国家按游客来自地区、入境旅游方式、入境旅游目的统计的入境旅游人数的统计口径均是过夜旅游者,按游客所在国家统计的入境旅游人数的统计口径均是所有旅游者:加拿大、巴拿马。

2.3.5 美国入境旅游人数(按游客来自地区分、按游客所在国家分、按入境旅游方式分)的统计口径为过夜旅游者,入境旅游人数(按入境旅游目的分)的统计口径不明。

2.3.6 波多黎各入境旅游人数(按游客来自地区分、按游客所在国家分)的统计口径为过夜旅游者,入境旅游人数(按入境旅游方式分)的统计口径为所有旅游者。

2.3.7　古巴入境旅游人数（按游客来自地区分、按游客所在国家分）的统计口径为所有旅游者；入境旅游人数（按入境旅游方式分、按入境旅游目的分）的统计口径为过夜旅游者。

2.3.8　美属维尔京群岛入境旅游人数（按入境旅游方式分）的统计口径为所有旅游者，入境旅游人数（按游客来自地区分、按游客所在国家分）的统计口径不明。

2.3.9　伯利兹入境旅游人数（按游客来自地区分、按入境旅游目的分）的统计口径为过夜旅游者，入境旅游人数（按游客所在国家分、按入境旅游方式分）的统计口径为所有旅游者。

2.3.10　乌拉圭入境旅游人数（按游客所在国家分）的统计口径为所有旅游者，入境旅游人数（按游客来自地区、按入境旅游方式分、按入境旅游目的分）的统计口径不明。

2.3.11　圭亚那入境旅游人数（按游客来自地区分、按入境旅游方式分）的统计口径为过夜旅游者，入境旅游人数（按游客所在国家分）的统计口径为所有旅游者。

2.4　非洲旅游区

2.4.1　下列国家按游客来自地区、游客所在国家、入境旅游方式、入境旅游目的统计的入境旅游人数的统计口径均是过夜旅游者：摩洛哥、贝宁、几内亚、尼日尔、塞拉利昂、刚果、埃塞俄比亚、马达加斯加、马拉维、毛里求斯、塞舌尔、乌干达、赞比亚、博茨瓦纳、纳米比亚和南非。

2.4.2　下列国家按游客来自地区、游客所在国家、入境旅游方式、入境旅游目的统计的入境旅游人数的统计口径均是所有旅游者：尼日利亚、塞内加尔、安哥拉、中非、厄立特里亚、津巴布韦、肯尼亚、莫桑比克、坦桑尼亚、莱索托和斯威士兰。

2.4.3　下列国家按游客来自地区、游客所在国家、入境旅游目的统计的入境旅游人数的统计口径均是所有旅游者：阿尔及利亚。

2.4.4　布基纳法索入境旅游人数（按游客来自地区分、按游客所在国家分、按入境旅游目的分）的统计口径为过夜旅游者。

2.4.5　突尼斯入境旅游人数（按游客来自地区分、按游客所在国家分、按入境旅游方式分）的统计口径为过夜旅游者。

2.4.6　苏丹入境旅游人数（按游客来自地区分、按入境旅游方式分、按入境旅游目的分）的统计口径为过夜旅游者。

2.4.7　加纳入境旅游人数（按入境旅游目的分）的统计口径为过夜旅游者。

2.4.8　马里入境旅游人数（按游客来自地区分、按游客所在国家分、按入境旅游方式分）的统计口径为过夜旅游者。

2.5　中东地区

2.5.1　下列国家按游客来自地区、游客所在国家、入境旅游方式、入境旅游目的统计的入境旅游人数的统计口径均是所有旅游者：巴林。

2.5.2　沙特阿拉伯入境旅游人数（按游客来自地区分、按游客所在国家分、按入境旅游方式分、按入境旅游目的分）的统计口径均是过夜旅游者。

2.5.3　阿联酋入境旅游人数（按游客来自地区分）的统计口径为过夜旅游者，入境旅游人数(按游客所在国家分)的统计口径为入住酒店及类似旅游住宿设施的非常住旅游者。

2.5.4 埃及入境旅游人数(按游客来自地区分、按游客所在国家分、按入境旅游方式分)的统计口径为所有旅游者,入境旅游人数(按入境旅游目的分)的统计口径为过夜旅游者。

2.5.5 黎巴嫩入境旅游人数(按游客来自地区分、按游客所在国家分)的统计口径为过夜旅游者。

2.5.6 约旦入境旅游人数(按游客来自地区分、按入境旅游目的分)的统计口径为过夜旅游者,入境旅游人数(按游客所在国家分)的统计口径为所有旅游者,入境旅游人数(按入境旅游方式分)的统计口径不明。

2.5.7 叙利亚入境旅游人数(按游客来自地区分)的统计口径为所有旅游者,入境旅游人数(按入境旅游方式分、按入境旅游目的分)的统计口径不明。

3.各旅游区指标的更新时间

从更新时间上来看,各个国家各项指标的数据主要分为三个方面:入境旅游人数(按游客所在国家分)、出境旅游目的地排名、其他基本指标。"其他基本指标"包括:入境旅游人数(入境旅游人数、过夜旅游者人数、一日游游客人数、邮船乘客人数)、入境旅游收入、入境旅游人数(按入境旅游方式分)、入境旅游人数(按入境旅游目的分)、出境旅游人数、出境旅游花费。

3.1 亚太旅游区

3.1.1 下列国家/地区的出境旅游目的地排名更新时间均为 2016 年 1 月:韩国、日本、蒙古、中国、中国香港、中国澳门、中国台湾、菲律宾、柬埔寨、老挝、缅甸、马来西亚、泰国、印度尼西亚、越南、新加坡、巴基斯坦、马尔代夫、孟加拉国、尼泊尔、斯里兰卡、印度、伊朗、澳大利亚、斐济、法属波利尼西亚、库克群岛(新)、瓦努阿图、新喀里多尼亚(法)、新西兰。

3.1.2 下列国家的入境旅游人数(按游客所在国家分)和其他基本指标的更新时间均为 2015 年 4 月:蒙古、菲律宾、泰国、越南、新加坡、巴基斯坦、马尔代夫、尼泊尔和斯里兰卡。

3.1.3 下列国家的入境旅游人数(按游客所在国家分)和其他基本指标的更新时间均为 2015 年 9 月:新西兰。

3.1.4 下列国家的入境旅游人数(按游客所在国家分)和其他基本指标的更新时间均为 2015 年 11 月:老挝。

3.1.5 下列国家/地区的入境旅游人数(按游客所在国家/地区分)和其他基本指标的更新时间均为 2015 年 12 月:孟加拉国和库克群岛(新)。

3.1.6 下列国家/地区的入境旅游人数(按游客所在国家/地区分)更新时间为 2015 年 4 月,其他基本指标的更新时间为 2015 年 9 月:瓦努阿图和新喀里多尼亚(法)。

3.1.7 下列国家/地区的入境旅游人数(按游客所在国家/地区分)更新时间为2015年7月,其他基本指标的更新时间为2015年9月:韩国、中国澳门、中国台湾、缅甸、马来西亚、伊朗和法属波利尼西亚。

3.1.8 下列国家的入境旅游人数(按游客所在国家分)更新时间为2015年7月,其他基本指标的更新时间为2016年1月:柬埔寨和印度尼西亚。

3.1.9 斐济的入境旅游人数(按游客所在国家分)更新时间为2015年4月,其他基本指标的更新时间为2015年11月。

3.1.10 中国的入境旅游人数(按游客所在国家分)更新时间为2015年4月,其他基本指标的更新时间为2016年1月。

3.1.11 中国香港的入境旅游人数(按游客所在国家分)更新时间为2015年7月,其他基本指标的更新时间为2015年10月。

3.1.12 日本的入境旅游人数(按游客所在国家分)更新时间为2015年7月,其他基本指标的更新时间为2016年1月。

3.1.13 澳大利亚的入境旅游人数(按游客所在国家分)更新时间为2015年10月,其他基本指标的更新时间为2016年1月。

3.1.14 印度的入境旅游人数(按游客所在国家分)更新时间为2015年12月,其他基本指标的更新时间为2016年1月。

3.2 欧洲旅游区

3.2.1 下列国家的出境旅游目的地排名更新时间均为2016年1月:爱尔兰、丹麦、芬兰、挪威、瑞典、英国、奥地利、比利时、德国、法国、荷兰、瑞士、保加利亚、波兰、俄罗斯、哈萨克斯坦、吉尔吉斯斯坦、捷克、罗马尼亚、乌克兰、乌兹别克斯坦、匈牙利、克罗地亚、葡萄牙、西班牙、希腊、意大利、塞浦路斯、土耳其、以色列。

3.2.2 下列国家的入境旅游人数(按游客所在国家分)和其他基本指标的更新时间均为2015年4月:挪威、瑞典、英国、波兰、罗马尼亚、乌兹别克斯坦、土耳其。

3.2.3 下列国家的入境旅游人数(按游客所在国家分)和其他基本指标的更新时间均为2015年9月:葡萄牙。

3.2.4 下列国家的入境旅游人数(按游客所在国家分)和其他基本指标的更新时间均为2016年1月:以色列。

3.2.5 下列国家的入境旅游人数(按游客所在国家分)更新时间为2015年9月,其他基本指标的更新时间为2016年1月:爱尔兰、比利时和德国。

3.2.6 下列国家的入境旅游人数(按游客所在国家分)更新时间为2015年7月,其他基本指标的更新时间为2015年9月:荷兰、瑞士、捷克、乌克兰、西班牙和塞浦路斯。

3.2.7 下列国家的入境旅游人数(按游客所在国家分)更新时间为2015年7月,其他基本指标的更新时间为2016年1月:保加利亚、哈萨克斯坦、匈牙利、克罗地亚、希腊和意大利。

3.2.8 丹麦的入境旅游人数(按游客所在国家分)更新时间为2015年10月,其他基本指标的更新时间为2016年1月。

3.2.9 芬兰的入境旅游人数(按游客所在国家分)无更新,其他基本指标的更新时间为2016年1月。

3.2.10 法国的入境旅游人数(按游客所在国家分)更新时间为2015年11月,其他基本指标的更新时间为2015年4月。

3.2.11 俄罗斯的入境旅游人数(按游客所在国家分)更新时间为2015年6月,其他基本指标的更新时间为2015年9月。

3.2.12 吉尔吉斯斯坦的入境旅游人数(按游客所在国家分)更新时间为2015年4月,其他基本指标的更新时间为2015年10月。

3.3 美洲旅游区

3.3.1 下列国家/地区的出境旅游目的地排名更新时间均为2016年1月:加拿大、美国、墨西哥、波多黎各(美)、巴哈马、多米尼加、法属马提尼克岛、古巴、格林纳达、美属维尔京群岛、特立尼达和多巴哥、牙买加、伯利兹、巴拿马、哥斯达黎加、洪都拉斯、尼加拉瓜、萨尔瓦多、阿根廷、秘鲁、巴拉圭、玻利维亚、巴西、哥伦比亚、苏里南、乌拉圭、智利、圭亚那、厄瓜多尔、委内瑞拉。

3.3.2 下列国家的入境旅游人数(按游客所在国家分)和其他基本指标的更新时间均为2015年4月:格林纳达、特立尼达和多巴哥、秘鲁、委内瑞拉。

3.3.3 下列国家的入境旅游人数(按游客所在国家分)和其他基本指标的更新时间均为2015年9月:墨西哥。

3.3.4 下列国家的入境旅游人数(按游客所在国家分)和其他基本指标的更新时间均为2015年10月:古巴。

3.3.5 下列国家的入境旅游人数(按游客所在国家分)和其他基本指标的更新时间均为2015年12月:加拿大、伯利兹、萨尔瓦多。

3.3.6 下列国家/地区的入境旅游人数(按游客所在国家/地区分)的更新时间均为2015年5月,其他基本指标的更新时间均为2015年9月:波多黎各(美)、法属马提尼克岛、尼加拉瓜。

3.3.7 下列国家的入境旅游人数(按游客所在国家分)的更新时间均为2015年6月,其他基本指标的更新时间均为2015年9月:美国、苏南里。

3.3.8 下列国家的入境旅游人数(按游客所在国家分)的更新时间均为2015年7月,其他基本指标的更新时间均为2015年9月:巴拉圭、乌拉圭、智利。

3.3.9 下列国家的入境旅游人数(按游客所在国家分)的更新时间均为2015年7月,其他基本指标的更新时间均为2016年1月:哥斯达黎加、巴西、厄瓜多尔。

3.3.10 下列国家的入境旅游人数(按游客所在国家分)的更新时间均为2015年9月,其他基本指标的更新时间均为2016年1月:巴哈马、洪都拉斯。

3.3.11 下列国家的入境旅游人数(按游客所在国家分)的更新时间均为2015年12月,其他基本指标的更新时间均为2016年1月:阿根廷、哥伦比亚、圭亚那。

3.3.12 巴拿马的入境旅游人数(按游客所在国家分)更新时间为2015年4月,其他基本指标的更新时间为2015年9月。

3.3.13 牙买加的入境旅游人数(按游客所在国家分)更新时间为 2015 年 5 月,其他基本指标的更新时间为 2016 年 1 月。

3.3.14 多米尼加的入境旅游人数(按游客所在国家分)更新时间为 2015 年 10 月,其他基本指标的更新时间为 2016 年 1 月。

3.3.15 玻利维亚的入境旅游人数(按游客所在国家分)更新时间为 2015 年 11 月,其他基本指标的更新时间为 2016 年 1 月。

3.3.16 美属维尔京群岛的其他基本指标的更新时间为 2015 年 4 月。

3.4 非洲旅游区

3.4.1 下列国家的出境旅游目的地排名更新时间均为 2016 年 1 月:阿尔及利亚、摩洛哥、苏丹、突尼斯、贝宁、布基纳法索、几内亚、马里、加纳、尼日尔、尼日利亚、塞拉利昂、塞内加尔、安哥拉、刚果民主共和国、中非、埃塞俄比亚、厄立特里亚、津巴布韦、肯尼亚、马达加斯加、马拉维、毛里求斯、莫桑比克、塞舌尔、坦桑尼亚、乌干达、赞比亚、博茨瓦纳、莱索托、纳米比亚、南非和斯威士兰。

3.4.2 下列国家的入境旅游人数(按游客所在国家分)和其他基本指标的更新时间均为 2015 年 11 月:布基纳法索、几内亚、埃塞俄比亚和博茨瓦纳。

3.4.3 下列国家的入境旅游人数(按游客所在国家分)和其他基本指标的更新时间均为 2015 年 10 月:肯尼亚。

3.4.4 下列国家的入境旅游人数(按游客所在国家分)和其他基本指标的更新时间均为 2015 年 4 月:摩洛哥、突尼斯、尼日尔、尼日利亚、刚果共和国、中非、津巴布韦、马达加斯加、马拉维、莫桑比克、塞舌尔、坦桑尼亚、乌干达、赞比亚、纳米比亚和斯威士兰。

3.4.5 塞拉利昂和南非的入境旅游人数(按游客所在国家分)更新时间为 2015 年 6 月,其他基本指标的更新时间为 2015 年 9 月。

3.4.6 阿尔及利亚和安哥拉的入境旅游人数(按游客所在国家分)更新时间为 2015 年 10 月,其他基本指标的更新时间为 2016 年 1 月。

3.4.7 毛里求斯的入境旅游人数(按游客所在国家分)更新时间为 2015 年 7 月,其他基本指标的更新时间为 2015 年 9 月。

3.4.8 马里的入境旅游人数(按游客所在国家分)更新时间为 2015 年 4 月,其他基本指标的更新时间为 2015 年 9 月。

3.4.9 下列国家入境旅游人数(按游客所在国家分)均没有更新:苏丹、加纳、塞内加尔和厄立特里亚。其中,苏丹其他基本指标的更新时间为 2015 年 4 月,加纳其他基本指标的更新时间为 2016 年 1 月,塞内加尔其他基本指标的更新时间为 2015 年 4 月,厄立特里亚其他基本指标无更新。

3.4.10 莱索托的入境旅游人数(按游客所在国家分)更新时间为 2015 年 9 月,其他基本指标的更新时间为 2016 年 1 月。

3.4.11 贝宁的入境旅游人数(按游客所在国家分)更新时间为 2015 年 12 月,其他基本指标的更新时间是 2016 年 1 月。

3.5 中东旅游区

3.5.1 下列国家的出境旅游目的地排名更新时间均为 2016 年 1 月:阿联酋、埃及、巴林、黎巴嫩、沙特阿拉伯、叙利亚和约旦。

  3.5.2 下列国家的入境旅游人数(按游客所在国家分)和其他基本指标的更新时间均为 2015 年 9 月:沙特阿拉伯。

  3.5.3 下列国家的入境旅游人数(按游客所在国家分)和其他基本指标的更新时间均为 2015 年 4 月:叙利亚。

  3.5.4 埃及和黎巴嫩的入境旅游人数(按游客所在国家分)更新时间为 2015 年 12 月,其他基本指标的更新时间为 2016 年 1 月。

  3.5.5 巴林的入境旅游人数(按游客所在国家分)更新时间为 2015 年 9 月,其他基本指标的更新时间为 2016 年 1 月。

  3.5.6 约旦的入境旅游人数(按游客所在国家分)更新时间为 2015 年 6 月,其他基本指标的更新时间为 2016 年 1 月。

  3.5.7 阿联酋的入境旅游人数(按游客所在国家分)更新时间不详,其他基本指标的更新时间为 2015 年 4 月。

附录2 联合国世界旅游组织、世界旅行及旅游理事会各洲(各分区)分类方案

表1 联合国世界旅游组织各洲(各分区)分类方案

非洲	北非	阿尔及利亚、摩洛哥、苏丹、突尼斯
	西非	贝宁、布基纳法索、佛得角、科特迪亚、冈比亚、加纳、几内亚、几内亚比绍、马里、毛里塔尼亚、尼日尔、尼日利亚、塞内加尔、塞拉利昂、多哥
	中非	安哥拉、喀麦隆、中非、乍得、刚果、刚果民主共和国、赤道几内亚、加蓬、圣多美和普林西比
	东非	布隆迪、科摩罗、吉布提、厄立特里亚、埃塞俄比亚、肯尼亚、马达加斯加、马拉维、毛里求斯、莫桑比克、留尼汪(法)、卢旺达、塞舌尔、坦桑尼亚、乌干达、赞比亚、津巴布韦
	南非	博茨瓦纳、莱索托、纳米比亚、南非、斯威士兰
美洲	北美	加拿大、墨西哥、美国
	加勒比	安圭拉(英)、安提瓜和巴布达、阿鲁巴(荷)、巴哈马、巴巴多斯、百慕大(英)、博内尔岛(荷)、英属维尔京群岛、开曼群岛(英)、古巴、库拉索(荷)、多米克、多米尼加、格林纳达、瓜德罗普(法)、海地、牙买加、马提尼克(法)、蒙特塞拉特(英)、波多黎各(美)、萨巴岛(荷)、圣卢西亚、圣尤斯特歇斯岛(荷)、圣基茨和尼维斯、圣马丁岛、圣文森特和格林纳丁斯、特立尼达和多巴哥、特克斯和凯科斯群岛(英)、美属维尔京群岛
	中美	伯利兹、哥斯达黎加、萨尔瓦多、危地马拉、洪都拉斯、尼加拉瓜、巴拿马
	南美	阿根廷、玻利维亚、巴西、智利、哥伦比亚、厄瓜多尔、法属圭亚那、圭亚那、巴拉圭、秘鲁、苏里南、乌拉圭、委内瑞拉
亚太地区	东北亚	中国、中国香港、日本、朝鲜、韩国、中国澳门、蒙古、中国台湾
	东南亚	文莱、柬埔寨、印度尼西亚、老挝、马来西亚、缅甸、菲律宾、新加坡、泰国、越南
	南亚	阿富汗、孟加拉国、不丹、印度、伊朗、马尔代夫、尼泊尔、巴基斯坦、斯里兰卡
	大洋洲	美属萨摩亚、澳大利亚、库克群岛(新)、斐济、法属波利尼西亚、关岛(新)、基里巴斯、马绍尔群岛、密克罗尼西亚、北马里亚那群岛(美)、新喀里多尼亚(法)、新西兰、纽埃(新)、帕劳、巴布亚新几内亚、萨摩亚、所罗门群岛、汤加、图瓦卢、瓦努阿图

附录2 联合国世界旅游组织、世界旅行及旅游理事会各洲(各分区)分类方案

续表

欧洲	北欧	丹麦、芬兰、冰岛、爱尔兰、挪威、瑞典、英国
	西欧	奥地利、比利时、法国、德国、列支敦士登、卢森堡、摩纳哥、荷兰、瑞士
	中东欧	亚美尼亚、阿塞拜疆、白俄罗斯、保加利亚、捷克、爱沙尼亚、格鲁吉亚、匈牙利、哈萨克斯坦、吉尔吉斯斯坦、拉脱维亚、立陶宛、波兰、摩尔多瓦、罗马尼亚、俄罗斯、斯洛伐克、塔吉克斯坦、土库曼斯坦、乌克兰、乌兹别克斯坦
	南欧	阿尔巴尼亚、安道尔、波斯尼亚和黑塞哥维亚、克罗地亚、马其顿、希腊、意大利、马耳他、葡萄牙、圣马力诺、塞尔维亚和黑山、斯洛文尼亚、西班牙
	东地中海	塞浦路斯、以色列、土耳其
中东		巴林、埃及、伊拉克、约旦、科威特、黎巴嫩、利比亚、阿曼、巴勒斯坦、卡塔尔、沙特阿拉伯、叙利亚、阿拉伯联合酋长国、也门

表2 世界旅行及旅游理事会各洲(各分区)分类方案

非洲	北非	阿尔及利亚、埃及、利比亚、摩洛哥、突尼斯
	撒哈拉以南地区	安哥拉、贝宁、博茨瓦纳、布基纳法索、喀麦隆、佛得角、中非、乍得、科摩罗、刚果民主共和国、埃塞俄比亚、加蓬、冈比亚、加纳、几内亚、科特迪瓦、肯尼亚、莱索托、马达加斯加、马拉维、马里、毛里求斯、莫桑比克、纳米比亚、尼日尔、尼日利亚、刚果、留尼汪(法)、卢旺达、圣多美和普林西比、塞内加尔、塞舌尔、塞拉利昂、南非、苏丹、斯威士兰、坦桑尼亚、多哥、乌干达、赞比亚、津巴布韦
美洲	北美	加拿大、墨西哥、美国
	拉丁美洲	阿根廷、伯利兹、玻利维亚、巴西、智利、哥伦比亚、哥斯达黎加、萨尔瓦多、厄瓜多尔、危地马拉、圭亚那、洪都拉斯、尼加拉瓜、巴拿马、巴拉圭、秘鲁、苏里南、乌拉圭、委内瑞拉
	加勒比地区	安圭拉(英)、安提瓜和巴布达、阿鲁巴(荷)、巴哈马、巴巴多斯、百慕大群岛(英)、开曼群岛(英)、古巴、荷属安的列斯、多米克、多米尼加、格林纳达、瓜德罗普(法)、海地、牙买加、马提尼克(法)、波多黎各(美)、圣基茨和尼维斯、圣卢西亚、圣文森特和格林纳丁斯、特立尼达和多巴哥、英属维尔京群岛、美属维尔京群岛
亚洲	东北亚	日本、中国内地、中国香港、韩国、中国澳门、中国台湾、蒙古
	南亚	孟加拉国、印度、尼泊尔、巴基斯坦、斯里兰卡、马尔代夫
	东南亚	文莱、柬埔寨、印度尼西亚、老挝、马来西亚、缅甸、巴布亚新几内亚、菲律宾、新加坡、泰国、越南
	大洋洲	澳大利亚、新西兰、斐济、基里巴斯、所罗门群岛、汤加、瓦努阿图、其他大洋洲国家

续表

欧洲	欧洲联盟	奥地利、比利时、保加利亚、塞浦路斯、捷克、丹麦、爱沙尼亚、芬兰、法国、德国、希腊、匈牙利、爱尔兰、意大利、拉脱维亚、立陶宛、卢森堡、马耳他、荷兰、波兰、葡萄牙、罗马尼亚、斯洛伐克、斯洛文尼亚、西班牙、瑞典、英国
	其他欧洲国家	阿尔巴尼亚、亚美尼亚、阿塞拜疆、白俄罗斯、波斯尼亚和黑塞哥维那、克罗地亚、冰岛、哈萨克斯坦、吉尔吉斯斯坦、马其顿、摩尔多瓦、黑山、挪威、俄罗斯、塞尔维亚、瑞士、土耳其、乌克兰
中东		巴林、伊朗、以色列、约旦、科威特、黎巴嫩、阿曼、卡塔尔、沙特阿拉伯、叙利亚、阿拉伯联合酋长国、也门

参考文献

[1] 张凌云,等. 世界旅游市场分析与统计手册[M]. 北京:中国旅游出版社,2008.
[2] 张凌云,等. 世界旅游市场分析与统计手册[M]. 2版. 北京:旅游教育出版社,2012.
[3] 魏小安,张凌云. 共同的声音:世界旅游宣言[M]. 北京:旅游教育出版社,2003.
[4] 王兴斌. 中国旅游客源国概况[M]. 7版. 北京:旅游教育出版,2016.
[5] UN WTO. Tourism Highlights. 2009—2015
[6] UN WTO. Tourism Barometer. 2009—2015
[7] UN WTO. Compendium of Tourism Statistics. 2012
　　UN WTO. Compendium of Tourism Statistics. 2013
　　UN WTO. Compendium of Tourism Statistics. 2014
　　UN WTO. Compendium of Tourism Statistics. 2015
　　UN WTO. Compendium of Tourism Statistics. 2016
[8] UN WTO. Yearbook of tourism statistics. 2012
　　UN WTO. Yearbook of tourism statistics. 2013
　　UN WTO. Yearbook of tourism statistics. 2014
　　UN WTO. Yearbook of tourism statistics. 2015
　　UN WTO. Yearbook of tourism statistics. 2016
[9] Tourism towards 2030 Global Overview
[10] UN WTO Annual Report 2014
[11] The Travel & Tourism Competitiveness Report 2015
[12] 世界旅游组织官方网站(http://www2.unwto.org/)
[13] 世界旅行及旅游理事会官方网站(http://www.wttc.org/)
[14] 世界银行官方网站(http://www.worldbank.org/)
[15] 联合国贸易和发展大会官方网站(http://www.unctad.org/en/Pages/Home.aspx)
[16] 中华人民共和国外交部网站(http://www.fmprc.gov.cn/web/)